*à travers le monde francophone*

# PROMENADES

**SECOND EDITION**

James G. Mitchell

Cherie Mitschke

Cheryl Tano

VISTA®
HIGHER LEARNING

Boston, Massachusetts

**Publisher:** José A. Blanco

**President:** Janet Dracksdorf

**Editorial Development:** Armando Brito, Deborah Coffey

**Project Management:** Maria Rosa Alcaraz, Sharon Inglis, Adriana Lavergne, Sofía Pellón

**Technology Editorial:** Egle Gutiérrez, Paola Ríos Schaaf

**Design and Production Director:** Marta Kimball

**Senior Creative Designer, Print & Web/Interactive:** Susan Prentiss

**Production Manager:** Oscar Díez

**Design and Production Team:** Liliana Bobadilla, María Eugenia Castaño, Michelle Groper, Mauricio Henao, Jhoany Jiménez, Andrés Vanegas, Nick Ventullo

Student Text ISBN: 978-1-61857-014-7

Instructor's Annotated Edition ISBN: 978-1-61857-016-1

Library of Congress Control Number: 2012948548

6 7 8 9 WC 17 16

Printed in the United States of America.

*à travers le monde francophone*

# PROMENADES

**SECOND EDITION**

James G. Mitchell

Cherie Mitschke

Cheryl Tano

VISTA®
HIGHER LEARNING

Boston, Massachusetts

ISBN-13: 978-1-61857-015-4

90000

9 781618 570154

# TO THE STUDENT

Welcome to **PROMENADES**, Second Edition, a unique introductory French program from Vista Higher Learning. In French, the word **promenades** means *strolls*. The major strands in **PROMENADES**, Second Edition, are strolls planned to help you learn French and explore the cultures of the French-speaking world in the most user-friendly way possible. In light of this goal, here are some of the features you will encounter in **PROMENADES**, Second Edition.

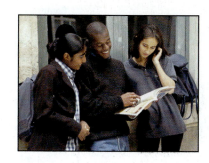

- A unique, easy-to-navigate design built around color-coded strands that appear either completely on one page or on two facing pages

- Abundant illustrations, photos, charts, graphs, diagrams, and other graphic elements, all created or chosen to help you learn

- Integration of a specially shot video, in each lesson of every unit of the student text

- Clear, concise grammar explanations, which support you as you work through the practice activities

- Practical, high-frequency vocabulary for use in real-life situations

- Ample guided vocabulary and grammar exercises to give you a solid foundation for communicating in French

- An emphasis on communicative interactions with a classmate, small groups, the whole class, and your instructor

- Systematic development of reading and writing skills, incorporating learning strategies and a process approach

- A rich, contemporary cultural presentation of the everyday life of French speakers and the diverse cultures of the countries and areas of the entire French-speaking world

- Exciting integration of culture and multimedia through TV clips

- A full set of completely integrated print and technology ancillaries to make learning French easier

- Built-in correlation of all ancillaries, right down to the page numbers

**PROMENADES**, Second Edition, has 13 units with two lessons (A and B) in each unit, followed by an end-of-unit **Savoir-faire** strand and a list of active vocabulary. To familiarize yourself with the textbook's organization, features, and ancillary package, turn to page xii and take a stroll through the **PROMENADES at-a-Glance** section.

# TABLE OF CONTENTS

| | | contextes | roman-photo | lecture culturelle |
|---|---|---|---|---|

| structures | synthèse | savoir-faire |
|---|---|---|

# TABLE OF CONTENTS

| | contextes | roman-photo | lecture culturelle |
|---|---|---|---|

| structures | synthèse | savoir-faire |
|---|---|---|

# TABLE OF CONTENTS

| | | contextes | roman-photo | lecture culturelle |
|---|---|---|---|---|

| structures | synthèse | savoir-faire |
|---|---|---|

# TABLE OF CONTENTS

| | contextes | roman-photo | lecture culturelle |
|---|---|---|---|

**Appendices**

| structures | synthèse | savoir-faire |
|---|---|---|

## UNIT OPENERS

### outline the content and features of each unit.

La famille et les copains

UNITÉ 3

**Leçon 3A**

**CONTEXTES**
pages 82–85
- Family, friends, and pets
- L'accent aigu and l'accent grave

**ROMAN-PHOTO**
pages 86–87
- L'album de photos

**LECTURE CULTURELLE**
pages 88–89
- The family in France
- Flash culture

**STRUCTURES**
pages 90–97
- Descriptive adjectives
- Possessive adjectives

**SYNTHÈSE**
pages 98–99
- Révision
- Le Zapping

**Leçon 3B**

**CONTEXTES**
pages 100–103
- More descriptive adjectives
- Professions and occupations
- L'accent circonflexe, la cédille, and le tréma

**ROMAN-PHOTO**
pages 104–105
- On travaille chez moi!

**LECTURE CULTURELLE**
pages 106–107
- Relationships

**STRUCTURES**
pages 108–115
- Numbers 61–100
- Prepositions of location and disjunctive pronouns

**SYNTHÈSE**
pages 116–117
- Révision
- Écriture

**Pour commencer**
- Combien de personnes y a-t-il?
- Où sont ces personnes?
- Que font-elles?
- Ont-elles l'air agréables ou désagréables?

**Savoir-faire**
pages 118–119
**Panorama:** Paris

**Pour commencer** activities jump-start the units, allowing you to use the French you know to talk about the photos.

**Content thumbnails** break down each unit into its two lessons (A and B) and one **Savoir-faire** section, giving you an at-a-glance summary of the vocabulary, grammar, cultural topics, and language skills on which you will focus.

### Ⓢupersite

Supersite resources are available for every section of the unit at **vhlcentral.com.** Icons show you which textbook activities are also available online, and where additional practice activities are available. The description next to the Ⓢ icon indicates what additional resources are available for each section: videos, audio recordings, readings, presentations, and more!

Supersite features vary by access level. Visit **vistahigherlearning.com** to explore which Supersite level is right for you.

# CONTEXTES
## presents and practices vocabulary in meaningful contexts.

**Communicative goals** highlight the real-life tasks you will be able to carry out in French by the end of each lesson.

**Ressources** boxes let you know exactly what print and technology ancillaries you can use to reinforce and expand on every strand of every lesson in your textbook.

**Illustrations** High-frequency vocabulary is introduced through expansive, full-color illustrations.

**Mise en pratique** always begins with a listening activity and continues with activities that practice the new vocabulary in meaningful contexts.

**Vocabulaire** boxes call out other important theme-related vocabulary in easy-to-reference French-English lists.

## Supersite

- Audio recordings of all vocabulary items
- Audio for **Contextes** listening activity
- Textbook activities
- Additional activities for extra practice

Supersite features vary by access level. Visit **vistahigherlearning.com** to explore which Supersite level is right for you.

## CONTEXTES

has communication activities. **Les sons et les lettres** presents the rules of French pronunciation and spelling.

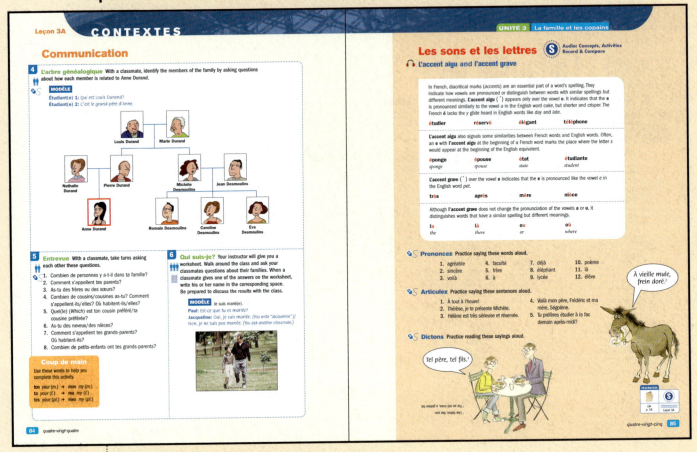

**Communication** activities allow you to use the vocabulary creatively in interactions with a partner, a small group, or the entire class.

**Coup de main** provides handy, on-the-spot information that helps you complete the activities.

**The headset icon** at the top of the page indicates when an explanation and activities are recorded for convenient use in or outside of class.

**Explanation** Rules and tips to help you learn French pronunciation and spelling are presented clearly with abundant model words and phrases.

**Practice** Pronunciation and spelling practice is provided at the word and sentence levels. The final activity features illustrated sayings and proverbs so you can practice the pronunciation or spelling point in an entertaining cultural context.

### Ⓢupersite

- Chat activities for conversational skill-building and oral practice
- Audio recording of **Les sons et les lettres** presentation
- Record and compare audio activities

Supersite features vary by access level. Visit **vistahigherlearning.com** to explore which Supersite level is right for you.

# ROMAN-PHOTO
## tells the story of a group of students living in Aix-en-Provence, France.

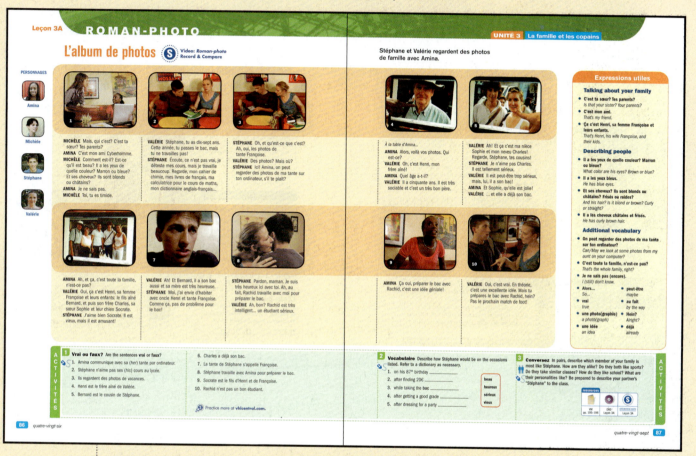

**Personnages** The photo-based conversations take place among a cast of recurring characters—four college students, their landlady (who owns the café downstairs), and her teenage son.

**Roman-photo video episodes** The **Roman-photo** episode appears in the **Roman-photo** part of the Video Program. To learn more about the video, turn to page xxiv.

**Conversations** The conversations reinforce vocabulary from **Contextes**. They also preview structures from the upcoming **Structures** section in context and in a comprehensible way.

**Expressions utiles** organizes new, active words and expressions by language function so you can focus on using them for real-life, practical purposes.

## Supersite

- Streaming video of the **Roman-photo**
- End-of-video **Reprise** section where key vocabulary and grammar from the episode are called out
- Record and compare activities
- Textbook activities
- Additional activities for extra practice

Supersite features vary by access level. Visit **vistahigherlearning.com** to explore which Supersite level is right for you.

# PROMENADES AT-A-GLANCE

## LECTURE CULTURELLE
### explores cultural themes introduced in CONTEXTES and ROMAN-PHOTO.

**Culture à la loupe** presents a main, in-depth reading about the lesson's cultural theme. Full-color photos bring to life important aspects of the topic, while charts with statistics and/or intriguing facts support and extend the information.

**Stratégie** boxes offer different helpful techniques that you can use to improve your reading skills.

**Le monde francophone** puts the spotlight on the people, places, and traditions of the countries and areas of the French-speaking world.

**Portrait** profiles people, places, and events throughout the French-speaking world, highlighting their importance, accomplishments, and/or contributions to the cultures of the French-speaking people and the global community.

## Ⓢupersite

- Main cultural reading
- *Flash culture* streaming video (one per unit)
- **Sur Internet** research activity

- Textbook activities
- Additional activities for extra practice
- Chat activities for conversational skill-building and oral practice

Supersite features vary by access level. Visit **vistahigherlearning.com** to explore which Supersite level is right for you.

# STRUCTURES
## presents French grammar in a graphic-intensive format.

**NEW! Expanded grammar explanations** Two full pages are devoted to most grammar points, allowing for presentations that are thorough and intuitive.

**Le français vivant** pages appear with select grammar points and feature a print ad for a product related to the lesson's theme.

**Graphic-intensive design** Photos from the **PROMENADES**, Second Edition, Video Program consistently integrate the lesson's video episode and **Roman-photo** strand with the grammar explanations. Additional photos, drawings, and graphic devices liven up activities and heighten visual interest.

**NEW! Sidebars** The **À noter** sidebars cross-reference related grammar content in both previous and upcoming lessons. The **Boîte à outils** sidebars alert you to other important aspects of the grammar point.

**Essayez!** offers you your first practice of each new grammar point. It gets you working with the grammar point right away in simple, easy-to-understand formats.

## Ⓢupersite

- Grammar presentation
- **Essayez!** activities with auto-grading

Supersite features vary by access level. Visit **vistahigherlearning.com** to explore which Supersite level is right for you.

## STRUCTURES
### provides directed and communicative practice.

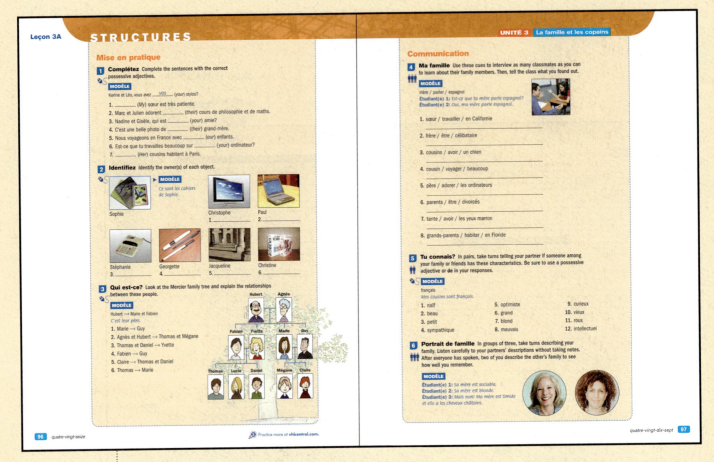

**NEW! Expanded grammar activities** Two full pages are devoted to grammar activities, allowing for more practice and better transitions between activities.

**Mise en pratique** activities provide a wide range of guided exercises in contexts that combine current and previously learned vocabulary with the current grammar point.

**NEW! Additional activities** New to the Second Edition, the Activity Pack provides additional discrete and communicative practice for every grammar point. It also includes handouts for the **Feuilles d'activités** and information gap activities presented in the textbook. Your instructor will distribute these handouts for review and extra practice.

**Communication** activities offer opportunities for creative expression using the lesson's grammar and vocabulary. You do these activities with a partner, in small groups, or with the whole class.

## Supersite

- Textbook activities
- Additional activities for extra practice
- Chat activities for conversational skill-building and oral practice

Supersite features vary by access level. Visit **vistahigherlearning.com** to explore which Supersite level is right for you.

# SYNTHÈSE

**pulls the lesson together with cumulative practice in Révision and wraps up with two alternating features.**

**Révision** activities integrate the lesson's two grammar points with previously learned vocabulary and structures, providing consistent, built-in review as you progress through the text.

**Stratégie**, on the **Écriture** page, prepares you for the writing task presented in **Thème**.

**Pair and group icons** call out the communicative nature of the activities. Situations, role plays, games, personal questions, interviews, information gap activities (identified by the puzzle piece logo) and surveys are just some of the types of activities that you will carry out.

**Le Zapping** features television clips or, in one case, a student orientation video in French supported by background information, images from the clips, and activities to help you understand and check your comprehension.

## Supersite

- Streaming video of **Le Zapping**
- Composition engine for **Écriture**
- Additional activities for extra practice
- Chat activities for conversational skill-building and oral practice

Supersite features vary by access level. Visit **vistahigherlearning.com** to explore which Supersite level is right for you.

## SAVOIR-FAIRE

### Panorama presents the French-speaking world.

**La ville/Le pays/La région en chiffres** provides interesting key facts about the featured city, country, or region.

**Incroyable mais vrai!** highlights an intriguing fact about the featured place or its people.

**Maps** point out major cities, rivers, and other geographical features and situate the featured place in the context of its immediate surroundings and the world.

**Qu'est-ce que vous avez appris?** exercises check your understanding of key ideas, and **ressources** boxes reference the two pages of additional activities in the **PROMENADES** Workbook.

**Readings** A series of brief paragraphs explores different aspects of the featured place's culture such as history, landmarks, fine art, literature, and bits of everyday life.

## Supersite

- Interactive map
- **Sur Internet** research activity
- Textbook activities
- Additional activities for extra practice

Supersite features vary by access level. Visit vistahigherlearning.com to explore which Supersite level is right for you.

# SAVOIR-FAIRE

## Lecture, found in the book's last two units, develops reading skills in the context of the unit's theme.

**Readings** of literary pieces, presented at the end of the last two units, are directly tied to the unit theme and recycle vocabulary and grammar you have learned.

**Avant la lecture** presents valuable reading strategies and pre-reading activities that strengthen your reading abilities in French.

**Après la lecture** includes post-reading activities that check your comprehension of the reading.

## Ⓢupersite

- Textbook activities
- Additional activities for extra practice
- Audio sync readings in Unit 12 and Unit 13

Supersite features vary by access level. Visit **vistahigherlearning.com** to explore which Supersite level is right for you.

## VOCABULAIRE
### summarizes all the active vocabulary of the unit.

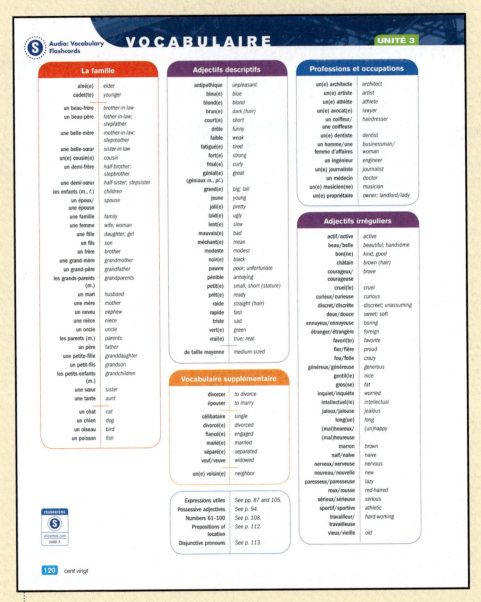

### VOCABULAIRE — UNITÉ 3

Audio: Vocabulary Flashcards

#### La famille

| | |
|---|---|
| aîné(e) | elder |
| cadet(te) | younger |
| un beau-frère | brother-in-law |
| un beau-père | father-in-law; stepfather |
| une belle-mère | mother-in-law; stepmother |
| une belle-sœur | sister-in-law |
| un(e) cousin(e) | cousin |
| un demi-frère | half-brother; stepbrother |
| une demi-sœur | half-sister; stepsister |
| les enfants (m., f.) | children |
| un époux/ une épouse | spouse |
| une famille | family |
| une femme | wife; woman |
| une fille | daughter; girl |
| un fils | son |
| un frère | brother |
| une grand-mère | grandmother |
| un grand-père | grandfather |
| les grands-parents (m.) | grandparents |
| un mari | husband |
| une mère | mother |
| un neveu | nephew |
| une nièce | niece |
| un oncle | uncle |
| les parents (m.) | parents |
| un père | father |
| une petite-fille | granddaughter |
| un petit-fils | grandson |
| les petits-enfants (m.) | grandchildren |
| une sœur | sister |
| une tante | aunt |
| un chat | cat |
| un chien | dog |
| un oiseau | bird |
| un poisson | fish |

#### Adjectifs descriptifs

| | |
|---|---|
| antipathique | unpleasant |
| bleu(e) | blue |
| blond(e) | blond |
| brun(e) | dark (hair) |
| court(e) | short |
| drôle | funny |
| faible | weak |
| fatigué(e) | tired |
| fort(e) | strong |
| frisé(e) | curly |
| génial(e) (géniaux m., pl.) | great |
| grand(e) | big; tall |
| jeune | young |
| joli(e) | pretty |
| laid(e) | ugly |
| lent(e) | slow |
| mauvais(e) | bad |
| méchant(e) | mean |
| modeste | modest |
| noir(e) | black |
| pauvre | poor; unfortunate |
| pénible | annoying |
| petit(e) | small, short (stature) |
| prêt(e) | ready |
| raide | straight (hair) |
| rapide | fast |
| triste | sad |
| vert(e) | green |
| vrai(e) | true; real |
| de taille moyenne | medium-sized |

#### Vocabulaire supplémentaire

| | |
|---|---|
| divorcer | to divorce |
| épouser | to marry |
| célibataire | single |
| divorcé(e) | divorced |
| fiancé(e) | engaged |
| marié(e) | married |
| séparé(e) | separated |
| veuf/veuve | widowed |
| un(e) voisin(e) | neighbor |

| | |
|---|---|
| Expressions utiles | See pp. 87 and 105. |
| Possessive adjectives | See p. 94. |
| Numbers 61–100 | See p. 108. |
| Prepositions of location | See p. 112. |
| Disjunctive pronouns | See p. 113. |

#### Professions et occupations

| | |
|---|---|
| un(e) architecte | architect |
| un(e) artiste | artist |
| un(e) athlète | athlete |
| un(e) avocat(e) | lawyer |
| un coiffeur/ une coiffeuse | hairdresser |
| un(e) dentiste | dentist |
| un homme/une femme d'affaires | businessman/ woman |
| un ingénieur | engineer |
| un(e) journaliste | journalist |
| un médecin | doctor |
| un(e) musicien(ne) | musician |
| un(e) propriétaire | owner; landlord/lady |

#### Adjectifs irréguliers

| | |
|---|---|
| actif/active | active |
| beau/belle | beautiful; handsome |
| bon(ne) | kind; good |
| châtain | brown (hair) |
| courageux/ courageuse | brave |
| cruel(le) | cruel |
| curieux/curieuse | curious |
| discret/discrète | discreet; unassuming |
| doux/douce | sweet; soft |
| ennuyeux/ennuyeuse | boring |
| étranger/étrangère | foreign |
| favori(te) | favorite |
| fier/fière | proud |
| fou/folle | crazy |
| généreux/généreuse | generous |
| gentil(le) | nice |
| gros(se) | fat |
| inquiet/inquiète | worried |
| intellectuel(le) | intellectual |
| jaloux/jalouse | jealous |
| long(ue) | long |
| (mal)heureux/ (mal)heureuse | (un)happy |
| marron | brown |
| naïf/naïve | naive |
| nerveux/nerveuse | nervous |
| nouveau/nouvelle | new |
| paresseux/paresseuse | lazy |
| roux/rousse | red-haired |
| sérieux/sérieuse | serious |
| sportif/sportive | athletic |
| travailleur/ travailleuse | hard-working |
| vieux/vieille | old |

ressources

vhlcentral.com
Unité 3

120 cent vingt

**Vocabulary** All the lesson's active vocabulary is brought together, grouped in easy-to-study thematic lists.

## Supersite
- Audio recordings of all vocabulary items
- Vocabulary flashcards

Supersite features vary by access level. Visit **vistahigherlearning.com** to explore which Supersite level is right for you.

## Icons

These icons in **PROMENADES** alert you to the type of activity or section involved.

| Icons legend | | |
|---|---|---|
| 🎧 Listening activity/section | Ⓢ | Additional content found on the Supersite |
| ◗Ⓢ Activity also on the Supersite | | Information Gap activity |
| Pair activity | | Feuille d'activités |
| Group activity | | Additional practice on the Supersite |

- The Information Gap activities and those involving **Feuilles d'activités** require handouts that your instructor will give you.

- The headset icon appears in **Contextes**, **Les sons et les lettres**, and **Vocabulaire** sections.

## Ressources boxes

**Ressources** boxes let you know exactly which print and technology ancillaries you can use to reinforce and expand on every strand of every lesson in your textbook. They even include page numbers when applicable. See page xxviii for a description of the ancillaries.

| Ressources boxes legend |
|---|
| **Workbook** WB pp. 29–30 |
| **Lab Manual** LM p. 17 |
| **Video Manual** VM pp. 219–220 |
| **DVD** DVD Leçon 3A |
| **PROMENADES, Second Edition, Supersite** vhlcentral.com Leçon 3A |

# VIDEO PROGRAM

## THE *ROMAN-PHOTO* EPISODES

Fully integrated with your textbook, the **PROMENADES**, Second Edition, Video contains twenty-six dramatic episodes, one for each lesson of the text. The episodes present the adventures of four college students who are studying in the south of France at the **Université Aix-Marseille**. They live in apartments above **Le P'tit Bistrot**, a café owned by their landlady, Valérie Forestier. The video tells their story and the story of Madame Forestier and her teenage son, Stéphane.

The **Roman-photo** strand in each textbook lesson is an abbreviated version of the dramatic episode featured in the video. Therefore, each **Roman-photo** strand can be done before you see the corresponding video episode, after doing so, or as a section that stands alone in its own right.

As you watch each video episode, you will first see a live segment in which the characters interact using vocabulary and grammar you are studying. As the video progresses, the live segments carefully combine new vocabulary and grammar with previously taught language. You will then see a **Reprise** segment that summarizes the key language functions and/or grammar points used in the dramatic episode.

## THE CAST

Here are the main characters you will meet when you watch the **PROMENADES**, Second Edition, Video:

Of Senegalese heritage
**Amina Mbaye**

From Paris
**Sandrine Aubry**

Of Algerian heritage
**Rachid Khalil**

From Washington, D.C.
**David Duchesne**

From Aix-en-Provence
**Valérie Forestier**

And, also from Aix-en-Provence
**Stéphane Forestier**

## THE *FLASH CULTURE* SEGMENTS

For one lesson of each unit, a **Flash culture** segment allows you to experience the sights and sounds of France, the French-speaking world, and the daily life of French speakers. Each segment is two to three minutes long and is correlated to your textbook in the **Sur Internet** box in **Lecture culturelle**.

Hosted by the **PROMENADES** narrators, Csilla and Benjamin, these segments transport you to a variety of venues: schools, parks, public squares, cafés, stores, cinemas, outdoor markets, city streets, festivals, and more. They also incorporate mini-interviews with French speakers in various walks of life.

The footage was filmed taking special care to capture rich, vibrant images that will expand your cultural perspectives with information directly related to the content of your textbook. In addition, the narrations were carefully written to reflect the vocabulary and grammar covered in **PROMENADES**, Second Edition.

**vText** | virtual interactive text

vText provides an interactive textbook that links directly with Supersite practice activities, audio, and video. Plus, all online resources are located on one platform so you can complete assignments and access resources quickly and conveniently.

- Links on the vText page to all mouse-icon textbook activities, audio, and video
- Note-taking capabilities for students
- Easy navigation with searchable table of contents and page number browsing
- Access to all Supersite resources
- Now iPad®-friendly for on-the-go access!

Each section of your textbook comes with activities on the **PROMENADES** Supersite, many of which are auto-graded for immediate feedback. Plus, the Supersite is iPad®-friendly*, so it can be accessed on the go! Visit **vhlcentral.com** to explore this wealth of exciting resources.

**CONTEXTES**
- Audio recordings of all vocabulary items
- Audio for **Contextes** listening activity
- Image-based vocabulary activity
- Textbook and extra practice activities
- Chat activities for conversational skill-building and oral practice
- Audio recording of **Les sons et les lettres** presentation
- Record and compare audio activities

**ROMAN-PHOTO**
- Streaming video of **Roman-photo** episodes, with instructor-managed options for subtitles and transcripts in French and English
- Textbook and extra practice activities

**LECTURE CULTURELLE**
- **Culture à la loupe** reading
- Streaming video of **Flash culture** episodes, with instructor-managed options for subtitles and transcripts in French and English
- Keywords and support for **Sur Internet**
- Textbook and extra practice activities

**STRUCTURES**
- Grammar presentations
- Animated grammar tutorials with related activities
- Textbook and extra practice activities
- Chat activities for conversational skill-building and oral practice

**SYNTHÈSE**
- Chat activities for conversational skill-building and oral practice
- Streaming video of **Le Zapping** TV clips
- Composition engine for **Écriture**
- Textbook and extra practice activities

**SAVOIR-FAIRE**
- Interactive map
- **Sur Internet** research activity
- Textbook and extra practice activities
- Audio sync readings in Unit 12 and Unit 13

**VOCABULAIRE**
- Vocabulary list with audio
- Flashcards with audio

**Plus!** Also found on the Supersite:

- All textbook and lab audio MP3 files
- Communication center for instructor notifications and feedback
- A single gradebook for all Supersite activities
- WebSAM online Workbook/Video Manual and Lab Manual
- **v̂Text** online, interactive student edition with access to Supersite activities, audio, and video

Supersite features vary by access level. Visit **vistahigherlearning.com** to explore which Supersite level is right for you.

*Students must use a computer for audio-recording and select presentations and tools that require Flash or Shockwave.*

## STUDENT ANCILLARIES

- **Workbook/Video Manual**
  The Workbook activities provide additional practice of the vocabulary and grammar in each textbook lesson and the cultural information in each unit's **Panorama** section. The Video Manual includes pre-viewing, viewing, and post-viewing activities for the **Roman-photo** and **Flash culture** videos.

- **Lab Manual**
  The Lab Manual contains activities for each textbook lesson that build listening comprehension, speaking, and pronunciation skills in French.

- **Lab Program MP3s***
  The Lab Program MP3s provide the recordings to be used in conjunction with the activities in the Lab Manual.

- **Textbook MP3s***
  The Textbook MP3s contain the recordings for the listening activities in **Contextes, Les sons et les lettres**, and **Vocabulaire** sections.

- **Roman-photo***
  The **Roman-photo** video includes instructor-controlled French and English subtitles for every episode.

- **Online Workbook/Video Manual/Lab Manual**
  Incorporating the **Roman-photo** and **Flash culture** videos, as well as the complete Lab Program, this component delivers the Workbook, Video Manual, and Lab Manual online with automatic scoring. Instructors have access to classroom management and gradebook tools that allow in-depth tracking of students' scores.

- **PROMENADES, Second Edition, Supersite**
  Your passcode to the Supersite (vhlcentral.com) gives you access to a wide variety of activities for each strand of every lesson of the student text; auto-graded exercises for extra practice of vocabulary, grammar, video, and cultural content; reference tools; the **Le Zapping** TV clips; the complete Video Program; the Textbook MP3s; and the Lab Program MP3s.

- **vText Virtual Interactive Text**
  Provides the entire student edition textbook with note-taking and highlighting capabilities. It is fully integrated with Supersite and other online resources.

*Available on the Supersite*

## NEW TO THE SECOND EDITION

- Animated grammar tutorials with related activities

- Easier navigation through units: each lesson is now either an A lesson or a B lesson

- Redesigned grammar pages that allow for more complete explanations

- Grammar practice on a separate spread *after* the explanation, with improved activity scaffolding

- Grammar explanations supported by **À noter** cross-reference sidebars

- Chat activities for conversational skill-building and oral practice

- Many updated **Lecture culturelle** readings with high-interest topics

- Updated **Le Zapping** strand with six new authentic videos

- Updated vocabulary, especially the Unit 11 Lesson A technology vocabulary

- New authentic literary readings in Unit 12 and Unit 13

## NEW! ANIMATED GRAMMAR TUTORIALS

Enjoy a fun approach to grammar with presentations that pair rules with fun examples. The amusing *professeur* grabs your attention with his lighthearted approach. Plus, interactive questions will help check your understanding of concepts, and an end-of-tutorial activity can be submitted for a grade.

# ACKNOWLEDGMENTS

On behalf of its authors and editors, Vista Higher Learning expresses its sincere appreciation to the instructors nationwide who reviewed materials from **PROMENADES**, First Edition. Their input and suggestions were vitally helpful in forming and shaping the Second Edition in its final, published form.

## Reviewers

Oniankpo Akindjo
  Concordia College, MN

Françoise Arie
  Ventura College, CA

Fr. Ted Baenziger
  University of St. Thomas, TX

John Barberet
  Polk State College, FL

Susan Bauman
  Seneca College of Applied Arts and
  Technology, Toronto, ON, Canada

Michael Berke
  San Jose City College, CA

Deborah Beyer
  University of Wisconsin, Oshkosh

Cathy Briggs
  North Lake College, TX

Darren Broome
  Gordon College, GA

Ricard Célia
  Gettysburg College, PA

Matthieu Chan Tsin
  Coastal Carolina University, SC

Samira Chater
  Valencia College, FL

Bénédicte Anne Corbett
  French Resources, IA

Melinda Cro
  Kansas State University

Raúl de León
  San Diego Mesa College, CA

Frédéric Deloizy
  Harrisburg Area Community College, PA

Andrzej Dziedzic
  University of Wisconsin, Oshkosh

Lou Ann Erikson
  Deerfield High School, IL

Martine Fernandes
  University of South Florida, St. Petersburg

Scott Fish
  Augustana College, SD

Laura Franklin
  Northern Virginia Community College

Eve Goodhue
  Simpson College, IA

Sue Grove
  Riverland Community College, MN

Kwaku A. Gyasi
  University of Alabama, Huntsville

Mary Haight
  Madison Area Technical College, WI

Hillery Haney
  Grand Rapids Community College, MI

Margaret Harp
  University of Nevada, Las Vegas

Fanny Hervé
  Ohio Dominican University

Nikki Hollis
  Purdue North Central, IN

Zineb Khssassi
  Irvine Valley College, CA

Diane Kieser
University of Wisconsin, Milwaukee

Maria Krebs
Indiana University, Kokomo

Jenny Lambert
San Juan College, NM

Margaret McDiarmid
Xavier University, OH

Maria Moreno
Mars Hill College, NC

Doug Mrazek
Clark College, WA

Danielle Mulcahy
Northern Virginia Community College

Abeer Nabulsi
Santiago Canyon College, CA

Anne-Marie Obajtek-Kirkwood
Drexel University, PA

Uriel Ornelas
San Diego Mesa College, CA

Gloria Pastorino
Fairleigh Dickinson University, NJ

Philippe Patto
San Diego City College, CA

Patrice J. Proulx
University of Nebraska, Omaha

Peggy Rocha
San Joaquin Delta College, CA

Thomas Sapp
Loyola Academy, IL

Gretchen Skivington
Great Basin College, NV

Rania Stanbouly
Collin College, TX

Victoria Steinberg
University of Tennessee, Chattanooga

Amye Sukapdjo
Gainesville State College, GA

Sadik Y. Wardeh
Valencia College, FL

Catherine S. Webster
University of Central Oklahoma

Rachel Williams
McNeese State University, LA

# Salut!

**Pour commencer**
- What are these young women saying?
  a. Excusez-moi.    b. Bonjour!    c. Merci.
- How many women are there in the photo?
  a. une    b. deux    c. trois
- What do you think is an appropriate title for either of these women?
  a. Monsieur    b. Madame    c. Mademoiselle

# Leçon 1A

**You will learn how to...**
- greet people in French
- say good-bye

# Ça va?

**GEORGES** Ça va, Henri?
**HENRI** Oui, ça va très bien, merci. Et vous, comment allez-vous?
**GEORGES** Je vais bien, merci.

**PAUL** Merci!
**JEAN** Il n'y a pas de quoi.

**MARIE** À plus tard, Guillaume!
**GUILLAUME** À tout à l'heure, Marie!

**JACQUES** Bonjour, Monsieur Boniface. Je vous présente Thérèse Lemaire.
**M. BONIFACE** Bonjour, Mademoiselle.
**THÉRÈSE** Enchantée.

## Vocabulaire

| | |
|---|---|
| Bonsoir. | Good evening.; Hello. |
| À bientôt. | See you soon. |
| À demain. | See you tomorrow. |
| Bonne journée! | Have a good day! |
| Au revoir. | Good-bye. |
| | |
| Comme ci, comme ça. | So-so. |
| Je vais bien/mal. | I am doing well/badly. |
| Moi aussi. | Me too. |
| | |
| Comment t'appelles-tu? (fam.) | What is your name? |
| Je vous/te présente... (form./fam.) | I would like to introduce (name) to you. |
| | |
| De rien. | You're welcome. |
| Excusez-moi. (form.) | Excuse me. |
| Excuse-moi. (fam.) | Excuse me. |
| Merci beaucoup. | Thanks a lot. |
| Pardon. | Pardon (me). |
| S'il vous/te plaît. (form./fam.) | Please. |
| Je vous en prie. (form.) | Please.; You're welcome. |
| | |
| Monsieur (M.) | Sir (Mr.) |
| Madame (Mme) | Ma'am (Mrs.) |
| Mademoiselle (Mlle) | Miss |
| | |
| ici | here |
| là | there |
| là-bas | over there |

ressources

WB pp. 1–2 | LM p. 1 | vhlcentral.com Leçon 1A

## Attention!

In French, people can be addressed formally or informally. Use the **tu/toi** forms with close friends or someone younger than you. Use the **vous** forms with groups, a boss, someone older than you, or someone you do not know.

**MARC** Bonjour, je m'appelle Marc, et vous, comment vous appelez-vous?
**ANNIE** Je m'appelle Annie.
**MARC** Enchanté.

**SOPHIE** Bonjour, Catherine!
**CATHERINE** Salut, Sophie!
**SOPHIE** Ça va?
**CATHERINE** Oui, ça va bien, merci. Et toi, comment vas-tu?
**SOPHIE** Pas mal.

# Mise en pratique

 **Audio: Vocabulary**

**1** **Écoutez** 🎧 Listen to each of these questions or statements and select the most appropriate response.

| | | | | |
|---|---|---|---|---|
| **1.** | Enchanté. | ☐ | Je m'appelle Thérèse. | ☐ |
| **2.** | Merci beaucoup. | ☐ | Il n'y a pas de quoi. | ☐ |
| **3.** | Comme ci, comme ça. | ☐ | De rien. | ☐ |
| **4.** | Bonsoir, Monsieur. | ☐ | Moi aussi. | ☐ |
| **5.** | Enchanté. | ☐ | Et toi? | ☐ |
| **6.** | Bonjour. | ☐ | À demain. | ☐ |
| **7.** | Pas mal. | ☐ | Pardon. | ☐ |
| **8.** | Il n'y a pas de quoi. | ☐ | Moi aussi. | ☐ |
| **9.** | Enchanté. | ☐ | Très bien. Et vous? | ☐ |
| **10.** | À bientôt. | ☐ | Mal. | ☐ |

**2** **Chassez l'intrus** Circle the word or expression that does not belong.

1. a. Bonjour.
   b. Bonsoir.
   c. Salut.
   d. Pardon.

2. a. Bien.
   b. Très bien.
   c. De rien.
   d. Comme ci, comme ça.

3. a. À bientôt.
   b. À demain.
   c. À tout à l'heure.
   d. Enchanté.

4. a. Comment allez-vous?
   b. Comment vous appelez-vous?
   c. Ça va?
   d. Comment vas-tu?

5. a. Pas mal.
   b. Excuse-moi.
   c. Je vous en prie.
   d. Il n'y a pas de quoi.

6. a. Comment vous appelez-vous?
   b. Je vous présente Dominique.
   c. Enchanté.
   d. Comment allez-vous?

7. a. Pas mal.
   b. Très bien.
   c. Mal.
   d. Et vous?

8. a. Comment allez-vous?
   b. Comment vous appelez-vous?
   c. Et toi?
   d. Je vous en prie.

**3** **Conversez** Madeleine is introducing her classmate Khaled to Libby, an American exchange student. Complete their conversation, using a different expression from **CONTEXTES** in each blank.

**MADELEINE** (1) _____!

**KHALED** Salut, Madeleine. (2) _____?

**MADELEINE** Pas mal. (3) _____?

**KHALED** (4) _____, merci.

**MADELEINE** (5) _____ Libby. Elle est de (*She is from*) Boston.

**KHALED** (6) _____ Libby. (7) _____ Khaled. (8) _____?

**LIBBY** (9) _____, merci.

**KHALED** Oh, là, là. Je vais rater (*I am going to miss*) le bus. À bientôt.

**MADELEINE** (10) _____.

**LIBBY** (11) _____.

## Communication

**4** **Conversez** With a partner, complete these conversations. Then act them out.

**Conversation 1** Salut! Je m'appelle François. Et toi, comment t'appelles-tu?

_____

Ça va?

_____

**Conversation 2** _____

Comme ci, comme ça. Et vous?

_____

À demain, alors (*then*).

**Conversation 3** Bonsoir, je vous présente Mademoiselle Barnard.

_____

Enchanté(e).

_____

Très bien, merci. Et vous?

_____

**5** **C'est à vous!** How would you greet these people, ask them for their names, and ask them how they are doing? With a partner, write a short dialogue for each item and act them out. Pay attention to the use of **tu** and **vous**.

**1. Madame Colombier**

**2. Mademoiselle Estèves**

**3. Monsieur Marchand**

**4. Marie, Guillaume et Geneviève**

**6** **Présentations** Form groups of three. Introduce yourself, and ask your partners their names and how they are doing. Then, join another group and take turns introducing your partners.

**MODÈLE**

**Étudiant(e) 1:** *Bonjour. Je m'appelle Fatima. Et vous?*
**Étudiant(e) 2:** *Je m'appelle Fabienne.*
**Étudiant(e) 3:** *Et moi, je m'appelle Antoine. Ça va?*
**Étudiant(e) 1:** *Ça va bien, merci. Et toi?*
**Étudiant(e) 3:** *Comme ci, comme ça.*

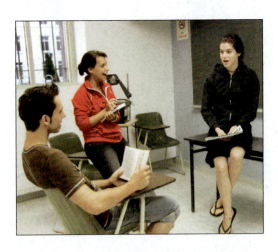

# Les sons et les lettres

**Audio: Concepts, Activities Record & Compare**

## The French alphabet

The French alphabet is made up of the same 26 letters as the English alphabet. While they look the same, some letters are pronounced differently. Here is the French name of each letter.

| lettre | | exemple | lettre | | exemple | lettre | | exemple |
|--------|--------|---------|--------|--------|---------|--------|--------|---------|
| **a** | (a) | **a**dresse | **j** | (ji) | **j**ustice | **s** | (esse) | **s**pécial |
| **b** | (bé) | **b**anane | **k** | (ka) | **k**ilomètre | **t** | (té) | **t**able |
| **c** | (cé) | **c**arotte | **l** | (elle) | **l**ion | **u** | (u) | **u**nique |
| **d** | (dé) | **d**essert | **m** | (emme) | **m**ariage | **v** | (vé) | **v**idéo |
| **e** | (e) | **e**uro | **n** | (enne) | **n**ature | **w** | (double vé) | **w**agon |
| **f** | (effe) | **f**ragile | **o** | (o) | **o**live | **x** | (iks) | **x**ylophone |
| **g** | (gé) | **g**enre | **p** | (pé) | **p**ersonne | **y** | (i grec) | **y**oga |
| **h** | (hache) | **h**éritage | **q** | (ku) | **q**uiche | **z** | (zède) | **z**éro |
| **i** | (i) | **i**nnocent | **r** | (erre) | **r**adio | | | |

Notice that some letters in French words have accents. You'll learn how they influence pronunciation in later lessons. Whenever you spell a word in French, include the name of the accent after the letter.

| accent | nom | exemple | orthographe |
|--------|-----|---------|-------------|
| ´ | *accent aigu* | **identité** | *I-D-E-N-T-I-T-E-accent aigu* |
| ` | *accent grave* | **problème** | *P-R-O-B-L-E-accent grave-M-E* |
| ^ | *accent circonflexe* | **hôpital** | *H-O-accent circonflexe-P-I-T-A-L* |
| ¨ | *tréma* | **naïve** | *N-A-I-tréma-V-E* |
| ¸ | *cédille* | **ça** | *C-cédille-A* |

**L'alphabet** Practice saying the French alphabet and example words aloud.

**Ça s'écrit comment?** Spell these words aloud in French. For double letters, use **deux: ss=deux s.**

1. judo
2. yacht
3. forêt
4. zèbre
5. existe
6. clown
7. numéro
8. français
9. musique
10. favorite
11. kangourou
12. parachute
13. différence
14. intelligent
15. dictionnaire
16. alphabet

**Dictons** Practice reading these sayings aloud.

*Grande invitation, petites portions.*[1]

*Tout est bien qui finit bien.*[2]

*Lundi    Mardi*

**ressources**

LM p. 2 | vhlcentral.com Leçon 1A

*cinq* **5**

## Au café  Video: *Roman-photo*
### Record & Compare

**PERSONNAGES**

**Amina**

**David**

**Monsieur Hulot**

**Michèle**

**Rachid**

**Sandrine**

**Stéphane**

**Valérie**

*Au kiosque...*

**SANDRINE** Bonjour, Monsieur Hulot!

**M. HULOT** Bonjour, Mademoiselle Aubry! Comment allez-vous?

**SANDRINE** Très bien, merci! Et vous?

**M. HULOT** Euh, ça va. Voici 45 (quarante-cinq) centimes. Bonne journée!

**SANDRINE** Merci, au revoir!

*À la terrasse du café...*

**AMINA** Salut!

**SANDRINE** Bonjour, Amina. Ça va?

**AMINA** Ben... ça va. Et toi?

**SANDRINE** Oui, je vais bien, merci.

**AMINA** Regarde! Voilà Rachid et... un ami?

**RACHID** Bonjour!

**AMINA ET SANDRINE** Salut!

**RACHID** Je vous présente un ami, David Duchesne.

**SANDRINE** Je m'appelle Sandrine.

**DAVID** Enchanté.

**STÉPHANE** Oh, non! Madame Richard! Le professeur de français!

**DAVID** Il y a un problème?

**STÉPHANE** Oui! L'examen de français! Présentez-vous, je vous en prie!

**VALÉRIE** Oh... l'examen de français! Oui, merci, merci, Madame Richard, merci beaucoup! De rien, au revoir!

---

**ACTIVITÉS**

**1 Vrai ou faux?** Choose whether each statement is vrai or faux.

1. Sandrine va (*is doing*) bien.
2. Sandrine et Amina sont (*are*) amies.
3. David est français.
4. David est de Washington.
5. Rachid présente son frère (*his brother*) David à Sandrine et Amina.
6. Stéphane est étudiant à l'université.

7. Il y a un problème avec l'examen de sciences politiques.
8. Amina, Rachid et Sandrine sont (*are*) à Paris.
9. Michèle est au P'tit Bistrot.
10. Madame Richard est le professeur de Stéphane.
11. Madame Forestier va mal.
12. Rachid a (*has*) cours de français dans 30 minutes.

Practice more at **vhlcentral.com**.

Les étudiants se retrouvent (*meet*) au café.

**DAVID** Et toi..., comment t'appelles-tu?
**AMINA** Je m'appelle Amina.
**RACHID** David est un étudiant américain. Il est de Washington, la capitale des États-Unis.
**AMINA** Ah, oui! Bienvenue à Aix-en-Provence.
**RACHID** Bon..., à tout à l'heure.
**SANDRINE** À bientôt, David.

*À l'intérieur (inside) du café...*
**MICHÈLE** Allô. Le P'tit Bistrot. Oui, un moment, s'il vous plaît. Madame Forestier! Le lycée de Stéphane.
**VALÉRIE** Allô. Oui. Bonjour, Madame Richard. Oui. Oui. Stéphane? Il y a un problème au lycée?

**RACHID** Bonjour, Madame Forestier. Comment allez-vous?
**VALÉRIE** Ah, ça va mal.
**RACHID** Oui? Moi, je vais bien. Je vous présente David Duchesne, étudiant américain de Washington.

**DAVID** Bonjour, Madame. Enchanté!
**RACHID** Ah, j'ai cours de sciences politiques dans 30 (trente) minutes. Au revoir, Madame Forestier. À tout à l'heure, David.

## Expressions utiles

### Introductions

- **David est un étudiant américain. Il est de Washington.**
  *David is an American student. He's from Washington.*
- **Présentez-vous, je vous en prie!**
  *Introduce yourselves, please!*
- **Il/Elle s'appelle...**
  *His/Her name is...*
- **Bienvenue à Aix-en-Provence.**
  *Welcome to Aix-en-Provence.*

### Speaking on the telephone

- **Allô.**
  *Hello.*
- **Un moment, s'il vous plaît.**
  *One moment, please.*

### Additional vocabulary

- **Regarde! Voilà Rachid et... un ami?**
  *Look! There's Rachid and... a friend?*
- **J'ai cours de sciences politiques dans 30 (trente) minutes.**
  *I have Political Science class in thirty minutes.*
- **Il y a un problème au lycée?**
  *Is there a problem at the high school?*

| | |
|---|---|
| **Il y a...** *There is/are...* | **euh** *um* |
| **Il/Elle est** *He/She is...* | **bon** *well; good* |
| **Voici...** *Here's...* | **centimes** *cents* |
| **Voilà...** *There's...* | |

**2** **Complétez** Fill in the blanks with the words from the list. Refer to the video scenes as necessary.

1. _____ à Aix-en-Provence.
2. Il est de Washington, la _____ des États-Unis.
3. _____ 45 (quarante-cinq) centimes. Bonne journée!
4. J'_____ cours de sciences politiques.
5. David _____ un étudiant américain.

| ai | est |
|---|---|
| **bienvenue** | **voici** |
| **capitale** | |

**3** **Conversez** In groups of three, write a conversation where you introduce an exchange student to a friend. Be prepared to present your conversation to the class.

ressources

| VM pp. 187–188 | DVD Leçon 1A | vhlcentral.com Leçon 1A |

**A C T I V I T É S**

Reading
Video: *Flash culture*

# La poignée de main ou la bise?

**French friends and relatives usually exchange a kiss (la bise) on alternating cheeks whenever they meet and again when they say good-bye.** Friends of friends may also kiss when introduced, even though they have just met. This is particularly true among students and young adults. It is not unusual for men of the same family to exchange **la bise**; otherwise, men generally greet one another with a handshake (**la poignée de main**). As the map shows, the number of kisses varies from place to place in France. In some regions, two kisses (one on each cheek) is the standard while in others, people may exchange as many as four kisses. Whatever the number, each kiss is accompanied by a slight kissing sound.

Unless they are also friends, business acquaintances and co-workers usually shake hands each time they meet and do so again upon leaving. A French handshake is brief and firm, with a single downward motion.

**Combien de** *How many*

**Combien de° bises?**

### Coup de main

If you are not sure whether you should shake hands or kiss someone, or if you don't know which side to start on, you can always follow the other person's lead. When in doubt, start on your right.

**1** **Vrai ou faux?** Indicate whether each statement is **vrai** or **faux**. Correct any false statements.

1. In northwestern France, giving four kisses is common.
2. Business acquaintances usually kiss one another on the cheek.
3. French people may give someone they've just met **la bise**.
4. **Bises** exchanged between French men at a family gathering are common.
5. In a business setting, French people often shake hands when they meet each day and again when they leave.
6. When shaking hands, French people prefer a long and soft handshake.
7. The number of kisses given can vary from one region to another.
8. It is customary for kisses to be given silently.

### Approaching a reading

When you first approach a reading, examine elements such as titles, photos, and tables, and ask yourself how they support the text. Look at the readings on these two facing pages and answer these questions on a separate sheet of paper:

- What information about the readings do the photos convey?
- What might the word **bises** mean?

### Les bonnes manières

In any country, an effort to speak the native language is appreciated. Using titles of respect and a few polite expressions, such as **excusez-moi**, **merci**, and **s'il vous plaît**, can take you a long way when conversing with native Francophones.

#### Dos and don'ts in the francophone world:

**France** Always greet shopkeepers upon entering a store and say good-bye upon leaving.

**Northern Africa** Use your right hand when handing items to others.

**Quebec Province** Make eye contact when shaking hands.

**Sub-Saharan Africa** Do not show the soles of your feet when sitting.

**Switzerland** Do not litter or jaywalk.

## Aix-en-Provence: ville d'eau, ville d'art°

Aix-en-Provence is a vibrant university town that welcomes international students. Its main boulevard, **le cours Mirabeau**, is great for people-watching or just relaxing at a sidewalk café. One can see many beautiful fountains, traditional and ethnic restaurants, and the daily vegetable and flower market among the winding, narrow streets of **la vieille ville** (*old town*).

Aix is also renowned for its dedication to the arts, hosting numerous cultural festivals every year such as **le Festival International d'Art Lyrique**, **Aix en Musique**, and **Danse à Aix**. For centuries, artists have been drawn to Provence for its natural beauty and the unique quality of light there. Paul Cézanne, artist and native son of Provence, spent his days painting the surrounding countryside.

**ville d'eau, ville d'art** *city of water, city of art*

### Sur Internet

**What behaviors are socially unacceptable in French-speaking countries?**

Go to **vhlcentral.com** for more information related to this **Lecture culturelle**. The watch the corresponding **Flash culture**.

---

**2** **Les bonnes manières** In which places might these behaviors be particularly offensive?

1. littering
2. offering a business card with your left hand
3. sitting with the bottom of your foot facing your host
4. failing to greet a salesperson
5. looking away when shaking hands

**3** **À vous** With a partner, practice meeting and greeting people in French in various social situations.

1. Your good friend from Provence introduces you to her close friend.
2. You walk into your neighborhood bakery.
3. You arrive for an interview with a prospective employer.

 Practice more at **vhlcentral.com**.

| ressources | |
|---|---|
| VM pp. 239–240 | vhlcentral.com Leçon 1A |

ACTIVITÉS

# STRUCTURES

**1A.1**

## Nouns and articles  **Presentation**

**Point de départ** A noun designates a person, place, or thing. As in English, nouns in French have number (singular or plural). However, French nouns also have gender (masculine or feminine).

| masculine singular | masculine plural | feminine singular | feminine plural |
|---|---|---|---|
| **le café** | **les cafés** | **la bibliothèque** | **les bibliothèques** |
| *the café* | *the cafés* | *the library* | *the libraries* |

- Nouns that designate a male are usually masculine. Nouns that designate a female are usually feminine.

| masculine | | feminine | |
|---|---|---|---|
| **l'acteur** | *the actor* | **l'actrice** | *the actress* |
| **l'ami** | *the (male) friend* | **l'amie** | *the (female) friend* |
| **le chanteur** | *the (male) singer* | **la chanteuse** | *the (female) singer* |
| **l'étudiant** | *the (male) student* | **l'étudiante** | *the (female) student* |
| **le petit ami** | *the boyfriend* | **la petite amie** | *the girlfriend* |

- Some nouns can designate either a male or a female regardless of their grammatical gender; in other words, whether the word itself is masculine or feminine.

**un professeur**
*a (male or female) professor*

**une personne**
*a (male or female) person*

- Nouns for objects that have no natural gender can be either masculine or feminine.

| masculine | | feminine | |
|---|---|---|---|
| **le bureau** | *the office; desk* | **la chose** | *the thing* |
| **le lycée** | *the high school* | **la différence** | *the difference* |
| **l'examen** | *the test, exam* | **la faculté** | *the faculty* |
| **l'objet** | *the object* | **la littérature** | *literature* |
| **l'ordinateur** | *the computer* | **la sociologie** | *sociology* |
| **le problème** | *the problem* | **l'université** | *the university* |

> **🏃 Boîte à outils**
>
> As you learn new nouns, study them with their corresponding articles. This will help you remember their gender.

- You can usually form the plural of a noun by adding **-s**.

| | singular | | plural | |
|---|---|---|---|---|
| typical masculine noun | **l'objet** | *the object* | **les objets** | *the objects* |
| typical feminine noun | **la télévision** | *the television* | **les télévisions** | *the televisions* |

> **🏃 Boîte à outils**
>
> The final **-s** in the plural form of a noun is not pronounced. Therefore **ami** and **amis** sound the same. You can determine whether the word you're hearing is singular or plural by the article that comes before it.

- However, in the case of words that end in **-eau** in the singular, add **-x** to the end to form the plural. For most nouns ending in **-al**, drop the **-al** and add **-aux**.

**le bureau**   **les bureaux**
*the office*   *the offices*

**l'animal**   **les animaux**
*the animal*   *the animals*

- When you have a group composed of males and females, use the masculine plural noun to refer to it.

  **les amis**
  *the (male and female) friends*

  **les étudiants**
  *the (male and female) students*

- The English definite article *the* never varies with number or gender of the noun it modifies. However, in French the definite article takes four different forms depending on the gender and number of the noun that it accompanies **le, la, l'** or **les**.

|  | singular noun beginning with a consonant | | singular noun beginning with a vowel sound | | plural noun | |
|---|---|---|---|---|---|---|
| masculine | **le tableau** | *the painting/ blackboard* | **l'ami** | *the (male) friend* | **les cafés** | *the cafés* |
| feminine | **la librairie** | *the bookstore* | **l'université** | *the university* | **les télévisions** | *the televisions* |

- In English, the singular indefinite article is *a/an*, and the plural indefinite article is *some*. In French, the singular indefinite articles are **un** and **une**, and the plural indefinite article is **des**. Unlike in English, the indefinite article **des** cannot be omitted in French.

|  | singular | | plural | |
|---|---|---|---|---|
| masculine | **un instrument** | *an instrument* | **des instruments** | *(some) instruments* |
| feminine | **une table** | *a table* | **des tables** | *(some) tables* |

Il y a **un ordinateur** ici.
*There's a computer here.*

Il y a **des ordinateurs** ici.
*There are (some) computers here.*

Il y a **une université** ici.
*There's a university here.*

Il y a **des universités** ici.
*There are (some) universities here.*

- Use **c'est** followed by a singular article and noun or **ce sont** followed by a plural article and noun to identify people and objects.

Qu'est-ce que **c'est**?
*What is that?*

**C'est** une librairie.
*It's a bookstore.*

**Ce sont** des bureaux.
*They're offices.*

 **Boîte à outils**

In English, you sometimes omit the definite article when making general statements.

*I love French.*

*Literature is difficult.*

In French, you must always use the definite article in such cases.

**J'adore le français.**

**La littérature est difficile.**

---

**Essayez!**  Select the correct article for each noun.

**le, la, l' ou les?**

1. ___le___ café
2. _____ bibliothèque
3. _____ acteur
4. _____ amie
5. _____ problèmes
6. _____ lycée
7. _____ examens
8. _____ littérature

**un, une ou des?**

1. ___un___ bureau
2. _____ différence
3. _____ objet
4. _____ amis
5. _____ amies
6. _____ université
7. _____ ordinateur
8. _____ tableaux

**ressources**

WB
pp. 3–4

LM
p. 3

vhlcentral.com
Leçon 1A

# STRUCTURES

## Mise en pratique

**1** **Les singuliers et les pluriels** Make the singular nouns plural, and vice versa.

1. l'actrice
2. les lycées
3. les différences
4. la chose
5. le bureau
6. le café
7. les librairies

8. la faculté
9. les acteurs
10. l'ami
11. l'université
12. les tableaux
13. le problème
14. les bibliothèques

**2** **L'université** Complete the sentences with an appropriate word from the list. Don't forget to provide the missing articles.

| bibliothèque | examen | ordinateurs | sociologie |
| bureau | faculté | petit ami | |

1. À (a) _____, les tableaux et (b) _____ sont (*are*) modernes.
2. Marc, c'est (c) _____ de (*of*) Marie. Marc étudie (*studies*) la littérature.
3. Marie étudie (d) _____. Elle (*She*) est à (e) _____ de l'université.
4. Sylvie étudie pour (*for*) (f) _____ de français.

**3** **Les mots** Find ten words (**mots**) hidden in this word jumble. Then, provide the corresponding indefinite articles.

| G | N | I | O | R | Z | Y | M | I | P | X | L | R | W |
|---|---|---|---|---|---|---|---|---|---|---|---|---|---|
| E | B | U | R | E | A | U | X | U | J | V | C | B | N |
| C | A | F | B | S | M | V | B | G | H | M | N | I | P |
| A | N | R | Y | E | I | H | K | B | E | F | K | V | F |
| J | G | O | S | T | E | J | B | O | B | E | G | D | D |
| E | K | E | L | H | N | U | Q | R | V | F | D | B | M |
| G | W | F | G | E | R | E | S | D | C | N | U | H | E |
| P | S | V | B | C | H | O | S | I | U | K | H | S | C |
| U | Q | K | S | I | Y | M | F | N | A | D | O | X | R |
| A | B | V | Z | R | I | V | V | A | J | H | W | I | J |
| E | I | W | Q | L | P | W | J | T | C | P | Y | E | Y |
| L | I | B | R | A | I | R | I | E | D | U | E | K | L |
| B | D | O | I | B | S | S | E | U | C | H | L | D | Y |
| A | Y | P | E | P | J | C | N | R | L | S | G | T | C |
| T | D | G | A | E | S | Y | L | S | V | C | A | F | E |
| S | I | J | E | M | X | K | P | Z | A | A | S | O | E |
| R | I | A | R | B | I | L | A | D | S | F | H | C | W |

# Communication

## 4 Qu'est-ce que c'est? In pairs, take turns identifying each image.

▶ **MODÈLE**

**Étudiant(e) 1:**
Qu'est-ce que c'est?

**Étudiant(e) 2:** C'est
un ordinateur.

1. _____  2. _____

3. _____  4. _____  5. _____  6. _____

## 5 Identifiez In pairs, take turns providing a category for each item.

**MODÈLE**

Michigan, UCLA, Rutgers, Duke
Ce sont des universités.

1. saxophone
2. Ross, Rachel, Joey, Monica, Chandler, Phoebe
3. SAT
4. Library of Congress
5. Sharon Stone, Debra Messing, Catherine Deneuve
6. Céline Dion, Bruce Springsteen

## 6 Le français Your partner gets French words mixed up. Correct your partner as he or she points to various people and objects in the illustration and names them. When you're done, switch roles.

**MODÈLE**

**Étudiant(e) 1:** C'est une personne.

**Étudiant(e) 2:** Non, c'est un objet.

## 7 Pictogrammes In groups of four, someone draws a person, object, or concept for the others to guess. Whoever guesses correctly draws next. Continue until everyone has drawn at least once.

# STRUCTURES

## Mise en pratique

**1** **Logique** Provide the number that completes each series. Then, write out the number in French.

**MODÈLE**

2, 4, ___6___, 8, 10; ___six___

1. 9, 12, _____, 18, 21; _____
2. 15, 20, _____, 30, 35; _____
3. 2, 9, _____, 23, 30; _____
4. 0, 10, 20, _____, 40; _____
5. 15, _____, 19, 21, 23; _____
6. 29, 26, _____, 20, 17; _____
7. 2, 5, 9, _____, 20, 27; _____
8. 30, 22, 16, 12, _____; _____

**2** **Il y a combien de...?** Provide the number that you associate with these pairs of words.

**MODÈLE**

lettres: l'alphabet **vingt-six**

1. mois (*months*): année (*year*)
2. états (*states*): USA
3. semaines (*weeks*): année
4. jours (*days*): octobre
5. âge: le vote
6. Noël: décembre

**3** **Numéros de téléphone** Your roommate left behind a list of phone numbers to call today. Now he or she calls you and asks you to read them off. (Note that French phone numbers are read as double, not single, digits.)

**MODÈLE**

*Le bureau, c'est le zéro un, vingt-trois, quarante-cinq, vingt-six, dix-neuf.*

1. *bureau: 01.23.45.26.19*
2. *bibliothèque: 01.47.15.54.17*
3. *café: 01.41.38.16.29*
4. *librairie: 01.10.13.60.23*
5. *faculté: 01.58.36.14.12*

Practice more at **vhlcentral.com.**

# Communication

**4** **Contradiction** Thierry is describing the new Internet café in the neighborhood, but Paul is in a bad mood and contradicts everything he says. In pairs, act out the roles using words from the list. Be sure to pay attention to whether the word is singular (use **un/une**) or plural (use **des**).

**MODÈLE**

**Étudiant(e) 1:** *Dans (In) le café, il y a des tables.*
**Étudiant(e) 2:** *Non, il n'y a pas de tables.*

| | |
|---|---|
| actrices | professeurs |
| bureau | tableau |
| étudiants | tables |
| ordinateur | télévision |

**5** **Sur le campus** Nathalie's inquisitive best friend wants to know everything about her new campus. In pairs, take turns acting out the roles.

**MODÈLE**

bibliothèques: 3
**Étudiant(e) 1:** *Il y a combien de bibliothèques?*
**Étudiant(e) 2:** *Il y a trois bibliothèques.*

1. professeurs de littérature: 22
2. étudiants dans (*in*) la classe de français: 15
3. télévision dans la classe de sociologie: 0
4. ordinateurs dans le café: 8
5. employés dans la librairie: 51
6. tables dans le café: 21
7. tableaux dans la bibliothèque: 47
8. personne dans le bureau: 1

**6** **Choses et personnes** In groups of three, make a list of ten things or people that you see or don't see in the classroom. Use **il y a** and **il n'y a pas de**, and specify the number of items you can find. Then, compare your list with that of another group.

**MODÈLE**

**Étudiant(e) 1:** *Il y a un étudiant français.*
**Étudiant(e) 2:** *Il n'y a pas de télévision.*
**Étudiant(e) 3:** *Il y a...*

# Révision

**1** **Des lettres** In pairs, take turns choosing nouns. One partner chooses only masculine nouns, while the other chooses only feminine. Slowly spell each noun for your partner, who will guess the word. Find out who can give the quickest answers.

**2** **Le pendu** In groups of four, play hangman (**le pendu**). Form two teams of two partners each. Take turns choosing a French word or expression you learned in this lesson for the other team to guess. Continue to play until your team guesses at least one word or expression from each category.

1. un nom féminin
2. un nom masculin
3. un nombre entre (*number between*) 0 et 30
4. un nombre entre 31 et 60
5. une expression

**3** **C'est… Ce sont…** Doug is spending a week in Paris with his French e-mail pal, Marc. As Doug points out what he sees, Marc corrects him sometimes. In pairs, act out the roles. Doug should be right half the time.

**MODÈLE**

**Étudiant(e) 1:** *C'est une bibliothèque?*
**Étudiant(e) 2:** *Non, c'est une librairie.*

1. _____     4. _____

2. _____     5. _____

3. _____     6. _____

**4** **Les présentations** In pairs, introduce yourselves. Together, meet another pair. One person per pair should introduce him or herself and his or her partner. Use the items from the list in your conversations. Switch roles until you have met all of the other pairs in the class.

| ami | étudiant |
|---|---|
| c'est | petit(e) ami(e) |
| ce sont | professeur |

**5** **S'il te plaît** You are new on campus and ask another student for help finding these places. He or she gives you the building (**le bâtiment**) and room (**la salle**) number and you thank him or her. Then, switch roles and repeat with another place from the list.

**MODÈLE**

**Étudiant(e) 1:** *Pardon… l'examen de sociologie, s'il te plaît?*
**Étudiant(e) 2:** *Ah oui… le bâtiment E, la salle dix-sept.*
**Étudiant(e) 1:** *Merci beaucoup!*
**Étudiant(e) 2:** *De rien.*

Bibliothèque d'anglais .........Bâtiment C Salle 11
Bureau de Mme Girard .......Bâtiment A Salle 35
Bureau de M. Brachet..........Bâtiment J Salle 42
Café..................................Bâtiment H Salle 59
Littérature française ............Bâtiment B Salle 46
Examen de littérature ..........Bâtiment E Salle 24
Examen de sociologie ..........Bâtiment E Salle 17
Salle de télévision .................Bâtiment F Salle 33
Salle des ordinateurs ............Bâtiment D Salle 40

**6** **Mots mélangés** You and a partner each have half the words of a wordsearch (**des mots mélangés**). Pick a number and a letter and say them to your partner, who must tell you if he or she has a letter in the corresponding space. Do not look at each other's worksheets.

Video

# Le Zapping

## Attention au sucre°!

In 2001, the INPES or **Institut national de prévention et d'éducation pour la santé°** in France started a program to educate the public about good nutrition and a healthy lifestyle. Their website, **manger-bouger°.fr,** explains how we can all become healthier eaters and why we should exercise more. One of their campaigns also raises public awareness about eating excess fat, salt, or sugar. To get the message across, the ads present foods that are rich in one of these ingredients in a new and surprising context. This particular commercial starts when two friends meet in a coffee shop. Focus on the words and phrases you are already familiar with—how the friends greet each other and how they order from the waiter—and on their body language to understand the gist of the scene.

LE SUCRE N'EST PAS TOUJOURS LÀ OÙ ON LE PENSE

Oui, et toi?

Tu veux° du sucre?

**Compréhension** Answer these questions.

1. Which definite and indefinite articles did you hear in the ad? Provide at least two examples.
2. How many coffees did these friends order?

**Discussion** In groups of three, discuss the answers to these questions. Use as much French as you can.

1. What does the waiter bring with the coffees? What does the ketchup stand for? Can you explain why?
2. Beside the ketchup, what else seems out of place in this scene?
3. Would you say that these two women are close friends? Justify your opinion.

sucre *sugar* santé *health* manger-bouger *eat-move* veux *want*

Go to **vhlcentral.com** to watch the TV clip featured in this **Le Zapping**.

Practice more at **vhlcentral.com.**

# Leçon 1B

**You will learn how to...**

- identify yourself and others
- talk about items in the classroom

# En classe

## Vocabulaire

| | |
|---|---|
| Qui est-ce? | *Who is it?* |
| Quoi? | *What?* |
| | |
| une calculatrice | *calculator* |
| une montre | *watch* |
| | |
| une porte | *door* |
| un résultat | *result* |
| une salle de classe | *classroom* |
| | |
| un(e) camarade de chambre | *roommate* |
| un(e) camarade de classe | *classmate* |
| une classe | *class (group of students)* |
| un copain/ une copine (*fam.*) | *friend* |
| un(e) élève | *pupil, student* |
| une femme | *woman* |
| une fille | *girl* |
| un garçon | *boy* |
| un homme | *man* |

une horloge

un crayon

un sac à dos

une fenêtre

un livre

un cahier

un dictionnaire

un stylo

une feuille de papier

une corbeille à papier

# Mise en pratique

 **Audio: Vocabulary**

**1** **Écoutez** 🎧 Listen to Madame Arnaud as she describes her French classroom, then check the items she mentions.

1. une porte ☐
2. un professeur ☐
3. une feuille de papier ☐
4. un dictionnaire ☐
5. une carte ☐
6. vingt-quatre cahiers ☐
7. une calculatrice ☐
8. vingt-sept chaises ☐
9. une corbeille à papier ☐
10. un stylo ☐

**2** **Chassez l'intrus** Circle the word that does not belong.

1. étudiants, élèves, professeur
2. un stylo, un crayon, un cahier
3. un livre, un dictionnaire, un stylo
4. un homme, un crayon, un garçon
5. une copine, une carte, une femme
6. une porte, une fenêtre, une chaise
7. une chaise, un professeur, une fenêtre
8. un crayon, une feuille de papier, un cahier
9. une calculatrice, une montre, une copine
10. une fille, un sac à dos, un garçon

**3** **C'est...** Work with a partner to identify the items you see in the image.

**MODÈLE**
**Étudiant(e) 1:** *Qu'est-ce que c'est?*
**Étudiant(e) 2:** *C'est un tableau.*

1. _____
2. _____
3. _____
4. _____
5. _____
6. _____
7. _____
8. _____
9. _____
10. _____
11. _____
12. _____

une carte

une chaise

## Communication

**4** **Qu'est-ce qu'il y a dans mon sac à dos?** Make a list of six different items that you have in your backpack, then work with a partner to compare your answers.

Dans mon (*my*) sac à dos, il y a

1. _____
2. _____
3. _____
4. _____
5. _____
6. _____

Dans le sac à dos de ____*nom*____, il y a

1. _____
2. _____
3. _____
4. _____
5. _____
6. _____

**5** **Qu'est-ce que c'est?** Point to eight different items around the classroom and ask a classmate to identify them. Write your partner's responses in the spaces provided below.

> **MODÈLE**
> **Étudiant(e) 1:** *Qu'est-ce que c'est?*
> **Étudiant(e) 2:** *C'est un stylo.*

1. _____
2. _____
3. _____
4. _____

5. _____
6. _____
7. _____
8. _____

**6** **Sept différences** Your instructor will give you and a partner two different drawings of a classroom. Do not look at each other's worksheets. Find seven differences between your picture and your partner's by asking each other questions and describing what you see.

> **MODÈLE**
> **Étudiant(e) 1:** *Il y a une fenêtre dans ma (my) salle de classe.*
> **Étudiant(e) 2:** *Oh! Il n'y a pas de fenêtre dans ma salle de classe.*

**7** **Pictogrammes** As a class, play pictionary.

- Take turns going to the board and drawing words you learned on pp. 20–21.
- The person drawing may not speak and may not write any letters or numbers.
- The person who guesses correctly in French what the **grand(e) artiste** is drawing will go next.
- Your instructor will time each turn and tell you if your time runs out.

# Les sons et les lettres

Audio: Concepts, Activities
Record & Compare

🎧 **Silent letters**

Final consonants of French words are usually silent.

**françai~~s~~** **spor~~t~~** **vou~~s~~** **salu~~t~~**

An unaccented **-e** (or **-es**) at the end of a word is silent, but the preceding consonant *is* pronounced.

**français~~e~~** **américain~~e~~** **orang~~es~~** **japonais~~es~~**

The consonants **-c**, **-r**, **-f**, and **-l** are usually pronounced at the ends of words. To remember these exceptions, think of the consonants in the word **c**a**r**e**f**u**l**.

| par**c** | bonjou**r** | acti**f** | anima**l** |
| la**c** | professeu**r** | naï**f** | ma**l** |

**Prononcez** Practice saying these words aloud.

1. traditionnel
2. étudiante
3. généreuse
4. téléphones
5. chocolat
6. Monsieur
7. journalistes
8. hôtel
9. sac
10. concert
11. timide
12. sénégalais
13. objet
14. normal
15. importante

**Articulez** Practice saying these sentences aloud.

1. Au revoir, Paul. À plus tard!
2. Je vais très bien. Et vous, Monsieur Dubois?
3. Qu'est-ce que c'est? C'est une calculatrice.
4. Il y a un ordinateur, une table et une chaise.
5. Frédéric et Chantal, je vous présente Michel et Éric.
6. Voici un sac à dos, des crayons et des feuilles de papier.

**Dictons** Practice reading these sayings aloud.

Mieux vaut tard que jamais.[1]

Aussitôt dit, aussitôt fait.[2]

[1] Better late than never.
[2] No sooner said than done.

ressources

LM
p. 6

vhlcentral.com
Leçon 1B

# ROMAN-PHOTO

## Les copains  Video: *Roman-photo* Record & Compare

Amina

David

Michèle

Stéphane

Touriste

Valérie

*À la terrasse du café...*

**VALÉRIE** Alors, un croissant, une crêpe et trois cafés.

**TOURISTE** Merci, Madame.

**VALÉRIE** Ah, vous êtes... américain?

**TOURISTE** Um, non, je suis anglais. Il est canadien et elle est italienne.

**VALÉRIE** Moi, je suis française.

*À l'intérieur du café...*

**VALÉRIE** Stéphane!!!

**STÉPHANE** Quoi?! Qu'est-ce que c'est?

**VALÉRIE** Qu'est-ce que c'est! Qu'est-ce que c'est! Une feuille de papier! C'est l'examen de maths! Qu'est-ce que c'est?

**STÉPHANE** Oui, euh, les maths, c'est difficile.

**VALÉRIE** Stéphane, tu es intelligent, mais tu n'es pas brillant! En classe, on fait attention au professeur, au cahier et au livre! Pas aux fenêtres. Et. Pas. Aux. Filles!

**STÉPHANE** Oh, oh, ça va!!

*À la table d'Amina et de David...*

**DAVID** Et Rachid, mon colocataire? Comment est-il?

**AMINA** Il est agréable et très poli... plutôt réservé mais c'est un étudiant brillant. Il est d'origine algérienne.

**DAVID** Et toi, Amina. Tu es de quelle origine?

**AMINA** D'origine sénégalaise.

**DAVID** Et Sandrine?

**AMINA** Sandrine? Elle est française.

**DAVID** Mais non... Comment est-elle?

**AMINA** Bon, elle est chanteuse, alors elle est un peu égoïste. Mais elle est très sociable. Et charmante. Mais attention! Elle est avec Pascal.

**DAVID** Pfft, Pascal, Pascal...

---

**ACTIVITÉS**

**1** **Identifiez** Indicate which character would make each statement: Amina (**A**), David (**D**), Michèle (**M**), Sandrine (**S**), Stéphane (**St**), or Valérie (**V**).

1. Les maths, c'est difficile.

2. En classe, on fait attention au professeur!

3. Michèle, les trois cafés sont pour les trois touristes.

4. Ah, Madame, du calme!

5. Ma mère est très impatiente!

6. J'ai (*I have*) de la famille au Sénégal.

7. Je suis une grande chanteuse!

8. Mon colocataire est très poli et intelligent.

9. Pfft, Pascal, Pascal...

10. Attention, David! Sandrine est avec Pascal.

 Practice more at **vhlcentral.com**.

**Amina, David et Stéphane passent la matinée (*spend the morning*) au café.**

*Au bar...*

**VALÉRIE** Le croissant, c'est pour l'Anglais, et la crêpe, c'est pour l'Italienne.

**MICHÈLE** Mais, Madame. Ça va? Qu'est-ce qu'il y a?

**VALÉRIE** Ben, c'est Stéphane. Des résultats d'examens, des professeurs... des problèmes!

**MICHÈLE** Ah, Madame, du calme! Je suis optimiste. C'est un garçon intelligent. Et vous, êtes-vous une femme patiente?

**VALÉRIE** Oui... oui, je suis patiente. Mais le Canadien, l'Anglais et l'Italienne sont impatients. Allez! Vite!

**VALÉRIE** Alors, ça va bien?

**AMINA** Ah, oui, merci.

**DAVID** Amina est une fille élégante et sincère.

**VALÉRIE** Oui! Elle est charmante.

**DAVID** Et Rachid, comment est-il?

**VALÉRIE** Oh! Rachid! C'est un ange! Il est intelligent, poli et modeste. Un excellent camarade de chambre.

**DAVID** Et Sandrine? Comment est-elle?

**VALÉRIE** Sandrine?! Oh, là, là. Non, non, non. Elle est avec Pascal.

---

## Expressions utiles

### Describing people

- **Vous êtes/Tu es américain?**
  *You're American?*
- **Je suis anglais. Il est canadien et elle est italienne.**
  *I'm English. He's Canadian, and she's Italian.*
- **Et Rachid, mon colocataire? Comment est-il?**
  *And Rachid, my roommate (in an apartment)? What's he like?*
- **Il est agréable et très poli... plutôt réservé mais c'est un étudiant brillant.**
  *He's nice and very polite... rather reserved, but a brilliant student.*
- **Tu es de quelle origine?**
  *(Of) What heritage are you?*
- **Je suis d'origine algérienne/sénégalaise.**
  *I'm of Algerian/Senegalese heritage.*
- **Elle est avec Pascal.**
  *She's with (dating) Pascal.*
- **Rachid! C'est un ange!**
  *Rachid! He's an angel!*

### Asking questions

- **Ça va? Qu'est-ce qu'il y a?**
  *Are you OK? What is it?/What's wrong?*

### Additional vocabulary

- **Ah, Madame, du calme!**
  *Oh, ma'am, calm down!*
- **On fait attention à...**
  *One pays attention to...*
- **Mais attention!**
  *But watch out!*
- **Allez! Vite!**
  *Go! Quickly!*
- **Mais non...**
  *Of course not...*
- **alors**
  *so*
- **mais**
  *but*
- **un peu**
  *a little*

---

**2** **Complétez** Use words from the list to describe these people in French. Refer to the video scenes and a dictionary as necessary.

1. Michèle always looks on the bright side. _____
2. Rachid gets great grades. _____
3. Amina is very honest. _____
4. Sandrine thinks about herself a lot. _____
5. Sandrine has a lot of friends. _____

| | |
|---|---|
| égoïste | |
| intelligent | |
| optimiste | |
| sincère | |
| sociable | |

**3** **Conversez** In pairs, choose the words from this list you would use to describe yourselves. What personality traits do you have in common? Be prepared to share your answers with the class.

| brillant | modeste |
|---|---|
| charmant | optimiste |
| égoïste | patient |
| élégant | sincère |
| intelligent | sociable |

**ressources**

| VM pp. 189–190 | DVD Leçon 1B | vhlcentral.com Leçon 1B |
|---|---|---|

ACTIVITÉS

CULTURE À LA LOUPE

# Qu'est-ce qu'un Français typique?

**What is your idea of a typical Frenchman?**
Do you picture a man wearing a **béret**? How about French women? Are they all fashionable and stylish? Do you picture what is shown in these photos? While real French people fitting one aspect or another of these cultural stereotypes do exist, rarely do you find individuals who fit all aspects.

France is a multicultural society with no single, national ethnicity. While the majority of French people are of Celtic or Latin descent, France has significant North and West African (e.g., Algeria, Morocco, Senegal) and Indo-Chinese (e.g., Vietnam, Laos, Cambodia) populations as well. Long a **terre d'accueil°**, France today has over eleven million foreigners and immigrants. Even as France has maintained a strong concept of its culture through the preservation of its language, history, and traditions, French culture has been enriched by the contributions of its immigrant populations. Each region of the country also has its own traditions, folklore, and, often, its own language. Regional languages, such as Provençal, Breton, and Basque, are still spoken in some areas, but the official language is, of course, French.

**terre d'accueil** *a land welcoming of newcomers*

## Immigrants in France, by country of birth

| COUNTRY NAME | NUMBER OF PEOPLE |
|---|---|
| Other European countries | 712,377 |
| Algeria | 702,811 |
| Morocco | 645,695 |
| Sub-Saharan Africa | 644,049 |
| Portugal | 576,084 |
| Other Asian countries | 339,260 |
| Italy | 323,809 |
| Spain | 262,883 |
| Turkey | 234,540 |
| Tunisia | 231,062 |
| Cambodia, Laos, Vietnam | 162,063 |
| UK | 142,949 |

A C T I V I T É S

**1** **Vrai ou faux?** Indicate whether each statement is **vrai** or **faux.**

1. Cultural stereotypes are generally true for most people in France.
2. People in France no longer speak regional languages.
3. Many immigrants from North Africa live in France.
4. More immigrants in France come from Portugal than from Morocco.
5. Algerians and Moroccans represent the largest immigrant populations in France.
6. Immigrant cultures have little impact on French culture.
7. Because of immigration, France is losing its cultural identity.
8. French culture differs from region to region.
9. Most French people are of Anglo-Saxon heritage.
10. For many years, France has received immigrants from many countries.

### Recognizing cognates

Cognates are words that share similar meanings and spellings in two or more languages. These words not only look alike, but they also mean the same thing in French and English: **actif** *active*, **fantastique** *fantastic*, **sociologie** *sociology*. When reading in French, it's helpful to look for cognates and use them to guess the meaning of what you read. Make a list of the cognates you recognize in the **Le monde francophone** selection below, along with their English equivalents.

## LE MONDE FRANCOPHONE

### Les langues

Many francophone countries are multilingual, some with several official languages.

**Switzerland** German, French, Italian, and Romansh are all official languages. German is spoken by about 74% of the population and French by about 21%. Italian and Romansh speakers together account for about 5% of the country's population.

**Belgium** There are three official languages: French, Dutch, and German. Wallon, the local variety of French, is used by one-third of the population. Flemish, spoken primarily in the north, is used by roughly two-thirds of Belgians.

**Morocco** Classical Arabic is the official language, but most people speak the Moroccan dialect of Arabic. Berber is spoken by about 10 million people, and French remains Morocco's unofficial third language.

## PORTRAIT

# Superdupont

*Superdupont* is an ultra-French superhero in a popular comic strip parodying French nationalism. The protector of all things French, he battles the secret enemy organization **Anti-France**, whose agents speak **anti-français**, a mixture of English, Spanish, Italian, Russian, and German. *Superdupont* embodies just about every French stereotype imaginable. For example, the name Dupont, much like Smith in the United States, is extremely common in France. In addition to his **béret** and moustache, he wears a blue, white, and red belt around his waist representing **le drapeau français** (*the French flag*). Physically, he is overweight and has a red nose—signs that he appreciates rich French food and wine. Finally, on his arm is **un coq** (*a rooster*), the national symbol of France. The Latin word for rooster (*gallus*) also means "inhabitant of Gaul," as France used to be called.

### Sur Internet

 What countries are former French colonies?

Go to **vhlcentral.com** to find more cultural information related to this **Lecture culturelle**.

---

**2** **Complétez** Provide responses to these questions.

1. France is often symbolized by this bird: _____.
2. _____ are the colors of the French flag.
3. France was once named _____.
4. There are _____ official languages in Switzerland.
5. In Belgium, _____ is spoken by 60% of the population.

**3** **Et les Américains?** What might a comic-book character based on a "typical American" be like? With a partner, brainstorm a list of stereotypes to create a profile for such a character. Compare the profile you create with your classmates'. Do they fairly represent Americans? Why or why not?

**ressources**

vhlcentral.com
Leçon 1B

**A C T I V I T É S**

# STRUCTURES

## Subject pronouns and the verb *être*

**Presentation**

**Point de départ** In French, as in English, the subject of a verb is the person or thing that carries out the action. The verb expresses the action itself.

SUBJECT ⟷ VERB

**Le professeur  parle français.**
*The professor  speaks French.*

### Subject pronouns

- Subject pronouns replace a noun that is the subject of a verb.

SUBJECT PRONOUN ⟷ VERB

**Il  parle français.**
*He  speaks French.*

| French subject pronouns | | | | |
|---|---|---|---|---|
| | **singular** | | **plural** | |
| first person | **je** | *I* | **nous** | *we* |
| second person | **tu** | *you* | **vous** | *you* |
| third person | **il** | *he/it (masc.)* | **ils** | *they (masc.)* |
| | **elle** | *she/it (fem.)* | **elles** | *they (fem.)* |
| | **on** | *one* | | |

- Subject pronouns in French show number (singular vs. plural) and gender (masculine vs. feminine). When a subject consists of both males and females, use the masculine form of the pronoun to replace it.

**Rémy et Marie** dansent très bien.
**Ils** dansent très bien.
*They dance very well.*

**M. et Mme Diop** sont de Dakar.
**Ils** sont de Dakar.
*They are from Dakar.*

- Use **tu** for informal address and **vous** for formal. **Vous** is also the plural form of *you*, both informal and formal.

Comment vas-**tu**?
*How's it going?*

Comment allez-**vous**?
*How are you?*

Comment t'appelles-**tu**?
*What's your name?*

Comment vous appelez-**vous**?
*What is/What are your name(s)?*

- The subject pronoun **on** refers to people in general, just as the English subject pronouns *one*, *they*, or *you* sometimes do. **On** can also mean *we* in a casual style. **On** always takes the same verb form as **il** and **elle**.

En France, **on** parle français.
*In France, they speak French.*

**On** est au café.
*We are at the coffee shop.*

## The verb *être*

- **Être** (*to be*) is an irregular verb; its conjugation (set of forms for different subjects) does not follow a pattern. The form **être** is called the infinitive; it does not correspond to any particular subject.

| *être* (to be) | | | |
|---|---|---|---|
| **je suis** | *I am* | **nous sommes** | *we are* |
| **tu es** | *you are* | **vous êtes** | *you are* |
| **il/elle est** | *he/she/it is* | **ils/elles sont** | *they are* |
| **on est** | *one is* | | |

- Note that the **-s** of the subject pronoun **vous** is pronounced as an English *z* in the phrase **vous êtes**.

**Vous êtes** à Paris.
*You are in Paris.*

**Vous êtes** M. Leclerc? Enchantée.
*Are you Mr. Leclerc? Pleased to meet you.*

## *C'est* and *il/elle* est

- Use **c'est** or its plural form **ce sont** plus a noun to identify who or what someone or something is. Remember to use an article before the noun.

**C'est** un téléphone.
*That's a phone.*

**Ce sont** des photos.
*Those are pictures.*

- When the expressions **c'est** and **ce sont** are followed by proper names, don't use an article before the names.

**C'est** Amina.
*That's Amina.*

**Ce sont** Amélie et Anne.
*That's Amélie and Anne.*

- Use **il/elle est** and **ils/elles sont** to refer to someone or something previously mentioned.

La bibliothèque? **Elle est** moderne.
*The library? It's modern.*

Nathalie et Félix? **Ils sont** intelligents.
*Nathalie and Félix? They are intelligent.*

- Use the phrases **il/elle est** and **ils/elles sont** to tell someone's profession. Note that in French, you do not use the article before the profession.

Voilà M. Richard. **Il est** acteur.
*There's Mr. Richard. He's an actor.*

**Elles sont** chanteuses.
*They are singers.*

### Boîte à outils

Use **c'est** or **ce sont** instead of **il/elle est** and **ils/elles sont** when you have an adjective qualifying the noun that follows:

**C'est un professeur intelligent.**
*He is an intelligent professor.*

**Ce sont des actrices élégantes.**
*Those are elegant actresses.*

**ressources**

WB
pp. 9–10

LM
p. 7

Ⓢ
vhlcentral.com
Leçon 1B

---

**Essayez!** Fill in the blanks with the correct forms of the verb *être*.

1. Je _____ *suis* _____ ici.
2. Ils _____ intelligents.
3. Tu _____ étudiante.
4. Nous _____ à Québec.
5. Vous _____ Mme Lacroix?
6. Marie _____ chanteuse.

# STRUCTURES

## Mise en pratique

**1** **Pascal répète** Pascal repeats everything his older sister Odile says. Give his response after each statement, using subject pronouns.

**MODÈLE**

Chantal est étudiante.
*Elle est étudiante.*

1. Les professeurs sont en Tunisie.
2. Mon (*My*) petit ami Charles n'est pas ici.
3. Moi, je suis chanteuse.
4. Nadège et moi, nous sommes à l'université.
5. Tu es un ami.
6. L'ordinateur est dans (*in*) la chambre.
7. Claude et Charles sont là.
8. Lucien et toi (*you*), vous êtes copains.

**2** **Où sont-ils?** Thérèse wants to know where all her friends are. Tell her by completing the sentences with the appropriate subject pronouns and the correct forms of **être**.

**MODÈLE**

Sylvie / au café
*Elle est au café.*

1. Georges / à la faculté de médecine
2. Marie et moi / dans (*in*) la salle de classe
3. Christine et Anne / à la bibliothèque
4. Richard et Vincent / là-bas
5. Véronique, Marc et Anne / à la librairie
6. Jeanne / au bureau
7. Hugo et Isabelle / au lycée
8. Martin / au bureau

**3** **Identifiez** Describe these photos using **c'est, ce sont, il/elle est,** or **ils/elles sont.**

1. _____ un acteur.
2. _____ ici.
3. _____ copines.

4. _____ chanteuse.
5. _____ là.
6. _____ des montres.

Practice more at **vhlcentral.com.**

# Communication

**4**  **Assemblez** In pairs, take turns using the verb **être** to combine elements from both columns. Talk about yourselves and people you know.

| A | B |
|---|---|
| **Singulier:** | |
| Je | agréable |
| Tu | d'origine française |
| Mon (*My*, masc.) prof | difficile |
| Mon/Ma (*My*, fem.) | étudiant(e) |
|   camarade de chambre | sincère |
| Mon cours | sociable |
| | |
| **Pluriel:** | |
| Nous | agréables |
| Mes (*My*) profs | copains/copines |
| Mes camarades de | difficiles |
|   chambre | étudiant(e)s |
| Mes cours | sincères |

**5** **Qui est-ce?** In pairs, identify who or what is in each picture. If possible, use **il/elle est** or **ils/elles sont** to add something else about each person or place.

▶ **MODÈLE**

*C'est Céline Dion. Elle est chanteuse.*

1. _____  2. _____

3. _____  4. _____  5. _____  6. _____

**6** **On est comment?** In pairs, take turns describing these famous people using the phrases **C'est, Ce sont, Il/Elle est,** or **Ils/Elles sont** and words from the box. You can also use negative phrases to describe them.

| professeur(s) | actrice(s) | chanteuse(s) |
|---|---|---|
| chanteur(s) | adorable(s) | pessimiste(s) |
| pessimiste(s) | timide(s) | acteur(s) |

1. Justin Bieber
2. Rihanna et Gwen Stefani
3. Barack Obama
4. Johnny Depp
5. Lucille Ball et Desi Arnaz
6. Meryl Streep

**7** **Enchanté** You and your roommate are in a campus bookstore. You run into one of his or her classmates, whom you've never met. In a brief conversation, introduce yourselves, ask how you are, and say something about yourselves using a form of **être**.

# STRUCTURES

## Adjective agreement  Presentation

**Point de départ** Adjectives are words that describe people, places, and things. In French, adjectives are often used with the verb **être** to point out the qualities of nouns or pronouns.

> *Le cours est **difficile**.*

> *Je suis **optimiste**.*

- Many adjectives in French are cognates; that is, they have the same or similar spellings and meanings in French and English.

| Cognate descriptive adjectives | | | |
|---|---|---|---|
| **agréable** | *pleasant* | **intelligent(e)** | *intelligent* |
| **amusant(e)** | *fun* | **intéressant(e)** | *interesting* |
| **brillant(e)** | *brilliant* | **occupé(e)** | *busy* |
| **charmant(e)** | *charming* | **optimiste** | *optimistic* |
| **désagréable** | *unpleasant* | **patient(e)** | *patient* |
| **différent(e)** | *different* | **pessimiste** | *pessimistic* |
| **difficile** | *difficult* | **poli(e)** | *polite* |
| **égoïste** | *selfish* | **réservé(e)** | *reserved* |
| **élégant(e)** | *elegant* | **sincère** | *sincere* |
| **impatient(e)** | *impatient* | **sociable** | *sociable* |
| **important(e)** | *important* | **sympathique (sympa)** | *nice* |
| **indépendant(e)** | *independent* | **timide** | *shy* |

- In French, most adjectives agree in number and gender with the nouns they describe. Most adjectives form the feminine by adding a silent **-e** (no accent) to the end of the masculine form. Adding a silent **-s** to the end of masculine and feminine forms gives you the plural forms of both.

**Boîte à outils**

Use the masculine plural form of an adjective to describe a group composed of masculine and feminine nouns: **Henri et Patricia sont élégants.**

|  | masculine | feminine |
|---|---|---|
| singular | *patient* | *patiente* |
| plural | *patients* | *patientes* |

**Henri** est **élégant.**
*Henri is elegant.*

**Claire et Lise** sont **élégantes.**
*Claire and Lise are elegant.*

- If the masculine form of the adjective already ends in an unaccented **–e**, do not add another one for the feminine form.

MASCULINE SINGULAR   NO CHANGE   FEMININE SINGULAR

**optimiste** ⟷ **optimiste**

- French adjectives are usually placed after the noun they modify when they don't directly follow a form of **être**.

  Ce sont des **étudiantes brillantes.**
  *They're brilliant students.*

  Bernard est un homme **agréable et poli.**
  *Bernard is a pleasant and polite man.*

- Here are some adjectives of nationality. Note that the **-n** of adjectives that end in **-ien** doubles before the final **-e** of the feminine form: **algérienne**, **canadienne**, **italienne**, **vietnamienne**.

| Adjectives of nationality | | | |
|---|---|---|---|
| **algérien(ne)** | *Algerian* | **japonais(e)** | *Japanese* |
| **allemand(e)** | *German* | **marocain(e)** | *Moroccan* |
| **anglais(e)** | *English* | **martiniquais(e)** | *from Martinique* |
| **américain(e)** | *American* | **mexicain(e)** | *Mexican* |
| **canadien(ne)** | *Canadian* | **québécois(e)** | *from Quebec* |
| **espagnol(e)** | *Spanish* | **sénégalais(e)** | *Senegalese* |
| **français(e)** | *French* | **suisse** | *Swiss* |
| **italien(ne)** | *Italian* | **vietnamien(ne)** | *Vietnamese* |

- The first letter of adjectives of nationality is not capitalized.

**Il est américain.**

**Elle est française.**

- An adjective whose masculine singular form already ends in **-s** keeps the identical form in the masculine plural.

  Pierre est **un ami sénégalais.**
  *Pierre is a Senegalese friend.*

  Pierre et Yves sont **des amis sénégalais.**
  *Pierre and Yves are Senegalese friends.*

- To ask someone's nationality or heritage, use **Quelle est ta/votre nationalité?** or **Tu es/Vous êtes de quelle origine?**

  **Quelle est votre nationalité?**
  *What is your nationality?*

  **Je suis de nationalité canadienne.**
  *I'm Canadian.*

  **Tu es de quelle origine?**
  *What is your heritage?*

  **Je suis d'origine italienne.**
  *I'm of Italian heritage.*

**Essayez!**    **Write in the correct forms of the adjectives.**

1. Marc est __*timide*__ (timide).
2. Ils sont _____ (anglais).
3. Elle adore la littérature _____ (français).
4. Ce sont des actrices _____ (suisse).
5. Marie n'est pas _____ (mexicain).
6. Les actrices sont _____ (impatient).
7. Elles sont _____ (réservé).
8. Il y a des universités _____ (important).
9. Christelle est _____ (amusant).
10. Les étudiants sont _____ (poli) en cours.
11. Mme Castillion est très _____ (occupé).
12. Luc et moi, nous sommes _____ (sincère).

# STRUCTURES

## Mise en pratique

**1** **Nous aussi!** Jean-Paul is bragging about himself, but his younger sisters Stéphanie and Gisèle believe they possess the same attributes. Provide their responses.

> **MODÈLE**
>
> Je suis amusant.
> *Nous aussi, nous sommes amusantes.*

1. Je suis intelligent. _____
2. Je suis sincère. _____
3. Je suis élégant. _____
4. Je suis patient. _____
5. Je suis sociable. _____
6. Je suis poli. _____
7. Je suis charmant. _____
8. Je suis optimiste. _____

**2** **Les nationalités** You are with a group of students from all over the world. Indicate their nationalities according to the cities they come from.

> **MODÈLE**
>
> Monique est de (*from*) Paris.
> *Elle est française.*

1. Les amies Fumiko et Keiko sont de Tokyo.
2. Hans est de Berlin.
3. Juan et Pablo sont de Guadalajara.
4. Wendy est de Londres.
5. Jared est de San Francisco.
6. Francesca est de Rome.
7. Aboud et Moustafa sont de Casablanca.
8. Jean-Pierre et Mario sont de Québec.

**3** **Voilà Mme...** Your parents are having a party and you point out different people to your friend. Use one of the adjectives you just learned each time.

> **MODÈLE**
>
> *Voilà M. Duval. Il est sénégalais.*
> *C'est un ami.*

M. Duval

Catherine et Jeanne    M. Forestier    Georges et Denise    Mme Malbon

Practice more at **vhlcentral.com.**

## Communication

**4**  **Interview** You are looking for a roommate and interview someone to see what he or she is like. In pairs, play both roles. Are you compatible roommates?

**MODÈLE**

pessimiste

**Étudiant(e) 1:** *Tu es pessimiste?*
**Étudiant(e) 2:** *Non, je suis optimiste.*

1. impatient
2. modeste
3. timide
4. sincère

5. égoïste
6. sociable
7. indépendant
8. amusant

**5** **Ils sont comment?** In pairs, take turns describing each item below. Tell your partner whether you agree (**C'est vrai**) or disagree (**C'est faux**) with the descriptions.

**MODÈLE**

Johnny Depp
**Étudiant(e) 1:** *C'est un acteur désagréable.*
**Étudiant(e) 2:** *C'est faux. Il est charmant.*

1. Beyoncé et Céline Dion
2. les étudiants de Harvard
3. Usher
4. la classe de français
5. le président des États-Unis (*United States*)
6. Tom Hanks et Gérard Depardieu
7. le prof de français
8. Steven Spielberg
9. notre (*our*) université
10. Kate Winslet et Julia Roberts

**6** **Au café** You and two classmates are talking about your new bosses (**patrons**), each of whom is very different from the other two. In groups of three, create a dialogue in which you greet one another and describe your bosses.

# Révision

**1 Festival francophone** With a partner, choose two characters from the list and act out a conversation between them. The people are meeting for the first time at a francophone festival. Then, change characters and repeat.

**Angélique, Sénégal**

Abdel, Algérie

**Laurent, Martinique**

Sylvain, Suisse

**Hélène, Canada**

Daniel, France

**Mai, Viêt-Nam**

**Nora, Maroc**

**2 Tu ou vous?** How would the conversations between the characters in **Activité 1** differ if they were all 19-year-old students at a university orientation? Write out what you would have said differently. Then, exchange papers with a new partner and make corrections. Return the paper to your partner and act out the conversation using a different character from last time.

**3 En commun** In pairs, tell your partner the name of a friend. Use adjectives to say what you both (**tous les deux**) have in common. Then, share with the class what you learned about your partner and his or her friend.

**MODÈLE**

*Charles est un ami. Nous sommes tous les deux amusants.*
*Nous sommes patients aussi.*

**4 Comment es-tu?** Your instructor will give you a worksheet. Survey as many classmates as possible to ask if they would use the adjectives listed to describe themselves. Then, decide which two students in the class are most similar.

**MODÈLE**

**Étudiant(e) 1:** *Tu es timide?*
**Étudiant(e) 2:** *Non. Je suis sociable.*

| Adjectifs | Nom |
|---|---|
| 1. timide | Éric |
| 2. impatient (e) | |
| 3. optimiste | |
| 4. réservé (e) | |
| 5. charmant (e) | |
| 6. poli (e) | |
| 7. agréable | |
| 8. amusant (e) | |

**5 Mes camarades de classe** Write a brief description of the students in your French class. What are their names? What are their personalities like? What is their heritage? Use all the French you have learned so far. Your paragraph should be at least eight sentences long. Remember, be complimentary!

**6 Les descriptions** Your instructor will give you one set of drawings of eight people and a different set to your partner. Each person in your drawings has something in common with a person in your partner's drawings. Find out what it is without looking at your partner's sheet.

**MODÈLE**

**Étudiant(e) 1:** *Jean est à la bibliothèque.*
**Étudiant(e) 2:** *Gina est à la bibliothèque.*
**Étudiant(e) 1:** *Jean et Gina sont à la bibliothèque.*

# Écriture

## Writing in French

Why do we write? All writing has a purpose. For example, we may write a poem to reveal our innermost feelings, a letter to share information, or an essay to persuade others to accept a point of view. People are not born proficient writers, however. Writing requires time, thought, effort, and a lot of practice. Here are some tips to help you write more effectively in French.

### DO

▶ Try to write your ideas in French

▶ Try to make an outline of your ideas

▶ Decide what the purpose of your writing will be

▶ Use the grammar and vocabulary that you know

▶ Use your textbook for examples of style, format, and expressions in French

▶ Use your imagination and creativity to make your writing more interesting

▶ Put yourself in your reader's place to determine if your writing is interesting

### AVOID

▶ Translating your ideas from English to French

▶ Simply repeating what is in the textbook or on a web page

▶ Using a bilingual dictionary until you have learned how to use one effectively

## Thème

### Faites une liste!

Imagine that several French-speaking students will be spending a year at your school. You've been asked to put together a list of people and places that might be useful and of interest to them. Your list should include:

- Your name, address, phone number(s) (home and/or mobile), and e-mail address

- The names of two or three other students in your French class, their addresses, phone numbers, and e-mail addresses

- Your French teacher's name, office and/or mobile phone number(s), e-mail address, as well as his or her office hours

- Your school library's phone number and hours

- The names, addresses, and phone numbers of three places near your school where students like to go (a bookstore, a coffee shop or restaurant, a theater, a skate park, etc.)

NOM: *Madame Smith (professeur de français)*  ☎

ADRESSE: *McNeil University*  ✉

NUMÉRO DE TÉLÉPHONE: *645-3458 (bureau)*

NUMÉRO DE PORTABLE: *919-0040*

ADRESSE E-MAIL: *absmith@yahoo.com*

NOTES: *Heures de bureau: 8h00–9h00*

NOM: *Skate World*

ADRESSE: *8970 McNeil Road*

NUMÉRO DE TÉLÉPHONE: *658-0349*

NUMÉRO DE PORTABLE: *—*

ADRESSE E-MAIL: *skate@skateworld.com*

NOTES: *—*

# SAVOIR-FAIRE

# Panorama

## Le monde francophone

### Les pays en chiffres°

Organisation internationale de la Francophonie

▶ **Nombre de pays°** où le français est **langue° officielle:** *28*

▶ **Nombre de pays où le français est parlé°:** *plus de° 60*

▶ **Nombre de francophones dans le monde°:** *175.000.000 (cent soixante-quinze millions)*

SOURCE: Organisation internationale de la Francophonie

### Villes capitales

▶ **Algérie:** *Alger*
▶ **Cameroun:** *Yaoundé*
▶ **France:** *Paris*
▶ **Guinée:** *Conakry*
▶ **Haïti:** *Port-au-Prince*

▶ **Laos:** *Vientiane*
▶ **Mali:** *Bamako*
▶ **Rwanda:** *Kigali*
▶ **Seychelles:** *Victoria*
▶ **Suisse:** *Berne*

### Francophones célèbres

▶ **Marie Curie,** *Pologne, scientifique, prix Nobel en chimie et physique (1867–1934)*

▶ **René Magritte,** *Belgique, peintre° (1898–1967)*

▶ **Ousmane Sembène,** *Sénégal, cinéaste° et écrivain° (1923–2007)*

▶ **Jean Reno,** *Maroc, acteur (1948– )*

▶ **Céline Dion,** *Québec, chanteuse° (1968– )*

▶ **Marie-José Pérec,** *Guadeloupe, coureuse° olympique (1968– )*

Heiva°, Papeete, Tahiti

L'AMÉRIQUE DU NORD

L'EUROPE

LA FRANCE

L'OCÉAN ATLANTIQUE

L'ASIE

L'AFRIQUE

L'OCÉAN PACIFIQUE

L'AMÉRIQUE DU SUD

L'OCÉAN INDIEN

**PAYS FRANCOPHONES EN ASIE**

LE LAOS

LE CAMBODGE

L'OCÉAN INDIEN

LE VIÊT-NAM

la mosquée de la plage d'Ouakam, Dakar, Sénégal

0     3,000 milles
0     3,000 kilomètres

■ Pays et régions francophones

### Incroyable mais vrai!

La langue française est une des rares langues à être parlées sur° cinq continents. C'est aussi la langue officielle de beaucoup d'organisations internationales comme° l'OTAN°, les Nations unies, l'Union européenne, et aussi des Jeux° Olympiques! Le français est la deuxième° langue enseignée° dans le monde, après l'anglais.

**chiffres** *numbers* **pays** *countries* **langue** *language* **parlé** *spoken* **plus de** *more than* **monde** *world* **peintre** *painter* **cinéaste** *filmmaker* **écrivain** *writer* **chanteuse** *singer* **coureuse** *runner* **sur** *on* **comme** *such as* **l'OTAN** *NATO* **Jeux** *Games* **deuxième** *second* **enseignée** *taught* **Heiva** *an annual Tahitian festival*

## La société

### Le français au Québec

Au Québec, province du Canada, le français est la langue officielle, parlée par° 82% (quatre-vingt-deux pour cent) de la population. Les Québécois, pour° préserver l'usage de la langue, ont° une loi° qui oblige l'affichage° en français dans les lieux° publics. Le français est aussi la langue co-officielle du Canada: les employés du gouvernement doivent° être bilingues.

## Les gens

### Les francophones d'Algérie

Depuis° 1830 (mille huit cent trente), date de l'acquisition de l'Algérie par la France, l'influence culturelle française y° est très importante. À présent ancienne° colonie, l'Algérie est un des plus grands° pays francophones au monde. L'arabe est la langue officielle, mais le français est la deuxième langue parlée et est compris° par la majorité de la population algérienne.

## Les destinations

### La Louisiane

Ce territoire au sud° des États-Unis a été nommé° «Louisiane» en l'honneur du Roi° de France Louis XIV. En 1803 (mille huit cent trois), Napoléon Bonaparte vend° la colonie aux États-Unis pour 15 millions de dollars, pour empêcher° son acquisition par les Britanniques. Aujourd'hui° en Louisiane, 200.000 (deux cent mille) personnes parlent° le français cajun. La Louisiane est connue° pour sa° cuisine cajun, comme° le jambalaya, ici sur° la photo avec le chef Paul Prudhomme.

## Les traditions

### La Journée internationale de la Francophonie

Chaque année°, l'Organisation internationale de la Francophonie (O.I.F.) coordonne la Journée internationale de la Francophonie. Dans plus de° 100 (cent) pays et sur cinq continents, on célèbre la langue française et la diversité culturelle francophone avec des festivals de musique, de gastronomie, de théâtre, de danse et de cinéma. Le rôle principal de l'O.I.F. est la promotion de la langue française et la défense de la diversité culturelle et linguistique du monde francophone.

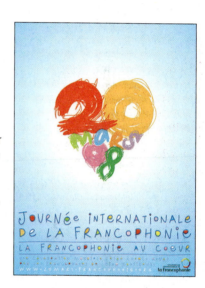

**Qu'est-ce que vous avez appris?** Complete the sentences.

1. _____ est un cinéaste africain.
2. _____ de personnes parlent français dans le monde.
3. _____ est responsable de la promotion de la diversité culturelle francophone.
4. Les employés du gouvernement du Canada parlent _____.
5. En Algérie, la langue officielle est _____.
6. Une majorité d'Algériens comprend (*understands*) _____.
7. Le nom «Louisiane» vient du (*comes from the*) nom de _____.
8. Plus de 100 pays célèbrent _____.
9. Le français est parlé sur _____ continents.
10. En 1803, Napoléon Bonaparte vend _____ aux États-Unis.

**ressources**

WB
pp. 13–14

vhlcentral.com
Unité 1

## Sur Internet

Go to **vhlcentral.com** for more information related to this **Panorama**.

1. Les États-Unis célèbrent la Journée internationale de la Francophonie. Faites (*Make*) une liste de trois événements (*events*) et dites (*say*) où ils ont lieu (*take place*).

2. Trouvez des informations sur un(e) chanteur/chanteuse francophone célèbre aux États-Unis. Citez (*Cite*) trois titres de chanson (*song titles*).

**parlée par** *spoken by* **pour** *in order to* **ont** *have* **loi** *law* **affichage** *posting* **lieux** *places* **doivent** *must* **Depuis** *Since* **y** *there* **ancienne** *former* **un des plus grands** *one of the largest* **compris** *understood* **au sud** *in the South* **a été nommé** *was named* **Roi** *King* **vend** *sells* **empêcher** *to prevent* **Aujourd'hui** *Today* **parlent** *speak* **connue** *known* **sa** *its* **comme** *such as* **sur** *in* **Chaque année** *Each year* **Dans plus de** *In more than*

## Le campus

| | |
|---|---|
| une bibliothèque | library |
| un café | café |
| une faculté | university; faculty |
| une librairie | bookstore |
| un lycée | high school |
| une salle de classe | classroom |
| une université | university |
| un dictionnaire | dictionary |
| une différence | difference |
| un examen | exam, test |
| la littérature | literature |
| un livre | book |
| un problème | problem |
| un résultat | result |
| la sociologie | sociology |
| un bureau | desk; office |
| une carte | map |
| une chaise | chair |
| une fenêtre | window |
| une horloge | clock |
| un ordinateur | computer |
| une porte | door |
| une table | table |
| un tableau | blackboard; painting |
| la télévision | television |
| un cahier | notebook |
| une calculatrice | calculator |
| une chose | thing |
| une corbeille (à papier) | wastebasket |
| un crayon | pencil |
| une feuille de papier | sheet of paper |
| un instrument | instrument |
| une montre | watch |
| un objet | object |
| un sac à dos | backpack |
| un stylo | pen |

## Les personnes

| | |
|---|---|
| un(e) ami(e) | friend |
| un(e) camarade de chambre | roommate |
| un(e) camarade de classe | classmate |
| une classe | class (group of students) |
| un copain/une copine (fam.) | friend |
| un(e) élève | pupil, student |
| un(e) étudiant(e) | student |
| un(e) petit(e) ami(e) | boyfriend/girlfriend |
| une femme | woman |
| une fille | girl |
| un garçon | boy |
| un homme | man |
| une personne | person |
| un acteur/une actrice | actor |
| un chanteur/ une chanteuse | singer |
| un professeur | teacher, professor |

## Les présentations

| | |
|---|---|
| Comment vous appelez-vous? (form.) | What is your name? |
| Comment t'appelles-tu? (fam.) | What is your name? |
| Enchanté(e). | Delighted. |
| Et vous/toi? (form./fam.) | And you? |
| Je m'appelle... | My name is... |
| Je vous/te présente... (form./fam.) | I would like to introduce (name) to you. |

## Identifier

| | |
|---|---|
| c'est/ce sont | it's/they are |
| Combien...? | How much/many...? |
| ici | here |
| Il y a... | There is/are... |
| là | there |
| là-bas | over there |
| Qu'est-ce que c'est? | What is it? |
| Qui est-ce? | Who is it? |
| Quoi? | What? |
| voici | here is/are |
| voilà | there is/are |

## Bonjour et au revoir

| | |
|---|---|
| À bientôt. | See you soon. |
| À demain. | See you tomorrow. |
| À plus tard. | See you later. |
| À tout à l'heure. | See you later. |
| Au revoir. | Good-bye. |
| Bonne journée! | Have a good day! |
| Bonjour. | Good morning.; Hello. |
| Bonsoir. | Good evening.; Hello. |
| Salut! | Hi!; Bye! |

## Comment ça va?

| | |
|---|---|
| Ça va? | What's up?; How are things? |
| Comment allez-vous? (form.) | How are you? |
| Comment vas-tu? (fam.) | How are you? |
| Comme ci, comme ça. | So-so. |
| Je vais bien/mal. | I am doing well/badly. |
| Moi aussi. | Me too. |
| Pas mal. | Not badly. |
| Très bien. | Very well. |

## Expressions de politesse

| | |
|---|---|
| De rien. | You're welcome. |
| Excusez-moi. (form.) | Excuse me. |
| Excuse-moi. (fam.) | Excuse me. |
| Il n'y a pas de quoi. | It's nothing.; You're welcome. |
| Je vous en prie. (form.) | Please.; You're welcome. |
| Merci beaucoup. | Thank you very much. |
| Monsieur (M.) | Sir (Mr.) |
| Madame (Mme) | Ma'am (Mrs.) |
| Mademoiselle (Mlle) | Miss |
| Pardon. | Pardon (me). |
| S'il vous/te plaît. (form./fam.) | Please. |

| | |
|---|---|
| *Expressions utiles* | See pp. 7 and 25. |
| Numbers 0–60 | See p. 14. |
| Subject pronouns | See p. 28. |
| *être* | See p. 29. |
| Descriptive adjectives | See p. 32. |
| Adjectives of nationality | See p. 33. |

# À la fac

## Pour commencer

- What object is on the table?
  a. une montre   b. un stylo   c. un tableau
- What is Rachid looking at?
  a. un cahier   b. un ordinateur   c. un livre
- How does Rachid look in this photo?
  a. intelligent   b. sociable   c. égoïste
- Which word describes what he is doing?
  a. arriver   b. voyager   c. étudier

# Leçon 2A

**You will learn how to...**
- talk about your classes
- ask questions and express negation

# Les cours

la biologie

l'architecture (f.)

Je déteste
la physique! (détester)

J'adore le stylisme
de mode! (adorer)

le stylisme
de mode

la physique

l'informatique (f.)

les mathématiques (f.)

## Vocabulaire

| | |
|---|---|
| J'aime bien... | I like... |
| Je n'aime pas tellement... | I don't like... very much |
| être reçu(e) à un examen | to pass an exam |
| | |
| l'art (*m.*) | art |
| la chimie | chemistry |
| le droit | law |
| l'éducation physique (*f.*) | physical education |
| la géographie | geography |
| la gestion | business administration |
| les lettres (*f.*) | humanities |
| la philosophie | philosophy |
| les sciences (politiques / po) (*f.*) | (political) science |
| | |
| une bourse | scholarship, grant |
| un cours | class, course |
| un devoir; les devoirs | homework |
| un diplôme | diploma, degree |
| l'école (*f.*) | school |
| les études (supérieures) (*f.*) | (higher) education; studies |
| le gymnase | gymnasium |
| une note | grade |
| un restaurant universitaire (un resto U) | university cafeteria |
| | |
| difficile | difficult |
| facile | easy |
| inutile | useless |
| utile | useful |
| | |
| surtout | especially; above all |

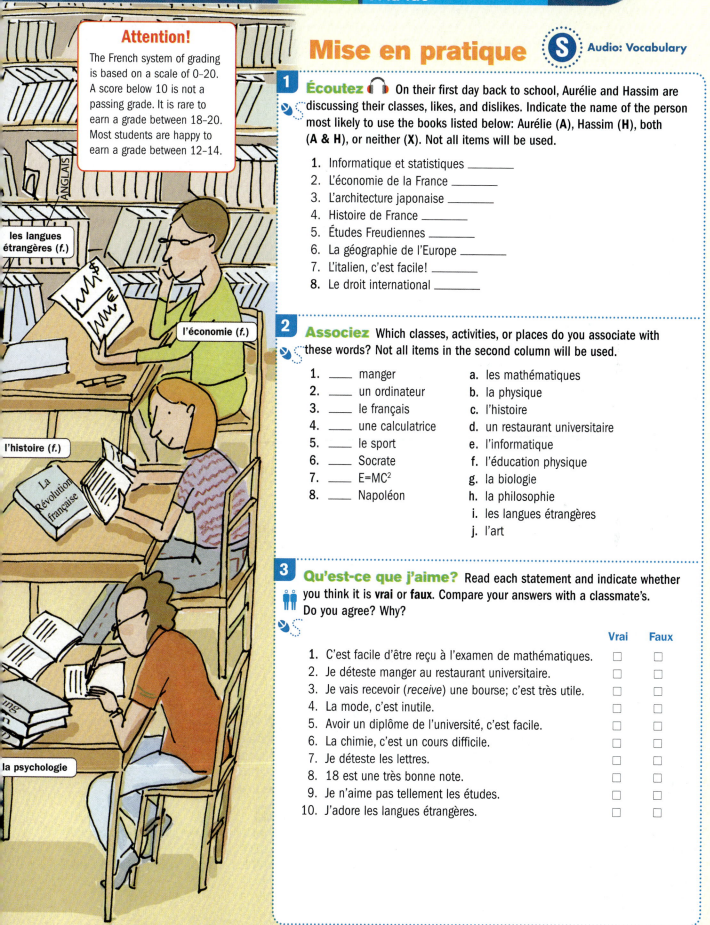

**Attention!**

The French system of grading is based on a scale of 0–20. A score below 10 is not a passing grade. It is rare to earn a grade between 18–20. Most students are happy to earn a grade between 12–14.

les langues étrangères (f.)

ANGLAIS

l'économie (f.)

l'histoire (f.)

La Révolution française

la psychologie

# Mise en pratique

Ⓢ Audio: Vocabulary

**1** **Écoutez** 🎧 On their first day back to school, Aurélie and Hassim are discussing their classes, likes, and dislikes. Indicate the name of the person most likely to use the books listed below: Aurélie (**A**), Hassim (**H**), both (**A & H**), or neither (**X**). Not all items will be used.

1. Informatique et statistiques _____
2. L'économie de la France _____
3. L'architecture japonaise _____
4. Histoire de France _____
5. Études Freudiennes _____
6. La géographie de l'Europe _____
7. L'italien, c'est facile! _____
8. Le droit international _____

**2** **Associez** Which classes, activities, or places do you associate with these words? Not all items in the second column will be used.

1. ____ manger
2. ____ un ordinateur
3. ____ le français
4. ____ une calculatrice
5. ____ le sport
6. ____ Socrate
7. ____ E=MC²
8. ____ Napoléon

a. les mathématiques
b. la physique
c. l'histoire
d. un restaurant universitaire
e. l'informatique
f. l'éducation physique
g. la biologie
h. la philosophie
i. les langues étrangères
j. l'art

**3** **Qu'est-ce que j'aime?** Read each statement and indicate whether you think it is **vrai** or **faux**. Compare your answers with a classmate's. Do you agree? Why?

| | Vrai | Faux |
|---|---|---|
| 1. C'est facile d'être reçu à l'examen de mathématiques. | ☐ | ☐ |
| 2. Je déteste manger au restaurant universitaire. | ☐ | ☐ |
| 3. Je vais recevoir (*receive*) une bourse; c'est très utile. | ☐ | ☐ |
| 4. La mode, c'est inutile. | ☐ | ☐ |
| 5. Avoir un diplôme de l'université, c'est facile. | ☐ | ☐ |
| 6. La chimie, c'est un cours difficile. | ☐ | ☐ |
| 7. Je déteste les lettres. | ☐ | ☐ |
| 8. 18 est une très bonne note. | ☐ | ☐ |
| 9. Je n'aime pas tellement les études. | ☐ | ☐ |
| 10. J'adore les langues étrangères. | ☐ | ☐ |

# Communication

**4** **Conversez** In pairs, fill in the blanks according to your own situations. Then, act out the conversation for the class.

| | |
|---|---|
| **Étudiant(e) A:** _____, comment ça va? | **Étudiant(e) A:** J'adore le cours de _____. |
| **Étudiant(e) B:** _____. Et toi? | **Étudiant(e) B:** Moi aussi. Tu aimes _____? |
| **Étudiant(e) A:** _____ merci. | **Étudiant(e) A:** Non, j'aime mieux (*better*) _____. |
| **Étudiant(e) B:** Est-ce que tu aimes le cours de _____? | **Étudiant(e) B:** Bon, à bientôt. |
| | **Étudiant(e) A:** À _____. |

**5** **Qu'est-ce que c'est?** Write a caption for each image, stating where the students are and how they feel about their classes. Then, work with a partner, taking turns to read your captions and guess which image he or she is referring to.

**MODÈLE**

*C'est le cours de français.*
*Le français, c'est facile.*

> Nietzsche, philosophe allemand…

1. _____   2. _____   3. _____

4. _____   5. _____   6. _____

_____   _____   _____

**6** **Vous êtes...** Imagine what subjects these celebrities liked and disliked as students. In pairs, take turns playing the role of each one and guessing the answer.

**MODÈLE**

**Étudiant(e) 1:** *J'aime la physique et la chimie, mais je n'aime pas tellement les cours d'économie.*
**Étudiant(e) 2:** *Vous êtes Albert Einstein!*

- Albert Einstein
- Louis Pasteur
- Donald Trump
- Bill Clinton
- Christian Dior
- Le docteur Phil
- Bill Gates
- Frank Lloyd Wright

**7** **Sondage** Your instructor will give you a worksheet to conduct a survey (**un sondage**). Go around the room to find people that study the subjects listed. Ask what your classmates think about their subjects. Keep a record of their answers to discuss with the class.

**MODÈLE**

**Étudiant(e) 1:** *Jean, est-ce que tu étudies (do you study) le droit?*
**Étudiant(e) 2:** *Oui. J'aime bien le droit. C'est un cours utile.*

# Les sons et les lettres

**Audio: Concepts, Activities Record & Compare**

## Liaisons

In French, the final sound of a word sometimes links with the first letter of the following word. Consonants at the end of French words are generally silent but are usually pronounced when the word that follows begins with a vowel sound. This linking of sounds is called a liaison.

**À tout à l'heure!**                    **Comment allez-vous?**

An **s** or an **x** in a liaison sounds like the letter **z**.

**les étudiants**     **trois élèves**     **six élèves**     **deux hommes**

Always make a liaison between a subject pronoun and a verb that begins with a vowel sound; always make a liaison between an article and a noun that begins with a vowel sound.

**nous aimons**     **ils ont**     **un étudiant**     **les ordinateurs**

Always make a liaison between **est** (a form of **être**) and a word that begins with a vowel or a vowel sound. Never make a liaison with the final consonant of a proper name.

**Robert est anglais.**                    **Paris est exceptionnelle.**

Never make a liaison with the conjunction **et** (*and*).

**Carole et Hélène**                    **Jacques et Antoinette**

Never make a liaison between a singular noun and an adjective that follows it.

**un cours horrible**                    **un instrument élégant**

## Prononcez Practice saying these words and expressions aloud.

1. un examen
2. des étudiants
3. les hôtels
4. dix acteurs
5. Paul et Yvette
6. cours important
7. des informations
8. les études
9. deux hommes
10. Bernard aime
11. chocolat italien
12. Louis est

## Articulez Practice saying these sentences aloud.

1. Nous aimons les arts.
2. Albert habite à Paris.
3. C'est un objet intéressant.
4. Sylvie est avec Anne.
5. Ils adorent les deux universités.

## Dictons Practice reading these sayings aloud.

*Un hôte non invité doit apporter son siège.*[2]

*Les amis de nos amis sont nos amis.*[1]

[1] Friends of our friends are our friends.
[2] An uninvited guest must bring his own chair.

# LECTURE CULTURELLE

**Reading**
**Video: Flash culture**

CULTURE À LA LOUPE

# À l'université

**French students who pass le bac° may continue on to study in a university.** By American standards, university tuition is low. In 1999, 29 European countries, including France, decided to reform their university systems in order to create a more uniform European system. France began implementing these reforms in 2005. As a result, French students' degrees (**diplômes**) are now accepted in most European countries. It is also easier for French students to study in other European countries for a semester, and for other European students to study in France, because studies are now organized by semesters.

Students are awarded a **Licence°** after six semesters (usually three years). If they continue their studies, they can earn a **Master°** after the fifth year and then proceed to a **Doctorat°**. If students choose technical studies, they receive a **BTS** (**Brevet de Technicien Supérieur**) after two years.

In addition to universities, France has an extremely competitive, elite branch of higher education called **les grandes écoles°**. These schools train most of the high-level administrators, scientists, businesspeople, and engineers in the country. There are about 300 of them, including **ENA** (**École Nationale d'Administration**), **HEC** (**Hautes° Études Commerciales**), and **IEP** (**Institut d'Études Politiques**, «**Sciences Po**»).

Some French universities are city-based, lacking campuses and offering few extra-curricular activities like organized sports. Others boast both a more defined campus and a great number of student **associations**. Many students live with their families, but others live in a **résidence universitaire,** or in an apartment.

| Les étudiants en France | |
|---|---|
| Universités | 62,1% |
| Sections de Techniciens Supérieurs | 11,7% |
| Autres Écoles ou Formations | 6,3% |
| Écoles Paramédicales et Sociales | 5,8% |
| Instituts Universitaires de Technologie | 5,1% |
| Formation d'Ingénieurs | 4,8% |
| Classes Préparatoires aux Grandes Écoles | 3,5% |
| Instituts Universitaires de Formation de Maîtres° | 3,3% |
| Écoles de Commerce° | 2,3% |

SOURCE: Ministère de l'Éducation nationale

**bac** exit exam taken after high school **Licence** the equivalent of a Bachelor's degree **Master** Master's degree **Doctorat** Ph.D. **grandes écoles** competitive, prestigious university-level schools **Hautes** High **Formation de Maîtres** teacher training **Écoles de Commerce** business schools

**A C T I V I T É S**

**1** **Vrai ou faux?** Indicate whether each statement is **vrai** or **faux**. Correct the false statements.

1. French university students can earn a **Licence** after only three years of study.

2. It takes five years to earn a **BTS**.

3. Entry into the **grandes écoles** is not competitive.

4. The **grandes écoles** train high-level engineers.

5. Some French universities lack campuses.

6. Extra-curricular activities are uncommon in some French universities.

7. All French students live at home with their families.

8. Most French students choose not to attend university.

9. More French students study business than engineering.

10. Some French students are studying for a teaching degree.

 Practice more at **vhlcentral.com.**

## STRATÉGIE

### Personal experiences

New words and concepts in French won't catch you off guard if you associate them with something you've experienced personally. Use what you infer about a reading's topic from studying the photos, titles, and captions on the page, and consider your own experiences in that area. Later, as you read the selection carefully and understand the topic better, continue making associations drawn from personal experiences.

## LE MONDE FRANCOPHONE

### Des universités francophones

Voici quelques-unes° des universités du monde francophone où vous pouvez étudier°.

**En Belgique** Université Libre de Bruxelles

**En Côte d'Ivoire** Université d'Abobo-Adjamé

**En France** Université de Paris

**Au Maroc** Université Mohammed V Souissi à Rabat

**En Polynésie française** Université de la Polynésie française, à Faa'a, à Tahiti

**Au Québec** Université de Montréal

**Au Sénégal** Université Cheikh Anta Diop de Dakar

**En Suisse** Université de Genève

**En Tunisie** Université Libre de Tunis

**quelques-unes** *some* **où vous pouvez étudier** *where you can study*

## PORTRAIT

## L'Université Laval

Un cours de français au Québec, ça vous dit?° Avec le programme «Français pour non-francophones», les étudiants étrangers peuvent apprendre° le français. Fondée° au XVIIᵉ (dix-septième) siècle° à Québec, l'Université Laval est l'université francophone la plus ancienne° du continent américain. Les études offertes sont diverses et d'excellente qualité: les sciences humaines, la littérature, la musique, la foresterie, les technologies, les sciences. Laval est un grand centre universitaire canadien pour la recherche° scientifique. Il existe même° un astéroïde dans le système solaire qui porte le nom de° l'université!

**ça vous dit?** *what do you think?* **peuvent apprendre** *can learn* **Fondée** *Founded* **siècle** *century* **la plus ancienne** *the oldest* **recherche** *research* **même** *even* **porte le nom de** *is named after*

### Coup de main

In French, a superscript -e following a numeral tells you that it is an ordinal number. It is the equivalent of a -th after a numeral in English: 4ᵉ (quatrième) = *4th*.

### Sur Internet

**Quelles (*What*) sont les caractéristiques d'un campus universitaire en France?**

Go to **vhlcentral.com** to find more cultural information related to this **Lecture Culturelle**. Then watch the corresponding **Flash culture**.

---

**2** **Vrai ou faux?** Indicate whether each statement is **vrai** or **faux**.

1. Les étudiants étrangers peuvent étudier le français à l'Université Laval.

2. L'Université Laval est l'université francophone la plus ancienne du monde (*world*).

3. Laval offre une grande diversité de cours.

4. Laval est un grand centre universitaire de recherche artistique.

5. Une planète porte le nom de l'université.

**3** **Les cours** Research two of the universities mentioned in **Le monde francophone** and make a list in French of at least five courses taught at each. You may search in your library or online.

 Practice more at **vhlcentral.com.**

**ressources**

| | |
|---|---|
| VM pp. 241–242 | vhlcentral.com Leçon 2A |

**ACTIVITÉS**

# S T R U C T U R E S

## Present tense of regular -er verbs  Presentation

- The infinitives of most French verbs end in **-er**. To form the present tense of regular **-er** verbs, drop the **-er** from the infinitive and add the corresponding endings for the different subject pronouns. This chart demonstrates how to conjugate regular **-er** verbs.

| parler (to speak) | | | |
|---|---|---|---|
| je parl**e** | *I speak* | nous parl**ons** | *we speak* |
| tu parl**es** | *you speak* | vous parl**ez** | *you speak* |
| il/elle/on parl**e** | *he/she/it/one speaks* | ils/elles parl**ent** | *they speak* |

- Here are some other verbs that are conjugated the same way as **parler**.

| Common -er verbs | | | |
|---|---|---|---|
| adorer | *to love; to adore* | habiter (à) | *to live (in)* |
| aimer | *to like; to love* | manger | *to eat* |
| aimer mieux | *to prefer (to like better)* | oublier | *to forget* |
| arriver | *to arrive* | partager | *to share* |
| chercher | *to look for* | penser (que/qu'...) | *to think (that...)* |
| commencer | *to begin, to start* | regarder | *to look (at)* |
| dessiner | *to draw; to design* | rencontrer | *to meet* |
| détester | *to hate* | retrouver | *to meet up with; to find (again)* |
| donner | *to give* | travailler | *to work* |
| étudier | *to study* | voyager | *to travel* |

- Note that **je** becomes **j'** when it appears before a verb that begins with a vowel sound.

**J'habite** à Bruxelles.
*I live in Brussels.*

**J'étudie** la psychologie.
*I study psychology.*

- With the verbs **adorer**, **aimer**, and **détester**, use the definite article before a noun to tell what someone loves, likes, prefers, or hates.

J'aime mieux **l'**art.
*I prefer art.*

Marine déteste **les** devoirs.
*Marine hates homework.*

- Use infinitive forms after the verbs **adorer**, **aimer**, and **détester** to say that you like (or hate, etc.) to do something. Only the first verb should be conjugated.

Ils **adorent travailler** ici.
*They love to work here.*

Ils **détestent étudier** ensemble.
*They hate to study together.*

- The present tense in French can be translated in different ways in English. The English equivalent for a sentence depends on its context.

Éric et Nadine **étudient** le droit.
*Éric and Nadine study law.*

*Éric and Nadine are studying law.*

*Éric and Nadine do study law.*

Nous **travaillons** à Paris.
*We work in Paris.*

*We are working in Paris.*

*We do work in Paris.*

- Sometimes the present tense can be used to indicate an event in the near future, in which case it can be translated using *will* in English.

Je **retrouve** le professeur demain.
*I will meet up with the professor tomorrow.*

Elles **arrivent** à Dijon demain.
*They will arrive in Dijon tomorrow.*

 **Boîte à outils**

To express yourself with greater accuracy, use these adverbs: **assez** (*enough*), **d'habitude** (*usually*), **de temps en temps** (*from time to time*), **parfois** (*sometimes*), **quelquefois** (*sometimes*), **rarement** (*rarely*), **souvent** (*often*), **toujours** (*always*).

- Verbs ending in **-ger** (**manger**, **partager**, **voyager**) and **-cer** (**commencer**) have a spelling change in the **nous** form. All the other forms are the same as regular **-er** verbs.

| manger |
|---|
| je mange |
| tu manges |
| il/elle/on mange |
| nous mang**e**ons |
| vous mangez |
| ils/elles mangent |

| commencer |
|---|
| je commence |
| tu commences |
| il/elle/on commence |
| nous commen**ç**ons |
| vous commencez |
| ils/elles commencent |

 **Boîte à outils**

The spelling change in the **nous** form is made in order to maintain the same sound that the **c** and the **g** make in the infinitives **commencer** and **manger**.

Nous **voyageons** avec une amie.
*We are traveling with a friend.*

Nous **commençons** les devoirs.
*We are starting the homework.*

- Unlike the English *to look for,* the French **chercher** requires no preposition before the noun that follows it.

Nous **cherchons les stylos**.
*We are looking for the pens.*

Vous **cherchez la montre**?
*Are you looking for the watch?*

Est-ce que tu oublies ton coloc?

Nous partageons un des appartements du P'tit Bistrot.

**Essayez!** Complete the sentences with the correct present tense forms of the verbs.

1. Je _____parle_____ (parler) français en classe.
2. Nous _____ (habiter) près de (*near*) l'université.
3. Ils _____ (aimer) le cours de sciences politiques.
4. Vous _____ (manger) en classe?!
5. Le cours _____ (commencer) à huit heures (*at eight o'clock*).
6. Marie-Claire _____ (chercher) un stylo.
7. Nous _____ (partager) un crayon en cours de maths.
8. Tu _____ (étudier) l'économie.
9. Les élèves _____ (voyager) en France.
10. Nous _____ (adorer) le prof d'anglais.
11. Je _____ (rencontrer) Laure parfois au gymnase.
12. Tu _____ (donner) des cours de musique?

**ressources**

WB
pp. 17–18

LM
p. 11

S

vhlcentral.com
Leçon 2A

# STRUCTURES

## Mise en pratique

**1** **Complétez** Complete the conversation with the correct forms of the verbs.

**ARTHUR** Tu (1) _____ (parler) bien français!

**OLIVIER** Mon colocataire Marc et moi, nous (2) _____ (retrouver) un professeur de français et nous (3) _____ (étudier) ensemble. Et toi, tu (4) _____ (travailler)?

**ARTHUR** Non, j' (5) _____ (étudier) l'art et l'économie. Je (6) _____ (dessiner) bien et j' (7) _____ (aimer) beaucoup l'art moderne. Marc et toi, vous (8) _____ (habiter) à Paris?

**2** **Phrases** Form sentences using the words provided. Conjugate the verbs and add any necessary words.

1. je / oublier / devoir de littérature
2. nous / commencer / études supérieures
3. vous / rencontrer / amis / à / fac
4. Hélène / détester / travailler
5. tu / chercher / cours / facile
6. élèves / arriver / avec / dictionnaires

**3** **Après l'école** Say what Stéphanie and her friends are doing after (**après**) school.

**MODÈLE**

*Nathalie cherche un livre.*

1. André _____ à la bibliothèque.

2. Édouard _____ Caroline au café.

3. Jérôme et moi, nous _____.

4. Julien et Audrey _____ avec Simon.

5. Robin et toi, vous _____ avec la classe.

6. Je _____.

**4** **Le verbe logique** Complete the following sentences logically with the correct form of an –er verb.

1. La gestion, c'est très difficile. Je _____ !
2. Qu'est-ce que tu _____ dans le sac à dos?
3. Nous _____ souvent au resto U.
4. Tristan et Irène _____ toujours les clés (*keys*).
5. Le film _____ dans dix minutes.
6. Yves et toi, vous _____ que Martine est charmante?
7. M. et Mme Legrand _____ à Paris.
8. On n'aime pas _____ la télévision.

Practice more at **vhlcentral.com.**

# Communication

**5** **Activités** In pairs, tell your partner which of these activities you and your roommate both do. Then, share your partner's answers with the class. Later, get together with a second partner and report to the class again.

> **MODÈLE**
>
> **Étudiant(e) 1:** Nous parlons au téléphone, nous…
> **Étudiant(e) 2:** Nous partageons un appartement, nous…
> **Étudiant(e) 1:** Ils/Elles partagent un appartment, ils/elles…
> **Étudiant(e) 2:** Ils/Elles parlent au téléphone, ils/elles…

> manger au resto U
> partager un appartement
> retrouver des amis au café
> travailler
>
> étudier une langue étrangère
> commencer les devoirs
> arriver en classe
> voyager

**6** **Les études** In pairs, take turns asking your partner if he or she likes one academic subject or another. If you don't like a subject, mention one you do like. Then, use **tous** (*m.*)/**toutes** (*f.*) **les deux** (*both of us*) to tell the class what subjects both of you like or hate.

> **MODÈLE**
>
> **Étudiant(e) 1:** Tu aimes la chimie?
> **Étudiant(e) 2:** Non, je déteste la chimie. J'aime mieux les langues.
> **Étudiant(e) 1:** Moi aussi… Nous adorons tous/toutes les deux les langues.

**7** **Un sondage** In groups of three, survey your partners to find out how frequently they do certain activities. First, prepare a chart with a list of eight activities. Then take turns asking your partners how often they do each one, and record each person's response.

> **MODÈLE**
>
> **Étudiant(e) 1:** Moi, je dessine rarement. Et toi?
> **Étudiant(e) 2:** Moi aussi, je dessine rarement.
> **Étudiant(e) 3:** Moi, je dessine parfois.

| Activité | souvent | parfois | rarement |
|----------|---------|---------|----------|
| dessiner | | Sara | David Clara |
| voyager | Clara David Sara | | |

**8** **Adorer, aimer, détester** In groups of four, ask each other if you like to do these activities. Then, use adjectives to tell why you like them or not and say whether you do them often (**souvent**), sometimes (**parfois**), or rarely (**rarement**).

> **MODÈLE**
>
> **Étudiant(e) 1:** Tu aimes voyager?
> **Étudiant(e) 2:** Oui, j'adore voyager. C'est amusant! Je voyage souvent.
> **Étudiant(e) 3:** Moi, je déteste voyager. C'est désagréable! Je voyage rarement.

> dessiner
> étudier le week-end
> manger au restaurant
> oublier les devoirs
> parler avec
> les professeurs
>
> partager
> un appartement
> retrouver des amis
> travailler à
> la bibliothèque
> voyager

# Révision

**1** **Des styles différents** In pairs, compare these two very different classes. Then, tell your partner which class you prefer and why.

**2** **Les activités** In pairs, discuss whether these expressions apply to both of you. React to every answer you hear.

**MODÈLE**

**Étudiant(e) 1:** *Est-ce que tu étudies le week-end?*
**Étudiant(e) 2:** *Non! Je n'aime pas travailler le week-end.*
**Étudiant(e) 1:** *Moi non plus. J'aime mieux travailler le soir.*

1. adorer le resto U
2. être reçu(e) à un examen difficile
3. étudier au café
4. manger souvent (*often*) des sushis
5. oublier les devoirs
6. parler espagnol
7. travailler le soir à la bibliothèque
8. voyager souvent

**3** **Le campus** In pairs, prepare ten questions inspired by the list and what you know about your campus. Together, survey as many classmates as possible to find out what they like and dislike on campus.

**MODÈLE**

**Étudiant(e) 1:** *Est-ce que tu aimes travailler à la bibliothèque?*
**Étudiant(e) 2:** *Non, pas trop. Je travaille plutôt au café.*

| | | |
|---|---|---|
| bibliothèque | étudiant | resto U |
| bureau | gymnase | salle de classe |
| cours | librairie | salle d'ordinateurs |

**4** **Pourquoi?** Survey as many classmates as possible to find out if they like these academic subjects and why. Ask what adjectives they would pick to describe them. Tally the most popular answers for each subject.

**MODÈLE**

**Étudiant(e) 1:** *Est-ce que tu aimes la philosophie?*
**Étudiant(e) 2:** *Pas tellement.*
**Étudiant(e) 1:** *Pourquoi?*
**Étudiant(e) 2:** *Parce que c'est trop difficile.*

1. la biologie
2. la chimie
3. l'histoire de l'art
4. l'économie
5. la gestion
6. les langues
7. les mathématiques
8. la psychologie

a. agréable
b. amusant
c. désagréable
d. difficile
e. facile
f. important
g. inutile
h. utile

**5** **Les conversations** In pairs, act out a short conversation between the people shown in each drawing. They should greet each other, describe what they are doing, and discuss their likes or dislikes. Choose your favorite skit and role-play it for another pair.

**MODÈLE**

**Étudiant(e) 1:** *Bonjour, Aurélie.*
**Étudiant(e) 2:** *Salut! Tu travailles, n'est-ce pas?*

**6** **Les portraits** Your instructor will give you and a partner a set of drawings showing the likes and dislikes of eight people. Discuss each person's tastes. Do not look at each other's worksheet.

**MODÈLE**

**Étudiant(e) 1:** *Sarah n'aime pas travailler.*
**Étudiant(e) 2:** *Mais elle adore manger.*

Video

# Le Zapping

## À vos marques, prêts°... étudiez!

The University of Moncton was founded in 1963 and is the largest French-speaking university in Canada outside Quebec. Its three campuses of Edmunston, Moncton, and Shippagan are located in New Brunswick. Students come from the local francophone region of Acadia, from other Canadian provinces, and from countries around the world such as Guinea, Haiti, and Morocco.

The mission of the University of Moncton is not only to foster the academic development of these students but also to offer them a nurturing environment that will encourage their personal and social growth.

On n'apprend° pas seulement° dans les classes.

Mon université.

**Compréhension** Answer these questions.

1. What are the three kinds of activities offered at the University of Moncton?
2. Give examples of each type of activity.
3. Where does learning take place at the University of Moncton?
4. Do students receive a lot of attention from their professors? Explain.

**Discussion** In pairs, discuss the answers to these questions.

1. What are the University of Moncton's strengths?
2. Would you like to study there? Explain.

À vos marques, prêts *Ready, set* apprend *learn* seulement *only*

Go to **vhlcentral.com** to watch the TV clip featured in this **Le Zapping**.

Practice more at **vhlcentral.com.**

**You will learn how to...**
- say when things happen
- discuss your schedule

# Une semaine à la fac

## Vocabulaire

| | |
|---|---|
| demander | *to ask* |
| échouer | *to fail* |
| écouter | *to listen (to)* |
| enseigner | *to teach* |
| expliquer | *to explain* |
| trouver | *to find; to think* |
| | |
| Quel jour sommes-nous? | *What day is it?* |
| un an | *year* |
| une/cette année | *one/this year* |
| après | *after* |
| après-demain | *day after tomorrow* |
| un/cet après-midi | *a/this afternoon* |
| aujourd'hui | *today* |
| demain (matin/ après-midi/soir) | *tomorrow (morning/ afternoon/evening)* |
| un jour | *day* |
| une journée | *day* |
| un/ce matin | *a/this morning* |
| la matinée | *morning* |
| un mois/ce mois-ci | *month/this month* |
| une/cette nuit | *a/this night* |
| une/cette semaine | *a/this week* |
| un/ce soir | *an/this evening* |
| une soirée | *evening* |
| un/le/ce week-end | *a/the/this weekend* |
| | |
| dernier/dernière | *last* |
| premier/première | *first* |
| prochain(e) | *next* |

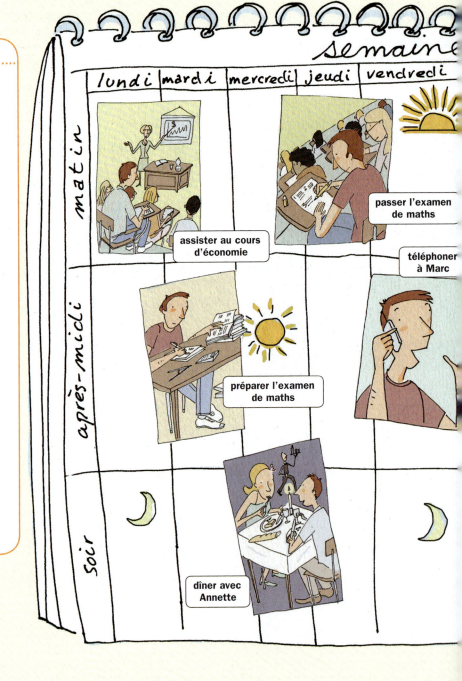

semaine

| | lundi | mardi | mercredi | jeudi | vendredi |
|---|---|---|---|---|---|

matin

assister au cours d'économie

passer l'examen de maths

téléphoner à Marc

après-midi

préparer l'examen de maths

soir

dîner avec Annette

# Mise en pratique

**S** Audio: Vocabulary

**1** **Écoutez** 🎧 You will hear Lorraine describing her schedule. Listen carefully and indicate whether the statements are **vrai** or **faux**.

|  | Vrai | Faux |
|---|---|---|
| 1. Lorraine étudie à l'université le soir. | ☐ | ☐ |
| 2. Elle trouve le cours de mathématiques facile. | ☐ | ☐ |
| 3. Elle étudie le week-end. | ☐ | ☐ |
| 4. Lorraine étudie la chimie le mardi et le jeudi matin. | ☐ | ☐ |
| 5. Le professeur de mathématiques explique bien. | ☐ | ☐ |
| 6. Lorraine regarde la télévision, écoute de la musique ou téléphone à Claire et Anne le soir. | ☐ | ☐ |
| 7. Lorraine travaille dans (*in*) une librairie. | ☐ | ☐ |
| 8. Elle étudie l'histoire le mardi et le jeudi matin. | ☐ | ☐ |
| 9. Lorraine adore dîner avec sa famille le week-end. | ☐ | ☐ |
| 10. Lorraine rentre à la maison le soir. | ☐ | ☐ |

**2** **La classe de Mme Arnaud** Complete this paragraph by selecting the correct verb from the list below. Make sure to conjugate the verb. Some verbs will not be used.

| demander | expliquer | rentrer |
|---|---|---|
| écouter | passer un examen | travailler |
| enseigner | préparer | trouver |
| étudier | regarder | visiter |

Madame Arnaud (1) _____ à l'université. Elle (2) _____ un cours de français. Elle (3) _____ les verbes et la grammaire aux étudiants. Le vendredi, en classe, les étudiants (4) _____ une vidéo en français ou (*or*) (5) _____ de la musique française. Ce week-end, ils (6) _____ pour (*for*) (7) _____ un examen très difficile lundi matin. Je (8) _____ beaucoup pour ce cours, mais mes (*my*) amis et moi, nous (9) _____ la classe sympa.

**3** **Quel jour sommes-nous?** Complete each statement with the correct day of the week.

1. Aujourd'hui, c'est _____.
2. Demain, c'est _____.
3. Après-demain, c'est _____.
4. Le week-end, c'est le _____.
5. Le premier jour de la semaine en France, c'est le _____.
6. Les jours du cours de français sont _____.
7. Mon (*My*) jour préféré de la semaine, c'est le _____.
8. Je travaille à la bibliothèque le _____.

# Communication

**4**  **Conversez** Interview a classmate.

1. Quel jour sommes-nous?
2. Quand est le prochain cours de français?
3. Quand rentres-tu à la maison? Demain soir? Après-demain?
4. Est-ce que tu prépares un examen cette année?
5. Est-ce que tu écoutes la radio? Quel genre de musique aimes-tu?
6. Quand téléphones-tu à des amis?
7. Est-ce que tu regardes la télévision le matin, l'après-midi ou (*or*) le soir?
8. Est-ce que tu dînes dans un restaurant ce mois-ci?

**5**  **Le premier jour à la fac** You make a new friend in your French class and want to know what his or her class schedule is like this semester. With a partner, prepare a conversation to perform for the class where you:

- ask his or her name
- ask what classes he or she is taking
- ask on which days of the week he or she has class
- ask at which times of day (morning, afternoon, or evening) he or she has class

**6**  **Bataille navale** Your instructor will give you a worksheet. Choose four spaces on your chart and mark them with a battleship. In pairs, formulate questions by using the subjects in the first column and the verbs in the first row to find out where your partner has placed his or her battleships. Whoever "sinks" the most battleships wins.

> **MODÈLE**
>
> **Étudiant(e) 1:** Est-ce que Luc et Sabine travaillent le week-end?
> **Étudiant(e) 2:** Oui, ils travaillent le week-end.
> (*if you marked that square*)
> Non, ils ne travaillent pas le week-end.
> (*if you didn't mark that square*)

|  | enseigner | travailler |
|---|---|---|
| Marie |  |  |
| Luc et Sabine |  | 🚢 |

**7**  **Le week-end** Fill out the schedule below with your typical weekend activities. Use the verbs you know. Compare your schedule with a classmate's, and talk about the different activities that you do and when. Be prepared to discuss your results with the class.

|  | Moi | Nom |
|---|---|---|
| Le vendredi soir 🌙 |  |  |
| Le samedi matin 🌅 |  |  |
| Le samedi après-midi ☀️ |  |  |
| Le samedi soir 🌙 |  |  |
| Le dimanche matin 🌅 |  |  |
| Le dimanche après-midi ☀️ |  |  |
| Le dimanche soir 🌙 |  |  |

# Les sons et les lettres

**S** Audio: Concepts, Activities
Record & Compare

## The letter r

The French **r** is very different from the English *r*. In English, an *r* is pronounced in the middle and toward the front of the mouth. The French **r** is pronounced in the throat.

You have seen that an **-er** at the end of a word is usually pronounced **-ay**, as in the English word *way*, but without the glide sound.

| chant**er** | mang**er** | expliqu**er** | aim**er** |
|---|---|---|---|

In most other circumstances, the French **r** has a very different sound. Pronunciation of the French **r** varies according to its position in a word. Note the different ways the **r** is pronounced in these words.

| **r**iviè**r**e | litté**r**atu**r**e | o**r**dinateu**r** | devoi**r** |
|---|---|---|---|

If an **r** falls between two vowels or before a vowel, it is pronounced with slightly more friction.

| ra**r**e | ga**r**age | Eu**r**ope | **r**ose |
|---|---|---|---|

An **r** sound before a consonant or at the end of a word is pronounced with slightly less friction.

| po**r**te | bou**r**se | ado**r**e | jou**r** |
|---|---|---|---|

**Prononcez** Practice saying the following words aloud.

| | | | | | | | |
|---|---|---|---|---|---|---|---|
| 1. | crayon | 5. | terrible | 9. | rentrer | 13. | être |
| 2. | professeur | 6. | architecture | 10. | regarder | 14. | dernière |
| 3. | plaisir | 7. | trouver | 11. | lettres | 15. | arriver |
| 4. | différent | 8. | restaurant | 12. | réservé | 16. | après |

**Articulez** Practice saying the following sentences aloud.

1. Au revoir, Professeur Colbert!
2. Rose arrive en retard mardi.
3. Mercredi, c'est le dernier jour des cours.
4. Robert et Roger adorent écouter la radio.
5. La corbeille à papier, c'est quarante-quatre euros!
6. Les parents de Richard sont brillants et très agréables.

**Dictons** Practice reading these sayings aloud.

*Quand le renard prêche, gare aux oies.[2]*

*Qui ne risque rien n'a rien.[1]*

[1] Nothing ventured, nothing gained.
[2] When the fox preaches, watch your geese.

# ROMAN-PHOTO

## On trouve une solution.

 **Video:** *Roman-photo* **Record & Compare**

**Amina**

**Astrid**

**David**

**Rachid**

**Sandrine**

**Stéphane**

*À la terrasse du café...*

**RACHID** Alors, on a rendez-vous avec David demain à cinq heures moins le quart, pour rentrer chez nous.

**SANDRINE** Aujourd'hui, c'est mercredi. Demain... jeudi. Le mardi et le jeudi j'ai cours de chant de trois heures vingt à quatre heures et demie. C'est parfait!

**AMINA** Pas de problème. J'ai cours de stylisme...

**AMINA** Salut, Astrid!

**ASTRID** Bonjour.

**RACHID** Astrid, je te présente David, mon (*my*) coloc américain.

**DAVID** Alors, cette année, tu as des cours très difficiles, n'est-ce pas?

**ASTRID** Oui? Pourquoi?

**DAVID** Ben, Stéphane pense que les cours sont très difficiles.

**ASTRID** Ouais, Stéphane, il assiste au cours mais... il ne fait pas ses (*his*) devoirs et il n'écoute pas les profs. Cette année est très importante, parce que nous avons le bac...

**DAVID** Ah, le bac...

*Au parc...*

**ASTRID** Stéphane! Quelle heure est-il? Tu n'as pas de montre?

**STÉPHANE** Oh, Astrid, excuse-moi! Le mercredi, je travaille avec Astrid au café sur le cours de maths...

**ASTRID** Et le mercredi après-midi, il oublie! Tu n'as pas peur du bac, toi!

**STÉPHANE** Tu as tort, j'ai très peur du bac! Mais je n'ai pas envie de passer mes (*my*) journées, mes soirées et mes week-ends avec des livres!

**ASTRID** Je suis d'accord avec toi, Stéphane! J'ai envie de passer les week-ends avec mes copains... des copains qui n'oublient pas les rendez-vous!

**RACHID** Écoute, Stéphane, tu as des problèmes avec ta (*your*) mère, avec Astrid aussi.

**STÉPHANE** Oui, et j'ai d'énormes problèmes au lycée. Je déteste le bac.

**RACHID** Il n'est pas tard pour commencer à travailler pour être reçu au bac.

**STÉPHANE** Tu crois, Rachid?

---

**A C T I V I T É S**

**1** **Vrai ou faux?** Choose whether each statement is **vrai** or **faux**.

1. Le mardi et le mercredi, Sandrine a (*has*) cours de chant.
2. Le jeudi, Amina a cours de stylisme.
3. Astrid pense que le bac est impossible.
4. La famille de David est allemande.
5. Le mercredi, Stéphane travaille avec Astrid au café sur le cours de maths.
6. Stéphane a beaucoup de problèmes.
7. Rachid est optimiste.
8. Stéphane dîne chez Rachid samedi.
9. Le sport est très important pour Stéphane.
10. Astrid est fâchée (*angry*) contre Stéphane.

 Practice more at **vhlcentral.com**.

Les amis organisent des rendez-vous.

**RACHID** C'est un examen très important que les élèves français passent la dernière année de lycée pour continuer en études supérieures.

**DAVID** Euh, n'oublie pas, je suis de famille française.

**ASTRID** Oui, et c'est difficile, mais ce n'est pas impossible. Stéphane trouve que les études ne sont pas intéressantes. Le sport, oui, mais pas les études.

**RACHID** Le sport? Tu cherches Stéphane, n'est-ce pas? On trouve Stéphane au parc! Allons-y, Astrid.

**ASTRID** D'accord. À demain!

**RACHID** Oui. Mais le sport, c'est la dernière des priorités. Écoute, dimanche prochain, tu dînes chez moi et on trouve une solution.

**STÉPHANE** Rachid, tu n'as pas envie de donner des cours à un lycéen nul comme moi!

**RACHID** Mais si, j'ai très envie d'enseigner les maths...

**STÉPHANE** Bon, j'accepte. Merci, Rachid. C'est sympa.

**RACHID** De rien. À plus tard!

---

## Expressions utiles

### Talking about your schedule

- **Alors, on a rendez-vous demain à cinq heures moins le quart pour rentrer chez nous.**
  *So, we're meeting tomorrow at quarter to five to go home (our home).*
- **J'ai cours de chant de trois heures vingt à quatre heures et demie.**
  *I have voice (singing) class from three-twenty to four-thirty.*
- **J'ai cours de stylisme de deux heures à quatre heures vingt.**
  *I have fashion design class from two o'clock to four-twenty.*
- **Quelle heure est-il?**
  *What time is it?*
- **Tu n'as pas de montre?**
  *You don't have a watch?*

### Talking about school

- **Nous avons le bac.**
  *We have the bac.*
- **Il ne fait pas ses devoirs.**
  *He doesn't do his homework.*
- **Tu n'as pas peur du bac!**
  *You're not afraid of the bac!*
- **Tu as tort, j'ai très peur du bac!**
  *You're wrong, I'm very afraid of the bac!*
- **Je suis d'accord avec toi.**
  *I agree with you.*
- **J'ai d'énormes problèmes.**
  *I have big/enormous problems.*
- **Tu n'as pas envie de donner des cours à un(e) lycéen(ne) nul(le) comme moi.**
  *You don't want to teach a high school student as bad as myself.*

### Useful expressions

- **C'est parfait!**
  *That's perfect!*
- **Ouais.**
  *Yeah.*
- **Allons-y!**
  *Let's go!*
- **C'est sympa.**
  *That's nice/fun.*
- **D'accord.**
  *OK, all right.*

---

**2** **Répondez** Answer these questions. Refer to the video scenes and a dictionary as necessary. You do not have to answer in complete sentences.

1. Où est-ce que tu as envie de voyager?
2. Est-ce que tu as peur de quelque chose? De quoi?
3. Qu'est-ce que tu dis (*say*) quand tu as tort?

**3** **À vous!** With a partner, describe someone you know whose personality, likes, or dislikes resemble those of Rachid or Stéphane.

**MODÈLE**

Paul est comme (*like*) Rachid... il est sérieux.

ressources

| VM pp. 193–194 | DVD Leçon 2B | vhlcentral.com Leçon 2B |

A C T I V I T É S

**S** Reading

# Les cours universitaires

**French university courses often consist of lectures in large halls called amphithéâtres.** Some also include discussion-based sessions with fewer students. Other than in the **grandes écoles** and specialized schools, class attendance is not mandatory in most universities. Students are motivated to attend by their desire to pass. Course grades may be based upon only one or two exams or term papers, so students generally take their studies seriously. They often form study groups to discuss the lectures and share class notes. This practice encourages open exchange of ideas and debate, a tradition that continues well past university life in France.

The start of classes each year is known as the **rentrée universitaire** and takes place at the beginning of October. The academic year is divided into two semesters. Four to six classes each semester is typical.

Students take exams throughout the semester, a practice known as **contrôle continu°**. At final exams in May or June, they can retake other exams they might have failed during that year or the preceding year. French grades range from 0–20, rather than from 0–100. Scores over 17 or 18 are rare and even the best students do not expect to score consistently in the near-perfect range. A grade of 10 is a passing grade, and is therefore not the equivalent of a 50 in the American system. If you plan to study abroad for credit, ask the foreign institution to provide your school with grade equivalents.

**contrôle continu** *continuous assessment*

## Système français de notation

| NOTE FRANÇAISE | NOTE AMÉRICAINE | % | NOTE FRANÇAISE | NOTE AMÉRICAINE | % |
|---|---|---|---|---|---|
| 0 | F | 0 | 11 | A- | 85 |
| 2 | F | 3 | 12 | A | 90 |
| 3 | F | 8 | 13 | A | 93 |
| 4 | F | 18 | 14 | A+ | 96 |
| 5 | F | 28 | 15 | A+ | 99 |
| 6 | F | 38 | 16 | A+ | 99.5 |
| 7 | D- | 50 | 17 | A+ | 99.7 |
| 8 | C- | 60 | 18 | A+ | 99.9 |
| 9 | B- | 70 | 19 | A+ | 99.99 |
| 10 | B | 78 | 20 | A+ | over 99.99 |

### Coup de main

To read decimal places in French, use the French word **virgule** (*comma*) where you would normally say *point* in English. To say *percent*, use **pour cent**.

**60,4% soixante virgule quatre pour cent**
*sixty point four percent*

---

**A C T I V I T É S**

**1** **Vrai ou faux?** Indicate whether each statement is **vrai** or **faux**. Correct the false statements.

1. Class attendance is optional in some French universities.

2. Final course grades are usually based on several exam grades and class participation.

3. The French university system discourages note sharing.

4. The French grading system is similar to the American system.

5. The **rentrée universitaire** happens each year in August.

6. A grade of 11 is not a passing grade.

7. The academic year in France is typically divided into trimesters.

8. Scores of 18 or 19 are very rare.

9. French students typically take three classes each semester.

10. The final exams in May or June are called the **contrôle continu**.

## STRATÉGIE

## STRATÉGIE

### False cognates

In **Leçon 1B**, you learned that cognates can help you read French. However, beware of false cognates (**les faux amis**). For example, **librairie** means *bookstore*, not *library*. **Coin** means *corner*, not *coin*. In the **Portrait** selection, you'll find several instances of the verb **passer**. Although **passer** can mean *to pass*, it is a false cognate in the context of this reading. In pairs, guess what **passer** means in this context.

## LE MONDE FRANCOPHONE

### Le français langue étrangère

Voici quelques° écoles du monde francophone où vous pouvez aller° pour étudier le français.

**En Belgique** Université de Liège

**En France** Université de Franche-Comté–Centre de linguistique appliquée, Université de Grenoble, Université de Paris IV-Sorbonne

**À la Martinique** Institut Supérieur d'Études Francophones, à Schoelcher

**En Nouvelle-Calédonie** Centre de Rencontres et d'Échanges Internationaux du Pacifique, à Nouméa

**Au Québec** Université Laval, Université de Montréal

**Aux îles Saint-Pierre et Miquelon** Le FrancoForum, à Saint-Pierre

**En Suisse** Université Populaire de Lausanne, Université de Neuchâtel

**quelques** *some* **pouvez aller** *can go*

## PORTRAIT

# Le bac

Au lycée, les élèves ont des cours communs, comme le français, l'histoire et les maths, et aussi un choix° de spécialisation. À la fin° du lycée, à l'âge de dix-sept ou dix-huit ans, les jeunes Français passent un examen très important: le baccalauréat. Le bac est nécessaire pour continuer des études supérieures.

Les lycéens° passent des bacs différents: le bac L (littéraire), le bac ES (économique et social) et le bac S (scientifique) sont des bacs généraux. Il y a aussi des bacs techniques et des bacs technologiques, comme° le bac STI (sciences et technologies industrielles) ou le bac SMS (sciences et techniques médico-sociales). Il y a même° un bac technique de la musique et de la danse et un bac hôtellerie°! Entre 70 (soixante-dix) et 80 (quatre-vingts) pour cent des élèves passent le bac avec succès.

**choix** *choice* **À la fin** *At the end* **lycéens** *high school students* **comme** *such as* **même** *even* **hôtellerie** *hotel trade*

### Sur Internet

**Où avez-vous envie d'étudier?**

Go to **vhlcentral.com** to find more cultural information related to this **Lecture culturelle**.

---

**2** **Quel bac?** Which bac best fits the following interests?

1. le ballet
2. la littérature
3. la médecine
4. le tourisme
5. la technologie
6. le piano et la flûte

**3** **Et les cours?** In French, name two courses you might take in preparation for each of these baccalauréat exams.

1. un bac L
2. un bac SMS
3. un bac ES
4. un bac STI

 Practice more at **vhlcentral.com.**

**ressources**

**S**

vhlcentral.com
Leçon 2B

# STRUCTURES

STRUCTURES

**2B.1**

## Present tense of *avoir*  Presentation

**Point de départ** The verb **avoir** (*to have*) is used frequently. You will have to memorize each of its present tense forms because they are irregular.

| Present tense of *avoir* | | | |
|---|---|---|---|
| **j'ai** | *I have* | **nous avons** | *we have* |
| **tu as** | *you have* | **vous avez** | *you have* |
| **il/elle/on a** | *he/she/it/one has* | **ils/elles ont** | *they have* |

*On a rendez-vous avec David demain.*

*Cette année, nous avons le bac.*

● Liaison is required between the final consonants of **on**, **nous**, **vous**, **ils**, and **elles** and the first vowel of forms of **avoir** that follow them. When the final consonant is an **-s**, pronounce it as a z before the verb forms.

**On a** un prof sympa.
*We have a nice professor.*

**Nous avons** un cours d'art.
*We have an art class.*

**Vous avez** deux stylos.
*You have two pens.*

**Elles ont** un examen de psychologie.
*They have a Psychology exam.*

● Keep in mind that an indefinite article, whether singular or plural, usually becomes **de/d'** after a negation.

J'ai **un** cours difficile.
*I have a difficult class.*

Je n'ai pas **de** cours difficile.
*I do not have a difficult class.*

Il a **des** examens.
*He has exams.*

Il n'a pas **d'**examens.
*He does not have exams.*

- The verb **avoir** is used in certain idiomatic or set expressions where English generally uses *to be* or *to feel*.

### Expressions with *avoir*

| | | | |
|---|---|---|---|
| avoir... ans | *to be... years old* | avoir froid | *to be cold* |
| avoir besoin (de) | *to need* | avoir honte (de) | *to be ashamed (of)* |
| avoir de la chance | *to be lucky* | avoir l'air | *to look like, to seem* |
| | | avoir peur (de) | *to be afraid (of)* |
| avoir chaud | *to be hot* | avoir raison | *to be right* |
| avoir envie (de) | *to feel like* | avoir sommeil | *to be sleepy* |
| | | avoir tort | *to be wrong* |

**Il a chaud.**

**Ils ont froid.**

**Elle a sommeil.**

**Il a de la chance.**

- The expressions **avoir besoin de**, **avoir honte de**, **avoir peur de**, and **avoir envie de** can be followed by either a noun or a verb.

J'**ai besoin d'**une calculatrice.
*I need a calculator.*

J'**ai besoin d'**étudier.
*I need to study.*

Laure **a peur des** serpents.
*Laure is afraid of snakes.*

Laure **a peur de** parler au professeur.
*Laure is afraid to talk to the professor.*

### Boîte à outils

In the expression **avoir l'air** + [*adjective*], the adjective does not change to agree with the subject. It is always masculine singular, because it agrees with **air**. Examples:

**Elle a l'air charmant.**
*She looks charming.*

**Ils ont l'air content.**
*They look happy.*

---

### Essayez! Complete the sentences with the correct forms of **avoir**.

1. La température est de 35 degrés Celsius. Nous __avons__ chaud.
2. En Alaska, en décembre, vous _____ froid.
3. Martine écoute la radio et elle _____ envie de danser.
4. Ils _____ besoin d'une calculatrice pour le devoir.
5. Est-ce que tu _____ peur des insectes?
6. Sébastien pense que je travaille aujourd'hui. Il _____ raison.
7. J' _____ cours d'économie le lundi et le mercredi.
8. Mes amis voyagent beaucoup. Ils _____ de la chance.
9. Mohammed _____ deux cousins à Marseille.
10. Vous _____ un grand appartement.

**ressources**

WB
pp. 23–24

LM
p. 15

**S**
vhlcentral.com
Leçon 2B

## Mise en pratique

**1** **On a...** Use the correct forms of **avoir** to form questions from these elements. Use inversion and provide an affirmative or negative answer as indicated.

**MODÈLE**

tu / bourse (oui)
*As-tu une bourse? Oui, j'ai une bourse.*

1. nous / dictionnaire (oui)
2. Luc / diplôme (non)
3. elles / montres (non)
4. vous / copains (oui)
5. Thérèse / téléphone (oui)
6. Charles et Jacques / calculatrice (non)
7. on / examen (non)
8. tu / livres de français (non)

**2** **C'est évident** Describe these people using expressions with **avoir**.

1. J' _____ étudier.

2. Vous _____.

3. Tu _____.

4. Elles _____.

**3** **Assemblez** Use the verb avoir and combine elements from the two columns to create sentences about yourself, your class, and your school. Make any necessary changes or additions.

| A | B |
|---|---|
| Je | cours utiles |
| L'université | bourses importantes |
| Les profs | professeurs brillants |
| Mon (*My*) petit ami | ami(e) mexicain(e) / anglais(e) |
| Ma (*My*) petite amie | / canadien(ne) / vietnamien(ne) |
| Nous | étudiants intéressants |
| | resto U agréable |
| | école de droit |

Practice more at **vhlcentral.com.**

# Communication

**4** **Besoins** Your instructor will give you a worksheet. Ask different classmates if they need to do these activities. Find at least one person to answer **Oui** and at least one to answer **Non** for each item.

**MODÈLE**

regarder la télé

**Étudiant(e) 1:** *Tu as besoin de regarder la télé?*
**Étudiant(e) 2:** *Oui, j'ai besoin de regarder la télé.*
**Étudiant(e) 3:** *Non, je n'ai pas besoin de regarder la télé.*

| Activités | Oui | Non |
|---|---|---|
| 1. regarder la télé | Anne | Louis |
| 2. étudier ce soir | | |
| 3. passer un examen cette semaine | | |
| 4. trouver un cours d'informatique | | |
| 5. travailler à la bibliothèque | | |
| 6. commencer un devoir important | | |
| 7. téléphoner à un(e) copain/copine ce week-end | | |
| 8. parler avec le professeur | | |

**5** **C'est vrai?** Interview a classmate by transforming each of these statements into a question. Be prepared to report the results of your interview to the class.

**MODÈLE** J'ai deux ordinateurs.

**Étudiant(e) 1:** *Tu as deux ordinateurs?*
**Étudiant(e) 2:** *Non, je n'ai pas deux ordinateurs.*

1. J'ai peur des examens.
2. J'ai vingt et un ans.
3. J'ai envie de visiter Montréal.
4. J'ai un cours de biologie.
5. J'ai sommeil le lundi matin.
6. J'ai un(e) petit(e) ami(e) égoïste.

**6** **Interview** You are talking to the campus housing advisor. Answer his or her questions. In pairs, practice the scene and role-play it for the class.

1. Qu'est-ce que (*What*) vous étudiez?
2. Est-ce que vous avez d'excellentes notes?
3. Est-ce que vous avez envie de partager la chambre?
4. Est-ce que vous mangez au resto U?
5. Est-ce que vous avez un ordinateur?
6. Est-ce que vous retrouvez des amis à la fac?
7. Est-ce que vous écoutez de la musique?
8. Est-ce que vous avez des cours le matin?
9. Est-ce que vous aimez habiter sur le campus?

# STRUCTURES

## 2B.2

## Telling time  Presentation

**Point de départ** Use the verb **être** with numbers to tell time.

- There are two ways to ask what time it is.

  **Quelle heure est-il?**
  *What time is it?*

  **Quelle heure avez-vous / as-tu?**
  *What time do you have?*

- Use **heures** by itself to express time on the hour. Use **une heure** for one o'clock.

Il est **six heures**.          Il est **une heure**.

- Express time from the hour to the half-hour by stating the number of minutes it is past the hour.

Il est quatre heures **cinq**.       Il est onze heures **vingt**.

- Use **et quart** to say that it is fifteen minutes past the hour.
  Use **et demie** to say that it is thirty minutes past the hour.

Il est une heure **et quart**.       Il est sept heures **et demie**.

- To express time from the half hour to the hour, subtract the number of minutes or the portion of an hour from the next hour.

Il est trois heures **moins dix**.       Il est une heure **moins le quart**.

- To express at what time something happens, use the preposition **à**.

  Céline travaille **à sept heures moins vingt**.
  *Céline works at 6:40.*

  On passe un examen **à une heure**.
  *We take a test at one o'clock.*

---

**Boîte à outils**

In English, you often leave out the word *o'clock* when telling time. You might say "The class starts at eleven" or "I arrive at seven." In French, however, you must always include the word **heure(s)**.

- In French, the hour and minutes are separated by the letter **h**, which stands for **heure**, whereas in English a colon is used.

  3:25 = **3h25**          11:10 = **11h10**          5:15 = **5h15**

- **Liaison** occurs between numbers and the word **heure(s)**. Final **-s** and **-x** in **deux**, **trois**, **six**, and **dix** are pronounced like a z. The final **-f** of **neuf** is pronounced like a *v*.

  Il est **deux heures**.             Il est **neuf heures** et quart.
  *It's two o'clock.*               *It's 9:15.*

- You do not usually make a **liaison** between the verb form **est** and a following number that starts with a vowel sound.

  Il est onze heures.    Il est une heure vingt.    Il est huit heures et demie.
  *It's eleven o'clock.*    *It's 1:20.*         *It's 8:30.*

|  |  |  |  |
|---|---|---|---|
| **À quelle heure?** | *(At) what time/ when?* | **midi** | *noon* |
| **de l'après-midi** | *in the afternoon* | **minuit** | *midnight* |
| **du matin** | *in the morning* | **pile** | *sharp, on the dot* |
| **du soir** | *in the evening* | **presque** | *almost* |
| **en avance** | *early* | **tard** | *late* |
| **en retard** | *late* | **tôt** | *early* |
|  |  | **vers** | *about* |

Il est **minuit** à Paris.        Il est six heures **du soir** à New York.
*It's midnight in Paris.*      *It's six o'clock in the evening in New York.*

- The 24-hour clock is often used to express official time. Departure times, movie times, and store hours are expressed in this fashion. Only numbers are used to tell time this way. Expressions like **et demie**, **moins le quart**, etc. are not used.

  Le train arrive à **dix-sept heures six**.      Le film est à **vingt-deux heures trente-sept**.
  *The train arrives at 5:06 p.m.*          *The film is at 10:37 p.m.*

*J'ai cours de trois heures vingt à quatre heures et demie.*

*Stéphane! Quelle heure est-il?*

### Boîte à outils

In French, there are no words for *a.m.* and *p.m.* You can use **du matin** for *a.m.*, **de l'après-midi** from noon until about 6 p.m., and **du soir** from about 6 p.m. until midnight. When you use the 24-hour clock, it becomes obvious whether you're referring to *a.m.* or *p.m.*

### À noter

As you learned in **Leçon 1A**, when you say 21, 31, 41, etc. in French, the *one* agrees with the gender of the noun that follows. Therefore, **21h00** is **vingt et une heures**.

---

**Essayez!**    Complete the sentences by writing out the correct times according to the cues.

1. (1:00 a.m.) Il est <u>une heure</u> du matin.
2. (2:50 a.m.) Il est _____ du matin.
3. (8:30 p.m.) Il est _____ du soir.
4. (10:08 a.m.) Il est _____ du matin.
5. (7:15 p.m.) Il est _____ du soir.
6. (12:00 p.m.) Il est _____ .
7. (4:05 p.m.) Il est _____ de l'après-midi.
8. (4:45 a.m.) Il est _____ du matin.
9. (3:20 a.m.) Il est _____ du matin.
10. (12:00 a.m.) Il est _____ .

**ressources**

WB pp. 22–26

LM p. 16

vhlcentral.com
Leçon 2B

# STRUCTURES

## Mise en pratique

**1** **Quelle heure est-il?** Give the time shown on each clock or watch.

**MODÈLE**

*Il est quatre heures et quart de l'après-midi.*

1. _____  2. _____  3. _____  4. _____

5. _____  6. _____  7. _____  8. _____

**2** **À quelle heure?** Find out when you and your friends are going to do certain things.

**MODÈLE**

À quelle heure est-ce qu'on étudie? (about 8 p.m.)
*On étudie vers huit heures du soir.*

À quelle heure...

1. ...est-ce qu'on arrive au café? (at 10:30 a.m.)
2. ...est-ce que vous parlez avec le professeur? (at noon)
3. ...est-ce que tu travailles? (late, at 11:15 p.m.)
4. ...est-ce qu'on regarde la télé? (at 9:00 p.m.)
5. ...est-ce que Marlène et Nadine mangent? (around 1:45 p.m.)
6. ...est-ce que le cours commence? (very early, at 8:20 a.m.)

**3** **Départ à…** Tell what each of these times would be on a 24-hour clock.

**MODÈLE**

Il est trois heures vingt de l'après-midi.
*Il est quinze heures vingt.*

1. Il est dix heures et demie du soir.
2. Il est deux heures de l'après-midi.
3. Il est huit heures et quart du soir.
4. Il est minuit moins le quart.
5. Il est six heures vingt-cinq du soir.
6. Il est trois heures moins cinq du matin.
7. Il est six heures moins le quart de l'après-midi.
8. Il est une heure et quart de l'après-midi.
9. Il est neuf heures dix du soir.
10. Il est sept heures quarante du soir.

# Communication

**4** **Télémonde** Look at this French TV guide. In pairs, ask questions about program start times.

**MODÈLE**

**Étudiant(e) 1:** *À quelle heure commence Télé-ciné sur Antenne 4?*
**Étudiant(e) 2:** *Télé-ciné commence à dix heures dix du soir.*

| | |
|---|---|
| **dessins animés** | *cartoons* |
| **feuilleton télévisé** | *soap opera* |
| **film policier** | *detective film* |
| **informations** | *news* |
| **jeu télévisé** | *game show* |

**VENDREDI**

| Antenne 2 | Antenne 4 | Antenne 5 |
|---|---|---|
| **15h30** Pomme d'Api (dessins animés) | **14h00** Football: match France-Italie | **18h25** Montréal: une ville à visiter |
| **17h35** Reportage spécial: le sport dans les lycées | **19h45** Les informations | **19h30** Des chiffres et des lettres (jeu télévisé) |
| **20h15** La famille Menet (feuilleton télévisé) | **20h30** Concert: orchestre de Nice | **21h05** Reportage spécial: les Sénégalais |
| **21h35** Télé-ciné: L'inspecteur Duval (film policier) | **22h10** Télé-ciné: Une chose difficile (comédie dramatique) | **22h05** Les informations |

**5** **Où es-tu?** In pairs, take turns asking where (**où**) your partner usually is on these days at these times. Choose from the places listed.

| | |
|---|---|
| **au lit** (*bed*) | **chez mes** (*at my*) **parents** |
| **au resto U** | **chez mes copains** |
| **à la bibliothèque** | **chez mon** (*my*) **petit ami** |
| **en ville** (*town*) | **chez ma** (*my*) **petite amie** |
| **au parc** | |
| **en cours** | |

1. Le samedi: à 8h00 du matin; à midi; à minuit
2. En semaine: à 9h00 du matin; à 3h00 de l'après-midi; à 7h00 du soir
3. Le dimanche: à 4h00 de l'après-midi; à 6h30 du soir; à 10h00 du soir
4. Le vendredi: à 11h00 du matin; à 5h00 de l'après-midi; à 11h00 du soir

**6** **Le suspect** A student on campus is a suspect in a crime. You and a partner are detectives. Keeping a log of the student's activities, use the 24-hour clock to say what he or she is doing when.

**MODÈLE**

*À vingt-deux heures trente-trois, il parle au téléphone.*

# SYNTHÈSE

# Révision

**1** **J'ai besoin de…** In pairs, take turns saying which items you need. Your partner will guess why you need them. How many times did each of you guess correctly?

**MODÈLE**

**Étudiant(e) 1:** *J'ai besoin d'un cahier et d'un dictionnaire pour demain.*
**Étudiant(e) 2:** *Est-ce que tu as un cours de français?*
**Étudiant(e) 1:** *Non. J'ai un examen d'anglais.*

| | |
|---|---|
| un cahier | un livre de physique |
| une calculatrice | une montre |
| une carte | un ordinateur |
| un dictionnaire | un stylo |
| une feuille de papier | un téléphone |

**2** **À l'université française** To complete your degree, you need two language classes, a science class, and an elective. Take turns deciding what classes you need or want to take. Your partner will tell you the days and times so you can set up your schedule.

**MODÈLE**

**Étudiant(e) 1:** *J'ai besoin d'un cours de maths, peut-être «Initiation aux maths».*
**Étudiant(e) 2:** *C'est le mardi et le jeudi après-midi, de deux heures à trois heures et demie.*
**Étudiant(e) 1:** *J'ai aussi besoin d'un cours de langue…*

| Les cours | Jours et heures |
|---|---|
| Allemand | mardi, jeudi; 14h00-15h30 |
| Biologie II | mardi, jeudi; 9h00-10h30 |
| Chimie générale | lundi, mercredi; 11h00-12h30 |
| Espagnol | lundi, mercredi; 11h00-12h30 |
| Gestion | mercredi; 13h00-14h30 |
| Histoire des États-Unis | jeudi; 12h15-14h15 |
| Initiation à la physique | lundi, mercredi; 12h00-13h30 |
| Initiation aux maths | mardi, jeudi; 14h00-15h30 |
| Italien | lundi, mercredi; 12h00-13h30 |
| Japonais | mardi, jeudi; 9h00-10h30 |
| Les philosophes grecs | lundi; 15h15-16h45 |
| Littérature moderne | mardi; 10h15-11h15 |

**3** **Les cours** Your partner will tell you what classes he or she is currently taking. Make a list, including the times and days of the week. Then, talk to as many classmates as you can, and find at least two students who take at least two of the same classes as your partner.

**4** **On y va?** Walk around the room and find at least one classmate who feels like doing each of these activities with you. For every affirmative answer, record the name of your classmate and agree on a time and date. Do not speak to the same classmate twice.

**MODÈLE**

**Étudiant(e) 1:** *Tu as envie de retrouver des amis avec moi?*
**Étudiant(e) 2:** *Oui, pourquoi pas? Samedi, à huit heures du soir, peut-être?*
**Étudiant(e) 1:** *D'accord!*

| | |
|---|---|
| chercher un café sympa | regarder la télé française |
| dîner au resto U | retrouver des amis |
| écouter de la musique | travailler à la bibliothèque |
| étudier le français cette semaine | visiter un musée |

**5** **Au téléphone** Two high school friends are attending different universities. In pairs, imagine a conversation where they discuss the time, their classes, and likes or dislikes about campus life. Then, role-play the conversation for the class and vote for the best skit.

**MODÈLE**

**Étudiant(e) 1:** *J'ai cours de chimie à dix heures et demie.*
**Étudiant(e) 2:** *Je n'ai pas de cours de chimie cette année.*
**Étudiant(e) 1:** *N'aimes-tu pas les sciences?*
**Étudiant(e) 2:** *Si, mais…*

**6** **La semaine de Patrick** Your instructor will give you and a partner different incomplete pages from Patrick's day planner. Do not look at each other's worksheet.

**MODÈLE**

**Étudiant(e) 1:** *Lundi matin, Patrick a cours de géographie à dix heures et demie.*
**Étudiant(e) 2:** *Lundi, il a cours de sciences po à deux heures de l'après-midi.*

# Écriture

## STRATÉGIE

### Brainstorming

In the early stages of writing, brainstorming can help you generate ideas on a specific topic. You should spend ten to fifteen minutes brainstorming and jotting down any ideas about the topic that occur to you. Whenever possible, try to write down your ideas in French. Express your ideas in single words or phrases, and jot them down in any order. While brainstorming, do not worry about whether your ideas are good or bad. Selecting and organizing ideas should be the second stage of your writing. Remember that the more ideas you write down while you are brainstorming, the more options you will have to choose from later when you start to organize your ideas.

*J'aime*
danser
voyager
regarder la télévision
le cours de français
le cours de psychologie

*Je n'aime pas*
chanter
dessiner
travailler
le cours de chimie
le cours de biologie

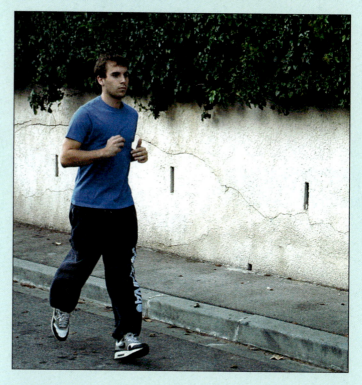

## Thème

### Une description personnelle

Write a description of yourself to post on a web site in order to find a francophone e-pal. Your description should include:

- your name and where you are from
- the name of your university and where it is located
- the courses you are currently taking and your opinion of each one
- some of your likes and dislikes
- where you work if you have a job
- any other information you would like to include

**Bonjour!**

Je m'appelle Xavier Dupré. Je suis québécois, mais j'étudie le droit à l'université de Lyon, en France. J'aime...

# SAVOIR-FAIRE

# Panorama

## La France

### Le pays en chiffres

▶ **Superficie:** *549.000 km²*
*(cinq cent quarante-neuf mille kilomètres carrés°)*

▶ **Population:** *61.203.000 (soixante et un millions deux cent trois mille)*
SOURCE: Population Division, UN Secrétariat

▶ **Industries principales:** *agro-alimentaires°, assurance°, banques, énergie, produits pharmaceutiques, produits de luxe, télécommunications, tourisme, transports*

*La France est le pays° le plus° visité du monde° avec plus de° 60 millions de touristes chaque° année. Son histoire, sa culture et ses monuments– plus de 12.000 (douze mille)–et musées–plus de 1.200 (mille deux cents)–attirent° des touristes d'Europe et de partout° dans le monde.*

▶ **Villes principales:** *Paris, Lille, Lyon, Marseille, Toulouse*

▶ **Monnaie°:** *l'euro*
*La France est un pays membre de l'Union européenne et, en 2002, l'euro a remplacé° le franc français comme° monnaie nationale.*

### Français célèbres

▶ **Jeanne d'Arc,** *héroïne française (1412–1431)*

▶ **Émile Zola,** *écrivain° (1840–1902)*

▶ **Auguste Renoir,** *peintre° (1841–1919)*

▶ **Claude Debussy,** *compositeur et musicien (1862–1918)*

▶ **Camille Claudel,** *femme sculpteur (1864–1943)*

▶ **Claudie André-Deshays,** *médecin, première astronaute française (1957– )*

*carrés* square **agro-alimentaires** *food processing* **assurance** *insurance* **pays** *country* **le plus** *the most* **monde** *world* **plus de** *more than* **chaque** *each* **attirent** *attract* **partout** *everywhere* **Monnaie** *Currency* **a remplacé** *replaced* **comme** *as* **écrivain** *writer* **peintre** *painter* **élus à vie** *elected for life* **Depuis** *Since* **mots** *words* **courrier** *mail* **pont** *bridge*

LA FRANCE

un bateau-mouche sur la Seine

LE ROYAUME-UNI

LA MER DU NORD

LA MANCHE

LA BELGIQUE

L'ALLEMAGNE

LE LUXEMBOURG

LES ARDENNES

Lille

Rouen

Le Havre · la Seine

Caen

le Mont-St-Michel

Versailles ★ **Paris**

la Marne

Strasbourg

LES VOSGES

le Rhin

Rennes

Nantes

la Loire

Bourges

Poitiers

la Saône

LE JURA

LA SUISSE

L'OCÉAN ATLANTIQUE

Limoges

Clermont-Ferrand

Lyon

le Rhône

L'ITALIE

Bordeaux · la Garonne

LE MASSIF CENTRAL

LES ALPES

Toulouse

Nîmes

Aix-en-Provence

MONACO

Marseille

LES PYRÉNÉES

LA CORSE

ANDORRE

LA MER MÉDITERRANÉE

L'ESPAGNE

le château de Chenonceau

0 — 100 milles
0 — 100 kilomètres

le pont° du Gard

### Incroyable mais vrai!

Être «immortel», c'est réguler et défendre le bon usage du français! Les Académiciens de l'Académie française sont élus à vie° et s'appellent les «Immortels». Depuis° 1635 (mille six cent trente-cinq), ils décident de l'orthographe correcte des mots° et publient un dictionnaire. Attention, c'est «courrier° électronique», pas «e-mail»!

# La géographie

**L'Hexagone**

Surnommé «l'Hexagone» à cause de° sa forme géométrique, le territoire français a trois fronts maritimes: l'océan Atlantique, la mer° Méditerranée et la Manche°; et trois frontières° naturelles: les Pyrénées, les Ardennes et les Alpes et le Jura. À l'intérieur du pays°, le Massif central et les Vosges ponctuent° un relief composé de vastes plaines et de forêts. La Loire, la Seine, la Garonne, le Rhin et le Rhône sont les fleuves° principaux de l'Hexagone.

# La technologie

**Le Train à Grande Vitesse**

Le chemin de fer° existe en France depuis° 1827 (mille huit cent vingt-sept). Aujourd'hui, la SNCF (Société nationale des chemins de fer français) offre la possibilité aux voyageurs de se déplacer° dans tout° le pays et propose des tarifs° avantageux aux étudiants et aux moins de 25 ans°. Le TGV (Train à Grande Vitesse°) roule° à plus de 300 (trois cents) km/h (kilomètres/heure) et emmène° même° les voyageurs jusqu'à° Londres et Bruxelles.

# Les arts

**Le cinéma, le 7e art!**

L'invention du cinématographe par les frères° Lumière en 1895 (mille huit cent quatre-vingt-quinze) marque le début° du «7e (septième) art». Le cinéma français donne naissance° aux prestigieux César° en 1976 (mille neuf cent soixante-seize), à des cinéastes talentueux comme° Jean Renoir, François Truffaut et Luc Besson, et à des acteurs mémorables comme Brigitte Bardot, Catherine Deneuve, Olivier Martinez et Audrey Tautou.

# L'économie

**L'industrie**

Avec la richesse de la culture française, il est facile d'oublier que l'économie en France n'est pas limitée à l'artisanat°, à la gastronomie ou à la haute couture°. En fait°, la France est une véritable puissance° industrielle et se classe° parmi° les économies les plus° importantes du monde. Ses° activités dans des secteurs comme la construction automobile (par exemple, Peugeot, Citroën, Renault), l'industrie aérospatiale (avec Airbus) et l'énergie nucléaire (avec Électricité de France) sont considérables.

---

**Qu'est-ce que vous avez appris?** Complete these sentences.

1. _____ est une femme sculpteur française.

2. Les Académiciens sont élus _____.

3. Le mot correct en français pour «e-mail», c'est _____.

4. À cause de sa forme, la France s'appelle aussi _____.

5. La _____ offre la possibilité de voyager dans tout le pays.

6. Avec le _____, on voyage de Paris à Londres.

7. Les _____ sont les inventeurs du cinéma.

8. _____ est un grand cinéaste français.

9. La France est une grande puissance _____.

10. Électricité de France produit (*produces*) _____.

---

## Sur Internet

Go to **vhlcentral.com** to find more cultural information related to this **Panorama**.

1. Cherchez des informations sur l'Académie française. Faites (*Make*) une liste de mots ajoutés à la dernière édition du dictionnaire de l'Académie française.

2. Cherchez des informations sur l'actrice Catherine Deneuve. Quand a-t-elle commencé (*did she begin*) sa (*her*) carrière? Trouvez ses (*her*) trois derniers films.

**ressources**

WB pp. 27–28

vhlcentral.com Unité 2

**à cause de** *because of* **mer** *sea* **Manche** *English Channel* **frontières** *borders* **pays** *country* **ponctuent** *punctuate* **fleuves** *rivers* **chemin de fer** *railroad* **depuis** *since* **se déplacer** *travel* **dans tout** *throughout* **tarifs** *fares* **moins de 25 ans** *people under 25* **Train à Grande Vitesse** *high speed train* **roule** *rolls, travels* **emmène** *takes* **même** *even* **jusqu'à** *to* **frères** *brothers* **début** *beginning* **donne naissance** *gives birth* **César** *equivalent of the Oscars in France* **comme** *such as* **artisanat** *craft industry* **haute couture** *high fashion* **En fait** *In fact* **puissance** *power* **se classe** *ranks* **parmi** *among* **les plus** *the most* **Ses** *Its*

## Verbes

| | |
|---|---|
| adorer | to love; to adore |
| aimer | to like; to love |
| aimer mieux | to prefer |
| arriver | to arrive |
| chercher | to look for |
| commencer | to begin, to start |
| dessiner | to draw; to design |
| détester | to hate |
| donner | to give |
| étudier | to study |
| habiter (à) | to live (in) |
| manger | to eat |
| oublier | to forget |
| parler (au téléphone) | to speak (on the phone) |
| partager | to share |
| penser (que/qu') | to think (that) |
| regarder | to look (at), to watch |
| rencontrer | to meet |
| retrouver | to meet up with; to find (again) |
| travailler | to work |
| voyager | to travel |

## Vocabulaire supplémentaire

| | |
|---|---|
| J'adore... | I love... |
| J'aime bien... | I like... |
| Je n'aime pas tellement... | I don't like... very much. |
| Je déteste... | I hate... |
| être reçu(e) à un examen | to pass an exam |

## Des questions et des opinions

| | |
|---|---|
| bien sûr | of course |
| d'accord | OK, all right |
| Est-ce que/qu'...? | question phrase |
| (mais) non | no (but of course not) |
| moi/toi non plus | me/you neither |
| ne... pas | no, not |
| n'est-ce pas? | isn't that right? |
| oui/si | yes |
| parce que | because |
| pas du tout | not at all |
| peut-être | maybe, perhaps |
| pourquoi? | why? |

## L'université

| | |
|---|---|
| assister à | to attend |
| demander | to ask |
| dîner | to have dinner |
| échouer | to fail |
| écouter | to listen (to) |
| enseigner | to teach |
| expliquer | to explain |
| passer un examen | to take an exam |
| préparer | to prepare (for) |
| rentrer (à la maison) | to return (home) |
| téléphoner à | to telephone |
| trouver | to find; to think |
| visiter | to visit (a place) |
| l'architecture (f.) | architecture |
| l'art (m.) | art |
| la biologie | biology |
| la chimie | chemistry |
| le droit | law |
| l'économie (f.) | economics |
| l'éducation physique (f.) | physical education |
| la géographie | geography |
| la gestion | business administration |
| l'histoire (f.) | history |
| l'informatique (f.) | computer science |
| les langues (étrangères) (f.) | (foreign) languages |
| les lettres (f.) | humanities |
| les mathématiques (maths) (f.) | mathematics |
| la philosophie | philosophy |
| la physique | physics |
| la psychologie | psychology |
| les sciences (politiques/po) (f.) | (political) science |
| le stylisme de mode (m.) | fashion design |
| une bourse | scholarship, grant |
| un cours | class, course |
| un devoir; les devoirs | homework |
| un diplôme | diploma, degree |
| l'école (f.) | school |
| les études (supérieures) (f.) | (higher) education; studies |
| le gymnase | gymnasium |
| une note | grade |
| un restaurant universitaire (un resto U) | university cafeteria |

| | |
|---|---|
| Expressions utiles | See pp. 47 and 65. |
| Telling time | See pp. 72–73. |

## Expressions de temps

| | |
|---|---|
| Quel jour sommes-nous? | What day is it? |
| un an | year |
| une/cette année | one/this year |
| après | after |
| après-demain | day after tomorrow |
| un/cet après-midi | an/this afternoon |
| aujourd'hui | today |
| demain (matin/ après-midi/soir) | tomorrow (morning/ afternoon/evening) |
| un jour | day |
| une journée | day |
| (le) lundi, mardi, mercredi, jeudi, vendredi, samedi, dimanche | (on) Monday(s), Tuesday(s), Wednesday(s), Thursday(s), Friday(s), Saturday(s), Sunday(s) |
| un/ce matin | a/this morning |
| la matinée | morning |
| un mois/ce mois-ci | a month/this month |
| une/cette nuit | a/this night |
| une/cette semaine | a/this week |
| un/ce soir | an/this evening |
| une soirée | evening |
| un/le/ce week-end | a/the/this weekend |
| dernier/dernière | last |
| premier/première | first |
| prochain(e) | next |

## Adjectifs et adverbes

| | |
|---|---|
| difficile | difficult |
| facile | easy |
| inutile | useless |
| utile | useful |
| surtout | especially; above all |

## Expressions avec avoir

| | |
|---|---|
| avoir | to have |
| avoir... ans | to be... years old |
| avoir besoin (de) | to need |
| avoir chaud | to be hot |
| avoir de la chance | to be lucky |
| avoir envie (de) | to feel like |
| avoir froid | to be cold |
| avoir honte (de) | to be ashamed (of) |
| avoir l'air | to look like, to seem |
| avoir peur (de) | to be afraid (of) |
| avoir raison | to be right |
| avoir sommeil | to be sleepy |
| avoir tort | to be wrong |

# La famille et les copains

## Pour commencer

- Combien de personnes y a-t-il?
- Où sont ces personnes?
- Que font-elles?
- Ont-elles l'air agréables ou désagréables?

# Leçon 3A

**You will learn how to...**

- discuss family, friends, and pets
- express ownership

# La famille de Marie Laval

**Luc Garneau**

mon grand-père (*my grandfather*)

## Vocabulaire

| | |
|---|---|
| divorcer | *to divorce* |
| épouser | *to marry* |
| | |
| aîné(e) | *elder* |
| cadet(te) | *younger* |
| | |
| un beau-frère | *brother-in-law* |
| un beau-père | *father-in-law; stepfather* |
| une belle-mère | *mother-in-law; stepmother* |
| un demi-frère | *half-brother; stepbrother* |
| une demi-sœur | *half-sister; stepsister* |
| les enfants (*m., f.*) | *children* |
| un(e) époux/épouse | *husband/wife* |
| une famille | *family* |
| une femme | *wife; woman* |
| une fille | *daughter; girl* |
| les grands-parents (*m.*) | *grandparents* |
| les parents (*m.*) | *parents* |
| un(e) voisin(e) | *neighbor* |
| | |
| un chat | *cat* |
| un oiseau | *bird* |
| un poisson | *fish* |
| | |
| célibataire | *single* |
| divorcé(e) | *divorced* |
| fiancé(e) | *engaged* |
| marié(e) | *married* |
| séparé(e) | *separated* |
| veuf/veuve | *widowed* |

**Sophie Garneau**

ma tante (*aunt*),
femme (*wife*)
de Marc

**Marc Garneau**

mon oncle (*uncle*),
fils (*son*) de Luc
et d'Hélène

**Jean Garneau**

mon cousin,
petit-fils (*grandson*)
de Luc et d'Hélène
frère (*brother*)
d'Isabelle et de
Virginie

**Isabelle Garneau**

ma cousine,
sœur (*sister*)
de Jean et de
Virginie, petite-fille
(*granddaughter*) de
Luc et d'Hélène

**Virginie Garneau**

ma cousine,
sœur de Jean
et d'Isabelle,
petite-fille de Luc
et d'Hélène

**Bambou**

le chien (*dog*) de
mes (*my*) cousins

**ressources**

| WB pp. 29–30 | LM p. 17 | vhlcentral.com Leçon 3A |
|---|---|---|

# Mise en pratique

**Audio: Vocabulary**

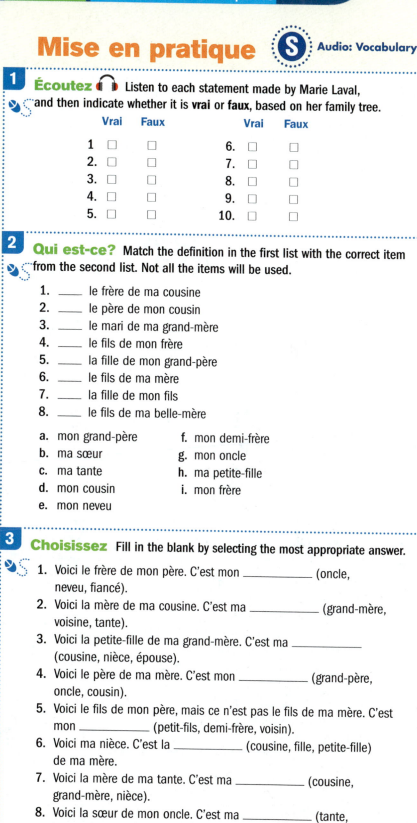

Hélène Garneau

ma grand-mère
(*my grandmother*)

Juliette Laval          Robert Laval

ma mère (*mother*),
fille (*daughter*) de
Luc et d'Hélène

mon père (*father*),
mari (*husband*)
de Juliette

Véronique Laval     Guillaume Laval      Marie Laval

ma belle-sœur
(*sister-in-law*)

mon frère
(*brother*)

Marie Laval,
fille de Juliette
et de Robert

Matthieu Laval      Émilie Laval

mon neveu
(*nephew*)

ma nièce
(*niece*)

petits-enfants (*grandchildren*)
de mes parents

**1** **Écoutez** 🎧 Listen to each statement made by Marie Laval, and then indicate whether it is **vrai** or **faux**, based on her family tree.

|     | Vrai | Faux |     | Vrai | Faux |
|-----|------|------|-----|------|------|
| 1   | ☐    | ☐    | 6.  | ☐    | ☐    |
| 2.  | ☐    | ☐    | 7.  | ☐    | ☐    |
| 3.  | ☐    | ☐    | 8.  | ☐    | ☐    |
| 4.  | ☐    | ☐    | 9.  | ☐    | ☐    |
| 5.  | ☐    | ☐    | 10. | ☐    | ☐    |

**2** **Qui est-ce?** Match the definition in the first list with the correct item from the second list. Not all the items will be used.

1. _____ le frère de ma cousine
2. _____ le père de mon cousin
3. _____ le mari de ma grand-mère
4. _____ le fils de mon frère
5. _____ la fille de mon grand-père
6. _____ le fils de ma mère
7. _____ la fille de mon fils
8. _____ le fils de ma belle-mère

a. mon grand-père       f. mon demi-frère
b. ma sœur              g. mon oncle
c. ma tante             h. ma petite-fille
d. mon cousin           i. mon frère
e. mon neveu

**3** **Choisissez** Fill in the blank by selecting the most appropriate answer.

1. Voici le frère de mon père. C'est mon _____ (oncle, neveu, fiancé).

2. Voici la mère de ma cousine. C'est ma _____ (grand-mère, voisine, tante).

3. Voici la petite-fille de ma grand-mère. C'est ma _____ (cousine, nièce, épouse).

4. Voici le père de ma mère. C'est mon _____ (grand-père, oncle, cousin).

5. Voici le fils de mon père, mais ce n'est pas le fils de ma mère. C'est mon _____ (petit-fils, demi-frère, voisin).

6. Voici ma nièce. C'est la _____ (cousine, fille, petite-fille) de ma mère.

7. Voici la mère de ma tante. C'est ma _____ (cousine, grand-mère, nièce).

8. Voici la sœur de mon oncle. C'est ma _____ (tante, belle-mère, belle-sœur).

9. Voici la fille de ma mère, mais pas de mon père. C'est ma _____ (belle-sœur, demi-sœur, sœur).

10. Voici le mari de ma mère, mais ce n'est pas mon père. C'est mon _____ (beau-frère, grand-père, beau-père).

# CONTEXTES

## Communication

**4**  **L'arbre généalogique** With a classmate, identify the members of the family by asking questions about how each member is related to Anne Durand.

> **MODÈLE**
>
> **Étudiant(e) 1:** *Qui est Louis Durand?*
> **Étudiant(e) 2:** *C'est le grand-père d'Anne.*

**5** **Entrevue** With a classmate, take turns asking each other these questions.

1. Combien de personnes y a-t-il dans ta famille?
2. Comment s'appellent tes parents?
3. As-tu des frères ou des sœurs?
4. Combien de cousins/cousines as-tu? Comment s'appellent-ils/elles? Où habitent-ils/elles?
5. Quel(le) (*Which*) est ton cousin préféré/ta cousine préférée?
6. As-tu des neveux/des nièces?
7. Comment s'appellent tes grands-parents? Où habitent-ils?
8. Combien de petits-enfants ont tes grands-parents?

> **Coup de main**
>
> Use these words to help you complete this activity.
>
> **ton** *your (m.)* → **mon** *my (m.)*
> **ta** *your (f.)* → **ma** *my (f.)*
> **tes** *your (pl.)* → **mes** *my (pl.)*

**6** **Qui suis-je?** Your instructor will give you a worksheet. Walk around the class and ask your classmates questions about their families. When a classmate gives one of the answers on the worksheet, write his or her name in the corresponding space. Be prepared to discuss the results with the class.

> **MODÈLE** Je suis marié(e).
>
> **Paul:** *Est-ce que tu es mariée?*
> **Jacqueline:** *Oui, je suis mariée. (You write "Jacqueline".)/ Non, je ne suis pas mariée. (You ask another classmate.)*

# Les sons et les lettres

**Audio: Concepts, Activities Record & Compare**

## L'accent aigu and l'accent grave

In French, diacritical marks (*accents*) are an essential part of a word's spelling. They indicate how vowels are pronounced or distinguish between words with similar spellings but different meanings. **L'accent aigu** ( ´ ) appears only over the vowel **e**. It indicates that the **e** is pronounced similarly to the vowel *a* in the English word *cake*, but shorter and crisper. The French **é** lacks the *y* glide heard in English words like *day* and *late*.

| **é**tudier | r**é**serv**é** | **é**l**é**gant | t**é**l**é**phone |

**L'accent aigu** also signals some similarities between French words and English words. Often, an **e** with **l'accent aigu** at the beginning of a French word marks the place where the letter *s* would appear at the beginning of the English equivalent.

| **é**ponge | **é**pouse | **é**tat | **é**tudiante |
| *sponge* | *spouse* | *state* | *student* |

**L'accent grave** ( ` ) over the vowel **e** indicates that the **e** is pronounced like the vowel *e* in the English word *pet*.

| tr**è**s | apr**è**s | m**è**re | ni**è**ce |

Although **l'accent grave** does not change the pronunciation of the vowels **a** or **u**, it distinguishes words that have a similar spelling but different meanings.

| la | là | ou | où |
| *the* | *there* | *or* | *where* |

**Prononcez** Practice saying these words aloud.

1. agréable
2. sincère
3. voilà
4. faculté
5. frère
6. à
7. déjà
8. éléphant
9. lycée
10. poème
11. là
12. élève

**Articulez** Practice saying these sentences aloud.

1. À tout à l'heure!
2. Thérèse, je te présente Michèle.
3. Hélène est très sérieuse et réservée.
4. Voilà mon père, Frédéric et ma mère, Ségolène.
5. Tu préfères étudier à la fac demain après-midi?

**Dictons** Practice reading these sayings aloud.

*À vieille mule, frein doré.*[2]

*Tel père, tel fils.*[1]

[1] Like father, like son.
[2] For an old mule, a golden bit.

**ressources**

LM
p. 18

vhlcentral.com
Leçon 3A

# ROMAN-PHOTO

## L'album de photos

Video: *Roman-photo*
Record & Compare

**PERSONNAGES**

Amina

Michèle

Stéphane

Valérie

**MICHÈLE** Mais, qui c'est? C'est ta sœur? Tes parents?

**AMINA** C'est mon ami Cyberhomme.

**MICHÈLE** Comment est-il? Est-ce qu'il est beau? Il a les yeux de quelle couleur? Marron ou bleue? Et ses cheveux? Ils sont blonds ou châtains?

**AMINA** Je ne sais pas.

**MICHÈLE** Toi, tu es timide.

**VALÉRIE** Stéphane, tu as dix-sept ans. Cette année, tu passes le bac, mais tu ne travailles pas!

**STÉPHANE** Écoute, ce n'est pas vrai, je déteste mes cours, mais je travaille beaucoup. Regarde, mon cahier de chimie, mes livres de français, ma calculatrice pour le cours de maths, mon dictionnaire anglais-français...

**STÉPHANE** Oh, et qu'est-ce que c'est? Ah, oui, les photos de tante Françoise.

**VALÉRIE** Des photos? Mais où?

**STÉPHANE** Ici! Amina, on peut regarder des photos de ma tante sur ton ordinateur, s'il te plaît?

**AMINA** Ah, et ça, c'est toute la famille, n'est-ce pas?

**VALÉRIE** Oui, ça c'est Henri, sa femme Françoise et leurs enfants: le fils aîné Bernard, et puis son frère Charles, sa sœur Sophie et leur chien Socrate.

**STÉPHANE** J'aime bien Socrate. Il est vieux, mais il est amusant!

**VALÉRIE** Ah! Et Bernard, il a son bac aussi et sa mère est très heureuse.

**STÉPHANE** Moi, j'ai envie d'habiter avec oncle Henri et tante Françoise. Comme ça, pas de problème pour le bac!

**STÉPHANE** Pardon, maman. Je suis très heureux ici avec toi. Ah, au fait, Rachid travaille avec moi pour préparer le bac.

**VALÉRIE** Ah, bon? Rachid est très intelligent... un étudiant sérieux.

**A C T I V I T É S**

**1** **Vrai ou faux?** Are the sentences **vrai** or **faux?**

1. Amina communique avec sa (*her*) tante par ordinateur.
2. Stéphane n'aime pas ses (*his*) cours au lycée.
3. Ils regardent des photos de vacances.
4. Henri est le frère aîné de Valérie.
5. Bernard est le cousin de Stéphane.

6. Charles a déjà son bac.
7. La tante de Stéphane s'appelle Françoise.
8. Stéphane travaille avec Amina pour préparer le bac.
9. Socrate est le fils d'Henri et de Françoise.
10. Rachid n'est pas un bon étudiant.

 Practice more at **vhlcentral.com.**

Stéphane et Valérie regardent des photos de famille avec Amina.

*À la table d'Amina...*

**AMINA** Alors, voilà vos photos. Qui est-ce?

**VALÉRIE** Oh, c'est Henri, mon frère aîné!

**AMINA** Quel âge a-t-il?

**VALÉRIE** Il a cinquante ans. Il est très sociable et c'est un très bon père.

**VALÉRIE** Ah! Et ça c'est ma nièce Sophie et mon neveu Charles! Regarde, Stéphane, tes cousins!

**STÉPHANE** Je n'aime pas Charles. Il est tellement sérieux.

**VALÉRIE** Il est peut-être trop sérieux, mais, lui, il a son bac!

**AMINA** Et Sophie, qu'elle est jolie!

**VALÉRIE** ... et elle a déjà son bac.

**AMINA** Ça oui, préparer le bac avec Rachid, c'est une idée géniale!

**VALÉRIE** Oui, c'est vrai. En théorie, c'est une excellente idée. Mais tu prépares le bac avec Rachid, hein? Pas le prochain match de foot!

## Expressions utiles

### Talking about your family

- **C'est ta sœur? Tes parents?**
  *Is that your sister? Your parents?*
- **C'est mon ami.**
  *That's my friend.*
- **Ça c'est Henri, sa femme Françoise et leurs enfants.**
  *That's Henri, his wife Françoise, and their kids.*

### Describing people

- **Il a les yeux de quelle couleur? Marron ou bleue?**
  *What color are his eyes? Brown or blue?*
- **Il a les yeux bleus.**
  *He has blue eyes.*
- **Et ses cheveux? Ils sont blonds ou châtains? Frisés ou raides?**
  *And his hair? Is it blond or brown? Curly or straight?*
- **Il a les cheveux châtains et frisés.**
  *He has curly brown hair.*

### Additional vocabulary

- **On peut regarder des photos de ma tante sur ton ordinateur?**
  *Can/May we look at some photos from my aunt on your computer?*
- **C'est toute la famille, n'est-ce pas?**
  *That's the whole family, right?*
- **Je ne sais pas (encore).**
  *I (still) don't know.*
- **Alors...**
  *So...*
- **peut-être**
  *maybe*
- **vrai**
  *true*
- **au fait**
  *by the way*
- **une photo(graphie)**
  *a photo(graph)*
- **Hein?**
  *Alright?*
- **une idée**
  *an idea*
- **déjà**
  *already*

---

**2** **Vocabulaire** Describe how Stéphane would be on the occasions listed. Refer to a dictionary as necessary.

1. on his 87th birthday _____
2. after finding 20€ _____
3. while taking the **bac** _____
4. after getting a good grade _____
5. after dressing for a party _____

beau

heureux

sérieux

vieux

**3** **Conversez** In pairs, describe which member of your family is most like Stéphane. How are they alike? Do they both like sports? Do they take similar classes? How do they like school? What are their personalities like? Be prepared to describe your partner's "Stéphane" to the class.

**ressources**

VM
pp. 195–196

DVD
Leçon 3A

vhlcentral.com
Leçon 3A

A C T I V I T É S

# LECTURE CULTURELLE

**S** Reading
Video: *Flash culture*

# La famille en France

**Comment est la famille française?** Est-elle différente de la famille américaine? La majorité des Français sont-ils mariés, divorcés ou célibataires?

Il n'y a pas de réponse simple à ces questions. Les familles françaises sont très diverses. Le mariage est toujours° très populaire: la majorité des hommes et des femmes sont mariés. Mais attention! Les nombres° de personnes divorcées et de personnes célibataires augmentent chaque° année.

La structure familiale traditionnelle existe toujours en France, mais il y a des structures moins traditionnelles, comme les familles monoparentales, où° l'unique parent est divorcé, séparé ou veuf. Il y a aussi des familles recomposées qui combinent deux familles, avec un beau-père, une belle-mère, des demi-frères ou des demi-sœurs. Certains couples choisissent° le Pacte Civil de Solidarité (PACS), qui offre certains droits° et protections aux couples non-mariés.

Géographiquement, les membres d'une famille d'immigrés peuvent° habiter près ou loin° les uns des autres°. Mais en général, ils préfèrent habiter les uns près des autres parce que l'intégration est parfois° difficile. Il existe aussi des familles d'immigrés séparées entre° la France et le pays d'origine.

Alors, oubliez les stéréotypes des familles en France. Elles sont grandes et petites, traditionnelles et non-conventionnelles; elles changent et sont toujours les mêmes°.

> **Coup de main**
>
> Remember to read decima[l] places in **French** using the French word **virgule** (*comm[a]*) where you would normally [use] *point* in English. To say *per cent*, use **pour cent**.
>
> **64,3% soixante-quatre virgule tro[is] pour cent**
>
> *sixty-four point three percent*

## La situation familiale des Français
### (par tranche° d'âge)

| ÂGE | CÉLIBATAIRE | EN COUPLE SANS ENFANTS | EN COUPLE AVEC ENFANTS | PARENT D'UNE FAMILLE MONOPARENTALE |
|---|---|---|---|---|
| < 25 ans | 3,6% | 2,8% | 1% | 0,3% |
| 25–29 ans | 16,7% | 26,5% | 26,2% | 2,6% |
| 30–44 ans | 10,9% | 9,8% | 64,3% | 6,2% |
| 45–59 ans | 11,7% | 29,9% | 47,2% | 5,9% |
| > 60 ans | 20,3% | 59,2% | 11,7% | 2,9% |

**toujours** *still* **nombres** *numbers* **chaque** *each* **où** *where* **choisissent** *choose* **droits** *rights* **peuvent** *can* **près ou loin** *near or far* **les uns des autres** *from one another* **parfois** *sometimes* **entre** *between* **mêmes** *same* **tranche** *bracket*

---

**A C T I V I T É S**

**1** **Complétez** Provide logical answers.

1. Si on regarde la population française d'aujourd'hui, on observe que les familles françaises sont très _____.

2. Le _____ est toujours très populaire en France.

3. La majorité des hommes et des femmes sont _____.

4. Le nombre de Français qui sont _____ augmente.

5. Dans les familles _____, l'unique parent est divorcé, séparé ou veuf.

6. Il y a des familles qui combinent _____ familles.

7. Le _____ offre certains droits et protections aux couples qui ne sont pas mariés.

8. Les immigrés aiment _____ les uns près des autres.

9. Oubliez les _____ des familles en France.

10. Les familles changent et sont toujours _____.

## Predicting content from visuals

When you read in French, look for visual clues, such as photos and illustrations, that will orient you to the content and purpose of the reading. Some visuals summarize data in a way that is easy to comprehend; these include bar graphs, lists of percentages, and other diagrams. Look at the visual elements of the **Culture à la loupe** selection and make a list of ideas about its content. Then, compare your list with a classmate's. Are your lists the same or different?

## Les fêtes et la famille

Les États-Unis ont quelques fêtes° en commun avec le monde francophone, mais les dates et les traditions de ces fêtes diffèrent d'un pays° à l'autre°. Voici deux fêtes associées à la famille.

### La Fête des mères

**En France** le dernier° dimanche de mai ou le premier° dimanche de juin
**En Belgique** le deuxième° dimanche de mai
**À l'île Maurice** le dernier dimanche de mai
**Au Canada** le deuxième dimanche de mai

### La Fête des pères

**En France** le troisième° dimanche de juin
**En Belgique** le deuxième dimanche de juin
**Au Canada** le troisième dimanche de juin

quelques fêtes *some holidays* pays *country* autre *other*
dernier *last* premier *first* deuxième *second* troisième *third*

# Les Noah

Dans° la famille Noah, le sport est héréditaire. À chacun son° sport: pour° Yannick, né° en France, c'est le tennis; pour son père, Zacharie, né à Yaoundé, au Cameroun, c'est le football°; pour son fils, Joakim, né aux États-Unis, c'est le basket-ball. Yannick est champion junior à Wimbledon en 1977 et participe aux championnats° du Grand Chelem° dans les années 1980. Son fils, Joakim, est un joueur° de basket-ball aux États-Unis. Il

gagne° le *Final Four NCAA* en 2006 et en 2007 avec les Florida Gators. Il est aujourd'hui joueur professionnel avec les Chicago Bulls. Le sport est dans le sang° chez les Noah!

**Dans** *In* **À chacun son** *To each his* **pour** *for* **né** *born* **football** *soccer* **championnats** *championships* **Chelem** *Slam* **joueur** *player* **gagne** *wins* **sang** *blood*

## Sur Internet

### Yannick Noah: célébrité du tennis et… de la chanson?°

Tennis star and… singing sensation?

Go to **vhlcentral.com** to find more cultural information related to this **Lecture culturelle**, then watch the corresponding **Flash culture**.

---

**2** **Vrai ou faux?** Indicate if these statements are **vrai** or **faux**.

1. Le tennis est héréditaire chez les Noah.
2. Zacharie Noah est né au Cameroun.
3. Zacharie Noah était (*was*) un joueur de basket-ball.
4. Yannick gagne à l'US Open.
5. Joakim joue (*plays*) pour les Lakers.
6. Le deuxième dimanche de mai, c'est la Fête des mères en Belgique et au Canada.

**3** **À vous…** With a partner, write six sentences describing another famous family whose members all share a common field or profession. Be prepared to share them with your classmates.

Practice more at **vhlcentral.com**.

**A C T I V I T É S**

# STRUCTURES

## Mise en pratique

**1** **Ressemblances** Family members often look and behave alike. Describe them.

> **MODÈLE**
>
> Caroline est intelligente. Elle a un frère.
> *Il est intelligent aussi.*

1. Jean est curieux. Il a une sœur.
2. Carole est blonde. Elle a un cousin.
3. Albert est gros. Il a trois tantes.
4. Sylvie est fière et heureuse. Elle a un fils.
5. Christophe est vieux. Il a une demi-sœur.
6. Martin est laid. Il a une petite-fille.
7. Sophie est intellectuelle. Elle a deux grands-pères.
8. Céline est naïve. Elle a deux frères.
9. Anne est belle. Elle a cinq neveux.
10. Anissa est rousse. Elle a un mari.

**2** **Une femme heureuse** Complete these sentences about Christine. Remember: some adjectives precede and some follow the nouns they modify.

> **MODÈLE**
>
> Christine / avoir / trois enfants (beau)
> *Christine a trois beaux enfants.*

1. Elle / avoir / des amis (sympathique)

   _____

2. Elle / habiter / dans un appartement (nouveau)

   _____

3. Son (*Her*) mari / avoir / un travail (bon)

   _____

4. Ses (*Her*) filles / être / des étudiantes (sérieux)

   _____

5. Christine / être / une femme (heureux)

   _____

6. Son mari / être / un homme (beau)

   _____

7. Elle / avoir / des collègues amusant(e)s

   _____

8. Sa (*Her*) secrétaire / être / une fille (jeune/intellectuel)

   _____

9. Elle / avoir / des chiens (bon)

   _____

10. Ses voisins / être (poli)

    _____

Practice more at **vhlcentral.com.**

# Communication

**3**  **Descriptions** In pairs, take turns describing these people and things using the expressions **C'est** or **Ce sont**.

**MODÈLE**

 *C'est un cours difficile.*

1. _____  2. _____  3. _____

4. _____  5. _____  6. _____

**4** **Comparaisons** In pairs, take turns comparing these brothers and their sister. Make as many comparisons as possible, then share them with the class to see which pair is most perceptive.

 **MODÈLE**

*Géraldine et Jean-Paul sont grands mais Tristan est petit.*

**Jean-Paul**     **Tristan**     **Géraldine**

**5** **Qui est-ce?** Choose the name of a classmate. Your partner must guess the person by asking up to 10 **oui** or **non** questions. Then, switch roles.

**MODÈLE**

**Étudiant(e) 1:** *C'est un homme?*
**Étudiant(e) 2:** *Oui.*
**Étudiant(e) 1:** *Il est de taille moyenne?*
**Étudiant(e) 2:** *Non.*

**6** **Les bons copains** Interview two classmates to learn about one of their friends, using these questions. Your partners' answers will incorporate descriptive adjectives. Be prepared to report to the class what you learned.

- Est-ce que tu as un(e) bon(ne) copain/copine?
- Comment est-ce qu'il/elle s'appelle?
- Quel âge est-ce qu'il/elle a?
- Comment est-ce qu'il/elle est?
- Il/Elle est de quelle origine?
- Quels cours est-ce qu'il/elle aime?
- Quels cours est-ce qu'il/elle déteste?

# STRUCTURES

## Possessive adjectives  Presentation

**Point de départ** In both English and French, possessive adjectives express ownership or possession.

| masculine singular | feminine singular | plural | |
|---|---|---|---|
| **Possessive adjectives** | | | |
| mon | ma | mes | *my* |
| ton | ta | tes | *your (fam. and sing.)* |
| son | sa | ses | *his, her, its* |
| notre | notre | nos | *our* |
| votre | votre | vos | *your (form. or pl.)* |
| leur | leur | leurs | *their* |

- Possessive adjectives are always placed before the nouns they modify.

  C'est **ton** père?
  *Is that your father?*

  Non, c'est **mon** oncle.
  *No, that's my uncle.*

  Voici **notre** mère.
  *Here's our mother.*

  Ce sont **tes** livres?
  *Are these your books?*

- In French, unlike English, possessive adjectives agree in gender and number with the nouns they modify.

  **mon** frère
  *my brother*

  **ma** sœur
  *my sister*

  **mes** grands-parents
  *my grandparents*

  **ton** chat
  *your cat*

  **ta** nièce
  *your niece*

  **tes** chiens
  *your dogs*

- Note that the forms **notre**, **votre**, and **leur** are the same for both masculine and feminine nouns. They only change to indicate whether the noun is singular or plural.

  **notre** neveu
  *our nephew*

  **notre** famille
  *our family*

  **nos** enfants
  *our children*

  **leur** cousin
  *their cousin*

  **leur** cousine
  *their cousin*

  **leurs** cousins
  *their cousins*

- The masculine singular forms **mon**, **ton**, and **son** are used with all singular nouns that begin with a vowel *even if they are feminine.*

  **mon** amie
  *my friend*

  **ton** école
  *your school*

  **son** histoire
  *his story*

- In English, the owner's gender is indicated by the use of the possessive adjectives *his* or *her*. In French however, the choice of **son**, **sa**, and **ses** depends on the gender and number of the noun possessed, *not* the gender and number of the owner.

  **son** frère = *his/her brother*　　**sa** sœur = *his/her sister*　　**ses** parents = *his/her parents*

  Context will usually help to clarify the meaning of the possessive adjective.

  J'aime **Nadine** mais je n'aime pas **son** frère.　　**Rémy** et **son** frère sont trop sérieux.
  *I like Nadine but I don't like her brother.*　　*Rémy and his brother are too serious.*

### Possession with *de*

- In English, you use *'s* to express relationships or ownership. In French, use **de (d')** + [*the noun or proper name*] instead.

  C'est le petit ami **d'Élisabeth**.　　C'est le petit ami **de ma sœur**.
  *That's Élisabeth's boyfriend.*　　*That's my sister's boyfriend.*

  Tu aimes la cousine **de Thierry**?　　J'ai l'adresse **de ses parents**.
  *Do you like Thierry's cousin?*　　*I have his parents' address.*

- When the preposition **de** is followed by the definite articles **le** and **les**, they contract to form **du** and **des**, respectively. There is no contraction when **de** is followed by **la** and **l'**.

  **de + le** ▶ **du**　　　　　　　**de + les** ▶ **des**

  L'opinion **du** grand-père est importante.　　La fille **des** voisins a les cheveux châtains.
  *The grandfather's opinion is important.*　　*The neighbors' daughter has brown hair.*

  Le nom **de l'**oiseau, c'est Lulu.　　J'ai le nouvel album **de la** chanteuse française.
  *The bird's name is Lulu.*　　*I have the French singer's new album.*

On peut regarder des photos de ma tante?

Elle a déjà son bac.

---

**Essayez!**　Provide the appropriate form of each possessive adjective.

**mon, ma, mes**
1. _mon_ livre
2. _____ librairie
3. _____ professeurs

**ton, ta, tes**
4. _____ ordinateurs
5. _____ télévision
6. _____ stylo

**son, sa, ses**
7. _____ table
8. _____ problèmes
9. _____ école

**notre, nos**
10. _____ cahier
11. _____ études
12. _____ bourse

**votre, vos**
13. _____ soirées
14. _____ resto U
15. _____ devoirs

**leur, leurs**
16. _____ résultat
17. _____ classe
18. _____ notes

**ressources**

WB
pp. 33–34

LM
p. 20

vhlcentral.com
Leçon 3A

# S T R U C T U R E S

## Mise en pratique

**1 Complétez** Complete the sentences with the correct possessive adjectives.

> **MODÈLE**
>
> Karine et Léo, vous avez _____vos_____ (*your*) stylos?

1. _____ (*My*) sœur est très patiente.

2. Marc et Julien adorent _____ (*their*) cours de philosophie et de maths.

3. Nadine et Gisèle, qui est _____ (*your*) amie?

4. C'est une belle photo de _____ (*their*) grand-mère.

5. Nous voyageons en France avec _____ (*our*) enfants.

6. Est-ce que tu travailles beaucoup sur _____ (*your*) ordinateur?

7. _____ (*Her*) cousins habitent à Paris.

**2 Identifiez** Identify the owner(s) of each object.

> ▶ **MODÈLE**
>
> *Ce sont les cahiers de Sophie.*

Sophie

Christophe
1. _____

Paul
2. _____

Stéphanie
3. _____

Georgette
4. _____

Jacqueline
5. _____

Christine
6. _____

**3 Qui est-ce?** Look at the Mercier family tree and explain the relationships between these people.

> **MODÈLE**
>
> Hubert → Marie et Fabien
> *C'est leur père.*

1. Marie → Guy

2. Agnès et Hubert → Thomas et Mégane

3. Thomas et Daniel → Yvette

4. Fabien → Guy

5. Claire → Thomas et Daniel

6. Thomas → Marie

**Hubert** **Agnès**

**Yvette** **Fabien** **Marie** **Guy**

**Thomas** **Lucie** **Daniel** **Mégane** **Claire**

 Practice more at **vhlcentral.com.**

# Communication

 **4** **Ma famille** Use these cues to interview as many classmates as you can to learn about their family members. Then, tell the class what you found out.

**MODÈLE**

mère / parler / espagnol

**Étudiant(e) 1:** *Est-ce que ta mère parle espagnol?*
**Étudiant(e) 2:** *Oui, ma mère parle espagnol.*

1. sœur / travailler / en Californie

   _____

2. frère / être / célibataire

   _____

3. cousins / avoir / un chien

   _____

4. cousin / voyager / beaucoup

   _____

5. père / adorer / les ordinateurs

   _____

6. parents / être / divorcés

   _____

7. tante / avoir / les yeux marron

   _____

8. grands-parents / habiter / en Floride

   _____

 **5** **Tu connais?** In pairs, take turns telling your partner if someone among your family or friends has these characteristics. Be sure to use a possessive adjective or **de** in your responses.

**MODÈLE**

français

*Mes cousins sont français.*

| | | |
|---|---|---|
| 1. naïf | 5. optimiste | 9. curieux |
| 2. beau | 6. grand | 10. vieux |
| 3. petit | 7. blond | 11. roux |
| 4. sympathique | 8. mauvais | 12. intellectuel |

**6** **Portrait de famille** In groups of three, take turns describing your family. Listen carefully to your partners' descriptions without taking notes. After everyone has spoken, two of you describe the other's family to see how well you remember.

**MODÈLE**

**Étudiant(e) 1:** *Sa mère est sociable.*
**Étudiant(e) 2:** *Sa mère est blonde.*
**Étudiant(e) 3:** *Mais non! Ma mère est timide et elle a les cheveux châtains.*

# Révision

**1**  **Expliquez** In pairs, take turns randomly calling out one person from column A and one from column B. Your partner will explain how they are related.

> **MODÈLE**
>
> **Étudiant(e) 1:** *ta sœur et ta mère*
> **Étudiant(e) 2:** *Ma sœur est la fille de ma mère.*

| A | B |
|---|---|
| 1. sœur | a. cousine |
| 2. tante | b. mère |
| 3. cousins | c. grand-père |
| 4. demi-frère | d. neveu |
| 5. père | e. oncle |

**2** **Les yeux de ma mère** List five physical (hair, eyes, and height) or personality traits that you share with other members of your family. Be specific. Then, in pairs, compare your lists. Take notes so you can present your partner's list to the class.

> **MODÈLE**
>
> **Étudiant(e) 1:** *J'ai les yeux bleus de mon père et je suis fier/fière comme mon grand-père.*
> **Étudiant(e) 2:** *Moi, je suis impatient(e) comme ma mère.*

**3** **Les familles célèbres** In groups of four, play a guessing game. Imagine that you belong to one of these famous families or a famous family of your choice. Start describing your new family to your partners. The first person who guesses which family you are describing and where you fit in is the winner. He or she should describe another family.

> La famille Addams
> La famille Jolie-Pitt
> La famille Kennedy
> La famille Windsor
> La famille Simpson

**4** **La famille idéale** Survey your classmates. Ask them to describe their ideal family. Record their answers. Then, in pairs, compare your results.

> **MODÈLE**
>
> **Étudiant(e) 1:** *Comment est ta famille idéale?*
> **Étudiant(e) 2:** *Ma famille idéale est petite, avec deux enfants et beaucoup de chiens et de chats.*

**5** **Le casting** A casting director is on the phone with an agent to find actors for a new comedy about a strange family. In pairs, act out their conversation and find an actor to play each character.

> **MODÈLE**
>
> **Étudiant(e) 1:** *Pour la mère, il y a Émilie. Elle est rousse et elle a les cheveux courts.*
> **Étudiant(e) 2:** *Ah, non. La mère est brune et elle a les cheveux longs. Avez-vous une actrice brune?*

La famille

le fils    la fille    le père    la mère    le cousin

Les acteurs et les actrices

Julie · Annick · Michelle · Patrick · Laurent · Émilie · Stéphane · Robert

**6** **Les différences** Your instructor will give you and a partner each a drawing of a family. Find the six differences between your picture and your partner's.

> **MODÈLE**
>
> **Étudiant(e) 1:** *La mère est blonde.*
> **Étudiant(e) 2:** *Non, la mère est brune.*

**S** Video

# Pages d'Or

The **Pages d'Or** (*Golden Pages*) of Belgium comprise a range of services whose objective is to connect businesses with potential customers. Technology is the principal means by which the **Pages d'Or** are today reaching a wider customer base, as the traditional printed telephone book is no longer their only product. The **Pages d'Or** also offer a range of technology products for allowing consumers to quickly find the businesses available for the services they need. These products include the **Pages d'Or** website, as well as listings on CD-ROM, DVD-ROM, and via digital television.

**Pages d'Or**®
www.pagesdor.be

—Papa, combien tu m'aimes?

—Pour toi, je décrocherais° la Lune°.

**Compréhension** Answer these questions.

1. Qui (*Who*) sont les deux personnes dans la publicité (*ad*)?
2. Pourquoi l'homme téléphone-t-il pour obtenir une grue (*crane*)?
3. Comment trouve-t-il le numéro de téléphone?

**Discussion** In groups of three, discuss the answers to these questions.

1. Pourquoi est-il facile de trouver un numéro de téléphone aujourd'hui? Comment le faites-vous?
2. Employez le vocabulaire de cette leçon pour décrire les parents idéaux.

**décrocherais** *would take down* **Lune** *moon*

Go to **vhlcentral.com** to watch the TV clip featured in this **Le Zapping**.

# Leçon 3B

You will learn how to...
- describe people
- describe locations

# Comment sont-ils?

Ils sont paresseux.

Il est rapide.

Il est fort.

Il est travailleur.

le propriétaire

discrète (discret *m.*)

fatiguée (fatigué *m.*)

jaloux (jalouse *f.*)

inquiète (inquiet *m.*)

triste

## Vocabulaire

| | |
|---|---|
| actif/active | active |
| antipathique | unpleasant |
| courageux/courageuse | brave |
| cruel(le) | cruel |
| doux/douce | sweet; soft |
| ennuyeux/ennuyeuse | boring |
| étranger/étrangère | foreign |
| faible | weak |
| favori(te) | favorite |
| fou/folle | crazy |
| généreux/généreuse | generous |
| génial(e) (géniaux *m., pl.*) | great |
| gentil(le) | nice |
| lent(e) | slow |
| méchant(e) | mean |
| modeste | modest |
| pénible | annoying |
| prêt(e) | ready |
| sportif/sportive | athletic |
| | |
| un(e) architecte | architect |
| un(e) artiste | artist |
| un(e) athlète | athlete |
| un(e) avocat(e) | lawyer |
| un(e) dentiste | dentist |
| un homme/une femme d'affaires | businessman/woman |
| un ingénieur | engineer |
| un(e) journaliste | journalist |
| un médecin | doctor |

# Mise en pratique

 **Audio: Vocabulary**

**1**  **Écoutez** 🎧 You will hear descriptions of three people. Listen carefully and indicate whether the statements about them are **vrai** or **faux**.

**Nora**  **Ahmed**  **Françoise**

|  | | Vrai | Faux |
|---|---|---|---|
| 1. | L'architecte aime le sport. | ☐ | ☐ |
| 2. | L'artiste est paresseuse. | ☐ | ☐ |
| 3. | L'artiste aime son travail. | ☐ | ☐ |
| 4. | Ahmed est médecin. | ☐ | ☐ |
| 5. | Françoise est gentille. | ☐ | ☐ |
| 6. | Nora est avocate. | ☐ | ☐ |
| 7. | Nora habite au Québec. | ☐ | ☐ |
| 8. | Ahmed est travailleur. | ☐ | ☐ |
| 9. | Françoise est mère de famille. | ☐ | ☐ |
| 10. | Ahmed habite avec sa femme. | ☐ | ☐ |

**2**  **Les contraires** Complete each sentence with the opposite adjective.

1. Ma grand-mère n'est pas cruelle, elle est _____.
2. Mon frère n'est pas travailleur, il est _____.
3. Mes cousines ne sont pas faibles, elles sont _____.
4. Ma tante n'est pas drôle, elle est _____.
5. Mon oncle n'est pas lent, il est _____.
6. Ma famille et moi, nous ne sommes pas antipathiques, nous sommes _____.
7. Mes parents ne sont pas méchants, ils sont _____.
8. Mon oncle n'est pas heureux, il est _____.

**3**  **Les célébrités** Match these famous people with their professions. Not all of the professions will be used.

_____ 1. Donald Trump
_____ 2. Claude Monet
_____ 3. Paul Mitchell
_____ 4. Dr. Phil C. McGraw
_____ 5. Serena Williams
_____ 6. Barbara Walters
_____ 7. Beethoven
_____ 8. Johnny Cochran

a. médecin
b. journaliste
c. musicien(ne)
d. coiffeur/coiffeuse
e. artiste
f. architecte
g. avocat(e)
h. homme/femme d'affaires
i. athlète
j. dentiste

a coiffeuse
(coiffeur m.)

Il est drôle.

un musicien
(musicienne f.)

# CONTEXTES

## Communication

**4** **Les professions** In pairs, say what the true professions of these people are. Alternate reading and answering the questions.

**MODÈLE**

**Étudiant(e) 1:** *Est-ce que Sabine et Sarah sont femmes d'affaires?*
**Étudiant(e) 2:** *Non, elles sont avocates.*

1. Est-ce que Louis est athlète?

2. Est-ce que Jean est professeur?

3. Est-ce que Juliette est ingénieur?

4. Est-ce que Charles est médecin?

5. Est-ce que Pauline est musicienne?

6. Est-ce que Jacques et Brigitte sont avocats?

7. Est-ce qu'Édouard est dentiste?

8. Est-ce que Martine et Sophie sont propriétaires?

**5** **Conversez** Interview a classmate. When asked **pourquoi**, answer with **parce que** (*because*).

1. Quel âge ont tes parents? Comment sont-ils?
2. Y a-t-il un(e) avocat(e) dans ta famille? Qui (*Who*)?
3. Qui est ton/ta cousin(e) préféré(e)? Pourquoi?
4. Qui n'est pas ton/ta cousin(e) préféré(e)? Pourquoi?
5. As-tu des animaux familiers (*pets*)? Quel est ton animal familier favori? Pourquoi?
6. Qui est ton professeur préféré? Pourquoi?
7. Qui est gentil dans la classe? Pourquoi?
8. Quelles professions aimes-tu? Pourquoi?

**6** **Quelle surprise!** You run into your French instructor ten years after you graduated and want to know what his or her life is like today. With a partner, prepare a conversation where you:

- greet each other
- ask each other's ages
- ask what each other's professions are
- ask about marital status and for a description of your significant others
- ask each other if you have children, and if so, describe them

**7** **Les petites annonces** Write a **petite annonce** (*personal ad*) where you describe yourself and your ideal boyfriend or girlfriend. Include details such as profession, age, physical characteristics, and personality. Your instructor will post the ads. In groups, take turns guessing who wrote them.

# Les sons et les lettres

**Audio: Concepts, Activities
Record & Compare**

## L'accent circonflexe, la cédille, and le tréma

L'accent circonflexe (^) can appear over any vowel.

| aîné | drôle | diplôme | pâté |
|------|-------|---------|------|

L'accent circonflexe indicates that a letter, frequently an **s**, has been dropped from an older spelling. For this reason, **l'accent circonflexe** can be used to identify similarities between French and English words.

hospital → hôpital          forest → forêt

L'accent circonflexe is also used to distinguish between words with similar spellings but different meanings.

| mûr | mur | sûr | sur |
|-----|-----|-----|-----|
| *ripe* | *wall* | *sure* | *on* |

La cédille ( ¸ ) is only used with the letter **c**. It is always pronounced with a soft **c** sound, like the *s* in the English word *yes*. Use a **cédille** to retain the soft **c** sound before an **a**, **o**, or **u**. Before an **e** or an **i**, the letter **c** is always soft, so a **cédille** is not necessary.

| garçon | français | ça | leçon |
|--------|----------|-----|-------|

Le tréma ( ¨ ) is used to indicate that two vowel sounds are pronounced separately. It is always placed over the second vowel.

| égoïste | naïve | Noël | Haïti |
|---------|-------|------|-------|

**Prononcez** Practice saying these words aloud.

1. naïf
2. reçu
3. châtain
4. âge
5. français
6. fenêtre
7. théâtre
8. garçon
9. égoïste
10. château

**Articulez** Practice saying these sentences aloud.

1. Comment ça va?
2. Comme ci, comme ça.
3. Vous êtes française, Madame?
4. C'est un garçon cruel et égoïste.
5. J'ai besoin d'être reçu à l'examen.
6. Caroline, ma sœur aînée, est très drôle.

*Plus ça change, plus c'est la même chose.*[2]

**Dictons** Practice reading these sayings aloud.

*Impossible n'est pas français.*[1]

[1] There's no such thing as "can't". (lit. Impossible is not French.)
[2] The more things change, the more they stay the same.

## On travaille chez moi!

 **Video:** *Roman-photo* Record & Compare

PERSONNAGES

**PERSONNAGES**

**Amina**

**David**

**Rachid**

**Sandrine**

**Stéphane**

**Valérie**

**SANDRINE** Alors, Rachid, où est David?

*Un téléphone portable sonne (a cell phone rings)...*

**VALÉRIE** Allô.

**RACHID** Allô.

**AMINA** Allô.

**SANDRINE** C'est Pascal! Je ne trouve pas mon téléphone!

**AMINA** Il n'est pas dans ton sac à dos?

**SANDRINE** Non!

**RACHID** Ben, il est sous tes cahiers.

**SANDRINE** Non plus!

**AMINA** Il est peut-être derrière ton livre... ou à gauche.

**SANDRINE** Mais non! Pas derrière! Pas à gauche! Pas à droite! Et pas devant!

**RACHID** Non! Il est là... sur la table. Mais non! La table à côté de la porte.

**SANDRINE** Ce n'est pas vrai! Ce n'est pas Pascal! Numéro de téléphone 06.62.70.94.87. Mais qui est-ce?

**DAVID** Sandrine? Elle est au café?

**RACHID** Oui... pourquoi?

**DAVID** Ben, j'ai besoin d'un bon café, oui, d'un café très fort. D'un espresso! À plus tard!

**RACHID** Tu sais, David, lui aussi, est pénible. Il parle de Sandrine. Sandrine, Sandrine, Sandrine.

**RACHID ET STÉPHANE** C'est barbant!

**STÉPHANE** C'est ta famille? C'est où?

**RACHID** En Algérie, l'année dernière chez mes grands-parents. Le reste de ma famille — mes parents, mes sœurs et mon frère, habitent à Marseille.

**STÉPHANE** C'est ton père, là?

**RACHID** Oui. Il est médecin. Il travaille beaucoup.

**RACHID** Et là, c'est ma mère. Elle, elle est avocate. Elle est très active... et très travailleuse aussi.

A C T I V I T É S

**1** **Identifiez** Indicate which character would make each statement. The names may be used more than once. Write **D** for David, **R** for Rachid, **S** for Sandrine, and **St** for Stéphane.

1. J'ai envie d'être architecte. _____
2. Numéro de téléphone 06.62.70.94.87. _____
3. David est un colocataire pénible. _____
4. Stéphane! Tu n'es pas drôle! _____

5. Que c'est ennuyeux! _____
6. On travaille chez moi! _____
7. Sandrine, elle est tellement pénible. _____
8. Sandrine? Elle est au café? _____
9. J'ai besoin d'un café très fort. _____
10. C'est pour ça qu'on prépare le bac. _____

 Practice more at **vhlcentral.com**.

Sandrine perd (*loses*) son téléphone.
Rachid aide Stéphane à préparer le bac.

**STÉPHANE** Qui est-ce? C'est moi!

**SANDRINE** Stéphane! Tu n'es pas drôle!

**AMINA** Oui, Stéphane. C'est cruel.

**STÉPHANE** C'est génial...

**RACHID** Bon, tu es prêt? On travaille chez moi!

*À l'appartement de Rachid et de David...*

**STÉPHANE** Sandrine, elle est tellement pénible. Elle parle de Pascal, elle téléphone à Pascal... Pascal, Pascal, Pascal! Que c'est ennuyeux!

**RACHID** Moi aussi, j'en ai marre.

**STÉPHANE** Avocate? Moi, j'ai envie d'être architecte.

**RACHID** Architecte? Alors, c'est pour ça qu'on prépare le bac.

*Rachid et Stéphane au travail...*

**RACHID** Allez, si *x* égale 83 et *y* égale 90, la réponse c'est...

**STÉPHANE** Euh... 100?

**RACHID** Oui! Bravo!

---

## Expressions utiles

### Making complaints

- **Sandrine, elle est tellement pénible.**
  *Sandrine is such a pain.*
- **J'en ai marre.**
  *I'm fed up.*
- **Tu sais, David, lui aussi, est pénible.**
  *You know, David's a pain, too.*
- **C'est barbant!/C'est la barbe!**
  *What a drag!*

### Reading numbers

- **Numéro de téléphone 06.62.70.94.87 (zéro six, soixante-deux, soixante-dix, quatre-vingt-quatorze, quatre-vingt-sept).**
  *Phone number 06.62.70.94.87.*
- **Si *x* égale 83 (quatre-vingt-trois) et *y* égale 90 (quatre-vingt-dix)...**
  *If x equals 83 and y equals 90...*
- **La réponse, c'est 100 (cent).**
  *The answer is 100.*

### Expressing location

- **Où est le téléphone de Sandrine?**
  *Where is Sandrine's telephone?*
- **Il n'est pas dans son sac à dos.**
  *It's not in her backpack.*
- **Il est sous ses cahiers.**
  *It's under her notebooks.*
- **Il est derrière son livre, pas devant.**
  *It's behind her book, not in front.*
- **Il est à droite ou à gauche?**
  *Is it to the right or to the left?*
- **Il est sur la table à côté de la porte.**
  *It's on the table next to the door.*

---

**2** **Vocabulaire** Refer to the video stills and dialogues to match these people and objects with their locations.

_____ 1. sur la table
_____ 2. pas sous les cahiers
_____ 3. devant Rachid
_____ 4. au café
_____ 5. à côté de la porte
_____ 6. en Algérie

a. le téléphone de Sandrine
b. Sandrine
c. l'ordinateur de Rachid
d. la famille de Rachid
e. le café de Rachid
f. la table

**3** **Écrivez** In pairs, write a brief description in French of one of the video characters. Do not mention the character's name. Describe his or her personality traits, physical characteristics, and career path. Be prepared to read your description aloud to your classmates, who will guess the identity of the character.

A C T I V I T É S

**Reading**

# L'amitié

**Quelle est la différence entre un copain et un ami? Un petit ami, qu'est-ce que c'est?** Avoir plus de copains que° d'amis, c'est normal. Des copains sont des personnes qu'on voit assez souvent°, comme° des gens de l'université ou du travail°, et avec qui on parle de sujets ordinaires. L'amitié° entre copains est souvent éphémère et n'est pas très profonde. D'habitude°, on ne parle pas de problèmes très personnels.

Par contre°, des amis parlent de choses plus importantes et plus intimes. L'amitié est plus profonde, solide et stable, même si° on ne voit pas ses amis très souvent. Un ami, c'est une personne très proche° qui vous écoute quand vous avez un problème.

Un(e) petit(e) ami(e) est une personne avec qui on a une relation très intime et établie°, basée sur l'amour. Les jeunes couples français sortent° souvent en groupe avec d'autres° couples plutôt que° seuls; même si un jeune homme et une jeune femme sortent ensemble°, normalement chaque personne paie sa part.

**plus de... que** *more... than* **voit assez souvent** *sees rather often* **comme** *such as* **du travail** *from work*
**L'amitié** *Friendship* **D'habitude** *Usually* **Par contre** *On the other hand* **même si** *even if* **proche** *close*
**établie** *established* **sortent** *go out* **d'autres** *other* **plutôt que** *rather than* **ensemble** *together*

**A C T I V I T É S**

**1 Vrai ou faux?** Are these statements **vrai** or **faux**?

1. Un copain est un très bon ami.
2. D'habitude, on a plus d'amis que de copains.
3. Un copain est une personne qu'on ne voit pas souvent.
4. Un ami est une personne avec qui on a une relation très solide.
5. Normalement, on ne parle pas de ses problèmes personnels avec ses copains.

6. Un ami vous écoute quand vous avez un problème.
7. L'amitié entre amis est plus profonde que l'amitié entre copains.
8. En général, les jeunes couples français vont au café ou au cinéma en groupe.
9. Un petit ami est comme un copain.
10. En France, les femmes ne paient pas quand elles sortent.

## STRATÉGIE

### Reading once through without stopping

While you might read something once in your native language and understand most of it, you might not achieve the same result from one read-through of a text in a foreign language. Reading a selection in French once through without stopping is still important, because it familiarizes you with the text's structure, introduces you to its vocabulary, and helps you get the gist of the reading. Instead of focusing on what you're missing, keep reading until you reach the end.

## LE MONDE FRANCOPHONE

### Le mariage: Qu'est-ce qui est différent?

**En France** Les mariages sont toujours à la mairie°, en général le samedi après-midi. Beaucoup de couples vont° à l'église° juste après. Il y a un grand dîner le soir. Tous les amis et la famille sont invités.

**En Belgique** Les homosexuels ont le droit° de se marier depuis° 2004. Ils peuvent° aussi adopter des enfants légalement depuis 2006.

**En Suisse** Il n'y a pas de *bridesmaids* comme aux États-Unis mais il y a deux témoins°. En Suisse romande, la partie francophone du pays°, les traditions pour le mariage sont assez° similaires aux traditions en France.

**mairie** *city hall* **vont** *go* **église** *church* **droit** *right* **depuis** *since*
**peuvent** *can* **témoins** *witnesses* **pays** *country* **assez** *rather*

## PORTRAIT

# Les Depardieu

Gérard

Les Depardieu sont une famille d'acteurs français. Gérard, le père, est l'acteur le plus célèbre° de France. Lauréat° de deux Césars°, un pour *Le Dernier Métro°* et l'autre° pour *Cyrano de Bergerac*, et d'un Golden Globe pour le film américain *Green Card*, il joue depuis trente ans° et a tourné dans° plus de 120 (cent vingt) films. Guillaume, son fils, a une carrière fulgurante° avant de décéder° prématurément à l'âge de 37 ans. Il a joué° dans beaucoup de films, y compris° *Tous les matins du monde°* avec son père. Julie, la fille de Gérard Depardieu, a déjà° deux Césars et a joué avec son père dans *Le Comte de Monte-Cristo*.

Guillaume

Julie

**le plus célèbre** *most famous* **Lauréat** *Winner* **Césars** *César awards (the equivalent of the Oscars in France)* **Le Dernier Métro** *The Last Metro* **l'autre** *the other* **il joue depuis trente ans** *he has been acting for thirty years* **a tourné dans** *has been in* **fulgurante** *dazzling* **avant de décéder** *before he passed away* **a joué** *acted* **y compris** *including* **Tous les matins du monde** *All the Mornings of the World* **déjà** *already*

### Sur Internet

**Quand ils sortent (*go out*), où vont (*go*) les jeunes couples français?**

Go to **vhlcentral.com** to find more cultural information related to this **Lecture culturelle**.

**2** **Les Depardieu** Complete these statements with the correct information.

1. Gérard Depardieu a joué dans plus de _____ films.

2. Guillaume était (*was*) _____ de Gérard Depardieu.

3. Julie est _____ de Gérard Depardieu.

4. Julie joue avec Gérard dans _____.

5. Guillaume joue avec Gérard dans _____.

6. Julie a déjà _____ Césars.

**3** **Comment sont-ils?** Look at the photos of the Depardieu family. With a partner, take turns describing each person in detail in French. How old do you think they are? What do you think their personalities are like? Do you see any family resemblances?

**ressources**

vhlcentral.com
Leçon 3B

Practice more at **vhlcentral.com**.

**ACTIVITÉS**

# Panorama

## Paris

### La ville en chiffres

▶ **Superficie:** 105 km² *(cent cinq kilomètres carrés°)*

▶ **Population:** *plus de° 9.828.000 (neuf millions huit cent vingt-huit mille)*
SOURCE: Population Division, UN Secretariat

*Paris est la capitale de la France. On a l'impression que Paris est une grande ville—et c'est vrai si on compte° ses environs°. Néanmoins°, elle mesure moins de° 10 kilomètres de l'est à l'ouest°, ainsi° on peut visiter la ville très facilement à pied°. Paris est divisée en 20 arrondissements°. Chaque° arrondissement a son propre maire° et son propre caractère.*

▶ **Industries principales:** *haute couture, finances, transports, technologie, tourisme*

▶ **Musées°:** *plus de 150 (cent cinquante): le musée du Louvre, le musée d'Orsay, le centre Georges Pompidou et le musée Rodin*

### Parisiens célèbres

▶ **Victor Hugo,** *écrivain° et activiste (1802–1885)*

▶ **Charles Baudelaire,** *poète (1821–1867)*

▶ **Auguste Rodin,** *sculpteur (1840–1917)*

▶ **Jean-Paul Sartre,** *philosophe (1905–1980)*

▶ **Simone de Beauvoir,** *écrivain (1908–1986)*

▶ **Édith Piaf,** *chanteuse (1915–1963)*

▶  **Emmanuelle Béart,** *actrice (1965– )*

l'Arc de Triomphe

l'opéra Garnier

une terrasse de café

### Incroyable mais vrai!

Sous les rues° de Paris, il y a une autre ville: les catacombes. Ici reposent° les squelettes d'environ 7.000.000 (sept millions) de personnes provenant° d'anciens cimetières de Paris et de ses environs. Plus de 100.000 (cent mille) touristes par an visitent cette ville de repos° éternel.

**carrés** *square* **plus de** *more than* **si on compte** *if one counts*
**environs** *surrounding areas* **Néanmoins** *Nevertheless* **moins de** *less than*
**de l'est à l'ouest** *from east to west* **ainsi** *thus* **à pied** *on foot*
**arrondissements** *districts* **Chaque** *Each* **son propre maire** *its own mayor*
**Musées** *Museums* **écrivain** *writer* **rues** *streets* **reposent** *lie; rest*
**provenant** *from* **repos** *rest*

## Les monuments

### La tour Eiffel

La tour Eiffel a été construite° en 1889 (mille huit cent quatre-vingt-neuf) pour l'Exposition universelle, à l'occasion du centenaire° de la Révolution française. Elle mesure 324 (trois cent vingt-quatre) mètres de haut et pèse° 10.100 (dix mille cent) tonnes. La tour attire plus de° 6.000.000 (six millions) de visiteurs par an°.

## Les gens

### Paris-Plages

Pour les Parisiens qui ne voyagent pas pendant l'été°, la ville de Paris a créé° Paris-Plages pour apporter la plage° aux Parisiens! Inauguré en 2001 et installé sur les quais° de la Seine, Paris-Plages a trois kilomètres de sable et d'herbe°, et plein d'activités° comme la natation° et le volley. Plus de 3.000.000 (trois millions) de personnes visitent Paris-Plages en juillet et août chaque° année.

## Les musées

### Le musée du Louvre

Ancien° palais royal, le Louvre est aujourd'hui un des plus grands musées du monde° avec sa vaste collection de peintures°, de sculptures et d'antiquités orientales, égyptiennes, grecques et romaines. L'œuvre° la plus célèbre de la collection est *La Joconde*° de Léonard de Vinci. La pyramide de verre°, créée par l'architecte américain I.M. Pei, marque l'entrée° principale du musée.

## Les transports

### Le métro

L'architecte Hector Guimard a commencé à réaliser° des entrées du métro de Paris en 1898 (mille huit cent quatre-vingt-dix-huit). Ces entrées sont construites dans le style Art Nouveau: en forme de plantes et de fleurs°. Le métro est aujourd'hui un système très efficace° qui permet aux passagers de traverser° Paris rapidement.

---

**Qu'est-ce que vous avez appris?** Complétez les phrases.

1. La ville de Paris est divisée en vingt _____.
2. Chaque arrondissement a ses propres _____ et _____.
3. Charles Baudelaire est le nom d'un _____ français.
4. Édith Piaf est une _____ française.
5. Plus de 100.000 personnes par an visitent _____ sous les rues de Paris.

6. La tour Eiffel mesure _____ mètres de haut.
7. En 2001, la ville de Paris a créé _____ sur les quais de la Seine.
8. Le musée du Louvre est un ancien _____.
9. _____ est une création de I.M. Pei.
10. Certaines entrées du métro sont de style _____.

### Sur Internet

Go to **vhlcentral.com** to find more cultural information related to this **Panorama**.

1. Quels sont les monuments les plus importants à Paris? Qu'est-ce qu'on peut faire (*can one do*) dans la ville?

2. Trouvez des informations sur un des musées de Paris.

3. Faites des recherches sur la vie (*Research the life*) d'un(e) Parisien(ne) célèbre.

4. Cherchez un plan du métro de Paris et trouvez comment aller (*to go*) du Louvre à la tour Eiffel.

ressources

WB pp. 41–42

vhlcentral.com Unité 3

**construite** *built* **centenaire** *centennial* **pèse** *weighs* **attire plus de** *attracts more than* **par an** *per year* **pendant l'été** *during the summer* **a créé** *created* **apporter la plage** *bring the beach* **quais** *banks* **de sable et d'herbe** *of sand and grass* **plein d'activités** *lots of activities* **natation** *swimming* **chaque** *each* **Ancien** *Former* **monde** *world* **peintures** *paintings* **L'œuvre** *The work (of art)* **La Joconde** *The Mona Lisa* **verre** *glass* **entrée** *entrance* **a commencé à réaliser** *began to create* **fleurs** *flowers* **efficace** *efficient* **traverser** *to cross*

## La famille

| | |
|---|---|
| aîné(e) | elder |
| cadet(te) | younger |
| un beau-frère | brother-in-law |
| un beau-père | father-in-law; stepfather |
| une belle-mère | mother-in-law; stepmother |
| une belle-sœur | sister-in-law |
| un(e) cousin(e) | cousin |
| un demi-frère | half-brother; stepbrother |
| une demi-sœur | half-sister; stepsister |
| les enfants (m., f.) | children |
| un époux/ une épouse | spouse |
| une famille | family |
| une femme | wife; woman |
| une fille | daughter; girl |
| un fils | son |
| un frère | brother |
| une grand-mère | grandmother |
| un grand-père | grandfather |
| les grands-parents (m.) | grandparents |
| un mari | husband |
| une mère | mother |
| un neveu | nephew |
| une nièce | niece |
| un oncle | uncle |
| les parents (m.) | parents |
| un père | father |
| une petite-fille | granddaughter |
| un petit-fils | grandson |
| les petits-enfants (m.) | grandchildren |
| une sœur | sister |
| une tante | aunt |
| un chat | cat |
| un chien | dog |
| un oiseau | bird |
| un poisson | fish |

## Adjectifs descriptifs

| | |
|---|---|
| antipathique | unpleasant |
| bleu(e) | blue |
| blond(e) | blond |
| brun(e) | dark (hair) |
| court(e) | short |
| drôle | funny |
| faible | weak |
| fatigué(e) | tired |
| fort(e) | strong |
| frisé(e) | curly |
| génial(e) (géniaux m., pl.) | great |
| grand(e) | big; tall |
| jeune | young |
| joli(e) | pretty |
| laid(e) | ugly |
| lent(e) | slow |
| mauvais(e) | bad |
| méchant(e) | mean |
| modeste | modest |
| noir(e) | black |
| pauvre | poor; unfortunate |
| pénible | annoying |
| petit(e) | small, short (stature) |
| prêt(e) | ready |
| raide | straight (hair) |
| rapide | fast |
| triste | sad |
| vert(e) | green |
| vrai(e) | true; real |
| de taille moyenne | medium-sized |

## Vocabulaire supplémentaire

| | |
|---|---|
| divorcer | to divorce |
| épouser | to marry |
| célibataire | single |
| divorcé(e) | divorced |
| fiancé(e) | engaged |
| marié(e) | married |
| séparé(e) | separated |
| veuf/veuve | widowed |
| un(e) voisin(e) | neighbor |

| | |
|---|---|
| *Expressions utiles* | See pp. 87 and 105. |
| Possessive adjectives | See p. 94. |
| Numbers 61–100 | See p. 108. |
| Prepositions of location | See p. 112. |
| Disjunctive pronouns | See p. 113. |

## Professions et occupations

| | |
|---|---|
| un(e) architecte | architect |
| un(e) artiste | artist |
| un(e) athlète | athlete |
| un(e) avocat(e) | lawyer |
| un coiffeur/ une coiffeuse | hairdresser |
| un(e) dentiste | dentist |
| un homme/une femme d'affaires | businessman/ woman |
| un ingénieur | engineer |
| un(e) journaliste | journalist |
| un médecin | doctor |
| un(e) musicien(ne) | musician |
| un(e) propriétaire | owner; landlord/lady |

## Adjectifs irréguliers

| | |
|---|---|
| actif/active | active |
| beau/belle | beautiful; handsome |
| bon(ne) | kind; good |
| châtain | brown (hair) |
| courageux/ courageuse | brave |
| cruel(le) | cruel |
| curieux/curieuse | curious |
| discret/discrète | discreet; unassuming |
| doux/douce | sweet; soft |
| ennuyeux/ennuyeuse | boring |
| étranger/étrangère | foreign |
| favori(te) | favorite |
| fier/fière | proud |
| fou/folle | crazy |
| généreux/généreuse | generous |
| gentil(le) | nice |
| gros(se) | fat |
| inquiet/inquiète | worried |
| intellectuel(le) | intellectual |
| jaloux/jalouse | jealous |
| long(ue) | long |
| (mal)heureux/ (mal)heureuse | (un)happy |
| marron | brown |
| naïf/naïve | naive |
| nerveux/nerveuse | nervous |
| nouveau/nouvelle | new |
| paresseux/paresseuse | lazy |
| roux/rousse | red-haired |
| sérieux/sérieuse | serious |
| sportif/sportive | athletic |
| travailleur/ travailleuse | hard-working |
| vieux/vieille | old |

# Au café

## Pour commencer
- Quelle heure est-il?
  a. 7h00 du matin   b. midi   c. minuit
- Qu'est-ce qu'il y a sur la table?
  a. une soupe   b. une limonade
  c. des sandwichs
- Qu'est-ce que Sandrine et David ont envie de faire (do)?
  a. manger   b. partager   c. échouer

# Leçon 4A

**You will learn how to...**
- say where you are going
- say what you are going to do

# Où allons-nous?

## Vocabulaire

| | |
|---|---|
| danser | to dance |
| explorer | to explore |
| fréquenter | to frequent; to visit |
| inviter | to invite |
| nager | to swim |
| patiner | to skate |
| | |
| une banlieue | suburbs |
| une boîte (de nuit) | nightclub |
| un bureau | office; desk |
| un centre commercial | shopping center, mall |
| un centre-ville | city/town center, downtown |
| un cinéma (ciné) | movie theater, movies |
| un endroit | place |
| un grand magasin | department store |
| un gymnase | gym |
| un hôpital | hospital |
| un lieu | place |
| un magasin | store |
| un marché | market |
| un musée | museum |
| un parc | park |
| une piscine | pool |
| un restaurant | restaurant |
| une ville | city, town |

une montagne

une maison

Il passe chez quelqu'un.
(passer)

Elle quitte
la maison.
(quitter)

Ils déjeunent.
(déjeuner)

Poissonnerie

café

une place

une terrasse de café

Elles bavardent.
(bavarder)

**ressources**

| WB pp. 43–44 | LM p. 25 | vhlcentral.com Leçon 4A |
|---|---|---|

**Attention!**

Remember that nouns that end in –al have an irregular plural. Replace –al with –aux.
un hôpital ➔ deux hôpitaux

À (to, at) before **le** or **les** makes these contractions:
**à + le = au**     **à + les = aux**
À does NOT contract with **l'** or **la**.

une église

une épicerie

e u r o m a r c h é

JOURNAUX

un kiosque

Il dépense de l'argent (m.).
(dépenser)

# Mise en pratique

 **Audio: Vocabulary**

**1** **Écoutez** 🎧 Jamila parle de sa journée à son amie Samira. Écoutez la conversation et mettez (put) les lieux listés dans l'ordre chronologique. Il y a deux lieux en trop (extra).

_____ a. à l'hôpital
_____ b. à la maison
_____ c. à la piscine
_____ d. au centre commercial
_____ e. au cinéma
_____ f. à l'église
_____ g. au musée
_____ h. au bureau
_____ i. au parc
_____ j. au restaurant

**Coup de main**

Note that the French **Je vais à...** is the equivalent of the English _I am going to..._

**2** **Associez** Quels lieux associez-vous à ces activités?

1. nager _____
2. danser _____
3. dîner _____
4. travailler _____
5. habiter _____
6. épouser _____
7. voir (to see) un film _____
8. acheter (to buy) des fruits _____

**3** **Logique ou illogique** Lisez chaque phrase et déterminez si l'action est logique ou illogique. Corrigez si nécessaire.

| | logique | illogique |
|---|---|---|
| 1. Maurice invite Delphine à l'épicerie. | ☐ | ☐ |
| 2. Caroline et Aurélie bavardent au marché. | ☐ | ☐ |
| 3. Nous déjeunons à l'épicerie. | ☐ | ☐ |
| 4. Ils dépensent beaucoup d'argent au centre commercial. | ☐ | ☐ |
| 5. Vous explorez une ville. | ☐ | ☐ |
| 6. Vous escaladez (climb) une montagne. | ☐ | ☐ |
| 7. J'habite en banlieue. | ☐ | ☐ |
| 8. Tu danses dans un marché. | ☐ | ☐ |

## Communication

 **4** **Conversez** Avec un(e) partenaire, échangez vos opinions sur ces activités. Utilisez un élément de chaque colonne dans vos réponses.

> **MODÈLE**
>
> **Étudiant(e) 1:** *Moi, j'adore bavarder au restaurant, mais je déteste parler au musée.*
> **Étudiant(e) 2:** *Moi aussi, j'adore bavarder au restaurant. Je ne déteste pas parler au musée, mais j'aime mieux bavarder au parc.*

| Opinion | Activité | Lieu |
|---|---|---|
| adorer | bavarder | au bureau |
| aimer (mieux) | danser | au centre commercial |
| ne pas tellement aimer | déjeuner | au centre-ville |
| détester | dépenser de l'argent | au cinéma |
| | étudier | au gymnase |
| | inviter | au musée |
| | nager | au parc |
| | parler | à la piscine |
| | patiner | au restaurant |

**5** **La journée d'Anne** Votre professeur va vous donner, à vous et à votre partenaire, une feuille partielle d'activités. À tour de rôle, posez-vous des questions pour compléter vos feuilles. Utilisez le vocabulaire de la leçon. Attention! Ne regardez pas la feuille de votre partenaire.

> **MODÈLE**
>
> **Étudiant(e) 1:** *À 7h30, Anne quitte la maison. Qu'est-ce qu'elle fait ensuite (do next)?*
> **Étudiant(e) 2:** *À 8h00, elle…*

**Anne**

**6** **Une lettre** Écrivez une lettre à un(e) ami(e) dans laquelle (*in which*) vous décrivez vos activités de la semaine. Utilisez les expressions suivantes.

| | |
|---|---|
| bavarder | passer chez quelqu'un |
| déjeuner | travailler |
| dépenser de l'argent | quitter la maison |
| étudier | un centre commercial |
| manger au restaurant | une boîte de nuit |

*Cher Paul,*

*Comment vas-tu? Moi, tout va bien. Je suis très actif/active à l'université. Je travaille beaucoup et j'ai beaucoup d'amis. En général, le samedi à midi, je déjeune au restaurant Le Lion d'Or avec mes copains. L'après-midi, je bavarde avec mes amis…*

# Les sons et les lettres

**Audio: Concepts, Activities Record & Compare**

## 🎧 Oral vowels

French has two basic kinds of vowel sounds: oral vowels, the subject of this discussion, and nasal vowels, presented in **Leçon 4B**. Oral vowels are produced by releasing air through the mouth. The pronunciation of French vowels is consistent and predictable.

In short words (usually two-letter words), **e** is pronounced similarly to the *a* in the English word *about*.

| l**e** | qu**e** | c**e** | d**e** |

The letter **a** alone is pronounced like the *a* in *father*.

| l**a** | ç**a** | m**a** | t**a** |

The letter **i** by itself and the letter **y** are pronounced like the vowel sound in the word *bee*.

| **i**ci | l**i**vre | st**y**lo | l**y**cée |

The letter combination **ou** sounds like the vowel sound in the English word *who*.

| v**ou**s | n**ou**s | **ou**blier | éc**ou**ter |

The French **u** sound does not exist in English. To produce this sound, say *ee* with your lips rounded.

| t**u** | d**u** | **u**ne | ét**u**dier |

**Prononcez** Répétez les mots suivants à voix haute.

1. je
2. chat
3. fou
4. ville
5. utile
6. place
7. jour
8. triste
9. mari
10. active
11. Sylvie
12. rapide
13. gymnase
14. antipathique
15. calculatrice
16. piscine

**Articulez** Répétez les phrases suivantes à voix haute.

1. Salut, Luc. Ça va?
2. La philosophie est difficile.
3. Brigitte est une actrice fantastique.
4. Suzanne va à son cours de physique.
5. Tu trouves le cours de maths facile?
6. Viviane a une bourse universitaire.

**Dictons** Répétez les dictons à voix haute.

*Qui va à la chasse perd sa place.[1]*

*Plus on est de fous, plus on rit.[2]*

[1] He who steps out of line loses his place. [2] The more the merrier.

**ressources**

LM p. 26

vhlcentral.com Leçon 4A

# ROMAN-PHOTO

## Star du cinéma

Video: *Roman-photo*
Record & Compare

*À l'épicerie...*

**DAVID** Juliette Binoche? Pas possible! Je vais chercher Sandrine!

*Au café...*

**PASCAL** Alors chérie, tu vas faire quoi de ton week-end?

**SANDRINE** Euh, demain je vais déjeuner au centre-ville.

**PASCAL** Bon... et quand est-ce que tu vas rentrer?

**SANDRINE** Euh, je ne sais pas. Pourquoi?

**PASCAL** Pour rien. Et demain soir, tu vas danser?

**SANDRINE** Ça dépend. Je vais passer chez Amina pour bavarder avec elle.

**PASCAL** Combien d'amis as-tu à Aix-en-Provence?

**SANDRINE** Oh, Pascal...

**PASCAL** Bon, moi, je vais continuer à penser à toi jour et nuit.

**DAVID** Mais l'actrice! Juliette Binoche!

**SANDRINE** Allons-y! Vite! C'est une de mes actrices préférées! J'adore le film *Chocolat*!

**AMINA** Et comme elle est chic! C'est une vraie star!

**DAVID** Elle est à l'épicerie! Ce n'est pas loin d'ici!

*Dans la rue...*

**AMINA** Mais elle est où, cette épicerie? Nous allons explorer toute la ville pour rencontrer Juliette Binoche?

**SANDRINE** C'est là, l'épicerie Pierre Dubois à côté du cinéma?

**DAVID** Mais non, elle n'est pas à l'épicerie Pierre Dubois, elle est à l'épicerie près de l'église, en face du parc.

**AMINA** Et combien d'églises est-ce qu'il y a à Aix?

**SANDRINE** Il n'y a pas d'église en face du parc!

**DAVID** Bon, hum, l'église sur la place.

**AMINA** D'accord, et ton église sur la place, elle est ici au centre-ville ou en banlieue?

**1** **Vrai ou faux?** Indiquez pour chaque phrase si l'affirmation est vraie ou fausse et corrigez si nécessaire.

1. David va chercher Pascal.
2. Sandrine va déjeuner au centre-ville.
3. Pascal va passer chez Amina.
4. Pascal va continuer à penser à Sandrine jour et nuit.
5. Pascal va bien.
6. Juliette Binoche est l'actrice préférée de Sandrine.
7. L'épicerie est loin du café.
8. L'épicerie Pierre Dubois est à côté de l'église.
9. Il n'y a pas d'église en face du parc.
10. Juliette Binoche fréquente le P'tit Bistrot.

 Practice more at **vhlcentral.com**.

David et les filles à la recherche de (*in search of*) leur actrice préférée.

**SANDRINE** Oui. Génial.
Au revoir, Pascal.

**AMINA** Salut Sandrine. Comment
va Pascal?

**SANDRINE** Il va bien mais il
adore bavarder.

**DAVID** Elle est là, elle est là!

**SANDRINE** Mais, qui est là?

**AMINA** Et c'est où, «là»?

**DAVID** Juliette Binoche! Mais non,
pas ici!

**SANDRINE ET AMINA** Quoi? Qui? Où?

*Devant l'épicerie...*

**DAVID** C'est elle, là! Hé, JULIETTE!

**AMINA** Oh, elle est belle!

**SANDRINE** Elle est jolie, élégante!

**AMINA** Elle est... petite?

**DAVID** Elle, elle... est... vieille?!?

**AMINA** Ce n'est pas du tout
Juliette Binoche!

**SANDRINE** David, tu es complètement
fou! Juliette Binoche, au
centre-ville d'Aix?

**AMINA** Pourquoi est-ce qu'elle ne
fréquente pas le P'tit Bistrot?

## Expressions utiles

### Talking about your plans

- **Tu vas faire quoi de ton week-end?**
  *What are you doing this weekend?*
- **Je vais déjeuner au centre-ville.**
  *I'm going to have lunch downtown.*
- **Quand est-ce que tu vas rentrer?**
  *When are you coming back?*
- **Je ne sais pas.**
  *I don't know.*
- **Je vais passer chez Amina.**
  *I am going to stop by Amina's (house).*
- **Nous allons explorer toute la ville.**
  *We're going to explore the whole city.*

### Additional vocabulary

- **C'est une de mes actrices préférées.**
  *She's one of my favorite actresses.*
- **Comme elle est chic!**
  *She is so chic!*
- **Ce n'est pas loin d'ici!**
  *It's not far from here!*
- **Ce n'est pas du tout...**
  *It's not... at all.*
- **Ça dépend.**
  *It depends.*
- **Pour rien.**
  *No reason.*
- **Vite!**
  *Quick!, Hurry!*

---

**2** **Questions** À l'aide (*the help*) d'un dictionnaire, choisissez le bon mot pour chaque question.

1. (Avec qui, Quoi) Sandrine parle-t-elle au téléphone?
2. (Où, Parce que) Sandrine va-t-elle déjeuner?
3. (Qui, Pourquoi) Pascal demande-t-il à Sandrine quand elle va rentrer?
4. (Combien, Comment) d'amis Sandrine a-t-elle?
5. (Combien, À qui) Amina demande-t-elle comment va Pascal?
6. (Quand, Où) est Juliette Binoche?

**3** **Écrivez** Pensez à votre acteur ou actrice préféré(e) et préparez un paragraphe où vous décrivez son apparence, sa personnalité et sa carrière. Comment est-il/elle? Dans quel(s) (*which*) film(s) joue-t-il/elle? Si un jour vous rencontrez cet acteur/cette actrice, qu'est-ce que vous allez lui dire (*say to him or her*)?

**ressources**

VM
pp. 199–200

DVD
Leçon 4A

vhlcentral.com
Leçon 4A

**ACTIVITÉS**

**S** Reading

CULTURE À LA LOUPE

# Les passe-temps

**Comment est-ce que les jeunes occupent leur temps libre° en France?**
Les jeunes de 15 à 25 ans passent beaucoup de temps à regarder la
télévision: environ° 14 heures par° semaine. Ils écoutent beaucoup
de musique: environ 16 heures par semaine, et surfent souvent° sur
Internet (11 heures). Les jeux° vidéo sont aussi très populaires: les jeunes
jouent° en moyenne° 12 heures par semaine.

En France, les jeunes aiment également°
les activités culturelles, en particulier le cinéma:
en moyenne, ils y° vont une fois° par semaine. Ils aiment la
littérature et l'art: presque° 50% (pour cent) visitent des musées
ou des monuments historiques chaque année et plus de° 40%
vont au théâtre ou à des concerts. Un jeune sur cinq° joue d'un
instrument de musique ou chante°, et environ 20% d'entre eux°
pratiquent une activité artistique,
comme la danse, le théâtre, la
sculpture, le dessin° ou la peinture°.
La photographie et la vidéo sont
aussi très appréciées.

Il ne faut pas° oublier de
mentionner que les jeunes Français
sont très sportifs. Bien sûr, comme
tous les jeunes, ils préfèrent parfois°
simplement se détendre° et bavarder
avec des amis.

Finalement, les passe-temps des
jeunes Français sont similaires aux
activités des jeunes Américains!

| Les activités culturelles des Français | |
|---|---|
| **(% des Français qui les° pratiquent)** | |
| le dessin | 7% |
| l'écriture° | 4% |
| la peinture | 4% |
| le piano | 3% |
| autre instrument de musique | 3% |
| la danse | 2% |
| la guitare | 2% |
| la sculpture | 1% |
| le théâtre | 1% |

temps libre *free time* environ *around* par *per* souvent *often* jeux *games* jouent *play* en moyenne
*on average* également *also* y *there* fois *time* presque *almost* plus de *more than* Un... sur cinq *One... in
five* chante *sings* d'entre eux *of them* dessin *drawing* peinture *painting* Il ne faut pas *One must not*
parfois *sometimes* se détendre *relax* les *them* écriture *writing*

**A C T I V I T É S**

**1** **Vrai ou faux?** Indiquez si les phrases sont **vraies** ou **fausses**.

1. Les jeunes Français n'écoutent pas de musique.

2. Les jeunes Français n'utilisent pas Internet.

3. Les jeunes Français aiment aller au musée.

4. Les jeunes Français n'aiment pas beaucoup les livres.

5. Les jeunes Français n'aiment pas pratiquer d'activités artistiques.

6. Les Français entre 15 et 25 ans ne font pas de sport.

7. Les passe-temps des jeunes Américains sont similaires aux passe-temps des jeunes Français.

8. L'instrument de musique le plus (*the most*) populaire en France est le piano.

9. Plus de (*More*) gens pratiquent la peinture que la sculpture.

10. Environ 10% des Français pratiquent la sculpture.

## STRATÉGIE

### Scanning

Scanning involves glancing over a text in search of specific information. For example, you can scan a document to identify its format, to find cognates, to locate visual clues about its content, or to find specific facts. Scanning allows you to learn a great deal about a text without having to read it word for word. Scan the **Portrait** selection and, in pairs, make a list of the cognates you find.

## LE MONDE FRANCOPHONE

### Où passer le temps

Voici quelques endroits typiques où les jeunes francophones aiment se restaurer° et passer du temps.

#### En Afrique de l'Ouest

**Le maquis** Commun dans beaucoup de pays° d'Afrique de l'Ouest°, le maquis est un restaurant où on peut manger à bas prix°. Situé en ville ou en bord de route°, le maquis est typiquement en plein air°.

#### Au Sénégal

**Le tangana** Le terme «tang» signifie «chaud» en wolof, une des langues nationales du Sénégal. Le tangana est un lieu populaire pour se restaurer. On trouve souvent les tanganas au coin de la rue°, en plein air, avec des tables et des bancs°.

**se restaurer** *have something to eat* **pays** *countries* **l'Ouest** *West*
**à bas prix** *inexpensively* **en bord de route** *on the side of the road*
**en plein air** *outdoors* **coin de la rue** *street corner* **bancs** *benches*

## PORTRAIT

# Le parc Astérix

Situé° à 30 kilomètres de Paris, en Picardie, le parc Astérix est le premier parc à thème français. Le parc d'attractions°, ouvert° en 1989, est basé sur la bande dessinée° française, *Astérix le Gaulois*. Création de René Goscinny et d'Albert Uderzo, Astérix est un guerrier gaulois° qui lutte° contre l'invasion des Romains. Au parc Astérix, il y a des montagnes russes°, des petits trains et des spectacles, tous° basés sur les aventures d'Astérix et de son meilleur ami, Obélix. Une des attractions, *Le Tonnerre° de Zeus*, est la plus grande° montagne russe en bois° d'Europe.

**Situé** *Located* **parc d'attractions** *amusement park*
**ouvert** *opened* **bande dessinée** *comic strip* **guerrier**
**gaulois** *Gallic warrior* **lutte** *fights* **montagnes russes** *roller*
*coasters* **tous** *all* **Tonnerre** *Thunder* **la plus grande*
*the largest* **en bois** *wooden*

**Albert Uderzo**

 **Sur Internet**

**Comment sont les parcs d'attractions dans les autres pays francophones?**

Go to **vhlcentral.com** to find more cultural information related to this **Lecture culturelle**.

---

**2** **Compréhension** Complétez les phrases.

1. Le parc Astérix est basé sur *Astérix le Gaulois*, une _____.
2. Astérix le Gaulois est une _____ de René Goscinny et d'Albert Uderzo.
3. Le parc Astérix est près de la ville de _____.
4. Astérix est un _____ gaulois.
5. On mange à bas prix dans un _____.
6. Au Sénégal, on parle aussi le _____.

**3** **Vos activités préférées** Posez des questions à trois ou quatre de vos camarades de classe à propos de leurs activités favorites. Comparez vos résultats avec ceux (*those*) d'un autre groupe.

 Practice more at **vhlcentral.com.**

**ressources**

vhlcentral.com
Leçon 4A

**A C T I V I T É S**

# STRUCTURES

**4A.1**

## The verb *aller*  Presentation

**Point de départ** In **Leçon 1A**, you saw a form of the verb **aller** (*to go*) in the expression **ça va**. Now you will use this verb, first, to talk about going places and, second, to express actions that take place in the immediate future.

| aller | | | |
|---|---|---|---|
| **je vais** | *I go* | **nous allons** | *we go* |
| **tu vas** | *you go* | **vous allez** | *you go* |
| **il/elle/on va** | *he/she/it/one goes* | **ils/elles vont** | *they go* |

- The verb **aller** is irregular. Only the **nous** and **vous** forms resemble the infinitive.

  Tu **vas** souvent au cinéma?
  *Do you go to the movies often?*

  Nous **allons** au marché le samedi.
  *We go to the market on Saturdays.*

  Je **vais** à la piscine.
  *I'm going to the pool.*

  Vous **allez** au parc aussi?
  *Are you going to the park too?*

- **Aller** can also be used with another verb to tell what is going to happen. This construction is called **le futur proche** (*the immediate future*). Conjugate **aller** in the present tense and place the other verb's infinitive form directly after it.

  Nous **allons déjeuner** sur la terrasse.
  *We're going to eat lunch on the terrace.*

  Marc et Julie **vont explorer** le centre-ville.
  *Marc and Julie are going to explore downtown.*

  Je **vais partager** la pizza avec ma copine.
  *I'm going to share the pizza with my friend.*

  Elles **vont retrouver** Guillaume à la boîte de nuit.
  *They're going to meet Guillaume at the nightclub.*

Demain, je vais déjeuner au centre-ville.

Et quand est-ce que tu vas rentrer?

**À noter**

In **Leçon 2A**, you learned how to form questions with inversion when you have a conjugated verb + infinitive. Follow the same pattern for **le futur proche**. Example: **Théo va-t-il déjeuner à midi?**

- To negate an expression in **le futur proche**, place **ne/n'** before the conjugated form of **aller** and **pas** after it.

  Je **ne vais pas** oublier la date.
  *I'm not going to forget the date.*

  Nous **n'allons pas** quitter la maison.
  *We're not going to leave the house.*

  Tu **ne vas pas** manger au café?
  *Aren't you going to eat at the café?*

  Ousmane **ne va pas** retrouver Salima au parc.
  *Ousmane is not going to meet Salima at the park.*

- Note that **le futur proche** can be used with the infinitive of **aller** to mean *going to go* (*somewhere*).

  Elle **va aller** à la piscine.
  *She's going to go to the pool.*

  Vous **allez aller** au gymnase ce soir?
  *Are you going to go to the gym tonight?*

## The preposition à

- The preposition **à** can be translated in various ways in English: *to, in, at*. When followed by the definite article **le** or **les**, the preposition **à** and the definite article contract into one word.

| **à + le** ▶ **au** | **à + les** ▶ **aux** |
|---|---|
| Nous allons **au** magasin. | Ils parlent **aux** profs. |
| *We're going to the store.* | *They speak to the professors.* |

- The preposition **à** does not contract with **la** or **l'**.

| **à + la** ▶ **à la** | **à + l'** ▶ **à l'** |
|---|---|
| Je rentre **à la** maison. | Il va **à l'**épicerie. |
| *I'm going back home.* | *He's going to the grocery store.* |

- The preposition **à** often indicates a physical location, as with **aller à** and **habiter à**. However, it can have other meanings depending on the verb used.

| Verbs with the preposition *à* | | | |
|---|---|---|---|
| **commencer à + [infinitive]** | *to start (doing something)* | **penser à** | *to think about* |
| **parler à** | *to talk to* | **téléphoner à** | *to phone (someone)* |

Elle va **parler au** professeur.      Il **commence à travailler** demain.
*She's going to talk to the professor.*      *He starts working tomorrow.*

- In general, **à** is used to mean *at* or *in,* whereas **dans** is used to mean *inside* or *within.* When learning a place name in French, learn the preposition that accompanies it.

| Prepositions with place names | | | |
|---|---|---|---|
| **à la maison** | *at home* | **dans la maison** | *inside the house* |
| **à Paris** | *in Paris* | **dans Paris** | *within Paris* |
| **en ville** | *in town* | **dans la ville** | *within the town* |
| **sur la place** | *in the square* | **à/sur la terrasse** | *on the terrace* |

Tu travailles **à la maison**?      On mange **dans la maison**.
*Are you working at home?*      *We'll eat inside the house.*

---

**Essayez!**    Utilisez la forme correcte du verbe **aller**.

1. Comment ça ___*va*___?
2. Tu _____ à la piscine pour nager.
3. Ils _____ au centre-ville.
4. Nous _____ bavarder au café.
5. Vous _____ aller au restaurant ce soir?
6. Elle _____ aller à l'église dimanche matin.
7. Ce soir, je _____ danser en boîte.
8. On ne _____ pas passer par l'épicerie cet après-midi.

**ressources**

WB
pp. 45–46

LM
p. 27

**S**
vhlcentral.com
Leçon 4A

# STRUCTURES

## Mise en pratique

**1** **Questions parentales** Votre père est très curieux. Trouvez les questions qu'il pose.

**MODÈLE**

tes frères / piscine
*Tes frères vont à la piscine?*

1. tu / cinéma / ce soir _____

2. tes amis et toi, vous / boîte _____

3. ta mère et moi, nous / ville / vendredi _____

4. ta petite amie / souvent / marché _____

5. je / musée / avec toi / demain _____

6. tes amis / parc _____

7. on / église / dimanche _____

8. ta petite amie et toi, vous / parfois / gymnase _____

**2** **Samedi prochain** Voici ce que (*what*) vous et vos amis faites (*are doing*) aujourd'hui. Indiquez que vous allez faire les mêmes (*same*) choses samedi prochain.

**MODÈLE**

Je nage.
*Samedi prochain aussi, je vais nager.*

1. Paul bavarde avec ses copains. _____

2. Nous dansons. _____

3. Je dépense de l'argent dans un magasin. _____

4. Luc et Sylvie déjeunent au restaurant. _____

5. Vous explorez le centre-ville. _____

6. Tu patines. _____

7. Amélie nage à la piscine. _____

8. Lucas et Sabrina téléphonent à leurs grands-parents. _____

**3** **Où vont-ils?** Avec un(e) partenaire, indiquez où vont les personnages.

Henri

▶ **MODÈLE**

*Henri va au cinéma.*

1. tu

2. nous

3. Paul et Luc

4. vous

Practice more at **vhlcentral.com.**

# Communication

**4** **Activités du week-end** Avec un(e) partenaire, assemblez les éléments des colonnes pour poser des questions. Rajoutez (*Add*) d'autres éléments utiles.

**MODÈLE**

**Étudiant(e) 1:** *Est-ce que tu vas déjeuner aves tes copains?*
**Étudiant(e) 2:** *Oui, je vais déjeuner avec mes copains.*

| A | B | C | D |
|---|---|---|---|
| ta sœur | aller | voyager | professeur |
| vous | | aller | cinéma |
| tes copains | | déjeuner | boîte de nuit |
| nous | | bavarder | piscine |
| tu | | nager | centre |
| ton petit ami | | danser | commercial |
| ta petite amie | | parler | café |
| tes | | inviter | parents |
| grands-parents | | téléphoner | copains |
| | | visiter | petit(e) ami(e) |
| | | patiner | camarades de |
| | | | classe |
| | | | musée |
| | | | cousin(e)s |

**5** **Le grand voyage** Vous avez gagné (*have won*) un voyage. Par groupes de trois, expliquez à vos camarades ce que vous allez faire pendant (*during*) le voyage. Vos camarades vont deviner (*to guess*) où vous allez.

**MODÈLE**

**Étudiant(e) 1:** *Je vais visiter le musée du Louvre.*
**Étudiant(e) 2:** *Est-ce que tu vas aller à Paris?*

**6** **À Deauville** Votre professeur va vous donner, à vous et à votre partenaire, un plan (*map*) de Deauville. Attention! Ne regardez pas la feuille de votre partenaire.

**MODÈLE**

**Étudiant(e) 1:** *Où va Simon?*
**Étudiant(e) 2:** *Il va au kiosque.*

**4A.2**

## Interrogative words

 **Presentation**

**Point de départ** In **Leçon 2A**, you learned four ways to formulate yes or no questions in French. However, many questions seek information that can't be provided by a simple yes or no answer.

- Use these words with **est-ce que** or inversion.

**Boîte à outils**

If a question word is followed immediately by the verb **être**, you don't use **est-ce que**.

**Où est** mon sac à dos?
*Where is my backpack?*

**Comment est** ta petite amie?
*What is your girlfriend like?*

| Interrogative words | | | |
|---|---|---|---|
| **à quelle heure?** | *at what time?* | **quand?** | *when?* |
| **combien (de)?** | *how many?;* | **que/qu'...?** | *what?* |
| | *how much?* | **quel(le)(s)?** | *which?; what?* |
| **comment?** | *how?; what?* | **(à/avec/pour)** | *(to/with/for)* |
| **où?** | *where?* | **qui?** | *who(m)?* |
| **pourquoi?** | *why?* | **quoi?** | *what?* |

**À qui le professeur parle-t-il** ce matin?
*Whom is the professor talking to this morning?*

**Combien de villes y a-t-il** en Suisse?
*How many cities are there in Switzerland?*

**Pourquoi est-ce que** tu danses?
*Why are you dancing?*

**Que** vas-tu manger?
*What are you going to eat?*

**À noter**

Refer to **Structures 2A.2** to review how to answer a question with **pourquoi** using **parce que/qu'**.

- When the question word **qui** (*who*) is the subject of a sentence, it is followed directly by a verb. The verb in this case is always in the third person singular form.

**Qui** invite Patrice à dîner?
*Who is inviting Patrice to dinner?*

**Qui** n'aime pas danser?
*Who doesn't like to dance?*

- When the question word **qui** (*whom*) is the object of a sentence, it is followed by **est-ce que** or inversion.

**Qui** est-ce que tu regardes?
*Whom are you looking at?*

**Qui** regardes-tu?

- Although **quand?** and **à quelle heure?** can be translated as *when?* in English, they are not interchangeable in French. Use **quand** to talk about a day or date, and **à quelle heure** to talk about a specific time of day.

**Quand** est-ce que le cours commence?
*When does the class start?*

**À quelle heure** est-ce qu'il commence?
*At what time does it begin?*

Il commence **le lundi 28 août**.
*It starts Monday, August 28.*

Il commence **à dix heures et demie**.
*It starts at 10:30.*

- Another way to formulate questions with most interrogative words is by placing them after a verb. This kind of formulation is very informal but very common.

Tu t'appelles **comment**?
*What's your name?*

Tu habites **où**?
*Where do you live?*

- Note that **quoi?** (*what?*) must immediately follow a preposition in order to be used with **est-ce que** or **inversion**. If no preposition is necessary, place **quoi** after the verb.

**À quoi** pensez-vous?
*What are you thinking about?*

Elle étudie **quoi**?
*What does she study?*

**De quoi** est-ce qu'il parle?
*What is he talking about?*

Tu regardes **quoi**?
*What are you looking at?*

- Use **Comment?** or **Pardon?** to indicate that you don't understand what's being said. You may also use **Quoi?** but only in informal situations with friends.

Vous allez voyager cette année?
*Are you going to travel this year?*

**Comment?**
*I beg your pardon?*

### The interrogative adjective *quel(le)(s)*

- The interrogative adjective **quel** means *what* or *which*. The form of **quel** varies in gender and number with the noun it modifies.

| The interrogative adjective *quel(le)(s)* | | | |
|---|---|---|---|
| | **singular** | | **plural** |
| masculine | **Quel** *restaurant?* | **Quels** *cours?* |
| feminine | **Quelle** *montre?* | **Quelles** *filles?* |

**Quel restaurant** aimes-tu?
*Which restaurant do you like?*

**Quelle montre** a-t-il?
*What watch does he have?*

**Quels cours** commencent à dix heures?
*What classes start at ten o'clock?*

**Quelles filles** vont à la boîte de nuit?
*Which girls are going to the nightclub?*

**Boîte à outils**

You can also use a form of **quel** as an exclamation.
**Quel beau garçon!**
*What a handsome boy!*
**Quelles grandes maisons!**
*What big houses!*

- **Qu'est-ce que** and **quel** both mean *what*, but they are used differently. Use a form of **quel** to ask *What is/are… ?* if you want to know specific information about a noun. **Quel(le)(s)** may be followed directly by a form of **être** and a noun, in which case the form of **quel(le)(s)** agrees with that noun.

**Quel est** ton numéro de téléphone?
*What is your phone number?*

**Quelles amies** invites-tu?
*What friends are you inviting?*

**Quels sont** tes problèmes?
*What are your problems?*

**Quel étudiant** est intelligent?
*What student is intelligent?*

- Use **qu'est-ce que** in most other cases.

**Qu'est-ce que** tu vas manger?
*What are you going to eat?*

**Qu'est-ce que** Sandrine étudie?
*What is Sandrine studying?*

Tu es de quelle origine?

Quel jour sommes-nous?

---

**Essayez!** Donnez les mots (*words*) interrogatifs.

1. *Comment* allez-vous?
2. _____ est-ce que vous allez faire (*do*) après le cours?
3. Le cours de français commence à _____ heure?
4. _____ est-ce que tu ne travailles pas?
5. Avec _____ est-ce qu'on va au cinéma ce soir?
6. _____ d'étudiants y a-t-il dans la salle de classe?
7. _____ musées vas-tu visiter?
8. _____ est-ce que tes parents arrivent?
9. _____ n'aime pas voyager?
10. _____ est-ce qu'on dîne ce soir?

**ressources**

WB
pp. 47–48

LM
p. 28

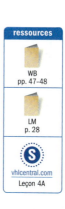
vhlcentral.com
Leçon 4A

# STRUCTURES

## Mise en pratique

**1** **Le français familier** Utilisez l'inversion pour reformuler les questions.

**MODÈLE**

Tu t'appelles comment?
*Comment t'appelles-tu?*

1. Tu habites où? _____
2. Le film commence à quelle heure? _____
3. Il est quelle heure? _____
4. Tu as combien de frères? _____
5. Le prof parle quand? _____
6. Vous aimez quoi? _____
7. Elle téléphone à qui? _____
8. Il étudie comment? _____
9. Il y a combien d'enfants? _____
10. Elle aime qui? _____

**2** **La paire** Trouvez la paire et formez des phrases complètes. Utilisez chaque (*each*) option une seule fois (*only once*).

| | | | |
|---|---|---|---|
| 1. | À quelle heure | a. | est-ce que tu regardes? |
| 2. | Comment | b. | habitent-ils? |
| 3. | Combien de | c. | est-ce que tu habites dans le centre-ville? |
| 4. | Avec qui | d. | est-ce que le cours commence? |
| 5. | Où | e. | heure est-il? |
| 6. | Pourquoi | f. | vous appelez-vous? |
| 7. | Qu' | g. | villes est-ce qu'il y a aux États-Unis? |
| 8. | Quelle | h. | parlez-vous? |

**3** **La question** Vous avez les réponses. Quelles sont les questions?

**MODÈLE**

Il est midi.
*Quelle heure est-il?*

1. Les cours commencent à huit heures. _____
2. Stéphanie habite à Paris. _____
3. Julien danse avec Caroline. _____
4. Elle s'appelle Julie. _____
5. Laetitia a deux chiens. _____
6. Elle déjeune dans ce restaurant parce qu'il est à côté de son bureau. _____
7. Nous allons bien, merci. _____
8. Je vais au marché mardi. _____
9. Simon aime danser. _____
10. Brigitte pense à ses études. _____

Practice more at **vhlcentral.com.**

# Communication

**4** **Questions et réponses** À tour de rôle, posez une question à un(e) partenaire au sujet de chaque (*each*) thème de la liste. Posez une seconde question basée sur sa réponse.

**MODÈLE**

**Étudiant(e) 1:** *Où est-ce que tu habites?*
**Étudiant(e) 2:** *J'habite chez mes parents.*
**Étudiant(e) 1:** *Pourquoi est-ce que tu habites chez tes parents?*

**Thèmes**

- où vous habitez
- ce que vous faites (*do*) le week-end
- à qui vous téléphonez
- combien de frères et sœurs vous avez
- les endroits que vous fréquentez avec vos copains
- comment sont vos camarades de classe
- quels cours vous aimez

**5** **La montagne** Par groupes de quatre, lisez (*read*) avec attention la lettre de Céline. Fermez votre livre. Une personne du groupe va poser une question basée sur l'information donnée. La personne qui répond pose une autre question au groupe, etc.

> Bonjour. Je m'appelle Céline. J'ai 20 ans. Je suis grande, mince et sportive. J'habite à Grenoble dans une maison agréable. Je suis étudiante à l'université. J'adore la montagne.
>
> Tous les week-ends, je vais skier à Chamrousse avec mes trois amis Alain, Catherine et Pascal. Nous skions de midi à cinq heures. À six heures, nous prenons un chocolat chaud à la terrasse d'un café ou nous allons manger des crêpes dans un restaurant. Nous rencontrons souvent d'autres étudiants et nous allons en boîte tous ensemble.

**6** **Le week-end** Avec un(e) partenaire, posez-vous des questions pour savoir (*know*) où vous allez aller ce (*this*) week-end. Utilisez **le futur proche**. Posez beaucoup de questions pour avoir tous les détails sur les projets (*plans*) de votre partenaire.

**MODÈLE**

**Étudiant(e) 1:** *Où est-ce que tu vas aller samedi?*
**Étudiant(e) 2:** *Je vais aller au centre commercial.*
**Étudiant(e) 1:** *Avec qui?*

# Révision

**1** **En ville** Par groupes de trois, interviewez vos camarades. Où allez-vous en ville? Quand vos camarades mentionnent un endroit de la liste, demandez des détails (quand? avec qui? pourquoi? etc.). Présentez les réponses à la classe.

| | |
|---|---|
| le café | le musée |
| le centre commercial | le parc |
| le cinéma | la piscine |
| le marché | le restaurant |

**2** **La semaine prochaine** Voici votre agenda (*day planner*). Parlez de votre semaine avec un(e) partenaire. Mentionnez trois activités associées au travail, trois d'un autre type, et deux activités à faire en groupe.

 **MODÈLE**

*Lundi je vais préparer un examen, mais samedi je vais danser en boîte.*

| | L | M | M | J | V | S | D |
|---|---|---|---|---|---|---|---|
| 8h30 | | | | | | | |
| 9h00 | | | | | | | |
| 9h30 | | | | | | | |
| 10h00 | | | | | | | |
| 10h30 | | | | | | | |
| 11h00 | | | | | | | |
| 11h30 | | | | | | | |
| 12h00 | | | | | | | |
| 12h30 | | | | | | | |

**3** **Le week-end** Par groupes de trois, posez-vous des questions sur vos projets (*plans*) pour le week-end prochain. Donnez des détails. Mentionnez aussi des activités qu'on fait avec des amis.

**MODÈLE**

**Étudiant(e) 1:** *Quels projets avez-vous pour ce week-end?*
**Étudiant(e) 2:** *Nous allons aller au marché samedi.*
**Étudiant(e) 3:** *Et nous allons aller au café dimanche.*

**4** **Ma ville** À tour de rôle, vous invitez votre partenaire dans votre ville d'origine pour une visite d'une semaine. Proposez des activités variées et préparez une liste. Ensuite (*Then*), comparez vos projets (*plans*) avec ceux (*those*) d'un autre  groupe.

**MODÈLE**

**Étudiant(e) 1:** *Samedi, on va au centre-ville.*
**Étudiant(e) 2:** *Nous allons dépenser de l'argent!*

**5** **Où passer un long week-end?** Vous et votre partenaire avez la possibilité de passer un long week-end à Montréal ou à La Nouvelle-Orléans, mais vous préférez chacun(e) (*each one*) une ville différente. Jouez la conversation pour la classe.

**MODÈLE**

**Étudiant(e) 1:** *À Montréal, on va visiter les sites!*
**Étudiant(e) 2:** *Oui, mais à La Nouvelle-Orléans, on va danser dans les boîtes cajuns!*

### Montréal
- le jardin botanique
- le musée des Beaux-Arts
- le parc du Mont-Royal
- le Vieux-Montréal

### La Nouvelle-Orléans
- le Café du Monde
- la cathédrale Saint-Louis
- la route des plantations
- le Vieux Carré (quartier français)

**6** **La semaine de Martine** Votre professeur va vous donner, à vous et à votre partenaire, des informations sur la semaine de Martine. Attention! Ne regardez pas la feuille de votre partenaire.

 **MODÈLE**

*Lundi matin, Martine va dessiner au parc.*

S Video

# Le Zapping

## SWISS made

La compagnie Swiss International Air Lines offre une alternative aux compagnies aériennes°
contemporaines. En général, le public a une mauvaise opinion de ces° compagnies: les passagers se
plaignent° constamment du mauvais service et des mauvais repas. Voilà pourquoi Swiss International
Air Lines propose à ses clients de l'élégance et du confort. Sa stratégie de marketing bénéficie de
l'excellente réputation des produits et des services suisses, dont° la qualité supérieure est reconnue°
dans le monde entier.

—Le ventilateur doucement° murmure...    —Au micro° parle le copilote...

### Compréhension Répondez aux questions.

1. Quels endroits d'une ville trouve-t-on dans la publicité (*ad*)?
2. Quels types de personnes y a-t-il dans la publicité? Pourquoi est-ce important?

### Discussion Par groupes de quatre, répondez aux questions.

1. Possédez-vous un objet fabriqué en Suisse? Si oui, quel objet? Décrivez sa qualité. Sinon, de quel
   objet suisse avez-vous envie? Pourquoi?
2. Vous allez fonder une compagnie aérienne différente des autres (*from the others*). En quoi est-elle
   différente? Quelles destinations va-t-elle proposer?

**compagnies aériennes** *airlines* **ces** *these* **se plaignent** *complain* **dont** *whose*
**reconnue** *recognized* **avion** *plane* **Le ventilateur doucement** *The fan gently* **micro** *microphone*

Go to **vhlcentral.com** to watch the TV clip featured in this **Le Zapping**.

# Leçon 4B

**You will learn how to...**

- order food and beverages
- ask for your check

# J'ai faim!

## Vocabulaire

| | |
|---|---|
| apporter l'addition | to bring the check/bill |
| coûter | to cost |
| Combien coûte(nt)...? | How much is/are...? |
| | |
| une baguette | baguette (long, thin loaf of bread) |
| le beurre | butter |
| des frites (f.) | French fries |
| un fromage | cheese |
| le jambon | ham |
| un pain (de campagne) | (country-style) bread |
| un sandwich | sandwich |
| | |
| une boisson (gazeuse) | (soft/carbonated) drink/beverage |
| un chocolat (chaud) | (hot) chocolate |
| une eau (minérale) | (mineral) water |
| un jus (d'orange, de pomme, etc.) | (orange, apple, etc.) juice |
| le lait | milk |
| une limonade | lemon soda |
| un thé (glacé) | (iced) tea |
| | |
| (pas) assez (de) | (not) enough (of) |
| beaucoup (de) | a lot (of) |
| d'autres | others |
| un morceau (de) | piece, bit (of) |
| un peu (plus/moins) (de) | a little (more/less) (of) |
| plusieurs | several |
| quelque chose | something; anything |
| quelques | some |
| tous (m. pl.) | all |
| tout (m. sing.) | all |
| tout (tous) le/les (m.) | all the |
| toute(s) la/les (f.) | all the |
| trop (de) | too many/much (of) |
| un verre (de) | glass (of) |

le prix

un serveur (serveuse f.)

une bouteille d'eau

l'addition (f.)

une soupe

les croissants (m.)

Elle laisse un pourboire. (laisser)

Il a faim. (avoir)

menu du jour
soupe du jour 3.50€
plat du jour 12€

## Mise en pratique

 **Audio: Vocabulary**

**1** **Écoutez** 🎧 Écoutez la conversation entre André et le serveur du café Gide, et décidez si les phrases sont **vraies** ou **fausses**.

|  | Vrai | Faux |
|---|---|---|
| 1. André n'a pas très soif. | ☐ | ☐ |
| 2. André n'a pas faim. | ☐ | ☐ |
| 3. Au café, on peut commander (*one may order*) un jus d'orange, une limonade, un café ou une boisson gazeuse. | ☐ | ☐ |
| 4. André commande un sandwich au jambon avec du fromage. | ☐ | ☐ |
| 5. André commande un chocolat chaud. | ☐ | ☐ |
| 6. André déteste le lait et le sucre. | ☐ | ☐ |
| 7. André n'a pas beaucoup d'argent. | ☐ | ☐ |
| 8. André ne laisse pas de pourboire. | ☐ | ☐ |

**2** **Chassez l'intrus** Trouvez le mot qui ne va pas avec les autres.

1. un croissant, le pain, le fromage, une baguette
2. une limonade, un jus de pomme, un jus d'orange, le beurre
3. des frites, un sandwich, le sucre, le jambon
4. le jambon, un éclair, un croissant, une baguette
5. l'eau, la boisson, l'eau minérale, la soupe
6. l'addition, un chocolat, le pourboire, coûter
7. apporter, d'autres, plusieurs, quelques
8. un morceau, une bouteille, un verre, une tasse

**3** **Reliez** Reliez (*Connect*) correctement les expressions de quantité suivantes aux produits de la liste.

| un morceau de | une bouteille de |
|---|---|
| un verre de | une tasse de |

**MODÈLE**

*un morceau de* baguette

1. _____ eau
2. _____ quiche
3. _____ fromage
4. _____ chocolat chaud
5. _____ café
6. _____ jus de pomme
7. _____ thé
8. _____ limonade

le sucre

Il a soif. (avoir)

le thé

une tasse

un café

un éclair

ange e chose. nger)

# Communication

**4**  **Combien coûte...?** Regardez la carte et, à tour de rôle, demandez à votre partenaire combien coûte chaque chose. Répondez par des phrases complètes.

> **MODÈLE**
>
> **Étudiant(e) 1:** *Combien coûte un sandwich?*
> **Étudiant(e) 2:** *Un sandwich coûte 3,50€.*

1. _____
2. _____
3. _____
4. _____
5. _____
6. _____
7. _____
8. _____

**5** **Conversez** Interviewez un(e) camarade de classe.

1. Qu'est-ce que tu aimes boire (*drink*) quand tu as soif? Quand tu as froid? Quand tu as chaud?
2. Quand tu as faim, est-ce que tu manges au resto U? Qu'est-ce que tu aimes manger?
3. Est-ce que tu aimes le café ou le thé? Combien de tasses est-ce que tu aimes boire par jour?
4. Comment est-ce que tu aimes le café? Avec du lait? Avec du sucre? Noir (*black*)?
5. Comment est-ce que tu aimes le thé? Avec du lait? Avec du sucre? Nature (*plain*)?
6. Dans ta famille, qui aime le thé? Et le café?
7. Quand tu manges dans un restaurant, est-ce que tu laisses un pourboire au serveur/à la serveuse?
8. Quand tu manges avec ta famille ou avec tes amis dans un restaurant, qui paie (*pays*) l'addition?

**6** **Au café** Choisissez deux partenaires et écrivez une conversation entre deux client(e)s dans un café et leur serveur/serveuse. Préparez-vous à jouer (*perform*) la scène devant la classe.

### Client(e)s

- Demandez des détails sur le menu et les prix.
- Choisissez des boissons et des plats (*dishes*).
- Demandez l'addition.

### Serveur/Serveuse

- Parlez du menu et répondez aux questions.
- Apportez les plats et l'addition.

> ## Coup de main
>
> **Vous désirez?**
> *What can I get you?*
>
> **Je voudrais...**
> *I would like...*
>
> **C'est combien?**
> *How much is it/this/that?*

**7** **Sept différences** Votre professeur va vous donner, à vous et à votre partenaire, deux feuilles d'activités différentes. Attention! Ne regardez pas la feuille de votre partenaire.

> **MODÈLE**
>
> **Étudiant(e) 1:** *J'ai deux tasses de café.*
> **Étudiant(e) 2:** *Moi, j'ai une tasse de thé!*

# Les sons et les lettres

**Audio:** Concepts, Activities
Record & Compare

## Nasal vowels

When vowels are followed by an **m** or an **n** in a single syllable, they usually become nasal vowels. Nasal vowels are produced by pushing air through both the mouth and the nose.

The nasal vowel sound you hear in **français** is usually spelled **an** or **en**.

| **an** | fra**n**çais | **en**chanté | **en**fant |
|---|---|---|---|

The nasal vowel sound you hear in **bien** may be spelled **en**, **in**, **im**, **ain**, or **aim**. The nasal vowel sound you hear in **brun** may be spelled **un** or **um**.

| exam**en** | améric**ain** | l**un**di | parf**um** |
|---|---|---|---|

The nasal vowel sound you hear in **bon** is spelled **on** or **om**.

| t**on** | all**on**s | c**om**bien | **on**cle |
|---|---|---|---|

When **m** or **n** is followed by a vowel sound, the preceding vowel is not nasal.

| **im**age | **in**utile | a**m**i | a**m**our |
|---|---|---|---|

**Prononcez** Répétez les mots suivants à voix haute.

1. blond
2. dans
3. faim
4. entre
5. garçon
6. avant
7. maison
8. cinéma
9. quelqu'un
10. différent
11. amusant
12. télévision
13. impatient
14. rencontrer
15. informatique
16. comment

**Articulez** Répétez les phrases suivantes à voix haute.

1. Mes parents ont cinquante ans.
2. Tu prends une limonade, Martin?
3. Le Printemps est un grand magasin.
4. Lucien va prendre le train à Montauban.
5. Pardon, Monsieur, l'addition s'il vous plaît!
6. Jean-François a les cheveux bruns et les yeux marron.

**Dictons** Répétez les dictons à voix haute.

L'appétit vient en mangeant.[1]

N'allonge pas ton bras au-delà de ta manche.[2]

[1] Appetite comes from eating.
[2] Don't bite off more than you can chew. (lit. Don't stretch your arm out farther than your sleeve.)

**ressources**

LM
p. 30

vhlcentral.com
Leçon 4B

# ROMAN-PHOTO

## L'heure du déjeuner

**Video: Roman-photo**
**Record & Compare**

**PERSONNAGES**

**Amina**

**David**

**Michèle**

**Rachid**

**Sandrine**

**Valérie**

*Près du café...*

**AMINA** J'ai très faim. J'ai envie de manger un sandwich.

**SANDRINE** Moi aussi, j'ai faim, et puis j'ai soif. J'ai envie d'une bonne boisson. Eh, les garçons, on va au café?

**RACHID** Moi, je rentre à l'appartement étudier pour un examen de sciences po. David, tu vas au café avec les filles?

**DAVID** Non, je rentre avec toi. J'ai envie de dessiner un peu.

**AMINA** Bon, alors, à tout à l'heure.

*Au café...*

**VALÉRIE** Bonjour, les filles! Alors, ça va, les études?

**AMINA** Bof, ça va. Qu'est-ce qu'il y a de bon à manger aujourd'hui?

**VALÉRIE** Et bien, j'ai une soupe de poisson maison délicieuse! Il y a aussi des sandwichs jambon-fromage, des frites... Et, comme d'habitude, j'ai des éclairs, euh...

**VALÉRIE** Et pour toi, Amina?

**AMINA** Hmm... Pour moi, un sandwich jambon-fromage avec des frites.

**VALÉRIE** Très bien, et je vous apporte du pain tout de suite.

**SANDRINE ET AMINA** Merci!

*Au bar...*

**VALÉRIE** Alors, pour la table d'Amina et Sandrine, une soupe du jour, un sandwich au fromage... Pour la table sept, une limonade, un café, un jus d'orange et trois croissants.

**MICHÈLE** D'accord! Je prépare ça tout de suite. Mais Madame Forestier, j'ai un problème avec l'addition de la table huit.

**VALÉRIE** Ah, bon?

**MICHÈLE** Le monsieur ne comprend pas pourquoi ça coûte onze euros cinquante. Je ne comprends pas non plus. Regardez.

**VALÉRIE** Ah, non! Avec tout le travail que nous avons cet après-midi, des problèmes d'addition aussi?!

---

**A C T I V I T É S**

**1** **Identifiez** Trouvez à qui correspond chacune (*each*) des phrases suivantes. Écrivez **A** pour Amina, **D** pour David, **M** pour Michèle, **R** pour Rachid, **S** pour Sandrine et **V** pour Valérie.

1. _____ Je ne comprends pas non plus.

2. _____ Vous prenez du jus d'orange uniquement le matin.

3. _____ Tu bois de l'eau aussi?

4. _____ Je prépare ça tout de suite.

5. _____ Je ne bois pas de limonade.

6. _____ Je vais apprendre à préparer des éclairs.

7. _____ J'ai envie de dessiner un peu.

8. _____ Je vous apporte du pain tout de suite.

9. _____ Moi, je rentre à l'appartement étudier pour un examen de sciences po.

10. _____ Qu'est-ce qu'il y a de bon à manger aujourd'hui?

Practice more at **vhlcentral.com**.

Amina et Sandrine déjeunent au café.

**SANDRINE** Oh, Madame Forestier, j'adore! Un jour, je vais apprendre à préparer des éclairs. Et une bonne soupe maison. Et beaucoup d'autres choses.

**AMINA** Mais pas aujourd'hui. J'ai trop faim!

**SANDRINE** Alors, je prends la soupe et un sandwich au fromage.

**VALÉRIE** Et comme boisson?

**SANDRINE** Une bouteille d'eau minérale, s'il vous plaît. Tu bois de l'eau aussi? Avec deux verres, alors.

**VALÉRIE** Ah, ça y est! Je comprends! La boisson gazeuse coûte un euro vingt-cinq, pas un euro soixante-quinze. C'est noté, Michèle?

**MICHÈLE** Merci, Madame Forestier. Excusez-moi. Je vais expliquer ça au monsieur. Et voilà, tout est prêt pour la table d'Amina et Sandrine.

**VALÉRIE** Merci, Michèle.

*À la table des filles...*

**VALÉRIE** Voilà, une limonade, un café, un jus d'orange et trois croissants.

**AMINA** Oh? Mais Madame Forestier, je ne bois pas de limonade!

**VALÉRIE** Et vous prenez du jus d'orange uniquement le matin, n'est-ce pas? Ah! Excusez-moi, les filles!

## Expressions utiles

### Talking about food

- **Moi aussi, j'ai faim, et puis j'ai soif.**
  *Me too, I am hungry, and I am thirsty as well.*
- **J'ai envie d'une bonne boisson.**
  *I feel like having a nice drink.*
- **Qu'est-ce qu'il y a de bon à manger aujourd'hui?**
  *What looks good on the menu today?*
- **Une soupe de poisson maison délicieuse.**
  *A delicious homemade fish soup.*
- **Je vais apprendre à préparer des éclairs.**
  *I am going to learn (how) to prepare/make éclairs.*
- **Je prends la soupe.**
  *I'll have the soup.*
- **Tu bois de l'eau aussi?**
  *Are you drinking water too?*
- **Vous prenez du jus d'orange uniquement le matin.**
  *You only have orange juice in the morning.*

### Additional vocabulary

- **On va au café?**
  *Shall we go to the café?*
- **Bof, ça va.**
  *So-so.*
- **comme d'habitude**
  *as usual*
- **Le monsieur ne comprend pas pourquoi ça coûte onze euros cinquante.**
  *The gentleman doesn't understand why this costs 11,50€.*
- **Je ne comprends pas non plus.**
  *I don't understand either.*
- **Je prépare ça tout de suite.**
  *I am going to prepare this right away.*
- **Ça y est! Je comprends!**
  *That's it! I get it!*
- **C'est noté?**
  *Understood?/Got it?*
- **Tout est prêt.**
  *Everything is ready.*

---

**2** **Mettez dans l'ordre** Numérotez les phrases suivantes dans l'ordre correspondant à l'histoire.

a. _____ Michèle a un problème avec l'addition.

b. _____ Amina prend (*gets*) un sandwich jambon-fromage.

c. _____ Sandrine dit qu'elle (*says that she*) a soif.

d. _____ Rachid rentre à l'appartement.

e. _____ Valérie va chercher du pain.

f. _____ Tout est prêt pour la table d'Amina et Sandrine.

**3** **Conversez** Au moment où Valérie apporte le plateau (*tray*) de la table sept à Sandrine et Amina, Michèle apporte le plateau de Sandrine et Amina à la table sept. Avec trois partenaires, écrivez la conversation entre Michèle et les client(e)s et jouez-la devant la classe.

ressources

VM pp. 201–202

DVD Leçon 4B

vhlcentral.com Leçon 4B

**ACTIVITÉS**

**S** Reading
Video: *Flash culture*

CULTURE À LA LOUPE

# Le café français

**À Toute Heure**

| | |
|---|---|
| Quiches | 3,50€ |
| Pâtisseries | 3,50€ |
| Omelettes | 5,25€ |
| Thé | 1,50€ |
| Glaces | 5,50€ |
| Café | 1,50€ |
| Cappuccino | 2,00€ |
| Chocolat chaud | 2,30€ |

**Le premier café français, le Procope, a ouvert° ses portes à Paris en 1686.** C'était° un lieu° pour boire du café, qui était une boisson exotique à l'époque°. On pouvait° aussi manger un sorbet dans des tasses en porcelaine. Benjamin Franklin et Napoléon Bonaparte fréquentaient° le Procope.

Le café est une partie importante de la culture française. Les Français adorent passer du temps° à la terrasse des cafés. C'est un des symboles de l'art de vivre° à la française.

Le matin, ils y° vont pour prendre un café et un croissant. À midi, pour le déjeuner, ils y vont pour manger un plat du jour° ou un sandwich. Après le travail, ils y vont pour prendre l'apéritif°. L'apéritif, c'est un moment où on boit un verre pour se détendre° avec ses amis. Les étudiants aussi se retrouvent souvent° au café, près de leur lycée ou de leur faculté, pour étudier ou pour prendre un verre.

Il y a de très célèbres° cafés à Paris: «Les Deux Magots» ou «Café de Flore» par exemple, dans le quartier° de Saint-Germain. Ils sont connus° parce que c'était le rendez-vous des intellectuels et des écrivains°, comme Jean-Paul Sartre, Simone de Beauvoir et Albert Camus, après la Deuxième Guerre mondiale°.

**a ouvert** *opened* **C'était** *It was* **lieu** *place* **à l'époque** *at the time* **pouvait** *could* **fréquentaient** *used to frequent* **passer du temps** *spending time* **vivre** *living* **y** *there* **plat du jour** *lunch special* **apéritif** *before-dinner drink* **se détendre** *to relax* **souvent** *often* **célèbres** *famous* **quartier** *neighborhood* **connus** *known* **écrivains** *writers* **Deuxième Guerre mondiale** *World War II*

**ACTIVITÉS**

**1** **Vrai ou faux?** Indiquez si les phrases sont **vraies** ou **fausses**.

1. Le premier café parisien date de 1686.
2. Le café était une boisson courante (*common*) aux années 1600.
3. Napoléon Bonaparte et Benjamin Franklin sont d'anciens clients du Procope.
4. Le café est une partie importante de la culture française.
5. Les Français évitent (*avoid*) les terrasses des cafés.
6. Le matin, les Français prennent du jambon et du fromage.
7. Les Français ne prennent pas leur apéritif au café.
8. Les étudiants se retrouvent souvent avec leurs amis au café.
9. "Les Deux Magots" et le "Café de Flore" sont deux cafés célèbres à Paris.
10. Les intellectuels français fréquentent les cafés après la Première Guerre mondiale.

**146** *cent quarante-six*

## STRATÉGIE

### Key words

Key words are important words that give you a good idea of the reading's focus, which can help you understand subtler points. Always look out for key words, no matter how many times you've read a selection, because your interpretation of the text's meaning can change over time. A word or expression that occurs several times in a reading is almost certainly a key word. So are words that appear in the title or a photo caption, especially if you see them again in the text.

## LE MONDE FRANCOPHONE

### Des spécialités à grignoter°

Voici quelques spécialités à grignoter dans les pays et régions francophones.

**En Afrique du Nord** la merguez (saucisse épicée°) et le makroud (pâtisserie° au miel° et aux dattes)

**En Côte d'Ivoire** l'aloco (bananes plantains frites°)

**En France** le pan-bagnat (sandwich avec de la salade, des tomates, des œufs durs° et du thon°) et les crêpes (pâte° cuite° composée de farine° et de lait, de forme ronde)

**À la Martinique** les accras de morue° (beignets° à la morue)

**Au Québec** la poutine (frites avec du fromage fondu° et de la sauce)

**Au Sénégal** le chawarma (de la viande°, des oignons et des tomates dans du pain pita)

grignoter *snack on* **saucisse épicée** *spicy sausage* **pâtisserie** *pastry* **miel** *honey* **frites** *fried* **œufs durs** *hard-boiled eggs* **thon** *tuna* **pâte** *batter* **cuite** *cooked* **farine** *flour* **morue** *cod* **beignets** *fritters* **fondu** *melted* **viande** *meat*

# Les cafés nord-africains

Comme en France, les cafés ont une grande importance culturelle en Afrique du Nord. C'est *le* lieu où les amis se rencontrent pour discuter° ou pour jouer aux cartes° ou aux dominos. Les cafés offrent° une variété de boissons, mais ils n'offrent pas d'alcool. La boisson typique, au café comme à la maison, est le

thé à la menthe°. Il a peu de caféine, mais il a des vertus énergisantes et il favorise la digestion. En général, ce sont les hommes qui le° préparent. C'est la boisson qu'on vous sert° quand vous êtes invité, et ce n'est pas poli de refuser!

**pour discuter** *to chat* **jouer aux cartes** *play cards* **offrent** *offer* **menthe** *mint* **le** *it* **on vous sert** *you are served*

### Sur Internet

**Comment est-ce qu'on prépare le thé à la menthe au Maghreb?**

Go to **vhlcentral.com** to find more cultural information related to this **Lecture culturelle**. Then watch the corresponding **Flash culture**.

---

**2** **Compréhension** Complétez les phrases.

1. Jouer aux _____ dans les cafés d'Afrique du Nord est une chose normale.

2. On ne peut pas y boire de/d' _____.

3. Les hommes préparent _____ dans les pays d'Afrique du Nord.

4. Il n'est pas poli de _____ une tasse de thé en Afrique du Nord.

5. Si vous aimez les frites, vous allez aimer _____ au Québec.

**3** **Un café francophone** Un(e) ami(e) a envie de créer un café francophone. Par groupes de quatre, préparez une liste de suggestions pour aider votre ami(e): noms pour le café, idées (*ideas*) pour le menu, prix, heures, etc. Indiquez où le café va être situé et qui va fréquenter ce café.

 Practice more at **vhlcentral.com.**

**ressources**

LM
pp. 245–246

vhlcentral.com
Leçon 4B

**A C T I V I T É S**

**4B.1**

## The verbs *prendre* and *boire*

 **Presentation**

**Point de départ** The verbs **prendre** (*to take, to have food or drink*) and **boire** (*to drink*), like **être, avoir,** and **aller,** are irregular.

> *Je prends la soupe et un sandwich au fromage.*

> *Je ne bois pas de limonade.*

| prendre | | | |
|---|---|---|---|
| **je prends** | *I take* | **nous prenons** | *we take* |
| **tu prends** | *you take* | **vous prenez** | *you take* |
| **il/elle/on prend** | *he/she/it/one takes* | **ils/elles prennent** | *they take* |

Brigitte **prend** le métro le soir.
*Brigitte takes the subway in the evening.*

Nous **prenons** un café chez moi.
*We are having a coffee at my house.*

- The forms of the verbs **apprendre** (*to learn*) and **comprendre** (*to understand*) follow the same pattern as that of **prendre**.

Tu ne **comprends** pas l'espagnol?
*Don't you understand Spanish?*

Elles **apprennent** beaucoup.
*They're learning a lot.*

| boire | | | |
|---|---|---|---|
| **je bois** | *I drink* | **nous buvons** | *we drink* |
| **tu bois** | *you drink* | **vous buvez** | *you drink* |
| **il/elle/on boit** | *he/she/it/one drinks* | **ils/elles boivent** | *they drink* |

Ton père **boit** un jus d'orange.
*Your father is drinking an orange juice.*

Vous **buvez** un chocolat chaud, M. Dion?
*Are you drinking hot chocolate, Mr. Dion?*

### Boîte à outils

You can use the construction **apprendre à** + [*infinitive*] to mean *to learn to do something*. Example: J'**apprends à** nager. *I'm learning to swim.*

**Essayez!** Utilisez la forme correcte du verbe entre parenthèses.

1. Ma sœur ___*prend*___ (prendre) une salade au déjeuner.
2. Tes parents _____ (prendre) un taxi ce soir?
3. Tu _____ (boire) une eau minérale?
4. Si vous êtes fatigués, vous _____ (boire) un café.
5. Je vais _____ (apprendre) à parler japonais.
6. Vous _____ (apprendre) très vite (*fast*) les leçons.
7. Est-ce que les enfants _____ (boire) du lait?
8. Nous ne _____ (comprendre) pas le professeur.
9. Je _____ (comprendre) ton problème.

**ressources**

WB
pp. 51–52

LM
p. 31

vhlcentral.com
Leçon 4B

## Le français vivant

0,92€

0,93€

BADOI

evia

**BUVEZ DE L'EAU**

**Pure, claire, fraîche, elle arrive de la montagne.**
Vous avez soif, vous prenez un verre, vous buvez de
l'eau et vous allez boire toute la bouteille!

 **Questions** Avec un(e) partenaire, regardez la publicité (*ad*) et répondez
aux questions.

1. Quelles formes des verbes **prendre** et **boire** trouvez-vous dans la pub?

2. D'où vient (*comes*) cette eau minérale?

3. Combien coûte une bouteille d'eau minérale?

4. Selon (*According to*) la pub, pourquoi l'eau minérale est-elle bonne?

5. Buvez-vous de l'eau minérale? Pourquoi? Achetez-vous (*Do you buy*) une des eaux
mentionnées dans la pub?

6. Avez-vous soif quand vous regardez la pub? Que buvez-vous quand vous avez soif?

7. Trouve-t-on toutes ces marques (*these brands*) d'eau minérale dans les supermarchés
américains? Quelles autres marques trouve-t-on?

# STRUCTURES

## Mise en pratique

**1** **À la bibliothèque** Un groupe d'amis parle des livres qu'ils empruntent (*borrow*) à la bibliothèque. Complétez leurs phrases.

> **MODÈLE**
>
> je / livre de sciences po
> *Je prends un livre de sciences po.*

1. nous / livre de psychologie _____
2. moi, je / livres d'histoire _____
3. Micheline / deux livres sur le sport _____
4. vous / romans (*novels*) de Stendhal _____
5. tu / ne / pas / livre _____
6. Marc et Abdel / livres d'art _____

**2** **Au restaurant** Alain est au restaurant avec toute sa famille. Il note les préférences de tout le monde. Complétez ses phrases.

> **MODÈLE**
>
> Oncle Lucien aime bien le café. (prendre)
> *Il prend un café.*

1. Marie-Hélène et papa adorent le thé. (prendre) _____
2. Tu adores le chocolat chaud. (boire) _____
3. Vous aimez bien le jus de pomme. (prendre) _____
4. Mes nièces aiment la limonade. (boire) _____
5. Tu aimes les boissons gazeuses. (prendre) _____
6. Vous adorez le café. (boire) _____
7. Ma tante et moi, nous aimons l'eau minérale. (boire) _____
8. Ma sœur adore le jus d'orange. (boire) _____
9. J'aime le café. (prendre) _____
10. Mon petit neveu adore le lait froid. (boire) _____

**3** **Les langues étrangères** Avec un(e) partenaire, regardez les images et indiquez les langues étrangères parlées par (*spoken by*) les étudiants.

> **MODÈLE**
>
> **Étudiant(e) 1:** *Julie apprend l'espagnol?*
> **Étudiant(e) 2:** *Non, mais elle comprend l'anglais.*

Julie / espagnol

1. vous / français
2. tes cousins / anglais
3. Nicole / italien
4. nous / japonais

Practice more at **vhlcentral.com**.

# Communication

**4** **Questions** Avec un(e) partenaire, posez-vous des questions en utilisant un élément de chaque (*each*) colonne. Si vous donnez une réponse négative, elle doit (*must*) correspondre à la réalité.

**MODÈLE**

**Étudiant(e) 1:** *Est-ce que tu apprends l'italien cette année?*
**Étudiant(e) 2:** *Non, mais j'apprends le français.*

| A | B | C |
|---|---|---|
| apprendre | dessiner | aujourd'hui |
| boire | parler japonais | cette année |
| comprendre | un café | cette semaine |
| prendre | un cahier | en classe |
| | les devoirs | à la fac |
| | l'italien | à la librairie |
| | un Orangina | au resto U |
| | les femmes | |
| | les hommes | |
| | le professeur | |

**5** **Échanges** Posez les questions à un(e) partenaire.

1. Qu'est-ce que tu bois quand tu as très soif?
2. Qu'est-ce que tu apprends à la fac?
3. Quelles langues est-ce que tes parents comprennent?
4. Est-ce que tu bois beaucoup de café? Pourquoi?
5. Qu'est-ce que tu prends pour aller en cours?
6. Quelle langue est-ce que ton/ta camarade de chambre apprend?
7. Où est-ce que tu prends tes repas (*meals*)?
8. Qu'est-ce que tu bois le matin? À midi? Le soir?

**6** **Les préférences** Avec un(e) partenaire, discutez de ce que vous et votre famille aimez prendre et boire d'habitude (*usually*) au restaurant.

**MODÈLE**

**Étudiant(e) 1:** *D'habitude, qu'est-ce que tu prends au café?*
**Étudiant(e) 2:** *D'habitude, je prends un sandwich au jambon.*
**Étudiant(e) 1:** *Et que bois-tu?*

**7** **Un ami et sa famille** Vous êtes au supermarché. Un ami va passer le week-end chez vous avec sa femme, ses deux petits garçons et sa belle-mère. Avec un(e) partenaire, imaginez ce qu'ils vont boire et prendre.

*Au supermarché, j'ai besoin de...*
*—deux bouteilles d'eau minérale*

**4B.2**

## Partitives  Presentation

- Use partitive articles in French to express *some* or *any*. To form the partitive, use the preposition **de** followed by a definite article. Although the words *some* and *any* are often omitted in English, the partitive must always be used in French.

| masculine singular | feminine singular | singular noun beginning with a vowel |
|---|---|---|
| **du** thé | **de la** limonade | **de l'**eau |

Je bois **du** thé chaud.
*I drink (some) hot tea.*

Tu bois **de la** limonade?
*Are you drinking (any) lemon soda?*

Elle prend **de l'**eau?
*Is she having (some) water?*

- Note that partitive articles are only used with non-count nouns (nouns whose quantity cannot be expressed by a number).

PARTITIVE ARTICLE — NON-COUNT NOUN
Tu prends **du** pain tous les jours.
*You have (some) bread every day.*

INDEFINITE ARTICLE — COUNT NOUN
Tu prends **une** banane, aussi.
*You have a banana, too.*

- The article **des** also means *some*, but it is the plural form of the indefinite article, not the partitive.

PARTITIVE ARTICLE
Vous prenez **de la** limonade.
*You're having (some) lemon soda.*

INDEFINITE ARTICLE
Nous prenons **des** croissants.
*We're having (some) croissants.*

- As with the indefinite articles, the partitives **du, de la** and **de l'** also become **de** (meaning *not any*) in a negative sentence.

Est-ce qu'il y a **du** lait?
*Is there (any) milk?*

Non, il n'y a pas **de** lait.
*No, there isn't (any) milk.*

Prends-tu **de la** soupe?
*Will you have (some) soup?*

Non, je ne prends pas **de** soupe.
*No, I'm not having (any) soup.*

---

 **Essayez!** Complétez les phrases. Choisissez le partitif, l'article indéfini ou **de/d'**.

1. Samira boit ___de l'/une___ eau minérale tous les soirs.
2. Son frère mange _____ éclairs.
3. Est-ce qu'il y a _____ sucre pour le café?
4. Il y a _____ kilo de sucre sur la table.
5. Non, merci, je ne prends pas _____ frites.
6. Nous buvons _____ limonade.
7. Je vais prendre _____ bouteille de coca.
8. Tu bois _____ jus de pomme avec ton déjeuner?
9. Nous n'avons pas _____ pain à la maison.
10. Mes cousines ne boivent pas _____ boissons gazeuses.

## Le français vivant

**Mangez du pain.** Prenez une baguette et du beurre. Le matin, du pain avec du café ou du chocolat chaud. À midi, un morceau de pain pour un sandwich, avec du jambon et du fromage. Le soir, du pain avec de la soupe. **Vive le pain!**

Savourez le pain. C'est si bon!

0,68€
1€
1,50€
2,50€

**Identifiez** Regardez la publicité (*ad*) et trouvez les articles partitifs et les articles indéfinis.

**Questions** Avec un(e) partenaire, répondez aux questions.

1. Selon (*According to*) la pub, quand et avec quoi mange-t-on du pain?
2. Mangez-vous souvent (*often*) du pain? Quand?
3. Avec quoi mangez-vous du pain?
4. Combien coûte le pain dans votre supermarché?
5. Est-ce que la pub vous donne envie de manger du pain? Pourquoi?
6. À votre avis (*opinion*), les Américains mangent-ils beaucoup de pain, comme (*like*) les Français?

# SYNTHÈSE

# Révision

 **Ils aiment apprendre** Vous demandez à Sylvie et à Jérôme pourquoi ils aiment apprendre. Un(e) partenaire va poser des questions et l'autre partenaire va jouer les rôles de Jérôme et de Sylvie.

**MODÈLE**

**Étudiant(e) 1:** *Pourquoi est-ce que tu apprends à travailler sur l'ordinateur?*
**Étudiant(e) 2:** *J'apprends parce que j'aime les ordinateurs.*

1.

4.

2.

5.

3.

6.

**2** **Quelle boisson?** Interviewez un(e) partenaire. Que boit-on dans ces circonstances? Ensuite (*Then*), posez les questions à un(e) partenaire différent(e). Présentez la comparaison à la classe.

1. au café
2. au cinéma
3. en classe
4. le dimanche matin
5. le matin très tôt
6. quand il/elle passe des examens
7. quand il/elle a très soif
8. quand il/elle étudie toute la nuit

**3** **Notre café** Vous et votre partenaire allez ouvrir (*open*) un café français. Sélectionnez le nom du café et huit boissons pour le menu. Pour chaque (*each*) boisson, inventez deux prix, un pour le comptoir (*bar*) et un pour la terrasse. Comparez votre café au café d'un autre groupe.

**4** **La terrasse du café** Avec un(e) partenaire, observez les deux dessins et trouvez au minimum quatre différences. Comparez votre liste à la liste d'un autre groupe.

**MODÈLE**

**Étudiant(e) 1:** *Mylène prend une limonade.*
**Étudiant(e) 2:** *Mylène prend de la soupe.*

Patrick    Mylène    Djamel

**5** **Elle prend…** Vous êtes dans un café avec cinq membres de votre famille. Quelles boissons et quels plats (*dishes*) de la liste prennent-ils? Parlez avec un(e) partenaire. Les membres de sa famille prennent-ils les mêmes (*same*) choses?

| boisson gazeuse | frites | limonade |
|---|---|---|
| café | fromage | pain |
| chocolat chaud | jambon | sandwich au… |
| croissant | jus de… | soupe |
| eau minérale | lait | thé |

**6** **La famille Arnal au café** Votre professeur va vous donner, à vous et à votre partenaire, des photos de la famille Arnal. Attention! Ne regardez pas la feuille de votre partenaire.

**MODÈLE**

**Étudiant(e) 1:** *Qui prend un sandwich?*
**Étudiant(e) 2:** *La grand-mère prend un sandwich.*

# Écriture

### Adding details

How can you make your writing more informative or more interesting? You can add details by answering the "W" questions: Who? What? When? Where? Why? The answers to these questions will provide useful and interesting details that can be incorporated into your writing. You can use the same strategy when writing in French. Here are some useful question words that you have already learned:

| | |
|---|---|
| (À/Avec) Qui? | À quelle heure? |
| Quoi? | Où? |
| Quand? | Pourquoi? |

Compare these two sentences.

> Je vais aller nager.

> Aujourd'hui, à quatre heures, je vais aller nager à la piscine du parc avec mon ami Paul, parce que nous avons chaud.

While both sentences give the same basic information (the writer is going to go swimming), the second, with its details, is much more informative.

## Thème

### Un petit mot

Vous passez un an en France et vous vivez (*are living*) dans une famille d'accueil (*host family*). C'est samedi, et vous allez passer la journée en ville avec des amis. Écrivez un petit mot (*note*) pour informer votre famille de vos projets (*plans*) pour la journée. Faites une liste de cinq activités et répondez aux questions suggérées par les pronoms interrogatifs (**qui? quoi? quand? où? pourquoi?**) pour donner une description détaillée.

> Chère famille,
> Aujourd'hui, je vais visiter la ville avec Xavier et Laurent, deux étudiants belges de l'université.

# Panorama

## La Normandie

### La région en chiffres

- **Superficie:** *29.906 km² (vingt-neuf mille neuf cent six kilomètres carrés°)*
- **Population:** *3.248.000 (trois millions deux cent quarante-huit mille)*
  SOURCE: Institut National de la Statistique et des Études Économiques (INSEE)
- **Industries principales:** *élevage bovin°, énergie nucléaire, raffinage° du pétrole*
- **Villes principales:** *Alençon, Caen, Évreux, Le Havre, Rouen*

### Personnages célèbres

- **la comtesse de Ségur,** *écrivain (1799–1874)*
- **Guy de Maupassant,** *écrivain (1850–1893)*
- **Christian Dior,** *couturier° (1905–1957)*

## La Bretagne

### La région en chiffres

- **Superficie:** *27.208 km² (vingt-sept mille deux cent huit kilomètres carrés)*
- **Population:** *3.011.000 (trois millions onze mille)*
- **Industries principales:** *agriculture, élevage°, pêche°, tourisme*
- **Villes principales:** *Brest, Quimper, Rennes, Saint-Brieuc, Vannes*

### Personnages célèbres

- **Anne de Bretagne,** *reine° de France (1477–1514)*
- **Jacques Cartier,** *explorateur (1491–1557)*
- **Bernard Hinault,** *cycliste (1954– )*

**carrés** *square* **élevage bovin** *raising cattle* **raffinage** *refining* **couturier** *fashion designer* **élevage** *raising livestock* **pêche** *fishing* **reine** *queen* **les plus grandes marées** *the highest tides* **presqu'île** *peninsula* **entourée de sables mouvants** *surrounded by quicksand* **basse** *low* **île** *island* **haute** *high* **chaque** *each* **onzième siècle** *11th century* **pèlerinage** *pilgrimage* **falaises** *cliffs* **faire** *make* **moulin** *mill*

LE ROYAUME-UNI

LA MANCHE

LA FRANCE

Cherbourg
Dieppe
Le Havre
Rouen
*la Seine*
Deauville
HAUTE-NORMANDIE
Caen
BASSE-NORMANDIE
Évreux
Brest
St-Brieuc
Le Mont-St-Michel
Alençon
Quimper
BRETAGNE
Rennes
Lorient
Vannes

Belle Île en Mer

L'OCÉAN ATLANTIQUE

les falaises° d'Étretat

un moulin° en Bretagne

l'art de faire° les crêpes

0   50 miles
0   50 kilomètres

## Incroyable mais vrai!

C'est au Mont-Saint-Michel qu'il y a les plus grandes marées° d'Europe. Une presqu'île° entourée de sables mouvants° à marée basse°, le Mont-Saint-Michel est transformé en île° à marée haute°. Trois millions de touristes visitent chaque° année l'église du onzième siècle°, centre de pèlerinage° depuis 1000 (mille) ans.

# La gastronomie

### Les crêpes bretonnes et le camembert normand

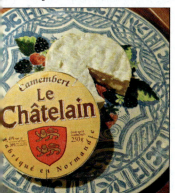

Les crêpes sont une des spécialités culinaires de Bretagne; en Normandie, c'est le camembert. Les crêpes sont appréciées sucrées, salées°, flambées... Dans les crêperies°, le menu est complètement composé de crêpes! Le camembert normand est un des grands symboles gastronomiques de la France. Il est vendu° dans la fameuse boîte en bois ronde° pour une bonne conservation.

# Les arts

### Giverny et les impressionnistes

La maison° de Claude Monet, maître du mouvement impressionniste, est à Giverny, en Normandie. Après des rénovations, la résidence et les deux jardins° ont aujourd'hui leur ancienne° splendeur. Le légendaire jardin aquatique est la source d'inspiration pour des peintures° célèbres comme *Les Nymphéas°* et *Le Pont japonais°*. Depuis la fin° du dix-neuvième siècle°, beaucoup d'artistes américains, influencés par les techniques impressionnistes, font de la peinture à Giverny.

# Les monuments

### Les menhirs et les dolmens

À Carnac, en Bretagne, il y a 3.000 (trois mille) menhirs et dolmens. Les menhirs sont d'énormes pierres° verticales. Alignés ou en cercle, ils ont une fonction rituelle associée au culte de la fécondité ou du soleil°. Les plus

anciens° datent de 4.500 (quatre mille cinq cents) ans avant J.-C.° Les dolmens servent de° sépultures° collectives et sont peut-être utilisés dans des rites funéraires de passage de la vie° à la mort°.

# Les destinations

### Deauville: station balnéaire de réputation internationale

Deauville, en Normandie, est une station balnéaire° de luxe et un centre de thalassothérapie°. La ville est célèbre pour sa marina, ses courses hippiques°, son casino, ses grands hôtels et son festival du film américain. La clientèle internationale apprécie beaucoup la plage°, le polo et le golf. L'hôtel le Royal Barrière est un palace° du début° du vingtième° siècle.

## Compréhension Complétez ces phrases.

1. _____ est un explorateur breton.
2. À marée haute, le Mont-Saint-Michel est une _____.
3. _____ sont une spécialité bretonne.
4. Dans _____, on mange uniquement des crêpes.
5. _____ est vendu dans une boîte en bois ronde.
6. Le _____ de Monet est la source d'inspiration de beaucoup de peintures.
7. Beaucoup d'artistes _____ font de la peinture à Giverny.
8. Les menhirs ont une fonction _____.
9. Les dolmens servent de _____.
10. Deauville est une _____ de luxe.

## Sur Internet

Go to **vhlcentral.com** to find more cultural information related to this **Panorama**.

1. Cherchez des informations sur les marées du Mont-Saint-Michel. À quelle heure est la marée haute aujourd'hui?
2. Cherchez des informations sur deux autres peintres impressionnistes. Trouvez deux peintures que vous aimez et dites (*say*) pourquoi vous les aimez.

ressources

WB pp. 55–56

vhlcentral.com Unité 4

**salées** *savory* **crêperies** *crêpe restaurants*
**vendu** *sold* **boîte en bois ronde** *round, wooden box* **maison** *house* **jardins** *gardens* **ancienne** *former* **peintures** *paintings* **Nymphéas** *Waterlilies* **Pont japonais** *Japanese Bridge* **Depuis la fin** *Since the end* **dix-neuvième siècle** *19th century* **pierres** *stones* **soleil** *sun* **Les plus anciens** *The oldest* **avant J.-C.** *B.C.* **servent de** *serve as* **sépultures** *graves* **vie** *life* **mort** *death* **station balnéaire** *seaside resort* **thalassothérapie** *seawater therapy* **courses hippiques** *horse races* **plage** *beach* **palace** *luxury hotel* **début** *beginning* **vingtième** *twentieth*

## Dans la ville

| | |
|---|---|
| une boîte (de nuit) | nightclub |
| un bureau | office; desk |
| un centre commercial | shopping center, mall |
| un cinéma (ciné) | movie theater, movies |
| une église | church |
| une épicerie | grocery store |
| un grand magasin | department store |
| un gymnase | gym |
| un hôpital | hospital |
| un kiosque | kiosk |
| un magasin | store |
| une maison | house |
| un marché | market |
| un musée | museum |
| un parc | park |
| une piscine | pool |
| une place | square; place |
| un restaurant | restaurant |
| une terrasse de café | café terrace/outdoor seating |
| une banlieue | suburbs |
| un centre-ville | city/town center, downtown |
| un endroit | place |
| un lieu | place |
| une montagne | mountain |
| une ville | city, town |

## À table

| | |
|---|---|
| avoir faim | to be hungry |
| avoir soif | to be thirsty |
| manger quelque chose | to eat something |
| une baguette | baguette (long, thin loaf of bread) |
| le beurre | butter |
| un croissant | croissant (flaky, crescent-shaped roll) |
| un éclair | éclair (pastry filled with cream) |
| des frites (f.) | French fries |
| un fromage | cheese |
| le jambon | ham |
| un pain (de campagne) | (country-style) bread |
| un sandwich | sandwich |
| une soupe | soup |
| le sucre | sugar |
| une boisson (gazeuse) | (soft/carbonated) drink/beverage |
| un café | coffee |
| un chocolat (chaud) | (hot) chocolate |
| une eau (minérale) | (mineral) water |
| un jus (d'orange, de pomme, etc.) | (orange, apple, etc.) juice |
| le lait | milk |
| une limonade | lemon soda |
| un thé (glacé) | (iced) tea |

## Expressions de quantité

| | |
|---|---|
| (pas) assez (de) | (not) enough (of) |
| beaucoup (de) | a lot (of) |
| d'autres | others |
| une bouteille (de) | bottle (of) |
| un morceau (de) | piece, bit (of) |
| un peu (plus/moins) (de) | little (more/less) (of) |
| plusieurs | several |
| quelque chose | something; anything |
| quelques | some |
| une tasse (de) | cup (of) |
| tous (m. pl.) | all |
| tout (m. sing.) | all |
| tout (tous) le/les (m.) | all the |
| toute(s) la/les (f.) | all the |
| trop (de) | too many/much (of) |
| un verre (de) | glass (of) |

## Au café

| | |
|---|---|
| apporter l'addition (f.) | to bring the check/bill |
| coûter | to cost |
| laisser un pourboire | to leave a tip |
| Combien coûte(nt)...? | How much is/are...? |
| un prix | price |
| un serveur/une serveuse | server |

## Les questions

| | |
|---|---|
| à quelle heure? | at what time? |
| à qui? | to whom? |
| avec qui? | with whom? |
| combien (de)? | how many?; how much? |
| comment? | how?; what? |
| où? | where? |
| parce que | because |
| pour qui? | for whom? |
| pourquoi? | why? |
| quand? | when? |
| quel(le)(s)? | which?; what? |
| que/qu'...? | what? |
| qui? | who?; whom? |
| quoi? | what? |

## Activités

| | |
|---|---|
| bavarder | to chat |
| danser | to dance |
| déjeuner | to eat lunch |
| dépenser de l'argent (m.) | to spend money |
| explorer | to explore |
| fréquenter | to frequent; to visit |
| inviter | to invite |
| nager | to swim |
| passer chez quelqu'un | to stop by someone's house |
| patiner | to skate |
| quitter la maison | to leave the house |

## Verbes

| | |
|---|---|
| aller | to go |
| apprendre | to learn |
| boire | to drink |
| comprendre | to understand |
| prendre | to take; to have |

| | |
|---|---|
| Expressions utiles | See pp. 127 and 145. |
| Prepositions | See p. 131. |
| Partitives | See p. 152. |

# Les loisirs

## Pour commencer

- Où est Stéphane?
- A-t-il froid?
- Pensez-vous qu'il aime le sport?
- Quel sport pratique-t-il, le football ou le basket-ball?
- Quel mois sommes-nous? En septembre ou en décembre?

## Savoir-faire
pages 198–199

**Panorama:** **Pays de la Loire** and **Centre**

# Leçon 5A

**You will learn how to...**

- talk about activities
- tell how often and how well you do things

# Le temps libre

## Vocabulaire

| | |
|---|---|
| aller à la pêche | to go fishing |
| bricoler | to tinker; to do odd jobs |
| désirer | to want; to desire |
| jouer (à/de) | to play |
| pratiquer | to practice; to play (a sport) |
| skier | to ski |
| | |
| le baseball | baseball |
| le cinéma | movies |
| le foot(ball) | soccer |
| le football américain | football |
| le golf | golf |
| un jeu | game |
| un loisir | leisure activity |
| un passe-temps | pastime, hobby |
| un spectacle | show |
| un stade | stadium |
| le temps libre | free time |
| le volley(-ball) | volleyball |
| | |
| une/deux fois | one/two time(s) |
| par jour, semaine, mois, an, etc. | per day, week, month, year, etc. |
| déjà | already |
| encore | again; still |
| jamais | never |
| longtemps | a long time |
| maintenant | now |
| parfois | sometimes |
| rarement | rarely |
| souvent | often |

Image labels: les joueuses (f.); un match de tennis (m.); Elle marche. (marcher); le sport; une équipe; les joueurs (m.); Il joue au fo (jouer); Il gagne. (gagner); les cartes (f.); une bande dessinée (B.D.)

**ressources**

WB pp. 57–58 · LM p. 33 · vhlcentral.com Leçon 5A

**Attention!**

Use **jouer à** with games and sports.

**Elle joue aux cartes/ au baseball.**
*She plays cards/baseball.*

Use **jouer de** with musical instruments.

**Vous jouez de la guitare/ du piano.**
*You play the guitar/piano.*

le basket(-ball)

Il aide le joueur. (aider)

Il chante. (chanter)

Il indique. (indiquer)

les échecs (*m.*)

# Mise en pratique

**1** **Écoutez** 🎧 Écoutez Sabine et Marc parler de leurs passe-temps préférés. Dans le tableau suivant, écrivez un **S** pour Sabine et un **M** pour Marc pour indiquer s'ils pratiquent ces activités **souvent**, **parfois**, **rarement** ou **jamais**. Attention, toutes les activités ne sont pas utilisées.

| Activité | Souvent | Parfois | Rarement | Jamais |
|---|---|---|---|---|
| 1. chanter | _____ | _____ | _____ | _____ |
| 2. le basket | _____ | _____ | _____ | _____ |
| 3. les cartes | _____ | _____ | _____ | _____ |
| 4. le tennis | _____ | _____ | _____ | _____ |
| 5. aller à la pêche | _____ | _____ | _____ | _____ |
| 6. le golf | _____ | _____ | _____ | _____ |
| 7. le cinéma | _____ | _____ | _____ | _____ |
| 8. le spectacle | _____ | _____ | _____ | _____ |

**2** **Remplissez** Choisissez dans la liste le mot qui convient (*the word that fits*) et remplissez (*fill*) les espaces. N'oubliez pas de conjuguer les verbes.

| | | |
|---|---|---|
| aider | jeu | pratiquer |
| bande dessinée | jouer | skier |
| bricoler | marcher | sport |
| équipe | | |

1. Notre _____ joue un match cet après-midi.
2. Le _____ de cette équipe n'est pas très bon.
3. Mon livre préféré, c'est une _____ de Tintin, *Le Sceptre d'Ottokar*.
4. J'aime _____ aux cartes avec ma grand-mère.
5. Est-ce que tes amis _____ tous le volley?
6. Le dimanche, nous _____ beaucoup, environ (*about*) cinq kilomètres.
7. Mon _____ préféré, c'est le foot.
8. Mon père _____ mon frère à préparer son match de tennis.
9. J'aime mieux _____ dans les Alpes que dans le Colorado.
10. Il faut (*It's necessary*) réparer la table, mais je n'aime pas _____.

**3** **Les loisirs** Utilisez un élément de chaque colonne pour former huit phrases au sujet des loisirs de ces personnes. N'oubliez pas les accords (*agreements*).

| Personnes | Activités | Fréquence |
|---|---|---|
| Je | jouer aux échecs | maintenant |
| Ma sœur | chanter | parfois |
| Mes parents | jouer au tennis | rarement |
| Christian | gagner le match | souvent |
| Sandrine et Cédric | skier | déjà |
| Les étudiants | regarder un spectacle | une fois par semaine |
| Élise | jouer au basket | une fois par mois |
| Mon ami(e) | aller à la pêche | encore |

# Communication

**4** **Répondez** Avec un(e) partenaire, posez-vous les questions suivantes et répondez à tour de rôle.

1. Quel est ton loisir préféré?
2. Quel est ton sport préféré à la télévision?
3. Es-tu sportif/sportive? Si oui, quel sport pratiques-tu?
4. Qu'est-ce que tu désires faire (*to do*) ce week-end?
5. Combien de fois par mois vas-tu au cinéma?
6. Que fais-tu (*do you do*) quand tu as du temps libre?
7. Est-ce que tu aides quelqu'un? Qui? À faire quoi? Comment?
8. Quel est ton jeu de société (*board game*) préféré? Pourquoi?

**5** **Conversez** Avec un(e) partenaire, utilisez les expressions de la liste et les mots de la section **CONTEXTES** et écrivez une conversation au sujet de vos loisirs. Présentez votre travail au reste de la classe.

| | |
|---|---|
| Avec qui? | Pourquoi? |
| Combien de fois par...? | Quand? |
| Comment? | Quel(le)(s)? |
| Où? | Quoi? |

**MODÈLE**

**Jacques:** *Que fais-tu (do you do) comme sport?*
**Clothilde:** *Je joue au volley.*
**Jacques:** *Tu joues souvent?*
**Clothilde:** *Oui, trois fois par semaine, avec mon amie Julie. C'est un sport que j'adore. Et toi, quel est ton passe-temps préféré?*

**6** **Sondage** Avec la feuille d'activités que votre professeur va vous donner, circulez dans la classe et demandez à vos camarades s'ils pratiquent ces activités et si oui (*if so*), à quelle fréquence. Quelle est l'activité préférée de la classe?

**MODÈLE**

aller à la pêche
**Simone:** *Est-ce que tu vas à la pêche?*
**François:** *Oui, je vais parfois à la pêche.*

| Activité | Nom | Fréquence |
|---|---|---|
| 1. aller à la pêche | François | parfois |
| 2. jouer au tennis | _____ | _____ |
| 3. jouer au foot | _____ | _____ |
| 4. skier | _____ | _____ |

**7** **La lettre** Écrivez une lettre à un(e) ami(e). Dites ce que vous faites (*do*) pendant vos loisirs, quand, avec qui et avec quelle fréquence.

*Cher Marc,*

*Pendant (during) mon temps libre, j'aime bien jouer au basket et au tennis. J'aime gagner, mais ça n'arrive pas (it doesn't happen) souvent! Je joue au tennis avec mes amis deux fois par semaine, le mardi et le vendredi, et au basket le samedi. J'adore les films et je vais souvent au cinéma avec ma sœur ou mes amis. Le soir...*

# Les sons et les lettres

**Audio: Concepts, Activities
Record & Compare**

 **Intonation**

In short, declarative sentences, the pitch of your voice, or intonation, falls on the final word or syllable.

**Nathalie est française.**　　　　　**Hector joue au football.**

In longer, declarative sentences, intonation rises, then falls.

**À trois heures et demie, j'ai sciences politiques.**

In sentences containing lists, intonation rises for each item in the list and falls on the last syllable of the last one.

**Martine est jeune, blonde et jolie.**

In long, declarative sentences, such as those containing clauses, intonation may rise several times, falling on the final syllable.

**Le samedi, à dix heures du matin, je vais au centre commercial.**

Questions that require a yes or no answer have rising intonation. Information questions have falling intonation.

**C'est ta mère?**　　　　　**Est-ce qu'elle joue au tennis?**

**Quelle heure est-il?**　　　　　**Quand est-ce que tu arrives?**

---

**Prononcez** Répétez les phrases suivantes à voix haute.

1. J'ai dix-neuf ans.
2. Tu fais du sport?
3. Quel jour sommes-nous?
4. Sandrine n'habite pas à Paris.
5. Quand est-ce que Marc arrive?
6. Charlotte est sérieuse et intellectuelle.

**Articulez** Répétez les dialogues à voix haute.

1. —Qu'est-ce que c'est?
   —C'est un ordinateur.
2. —Tu es américaine?
   —Non, je suis canadienne.
3. —Qu'est-ce que Christine étudie?
   —Elle étudie l'anglais et l'espagnol.
4. —Où est le musée?
   —Il est en face de l'église.

*Petit à petit, l'oiseau fait son nid.[2]*

**Dictons** Répétez les dictons à voix haute.

*Si le renard court, le poulet a des ailes.[1]*

[2] Little by little, a bird builds its nest.

[1] Though the fox runs, the chicken has wings.

# ROMAN-PHOTO

## Au parc  Video: *Roman-photo* Record & Compare

**PERSONNAGES**

**David**

**Rachid**

**Sandrine**

**Stéphane**

**DAVID** Oh, là, là... On fait du sport aujourd'hui!

**RACHID** C'est normal! On est dimanche. Tous les week-ends à Aix, on fait du vélo, on joue au foot...

**SANDRINE** Oh, quelle belle journée! Faisons une promenade!

**DAVID** D'accord.

**DAVID** Moi, le week-end, je sors souvent. Mon passe-temps favori, c'est de dessiner la nature et les belles femmes. Mais Rachid, lui, c'est un grand sportif.

**RACHID** Oui, je joue au foot très souvent et j'adore.

**RACHID** Tiens, Stéphane! Déjà? Il est en avance.

**SANDRINE** Salut.

**STÉPHANE** Salut. Ça va?

**DAVID** Ça va.

**STÉPHANE** Salut.

**RACHID** Salut.

**STÉPHANE** Pfft! Je n'aime pas l'histoire-géo.

**RACHID** Mais, qu'est-ce que tu aimes alors, à part le foot?

**STÉPHANE** Moi? J'aime presque tous les sports. Je fais du ski, de la planche à voile, du vélo... et j'adore nager.

**RACHID** Oui, mais tu sais, le sport ne joue pas un grand rôle au bac.

**RACHID** Et puis les études, c'est comme le sport. Pour être bon, il faut travailler!

**STÉPHANE** Ouais, ouais.

**RACHID** Allez, commençons. En quelle année Napoléon a-t-il...

**SANDRINE** Dis-moi David, c'est comment chez toi, aux États-Unis? Quels sont les sports favoris des Américains?

**DAVID** Euh... chez moi? Beaucoup pratiquent le baseball ou le basket et surtout, on adore regarder le football américain. Mais toi, Sandrine, qu'est-ce que tu fais de tes loisirs? Tu aimes le sport? Tu sors?

**ACTIVITÉS**

**1** **Les événements** Mettez les événements suivants dans l'ordre chronologique.

a. _____ David dessine un portrait de Sandrine.

b. _____ Stéphane se plaint (*complains*) de ses cours.

c. _____ Rachid parle du match de foot.

d. _____ David complimente Sandrine.

e. _____ David mentionne une activité que Rachid aime faire.

f. _____ Sandrine est curieuse de savoir (*to know*) quels sont les sports favoris des Américains.

g. _____ Stéphane dit (*says*) qu'il ne sait (*knows*) pas s'il va gagner son prochain match.

h. _____ Stéphane arrive.

i. _____ David parle de son passe-temps favori.

j. _____ Sandrine parle de sa passion.

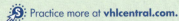 Practice more at **vhlcentral.com**.

Les amis parlent de leurs loisirs.

**RACHID** Alors, Stéphane, tu crois que tu vas gagner ton prochain match?

**STÉPHANE** Hmm, ce n'est pas garanti! L'équipe de Marseille est très forte.

**RACHID** C'est vrai, mais tu es très motivé, n'est-ce pas?

**STÉPHANE** Bien sûr.

**RACHID** Et, pour les études, tu es motivé? Qu'est-ce que vous faites en histoire-géo en ce moment?

**STÉPHANE** Oh, on étudie Napoléon.

**RACHID** C'est intéressant! Les cent jours, la bataille de Waterloo...

**SANDRINE** Bof, je n'aime pas tellement le sport, mais j'aime bien sortir le week-end. Je vais au cinéma ou à des concerts avec mes amis. Ma vraie passion, c'est la musique. Je désire être chanteuse professionnelle.

**DAVID** Mais tu es déjà une chanteuse extraordinaire! Eh! J'ai une idée. Je peux faire un portrait de toi?

**SANDRINE** De moi? Vraiment? Oui, si tu insistes!

---

## Expressions utiles

### Talking about your activities

- **Qu'est-ce que tu fais de tes loisirs? Tu sors?**
  *What do you do in your free time? Do you go out?*

- **Le week-end, je sors souvent.**
  *On weekends I often go out.*

- **J'aime bien sortir.**
  *I like to go out.*

- **Tous les week-ends, on/tout le monde fait du sport.**
  *Every weekend, people play/everyone plays sports.*

- **Qu'est-ce que tu aimes alors, à part le foot?**
  *What else do you like then, besides soccer?*

- **J'aime presque tous les sports.**
  *I like almost all sports.*

- **Je peux faire un portrait de toi?**
  *Can/May I do a portrait of you?*

- **Qu'est-ce que vous faites en histoire-géo en ce moment?**
  *What are you doing in History-Geography right now?*

- **Les études, c'est comme le sport. Pour être bon, il faut travailler!**
  *School is like sports. To be good, you have to work!*

- **Faisons une promenade!**
  *Let's take a walk!*

### Additional vocabulary

- **Dis-moi.**
  *Tell me.*
- **Bien sûr.**
  *Of course.*

- **Tu sais.**
  *You know.*
- **Tiens.**
  *Here you go./Here you are.*

- **Ce n'est pas garanti!**
  *It's not guaranteed!*

- **Vraiment?**
  *Really?*

---

**2** **Questions** Choisissez la traduction (*translation*) qui convient pour chaque activité. Essayez de ne pas utiliser de dictionnaire. Combien de traductions y a-t-il pour le verbe **faire**?

1. _____ faire du ski
2. _____ faire une promenade
3. _____ faire du vélo
4. _____ faire du sport

a. to play sports
b. to go biking
c. to ski
d. to take a walk

**3** **À vous!** David et Rachid parlent de faire des projets (*plans*) pour le week-end, mais les loisirs qu'ils aiment sont très différents. Ils discutent de leurs préférences et finalement choisissent (*choose*) une activité qu'ils vont pratiquer ensemble (*together*). Avec un(e) partenaire, écrivez la conversation et jouez la scène devant la classe.

**ressources**

VM pp. 203–204

DVD Leçon 5A

vhlcentral.com Leçon 5A

**A C T I V I T É S**

**Reading**
**Video: *Flash culture***

# Le football

**Le football est le sport le plus° populaire dans la majorité des pays° francophones.** Tous les quatre ans°, des centaines de milliers de° fans, ou «supporters», regardent la Coupe du Monde°: le championnat de foot(ball) le plus important du monde. En 1998 (mille neuf cent quatre-vingt-dix-huit), l'équipe de France gagne la Coupe du Monde et en 2000 (deux mille), elle gagne la Coupe d'Europe, autre championnat important.

Le Cameroun a aussi une grande équipe de football. «Les Lions Indomptables°» gagnent la médaille d'or° aux Jeux Olympiques de Sydney en 2000. En 2007, l'équipe camerounaise est la première équipe africaine à être dans le classement mondial° de la FIFA (Fédération Internationale de Football Association). Certains «Lions» jouent dans les clubs français et européens.

les Lions Indomptables

En France, il y a deux ligues professionnelles de vingt équipes chacune°. Ça fait° quarante équipes professionnelles de football pour un pays plus petit que° le Texas! Certaines équipes, comme le Paris Saint-Germain («le P.S.G.») ou l'Olympique de Marseille («l'O.M.»), ont beaucoup de supporters.

Les Français, comme les Camerounais, adorent regarder le football, mais ils sont aussi des joueurs très sérieux: aujourd'hui en France, il y a plus de 19.000 (dix-neuf mille) clubs amateurs de football et plus de deux millions de joueurs.

| Nombre° de membres des fédérations sportives en France | |
|---|---|
| Football | 2.066.000 |
| Tennis | 1.068.000 |
| Judo-jujitsu | 577.000 |
| Basket-ball | 427.000 |
| Golf | 325.000 |
| Rugby | 253.000 |
| Natation° | 214.000 |
| Ski | 152.000 |
| Escrime° | 116.000 |
| Vélo° | 99.000 |

**le plus** *the most* **pays** *countries* **Tous les quatre ans** *Every four years* **centaines de milliers de** *hundreds of thousands of* **Coupe du Monde** *World Cup* **Indomptables** *Untamable* **or** *gold* **classement mondial** *world ranking* **chacune** *each* **Ça fait** *That makes* **un pays plus petit que** *a country smaller than* **Nombre** *Number* **Natation** *Swimming* **Escrime** *Fencing* **Vélo** *Cycling*

A C T I V I T É S

**1**  **Vrai ou faux?** Indiquez si ces phrases sont **vraies** ou **fausses**.

1. Le football est le sport le plus populaire en France.
2. La Coupe du Monde a lieu (*takes place*) tous les deux ans.
3. En 2000, l'équipe de France gagne la Coupe du Monde.
4. Le Cameroun gagne le tournoi de football aux Jeux Olympiques de Sydney.
5. Le Cameroun est la première équipe européenne à être au classement mondial de la FIFA.

6. Certains «Tigres Indomptables» jouent dans des clubs français et européens.
7. En France, il y a vingt équipes professionnelles de football.
8. La France est plus petite que le Texas.
9. L'Olympique de Marseille est un stade de football célèbre.
10. Les Français aiment jouer au football.

## Familiarizing yourself with activities

The activities associated with a reading were written specifically to help you discover the writer's intentions as well as form your own opinions. Before you read the selections on these two pages, familiarize yourself with the activity items. You don't need to provide answers at this stage, but the activities will give you clues about the selections' content to keep in mind as you read them. This will help you make better sense of the readings.

## Des champions

Voici quelques champions olympiques récents.

**Algérie**  Nouria Merah-Benida, athlétisme°, or°, Sydney, 2000

**Burundi**  Venuste Niyongabo, athlétisme, or, Atlanta, 1996

**Cameroun**  Patrick Mboma Dem, football, or, Sydney, 2000

**Canada**  Jamie Salé et David Pelletier, patinage artistique°, or, Salt Lake City, 2002

**France**  Laure Manaudou, natation, or, Athènes, 2004

**Maroc**  Hicham El Guerrouj, athlétisme, or, Athènes, 2004

**Suisse**  Simon Ammann, saut à skis°, or, Salt Lake City, 2002

**Tunisie**  Fathi Missaoui, boxe°, bronze, Atlanta, 1996

**athlétisme** *track and field* **or** *gold* **patinage artistique** *figure skating*
**saut à skis** *ski jump* **boxe** *boxing*

# Zinédine Zidane et Laura Flessel

**Zinédine Zidane**, ou «Zizou», est un footballeur français. Né° à Marseille de parents algériens, il joue dans différentes équipes françaises. Nommé trois fois «Joueur de l'année» par la FIFA (la Fédération Internationale de Football Association), il gagne la Coupe du Monde avec l'équipe de France en 1998 (mille neuf cent quatre-vingt-dix-huit). Pendant° sa carrière, il joue aussi pour une équipe italienne et pour le Real Madrid, en Espagne°.

Née à la Guadeloupe, **Laura Flessel** commence l'escrime à l'âge de sept ans. Après plusieurs titres° de championne de Guadeloupe, elle va en France pour continuer sa carrière. En 1991 (mille neuf cent quatre-vingt-onze), à 20 ans, elle est championne de France et cinq ans plus tard, elle est double championne olympique à Atlanta en 1996 (mille neuf cent quatre-vingt-seize).

**Né** *Born* **Pendant** *During* **Espagne** *Spain* **plusieurs titres** *several titles*

### Sur Internet

**Qu'est-ce que le «free-running»?**

Go to **vhlcentral.com** to find more cultural information related to this **Lecture culturelle**. Then watch the corresponding **Flash culture**.

**2** **Zinédine ou Laura?** Indiquez de qui on parle.

1. _____ est de France métropolitaine (*mainland France*).
2. _____ est née à la Guadeloupe.
3. _____ gagne la Coupe du Monde pour la France en 1998.
4. _____ est championne de Guadeloupe en 1991.
5. _____ est double championne olympique en 1996.
6. _____ a été trois fois joueur de l'année.

**3** **Une interview**  Avec un(e) partenaire, préparez une interview entre un(e) journaliste et un(e) athlète que vous aimez. Jouez la scène devant la classe. Est-ce que vos camarades peuvent deviner (*can guess*) le nom de l'athlète?

**ressources**

VM
pp. 247–248

vhlcentral.com
Leçon 5A

  Practice more at **vhlcentral.com**.

A
C
T
I
V
I
T
É
S

# ROMAN-PHOTO

## Quel temps!

Video: *Roman-photo*
Record & Compare

*Au parc...*

**RACHID** Napoléon établit le Premier Empire en quelle année?

**STÉPHANE** Euh... mille huit cent quatre?

**RACHID** Exact! On est au mois de novembre et il fait toujours chaud.

**STÉPHANE** Oui, il fait bon!... dix-neuf, dix-huit degrés!

**RACHID** Et on a chaud aussi parce qu'on court.

**STÉPHANE** Bon, allez, je rentre faire mes devoirs d'histoire-géo.

**RACHID** Et moi, je rentre boire une grande bouteille d'eau.

**RACHID** À demain, Stéph! Et n'oublie pas: le cours du jeudi avec ton professeur, Monsieur Rachid Kahlid, commence à dix-huit heures, pas à dix-huit heures vingt!

**STÉPHANE** Pas de problème! Merci et à demain!

**SANDRINE** Et puis, en juillet, le Tour de France commence. J'aime bien le regarder à la télévision. Et après, c'est mon anniversaire, le 20. Cette année, je fête mes vingt et un ans. Tous les ans, pour célébrer mon anniversaire, j'invite mes amis et je prépare une super soirée. J'adore faire la cuisine, c'est une vraie passion!

**DAVID** Ah, oui?

**SANDRINE** En parlant d'anniversaire, Stéphane célèbre ses dix-huit ans samedi prochain. C'est un anniversaire important. ...On organise une surprise. Tu es invité!

**DAVID** Hmm, c'est très gentil, mais... Tu essaies de ne pas parler deux minutes, s'il te plaît? Parfait!

**SANDRINE** Pascal! Qu'est-ce que tu fais aujourd'hui? Il fait beau à Paris?

**DAVID** Encore un peu de patience! Allez, encore dix secondes... Voilà!

---

**A C T I V I T É S**

**1** **Qui?** Identifiez les personnages pour chaque phrase. Écrivez **S** pour Sandrine, **St** pour Stéphane, **R** pour Rachid et **D** pour David.

1. Cette personne aime faire la cuisine.
2. Cette personne sort quand il fait froid.
3. Cette personne aime le Tour de France.
4. Cette personne n'aime pas la pluie.
5. Cette personne va boire de l'eau.
6. Ces personnes ont rendez-vous tous les jeudis.
7. Cette personne fête son anniversaire en janvier.
8. Ces personnes célèbrent un joli portrait.
9. Cette personne fête ses dix-huit ans samedi prochain.
10. Cette personne prépare des crêpes pour le dîner.

 Practice more at **vhlcentral.com**.

# Les anniversaires à travers (*through*) les saisons.

*À l'appartement de David et de Rachid…*

**SANDRINE** C'est quand, ton anniversaire?

**DAVID** Qui, moi? Oh, c'est le quinze janvier.

**SANDRINE** Il neige en janvier, à Washington?

**DAVID** Parfois… et il pleut souvent à l'automne et en hiver.

**SANDRINE** Je déteste la pluie. C'est pénible. Qu'est-ce que tu aimes faire quand il pleut, toi?

**DAVID** Oh, beaucoup de choses! Dessiner, écouter de la musique. J'aime tellement la nature, je sors même quand il fait très froid.

**SANDRINE** Moi, je préfère l'été. Il fait chaud. On fait des promenades.

**RACHID** Oh là, là, j'ai soif! Mais… qu'est-ce que vous faites, tous les deux?

**DAVID** Oh, rien! Je fais juste un portrait de Sandrine.

**RACHID** Bravo, c'est pas mal du tout! Hmm, mais quelque chose ne va pas, David. Sandrine n'a pas de téléphone dans la main!

**SANDRINE** Oh, Rachid, ça suffit! C'est vrai, tu as vraiment du talent, David. Pourquoi ne pas célébrer mon joli portrait? Vous avez faim, les garçons?

**RACHID ET DAVID** Oui!

**SANDRINE** Je prépare le dîner. Vous aimez les crêpes ou vous préférez une omelette?

**RACHID ET DAVID** Des crêpes… Miam!

**2** **Faux!** Toutes ces phrases contiennent une information qui est fausse. Corrigez chaque phrase.

1. Stéphane a dix-huit ans.
2. David et Rachid préfèrent une omelette.
3. Il fait froid et il pleut.
4. On n'organise rien (*anything*) pour l'anniversaire de Stéphane.
5. L'anniversaire de Stéphane est au printemps.
6. Rachid et Stéphane ont froid.

**3** **Conversez** Parlez avec vos camarades de classe pour découvrir (*find out*) qui a l'anniversaire le plus proche du vôtre (*closest to yours*). Qui est-ce? Quand est son anniversaire? En quelle saison? Quel mois? En général, quel temps fait-il le jour de son anniversaire?

| ressources | | |
|---|---|---|
| VM pp. 205–206 | DVD Leçon 5B | vhlcentral.com Leçon 5B |

**A C T I V I T É S**

# Les jardins publics français

*le jardin du Luxembourg*

**Dans toutes les villes françaises, la plupart° du temps au centre-ville, on trouve des jardins° publics.** Les jardins à la française ou jardins classiques sont très célèbres° depuis° le 17e (dix-septième) siècle°. Les jardins de Versailles, créés° pour Louis XIV, le roi° Soleil, vont être copiés par toutes les cours° d'Europe. Dans le jardin à la française, l'ordre et la symétrie dominent: Il faut dompter° la nature «sauvage». La perspective et l'harmonie donnent une notion de grandeur absolue. De façon° très symbolique, la géométrie présente un monde° ordré où le contrôle règne°. Il y a beaucoup de châteaux qui ont de très beaux jardins.

À Paris, le jardin des Tuileries et le jardin du Luxembourg sont deux jardins publics de style classique. Il y a des parterres de fleurs° extraordinaires avec de savants° agencements° de couleurs. Dans les deux jardins, il n'y a pas de bancs° mais des chaises, où on peut° se reposer tranquillement à l'endroit de son choix, sous un arbre° ou près d'un bassin°. Il y a aussi deux grands parcs à côté de Paris: le bois° de Vincennes, qui a un zoo, et le bois de Boulogne, qui a un parc d'attractions° pour les enfants.

En général, les villes de France sont très fleuries°. Il y a même° des concours° pour la ville la plus° fleurie. Le concours des villes et villages fleuris a lieu° depuis 1959. Il est organisé pour promouvoir° le développement des espaces verts dans les villes.

**Coup de ma**

In France and elsewhere units of measurement a ferent than those used i United States.

**1 hectare** = *2.47 acres*

**1 kilomètre** = *0.62 mile*

**1 mètre** = *approximatel 1 yard (3 fee*

## Le bois de Vincennes et le bois de Boulogne

| VINCENNES | BOULOGNE |
|---|---|
| • une superficie° totale de 995 hectares | • une superficie totale de 863 hectares |
| • un zoo de 15 hectares | • cinq entrées° |
| • 19 km de sentiers pour les promenades à cheval et à vélo | • 95 km d'allées |
| • 32 km d'allées pour le jogging | • une cascade° de 10 mètres de large° et 14 mètres de haut° |
| • la Ferme° de Paris, une ferme de 5 hectares | • deux hippodromes° |

**la plupart** *most* **jardins** *gardens, parks* **célèbres** *famous* **depuis** *since* **siècle** *century* **créés** *created* **roi** *king* **cours** *courts* **dompter** *to tame* **façon** *way* **monde** *world* **règne** *reigns* **parterres de fleurs** *flower beds* **savants** *clever* **agencements** *schemes* **bancs** *benches* **peut** *can* **arbre** *tree* **bassin** *fountain, pond* **bois** *forest, wooded park* **parc d'attractions** *amusement park* **fleuries** *decorated with flowers* **même** *even* **concours** *competitions* **la plus** *the most* **a lieu** *takes place* **promouvoir** *to promote*

**1** **Répondez** Répondez aux questions par des phrases complètes.

 1. Où trouve-t-on, en général, des jardins publics?

2. Les jardins de Versailles sont créés pour quel roi?

3. Qu'est-ce qui domine dans le jardin à la française?

4. Quelle est la fonction de la perspective et de l'harmonie?

5. Qu'est-ce qu'il y a dans le jardin des Tuileries?

6. Que peut-on faire au jardin du Luxembourg grâce (*thanks*) aux chaises?

7. Quels deux grands parcs y a-t-il à côté de Paris?

8. Que peut-on faire au bois de Vincennes?

9. Comment les villes françaises sont-elles en général?

10. Pourquoi les concours sont-ils organisés?

## STRATÉGIE

### Skimming

Skimming involves quickly reading through a text to absorb its general meaning. Reading quickly in this way allows you to understand the main ideas without having to read word for word. You can skim a text as a preliminary step before an in-depth reading, as when reading once through without stopping. You can also skim an individual paragraph or section at any stage of the reading process to remind yourself of how it fits into the selection as a whole.

## LE MONDE FRANCOPHONE

### Des parcs publics

Voici quelques parcs publics du monde francophone.

**Bruxelles, Belgique**
**le bois de la Cambre** 123 hectares, un lac° avec une île° au centre

**Casablanca, Maroc**
**le parc de la Ligue Arabe** des palmiers°, un parc d'attractions pour enfants, des cafés et restaurants

**Québec, Canada**
**le parc des Champs de Batailles («Plaines d'Abraham»)** 107 hectares, 6.000 arbres°

**Tunis, Tunisie**
**le parc du Belvédère** 110 hectares, un zoo de 13 hectares, 230.000 arbres (80 espèces° différentes), situé° sur une colline°

**lac** *lake* **île** *island* **palmiers** *palm trees* **arbres** *trees* **espèces** *species* **situé** *located* **colline** *hill*

## PORTRAIT

# Les Français et le vélo

Tous les étés, la course° cycliste du Tour de France attire° un grand nombre de spectateurs, Français et étrangers, surtout lors de° son arrivée sur les Champs-Élysées, à Paris. C'est le grand événement° sportif de l'année pour les amoureux du cyclisme. Les Français adorent aussi faire du vélo pendant° leur temps libre.

Beaucoup de clubs organisent des randonnées en vélo de course° le week-end. Pour les personnes qui préfèrent le vélo tout terrain (VTT)°, il y a des sentiers° adaptés dans les parcs régionaux et nationaux. Certaines agences de voyages proposent aussi des vacances «vélo» en France ou à l'étranger°.

**course** *race* **attire** *attracts* **lors de** *at the time of* **événement** *event* **pendant** *during* **vélo de course** *road bike* **vélo tout terrain (VTT)** *mountain biking* **sentiers** *paths* **à l'étranger** *abroad*

le Tour de France sur les Champs-Élysées

### Sur Internet

Qu'est-ce que Jacques Anquetil, Eddy Merckx et Bernard Hinault ont en commun?

Go to **vhlcentral.com** to find more cultural information related to this **Lecture culturelle.**

---

**2** **Vrai ou faux?** Indiquez si les phrases sont **vraies** ou **fausses.** Corrigez les phrases fausses.

1. Les Français ne font pas de vélo.
2. Les membres de clubs de vélo font des promenades le week-end.
3. Les agences de voyages offrent des vacances «vélo».
4. On utilise un VTT quand on fait du vélo sur la route.
5. Le Tour de France arrive sur les Champs-Élysées à Paris.

**3** **Les parcs publics** Avec un(e) partenaire, parlez des parcs publics du monde francophone. Quel temps fait-il dans les parcs pendant (*during*) les différentes saisons de l'année? Choisissez un parc et décrivez-le à vos camarades. Peuvent-ils deviner (*Can they guess*) de quel parc vous parlez?

 Practice more at **vhlcentral.com.**

**ressources**

vhlcentral.com
Leçon 5B

**A C T I V I T É S**

# STRUCTURES

**5B.1**

## Numbers 101 and higher

 **Presentation**

| Numbers 101 and higher | |
|---|---|
| **101** cent un | **800** huit cents |
| **125** cent vingt-cinq | **900** neuf cents |
| **198** cent quatre-vingt-dix-huit | **1.000** mille |
| **200** deux cents | **1.100** mille cent |
| **245** deux cent quarante-cinq | **2.000** deux mille |
| **300** trois cents | **5.000** cinq mille |
| **400** quatre cents | **100.000** cent mille |
| **500** cinq cents | **550.000** cinq cent cinquante mille |
| **600** six cents | **1.000.000** un million |
| **700** sept cents | **8.000.000** huit millions |

- Note that French uses a period, rather than a comma, to indicate thousands and millions.

- In multiples of one hundred, the word **cent** takes a final **-s**. However, if it is followed by another number, **cent** drops the **-s**.

| | | |
|---|---|---|
| J'ai **quatre cents** bandes dessinées. *I have 400 comic books.* | *but* | Il y a **deux cent cinquante** jours de soleil. *There are 250 sunny days.* |
| Il y a **cinq cents** animaux dans le zoo. *There are 500 animals in the zoo.* | *but* | Nous allons inviter **trois cent trente-huit** personnes. *We're going to invite 338 people.* |

- The number **un** is not used before the word **mille** to mean *a/one thousand*. It is used, however, before **million** to say *a/one million*.

| | | |
|---|---|---|
| **Mille** personnes habitent le village. *One thousand people live in the village.* | *but* | **Un million** de personnes habitent la région. *One million people live in the region.* |

- **Mille**, unlike **cent** and **million**, is invariable. It never takes an **-s**.

| | |
|---|---|
| Aimez-vous *Les* **Mille** *et Une Nuits*? *Do you like "The Thousand and One Nights"?* | **Onze mille** étudiants sont inscrits. *Eleven thousand students are registered.* |

- Before a noun, **million** and **millions** are followed by **de/d'**.

| | |
|---|---|
| **Un million de personnes** sont en vacances. *One million people are on vacation.* | Il y a **seize millions d'habitants** dans la capitale. *There are 16,000,000 inhabitants in the capital.* |

### À noter

As you learned in **Leçon 3B**, **cent** does *not* take the number **un** before it to mean *one hundred*.

**Essayez!**   Écrivez les nombres en toutes lettres. (*Write out the numbers.*)

1. 10.000 _dix mille_
2. 620 _____
3. 365 _____
4. 42.000 _____
5. 1.392.000 _____
6. 171 _____

7. 200.000.000 _____
8. 480 _____
9. 1.789 _____
10. 400 _____
11. 8.000.000 _____
12. 5.053 _____

## Le français vivant

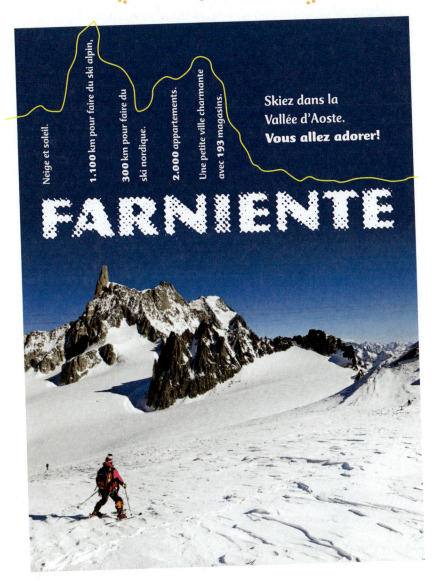

Neige et soleil.

1.100 km pour faire du ski alpin,

300 km pour faire du ski nordique.

2.000 appartements.

Une petite ville charmante avec 193 magasins.

Skiez dans la Vallée d'Aoste.
**Vous allez adorer!**

# FARNIENTE

**Questions** Avec un(e) partenaire, regardez la publicité (*ad*) et répondez aux questions. Écrivez les nombres en toutes lettres. (*Write out the numbers.*)

1. En quelle saison est-ce qu'on va dans la Vallée d'Aoste?
2. Combien de kilomètres y a-t-il pour faire du ski alpin? Pour faire du ski nordique?
3. Combien d'appartements y a-t-il dans la ville? Combien de magasins?
4. Quelles autres activités sportives pratique-t-on, à votre avis (*in your opinion*), dans la Vallée d'Aoste?
5. Faites-vous du ski? Avez-vous envie de faire du ski dans la Vallée d'Aoste? Pourquoi?
6. Avec votre partenaire, préparez votre propre (*own*) pub pour une station de ski. Utilisez cette pub comme modèle.

# STRUCTURES

## Mise en pratique

**1** **Quelle adresse?** Vous allez distribuer des journaux (*newspapers*) et vous téléphonez aux clients pour avoir leur adresse. Écrivez les adresses.

> **MODÈLE**
>
> cent deux, rue Lafayette
> *102, rue Lafayette*

1. deux cent cinquante-deux, rue de Bretagne _____
2. quatre cents, avenue Malbon _____
3. cent soixante-dix-sept, rue Jeanne d'Arc _____
4. cinq cent quarante-six, boulevard St. Marc _____
5. six cent quatre-vingt-huit, avenue des Gaulois _____
6. trois cent quatre-vingt-douze, boulevard Micheline _____
7. cent vingt-cinq, rue des Pierres _____
8. trois cent quatre, avenue St. Germain _____

**2** **Faisons des calculs** Faites les additions et écrivez les réponses.

> **MODÈLE**
>
> 200 + 300 =
> *Deux cents plus trois cents font cinq cents.*

1. 5.000 + 3.000 = _____
2. 650 + 750 = _____
3. 2.000.000 + 3.000.000 = _____
4. 4.400 + 3.600 = _____
5. 155 + 310 = _____
6. 7.000 + 3.000 = _____
7. 9.000.000 + 2.000.000 = _____
8. 1.250 + 2.250 = _____

**3** **Combien d'habitants?** À tour de rôle, demandez à votre partenaire combien d'habitants il y a dans chaque ville d'après (*according to*) les statistiques.

> **MODÈLE**
>
> Dijon: 153.813
> **Étudiant(e) 1:** *Combien d'habitants y a-t-il à Dijon?*
> **Étudiant(e) 2:** *Il y a cent cinquante-trois mille huit cent treize habitants.*

1. Toulouse: 398.423 _____
2. Abidjan: 2.877.948 _____
3. Lyon: 453.187 _____
4. Québec: 510.559 _____
5. Marseille: 807.071 _____
6. Papeete: 26.181 _____
7. Dakar: 2.476.400 _____
8. Nice: 344.460 _____

Practice more at **vhlcentral.com.**

## Communication

**4** **Quand?** Avec un(e) partenaire, regardez les dates et dites quand ces événements ont lieu (*take place*).

1776   1789   1914-1918   1939-1945   1968   1997

l'Indépendance des États-Unis
La Révolution française
la Première Guerre mondiale
la Seconde Guerre mondiale
Martin Luther King, Jr. est assassiné.
Le *Pathfinder* arrive sur la planète Mars

1. Le *Pathfinder* arrive sur la planète Mars. _____
2. La Première Guerre mondiale commence. _____
3. La Seconde Guerre mondiale prend fin (*ends*). _____
4. L'Amérique déclare son indépendance. _____
5. Martin Luther King, Jr. est assassiné. _____
6. La Première Guerre Mondiale prend fin. _____
7. La Révolution française a lieu (*takes place*). _____
8. La Seconde Guerre mondiale commence. _____

**5** **Combien ça coûte?** Vous regardez un catalogue avec un(e) ami(e). À tour de rôle, demandez à votre partenaire le prix des choses.

▶ **MODÈLE**

**Étudiant(e) 1:** *Combien coûte l'ordinateur?*
**Étudiant(e) 2:** *Il coûte mille huit cents euros.*

1.               2.               3.               4.

**6** **Dépensez de l'argent** Vous et votre partenaire avez 100.000€. Décidez quels articles de la liste vous allez prendre. Expliquez vos choix à la classe.

**MODÈLE**

**Étudiant(e) 1:** *On prend un rendez-vous avec Brad Pitt parce que c'est mon acteur favori.*
**Étudiant(e) 2:** *Alors, nous avons encore (still) 50.000 euros.  Prenons les 5 jours à Paris pour pratiquer le français.*

| | |
|---|---|
| un ordinateur... 2.000€ | des vacances à Tahiti... 7.000€ |
| un rendez-vous avec Brad Pitt... 50.000€ | un vélo... 1.000€ |
| un rendez-vous avec Madonna... 50.000€ | une voiture de luxe... 80.000€ |
| 5 jours à Paris... 8.500€ | un dîner avec Justin Bieber... 45.000€ |
| un séjour ski en Suisse... 4.200€ | un jour de shopping... 10.000€ |
| une montre 6.800€ | un bateau (*boat*)... 52.000€ |

# STRUCTURES

## Spelling-change *-er* verbs  **Presentation**

**Point de départ** Some **-er** verbs, though regular with respect to their verb endings, have spelling changes that occur in the verb stem (what remains after the **-er** is dropped).

- Most infinitives whose next-to-last syllable contains an **e** (no accent) change this letter to **è** in all forms except **nous** and **vous**.

| acheter (to buy) | |
|---|---|
| j'achète | nous achetons |
| tu achètes | vous achetez |
| il/elle/on achète | ils/elles achètent |

Où est-ce que tu **achètes** des skis?
*Where do you buy skis?*

Ils **achètent** beaucoup sur Internet.
*They buy a lot on the Internet.*

**Achetez**-vous une nouvelle maison?
*Are you buying a new house?*

Je n'**achète** pas de lait.
*I'm not buying any milk.*

- Infinitives whose next-to-last syllable contains an **é** change this letter to **è** in all forms except **nous** and **vous**.

| espérer (to hope) | |
|---|---|
| j'espère | nous espérons |
| tu espères | vous espérez |
| il/elle/on espère | ils/elles espèrent |

Elle **espère** arriver tôt aujourd'hui.
*She hopes to arrive early today.*

Nos profs **espèrent** avoir de bons étudiants en classe.
*Our professors hope to have good students in class.*

**Espérez**-vous faire la connaissance de Joël?
*Do you hope to meet Joël?*

J'**espère** avoir de bonnes notes.
*I hope to have good grades.*

- Infinitives ending in **-yer** change **y** to **i** in all forms except **nous** and **vous**.

| envoyer (to send) | |
|---|---|
| j'envoie | nous envoyons |
| tu envoies | vous envoyez |
| il/elle/on envoie | ils/elles envoient |

J'**envoie** une lettre.
*I'm sending a letter.*

Tes amis **envoient** un e-mail.
*Your friends send an e-mail.*

Nous **envoyons** des bandes dessinées aux enfants.
*We're sending the children comic books.*

Salima **envoie** un message à ses parents.
*Salima is sending a message to her parents.*

### Boîte à outils

Use a conjugated form of **espérer** + [*infinitive*] to mean *to hope to do something.*

Tu **espères jouer** au golf samedi.
*You hope to play golf on Saturday.*

**Elle achète quelque chose.**

**Ils répètent.**

- The change of **y** to **i** is optional in verbs whose infinitives end in **-ayer**.

Je **paie** avec une carte de crédit.
*I pay with a credit card.*

Comment est-ce que tu **payes**?
*How do you pay?*

### Other spelling change -er verbs

| like *espérer* | | like *acheter* | |
|---|---|---|---|
| célébrer | to celebrate | amener | to bring (someone) |
| considérer | to consider | emmener | to take (someone) |
| posséder | to possess, to own | **like *envoyer*** | |
| préférer | to prefer | employer | to use |
| protéger | to protect | essayer (de + [*inf.*]) | to try (to) |
| répéter | to repeat; to rehearse | nettoyer | to clean |
| | | payer | to pay |

Je préfère l'été. Il fait chaud.

Tu essaies de ne pas parler?

**Boîte à outils**

**Amener** is used when you are bringing someone to the place where you are.

J'**amène** ma nièce chez moi.
*I'm bringing my niece home.*

**Emmener** is used when you are taking someone to a different location from where you are.

J'**emmène** ma grand-mère à l'hôpital.
*I'm taking my grandmother to the hospital.*

**À noter**

You learned in **Leçon 4A** that the verb **apporter** also means *to bring*. Use **apporter** instead of **amener** when you are bringing an object instead of a person or animal.

Qui **apporte** les cartes?
*Who's bringing the cards?*

- Note that the **nous** and **vous** forms of the verbs presented in this section have no spelling changes.

Vous **achetez** des sandwichs aussi.
*You're buying sandwiches, too.*

Nous **espérons** partir à huit heures.
*We hope to leave at 8 o'clock.*

Nous **envoyons** les enfants à l'école.
*We're sending the children to school.*

Vous **payez** avec une carte de crédit.
*You pay with a credit card.*

**Essayez!** Complétez les phrases avec la forme correcte du verbe.

1. Les bibliothèques <u>emploient</u> (employer) beaucoup d'étudiants.
2. Vous _____ (répéter) les phrases en français.
3. Nous _____ (payer) assez pour les livres.
4. Mon camarade de chambre ne _____ (nettoyer) pas son bureau.
5. Est-ce que tu _____ (espérer) gagner?
6. Vous _____ (essayer) parfois d'arriver à l'heure.
7. Tu _____ (préférer) prendre du thé ou du café?
8. Elle _____ (emmener) sa mère au cinéma.
9. On _____ (célébrer) une occasion spéciale.
10. Les parents _____ (protéger) leurs enfants?

**ressources**

WB
pp. 67–68

LM
p. 40

**S**

vhlcentral.com
Leçon 5B

# STRUCTURES

## Mise en pratique

**1** **Passe-temps** Chaque membre de la famille Desrosiers a son passe-temps préféré. Utilisez les éléments pour dire comment ils préparent leur week-end.

> **MODÈLE**
>
> Tante Manon fait une randonnée. (acheter / sandwichs)
> *Elle achète des sandwichs.*

1. Nous faisons du vélo. (essayer / vélo) _____
2. Christiane aime chanter. (répéter) _____
3. Les filles jouent au foot. (espérer / gagner) _____
4. Vous allez à la pêche. (emmener / enfants) _____
5. Papa fait un tour en voiture. (nettoyer / voiture) _____
6. Mes frères font du camping. (préférer / partir tôt) _____
7. Ma petite sœur va à la piscine. (essayer de / plonger) _____
8. Mon grand-père aime la montagne. (préférer / faire une randonnée) _____
9. J'adore les chevaux. (espérer / faire du cheval) _____
10. Mes parents vont faire un dessert. (acheter / fruits) _____

**2** **Que font-ils?** Dites ce que font les personnages.

> **MODÈLE**
>
> *Il achète une baguette.*

acheter

1. envoyer

2. payer

3. répéter

4. nettoyer

**3** **Invitation au cinéma** Avec un(e) partenaire, jouez les rôles de Halouk et de Thomas. Ensuite, présentez la scène à la classe.

**THOMAS** J'ai envie d'aller au cinéma.

**HALOUK** Bonne idée. Nous (1) _____ (emmener, protéger) Véronique avec nous?

**THOMAS** J' (2) _____ (acheter, espérer) qu'elle a du temps libre.

**HALOUK** Peut-être, mais j' (3) _____ (envoyer, payer) des e-mails tous les jours et elle ne répond pas.

**THOMAS** Parce que son ordinateur ne fonctionne pas. Elle (4) _____ (essayer, préférer) parler au téléphone.

**HALOUK** D'accord. Alors toi, tu (5) _____ (acheter, répéter) les tickets au cinéma et moi, je vais chercher Véronique.

Practice more at **vhlcentral.com.**

# Communication

**4** **Quand?** À tour de rôle, posez des questions à un(e) partenaire.

1. Qu'est-ce que tu achètes tous les jours?
2. Qu'est-ce que tu achètes tous les mois?
3. Quand tu sors avec ton/ta petit(e) ami(e), qui paie?
4. Est-ce que toi et ton/ta camarade de chambre partagez les frais *(expenses)*? Qui paie quoi?
5. Est-ce que tu possèdes une voiture?
6. Qui nettoie ta chambre?
7. À qui est-ce que tu envoies des e-mails?
8. Qu'est-ce que tu espères faire cet été?
9. Qu'est-ce que tu préfères faire le vendredi soir?
10. Quand tu vas en boîte de nuit, est-ce que tu emmènes quelqu'un? Qui?
11. Est-ce que ta famille célèbre une occasion spéciale cet *(this)* été? Quand?
12. Aimes-tu essayer une nouvelle cuisine?

**5** **Réponses affirmatives** Votre professeur va vous donner une feuille d'activités. Trouvez au moins deux camarades de classe qui répondent oui à chaque question. Et si vous aussi, vous répondez oui aux questions, écrivez votre nom.

**MODÈLE**

**Étudiant(e) 1:** *Est-ce que tu achètes tes livres sur Internet?*
**Étudiant(e) 2:** *Oui, j'achète mes livres sur Internet.*

| Questions | Noms |
|---|---|
| 1. acheter ses livres sur Internet | Virginie, Éric |
| 2. posséder un ordinateur | |
| 3. envoyer des lettres à ses grands-parents | |
| 4. célébrer une occasion spéciale demain | |

**6** **E-mail à l'oncle Marcel** Xavier va écrire un e-mail à son oncle pour raconter *(to tell)* ses activités de la semaine prochaine. Il prépare une liste des choses qu'il veut dire *(wants to say)*. Avec un(e) partenaire, écrivez son e-mail.

- lundi: emmener maman chez le médecin
- mercredi: fac envoyer notes
- jeudi: répéter rôle Roméo et Juliette
- vendredi: célébrer anniversaire papa
- vendredi: essayer faire gym
- samedi: parents acheter voiture

# SYNTHÈSE

# Révision

 **1** **Le basket** Avec un(e) partenaire, utilisez les verbes de la liste pour compléter le paragraphe.

| | | | | |
|---|---|---|---|---|
| acheter | considérer | envoyer | essayer | préférer |
| amener | employer | espérer | payer | répéter |

Je m'appelle Stéphanie et je joue au basket. J' (1) _____ toujours (*always*) mes parents avec moi aux matchs le samedi. Ils (2) _____ que les filles sont de très bonnes joueuses. Mes parents font aussi du sport. Ma mère fait du vélo et mon père (3) _____ gagner son prochain match de foot! Le vendredi matin, j' (4) _____ un e-mail à ma mère pour lui rappeler (*remind her of*) le match. Mais elle n'oublie jamais! Ils n' (5) _____ pas de tickets pour les matchs, parce que les parents des joueurs ne (6) _____ pas. Nous (7) _____ toujours d'arriver une demi-heure à l'avance, parce que maman et papa (8) _____ s'asseoir (*to sit*) tout près du terrain (*court*). Ils sont tellement fiers!

**2** **Que font-ils?** Avec un(e) partenaire, parlez des activités des personnages et écrivez une phrase par illustration.

1. _____   2. _____   3. _____

4. _____   5. _____   6. _____

**3** **Où partir?** Avec un(e) partenaire, choisissez cinq endroits intéressants à visiter et où il fait le temps indiqué sur la liste. Ensuite, répondez aux questions.

| | | | | |
|---|---|---|---|---|
| Il fait chaud. | Il fait soleil. | Il fait du vent. | Il neige. | Il pleut. |

1. Où essayez-vous d'aller cet été? Pourquoi?
2. Où préférez-vous partir cet hiver? Pourquoi?
3. Quelle est la première destination que vous espérez visiter? La dernière? Pourquoi?
4. Qui emmenez-vous avec vous? Pourquoi?

**4** **J'achète** Vous allez payer un voyage aux membres de votre famille et à vos amis. À tour de rôle, choisissez un voyage et donnez à votre partenaire la liste des personnes qui partent. Votre partenaire va vous donner le prix à payer.

**MODÈLE**

**Étudiant(e) 1:** *J'achète un voyage de dix jours dans les Pays de la Loire à ma cousine Pauline et à mon frère Alexandre.*
**Étudiant(e) 2:** *D'accord. Tu paies deux mille cinq cent soixante-deux euros.*

| Voyages | Prix par personne | Commission |
|---|---|---|
| Dix jours dans les Pays de la Loire | 1.250 | 62 |
| Deux semaines de camping | 660 | 35 |
| Sept jours au soleil en hiver | 2.100 | 78 |
| Trois jours à Paris en avril | 500 | 55 |
| Trois mois en Europe en été | 10.400 | 47 |
| Un week-end à Nice en septembre | 350 | 80 |
| Une semaine à la montagne en juin | 990 | 66 |
| Une semaine à la neige | 1.800 | 73 |

**5** **La vente aux enchères** Par groupes de quatre, organisez une vente aux enchères (*auction*) pour vendre les affaires (*things*) du professeur. À tour de rôle, un(e) étudiant(e) joue le rôle du/de la vendeur/vendeuse et les autres étudiants jouent le rôle des enchérisseurs (*bidders*). Vous avez 5.000 euros et toutes les enchères (*bids*) commencent à cent euros.

**MODÈLE**

**Étudiant(e) 1:** *J'ai le cahier du professeur. Qui paie cent euros?*
**Étudiant(e) 2:** *Moi, je paie cent euros.*
**Étudiant(e) 1:** *Qui paie cent cinquante euros?*

**6** **À la bibliothèque** Votre professeur va vous donner, à vous et à votre partenaire, deux feuilles d'activités différentes. Attention! Ne regardez pas la feuille de votre partenaire.

**MODÈLE**

**Étudiant(e) 1:** *Est-ce que tu as le livre «Candide»?*
**Étudiant(e) 2:** *Oui, son numéro de référence est P, Q, deux cent soixante-six, cent quarante-sept, cent dix.*

# Écriture

## STRATÉGIE

### Using a dictionary

A common mistake made by beginning language learners is to embrace the dictionary as the ultimate resource for reading, writing, and speaking. While it is true that the dictionary is a useful tool that can provide valuable information about vocabulary, using the dictionary correctly requires that you understand the elements of each entry.

If you glance at a French-English dictionary, you will notice that its format is similar to that of an English dictionary. The word is listed first, usually followed by its pronunciation. Then come the definitions, organized by parts of speech. Sometimes, the most frequently used meanings are listed first.

To find the best word for your needs, you should refer to the abbreviations and the explanatory notes that appear next to the entries. For example, imagine that you are writing about your pastimes. You want to write *I want to buy a new racket for my match tomorrow*, but you don't know the French word for *racket*.

In the dictionary, you might find an entry like this one:

> **racket** n 1. boucan; 2. raquette (sport)

The abbreviation key at the front of the dictionary says that *n* corresponds to **nom** (*noun*). Then, the first word you see is **boucan**. The definition of **boucan** is *noise* or *racket,* so **boucan** is probably not the word you want. The second word is **raquette**, followed by the word *sport*, which indicates that it is related to **sports**. This detail indicates that the word **raquette** is the best choice for your needs.

## Thème

### Écrire une brochure

Choisissez un sujet:

1. Vous travaillez à la Chambre de Commerce de votre région pour l'été. Des hommes et des femmes d'affaires québécois vont visiter votre région cette année, mais ils n'ont pas encore décidé (*have not yet decided*) quand. La Chambre de Commerce vous demande de créer (*asks you to create*) une petite brochure sur le temps qu'il fait dans votre région aux différentes saisons de l'année. Dites quelle saison, à votre avis (*in your opinion*), est idéale pour visiter votre région et expliquez pourquoi.

2. Vous avez une réunion familiale pour décider où aller en vacances cette année, mais chaque membre de la famille suggère un endroit différent. Choisissez un lieu de vacances où vous avez envie d'aller et créez une brochure pour montrer à votre famille pourquoi vous devriez (*should*) tous y aller (*go there*). Décrivez la météo de l'endroit et indiquez les différentes activités culturelles et sportives qu'on peut y faire.

3. Vous passez un semestre/trimestre dans le pays francophone de votre choix (*of your choice*). Deux étudiants de votre cours de français ont aussi envie de visiter ce pays. Créez une petite brochure pour partager vos impressions du pays. Présentez le pays, donnez des informations météorologiques et décrivez vos activités préférées.

# Panorama

## Les Pays de la Loire

### La région en chiffres

▶ **Superficie:** 32.082 km²°

▶ **Population:** 3.344.000
SOURCE: INSEE

▶ **Industries principales:** *aéronautique, agriculture, informatique, tourisme, viticulture°*

▶ **Villes principales:** *Angers, Laval, Le Mans, Nantes, Saint Nazaire*

### Personnages célèbres

▶ **Claire Bretécher,** *dessinatrice de bandes dessinées (1940– )*

▶ **Léon Bollée,** *inventeur d'automobiles (1870–1913)*

▶ **Jules Verne,** *écrivain° (1828–1905)*

## Le Centre

### La région en chiffres

▶ **Superficie:** 39.152 km²

▶ **Population:** 2.480.000

▶ **Industrie principale:** *tourisme*

▶ **Villes principales:** *Bourges, Chartres, Orléans, Tours, Vierzon*

### Personnages célèbres

▶ **Honoré de Balzac,** *écrivain (1799–1850)*

▶ **George Sand,** *écrivain (1804–1876)*

▶ **Gérard Depardieu,** *acteur (1948– )*

**km²** (kilomètres carrés) *square kilometers* **viticulture** *wine-growing* **écrivain** *writer* **Construit** *Constructed* **siècle** *century* **pièces** *rooms* **escaliers** *staircases* **chaque** *each* **logis** *living area* **hélice** *helix* **même** *same* **ne se croisent jamais** *never cross* **pèlerinage** *pilgrimage* **course** *race*

un pèlerinage° à la cathédrale de Chartres

LA FRANCE

Chartres

Laval
Le Mans

Orléans

**PAYS DE LA LOIRE**

Chambord

St.-Nazaire
Angers
Tours
Chenonceaux
Vierzon

Nantes
Saumur
Bourges

L'île de Noirmoutier
Cholet
**CENTRE**

L'île d'Yeu
Châteauroux

Les Sables-d'Olonne
La Roche-sur-Yon

**L'OCÉAN ATLANTIQUE**

*la Mayenne* *la Sarthe* *le Loir* *la Loire* *le Cher* *l'Indre* *la Vienne*

la Loire

le Vendée Globe, course° nautique

| 0 | 50 milles |
| 0 | 50 kilomètres |

### Incroyable mais vrai!

Construit° au XVIᵉ (seizième) siècle°, l'architecture du château de Chambord est influencée par Léonard de Vinci. Le château a 440 pièces°, 84 escaliers° et 365 cheminées (une pour chaque° jour de l'année). Le logis° central a deux escaliers en forme de double hélice°. Les escaliers vont dans la même° direction, mais ne se croisent jamais°.

# Les monuments

## La vallée des rois

La vallée de la Loire, avec ses châteaux, est appelée la vallée des rois°. C'est au XVIe (seizième) siècle° que les Valois° quittent Paris pour habiter dans la région, où ils construisent° de nombreux° châteaux de style Renaissance. François Ier inaugure le siècle des «rois voyageurs»: ceux° qui vont d'un château à l'autre avec leur cour° et toutes leurs possessions. Chenonceau, Chambord et Amboise sont aujourd'hui les châteaux les plus° visités.

# Les festivals

## Le Printemps de Bourges

Le Printemps de Bourges est un festival de musique qui a lieu° chaque année, en avril. Pendant° une semaine, tous les styles de musique sont représentés: variété française, musiques du monde°, rock, musique électronique, reggae, hip-hop, etc... Il y a des dizaines° de spectacles, de nombreux artistes, des milliers de spectateurs et des noms légendaires comme Serge Gainsbourg, Yves Montand, Ray Charles et Johnny Clegg.

# Les sports

## Les 24 heures du Mans

Les 24 heures du Mans, c'est la course° d'endurance automobile la plus célèbre° du monde. Depuis° 1923, de prestigieuses marques° y° participent. C'est sur ce circuit de 13,6 km que Ferrari gagne neuf victoires et que Porsche détient° le record de 16 victoires avec une vitesse moyenne° de 222 km/h sur 5.335 km. Il existe aussi les 24 heures du Mans moto°.

# Les destinations

## La route des vins

La vallée de la Loire est réputée pour ses vignobles°, en particulier pour ses vins blancs°. Le Sauvignon et le Chardonnay, par exemple, constituent environ° 75% (pour cent) de la production. La vigne est cultivée dans la vallée depuis l'an 380. Aujourd'hui, les vignerons° de la région produisent 400 millions de bouteilles par an. Pour apprécier le vin, il est nécessaire de l'observer°, de le sentir, de le goûter° et de le déguster°. C'est tout un art!

## Qu'est-ce que vous avez appris? Répondez aux questions par des phrases complètes.

1. Quel événement peut-on voir aux Sables d'Olonne?
2. Au seizième siècle, qui influence le style de construction de Chambord?
3. Combien de cheminées y a-t-il à Chambord?
4. De quel style sont les châteaux de la Loire?
5. Pourquoi les Valois sont-ils «les rois voyageurs»?
6. Combien de spectateurs vont au Printemps de Bourges chaque année?
7. Qu'est-ce que les 24 heures du Mans?
8. Quel autre type de course existe-t-il au Mans?
9. Quels vins produit-on principalement dans la vallée de la Loire?
10. Combien de bouteilles y sont produites chaque année?

## Sur Internet

Go to **vhlcentral.com** to find more cultural information related to this **Panorama**.

1. Trouvez des informations sur le Vendée Globe. Quel est l'itinéraire de la course? Combien de bateaux (*boats*) y participent chaque année?

2. Qui étaient (*were*) les artistes invités au dernier Printemps de Bourges? En connaissez-vous quelques-uns? (*Do you know some of them?*)

**ressources**

WB pp. 69–70
vhlcentral.com Unité 5

rois *kings* siècle *century* les Valois *name of a royal dynasty* construisent *build* de nombreux *numerous* ceux *those* cour *court* les plus *the most* a lieu *takes place* Pendant *For* monde *world* dizaines *dozens* course *race* célèbre *famous* Depuis *Since* marques *brands* y *there* détient *holds* vitesse moyenne *average speed* moto *motorcycle* vignobles *vineyards* vins blancs *white wines* environ *around* vignerons *wine-growers* l'observer *observe it* le goûter *taste it* le déguster *savor it*

## Activités sportives et loisirs

| | |
|---|---|
| aider | to help |
| aller à la pêche | to go fishing |
| bricoler | to tinker; to do odd jobs |
| chanter | to sing |
| désirer | to want; to desire |
| gagner | to win |
| indiquer | to indicate |
| jouer (à/de) | to play |
| marcher | to walk (person); to work (thing) |
| pratiquer | to practice; to play (a sport) |
| skier | to ski |
| une bande dessinée (B.D.) | comic strip |
| le baseball | baseball |
| le basket(-ball) | basketball |
| les cartes (f.) | cards |
| le cinéma | movies |
| les échecs (m.) | chess |
| une équipe | team |
| le foot(ball) | soccer |
| le football américain | football |
| le golf | golf |
| un jeu | game |
| un joueur/une joueuse | player |
| un loisir | leisure activity |
| un match | game |
| un passe-temps | pastime, hobby |
| un spectacle | show |
| le sport | sport |
| un stade | stadium |
| le temps libre | free time |
| le tennis | tennis |
| le volley(-ball) | volleyball |

## Verbes irréguliers en –ir

| | |
|---|---|
| courir | to run |
| dormir | to sleep |
| partir | to leave |
| sentir | to feel; to smell; to sense |
| servir | to serve |
| sortir | to go out, to leave |

## Le temps qu'il fait

| | |
|---|---|
| Il fait 18 degrés. | It is 18 degrees. |
| Il fait beau. | The weather is nice. |
| Il fait bon. | The weather is good/warm. |
| Il fait chaud. | It is hot (out). |
| Il fait (du) soleil. | It is sunny. |
| Il fait du vent. | It is windy. |
| Il fait frais. | It is cool. |
| Il fait froid. | It is cold. |
| Il fait mauvais. | The weather is bad. |
| Il fait un temps épouvantable. | The weather is dreadful. |
| Il neige. (neiger) | It is snowing. (to snow) |
| Il pleut. (pleuvoir) | It is raining. (to rain) |
| Le temps est nuageux. | It is cloudy. |
| Le temps est orageux. | It is stormy. |
| Quel temps fait-il? | What is the weather like? |
| Quelle température fait-il? | What is the temperature? |
| un imperméable | rain jacket |
| un parapluie | umbrella |

## Verbes

| | |
|---|---|
| acheter | to buy |
| amener | to bring (someone) |
| célébrer | to celebrate |
| considérer | to consider |
| emmener | to take (someone) |
| employer | to use |
| envoyer | to send |
| espérer | to hope |
| essayer (de + inf.) | to try (to) |
| nettoyer | to clean |
| payer | to pay |
| posséder | to possess, to own |
| préférer | to prefer |
| protéger | to protect |
| répéter | to repeat; to rehearse |

## La fréquence

| | |
|---|---|
| une/deux fois | one/two time(s) |
| par jour, semaine, mois, an, etc. | per day, week, month, year, etc. |
| déjà | already |
| encore | again; still |
| jamais | never |
| longtemps | a long time |
| maintenant | now |
| parfois | sometimes |
| rarement | rarely |
| souvent | often |

## Les saisons, les mois, les dates

| | |
|---|---|
| une saison | season |
| l'automne (m.)/ à l'automne | fall/in the fall |
| l'été (m.)/en été | summer/in the summer |
| l'hiver (m.)/en hiver | winter/in the winter |
| le printemps (m.)/ au printemps | spring/in the spring |
| Quelle est la date? | What's the date? |
| C'est le 1er (premier) octobre. | It's the first of October. |
| C'est quand votre/ton anniversaire? | When is your birthday? |
| C'est le 2 mai. | It's the second of May. |
| C'est quand l'anniversaire de Paul? | When is Paul's birthday? |
| C'est le 15 mars. | It's March 15th. |
| un anniversaire | birthday |
| janvier | January |
| février | February |
| mars | March |
| avril | April |
| mai | May |
| juin | June |
| juillet | July |
| août | August |
| septembre | September |
| octobre | October |
| novembre | November |
| décembre | December |

| | |
|---|---|
| Expressions utiles | See pp. 167 and 185. |
| Expressions with faire | See p. 170. |
| faire | See p. 170. |
| Il faut... | See p. 171. |
| Numbers 101 and higher | See p. 188. |

# Les fêtes

## Pour commencer

- Qui est la propriétaire sur la photo?
- Qu'est-ce qu'Amina et Valérie vont faire?
- Qu'est-ce qu'elles vont manger, du jambon ou un dessert?
- De quelle couleur est le tee-shirt d'Amina, orange ou violet?

## Savoir-faire

**Panorama:** **Aquitaine**, **Midi-Pyrénées**, and **Languedoc-Roussillon**

# Leçon 6A

**You will learn how to...**

- talk about celebrations
- talk about the stages of life

# Surprise!

les invitées (f.)

les invités (m.)

l'hôte (m.)

l'hôtesse (f.)

le gâteau

la glace

les biscuits (m.)

les bonbons (m.)

le champagne

les desserts (m.)

les glaçons (m.)

## Vocabulaire

| | |
|---|---|
| faire la fête | to party |
| faire une surprise (à quelqu'un) | to surprise (someone) |
| fêter | to celebrate |
| organiser une fête | to plan a party |
| | |
| une fête | party; celebration |
| un jour férié | holiday |
| | |
| une bière | beer |
| le vin | wine |
| | |
| une amitié | friendship |
| un amour | love |
| le bonheur | happiness |
| un(e) fiancé(e) | fiancé; fiancée |
| des jeunes mariés (m.) | newlyweds |
| un rendez-vous | date; appointment |
| | |
| l'adolescence (f.) | adolescence |
| l'âge adulte (m.) | adulthood |
| un divorce | divorce |
| l'enfance (f.) | childhood |
| une étape | stage |
| l'état civil (m.) | marital status |
| la jeunesse | youth |
| un mariage | marriage; wedding |
| la mort | death |
| la naissance | birth |
| la vie | life |
| la vieillesse | old age |
| | |
| prendre sa retraite | to retire |
| tomber amoureux/ amoureuse | to fall in love |
| | |
| ensemble | together |

**ressources**

| | | |
|---|---|---|
| WB pp. 71–72 | LM p. 41 | **S** vhlcentral.com Leçon 6A |

# Mise en pratique

**S** Audio: Vocabulary

**1** **Écoutez** 🎧 Écoutez la conversation entre Anne et Nathalie. Indiquez si les affirmations sont **vraies** ou **fausses**.

|  | Vrai | Faux |
|---|---|---|
| 1. Jean-Marc va prendre sa retraite dans six mois. | ☐ | ☐ |
| 2. Nathalie a l'idée d'organiser une fête pour Jean-Marc. | ☐ | ☐ |
| 3. Anne et Nathalie essaient de trouver un cadeau original. | ☐ | ☐ |
| 4. Anne va acheter un gâteau. | ☐ | ☐ |
| 5. Nathalie va apporter de la glace. | ☐ | ☐ |
| 6. La fête est une surprise. | ☐ | ☐ |
| 7. Nathalie va envoyer les invitations par e-mail. | ☐ | ☐ |
| 8. La fête va avoir lieu (*take place*) dans le bureau d'Anne. | ☐ | ☐ |
| 9. Elles ont besoin de beaucoup de décorations. | ☐ | ☐ |
| 10. Tout le monde va donner des idées pour le cadeau. | ☐ | ☐ |

**2** **Chassez l'intrus** Indiquez le mot ou l'expression qui n'appartient pas (*doesn't belong*) à la liste.

1. l'amour, tomber amoureux, un fiancé, un divorce
2. un mariage, un couple, un jour férié, un fiancé
3. un biscuit, une bière, un dessert, un gâteau
4. une glace, une bière, le champagne, le vin
5. la vieillesse, la naissance, l'enfance, la jeunesse
6. faire la fête, un hôte, des invités, une étape
7. fêter, un cadeau, la vie, une surprise
8. l'état civil, la naissance, la mort, l'adolescence

**3** **Associez** Faites correspondre les éléments de la colonne de gauche avec les définitions de la colonne de droite. Notez que tous les éléments ne sont pas utilisés. Ensuite (*Then*), avec un(e) partenaire, donnez votre propre définition de quatre de ces éléments. Votre partenaire doit deviner (*must guess*) de quoi vous parlez.

1. _____ la naissance
2. _____ l'enfance
3. _____ l'adolescence
4. _____ l'âge adulte
5. _____ tomber amoureux
6. _____ un jour férié
7. _____ le mariage
8. _____ le divorce
9. _____ prendre sa retraite
10. _____ la mort

a. C'est une date importante, comme le 4 juillet aux États-Unis.
b. C'est la fin de l'étape prénatale.
c. C'est l'étape de la vie pendant laquelle (*during which*) on va au lycée.
d. C'est un événement très triste.
e. C'est faire une rencontre romantique comme dans un conte de fées (*fairy tale*).
f. C'est le futur probable d'un couple qui se dispute (*fights*) tout le temps.
g. C'est un jour de bonheur et de célébration de l'amour.
h. C'est quand une personne décide de ne plus travailler.

*la surprise*

*le couple*

*le cadeau*

BON ANNIVERSAIRE, MARC!

# Communication

**4**  **Le mot juste** Remplissez les espaces avec le mot illustré. Faites les accords nécessaires. Ensuite (*Then*), avec un(e) partenaire, créez (*create*) une phrase dans laquelle (*for which*) vous illustrez trois mots de **CONTEXTES**. Échangez votre phrase avec celle d'un autre groupe et résolvez le rébus (*puzzle*).

1. Caroline est une amie d' _____ . Je vais lui faire une _____ samedi.

   C'est son anniversaire.

2. Marc et Sophie sont inséparables. Ils sont toujours _____ . C'est le bonheur et

   le grand _____ .

3. Le _____ rouge va bien avec les viandes rouges alors que le _____ va

   mieux avec les _____ .

4. Les _____ ont beaucoup de _____ .

5. La _____ de ma sœur est un grand _____ pour mes parents.

**5**  **C'est la fête!** Vous avez terminé (*have finished*) les examens de fin d'année et vouz allez faire la fête! Avec un(e) partenaire, écrivez une conversation au sujet de la préparation de cette fête. N'oubliez pas de répondre aux questions suivantes. Ensuite (*Then*), jouez (*act out*) votre dialogue devant la classe.

1. Quand et où allez-vous organiser la fête?
2. Qui vont être les invités?
3. Qui est l'hôte?
4. Qu'allez-vous manger? Qu'allez-vous boire?
5. Qui va apporter quoi?
6. Qui est responsable de la musique? De la décoration?
7. Qu'allez-vous faire pendant (*during*) la fête?
8. Qui va nettoyer après?

**6**  **Sept différences** Votre professeur va vous donner, à vous et à votre partenaire, deux feuilles d'activités différentes. À tour de rôle, posez-vous des questions pour trouver les sept différences entre les illustrations de l'anniversaire des jumeaux (*twins*) Boniface. Attention! Ne regardez pas la feuille de votre partenaire.

> **MODÈLE**
>
> **Étudiant(e) 1:** *Sur mon image, il y a trois cadeaux. Combien de cadeaux y a-t-il sur ton image?*
> **Étudiant(e) 2:** *Sur mon image, il y a quatre cadeaux.*

# Les sons et les lettres

**Audio: Concepts, Activities Record & Compare**

## Open vs. closed vowels: Part 2

The letter combinations **au** and **eau** are pronounced like the vowel sound in the English word *coat*, but without the glide heard in English. These are closed **o** sounds.

| ch**au**d | **au**ssi | be**au**coup | tabl**eau** |
|---|---|---|---|

When the letter **o** is followed by a consonant sound, it is usually pronounced like the vowel in the English word *raw*. This is an open **o** sound.

| h**o**mme | téléph**o**ne | **o**rdinateur | **o**range |
|---|---|---|---|

When the letter **o** occurs as the last sound of a word or is followed by a *z* sound, such as a single **s** between two vowels, it is usually pronounced with the closed **o** sound.

| tr**o**p | hér**o**s | r**o**se | ch**o**se |
|---|---|---|---|

When the letter **o** has an **accent circonflexe**, it is usually pronounced with the closed **o** sound.

| dr**ô**le | bient**ô**t | p**ô**le | c**ô**té |
|---|---|---|---|

**Prononcez** Répétez les mots suivants à voix haute.

1. rôle
2. porte
3. dos
4. chaud
5. prose
6. gros
7. oiseau
8. encore
9. mauvais
10. nouveau
11. restaurant
12. bibliothèque

**Articulez** Répétez les phrases suivantes à voix haute.

1. À l'automne, on n'a pas trop chaud.
2. Aurélie a une bonne note en biologie.
3. Votre colocataire est d'origine japonaise?
4. Sophie aime beaucoup l'informatique et la psychologie.
5. Nos copains mangent au restaurant marocain aujourd'hui.
6. Comme cadeau, Robert et Corinne vont préparer un gâteau.

**Dictons** Répétez les dictons à voix haute.

La fortune vient en dormant.[2]

Tout nouveau, tout beau.[1]

[1] Shiny and new.
[2] Fortune comes while you sleep.

**ressources**

LM
p. 42

vhlcentral.com
Leçon 6A

## Les cadeaux

 Video: *Roman-photo*
Record & Compare

Amina

Astrid

Rachid

Sandrine

Valérie

Vendeuse

*À l'appartement de Sandrine...*

**SANDRINE** Allô, Pascal? Tu m'as téléphoné? Écoute, je suis très occupée là. Je prépare un gâteau d'anniversaire pour Stéphane... Il a dix-huit ans aujourd'hui... On organise une fête surprise au P'tit Bistrot.

**SANDRINE** J'ai fait une mousse au chocolat, comme pour ton anniversaire. Stéphane adore ça! J'ai aussi préparé des biscuits que David aime bien.

**SANDRINE** Quoi? David!... Mais non, il n'est pas marié. C'est un bon copain, c'est tout!... Désolée, je n'ai pas le temps de discuter. À bientôt.

*Au café...*

**RACHID** Écoute, Astrid. Il faut trouver un cadeau... un *vrai* cadeau d'anniversaire.
**ASTRID** Excusez-moi, Madame. Combien coûte cette montre, s'il vous plaît?
**VENDEUSE** Quarante euros.
**ASTRID** Que penses-tu de cette montre, Rachid?
**RACHID** Bonne idée.

**VENDEUSE** Je fais un paquet cadeau?
**ASTRID** Oui, merci.
**RACHID** Eh, Astrid, il faut y aller!
**VENDEUSE** Et voilà dix euros. Merci, Mademoiselle, bonne fin de journée.

**VALÉRIE** Ah, vous voilà! Astrid, aide-nous avec les décorations, s'il te plaît. La fête commence à six heures. Sandrine a tout préparé.
**ASTRID** Quelle heure est-il? Zut, déjà? En tout cas, on a trouvé des cadeaux.
**RACHID** Je vais chercher Stéphane.

---

**A C T I V I T É S**

**1** **Vrai ou faux?** Indiquez si les affirmations suivantes sont **vraies** ou **fausses**.

1. Sandrine prépare un gâteau d'anniversaire pour Stéphane.
2. Sandrine est désolée parce qu'elle n'a pas le temps de discuter avec Rachid.
3. Rachid ne comprend pas la blague.
4. Pour aider Sandrine, Valérie va apporter les desserts.

5. Rachid et Astrid trouvent un cadeau pour Valérie.
6. Rachid n'aime pas l'idée de la montre pour Stéphane.
7. La fête d'anniversaire surprise pour Stéphane commence à huit heures.
8. Sandrine va chercher Stéphane.
9. Amina a apporté de la glace au chocolat.
10. Les parents d'Amina vont passer l'été en France.

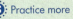 Practice more at **vhlcentral.com**.

**Tout le monde prépare la surprise pour Stéphane.**

**VALÉRIE** Oh là là! Tu as fait tout ça pour Stéphane?!

**SANDRINE** Oh, ce n'est pas grand-chose.

**VALÉRIE** Tu es un ange! Stéphane va bientôt arriver. Je t'aide à apporter ces desserts?

**SANDRINE** Oh, merci, c'est gentil.

*Dans un magasin...*

**ASTRID** Eh Rachid, j'ai eu une idée géniale... Des cadeaux parfaits pour Stéphane. Regarde! Ce matin, j'ai acheté cette calculatrice et ces livres.

**RACHID** Mais enfin, Astrid, Stéphane n'aime pas les livres.

**ASTRID** Oh Rachid, tu ne comprends rien, c'est une blague.

**AMINA** Bonjour! Désolée, je suis en retard!

**VALÉRIE** Ce n'est pas grave. Tu es toute belle ce soir!

**AMINA** Vous trouvez? J'ai acheté ce cadeau pour Stéphane. Et j'ai apporté de la glace au chocolat aussi.

**VALÉRIE** Oh, merci! Il faut aider Astrid avec les décorations.

**ASTRID** Salut, Amina. Ça va?

**AMINA** Oui, super. Mes parents ont téléphoné du Sénégal ce matin! Ils vont passer l'été ici. C'est le bonheur!

## Expressions utiles

### Talking about celebrations

- **J'ai fait une mousse au chocolat, comme pour ton anniversaire.**
  *I made a chocolate mousse, (just) like for your birthday.*
- **J'ai aussi préparé des biscuits que David aime bien.**
  *I also made cookies that David likes.*
- **Je fais un paquet cadeau?**
  *Shall I wrap the present?*
- **En tout cas, on a trouvé des cadeaux.**
  *In any case, we found some presents.*
- **Et j'ai apporté de la glace au chocolat.**
  *And I brought some chocolate ice cream.*

### Talking about the past

- **Tu m'as téléphoné?**
  *Did you call me?*
- **Tu as fait tout ça pour Stéphane?!**
  *You did all that for Stéphane?!*
- **J'ai eu une idée géniale.**
  *I had a great idea.*
- **Sandrine a tout préparé.**
  *Sandrine prepared everything.*

### Pointing out things

- **Je t'aide à apporter ces desserts?**
  *Can I help you bring these desserts?*
- **J'ai acheté cette calculatrice et ces livres.**
  *I bought this calculator and these books.*
- **J'ai acheté ce cadeau pour Stéphane.**
  *I bought this present for Stéphane.*

### Additional vocabulary

- **Ce n'est pas grave.**
  *It's okay./No problem.*
- **Tu ne comprends rien.**
  *You don't understand a thing.*
- **désolé(e)**
  *sorry*
- **discuter**
  *to talk*
- **zut**
  *darn*

---

 **2** **Le bon mot** Choisissez entre **ce** (*m.*), **cette** (*f.*) et **ces** (*pl.*) pour compléter les phrases. Utilisez un dictionnaire. Attention, les phrases ne sont pas identiques aux dialogues!

1. Je t'aide à apporter _____ gâteau?
2. Ce matin, j'ai acheté _____ calculatrices et _____ livre.
3. Rachid ne comprend pas _____ blague.
4. Combien coûtent _____ montres?
5. À quelle heure commence _____ classe?

 **3** **Imaginez** Avec un(e) partenaire, imaginez qu'Amina est dans un grand magasin et qu'elle téléphone à Madame Forestier pour l'aider à choisir le cadeau idéal pour Stéphane. Amina propose et décrit plusieurs choses et Madame Forestier donne son avis (*opinion*) sur chacune d'entre elles (*each of them*).

**ressources**

| | | |
|---|---|---|
| VM pp. 207–208 | DVD Leçon 6A | vhlcentral.com Leçon 6A |

**ACTIVITÉS**

**S** Reading
Video: *Flash culture*

## CULTURE À LA LOUPE

# Le carnaval

**Tous les ans, beaucoup de pays° et de régions francophones célèbrent le carnaval.** Cette tradition est l'occasion de fêter la fin° de l'hiver et l'arrivée° du printemps. En général, la période de fête commence la semaine avant le Carême° et se termine° le jour du Mardi gras. Le carnaval demande très souvent des mois de préparation. La ville organise des défilés° de musique, de masques, de costumes et de chars fleuris°. La fête finit souvent par la crémation du roi° Carnaval, personnage de papier qui représente le carnaval et l'hiver.

le roi du carnaval de Nice

Certaines villes et certaines régions sont réputées° pour leur carnaval: Nice, en France, la ville de Québec, au Canada, La Nouvelle-Orléans, aux États-Unis et la Martinique. Chaque ville a ses traditions particulières. La ville de Nice, lieu du plus grand carnaval français, organise une grande bataille de fleurs° où des jeunes, sur des chars, envoient des milliers° de fleurs aux spectateurs. À Québec, le climat intense transforme le carnaval en une célébration de l'hiver. Le symbole officiel de la fête est le «Bonhomme» (de neige°) et les gens font du ski, de la pêche sous la glace ou des courses de traîneaux à chiens°. À la Martinique, le carnaval continue jusqu'au° mercredi des Cendres°, à minuit: les gens, tout en noir° et blanc°,

le carnaval de Québec

regardent la crémation de Vaval, le roi Carnaval. Le carnaval de La Nouvelle-Orléans est célébré avec de nombreux bals° et défilés costumés. Ses couleurs officielles sont l'or°, le vert et le violet.

### Le carnaval en chiffres

| | |
|---|---|
| Martinique | Chaque ville choisit° une reine°. |
| Nice | La première bataille de fleurs a eu lieu° en 1876. On envoie entre 80.000 et 100.000 fleurs aux spectateurs. |
| La Nouvelle-Orléans | Il y a plus de 70 défilés pendant° le carnaval. |
| la ville de Québec | Le premier carnaval a eu lieu en 1894. |

**pays** *countries* **fin** *end* **arrivée** *arrival* **Carême** *Lent* **se termine** *ends* **défilés** *parades* **chars fleuris** *floats decorated with flowers* **roi** *king* **réputées** *famous* **bataille de fleurs** *flower battle* **milliers** *thousands* **«Bonhomme» (de neige)** *snowman* **courses de traîneaux à chiens** *dogsled races* **jusqu'au** *until* **mercredi des Cendres** *Ash Wednesday* **noir** *black* **blanc** *white* **bals** *balls (dances)* **or** *gold* **choisit** *chooses* **reine** *queen* **a eu lieu** *took place* **pendant** *during*

**A C T I V I T É S**

**1** **Compréhension** Répondez par des phrases complètes.

1. En général, quel est le dernier jour du carnaval?
2. Dans quelle ville des États-Unis est-ce qu'on célèbre le carnaval?
3. Où a lieu le plus grand carnaval français?
4. Qu'est-ce que les jeunes envoient aux spectateurs du carnaval de Nice?
5. Quel est le symbole officiel du carnaval de Québec?

6. Que fait-on pendant (*during*) le carnaval de Québec?
7. Qu'est-ce qui est différent au carnaval de la Martinique?
8. Qui est Vaval?
9. Comment est-ce qu'on célèbre le carnaval à La Nouvelle-Orléans?
10. Quelles sont les couleurs officielles du carnaval de La Nouvelle-Orléans?

## STRATÉGIE

### Recognizing word families

Recognizing how words are related to one another can help you guess their meaning, improving comprehension of a reading selection. The related words often belong to different parts of speech. For example, **fête** (*party*) is a noun, and **fêter** (*to celebrate*) is a verb. Both words in this pair are in the same word family. List at least two other pairs of related words from the selections in this **Lecture culturelle**.

## LE MONDE FRANCOPHONE

### Fêtes et festivals

Voici d'autres fêtes et festivals francophones.

**En Côte d'Ivoire**
**La fête des Ignames (plusieurs dates)** On célèbre la fin° de la récolte° des ignames°, une ressource très importante pour les Ivoiriens.

**Au Maroc**
**La fête du Trône (le 30 juillet)** Tout le pays honore le roi° avec des parades et des spectacles.

**À la Martinique/À la Guadeloupe**
**La fête des Cuisinières (en août)** Les femmes défilent° en costumes traditionnels et présentent des spécialités locales qu'elles ont préparées pour la fête.

**Dans de nombreux pays**
**L'Aïd el-Fitr** C'est la fête musulmane° de la rupture du jeûne° à la fin du Ramadan.

**fin** *end* **récolte** *harvest* **ignames** *yams* **roi** *king* **défilent** *parade* **musulmane** *Muslim* **jeûne** *fast*

## PORTRAIT

# Le 14 juillet

Le 14 juillet 1789, sous le règne° de Louis XVI, les Français se sont rebellés contre° la monarchie et ont pris° la Bastille, une forteresse utilisée comme prison. Cette date est très importante dans l'histoire de France parce qu'elle représente le début de la Révolution. Le 14 juillet symbolise la fondation de la République française et a donc° été sélectionné comme date de la Fête nationale. Tous les ans, il y a un grand défilé° militaire sur les Champs-Élysées, la plus grande° avenue parisienne. Partout° en France, les gens assistent à des défilés et à des fêtes dans les rues°. Le soir, il y a de nombreux bals populaires° où les Français dansent et célèbrent cette date historique. À minuit, on assiste aux feux d'artifices° traditionnels.

**règne** *reign*  **se sont rebellés contre** *rebelled against* **ont pris** *stormed* **donc** *therefore* **défilé** *parade* **la plus grande** *the largest* **Partout** *Everywhere* **rues** *streets* **bals populaires** *street dances* **feux d'artifices** *fireworks*

### Sur Internet

**Qu'est-ce que c'est, la fête des Rois?**

Go to **vhlcentral.com** to find more cultural information related to this **Lecture culturelle**. Then watch the corresponding **Flash culture**.

**2 Les fêtes** Complétez les phrases.
1. Le 14 juillet 1789, c'est la date _____
2. Aujourd'hui, le 14 juillet, c'est la _____
3. En France, le soir du 14 juillet, il y a _____
4. À plusieurs dates, les Ivoiriens fêtent _____
5. Au Maroc, il y a un festival au mois de _____
6. Dans les pays musulmans, l'Aïd el-Fitr célèbre _____

**3 Faisons la fête ensemble!** Vous êtes en vacances dans un pays francophone et vous invitez un(e) ami(e) à aller à une fête ou à un festival francophone avec vous. Expliquez à votre partenaire ce que vous allez faire. Votre partenaire va vous poser des questions.

Practice more at **vhlcentral.com**.

**ressources**

VM pp. 249–250 | vhlcentral.com Leçon 6A

**ACTIVITÉS**

# SYNTHÈSE

# Révision

**1** **L'année dernière et cette année** Décrivez vos dernières fêtes du jour d'Action de Grâces (*Thanksgiving*) à votre partenaire. Utilisez les verbes de la liste. Parlez aussi de vos projets (*plans*) pour le prochain jour d'Action de Grâces.

**MODÈLE**

**Étudiant(e) 1:** *L'année dernière, nous avons fêté le jour d'Action de Grâces chez mes grands-parents. Cette année, je vais manger au restaurant avec mes parents.*

**Étudiant(e) 2:** *Moi, j'ai fait la fête avec mes amis l'année dernière. Cette année, je vais visiter New York avec ma sœur.*

| acheter | dormir | manger | regarder |
| boire | faire | prendre | téléphoner |
| donner | fêter | préparer | visiter |

**2** **Ce musée, cette ville** Faites par écrit (*Write*) une liste de cinq lieux (villes, musées, restaurants, etc.) que vous avez visités. Avec un(e) partenaire, comparez vos listes. Utilisez des adjectifs démonstratifs dans vos phrases.

**MODÈLE**

**Étudiant(e) 1:** *Ah, tu as visité Bruxelles. Moi aussi, j'ai visité cette ville. Elle est charmante.*

**Étudiant(e) 2:** *Tu as mangé au restaurant La Douce France. Je n'aime pas du tout ce restaurant!*

**3** **La fête** Vous et votre partenaire avez préparé une fête avec vos amis. Vous avez acheté des cadeaux, des boissons et des snacks. À tour de rôle, parlez de ce qu'il y a sur l'illustration.

**MODÈLE**

**Étudiant(e) 1:** *J'aime bien ces biscuits-là.*
**Étudiant(e) 2:** *Moi, j'ai apporté cette glace-ci.*

**4** **Enquête** Qu'est-ce que vos camarades ont fait de différent dans leur vie? Votre professeur va vous donner une feuille d'activités. Parlez à vos camarades pour trouver une personne différente pour chaque expérience, puis écrivez son nom.

**MODÈLE**

**Étudiant(e) 1:** *As-tu parlé à un acteur?*
**Étudiant(e) 2:** *Oui! Une fois, j'ai parlé à Bruce Willis!*

| Expérience | Nom |
|---|---|
| 1. parler à un(e) acteur/actrice | Julien |
| 2. passer une nuit entière sans dormir | |
| 3. dépenser plus de $100 pour de la musique en une fois | |
| 4. faire la fête un lundi soir | |
| 5. courir cinq kilomètres ou plus | |
| 6. surprendre un(e) ami(e) pour son anniversaire | |

**5** **Conversez** Avec un(e) partenaire, préparez une conversation où un(e) copain/copine demande à un(e) autre copain/copine les détails d'un dîner romantique du week-end dernier. N'oubliez pas de mentionner dans la conversation:

- où ils ont mangé
- les thèmes de la conversation
- qui a payé
- qui a parlé de quoi
- la date du prochain rendez-vous

**6** **Magali fait la fête** Votre professeur va vous donner, à vous et à votre partenaire, deux feuilles d'activités différentes. Attention! Ne regardez pas la feuille de votre partenaire.

**MODÈLE**

**Étudiant(e) 1:** *Magali a parlé avec un homme. Cet homme n'a pas l'air intéressant du tout!*
**Étudiant(e) 2:** *Après,...*

# Le Zapping

 Video

## Le grand livre des crabes?

La compagnie Vidéotron est un fournisseur° de télévision, de téléphonie et d'Internet au Québec. C'est une entreprise° très dynamique et en pleine expansion°, qui propose° ses services à 90% des Québécois et qui a installé 56.000 kilomètres de câbles. Par exemple, Vidéotron est déjà le numéro un de l'Internet à haute vitesse° dans la province.

Pendant les fêtes de fin d'année, sa campagne publicitaire° encourage avec humour les Québécois à se gâter°: pourquoi ne pas acheter un enregistreur° HD (haute définition) à moitié° prix?

Ça doit° être la magie° de Noël°!

Magie, magie...

**Compréhension** Répondez aux questions.

1. D'après vous, est-ce que Patrick s'intéresse à la vie des crabes?
2. Cette année, quel est son cadeau idéal?
3. Qui lui apporte son cadeau idéal?

**Discussion** Avec un(e) partenaire, répondez aux questions et discutez.

1. Avez-vous déjà fait un cadeau surprise à quelqu'un? Quoi et à qui? Donnez des détails.
2. Est-ce que vous aimez les cadeaux surprises, ou préférez-vous recevoir (*receive*) les cadeaux que vous avez demandés? Expliquez pourquoi.
3. Est-ce que l'anticipation de recevoir quelque chose compte beaucoup pour vous, ou pas du tout?

**fournisseur** *provider* **entreprise** *company* **en pleine expansion** *at the height of its growth* **propose** *offers* **haute vitesse** *high speed* **campagne publicitaire** *ad campaign* **se gâter** *spoil themselves* **enregistreur** *recorder* **moitié** *half* **doit** *must* **magie** *magic* **Noël** *Christmas*

Go to **vhlcentral.com** to watch the TV clip featured in this **Le Zapping**.

# Leçon 6B

**You will learn how to...**
- describe clothing
- offer and accept gifts

# Très chic!

## Vocabulaire

| | |
|---|---|
| aller avec | *to go with* |
| | |
| un anorak | *ski jacket, parka* |
| une chaussette | *sock* |
| une chemise (à manches courtes/longues) | *shirt (short-/long-sleeved)* |
| un chemisier | *blouse* |
| un gant | *glove* |
| un jean | *jeans* |
| une jupe | *skirt* |
| un manteau | *coat* |
| un pantalon | *pants* |
| un pull | *sweater* |
| un sous-vêtement | *underwear* |
| une taille | *clothing size* |
| un tailleur | *(woman's) suit; tailor* |
| un tee-shirt | *tee shirt* |
| un vendeur/une vendeuse | *salesman/saleswoman* |
| des vêtements (*m.*) | *clothing* |
| | |
| De quelle couleur...? | *In what color...?* |
| | |
| des soldes (*m.*) | *sales* |
| | |
| chaque | *each* |
| large | *loose; big* |
| serré(e) | *tight* |

**un chapeau (chapeaux *pl.*)**

**un maillot de bain**

**cher (chère *f.*)**

**une cravate**

**une robe**

**une ceinture**

**un short**

**une chaussette**

**un sac à main**

**Il porte un costume. (porter)**

**des baskets (*f.*)**

**des chaussures (*f.*)**

**jaune**

**vert (verte *f.*)**

**violet (violette *f.*)**

**rose**

**gris (grise *f.*)**

**orange**

**bleu (bleue *f.*)**

**marron**

**noir (noire *f.*)**

**rouge**

**blanc (blanche *f.*)**

**ressources**

WB pp. 77–78

LM p. 45

vhlcentral.com
Leçon 6B

## Attention!

Note that the adjectives **orange** and **marron** are invariable; they do not vary in gender or number to match the noun they modify.

J'aime l'anorak orange.

Il porte des chaussures marron.

des lunettes (de soleil) (f.)

une casquette

une écharpe

un blouson

bon marché

# Mise en pratique

 **Audio: Vocabulary**

**1** **Écoutez** 🎧 Guillaume prépare ses vacances d'hiver (*winter vacation*). Indiquez quels vêtements il va acheter pour son voyage.

|  | Oui | Non |
|---|---|---|
| 1. des baskets | ☐ | ☐ |
| 2. un maillot de bain | ☐ | ☐ |
| 3. des chemises | ☐ | ☐ |
| 4. un pantalon noir | ☐ | ☐ |
| 5. un manteau | ☐ | ☐ |
| 6. un anorak | ☐ | ☐ |
| 7. un jean | ☐ | ☐ |
| 8. un short | ☐ | ☐ |
| 9. un pull | ☐ | ☐ |
| 10. une robe | ☐ | ☐ |

**Guillaume**

**2** **Les vêtements** Chassez l'intrus et choisissez le mot qui ne va pas avec les autres.

1. des baskets, une cravate, une chaussure
2. un jean, un pantalon, une jupe
3. un tailleur, un costume, un short
4. des lunettes, un chemisier, une chemise
5. un tee-shirt, un pull, un anorak
6. une casquette, une ceinture, un chapeau
7. un sous-vêtement, une chaussette, un sac à main
8. une jupe, une robe, une écharpe

**3** **De quelle couleur?** Indiquez de quelle(s) couleur(s) sont les choses suivantes.

**MODÈLE**

l'océan
*Il est bleu.*
la statue de la Liberté
*Elle est grise.*

1. le drapeau français _____
2. les dollars américains _____
3. les pommes (*apples*) _____
4. le soleil _____
5. la nuit _____
6. le zèbre _____
7. la neige _____
8. les oranges _____
9. le vin _____
10. les bananes _____

# CONTEXTES

## Communication

**4**  **Qu'est-ce qu'ils portent?** Avec un(e) camarade de classe, regardez les images et, à tour de rôle, décrivez ce que les personnages portent.

> **MODÈLE**
>
> *Elle porte un maillot de bain rouge.*

1.    2.    3.    4.

---

**5**  **On fait du shopping** Choisissez deux partenaires et préparez une conversation. Deux client(e)s et un vendeur/une vendeuse sont dans un grand magasin; les client(e)s sont invité(e)s à un événement très chic, mais ils ou elles ne veulent pas (*don't want*) dépenser beaucoup d'argent.

**Client(e)s**

- Décrivez l'événement auquel (*to which*) vous êtes invité(e)s.
- Parlez des vêtements que vous cherchez, de vos couleurs préférées, de votre taille. Trouvez-vous le vêtement trop large, trop serré, etc.?
- Demandez les prix et dites si vous trouvez que c'est cher, bon marché, etc.

**Vendeur/Vendeuse**

- Demandez les tailles, préférences, etc. des client(e)s.
- Répondez à toutes les questions de vos client(e)s.
- Suggérez des vêtements appropriés.

> **Coup de main**
>
> To compare French and American sizes, see the chart on p. 226.

---

**6**  **Conversez** Interviewez un(e) camarade de classe.

1. Qu'est-ce que tu portes l'hiver? Et l'été?
2. Qu'est-ce que tu portes pour aller à l'université?
3. Qu'est-ce que tu portes pour aller à la plage (*beach*)?
4. Qu'est-ce que tu portes pour faire une randonnée?
5. Qu'est-ce que tu portes pour aller en boîte de nuit?
6. Qu'est-ce que tu portes pour un entretien d'embauche (*job interview*)?
7. Quelle est ta couleur préférée? Pourquoi?
8. Qu'est-ce que tu portes pour aller dans un restaurant très élégant?
9. Où est-ce que tu achètes tes vêtements? Pourquoi?
10. Est-ce que tu prêtes (*lend*) tes vêtements à tes ami(e)s?

**7**  **Défilé de mode** Votre classe a organisé un défilé de mode (*fashion show*). Votre partenaire est mannequin (*model*) et vous représentez la marque (*brand*) de vêtements. Pendant que votre partenaire défile, vous décrivez à la classe les vêtements qu'il ou elle porte. Après, échangez les rôles.

> **MODÈLE**
>
> *Et voici la charmante Julie, qui porte les modèles de la dernière collection H&M: une chemise à manches courtes et un pantalon noir, ensemble idéal pour aller en boîte de nuit. Ses chaussures blanches vont parfaitement avec l'ensemble. Cette collection H&M est très à la mode et très bon marché.*

# Les sons et les lettres

**S** Audio: Concepts, Activities Record & Compare

## Open vs. closed vowels: Part 3

The letter combination **eu** can be pronounced two different ways, open and closed. Compare the pronunciation of the vowel sounds in these words.

| h**eu**re | meill**eur** | chev**eux** | nev**eu** |

When **eu** is the last sound of a syllable, it has a closed vowel sound, sort of like the vowel sound in the English word *full*. While this exact sound does not exist in English, you can make the closed **eu** sound by saying **é** with your lips rounded.

| d**eux** | bl**eu** | p**eu** | mi**eux** |

When **eu** is followed by a *z* sound, such as a single **s** between two vowels, it is usually pronounced with the closed **eu** sound.

| chant**eu**se | génér**eu**se | séri**eu**se | curi**eu**se |

When **eu** is followed by a pronounced consonant, it has a more open sound. The open **eu** sound does not exist in English. To pronounce it, say **è** with your lips only slightly rounded.

| p**eur** | j**eu**ne | chant**eur** | b**eu**rre |

The letter combination **œu** is usually pronounced with an open **eu** sound.

| s**œu**r | b**œu**f | **œu**f | c**œu**r |

**Prononcez** Répétez les mots suivants à voix haute.

1. leur
2. veuve
3. neuf
4. vieux
5. curieux
6. acteur
7. monsieur
8. coiffeuse
9. ordinateur
10. tailleur
11. vendeuse
12. couleur

**Articulez** Répétez les phrases suivantes à voix haute.

1. Le professeur Heudier a soixante-deux ans.
2. Est-ce que Matthieu est jeune ou vieux?
3. Monsieur Eustache est un chanteur fabuleux.
4. Eugène a les yeux bleus et les cheveux bruns.

**Dictons** Répétez les dictons à voix haute.

*Qui vole un œuf, vole un bœuf.*[1]

*Les conseilleurs ne sont pas les payeurs.*[2]

[1] He who steals an egg would steal an ox.
[2] Those who give advice are not the ones who pay the price.

ressources

LM p. 46

vhlcentral.com Leçon 6B

## L'anniversaire

**S** Video: *Roman-photo*
Record & Compare

**PERSONNAGES**

**Amina**

**Astrid**

**Rachid**

**Sandrine**

**Stéphane**

**Valérie**

*Au café...*

**VALÉRIE, SANDRINE, AMINA, ASTRID ET RACHID** Surprise! Joyeux anniversaire, STÉPHANE!

**STÉPHANE** Alors là, je suis agréablement surpris!

**VALÉRIE** Bon anniversaire, mon chéri!

**SANDRINE** On a organisé cette surprise ensemble...

**VALÉRIE** Pas du tout! C'est Sandrine qui a presque tout préparé.

**SANDRINE** Oh, je n'ai fait que les desserts et ton gâteau d'anniversaire.

**STÉPHANE** Tu es un ange.

**RACHID** Bon anniversaire, Stéphane. Tu sais, à ton âge, il ne faut pas perdre son temps, alors cette année, tu travailles sérieusement, c'est promis?

**STÉPHANE** Oui, oui.

**AMINA** Rachid a raison. Dix-huit ans, c'est une étape importante dans la vie! Il faut fêter ça.

**ASTRID** Joyeux anniversaire, Stéphane.

**STÉPHANE** Oh, et en plus, vous m'avez apporté des cadeaux!

**AMINA** Oui. J'ai tout fait moi-même: ce tee-shirt, cette jupe et j'ai acheté ces chaussures.

**SANDRINE** Tu es une véritable artiste, Amina! Ta jupe est très originale! J'adore!

**AMINA** J'ai une idée. Tu me prêtes ta robe grise samedi et je te prête ma jupe. D'accord?

**SANDRINE** Bonne idée!

**STÉPHANE** Eh! C'est super cool, ce blouson en cuir noir. Avec des gants en plus! Merci, maman!

**AMINA** Ces gants vont très bien avec le blouson! Très à la mode!

**STÉPHANE** Tu trouves?

**RACHID** Tiens, Stéphane.

**STÉPHANE** Mais qu'est-ce que c'est? Des livres?

**RACHID** Oui, la littérature, c'est important pour la culture générale!

**VALÉRIE** Tu as raison, Rachid.

**STÉPHANE** Euh oui... euh... c'est gentil... euh... merci, Rachid.

---

**A C T I V I T É S**

**1** **Vrai ou faux?** Indiquez si les affirmations suivantes sont **vraies** ou **fausses**. Corrigez les phrases fausses.

1. David ne veut pas (*doesn't want*) aller à la fête.
2. Sandrine porte une jupe bleue.
3. Amina a fait sa jupe elle-même (*herself*).
4. La jupe d'Amina est en soie.
5. Valérie donne un blouson en cuir et une ceinture à Stéphane.

6. Sandrine n'aime pas partager ses vêtements.
7. Pour Amina, 18 ans, c'est une étape importante.
8. Sandrine n'a rien fait (*didn't do anything*) pour la fête.
9. Rachid donne des livres de littérature à Stéphane.
10. Stéphane pense que ses amis sont drôles.

**S** Practice more at **vhlcentral.com**.

Les amis fêtent l'anniversaire de Stéphane.

**SANDRINE** Ah au fait, David est désolé de ne pas être là. Ce week-end, il visite Paris avec ses parents. Mais il pense à toi.

**STÉPHANE** Je comprends tout à fait. Les parents de David sont de Washington, n'est-ce pas?

**SANDRINE** Oui, c'est ça.

**AMINA** Merci, Sandrine. Je trouve que tu es très élégante dans cette robe grise! La couleur te va très bien.

**SANDRINE** Vraiment? Et toi, tu es très chic. C'est du coton?

**AMINA** Non, de la soie.

**SANDRINE** Cet ensemble, c'est une de tes créations, n'est-ce pas?

**STÉPHANE** Une calculatrice rose... pour moi?

**ASTRID** Oui, c'est pour t'aider à répondre à toutes les questions en maths et avec le sourire.

**STÉPHANE** Euh, merci beaucoup! C'est très... utile.

**ASTRID** Attends! Il y a encore un cadeau pour toi...

**STÉPHANE** Ouah, cette montre est géniale, merci!

**ASTRID** Tu as aimé notre petite blague? Nous, on a bien ri.

**RACHID** Eh Stéphane! Tu as vraiment aimé tes livres et ta calculatrice?

**STÉPHANE** Ouais, vous deux, ce que vous êtes drôles.

## Expressions utiles

### Talking about your clothes

- **Et toi, tu es très chic. C'est du coton/ de la soie?**
  *And you, you're very chic. Is that cotton/silk?*
- **J'ai tout fait moi-même.**
  *I did/made everything myself.*
- **La couleur te va très bien.**
  *The color really suits you.*
- **Tu es une véritable artiste! Ta jupe est très originale!**
  *You're a true artist! Your skirt is very original!*
- **Tu me prêtes ta robe grise samedi et je te prête ma jupe.**
  *You lend me your gray dress Saturday and I'll lend you my skirt.*
- **C'est super cool, ce blouson en cuir/laine/ velours noir(e). Avec des gants en plus!**
  *This black leather/wool/velvet jacket is really cool. With gloves as well!*

### Additional vocabulary

- **Vous m'avez apporté des cadeaux!**
  *You brought me presents!*
- **Tu sais, à ton âge, il ne faut pas perdre son temps.**
  *You know, at your age, one shouldn't waste time.*
- **C'est pour t'aider à répondre à toutes les questions en maths et avec le sourire.**
  *It's to help you solve all the math problems with a smile.*

| | |
|---|---|
| **agréablement surpris(e)** *pleasantly surprised* | **véritable** *true, genuine* |
| **C'est promis?** *Promise?* | **Pour moi?** *For me?* |
| **Il pense à toi.** *He's thinking of you.* | **Attends!** *Wait!* |
| **tout à fait** *absolutely* | **On a bien ri.** *We had a good laugh.* |
| **Vraiment?** *Really?* | |

---

**2** **Identifiez** Indiquez qui a dit (*said*) les phrases suivantes: Valérie (V), Sandrine (S), Amina (A), Astrid (As), Rachid (R) ou Stéphane (St).

_____ 1. Tu es une véritable artiste.

_____ 2. On a bien ri.

_____ 3. Très à la mode.

_____ 4. Je comprends tout à fait.

_____ 5. C'est Sandrine qui a presque tout préparé.

_____ 6. C'est promis?

**3** **À vous!** Ce sont les soldes. Sandrine, David et Amina vont dans un magasin pour acheter des vêtements. Ils essaient différentes choses, donnent leurs avis (*opinions*) et parlent de leurs préférences, des prix et des matières (*fabrics*). Avec deux partenaires, écrivez la conversation et jouez la scène devant la classe.

**A C T I V I T É S**

**Reading**

# La mode en France

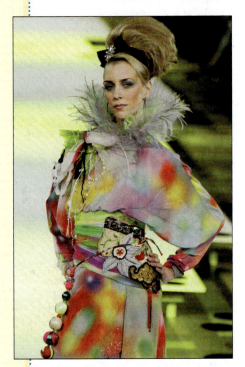

**Pour la majorité des Français, la mode est un moyen°
d'expression.** Les jeunes adorent les marques°, surtout les marques
américaines. Avoir un *sweatshirt* de style américain est considéré
comme très chic. C'est pareil° pour les chaussures. Bien
sûr, les styles varient beaucoup. Il y a le style bourgeois,
par exemple, plus classique avec la prédominance de la
couleur bleu marine°. Il y a aussi le style «baba cool»,
c'est-à-dire° *hippie*.

Les marques coûtent cher, mais en France il y
a encore beaucoup de boutiques indépendantes où
les vêtements ne sont pas nécessairement plus chers.
Souvent les vendeurs et les vendeuses sont aussi
propriétaires du magasin. Ils encouragent donc° plus
les clients à acheter. Mais il y a aussi beaucoup de chaînes françaises
comme Lacoste, Bensimon et Kooples. Et les chaînes américaines
sont de plus en plus présentes dans les villes. Les Français achètent
également° des vêtements dans les hypermarchés°, comme Auchan
ou Carrefour, et dans les centres commerciaux.

L'anthropologue
américain Lawrence Wylie a écrit° sur les différences
entre les vêtements français et américains. Les
Américains portent des vêtements plus amples et plus
confortables. Pour les Français, l'aspect esthétique est
plus important que le confort. Les femmes mettent des
baskets uniquement pour faire du sport. Les costumes
français sont plus serrés et plus près du corps° et les
épaules° sont en général plus étroites°.

**Coup de main**

**Comparaison des tailles°**

| FEMMES | | | | | |
|---|---|---|---|---|---|
| France | 36 | 38 | 40 | 42 | 44 |
| USA | 6 | 8 | 10 | 12 | 14 |
| **HOMMES (PANTALONS)** | | | | | |
| France | 36 | 38 | 40 | 42 | 44 |
| USA | 26 | 28 | 30 | 32 | 34 |

**Évolution des dépenses des Français pour
la mode (en % du budget)**

moyen *means* marques *brand names* pareil *the same* marine *navy* c'est-à-dire *in other words*
donc *therefore* également *also* hypermarchés *large supermarkets* a écrit *wrote* corps *body*
épaules *shoulders* étroites *narrow*

**A C T I V I T É S**

**1** **Vrai ou faux?** Indiquez si les phrases sont **vraies** ou **fausses**.
Corrigez les phrases fausses.

1. Pour beaucoup de Français, la mode est un moyen d'expression.

2. Un *sweatshirt* de style américain est considéré comme du mauvais
goût (taste).

3. La couleur bleu marine prédomine dans le style bourgeois.

4. En France les boutiques indépendantes sont rares.

5. Les vendeurs et les vendeuses des boutiques indépendantes sont
souvent aussi propriétaires.

6. Lacoste, Bensimon et The Kooples sont des chaînes françaises.

7. Il est possible d'acheter des vêtements dans les hypermarchés.

8. Lawrence Wylie a écrit sur la mode italienne.

9. Les Français portent des vêtements plus amples et plus confortables.

10. Les costumes français sont très larges.

## STRATÉGIE

### Predicting content from titles

Predicting content from the title will help you increase your reading comprehension in French. We can usually predict the content of a newspaper article from its title, for example. More often than not, we decide whether to read the article based on its title. In pairs, read the titles of the selections in this **Lecture culturelle**, and try to guess what they are about.

## LE MONDE FRANCOPHONE

### Vêtements et tissus

Voici quelques vêtements et tissus traditionnels du monde francophone.

**En Afrique centrale et de l'ouest**
**Le boubou** tunique plus ou moins° longue et souvent très colorée portée par les hommes et les femmes
**Les batiks** tissus° traditionnels très colorés

**En Afrique du Nord**
**La djellaba** longue tunique à capuche° portée par les hommes et les femmes
**Le kaftan** sorte de djellaba portée à la maison

**À la Martinique**
**Le madras** tissu typique aux couleurs vives

**À Tahiti**
**Le paréo** morceau° de tissu attaché au-dessus de la poitrine° ou à la taille°

plus ou moins *more or less* tissus *fabrics* à capuche *hooded* morceau *piece* poitrine *chest* taille *waist*

## PORTRAIT

# Coco Chanel, styliste parisienne

«La mode se démode°, le style jamais.»
—*Coco Chanel*

Coco Chanel (1883–1971) est considérée comme étant° l'icône du parfum et de la mode du vingtième siècle°. Dans les années 1910, elle a l'idée audacieuse° d'intégrer la mode «à la garçonne» dans ses créations: les lignes féminines empruntent aux° éléments de la mode masculine. C'est la naissance du fameux tailleur Chanel. Pour «Mademoiselle Chanel», l'important dans la mode, c'est que les vêtements permettent de bouger°; ils doivent° être simples et confortables. Son invention de «la petite robe noire» illustre l'esprit° classique et élégant de ses collections. De nombreuses célébrités ont immortalisé le nom de Chanel: Jacqueline Kennedy avec le tailleur et Marilyn Monroe avec le parfum No. 5, par exemple.

se démode *goes out of fashion* étant *being* vingtième siècle *twentieth century* idée audacieuse *daring idea* empruntent aux *borrow from* bouger *move* doivent *have to* esprit *spirit*

###  Sur Internet

 Combien de couturiers présentent leurs collections dans les défilés de mode, à Paris, chaque hiver?

Go to **vhlcentral.com** to find more cultural information related to this **Lecture culturelle**.

---

**2** **Coco Chanel** Complétez les phrases.

1. Coco Chanel était (*was*) _____.
2. Le style Chanel est inspiré de _____.
3. Les vêtements Chanel sont _____.
4. Jacqueline Kennedy portait souvent des _____ Chanel.
5. D'après «Mademoiselle Chanel», il est très important de pouvoir (*to be able to*) _____ dans ses vêtements.
6. C'est Coco Chanel qui a inventé _____.

**3** **Le «relookage»** Vous êtes conseillers/conseillères en image (*image consultants*), spécialisé(es) dans le «relookage». Votre nouveau/nouvelle client(e), une célébrité, vous demande de l'aider à sélectionner un nouveau style. Discutez de ce nouveau look avec un(e) partenaire.

 Practice more at **vhlcentral.com.**

**ressources**

vhlcentral.com
Leçon 6B

**A C T I V I T É S**

# STRUCTURES

## Indirect object pronouns  Presentation

- An indirect object expresses *to whom* or *for whom* an action is done. An indirect object pronoun replaces an indirect object noun. Look for the preposition **à** followed by a name or noun referring to a person or animal. In the example below, the indirect object answers this question: **À qui parle Gisèle?** (*To whom does Gisèle speak?*)

| SUBJECT | VERB | INDIRECT OBJECT NOUN |
|---|---|---|
| **Gisèle** | **parle** | **à sa mère.** |
| *Gisèle* | *speaks* | *to her mother.* |

### Indirect object pronouns

| me | to/for me | nous | to/for us |
|---|---|---|---|
| te | to/for you | vous | to/for you |
| lui | to/for him/her | leur | to/for them |

- Indirect object pronouns replace indirect object nouns and the prepositions that precede them.

Gisèle parle **à sa mère**.
*Gisèle speaks to her mother.*

Gisèle **lui** parle.
*Gisèle speaks to her.*

J'envoie des cadeaux **à mes nièces**.
*I send gifts to my nieces.*

Je **leur** envoie des cadeaux.
*I send them gifts.*

- The indirect object pronoun usually precedes the conjugated verb.

Antoine, je **te** parle.
*Antoine, I'm speaking to you.*

Notre père **nous** a envoyé un poème.
*Our father sent us a poem.*

- In a negative statement, place the indirect object pronoun between **ne** and the conjugated verb.

Antoine, je **ne te parle** pas de ça.
*Antoine, I'm not speaking to you about that.*

Notre père **ne nous a** pas envoyé de poème.
*Our father didn't send us a poem.*

- When an infinitive follows a conjugated verb, the indirect object pronoun precedes the infinitive.

Nous allons **lui donner** la cravate.
*We're going to give him the tie.*

Ils espèrent **vous prêter** le costume.
*They hope to lend you the suit.*

- In the **passé composé**, the indirect object pronoun comes before the auxiliary verb **avoir**.

Tu **lui** as parlé?
*Did you speak to her?*

Non, je ne **lui** ai pas parlé.
*No, I didn't speak to her.*

### Verbs used with indirect object pronouns

| | | | |
|---|---|---|---|
| **demander à** | to ask, to request | **parler à** | to speak to |
| **donner à** | to give to | **poser une question à** | to pose/ ask a question (to) |
| **envoyer à** | to send to | **prêter à** | to lend to |
| **montrer à** | to show to | **téléphoner à** | to phone, to call |

- The indirect object pronouns **me** and **te** become **m'** and **t'** before a verb beginning with a vowel sound.

  Ton petit ami **t'**envoie des e-mails.
  *Your boyfriend sends you e-mails.*

  Isabelle **m'**a prêté son sac à main.
  *Isabelle lent me her handbag.*

  **M'**a-t-il acheté ce pull?
  *Did he buy me this sweater?*

  Elles ne **t'**ont pas téléphoné hier?
  *Didn't they call you yesterday?*

## Disjunctive pronouns

- Disjunctive pronouns can be used alone or in phrases without a verb.

  Qui prend du café?
  *Who's having coffee?*

  **Moi!**
  *Me!*

  **Eux** aussi?
  *Them, too?*

- Disjunctive pronouns emphasize the person to whom they refer.

  **Moi**, je porte souvent une casquette.
  *Me, I often wear a cap.*

  Mon frère, **lui**, il déteste les casquettes.
  *My brother, him, he hates caps.*

- To say *myself, ourselves,* etc., add **-même(s)** after the disjunctive pronoun.

  Tu fais ça **toi-même**?
  *Are you doing that yourself?*

  Ils organisent la fête **eux-mêmes**.
  *They're planning the party themselves.*

- In the case of a few French verbs and expressions, you do not use the indirect object pronoun although the verb may be followed by **à** and a person or animal. Instead, use the disjunctive pronoun. One such expression is **penser à**.

  Il **pense** souvent **à** ses grands-parents, n'est-ce pas?
  *He often thinks about his grandparents, doesn't he?*

  DISJUNCTIVE PRONOUN
  Oui, il **pense** souvent **à** eux.
  *Yes, he often thinks about them.*

### À noter

In **Leçon 3B**, you learned to use disjunctive pronouns (**moi, toi, lui, elle, nous, vous, eux, elles**) after prepositions: **J'ai une écharpe pour ton frère/ pour lui**. (*I have a scarf for your brother/for him.*)

---

**Essayez!**    Complétez les phrases avec le pronom d'objet indirect approprié.

1. Tu _____nous_____ montres tes photos? (*us*)
2. Luc, je _____ donne ma nouvelle adresse. (*you, fam.*)
3. Vous _____ posez de bonnes questions. (*me*)
4. Nous _____ avons demandé. (*them*)
5. On _____ achète une nouvelle robe. (*you, form.*)
6. Ses parents _____ ont acheté un tailleur. (*her*)
7. Je vais _____ téléphoner à dix heures. (*him*)
8. Elle va _____ prêter sa jupe. (*me*)
9. Je _____ envoie des vêtements. (*you, plural*)
10. Est-ce que tu _____ as apporté ces chaussures? (*them*)
11. Il ne _____ donne pas son anorak? (*you, fam.*)
12. Nous ne _____ parlons pas! (*them*)

# S T R U C T U R E S

## Mise en pratique

**1** **Complétez** Corinne fait du shopping avec sa copine Célia. Trouvez le bon pronom d'objet indirect ou disjonctif pour compléter ses phrases.

1. Je _____ achète des baskets. (à mes cousins)

2. Je _____ prends une ceinture. (à toi, Célia)

3. Nous _____ achetons une jupe. (à notre copine Christelle)

4. Célia _____ prend des lunettes de soleil. (à ma mère et à moi)

5. Je _____ achète des gants. (à ta mère et à toi, Célia)

6. Célia _____ achète un pantalon. (à moi)

7. Et, c'est l'annversaire de Magalie demain. Tu penses à _____, j'espère! (à Magalie)

**2** **Dialogues** Complétez les dialogues.

1. **M. SAUNIER** Tu m'as posé une question, chérie?

   **MME SAUNIER** Oui. Je _____ ai demandé l'heure.

2. **CLIENT** Je cherche un beau pull.

   **VENDEUSE** Je vais _____ montrer ce pull noir.

3. **VALÉRIE** Tu as l'air triste. Tu penses à ton petit ami?

   **MÉGHANE** Oui, je pense à _____.

4. **PROF 1** Mes étudiants ont passé l'examen.

   **PROF 2** Tu _____ envoies les résultats?

5. **MÈRE** Qu'est-ce que vous allez faire?

   **ENFANTS** On va aller au cinéma. Tu _____ donnes de l'argent?

6. **PIERRE** Tu _____ téléphones ce soir?

   **CHARLOTTE** D'accord. Je te téléphone.

7. **GÉRARD** Christophe a oublié son pull. Il a froid!

   **VALENTIN** Je _____ prête mon blouson.

8. **MÈRE** Tu ne penses pas à Théo et Sophie?

   **PÈRE** Mais si, je pense souvent à _____.

**3** **Assemblez** Avec un(e) partenaire, assemblez les éléments pour comparer vos familles et vos amis.

**MODÈLE**

**Étudiant(e) 1:** *Mon père me prête souvent sa voiture.*
**Étudiant(e) 2:** *Mon père, lui, il nous prête de l'argent.*

| A | B | C |
|---|---|---|
| je | acheter | argent |
| tu | apporter | biscuits |
| mon père | envoyer | cadeaux |
| ma mère | expliquer | devoirs |
| mon frère | faire | e-mails |
| ma sœur | montrer | problèmes |
| mon/ma | parler | vêtements |
| petit(e) ami(e) | payer | voiture |
| mes copains | prêter | ? |
| ? | ? | |

Practice more at **vhlcentral.com.**

# Communication

**4**  **Qu'allez-vous faire?** Avec un(e) partenaire, dites ce que vous allez faire dans ces situations. Employez les verbes de la liste et présentez vos réponses à la classe.

**MODÈLE**

Un ami a soif.
*On va lui donner de l'eau.*

| | |
|---|---|
| acheter | montrer |
| apporter | parler |
| demander | poser des questions |
| donner | préparer |
| envoyer | prêter |
| faire | téléphoner |

1. Une personne âgée a froid.
2. Des touristes sont perdus (*lost*).
3. Un homme est sans abri (*homeless*).
4. Votre tante est à l'hôpital.
5. Des amis vous invitent à manger chez eux.
6. Vos nièces ont faim.
7. Votre petit(e) ami(e) fête son anniversaire.
8. Votre meilleur(e) (*best*) ami(e) a des problèmes.
9. Vous ne comprenez pas le prof.
10. Vos parents voyagent en France pendant (*for*) un mois.

**5** **Les cadeaux de l'année dernière** Par groupes de trois, parlez des cadeaux que vous avez achetés à votre famille et à vos amis l'année dernière. Que vous ont-ils acheté? Présentez vos réponses à la classe.

**MODÈLE**

**Étudiant(e) 1:** *Qu'est-ce que tu as acheté à ta mère?*
**Étudiant(e) 2:** *Je lui ai acheté un ordinateur.*
**Étudiant(e) 3:** *Ma copine Dominique m'a donné une montre.*

**6** **Au grand magasin** Par groupes de trois, jouez les rôles de deux client(e)s et d'un(e) vendeur/vendeuse. Les client(e)s cherchent des vêtements pour faire des cadeaux. Ils parlent de ce qu'ils (*what they*) cherchent et le/la vendeur/vendeuse leur fait des suggestions.

# STRUCTURES

**6B.2**

## Regular and irregular *-re* verbs  **Presentation**

**Point de départ** You've already seen infinitives that end in **-er** and **-ir**. The infinitive forms of a third group of French verbs end in **-re**.

- Many **-re** verbs, such as **attendre** (*to wait*), follow a regular pattern of conjugation, as shown below.

| attendre | |
|---|---|
| j'attends | nous attendons |
| tu attends | vous attendez |
| il/elle/on attend | ils/elles attendent |

Tu **attends** devant le café?
*Are you waiting in front of the café?*

Nous **attendons** dans le magasin.
*We're waiting in the store.*

Où **attendez**-vous?
*Where are you waiting?*

Il faut **attendre** dans la bibliothèque.
*One must wait in the library.*

- The verb **attendre** means *to wait* or *to wait for*. Unlike English, it does not require a preposition.

Marc **attend le bus**.
*Marc is waiting for the bus.*

Ils **attendent Robert**.
*They're waiting for Robert.*

Il **attend** ses parents à l'école.
*He's waiting for his parents at school.*

J'**attends** les soldes.
*I'm waiting for a sale.*

| Other regular *-re* verbs | | | |
|---|---|---|---|
| descendre | to go down; to take down | rendre (à) | to give back, to return (to) |
| entendre | to hear | rendre visite (à) | to visit someone |
| perdre (son temps) | to lose (to waste one's time) | répondre (à) | to respond, to answer (to) |
| | | vendre | to sell |

- To form the past participle of regular **-re** verbs, drop the **-re** from the infinitive and add **-u**.

Les étudiants ont **vendu** leurs livres.
*The students sold their books.*

Il a **entendu** arriver la voiture de sa femme.
*He heard his wife's car arrive.*

J'ai **répondu** à ton e-mail.
*I answered your e-mail.*

Nous avons **perdu** patience.
*We lost patience.*

- **Rendre visite à** means *to visit a person*, while **visiter** means *to visit a place*.

Tu **rends visite à ta grand-mère** le lundi.
*You visit your grandmother on Mondays.*

Cécile va **visiter le musée** aujourd'hui.
*Cécile is going to visit the museum today.*

**Avez**-vous **rendu visite à vos cousins**?
*Did you visit your cousins?*

Nous **avons visité Rome** l'année dernière.
*We visited Rome last year.*

- Some verbs whose infinitives end in **-re** are irregular.

### Irregular -re verbs

| | conduire (to drive) | mettre (to put (on)) | rire (to laugh) |
|---|---|---|---|
| je | conduis | mets | ris |
| tu | conduis | mets | ris |
| il/elle/on | conduit | met | rit |
| nous | conduisons | mettons | rions |
| vous | conduisez | mettez | riez |
| ils/elles | conduisent | mettent | rient |

Je **conduis** la voiture.
*I'm driving the car.*

Thérèse **met** ses gants.
*Thérèse puts on her gloves.*

Elles **rient** pendant le spectacle.
*They laugh during the show.*

### Other irregular -re verbs

| like *conduire* | | like *mettre* | |
|---|---|---|---|
| construire | to build, to construct | permettre | to allow |
| détruire | to destroy | promettre | to promise |
| produire | to produce | like *rire* | |
| réduire | to reduce | | |
| traduire | to translate | sourire | to smile |

- The past participle of the verb **mettre** is **mis**. Verbs derived from **mettre** (**permettre**, **promettre**) follow the same pattern: **permis**, **promis**.

  Où est-ce que tu **as mis** mes lunettes de soleil?
  *Where did you put my sunglasses?*

  Je lui **ai promis** de faire la cuisine.
  *I promised her that I'd cook.*

- The past participle of **conduire** is **conduit**. Verbs like it follow the same pattern: **construire → construit**; **détruire → détruit**; **produire → produit**; **réduire → réduit**; **traduire → traduit**.

- The past participle of **rire** is **ri**. The past participle of **sourire** is **souri**.

### Boîte à outils

The French verbs **permettre** and **promettre** are followed by the preposition **à** and an indirect object to express *to allow someone* or *to promise someone*: **permettre à quelqu'un** and **promettre à quelqu'un**.

**Leur avez-vous permis de commencer à dix heures?**
*Did you allow them to start at 10 o'clock?*

**Je lui promets de ne pas partir.**
*I promise him I won't leave.*

### Essayez!

Complétez les phrases avec la forme correcte du présent du verbe.

1. Ils ___attendent___ (attendre) l'arrivée du train.
2. Nous _____ (répondre) aux questions du professeur.
3. Je _____ (sourire) quand je suis heureuse.
4. Si on _____ (construire) trop, on _____ (détruire) la nature.
5. Quand il fait froid, vous _____ (mettre) un pull.
6. Est-ce que les étudiants _____ (entendre) le professeur?
7. Keiko _____ (conduire) sa voiture ce week-end.
8. Si le café n'est pas bon, je _____ (mettre) du sucre (*sugar*).

### ressources

WB
pp. 81–82

LM
p. 48

**S**

vhlcentral.com
Leçon 6B

# STRUCTURES

## Mise en pratique

**1** **Qui fait quoi?** Quelles phrases vont avec les illustrations?

1. _____   2. _____   3. _____   4. _____

_____ a. Martin attend ses copains.

_____ b. Nous rendons visite à notre grand-mère.

_____ c. Vous vendez de jolis vêtements.

_____ d. Je ris en regardant un film.

**2** **Les clients difficiles** Henri et Gilbert travaillent pour un grand magasin. Complétez leur conversation.

**GILBERT** Tu n'as pas encore mangé?

**HENRI** Non, j' (1) _____ (attendre) Jean-Michel.

**GILBERT** Il ne (2) _____ (descendre) pas tout de suite. Il (3) _____ (perdre) son temps avec un client difficile. Il (4) _____ (mettre) des cravates, des costumes, des chaussures...

**HENRI** Nous ne (5) _____ (vendre) pas souvent à des clients comme ça.

**GILBERT** C'est vrai. Ils (6) _____ (promettre) d'acheter quelque chose, puis ils partent les mains vides (*empty*).

**3** **Au centre commercial** Daniel et ses copains ont passé (*spent*) la journée au centre commercial hier. Utilisez les éléments donnés pour faire des phrases complètes. Ajoutez d'autres éléments nécessaires.

1. Omar et moi / conduire / centre commercial
2. Guillaume / attendre / dix minutes / devant / cinéma
3. Hervé et Thérèse / vendre / pulls
4. Lise / perdre / sac à main
5. tu / mettre / robe / bleu
6. Sandrine et toi / ne pas répondre / vendeur

**4** **La journée de Béatrice** Hier, Béatrice a fait une liste des choses à faire. Avec un(e) partenaire, utilisez les verbes de la liste au passé composé pour dire (*to say*) tout ce qu'elle a fait.

| attendre | mettre |
|----------|--------|
| conduire | rendre visite |
| entendre | traduire |

1. *devoir d'espagnol*    4. *tante Albertine*

2. *mon nouveau CD*    5. *gants dans mon sac*

3. *e-mail de Sébastien*    6. *vieille voiture*

Practice more at **vhlcentral.com.**

# Communication

**5** **Fréquence** Employez les verbes de la liste et d'autres verbes pour dire
(*to tell*) à un(e) partenaire ce que (*what*) vous faites tous les jours, une fois par
mois et une fois par an. Alternez les rôles.

**MODÈLE**

**Étudiant(e) 1:** *J'attends mes copains au resto U tous les jours.*
**Étudiant(e) 2:** *Moi, je rends visite à mes grands-parents une fois par mois.*

| | |
|---|---|
| attendre | perdre |
| conduire | rendre |
| entendre | répondre |
| mettre | sourire |

**6** **Les charades** Par groupes de quatre, jouez aux charades. Chaque
étudiant(e) pense à une phrase différente avec un des verbes en **-re**. La première
personne qui devine (*guesses*) propose la prochaine charade.

**7** **Questions personnelles** Avec un(e) partenaire, posez-vous ces
questions à tour de rôle.

1. Réponds-tu tout de suite (*immediately*) à tes e-mails?

2. As-tu promis à tes parents de faire quelque chose? Quoi?

3. Que mets-tu quand tu vas à un mariage? Pour aller à l'école?
   Pour sortir avec des copains?

4. Tes parents te permettent-ils de sortir tard pendant la semaine?

5. Conduis-tu la voiture de tes parents? Comment conduis-tu?

6. À qui rends-tu visite pendant les vacances?

7. Quelle est la dernière fois que tu as beaucoup ri? Avec qui?

8. As-tu déjà vendu quelque chose sur Internet? Quoi?

**8** **La journée des vendeuses** Votre professeur va vous donner, à vous et
à votre partenaire, une série d'illustrations qui montrent la journée d'Aude et
d'Aurélie. Attention! Ne regardez pas la feuille de votre partenaire.

**MODÈLE**

**Étudiant(e) 1:** *Le matin, elles ont conduit pour aller au magasin.*
**Étudiant(e) 2:** *Après,...*

# SYNTHÈSE

# Révision

**1 Je leur téléphone** Par groupes de quatre, interviewez vos camarades. Comment entrent-ils en contact avec les personnes de la liste? Préparez dix questions avec un verbe et une personne de la liste. Écrivez les réponses.

**MODÈLE**

**Étudiant(e) 1:** *Est-ce que tu parles souvent à ton frère?*
**Étudiant(e) 2:** *Oui, je lui parle le lundi.*

| verbes | personnes |
|---|---|
| donner un cadeau | copain ou copine d'enfance |
| envoyer une carte/un e-mail | cousin ou cousine |
| parler | grands-parents |
| rendre visite | petit(e) ami(e) |
| téléphoner | sœur ou frère |

**2 Mes e-mails** Ces personnes vous envoient des e-mails. Que faites-vous? Vous ne répondez pas, vous attendez quelques jours, vous leur téléphonez? Par groupes de trois, comparez vos réactions.

**MODÈLE**

**Étudiant(e) 1:** *Ma mère m'envoie un e-mail tous les jours.*
**Étudiant(e) 2:** *Tu lui réponds tout de suite?*
**Étudiant(e) 3:** *Tu préfères lui téléphoner?*

1. un e-mail anonyme
2. un e-mail d'un(e) camarade de classe
3. un e-mail d'un professeur
4. un e-mail d'un(e) ami(e) d'enfance
5. un e-mail d'un(e) ex-petit(e) ami(e)
6. un e-mail de vos parents

**3 Une liste** Des membres de votre famille ou des amis vous ont donné ou acheté des vêtements que vous n'aimez pas du tout. Faites une liste de quatre ou cinq de ces vêtements. Comparez votre liste à la liste d'un(e) camarade.

**MODÈLE**

**Étudiant(e) 1:** *Ma sœur m'a donné une écharpe verte très laide et mon père m'a acheté des chaussettes marron trop petites!*
**Étudiant(e) 2:** *L'année dernière, mon petit ami m'a donné...*

**4 Quoi mettre?** Vous et votre partenaire allez faire des choses différentes: l'un(e) va fêter la retraite de ses grands-parents à Tahiti, l'autre va skier dans les Alpes. Qu'allez-vous porter? Demandez des vêtements à votre partenaire si vous n'aimez pas tous les vêtements de votre ensemble.

**MODÈLE**

**Étudiant(e) 1:** *Est-ce que tu me prêtes ton blouson jaune?*
**Étudiant(e) 2:** *Ah non, j'ai besoin de ce blouson. Tu me prêtes ton pantalon?*

Ensemble 1

Ensemble 2

**5 S'il te plaît** Votre ami(e) a acheté un nouveau vêtement que vous aimez beaucoup. Vous essayez de convaincre (*to convince*) cet(te) ami(e) de vous prêter ce vêtement. Préparez un dialogue avec un(e) partenaire où vous employez tous les verbes. Jouez la scène pour la classe.

| | |
|---|---|
| aller avec | montrer |
| aller bien | prêter |
| donner | promettre |
| mettre | rendre |

**6 Bon anniversaire, Nicolas!** Votre professeur va vous donner, à vous et à votre partenaire, deux feuilles d'activités différentes. Attention! Ne regardez pas la feuille de votre partenaire.

**MODÈLE**

**Étudiant(e) 1:** *Les amis de Nicolas lui téléphonent.*
**Étudiant(e) 2:** *Ensuite,...*

# Écriture

## How to report an interview

There are several ways to prepare a written report about an interview. For example, you can transcribe the interview verbatim, or you can summarize it. In any event, the report should begin with an interesting title and a brief introduction including the five *W*'s (*who, what, when, where, why*) and the H (*how*) of the interview. The report should end with an interesting conclusion. Note that when you transcribe a conversation in French, you should pay careful attention to format and punctuation.

## Écrire une conversation en français

- Pour indiquer qui parle dans une conversation, on peut mettre le nom de la personne qui parle devant sa phrase.

  **MONIQUE** Lucie, qu'est-ce que tu vas mettre pour l'anniversaire de Jean-Louis?

  **LUCIE** Je vais mettre ma robe en soie bleue à manches courtes. Et toi, tu vas mettre quoi?

  **MONIQUE** Eh bien, une jupe en coton et un chemisier, je pense. Ou peut-être mon pantalon en cuir avec... Tiens, tu me prêtes ta chemise jaune et blanche?

  **LUCIE** Oui, si tu me la rends (*return it to me*) dimanche. Elle va avec le pantalon que je vais porter la semaine prochaine.

- On peut aussi commencer les phrases avec des tirets (*dashes*) pour indiquer quand une nouvelle personne parle.

— Qu'est-ce que tu as acheté comme cadeau pour Jean-Louis?

— Une cravate noire et violette. Elle est très jolie. Et toi?

— Je n'ai pas encore acheté son cadeau. Des lunettes de soleil peut-être?

— Oui, c'est une bonne idée! Et il y a des soldes à Saint-Louis Lunettes.

## Thème

### Écrire une interview

Clarisse Deschamps est une styliste de mode suisse. Elle dessine des vêtements pour les jeunes et va présenter sa nouvelle collection sur votre campus. Vous allez interviewer Clarisse pour le journal de votre université.

- Commencez par une courte introduction.

  **MODÈLE** *Voici une interview de Clarisse Deschamps, une styliste de mode suisse.*

- Préparez une liste de questions à poser à Clarisse Deschamps sur sa nouvelle collection. Vous pouvez (*can*) poser des questions sur:
  - les types de vêtements
  - les couleurs
  - le style
  - les prix

- Inventez une conversation de 10 à 12 lignes entre vous et Clarisse. Indiquez qui parle, avec des tirets ou avec les noms des personnes.

- Terminez par une brève (*brief*) conclusion.

  **MODÈLE** *On vend la collection de Clarisse Deschamps à Fun Clothes à côté de l'université. Cette semaine, il y a des soldes!*

# Panorama

LA FRANCE

## Aquitaine

### La région en chiffres

▶ **Superficie:** *41.308 km²*
▶ **Population:** *3.049.000*
▶ **Industrie principale:** *agriculture*
▶ **Villes principales:** *Bordeaux, Pau, Périgueux*

## Midi-Pyrénées

### La région en chiffres

▶ **Superficie:** *45.348 km²*
▶ **Population:** *2.687.000*
▶ **Industries principales:** *aéronautique, agriculture*
▶ **Villes principales:** *Auch, Toulouse, Rodez*

## Languedoc-Roussillon

### La région en chiffres

▶ **Superficie:** *27.376 km²*
▶ **Population:** *2.458.000*
▶ **Industrie principale:** *agriculture*
▶ **Villes principales:** *Montpellier, Nîmes, Perpignan*

### Personnages célèbres

▶ **Aliénor d'Aquitaine,** *Aquitaine, reine°
de France (1122–1204)*

▶ **Jean Jaurès,** *Midi-Pyrénées,
homme politique (1859–1914)*

▶ **Henri de Toulouse-Lautrec,**
*Midi-Pyrénées, peintre et lithographe
(1864–1901)*

▶ **Georges Brassens,** *Languedoc-Roussillon,
chanteur (1921–1981)*

▶ **Francis Cabrel,** *Aquitaine, chanteur (1953– )*

**reine** *queen* **grotte** *cave* **gravures** *carvings* **peintures**
*paintings* **découvrent** *discover*

L'OCÉAN ATLANTIQUE

Périgueux
Bordeaux
la Garonne
AQUITAINE
Agen
Bayonne
Pau
Auch
Tarbes
la Garonne

MIDI-PYRÉNÉES
Toulouse

Rodez
Mende
le Tarn
LES CÉVENNES
Nîmes
Montpellier
Béziers

LANGUEDOC-
ROUSSILLON

LES PYRÉNÉES

L'ESPAGNE

ANDORRE

Perpignan

LA MER
MÉDITERRANÉE

la dune du Pilat

le canal du Midi

0 — 50 milles
0 — 50 kilomètres

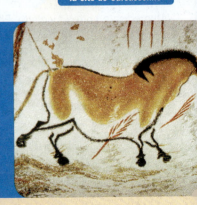

la cité de Carcassonne

## Incroyable mais vrai!

Appelée parfois «la chapelle Sixtine
préhistorique», la grotte° de Lascaux, en
Aquitaine, est décorée de 1.500 gravures° et
de 600 peintures°, vieilles de plus de 17.000
ans. En 1940, quatre garçons découvrent°
ce sanctuaire. Les fresques, composées de
plusieurs animaux, ont jusqu'à ce jour une
signification mystérieuse.

## La gastronomie

### Le foie gras et le cassoulet

Le foie gras° et le cassoulet sont des spécialités du Sud-Ouest° de la France. Le foie gras est un produit° de luxe, en général réservé aux grandes occasions. On le mange sur du pain grillé ou comme ingrédient d'un plat° élaboré. Le cassoulet est un plat populaire, préparé à l'origine dans une «cassole°». Les ingrédients varient, mais en général cette spécialité est composée d'haricots° blancs, de viande° de porc et de canard, de saucisses°, de tomates, d'ail° et d'herbes.

## Les monuments

### Les arènes de Nîmes

Inspirées du Colisée de Rome, les arènes° de Nîmes, en Languedoc-Roussillon, datent de la fin du premier siècle. C'est l'amphithéâtre le plus grand° de France et le mieux° conservé de l'ère° romaine. Les spectacles de gladiateurs d'autrefois°, appréciés par plus de° 20.000 spectateurs, sont aujourd'hui remplacés° par des corridas° et des spectacles musicaux pour le plaisir de 15.000 spectateurs en été et 7.000 spectateurs en hiver.

## Le sport

### La pelote basque

L'origine de la pelote est ancienne°: on retrouve des versions du jeu chez les Mayas, les Grecs et les Romains. C'est au Pays Basque, à la frontière° entre la France et l'Espagne, en Aquitaine, que le jeu se transforme en véritable sport. La pelote basque existe sous sept formes différentes; le principe de base est de lancer° une balle en cuir°, la «pelote», contre un mur° avec la «paleta», une raquette en bois°, et le «chistera», un grand gant en osier°.

## Les traditions

### La langue d'Oc

La langue d'Oc (l'occitan) est une langue romane° développée dans le sud de la France. Cette langue a donné son nom à la région: Languedoc-Roussillon. La poésie lyrique occitane et la philosophie des troubadours° du Moyen Âge° influencent les valeurs° culturelles et intellectuelles européennes. Il existe plusieurs dialectes de l'occitan. «Los cats fan pas de chins» (les chats ne font pas des chiens) et «la bornicarié porta pas pa a casa» (la beauté n'apporte pas de pain à la maison) sont deux proverbes occitans connus°.

## Qu'est-ce que vous avez appris? Répondez aux questions par des phrases complètes.

1. Qui était (was) peintre, lithographe et d'origine midi-pyrénéenne?
2. Quel est le surnom (nickname) de la grotte de Lascaux?
3. Que trouve-t-on dans la grotte de Lascaux?
4. Quand mange-t-on du foie gras en général?
5. Quels ingrédients utilise-t-on pour le cassoulet?
6. De quand datent les arènes de Nîmes?
7. Combien de spectateurs y a-t-il dans les arènes de Nîmes en hiver?
8. Quelles civilisations ont une version de la pelote?
9. Combien de formes différentes de pelote basque y a-t-il?
10. Qu'est-ce qui influence les valeurs culturelles et intellectuelles européennes?

## Sur Internet

Go to **vhlcentral.com** to find more cultural information related to this **Panorama**.

1. Il existe une forme de la pelote basque aux États-Unis. Comment s'appelle ce sport?
2. Cherchez des peintures de la grotte de Lascaux. Quelles sont vos préférées? Pourquoi?
3. Cherchez plus d'informations sur Henri de Toulouse-Lautrec. Avez-vous déjà vu quelques-unes de ses peintures? Où?

ressources

WB pp. 83–84 | vhlcentral.com Unité 6

**foie gras** *fattened liver of an animal served as a pâté* **Sud-Ouest** *Southwest* **produit** *product* **plat** *dish* **cassole** *pottery dish* **haricots** *beans* **viande** *meat* **saucisses** *sausages* **ail** *garlic* **arènes** *amphitheaters* **le plus grand** *the largest* **le mieux** *the best* **ère** *era* **autrefois** *long ago* **plus de** *more than* **remplacés** *replaced* **corridas** *bullfights* **ancienne** *ancient* **frontière** *border* **lancer** *throw* **cuir** *leather* **mur** *wall* **bois** *wood* **osier** *wicker* **langue romane** *Romance language* **troubadours** *minstrels* **Moyen Âge** *Middle Ages* **valeurs** *values* **connus** *well-known*

## Les vêtements

| | |
|---|---|
| aller avec | to go with |
| porter | to wear |
| un anorak | ski jacket, parka |
| des baskets (f.) | sneakers, tennis shoes |
| un blouson | jacket |
| une casquette | (baseball) cap |
| une ceinture | belt |
| un chapeau | hat |
| une chaussette | sock |
| une chaussure | shoe |
| une chemise (à manches courtes/longues) | shirt (short-/long-sleeved) |
| un chemisier | blouse |
| un costume | (man's) suit |
| une cravate | tie |
| une écharpe | scarf |
| un gant | glove |
| un jean | jeans |
| une jupe | skirt |
| des lunettes (de soleil) (f.) | (sun)glasses |
| un maillot de bain | swimsuit, bathing suit |
| un manteau | coat |
| un pantalon | pants |
| un pull | sweater |
| une robe | dress |
| un sac à main | purse, handbag |
| un short | shorts |
| un sous-vêtement | underwear |
| une taille | clothing size |
| un tailleur | (woman's) suit; tailor |
| un tee-shirt | tee shirt |
| des vêtements (m.) | clothing |
| des soldes (m.) | sales |
| un vendeur/ une vendeuse | salesman/ saleswoman |
| bon marché | inexpensive |
| chaque | each |
| cher/chère | expensive |
| large | loose; big |
| serré(e) | tight |

## Les fêtes

| | |
|---|---|
| faire la fête | to party |
| faire une surprise (à quelqu'un) | to surprise (someone) |
| fêter | to celebrate |
| organiser une fête | to plan a party |
| une bière | beer |
| un biscuit | cookie |
| un bonbon | candy |
| le champagne | champagne |
| un dessert | dessert |
| un gâteau | cake |
| la glace | ice cream |
| un glaçon | ice cube |
| le vin | wine |
| un cadeau | present, gift |
| une fête | party; celebration |
| un hôte/une hôtesse | host(ess) |
| un(e) invité(e) | guest |
| un jour férié | holiday |
| une surprise | surprise |

## Périodes de la vie

| | |
|---|---|
| l'adolescence (f.) | adolescence |
| l'âge adulte (m.) | adulthood |
| un divorce | divorce |
| l'enfance (f.) | childhood |
| une étape | stage |
| l'état civil (m.) | marital status |
| la jeunesse | youth |
| un mariage | marriage; wedding |
| la mort | death |
| la naissance | birth |
| la vie | life |
| la vieillesse | old age |
| prendre sa retraite | to retire |
| tomber amoureux/ amoureuse | to fall in love |
| avant-hier | the day before yesterday |
| hier | yesterday |

| | |
|---|---|
| Expressions utiles | See pp. 207 and 225. |
| Demonstrative adjectives | See p. 210. |
| Indirect object pronouns | See p. 228. |
| Disjunctive pronouns | See p. 229. |

## Les relations

| | |
|---|---|
| une amitié | friendship |
| un amour | love |
| le bonheur | happiness |
| un couple | couple |
| un(e) fiancé(e) | fiancé; fiancée |
| des jeunes mariés (m.) | newlyweds |
| un rendez-vous | date; appointment |
| ensemble | together |

## Les couleurs

| | |
|---|---|
| De quelle couleur...? | In what color...? |
| blanc(he) | white |
| bleu(e) | blue |
| gris(e) | gray |
| jaune | yellow |
| marron | brown |
| noir(e) | black |
| orange | orange |
| rose | pink |
| rouge | red |
| vert(e) | green |
| violet(te) | purple; violet |

## Verbes en –re

| | |
|---|---|
| attendre | to wait |
| conduire | to drive |
| construire | to build; to construct |
| descendre | to go down; to take down |
| détruire | to destroy |
| entendre | to hear |
| mettre | to put (on); to place |
| perdre (son temps) | to lose (to waste one's time) |
| permettre | to allow |
| produire | to produce |
| promettre | to promise |
| réduire | to reduce |
| rendre (à) | to give back; to return (to) |
| rendre visite (à) | to visit someone |
| répondre (à) | to respond, to answer (to) |
| rire | to laugh |
| sourire | to smile |
| traduire | to translate |
| vendre | to sell |

# En vacances

### Pour commencer

- Indiquez les couleurs qu'on voit (*sees*) sur la photo.
- Quel temps fait-il?
- Quel(s) vêtement(s) Stéphane porte-t-il?
- Quelle(s) activité(s) Stéphane peut-il pratiquer là où il se trouve?

# Leçon **7A**

**You will learn how to...**

- describe trips you have taken
- tell where you went

# Bon voyage!

## Vocabulaire

| | |
|---|---|
| faire du shopping | to go shopping |
| faire un séjour | to spend time (somewhere) |
| partir en vacances | to go on vacation |
| prendre un train (un taxi, un (auto)bus, un bateau) | to take a train (taxi, bus, boat) |
| rouler en voiture | to ride in a car |
| | |
| un aéroport | airport |
| un arrêt d'autobus (de bus) | bus stop |
| un billet aller-retour | round-trip ticket |
| un billet (d'avion, de train) | (plane/train) ticket |
| un (jour de) congé | day(s) off |
| une douane | customs |
| une gare (routière) | train station (bus station) |
| une station (de métro) | (subway) station |
| une station de ski | ski resort |
| un ticket (de bus, de métro) | (bus/subway) ticket |
| des vacances (f.) | vacation |
| un vol | flight |
| | |
| à l'étranger | abroad, overseas |
| | |
| la campagne | country(side) |
| une capitale | capital |
| un pays | country |
| | |
| (en/l') Allemagne (f.) | (to, in) Germany |
| (en/l') Angleterre (f.) | (to, in) England |
| (en/la) Belgique (belge) | (to, in) Belgium (Belgian) |
| (au/le) Brésil (brésilien(ne)) | (to, in) Brazil (Brazilian) |
| (en/la) Chine (chinois(e)) | (to, in) China (Chinese) |
| (en/l') Espagne (f.) | (to, in) Spain |
| (en/l') Irlande (irlandais(e)) (f.) | (to, in) Ireland (Irish) |
| (en/l') Italie (f.) | (to, in) Italy |
| (au/le) Japon | (to, in) Japan |
| (en/la) Suisse | (to, in) Switzerland |

**ressources**

WB
pp. 85–86

LM
p. 49

(S)
vhlcentral.com
Leçon 7A

# Mise en pratique

 **Audio: Vocabulary**

**1** **Écoutez** 🎧 Écoutez Cédric et Nathalie parler de leurs vacances. Ensuite (*Then*), complétez les phrases avec un mot ou une expression de la section **CONTEXTES**. Notez que toutes les options ne sont pas utilisées.

1. ____ Nathalie va partir...
2. ____ Nathalie a déjà...
3. ____ Nathalie va peut-être...
4. ____ La famille de Cédric...
5. ____ Paul pense que l'Espagne est...
6. ____ Pour Cédric, les plages du Brésil...
7. ____ Un jour, Cédric va faire...
8. ____ Nathalie va utiliser...

a. sont idéales pour bronzer.
b. son billet d'avion.
c. le plan de Paris de Cédric.
d. la capitale du Mexique.
e. le tour du monde.
f. à l'étranger.
g. n'a pas encore décidé entre l'Espagne, le Mexique et le Brésil.
h. un pays superbe.
i. conduire Nathalie à l'aéroport.
j. faire un séjour en Italie.

**2** **Chassez l'intrus** Indiquez le mot ou l'expression qui ne convient pas.

1. faire un séjour, partir en vacances, un jour de congé, une station de ski
2. un aéroport, une station de métro, une arrivée, une gare routière
3. une douane, un départ, une arrivée, une sortie
4. le monde, un pays, le journal, une capitale
5. la campagne, la mer, la plage, des gens
6. prendre un bus, un arrêt de bus, utiliser un plan, une gare routière
7. bronzer, prendre un avion, un vol, un aéroport
8. prendre un taxi, rouler en voiture, un vol, une gare routière

**3** **Les vacances** Justine va partir en vacances demain. Complétez le paragraphe avec les mots et expressions de la liste. Notez que toutes les options ne sont pas utilisées.

| | | |
|---|---|---|
| aller-retour | faire ma valise | sortie |
| une arrivée | pays | station |
| faire un séjour | plage | taxi |
| faire du shopping | prendre un bus | vol |

Demain, je pars en vacances. Je vais (1) _____ avec mon frère à l'île Maurice, une petite île (*island*) tropicale dans l'océan Indien. Nous allons (2) _____ pour l'aéroport à 7h. Mon frère veut (*wants*) prendre un (3) _____, mais moi, je pense qu'il faut économiser parce que j'ai envie de (4) _____ au marché et dans les boutiques de Port-Louis, la capitale. Le (5) _____ est à 10h. Nous n'avons pas besoin de visa pour le voyage; pour entrer dans le (6) _____, il faut seulement montrer un passeport et un billet (7) _____. J'ai acheté un nouveau maillot de bain pour aller à la (8) _____. Et maintenant, je vais (9) _____!

une arrivée

un départ

un avion

Elle fait les valises.

Ils vont faire un voyage.

la France (en France)

le Canada (au Canada)

les États-Unis (*m.*) (aux États-Unis)

le Mexique (au Mexique)

Le Monde

# Communication

**4** **Répondez** Avec un(e) partenaire, posez-vous les questions suivantes et répondez-y à tour de rôle.

1. Où pars-tu en vacances cette année? Quand?
2. Quand fais-tu tes valises? Avec combien de valises voyages-tu?
3. Préfères-tu la mer, la campagne ou les stations de ski?
4. Comment vas-tu à l'aéroport? Prends-tu l'autobus? Le métro?

5. Quelles sont tes vacances préférées?
6. Quand utilises-tu un plan?
7. Quel est ton pays favori? Pourquoi?
8. Dans quel(s) pays as-tu envie de voyager?

**5** **Décrivez** Avec un(e) partenaire, écrivez une description des images. Donnez autant de (*as many*) détails que possible. Ensuite (*Then*), lisez vos descriptions à un autre groupe. L'autre groupe doit deviner (*must guess*) quelle image vous décrivez.

1.

2.

3.

4.

5.

6.

**6** **Conversez** Votre professeur va vous donner, à vous et à votre partenaire, une feuille d'activités. L'un de vous est un(e) client(e) qui a besoin de faire une réservation pour des vacances, l'autre est l'agent de voyages. Travaillez ensemble pour finaliser la réservation. Attention! Ne regardez pas la feuille de votre partenaire.

**7** **Un voyage** Vous allez faire un voyage en Europe et rendre visite à votre cousin, Jean-Marc, qui étudie en Belgique. Écrivez-lui une lettre et utilisez les mots de la liste.

| | |
|---|---|
| un aéroport | la France |
| la Belgique | prendre un taxi |
| un billet | la Suisse |
| faire un séjour | un vol |
| faire les valises | un voyage |

- Parlez des détails de votre départ.
- Expliquez votre tour d'Europe.
- Organisez votre arrivée en Belgique.
- Parlez de ce que vous allez faire ensemble.

# Les sons et les lettres

**Audio:** Concepts, Activities
Record & Compare

## ch, qu, ph, th, and gn

The letter combination **ch** is usually pronounced like the English *sh*, as in the word *shoe*.

**ch**at  **ch**ien  **ch**ose  en**ch**anté

In words borrowed from other languages, the pronunciation of **ch** may be irregular.
For example, in words of Greek origin, **ch** is pronounced **k**.

psy**ch**ologie  te**ch**nologie  ar**ch**aïque  ar**ch**éologie

The letter combination **qu** is almost always pronounced like the letter **k**.

**qu**and  prati**qu**er  kios**qu**e  **qu**elle

The letter combination **ph** is pronounced like an **f**.

télé**ph**one  **ph**oto  pro**ph**ète  géogra**ph**ie

The letter combination **th** is pronounced like the letter **t**. English *th* sounds, as in the words *this* and *with*, never occur in French.

**th**é  a**th**lète  biblio**th**èque  sympa**th**ique

The letter combination **gn** is pronounced like the sound in the middle of the English word *onion*.

monta**gn**e  espa**gn**ol  ga**gn**er  Allema**gn**e

**Prononcez** Répétez les mots suivants à voix haute.

1. thé
2. quart
3. chose
4. question
5. cheveux
6. parce que
7. champagne
8. casquette
9. philosophie
10. fréquenter
11. photographie
12. sympathique

**Articulez** Répétez les phrases suivantes à voix haute.

1. Quentin est martiniquais ou québécois?
2. Quelqu'un explique la question à Joseph.
3. Pourquoi est-ce que Philippe est inquiet?
4. Ignace prend une photo de la montagne.
5. Monique fréquente un café en Belgique.
6. Théo étudie la physique.

**Dictons** Répétez les dictons à voix haute.

La vache la première au pré lèche la rosée.[1]

N'éveillez pas le chat qui dort.[2]

[2] Let sleeping dogs lie. (lit. Don't wake a sleeping cat.)
[1] The early bird gets the worm. (lit. The first cow at the pasture licks the dew.)

# ROMAN-PHOTO

## De retour au P'tit Bistrot

Video: *Roman-photo*
Record & Compare

**PERSONNAGES**

**David**

**Rachid**

**Sandrine**

**Stéphane**

*À la gare...*

**RACHID** Tu as fait bon voyage?

**DAVID** Salut! Excellent, merci.

**RACHID** Tu es parti pour Paris avec une valise et te voici avec ces énormes sacs en plus!

**DAVID** Mes parents et moi sommes allés aux Galeries Lafayette. On a acheté des vêtements et des trucs pour l'appartement aussi.

**RACHID** Ah ouais?

**DAVID** Mes parents sont arrivés des États-Unis jeudi soir. Ils ont pris une chambre dans un bel hôtel, tout près de la tour Eiffel.

**RACHID** Génial!

**DAVID** Moi, je suis arrivé à la gare vendredi soir. Et nous sommes allés dîner dans une excellente brasserie. Mmm!

**DAVID** Samedi, on a pris un bateau-mouche sur la Seine. J'ai visité un musée différent chaque jour: le musée du Louvre, le musée d'Orsay...

**RACHID** En résumé, tu as passé de bonnes vacances dans la capitale... Bon, on y va?

**DAVID** Ah, euh, oui, allons-y!

**STÉPHANE** Pour moi, les vacances idéales, c'est un voyage à Tahiti. Ahhh... la plage, et moi en maillot de bain avec des lunettes de soleil... et les filles en bikini!

**DAVID** Au fait, je n'ai pas oublié ton anniversaire.

**STÉPHANE** Ouah! Super, ces lunettes de soleil! Merci, David, c'est gentil.

**DAVID** Désolé de ne pas avoir été là pour ton anniversaire, Stéphane. Alors, ils t'ont fait la surprise?

**STÉPHANE** Oui, et quelle belle surprise! J'ai reçu des cadeaux trop cool. Et le gâteau de Sandrine, je l'ai adoré.

**DAVID** Ah, Sandrine... elle est adorable... Euh, Stéphane, tu m'excuses une minute?

**DAVID** Coucou! Je suis de retour!

**SANDRINE** Oh! Salut, David. Alors, tu as aimé Paris?

**DAVID** Oui! J'ai fait plein de choses... de vraies petites vacances! On a fait...

## ACTIVITÉS

**1** **Les événements** Mettez les événements suivants dans l'ordre chronologique.

_____ a. Rachid va chercher David.

_____ b. Stéphane parle de son anniversaire.

_____ c. Sandrine va faire une réservation.

_____ d. David donne un cadeau à Stéphane.

_____ e. Rachid mentionne que David a beaucoup de sacs.

_____ f. Stéphane met les lunettes de soleil.

_____ g. Stéphane décrit (*describes*) ses vacances idéales.

_____ h. David parle avec Sandrine.

_____ i. Sandrine pense à ses vacances.

_____ j. Rachid et David repartent en voiture.

 Practice more at **vhlcentral.com**.

David parle de ses vacances.

**STÉPHANE** Alors, ces vacances? Tu as fait un bon séjour?

**DAVID** Oui, formidable!

**STÉPHANE** Alors, vous êtes restés combien de temps à Paris?

**DAVID** Quatre jours. Ce n'est pas très long, mais on a visité pas mal d'endroits.

**STÉPHANE** Comment est-ce que vous avez visité la ville? En voiture?

**DAVID** En voiture!? Tu es fou! On a pris le métro, comme tout le monde.

**STÉPHANE** Tes parents n'aiment pas conduire?

**DAVID** Si, à la campagne, mais pas en ville, surtout une ville comme Paris. On a visité les monuments, les musées...

**STÉPHANE** Et Monsieur l'artiste a aimé les musées de Paris?

**DAVID** Je les ai adorés!

**SANDRINE** Oh! Des vacances!

**DAVID** Oui... Des vacances? Qu'est-ce qu'il y a?

**SANDRINE** Je vais à Albertville pour les vacances d'hiver. On va faire du ski!

**SANDRINE** Est-ce que tu skies?

**DAVID** Un peu, oui...

**SANDRINE** Désolée, je dois partir. J'ai une réservation à faire! Rendez-vous ici demain, David. D'accord? Ciao!

## Expressions utiles

### Talking about vacations

- **Tu es parti pour Paris avec une valise et te voici avec ces énormes sacs en plus!**
  *You left for Paris with one suitcase and here you are with these huge extra bags!*
- **Nous sommes allés aux Galeries Lafayette.**
  *We went to the Galeries Lafayette.*
- **On a acheté des trucs pour l'appartement aussi.**
  *We also bought some things for the apartment.*
- **Moi, je suis arrivé à la gare vendredi soir et nous sommes allés dîner.**
  *I got to/arrived at the train station Friday night and we went to dinner.*
- **On a pris un bateau-mouche sur la Seine.**
  *We took a sightseeing boat on the Seine.*
- **Vous êtes restés combien de temps à Paris?**
  *How long did you stay in Paris?*
- **On a pris le métro, comme tout le monde.**
  *We took the subway, like everyone else.*
- **J'ai fait plein de choses.**
  *I did a lot of things.*
- **Les musées de Paris, je les ai adorés!**
  *The museums in Paris, I loved them!*

### Additional vocabulary

- **Alors, ils t'ont fait la surprise?**
  *So, they surprised you?*
- **J'ai reçu des cadeaux trop cool.**
  *I got the coolest gifts.*
- **Le gâteau, je l'ai adoré.**
  *The cake, I loved it.*
- **Tu m'excuses une minute?**
  *Would you excuse me a minute?*
- **Oui, formidable!**
  *Yes, wonderful!*
- **Qu'est-ce qu'il y a?**
  *What's the matter?*
- **Désolé(e), je dois partir.**
  *Sorry, I have to leave.*

**2** **Questions** Répondez aux questions suivantes.

1. David est parti pour Paris avec combien de valises? À son retour (*Upon his return*), est-ce qu'il a le même nombre de bagages?

2. Qu'est-ce que David a fait pendant ses vacances?

3. Qu'est-ce que David donne à Stéphane comme cadeau d'anniversaire? Stéphane aime-t-il le cadeau?

4. Quelles sont les vacances idéales de Stéphane?

5. Qu'est-ce que Sandrine va faire pendant ses vacances d'hiver?

**3** **Écrivez** Imaginez: vous êtes David, Stéphane ou Sandrine et vous allez en vacances à Paris, Tahiti ou Albertville. Écrivez un e-mail à Madame Forestier. Quel temps fait-il? Où est-ce que vous dormez? Quels vêtements est-ce que vous avez apportés? Qu'est-ce que vous faites chaque jour?

**ressources**

| VM pp. 211–212 | DVD Leçon 7A | vhlcentral.com Leçon 7A |

**A C T I V I T É S**

**S** Reading
Video: *Flash culture*

# Tahiti

**Tahiti, dans le sud° de l'océan Pacifique, est la plus grande île° de la Polynésie française.** Elle devient° un protectorat français en 1842, puis° une colonie française en 1880. Depuis 1959, elle fait partie de la collectivité d'outre-mer° de Polynésie française. Les langues officielles de Tahiti sont le français et le tahitien.

Le tourisme est une activité très importante pour l'île. Ses hôtels de luxe et leurs fameux bungalows sur l'eau accueillent° près de 200.000 visiteurs par an. Les touristes apprécient Tahiti pour son climat chaud, ses superbes plages et sa culture riche en traditions. À Tahiti, il y a la possibilité de faire toutes sortes d'activités aquatiques comme du bateau, de la pêche, de la planche à voile ou de la plongée°. On peut aussi faire des randonnées en montagne ou explorer les nombreux lagons bleus de l'île. Si on n'a pas envie de faire de sport, on peut se relaxer dans un spa, bronzer à la plage ou se promener° sur l'île. Papeete, capitale de la Polynésie française et ville principale de Tahiti, offre de bons restaurants, des boîtes de nuit, des boutiques variées et un marché.

**sud** *south* **la plus grande île** *the largest island* **devient** *becomes* **puis** *then* **collectivité d'outre-mer** *overseas territory* **accueillent** *welcome* **plongée** *scuba diving* **se promener** *go for a walk*

**Coup de main**

Si introduces a hypothesis. It may come at the beginning or in the middle of a sentence.

**si** + [*subject*] + [*verb*] + [*subject*] + [*verb*]

**Si on n'a pas envie de faire de sport, on peut se relaxer dans un spa.**

[*subject*] + [*verb*] + **si** + [*subject*] + [*verb*]

**On peut se relaxer dans un spa si on n'a pas envie de faire de sport.**

**A C T I V I T É S**

**1** **Répondez** Répondez aux questions par des phrases complètes.

1. Où est Tahiti?
2. Quand est-ce que Tahiti devient une colonie française?
3. De quoi fait partie Tahiti?
4. Quelles langues parle-t-on à Tahiti?
5. Quelle particularité ont les hôtels de luxe à Tahiti?
6. Combien de personnes visitent Tahiti chaque année?
7. Pourquoi est-ce que les touristes aiment visiter Tahiti?
8. Quelles sont deux activités sportives que les touristes aiment faire à Tahiti?
9. Comment s'appelle la ville principale de Tahiti?
10. Où va-t-on à Papeete pour acheter un cadeau pour un ami?

### Breaking up the reading

Once you have finished the preliminary reading activities such as examining the visuals and skimming, you are ready for an in-depth reading. Here again, the goal is not to understand everything. Consider the divisions of the text (for example, the stanzas in a poem or paragraphs in a short story), and use them to break up the selection. During a close reading, smaller blocks of text will make the experience feel more manageable.

## LE MONDE FRANCOPHONE

### Les transports

Voici quelques faits insolites° dans les transports.
**Au Canada** Inauguré en 1966, le métro de Montréal est le premier du monde à rouler° sur des pneus° plutôt que° sur des roues° en métal. Chaque station a été conçue° par un architecte différent.
**En France** L'Eurotunnel (le tunnel sous la Manche°) permet aux trains Eurostar de transporter des voyageurs et des marchandises entre la France et l'Angleterre.
**En Mauritanie** Le train du désert, en Mauritanie, en Afrique, est peut-être le train de marchandises le plus long° du monde. Long de 3 km en général, le train fait deux ou trois voyages chaque jour du Sahara à la côte ouest°. C'est un voyage de plus de 600 km qui dure° 12 heures. Un des seuls moyens° de transport dans la région, ce train est aussi un train de voyageurs.

**faits insolites** *unusual facts* **rouler** *ride* **pneus** *tires* **plutôt que** *rather than* **roues** *wheels* **conçue** *designed* **Manche** *English Channel* **le plus long** *the longest* **côte ouest** *west coast* **dure** *lasts* **seuls moyens** *only means*

## PORTRAIT

# Le musée d'Orsay

Le musée d'Orsay est un des musées parisiens les plus° visités. Le lieu n'a pourtant° pas toujours été un musée. À l'origine, ce bâtiment° est une gare, construite par l'architecte Victor Laloux et inaugurée en 1900 à l'occasion de l'Exposition universelle. Les voies° de la gare d'Orsay deviennent° trop courtes et en 1939, on décide de limiter le service aux trains de banlieue. Plus tard, la gare sert de décor à des films, comme *Le Procès* de Kafka adapté par Orson Welles, puis° de théâtre et de salle de ventes aux enchères°. En 1986, le bâtiment est transformé en musée. Il est principalement dédié° à l'art du dix-neuvième siècle°, avec une collection magnifique d'art impressionniste.

**les plus** *the most* **pourtant** *however* **bâtiment** *building* **voies** *tracks* **deviennent** *become* **puis** *then* **ventes aux enchères** *auction* **principalement dédié** *mainly dedicated* **siècle** *century*

***Danseuses en bleu*,
Edgar Degas**

### Sur Internet

**Qu'est-ce que le funiculaire de Montmartre?**

Go to **vhlcentral.com** to find more cultural information related to this **Lecture culturelle**. Then watch the corresponding **Flash culture**.

**2 Vrai ou faux?** Indiquez si les phrases sont **vraies** ou **fausses.** Corrigez les phrases fausses.

1. Le musée d'Orsay a été un théâtre.
2. Le musée d'Orsay a été une station de métro.
3. Le musée d'Orsay est dédié à la sculpture moderne.
4. Il y a un tunnel entre la France et la Guyane française.
5. Le métro de Montréal roule sur des roues en métal.
6. Le train du désert transporte aussi des voyageurs.

**3 Comment voyager?** Vous allez passer deux semaines en France. Vous avez envie de visiter Paris et deux autres régions. Par petits groupes, parlez des moyens (*means*) de transport que vous allez utiliser pendant votre voyage. Expliquez vos choix (*choices*).

 Practice more at **vhlcentral.com.**

ressources

VM pp. 251–252 | vhlcentral.com Leçon 7A

**ACTIVITÉS**

# STRUCTURES

**7A.1**

## The *passé composé* with *être*  **S** Presentation

**Point de départ** In **Leçon 6A**, you learned to form the **passé composé** with **avoir**. Some verbs, however, form the **passé composé** with **être**. Many such verbs involve motion. You have already learned a few of them: **aller, arriver, descendre, partir, sortir, passer, rentrer,** and **tomber**.

- To form the **passé composé** of these verbs, use a present-tense form of the auxiliary verb **être** and the past participle of the verb that expresses the action.

| PRESENT TENSE | PAST PARTICIPLE | | PRESENT TENSE | PAST PARTICIPLE |
|---|---|---|---|---|
| **Je suis** | **allé.** | | **Il est** | **sorti.** |

*Tu es parti pour Paris.*

*Mes parents sont arrivés des États-Unis.*

- The past participles of verbs conjugated with **être** agree with their subjects in number and gender.

### The *passé composé*

| | | | | |
|---|---|---|---|---|
| **je suis allé(e)** | *I went/have gone* | **nous sommes allé(e)s** | *we went/have gone* |
| **tu es allé(e)** | *you went/have gone* | **vous êtes allé(e)(s)** | *you went/have gone* |
| **il/on est allé** | *he/it/one went/has gone* | **ils sont allés** | *they went/have gone* |
| **elle est allée** | *she/it went/has gone* | **elles sont allées** | *they went/have gone* |

Charles, tu **es allé** à Montréal?
*Charles, did you go to Montreal?*

Florence **est partie** en vacances.
*Florence left on vacation.*

Mes frères **sont rentrés**.
*My brothers came back.*

Elles **sont arrivées** hier soir.
*They arrived last night.*

- To make a verb negative in the **passé composé**, place **ne/n'** and **pas** around the auxiliary verb, in this case, **être**.

Marie-Thérèse **n'est pas sortie**?
*Marie-Thérèse didn't go out?*

Nous **ne sommes pas allées** à la plage.
*We didn't go to the beach.*

Je **ne suis pas passé** chez mon amie.
*I didn't drop by my friend's house.*

Tu **n'es pas rentré** à la maison hier.
*You didn't come home yesterday.*

- Here is a list of verbs that take **être** in the **passé composé**, including ones you already know and some new ones.

**À noter**

The verb **venir** (*to come*) also takes **être** in the **passé composé**. You will learn this verb in **Leçon 9A**.

| Verbs that take *être* in the *passé composé* | | | |
|---|---|---|---|
| aller | | passer | |
| arriver | | rentrer | |
| partir | | sortir | |
| descendre | | tomber | |
| entrer | *to enter* | rester | *to stay* |
| monter | *to go up; to get in/on* | retourner | *to return* |
| mourir | *to die* | naître | *to be born* |

- These verbs have irregular past participles in the **passé composé**.

**naître** ▶ **né**

Mes parents **sont nés** en 1958 à Paris.
*My parents were born in 1958 in Paris.*

**mourir** ▶ **mort**

Ma grand-mère **est morte** l'année dernière.
*My grandmother died last year.*

- Note that the verb **passer** takes **être** when it means *to pass by,* but it takes **avoir** when it means *to spend time.*

Maryse **est passée** à la douane.
*Maryse passed through customs.*

Maryse **a passé** trois jours à la campagne.
*Maryse spent three days in the country.*

- The verb **sortir** takes **être** in the **passé composé** when it means *to go out* or *to leave,* but it takes **avoir** when it means *to take someone or something out.*

Elle **est sortie** de chez elle.
*She left her house.*

Elle **a sorti** la voiture du garage.
*She took the car out of the garage.*

- To form a question using inversion in the **passé composé**, invert the subject pronoun and the conjugated form of **être**.

**Est-elle restée** à l'hôtel Aquabella?
*Did she stay at the Hotel Aquabella?*

**Êtes-vous arrivée** ce matin, Madame Roch?
*Did you arrive this morning, Mrs. Roch?*

- In affirmative statements, place short adverbs such as **déjà**, **encore**, **bien**, **mal**, and **beaucoup** between the auxiliary verb **être** and the past participle. In negative statements, place these adverbs after **pas**.

Elle **est déjà rentrée** de vacances?
*She already came back from vacation?*

Nous **ne sommes pas encore arrivés** à Lyon.
*We haven't arrived in Lyons yet.*

**Essayez!** Choisissez le participe passé approprié.

1. Vous êtes (nés/né) en 1959, Monsieur?
2. Les élèves sont (partis/parti) le 2 juin.
3. Les filles sont (rentrées/rentrés) de vacances.
4. Simone de Beauvoir est-elle (mort/morte) en 1986?
5. Mes frères sont (sortis/sortie).
6. Paul n'est pas (resté/restée) chez sa grand-mère.
7. Tu es (arrivés/arrivée) avant dix heures, Sophie.
8. Jacqueline a (passée/passé) une semaine en Suisse.

**ressources**

WB
pp. 87–88

LM
p. 51

vhlcentral.com
Leçon 7A

# STRUCTURES

## Mise en pratique

**1** **Un week-end sympa** Carole raconte son week-end à Paris. Complétez l'histoire avec les formes correctes des verbes au passé composé.

Thomas et moi, nous (1) _____ (partir) de Lyon samedi et nous (2) _____ (arriver) à Paris à onze heures. Nous (3) _____ (passer) à l'hôtel et puis je (4) _____ (aller) au Louvre. En route, je (5) _____ (tomber) sur un vieil ami, et nous (6) _____ (aller) prendre un café. Ensuite, je (7) _____ (entrer) dans le musée. Samedi soir, Thomas et moi (8) _____ (monter) au sommet de la tour Eiffel et après nous (9) _____ (sortir) en boîte. Dimanche, nous (10) _____ (retourner) au Louvre. Alors aujourd'hui, je suis fatiguée.

**2** **La routine** Voici ce que Nadia et Éric font aujourd'hui. Dites qu'ils ont fait les mêmes activités samedi dernier.

1. Ils vont au parc.
2. Nadia fait du cheval.
3. Éric passe une heure à la bibliothèque.
4. Nadia sort avec ses amis.
5. Ils rentrent tard le soir.
6. Ils jouent au golf.

**3** **Dimanche dernier** Dites ce que (*what*) ces personnes ont fait dimanche dernier. Utilisez les verbes de la liste.

Laure

▶ **MODÈLE**

*Laure est allée à la piscine.*

| aller | rentrer |
| arriver | rester |
| monter | sortir |

1. je
_____

2. tu
_____

3. nous
_____

4. Pamela et Caroline
_____

**4** **L'accident** Le mois dernier, Djénaba et Safiatou sont allées au Sénégal. Avec un(e) partenaire, complétez les phrases au passé composé. Ensuite, mettez-les dans l'ordre chronologique.

_____ **a.** les filles / partir pour Dakar en avion

_____ **b.** Djénaba / tomber de vélo

_____ **c.** elles / aller faire du vélo dimanche matin

_____ **d.** elles / arriver à Dakar tard le soir

_____ **e.** elles / rester à l'hôtel Sofitel

_____ **f.** elle / aller à l'hôpital

Practice more at **vhlcentral.com.**

# Communication

**5**  **Les vacances de printemps** Avec un(e) partenaire, parlez de vos dernières vacances de printemps. Répondez à toutes ses questions.

**MODÈLE**

quand / partir
**Étudiant(e) 1:** *Quand es-tu parti(e)?*
**Étudiant(e) 2:** *Je suis parti(e) vendredi soir.*

1. où / aller
2. avec qui / partir
3. comment / voyager
4. à quelle heure / arriver
5. où / dormir
6. combien de temps / rester
7. que / visiter
8. sortir / souvent le soir
9. que / acheter
10. quand / rentrer

**6**  **Enquête** Votre professeur va vous donner une feuille d'activités. Circulez dans la classe et demandez à différents camarades s'ils ont fait ces choses récemment (*recently*). Présentez les résultats de votre enquête à la classe.

**MODÈLE**

**Étudiant(e) 1:** *Es-tu allé(e) au musée récemment?*
**Étudiant(e) 2:** *Oui, je suis allé(e) au musée jeudi dernier.*

| Questions | Nom |
|---|---|
| 1. aller au musée | François |
| 2. passer chez ses amis | |
| 3. sortir en boîte | |
| 4. rester à la maison pour écouter de la musique | |
| 5. partir en week-end avec un copain | |
| 6. monter en avion | |

**7** **À l'aéroport** Par groupes de quatre, parlez d'une mauvaise expérience dans un aéroport. À tour de rôle, racontez (*tell*) vos aventures et posez le plus (*most*) de questions possible. Utilisez les expressions de la liste et d'autres aussi.

**MODÈLE**

**Étudiant(e) 1:** *Quand je suis rentré(e) de la Martinique, j'ai attendu trois heures à la douane.*
**Étudiant(e) 2:** *Quelle horreur! Pourquoi?*

| | |
|---|---|
| aller | passer |
| arriver | perdre |
| attendre | plan |
| avion | prendre un avion |
| billet (aller-retour) | sortir |
| douane | tomber |
| gens | valise |
| partir | vol |

**7A.2**

# Direct object pronouns  Presentation

**Point de départ** In **Leçon 6B**, you learned about indirect objects. You are now going to learn about direct objects.

DIRECT OBJECT · INDIRECT OBJECT

J'ai donné **un cadeau à ma sœur**.
*I gave a gift to my sister.*

- A direct object is a noun that follows a verb and answers the question *what* or *whom*. Note that a direct object receives the action of a verb directly and an indirect object receives the action of a verb indirectly. While indirect objects are frequently preceded by the preposition **à**, no preposition is needed before a direct object.

DIRECT OBJECT
J'emmène **mes parents**.
*I'm taking my parents.*

*but*

INDIRECT OBJECT
Je parle **à mes parents**.
*I'm speaking to my parents.*

> Tes parents sont allés te chercher?

> Tu m'excuses une minute?

### Direct object pronouns

| singular | | plural | |
|---|---|---|---|
| **me/m'** | me | **nous** | us |
| **te/t'** | you | **vous** | you |
| **le/la/l'** | him/her/it | **les** | them |

- You can use a direct object pronoun in the place of a direct object noun.

Tu fais **les valises**?
*Are you packing the suitcases?*
▶ Tu **les** fais?
*Are you packing them?*

Ils retrouvent **Luc** à la gare.
*They're meeting Luc at the train station.*
▶ Ils **le** retrouvent à la gare.
*They're meeting him at the train station.*

Tu visites souvent **la Belgique**?
*Do you visit Belgium often?*
▶ Tu **la** visites souvent?
*Do you visit there often?*

- Place a direct object pronoun before the conjugated verb. In the **passé composé**, place a direct object pronoun before the conjugated form of the auxiliary verb **avoir**.

Les langues? Laurent et Xavier **les** étudient.
*Languages? Laurent and Xavier study them.*

Les étudiants **vous** ont entendu.
*The students heard you.*

**M'**attendez-vous à l'aéroport?
*Are you waiting for me at the airport?*

Et Daniel? **L'**as-tu retrouvé au cinéma?
*And Daniel? Did you meet him at the movies?*

- In a negative statement, place the direct object pronoun between **ne/n'** and the conjugated verb.

  Le chinois? Je **ne le parle pas**.
  *Chinese? I don't speak it.*

  Elle **ne l'a pas** pris à 14 heures?
  *She didn't take it at 2 o'clock?*

- When an infinitive follows a conjugated verb, the direct object pronoun precedes the infinitive.

  Marcel va **nous écouter**.
  *Marcel is going to listen to us.*

  Tu ne préfères pas **la porter** demain?
  *Don't you prefer to wear it tomorrow?*

Et le gâteau, je l'ai adoré!

Les musées, je les ai adorés!

- When a direct object pronoun is used with the **passé composé**, the past participle must agree with it in both gender and number.

  J'ai mis **la valise** dans la voiture ce matin.
  *I put the suitcase in the car this morning.*

  ▶ Je **l'ai mise** dans la voiture ce matin.
  *I put it in the car this morning.*

  J'ai attendu **les filles** à la gare.
  *I waited for the girls at the train station.*

  ▶ Je **les** ai **attendues** à la gare.
  *I waited for them at the train station.*

  Nous avons pris **le bus** hier.
  *We took the bus yesterday.*

  ▶ Nous **l'avons pris** hier.
  *We took it yesterday.*

- When the gender of the direct object pronoun is ambiguous, the past participle agreement will indicate the gender of the direct object to which it refers.

  Mes copains ne **m'ont** pas **trouvée**. (**trouvée** indicates that **m'** refers to a female.)
  *My friends didn't find me.*

  Mon père **nous** a **entendus**. (**entendus** indicates that **nous** refers to at least two males or a mixed group of males and females.)
  *My father heard us.*

**Boîte à outils**

The direct object pronoun **vous** can refer to several people or to one person (formal address). Therefore, the past participle can be masculine singular or plural or feminine singular or plural. Examples:

**M. Bruel, je vous ai cherché dans le bureau.**

**Mme Diop, je vous ai cherchée dans le parc.**

**Les enfants, je vous ai cherchés dans le gymnase.**

**Les filles, je vous ai cherchées dans la chambre.**

---

**Essayez!**  **Répondez aux questions en remplaçant l'objet direct par un pronom d'objet direct.**

1. Thierry prend le train? Oui, il ____*le*____ prend.
2. Tu attends ta mère? Oui, je _____ attends.
3. Vous entendez Olivier et Vincent? Oui, on _____ entend.
4. Le professeur te cherche? Oui, il _____ cherche.
5. Barbara et Caroline retrouvent Linda? Oui, elles _____ retrouvent.
6. Vous m'invitez? Oui, nous _____ invitons.
7. Tu nous comprends? Oui, je _____ comprends.
8. Elles regardent la mer? Oui, elles _____ regardent.
9. Chloé aime la musique classique? Oui, elle _____ aime.
10. Vous avez regardé le film *Chacun cherche son chat*? Oui, nous _____ avons regardé.

**ressources**

WB
pp. 89-90

LM
p. 52

S

vhlcentral.com
Leçon 7A

# STRUCTURES

## Mise en pratique

**1** **À l'aéroport** Jules est à l'aéroport et il parle à sa mère. Choisissez le pronom d'objet direct approprié pour compléter ses phrases.

1. Ton CD préféré? Marie (le, la, l') écoute.

2. Le plan? Les Cartier (la, les, le) regardent.

3. Notre amie? Roger et Emma (l', le, la) cherchent.

4. Le journal français? Papa (la, l', le) achète.

5. Nos billets? Coralie (le, l', les) a pris.

**2** **On fait beaucoup de choses** Dites ce que (*what*) ces gens font le week-end. Employez des pronoms d'objet direct.

Dominique / ce CD

▶ **MODÈLE**

Il l'écoute.

**1.** Benoît / ses films   **2.** ma mère / cette robe   **3.** Philippe / son gâteau   **4.** Stéphanie et Marc / ces lunettes

**3** **À la plage** La famille de Dalila a passé une semaine à la mer. Dalila parle de ce que (*what*) chaque membre de sa famille a fait. Employez des pronoms d'objet direct.

**MODÈLE**

J'ai conduit Ahmed à la plage. *Je l'ai conduit à la plage.*

1. Mon père a acheté le journal tous les matins.

2. Ma sœur a retrouvé son petit ami au café.

3. Mes parents ont emmené les enfants au cinéma.

4. Mon frère a invité sa fiancée au restaurant.

5. Anissa a porté ses lunettes de soleil.

6. Noah a pris les cartes.

**4** **Des doutes** Julien et sa petite amie Caroline sont au café. Il est inquiet et lui pose des questions sur leurs vacances avec ses parents. Avec un(e) partenaire, jouez les deux rôles. Ensuite, présentez la scène à la classe.

1. Tes parents m'invitent au bord de la mer?

2. Tes parents vont m'écouter?

3. Tu vas m'attendre à l'aéroport?

4. Ton frère va nous emmener sur son bateau?

5. Tu penses que ta famille va m'aimer?

6. Tu m'adores?

Practice more at **vhlcentral.com.**

## Communication

**5** **Le départ** Clémentine va partir au Cameroun chez sa correspondante (*pen pal*) Léa. Sa mère veut (*wants*) être sûre qu'elle est prête, mais Clémentine n'a encore rien (*nothing*) fait. Avec un(e) partenaire, jouez leur conversation en utilisant les phrases de la liste.

**MODÈLE**

**Étudiant(e) 1:** *Tu as acheté le cadeau pour ton amie?*
**Étudiant(e) 2:** *Non, je ne l'ai pas encore acheté.*
**Étudiant(e) 1:** *Quand vas-tu l'acheter?*
**Étudiant(e) 2:** *Je vais l'acheter cet après-midi.*

| | |
|---|---|
| acheter ton billet d'avion | faire tes valises |
| avoir l'adresse de Léa | finir ton shopping |
| chercher un maillot de bain | prendre tes lunettes |
| choisir le cadeau de Léa | préparer tes vêtements |
| confirmer l'heure de l'arrivée | trouver ton passeport |

**6** **À Tahiti** Imaginez que vous alliez partir à Tahiti. Avec un(e) partenaire, posez-vous ces questions. Il/Elle vous répond en utilisant le pronom d'objet direct approprié. Ensuite, alternez les rôles.

**MODÈLE**

Est-ce que tu prends le bus pour aller à la plage?
*Non, je ne le prends pas.*

1. Aimes-tu la mer?
2. Est-ce que tu prends l'avion?
3. Qui va t'attendre à l'aéroport?
4. Quand as-tu fait tes valises?
5. Est-ce que tu as acheté ton maillot de bain?
6. Est-ce que tu prends ton appareil photo?
7. Où as-tu acheté tes vêtements?
8. As-tu déjà choisi ton hôtel à Tahiti?
9. Est-ce que tu as réservé ta chambre d'hôtel?
10. Tu vas regarder la télévision tahitienne?
11. Vas-tu essayer les plats typiques de Tahiti?
12. As-tu regardé le plan de Tahiti?

# Révision

**1** **Il y a dix minutes** Avec un(e) partenaire, décrivez ce qui s'est passé (*what happened*) dans cette scène il y a dix minutes. Utilisez les verbes de la liste pour faire des phrases. Ensuite, comparez vos phrases avec les phrases d'un autre groupe.

> **MODÈLE**
>
> **Étudiant(e) 1:** *Il y a dix minutes, M. Hamid est parti.*
> **Étudiant(e) 2:** *Il y a dix minutes,…*

| aller | partir |
|---|---|
| arriver | rentrer |
| descendre | sortir |
| monter | tomber |

**2** **Qui aime quoi?** Votre professeur va vous donner une feuille d'activités. Circulez dans la classe pour trouver un(e) camarade différent(e) qui aime ou qui n'aime pas chaque lieu de la liste.

> **MODÈLE**
>
> **Étudiant(e) 1:** *Est-ce que tu aimes les aéroports?*
> **Étudiant(e) 2:** *Je ne les aime pas du tout, je les déteste.*

**3** **Les pays étrangers** Par groupes de quatre, interviewez vos camarades. Dans quels pays étrangers sont-ils déjà allés? Dans quelles villes? Comparez vos destinations puis présentez toutes les réponses à la classe. N'oubliez pas de demander:

- quand vos camarades sont parti(e)s
- où ils/elles sont allé(e)s
- où ils/elles ont dormi
- combien de temps ils/elles ont passé là-bas

**4** **La valise** Sandra et Jean sont partis en vacances. Voici leur valise. Avec un(e) partenaire, faites une description écrite (*written*) de leurs vacances. Où sont-ils allés? Comment sont-ils partis?

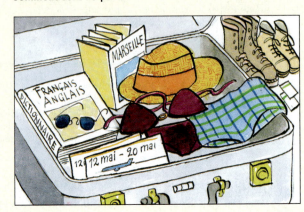

**5** **Un long week-end** Avec un(e) partenaire, préparez huit questions sur le dernier long week-end. Utilisez les verbes de la liste. Ensuite, par groupes de quatre, répondez à toutes les questions.

> **MODÈLE**
>
> **Étudiant(e) 1:** *Où es-tu allé(e) vendredi soir?*
> **Étudiant(e) 2:** *Vendredi soir je suis resté(e) chez moi. Mais samedi je suis sorti(e)!*

| aller | sortir |
|---|---|
| arriver | rentrer |
| partir | rester |
| passer | retourner |

**6** **Mireille et les Girard** Votre professeur va vous donner, à vous et à votre partenaire, une feuille sur le week-end de Mireille et de la famille Girard. Attention! Ne regardez pas la feuille de votre partenaire.

> **MODÈLE**
>
> **Étudiant(e) 1:** *Qu'est-ce que Mireille a fait vendredi soir?*
> **Étudiant(e) 2:** *Elle est allée au cinéma.*

**Video**

# Le Zapping

## Comparez, choisissez°, partez.

Le site Trivago est né en 2005 à Düsseldorf, en Allemagne. C'est un moteur de recherche gratuit° où les voyageurs ont la possibilité de comparer le prix des hôtels et de choisir la meilleure° offre. Sa technologie innovante lui permet de scanner plus de cent sites partenaires en quelques secondes. Aujourd'hui, Trivago réalise environ° un million de recherches par jour parmi° 500.000 hôtels.

Le petit plus de Trivago est la qualité des informations qu'il donne aux voyageurs. Le site présente non seulement° les hôtels les moins° chers, mais aussi ceux qui° correspondent parfaitement aux envies et aux besoins de chaque utilisateur.

Mais deux prix différents.

... où réserver la meilleure offre.

**Compréhension** Répondez aux questions.

1. Qui sont les deux personnages dans cette publicité (*ad*)? Faites une description rapide de chacun (*each one*)?

2. Où est-ce qu'ils passent leurs vacances?

3. Quel personnage connaît (*knows*) le site Trivago?

**Discussion** Par groupes de trois, répondez ensemble aux questions.

1. Avez-vous déjà utilisé un site comme Trivago.fr? Quand et en quelle occasion?

2. Pour voyager, aimez-vous tout planifier et tout organiser avant de partir?

3. Que sont des vacances spontanées pour vous? Seriez-vous (*Would you be*) prêt(e)s à partir à l'aventure? Où et dans quelles conditions?

choisissez *choose* moteur de recherche gratuit *free search engine*
meilleure *best* environ *around* parmi *among* non seulement *not only*
les moins *the least* ceux qui *those that*

Go to **vhlcentral.com** to watch the TV clip featured in this **Le Zapping**.

# Leçon 7B

# À l'hôtel

**You will learn how to...**
- make hotel reservations
- give instructions

la réception

Bienvenue!

le lit

l'hôtelier (m.)

l'hôtelière (f.)

le passepo[rt]

la clé

les client(e)s

## Vocabulaire

| | |
|---|---|
| annuler une réservation | *to cancel a reservation* |
| réserver | *to reserve* |
| | |
| premier/première | *first* |
| cinquième | *fifth* |
| neuvième | *ninth* |
| vingt et unième | *twenty-first* |
| vingt-deuxième | *twenty-second* |
| trente et unième | *thirty-first* |
| centième | *hundredth* |
| | |
| une agence/un agent de voyages | *travel agency/agent* |
| une auberge de jeunesse | *youth hostel* |
| une chambre individuelle | *single room* |
| un hôtel | *hotel* |
| un passager/une passagère | *passenger* |
| | |
| complet/complète | *full (no vacancies)* |
| libre | *available* |
| | |
| alors | *so, then; at that moment* |
| après (que) | *after* |
| avant (de) | *before* |
| d'abord | *first* |
| donc | *therefore* |
| enfin | *finally, at last* |
| ensuite | *then, next* |
| finalement | *finally* |
| pendant (que) | *during, while* |
| puis | *then* |
| tout à coup | *suddenly* |
| tout de suite | *right away* |

## Attention!

In French, form ordinal numbers by placing –**ième** at the end of the cardinal number. If the cardinal number ends in an –**e**, drop it before adding –**ième**. Note the spelling changes in **cinquième** and **neuvième**. Also note that the French word for *first*, **premier/première** (1er/1ère), is an exception.

onze → onzième (11e)
vingt → vingtième (20e)

le premier étage

le rez-de-chaussée

l'ascenseur (m.)

les étages (m.)

le premier

le deuxième

troisième

1er. 100–110
2e. 200–210
3e. 300–310
4e. 400–410

le quatrième

# Mise en pratique

 **S** Audio: Vocabulary

**1** **Écoutez** 🎧 Écoutez la conversation entre Mme Renoir et un hôtelier et décidez si les phrases sont **vraies** ou **fausses**.

|  | Vrai | Faux |
|---|---|---|
| 1. Mme Renoir est à l'agence de voyages. | ☐ | ☐ |
| 2. Mme Renoir a fait une réservation. | ☐ | ☐ |
| 3. Mme Renoir prend la chambre au cinquième étage. | ☐ | ☐ |
| 4. Il y a un ascenseur dans l'hôtel. | ☐ | ☐ |
| 5. Mme Renoir a réservé une chambre à deux lits. | ☐ | ☐ |
| 6. La cliente s'appelle Margot Renoir. | ☐ | ☐ |
| 7. L'hôtel a des chambres libres. | ☐ | ☐ |
| 8. L'hôtelier donne à Mme Renoir la clé de la chambre 27. | ☐ | ☐ |

**2** **Hôtel Paradis** Virginie téléphone à l'hôtel Paradis pour faire une réservation. Mettez les phrases dans l'ordre chronologique.

a. _____ Finalement, il me demande le numéro de ma carte de crédit (*credit card*) pour finaliser la réservation.

b. _____ Pendant la conversation, je demande une chambre individuelle au troisième étage.

c. _____ D'abord, j'appelle l'hôtel Paradis pour faire une réservation.

d. _____ Je ne veux (*want*) pas dormir au rez-de-chaussée, donc je demande une chambre au deuxième étage.

e. _____ Ensuite, l'hôtel me rappelle (*calls me back*) pour annoncer qu'il n'y a plus de chambre libre au troisième étage, donc ma première réservation est annulée.

f. _____ C'est alors que l'hôtelier me donne une chambre au deuxième étage à côté de l'ascenseur.

**3** **Complétez** Remplissez les espaces avec le nombre ordinal qui convient (*fits*).

**MODÈLE**

B est la *deuxième* lettre de l'alphabet.

1. Décembre est le _____ mois de l'année.
2. Mercredi est le _____ jour de la semaine.
3. Aux États-Unis, le rez-de-chaussée est le _____ étage.
4. Ma classe de français est au _____ étage.
5. Octobre est le _____ mois de l'année.
6. Z est la _____ lettre de l'alphabet.
7. Samedi est le _____ jour de la semaine.
8. Je suis le/la _____ enfant dans ma famille.
9. Mon prénom (*first name*) commence avec la _____ lettre de l'alphabet.
10. La fête nationale américaine est le _____ jour du mois de juillet.

# STRUCTURES

## Regular *-ir* verbs  Presentation

**Point de départ** In **Leçon 5A**, you learned several irregular **-ir** verbs. Some **-ir** verbs, like **finir** (*to finish*), are regular in their conjugation.

| finir | |
|---|---|
| je fin**is** | nous fin**issons** |
| tu fin**is** | vous fin**issez** |
| il/elle/on fin**it** | ils/elles fin**issent** |

Je **finis** mes devoirs.
*I finish my homework.*

Alain et Chloé **finissent** de manger.
*Alain and Chloé finish eating.*

- Here are some other verbs that follow the same pattern as **finir**.

| Other regular *-ir* verbs | | | |
|---|---|---|---|
| **choisir** | to choose | **réfléchir (à)** | to think (about), to reflect (on) |
| **grossir** | to gain weight | **réussir (à)** | to succeed in (doing something) |
| **maigrir** | to lose weight | | |

Marc **grossit** pendant les vacances.
*Marc gains weight during vacation.*

Elles **réussissent** à trouver un hôtel au centre-ville.
*They succeed in finding a hotel downtown.*

Tu **choisis** ta chambre.
*You choose your room.*

Vous **réfléchissez** à ma question?
*Are you thinking about my question?*

- To form the past participle of regular **-ir** verbs, drop the **-r** from the infinitive.

M. Leroy **a** beaucoup **maigri.**
*Mr. Leroy lost a lot of weight.*

Vous **avez choisi** une chambre?
*Did you choose a room?*

Une minute... je réfléchis.

On a réussi!

### Boîte à outils

Use the construction **finir de** + [*infinitive*] and **choisir de** + [*infinitive*] to mean *to finish doing* and *to choose to do something.*

Je **finis de manger** et puis tu m'aides.
*I'll finish eating and then you help me.*

Nous **choisissons de rester** à l'hôtel demain.
*We choose to stay at the hotel tomorrow.*

 **Essayez!** **Complétez les phrases.**

1. Si tu manges de la salade, tu ___maigris___ (maigrir).
2. Il _____ (réussir) tous ses projets.
3. Vous _____ (finir) vos devoirs?
4. Lundi prochain nous _____ (finir) le livre.
5. Les enfants _____ (grossir).
6. Vous _____ (choisir) quel magazine?
7. Son jean est trop grand parce qu'il _____ (maigrir).
8. Je _____ (réfléchir) beaucoup à ce problème.

ressources
WB pp. 93–94
LM p. 55
vhlcentral.com Leçon 7B

## Le français vivant

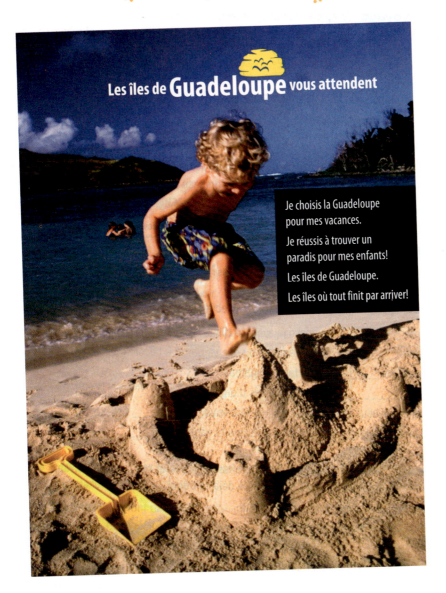

**Les îles de Guadeloupe vous attendent**

Je choisis la Guadeloupe pour mes vacances.

Je réussis à trouver un paradis pour mes enfants!

Les îles de Guadeloupe.

Les îles où tout finit par arriver!

**Identifiez** Regardez la publicité (*ad*) et trouvez les formes des verbes en **-ir.**

**Répondez** Par groupes de trois, répondez aux questions.

1. Qui parle dans la pub?

2. Que vend-on dans la pub?

3. Où sont les îles de Guadeloupe? Regardez sur une carte si vous ne savez (*know*) pas.

4. Pourquoi choisit-on de passer ses vacances à la Guadeloupe?

5. Avez-vous passé des vacances dans un endroit comme la Guadeloupe? Où?

# Panorama

le ski dans les Alpes

## Provence-Alpes-Côte d'Azur

### La région en chiffres

▶ **Superficie:** *31.400 km²*

▶ **Population:** *4.666.000*
SOURCE: INSEE

▶ **Industries principales:** *agriculture, industries agro-alimentaires°, métallurgiques et mécaniques, parfumerie, tourisme*

▶ **Villes principales:** *Avignon, Gap, Marseille, Nice, Toulon*

### Personnages célèbres

▶ **Nostradamus,** *astrologue et médecin (1503–1566)*

▶ **Marcel Pagnol,** *cinéaste° et écrivain (1895–1974)*

▶ **Surya Bonaly,** *athlète olympique (1973– )*

## Rhône-Alpes

### La région en chiffres

▶ **Superficie:** *43.698 km²*

▶ **Population:** *5.893.000*

▶ **Industries principales:** *agriculture, élevage°, tourisme, industries chimiques, métallurgiques et textiles*

▶ **Villes principales:** *Annecy, Chambéry, Grenoble, Lyon, Saint-Étienne*

### Personnages célèbres

▶ **Louise Labé,** *poétesse (1524–1566)*

▶ **Stendhal,** *écrivain (1783–1842)*

▶  **Antoine de Saint-Exupéry,** *écrivain, auteur° du Petit Prince (1900–1944)*

**agro-alimentaires** *food-processing* **cinéaste** *filmmaker* **élevage** *livestock raising* **auteur** *author* **confrérie** *brotherhood* **gardians** *herdsmen* **depuis** *since* **sud** *south* **chevaux** *horses* **taureaux** *bulls* **flamants** *flamingos* **Montés sur** *Riding* **Papes** *Popes*

le palais des Papes° à Avignon

LA MER MÉDITERRANÉE

la promenade des Anglais à Nic

### Incroyable mais vrai!

Tous les cow-boys ne sont pas américains. En Camargue, la confrérie° des gardians° perpétue depuis° 1512 les traditions des cow-boys français. C'est dans le sud° que cohabitent les chevaux° blancs camarguais, des taureaux° noirs et des flamants° roses. Montés sur° des chevaux blancs, les gardians gardent les taureaux noirs.

## Les destinations

### Grenoble

La ville de Grenoble, dans la région Rhône-Alpes, est surnommée «Capitale des Alpes» et «Ville Technologique». Située° à la porte des Alpes, elle donne accès aux grandes stations de ski alpines et elle est le premier centre de recherche° en France après Paris, avec plus de° 15.000 chercheurs°. Le synchrotron de Grenoble, un des plus grands° accélérateurs de particules du monde, permet à 5.000 chercheurs d'étudier la matière°. Grenoble est également° une ville universitaire avec quatre universités et 60.000 étudiants.

## Les arts

### Le festival de Cannes

Chaque année depuis° 1946, au mois de mai, de nombreux acteurs, réalisateurs° et journalistes viennent à Cannes, sur la Côte d'Azur, pour le Festival International du Film. Avec près de 1.000 films, 4.000 journalistes et plus de 70 pays représentés, c'est la manifestation cinématographique annuelle la plus médiatisée°. Après deux semaines de projections, de fêtes, d'expositions et de concerts, le jury international du festival choisit le meilleur° des vingt films présentés en compétition officielle.

## La gastronomie

### La raclette et la fondue

Deux des spécialités de la Savoie, dans la région Rhône-Alpes, sont basées sur le fromage. Pour la raclette, on met du fromage à raclette sur un appareil° à raclette pour le faire fondre°. Chaque personne racle° ce fromage dans son assiette° et le mange avec des pommes de terre° et de la charcuterie°. La fondue est un mélange° de fromages fondus°. Avec un bâton°, on trempe° un morceau° de pain dans la fondue. Attention! Ne le faites pas tomber!

## Les traditions

### Grasse, France

La ville de Grasse, sur la Côte d'Azur, est le centre de la parfumerie° française. Cette «capitale mondiale du parfum» cultive les fleurs depuis le Moyen Âge°: violette, lavande, rose, plantes aromatiques, etc. Au dix-neuvième siècle, ses parfumeurs, comme Molinard, ont conquis° les marchés du monde grâce à° la fabrication industrielle.

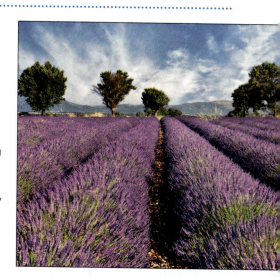

---

**Qu'est-ce que vous avez appris?** Répondez aux questions par des phrases complètes.

1. Comment s'appelle la région où les gardians perpétuent les traditions des cow-boys français?
2. Qui a écrit le livre *Le Petit Prince*?
3. Quel est le rôle des gardians?
4. Où est situé Grenoble?
5. À Grenoble, qui vient étudier la matière?

6. Depuis quand existe le festival de Cannes?
7. Qui choisit le meilleur film au festival de Cannes?
8. Avec quoi mange-t-on la raclette?
9. Quelle ville est le centre de la parfumerie française?
10. Pourquoi Grasse est-elle le centre de la parfumerie française?

### Sur Internet

Go to **vhlcentral.com** to find more cultural information related to this **Panorama**.

1. Quels films étaient (*were*) en compétition au dernier festival de Cannes? Qui composait (*made up*) le jury?
2. Trouvez des informations sur une parfumerie de Grasse. Quelles sont deux autres parfumeries qu'on trouve à Grasse?

**ressources**

WB
pp. 97-98

vhlcentral.com
Unité 7

**Située** *Located* **recherche** *research* **plus de** *more than* **chercheurs** *researchers* **des plus grands** *of the largest* **matière** *matter* **également** *also* **depuis** *since* **réalisateurs** *filmmakers* **la plus médiatisée** *the most publicized* **meilleur** *best* **appareil** *machine* **fondre** *melt* **racle** *scrapes* **assiette** *plate* **pommes de terre** *potatoes* **charcuterie** *cured meats* **mélange** *mix* **fondus** *melted* **bâton** *stick* **trempe** *dips* **morceau** *piece* **parfumerie** *perfume industry* **Moyen Âge** *Middle Ages* **ont conquis** *conquered* **grâce à** *thanks to*

## Partir en voyage

| | |
|---|---|
| un aéroport | airport |
| un arrêt d'autobus (de bus) | bus stop |
| une arrivée | arrival |
| un avion | plane |
| un billet aller-retour | round-trip ticket |
| un billet (d'avion, de train) | (plane, train) ticket |
| un départ | departure |
| une douane | customs |
| une gare (routière) | train station (bus station) |
| une sortie | exit |
| une station (de métro) | (subway) station |
| une station de ski | ski resort |
| un ticket de bus, de métro | bus, subway ticket |
| un vol | flight |
| un voyage | trip |
| à l'étranger | abroad, overseas |
| la campagne | country(side) |
| une capitale | capital |
| des gens (m.) | people |
| le monde | world |
| un pays | country |

## Les pays

| | |
|---|---|
| (en/l') Allemagne (f.) | (to, in) Germany |
| (en/l') Angleterre (f.) | (to, in) England |
| (en/la) Belgique (belge) | (to, in) Belgium (Belgian) |
| (au/le) Brésil (brésilien(ne)) | (to, in) Brazil (Brazilian) |
| (au/le) Canada | (to, in) Canada |
| (en/la) Chine (chinois(e)) | (to, in) China (Chinese) |
| (en/l') Espagne (f.) | (to, in) Spain |
| (aux/les) États-Unis (m.) | (to, in) the United States |
| (en/la) France | (to, in) France |
| (en/l') Irlande (f.) (irlandais(e)) | (to, in) Ireland (Irish) |
| (en/l') Italie (f.) | (to, in) Italy |
| (au/le) Japon | (to, in) Japan |
| (au/le) Mexique | (to, in) Mexico |
| (en/la) Suisse | (to, in) Switzerland |

## Les vacances

| | |
|---|---|
| bronzer | to tan |
| faire du shopping | to go shopping |
| faire les valises | to pack one's bags |
| faire un séjour | to spend time (somewhere) |
| partir en vacances | to go on vacation |
| prendre un train (un avion, un taxi, un (auto)bus, un bateau) | to take a train (plane, taxi, bus, boat) |
| rouler en voiture | to ride in a car |
| utiliser un plan | to use/read a map |
| un (jour de) congé | day(s) off |
| le journal | newspaper |
| la mer | sea |
| une plage | beach |
| des vacances (f.) | vacation |

## Adverbes et locutions de temps

| | |
|---|---|
| alors | so, then; at that moment |
| après (que) | after |
| avant (de) | before |
| d'abord | first |
| donc | therefore |
| enfin | finally, at last |
| ensuite | then, next |
| finalement | finally |
| pendant (que) | during, while |
| puis | then |
| tout à coup | suddenly |
| tout de suite | right away |

## Verbes

| | |
|---|---|
| aller | to go |
| arriver | to arrive |
| descendre | to go/take down |
| entrer | to enter |
| monter | to go/come up; to get in/on |
| mourir | to die |
| naître | to be born |
| partir | to leave |
| passer | to pass by; to spend time |
| rentrer | to return |
| rester | to stay |
| retourner | to return |
| sortir | to go out |
| tomber (sur quelqu'un) | to fall (to run into somebody) |

## Faire une réservation

| | |
|---|---|
| annuler | to cancel |
| une réservation | a reservation |
| réserver | to reserve |
| une agence/un agent de voyages | travel agency/agent |
| un ascenseur | elevator |
| une auberge de jeunesse | youth hostel |
| une chambre individuelle | single room |
| une clé | key |
| un(e) client(e) | client; guest |
| un étage | floor |
| un hôtel | hotel |
| un hôtelier/ une hôtelière | hotel keeper |
| un lit | bed |
| un passager/ une passagère | passenger |
| un passeport | passport |
| la réception | reception desk |
| le rez-de-chaussée | ground floor |
| complet/complète | full (no vacancies) |
| libre | available |

## Verbes réguliers en –ir

| | |
|---|---|
| choisir | to choose |
| finir | to finish |
| grossir | to gain weight |
| maigrir | to lose weight |
| réfléchir (à) | to think (about), to reflect (on) |
| réussir (à) | to succeed in (doing something) |

## Verbes irréguliers

| | |
|---|---|
| décrire | to describe |
| dire | to say |
| écrire | to write |
| lire | to read |

| | |
|---|---|
| Expressions utiles | See pp. 247 and 265. |
| Direct object pronouns | See pp. 254–255. |
| Ordinal numbers | See pp. 260–261. |

ressources

vhlcentral.com
Unité 7

# Chez nous

## Pour commencer

- Qui est passée chez qui?
- Qu'est-ce qu'il y a dans la cafetière? Du lait? De l'eau? Du café?
- Qu'est-ce que Sandrine fait?
- De quelles couleurs sont les vêtements de Sandrine? Et les vêtements d'Amina?

# ROMAN-PHOTO

## La visite surprise

**Video:** *Roman-photo*
**Record & Compare**

**David**

**Pascal**

**Rachid**

**Sandrine**

*En ville, Pascal fait tomber (drops) ses fleurs.*

**PASCAL** Aïe!
**RACHID** Tenez. *(Il aide Pascal.)*
**PASCAL** Oh, merci.
**RACHID** Aïe!
**PASCAL** Oh pardon, je suis vraiment désolé!
**RACHID** Ce n'est rien.
**PASCAL** Bonne journée!

*Chez Sandrine...*

**RACHID** Eh, salut, David! Dis donc, ce n'est pas un logement d'étudiants ici! C'est grand chez toi! Tu ne déménages pas, finalement?
**DAVID** Heureusement, Sandrine a décidé de rester.
**SANDRINE** Oui, je suis bien dans cet appartement. Seulement les loyers sont très chers au centre-ville.

**RACHID** Oui, malheureusement! Tu as combien de pièces?
**SANDRINE** Il y a trois pièces: le salon, la salle à manger, ma chambre. Bien sûr il y a une cuisine et j'ai aussi une grande salle de bains. Je te fais visiter?

**SANDRINE** Et voici ma chambre.
**RACHID** Elle est belle!
**SANDRINE** Oui... j'aime le vert.

**RACHID** Dis, c'est vrai, Sandrine, ta salle de bains est vraiment grande.
**DAVID** Oui! Et elle a un beau miroir au-dessus du lavabo et une baignoire!
**RACHID** Chez nous, on a seulement une douche.
**SANDRINE** Moi, je préfère les douches en fait.

*Le téléphone sonne (rings).*

**RACHID** Comparé à cet appartement, le nôtre c'est une cave! Pas de décorations, juste des affiches, un canapé, des étagères et mon bureau.
**DAVID** C'est vrai. On n'a même pas de rideaux.

---

**A C T I V I T É S**

**1** **Vrai ou faux?** Indiquez si les affirmations suivantes sont **vraies** ou **fausses**.

1. C'est la première fois que Rachid visite l'appartement.
2. Sandrine ne déménage pas.
3. Les loyers au centre-ville ne sont pas chers.
4. Sandrine invite parfois ses amis à dîner chez elle.
5. Rachid préfère son appartement à l'appartement de Sandrine.

6. Chez les garçons, il y a une baignoire et des rideaux.
7. Quand Pascal arrive, Sandrine est contente *(pleased)*.
8. Pascal doit *(must)* travailler ce week-end.

 Practice more at **vhlcentral.com.**

Pascal arrive à Aix-en-Provence.

**SANDRINE** Voici la salle à manger.
**RACHID** Ça, c'est une pièce très importante pour nous, les invités.

**SANDRINE** Et puis, la cuisine.
**RACHID** Une pièce très importante pour Sandrine...
**DAVID** Évidemment!

**SANDRINE** Mais Pascal... je pensais que tu avais du travail... Quoi? Tu es ici, maintenant? C'est une blague!
**PASCAL** Mais ma chérie, ne sois pas fâchée, c'était une surprise...

**SANDRINE** Une surprise! Nous deux, c'est fini! D'abord, tu me dis que les vacances avec moi, c'est impossible et ensuite tu arrives à Aix sans me téléphoner!
**PASCAL** Bon, si c'est comme ça, reste où tu es. Ne descends pas. Moi, je m'en vais. Voilà tes fleurs. Tu parles d'une surprise!

## Expressions utiles

### Talking about your home

- **Tu ne déménages pas, finalement?**
  *You're not moving after all?*
- **Heureusement, Sandrine a décidé de rester.**
  *Fortunately, Sandrine decided to stay.*
- **Seulement, les loyers sont très chers au centre-ville.**
  *However, rent is very expensive downtown.*
- **Je te fais visiter?**
  *Shall I give you a tour?*
- **Ta salle de bains est vraiment grande.**
  *Your bathroom is really big.*
- **Elle a un beau miroir au-dessus du lavabo.**
  *She has a nice mirror above the sink.*
- **Chez nous, on a seulement une douche.**
  *At our place, we only have a shower.*

### Additional vocabulary

- **Aïe!**
  *Ouch!*
- **Tenez.**
  *Here.*
- **Évidemment!**
  *Evidently!*
- **Oui, malheureusement!**
  *Yes, unfortunately!*
- **Je pensais que tu avais du travail.**
  *I thought you had to work.*
- **Mais ma chérie, ne sois pas fâchée, c'était une surprise.**
  *But sweetie, don't be mad, it was a surprise.*
- **sans**
  *without*
- **Moi, je m'en vais.**
  *I'm leaving/getting out of here.*

---

**2** **Quel appartement?** Indiquez si les objets suivants sont dans l'appartement de Sandrine (S) ou dans l'appartement de David et Rachid (D & R).

1. baignoire
2. balcon
3. rideaux
4. canapé
5. trois pièces
6. étagères
7. miroir
8. affiches

**3** **Conversez** Sandrine décide que son loyer est vraiment trop cher. Elle cherche un appartement à partager avec Amina. Avec deux partenaires, écrivez leur conversation avec un agent immobilier (*real estate agent*). Elles décrivent l'endroit idéal, le prix et les meubles qu'elles préfèrent. L'agent décrit plusieurs possibilités.

ressources

| VM pp. 215–216 | DVD Leçon 8A | vhlcentral.com Leçon 8A |

A C T I V I T É S

**S** Reading
Video: *Flash culture*

CULTURE À LA LOUPE

# Le logement en France

**Il y a différents types de logements.** En ville, on habite dans une maison ou un appartement. À la campagne, on peut° habiter dans une villa, un château, un chalet ou un mas° provençal.

Vous avez peut-être remarqué° dans un film français qu'il y a une grande diversité de style d'habitation°. En effet°, le style et l'architecture varient d'une région à l'autre, souvent en raison° du climat et des matériaux disponibles°. Dans le Nord°, les maisons sont traditionnellement en briques° avec des toits en ardoise°. Dans l'Est°, en Alsace-Lorraine, il y a de vieilles maisons à colombages° avec des parties de mur en bois°. Dans le Sud°, il y a des villas de style méditerranéen avec des toits en tuiles° rouges et des mas provençaux (de vieilles maisons en pierre°). Dans les Alpes, en Savoie, les chalets sont en bois avec de grands balcons très fleuris°, comme en Suisse. Les maisons traditionnelles de l'Ouest° ont des toits en chaume°. Toutes les maisons françaises ont des volets° et les fenêtres sont assez différentes aussi des fenêtres aux États-Unis. Très souvent il n'y a pas de moustiquaire°, même° dans le sud de la France où il fait très chaud en été.

En France les trois quarts des gens habitent en ville. Beaucoup habitent dans la banlieue, où il y a beaucoup de grands immeubles mais aussi de petits pavillons individuels (maisons avec de petits jardins). Dans les centres-villes et dans les banlieues, il y a des HLM. Ce sont des habitations à loyer modéré°. Les HLM sont construits par l'État. Ce sont souvent des logements réservés aux familles qui ont moins d'argent.

peut *can* mas *farmhouse* remarqué *noticed* habitation *dwelling* En effet *Indeed* en raison du *due to the* disponibles *available*
Nord *North* en briques *made of bricks* toits en ardoise *slate roofs* Est *East* à colombages *half-timbered* en bois *made of wood*
Sud *South* en tuiles *made of tiles* en pierre *made of stone* fleuris *full of flowers* Ouest *West* en chaume *thatched* volets *shutters*
moustiquaire *window screen* même *even* habitations à loyer modéré *low-cost government housing*

### Coup de main

Here are some terms commonly used in statistics.

**un quart** = *one quarter*

**un tiers** = *one third*

**la moitié** = *half*

**la plupart de** = *most of*

**un sur cinq** = *one in five*

**A C T I V I T É S**

**1** **Vrai ou faux?** Indiquez si les phrases sont **vraies ou fausses.** Corrigez les phrases fausses.

1. Les maisons sont similaires dans les différentes régions françaises.
2. Dans le Nord les maisons sont traditionnellement en briques.
3. En Alsace-Lorraine il y a des chalets.
4. Dans les Alpes il y a des mas provençaux.
5. Les mas provençaux sont des maisons en bois.
6. Toutes les maisons françaises ont des volets.
7. Les maisons françaises n'ont pas toujours des moustiquaires.
8. La plupart (*majority*) des Français habite à la campagne.
9. Le pavillon individuel est une sorte de grand immeuble.
10. Les millionnaires habitent dans des HLM.

## STRATÉGIE

### Using glosses

Glosses are the translations of unfamiliar words in a text. In **Lecture culturelle**, they appear at the bottom of the selections. Most of the readings that you will encounter here contain glosses. The glossed words are generally those whose meanings are not easily guessed from context and are there to help you. However, try to guess the meaning of unfamiliar words from context first, and use the glosses only to confirm your guess or if you are truly stumped.

## LE MONDE FRANCOPHONE

### L'architecture

Voici quelques exemples d'habitations traditionnelles.

**En Afrique centrale et de l'Ouest** des maisons construites sur pilotis°, avec un grenier à riz°

**En Afrique du Nord** des maisons en pisé (de la terre° rouge mélangée° avec de la paille°) construites autour d'un patio central et avec, souvent, une terrasse sur le toit°

**Aux Antilles** des maisons en bois de toutes les couleurs avec des toits en métal

**En Polynésie française** des bungalows, construits sur pilotis ou sur le sol, souvent en bambou avec des toits en paille ou en feuilles de cocotier°

**Au Viêt-nam** des maisons sur pilotis construites sur des lacs, des rivières ou simplement au-dessus du sol°

**pilotis** *stilts* **grenier à riz** *rice granary* **terre** *clay* **mélangée** *mixed* **paille** *straw* **toit** *roof* **feuilles de cocotier** *coconut palm leaves* **au-dessus du sol** *off the ground*

## PORTRAIT

# Le château Frontenac

Le château Frontenac est un hôtel de luxe et un des plus beaux° sites touristiques de la ville de Québec. Construit entre la fin° du XIXᵉ siècle et le

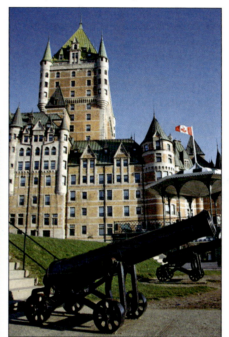

début° du XXᵉ siècle sur le Cap Diamant, dans le quartier du Vieux-Québec, le château offre une vue° spectaculaire sur la ville. Aujourd'hui, avec ses 618 chambres sur 18 étages, son restaurant gastronomique, sa piscine et son centre sportif, le château Frontenac est classé parmi° les 500 meilleurs° hôtels du monde.

**un des plus beaux** *one of the most beautiful* **fin** *end* **début** *beginning* **vue** *view* **classé parmi** *ranked among* **meilleurs** *best*

### Sur Internet

**Qu'est-ce qu'une pendaison de crémaillère? D'où vient cette expression?**

Go to **vhlcentral.com** to find more cultural information related to this **Lecture culturelle**. Then watch the corresponding **Flash culture**.

---

**2** **Répondez** Répondez aux questions, d'après les informations données dans les textes.

1. Qu'est-ce que le château Frontenac?
2. À quel siècle a commencé la construction du château Frontenac?
3. Dans quel quartier de la ville de Québec le trouve-t-on?
4. Où trouve-t-on les maisons sur pilotis?
5. Quelles sont les caractéristiques des maisons d'Afrique du Nord?

**3** **Une année en France** Vous allez habiter en France. Votre partenaire est agent immobilier (*real estate*). Expliquez-lui le type de logement que vous recherchez. Il/Elle va vous donner des renseignements sur les logements disponibles (*available*). Posez des questions pour avoir plus de détails. Voici quelques mots utiles: **le bail** (*lease*), **la caution** (*security deposit*), **les charges (f.)** (*basic utilities*), **le chauffage** (*heating*), **l'électricité (f.)** (*electricity*).

 Practice more at **vhlcentral.com**.

**ressources**

VM
pp. 253–254

vhlcentral.com
Leçon 8A

A
C
T
I
V
I
T
É
S

# Leçon 8B

**You will learn how to...**
- talk about chores
- talk about appliances

# Les tâches ménagères

## Vocabulaire

| | |
|---|---|
| débarrasser la table | *to clear the table* |
| enlever/faire la poussière | *to dust* |
| essuyer la vaisselle/ la table | *to dry the dishes/ to wipe the table* |
| faire la lessive | *to do the laundry* |
| faire le ménage | *to do the housework* |
| laver | *to wash* |
| mettre la table | *to set the table* |
| passer l'aspirateur | *to vacuum* |
| ranger | *to tidy up; to put away* |
| salir | *to soil, to make dirty* |
| sortir la/les poubelle(s) | *to take out the trash* |
| | |
| propre | *clean* |
| sale | *dirty* |
| | |
| un appareil électrique/ ménager | *electrical/household appliance* |
| une cafetière | *coffeemaker* |
| un grille-pain | *toaster* |
| un lave-linge | *washing machine* |
| un lave-vaisselle | *dishwasher* |
| un sèche-linge | *clothes dryer* |
| une tâche ménagère | *household chore* |

un évier

un four à micro-ondes

Elle fait le lit.

un oreiller

les draps (*m.*)

Il fait la vaisselle.

un congélateur

une cuisinière

une couverture

Elle balaie. (balayer)

un frigo

un balai

le linge

**ressources**

WB pp. 105–106

LM p. 61

**S** vhlcentral.com Leçon 8B

# Mise en pratique

 **Audio: Vocabulary**

**1** **Écoutez** 🎧 Écoutez la conversation téléphonique (*phone call*) entre Édouard, un étudiant, et un psychologue à la radio. Ensuite, indiquez les tâches ménagères que faisaient Édouard et Paul au début du semestre.

|  | Édouard | Paul |
|---|---|---|
| 1. Il faisait la cuisine. | ☐ | ☐ |
| 2. Il faisait les lits. | ☐ | ☐ |
| 3. Il passait l'aspirateur. | ☐ | ☐ |
| 4. Il sortait la poubelle. | ☐ | ☐ |
| 5. Il balayait. | ☐ | ☐ |
| 6. Il faisait la lessive. | ☐ | ☐ |
| 7. Il faisait la vaisselle. | ☐ | ☐ |
| 8. Il nettoyait le frigo. | ☐ | ☐ |

**2** **On fait le ménage** Complétez les phrases suivantes avec le bon mot pour faire une phrase logique.

1. On balaie avec _____.
2. On repasse le linge avec _____.
3. On fait la lessive avec _____.
4. On lave la vaisselle avec _____.
5. On prépare le café avec _____.
6. On sèche la lessive avec _____.
7. On met la glace dans _____.
8. Pour faire le lit, on doit arranger _____, _____ et _____.

**3** **Les tâches ménagères** Avec un(e) partenaire, indiquez quelles tâches ménagères vous faites dans chaque pièce ou partie de votre logement. Il y a plus d'une réponse possible.

1. La chambre: _____
2. La cuisine: _____
3. La salle de bains: _____
4. La salle à manger: _____
5. La salle de séjour: _____
6. Le garage: _____
7. Le jardin: _____
8. L'escalier: _____

**Il sort la poubelle.**

**un fer à repasser**

**Il repasse.** (repasser)

# ROMAN-PHOTO

## La vie sans Pascal

**Video:** *Roman-photo*
**Record & Compare**

**PERSONNAGES**

Amina

Michèle

Sandrine

Stéphane

Valérie

*Au P'tit Bistrot...*

**MICHÈLE** Tout va bien, Amina?

**AMINA** Oui, ça va, merci. (*Au téléphone*) Allô?... Qu'est-ce qu'il y a Sandrine?... Non, je ne le savais pas, mais franchement, ça ne me surprend pas... Écoute, j'arrive chez toi dans quinze minutes, d'accord? ... À tout à l'heure!

**MICHÈLE** Je débarrasse la table?

**AMINA** Oui, merci et apporte-moi l'addition, s'il te plaît.

**MICHÈLE** Tout de suite.

**VALÉRIE** Tu as fait ton lit ce matin?

**STÉPHANE** Oui, maman.

**VALÉRIE** Est-ce que tu as rangé ta chambre?

**STÉPHANE** Euh... oui, ce matin pendant que tu faisais la lessive.

*Chez Sandrine...*

**SANDRINE** Salut, Amina! Merci d'être venue.

**AMINA** Mmmm. Qu'est-ce qui sent si bon?

**SANDRINE** Il y a des biscuits au chocolat dans le four.

**AMINA** Oh, est-ce que tu les préparais quand tu m'as téléphoné?

**SANDRINE** Tu as soif?

**AMINA** Un peu, oui.

**SANDRINE** Sers-toi, j'ai des jus de fruits au frigo.

*Sandrine casse (breaks) une assiette.*

**SANDRINE** Et zut!

**AMINA** Ça va, Sandrine?

**SANDRINE** Oui, oui... passe-moi le balai, s'il te plaît.

**AMINA** N'oublie pas de balayer sous la cuisinière.

**SANDRINE** Je sais! Excuse-moi, Amina. Comme je t'ai dit au téléphone, Pascal et moi, c'est fini.

---

**A C T I V I T É S**

**1 Questions** Répondez aux questions suivantes par des phrases complètes.

1. Avec qui Amina parle-t-elle au téléphone?

2. Comment va Sandrine aujourd'hui? Pourquoi?

3. Est-ce que Stéphane a fait toutes ses tâches ménagères?

4. Qu'est-ce que Sandrine préparait quand elle a téléphoné à Amina?

   **S** Practice more at **vhlcentral.com.**

5. Amina a faim et a soif. À votre avis (*opinion*), qu'est-ce qu'elle va prendre?

6. Pourquoi Amina n'est-elle pas fâchée (*angry*) contre Sandrine?

7. Pourquoi Amina pense-t-elle que Sandrine aimerait (*would like*) un petit ami américain?

8. Sandrine pense qu'Amina devrait (*should*) rencontrer Cyberhomme, mais Amina pense que ce n'est pas une bonne idée. À votre avis, qui a raison?

**Amina console Sandrine.**

**VALÉRIE** Hmm... et la vaisselle? Tu as fait la vaisselle?

**STÉPHANE** Non, pas encore, mais...

**MICHÈLE** Il me faut l'addition pour Amina.

**VALÉRIE** Stéphane, tu dois faire la vaisselle avant de sortir.

**STÉPHANE** Bon ça va, j'y vais!

**VALÉRIE** Ah Michèle, il faut sortir les poubelles pour ce soir!

**MICHÈLE** Oui, comptez sur moi, Madame Forestier.

**VALÉRIE** Très bien! Moi, je rentre, il est l'heure de préparer le dîner.

**SANDRINE** Il était tellement pénible. Bref je suis de mauvaise humeur aujourd'hui.

**AMINA** Ne t'en fais pas, je comprends.

**SANDRINE** Toi, tu as de la chance.

**AMINA** Pourquoi tu dis ça?

**SANDRINE** Tu as ton Cyberhomme. Tu vas le rencontrer un de ces jours?

**AMINA** Oh... Je ne sais pas si c'est une bonne idée.

**SANDRINE** Pourquoi pas?

**AMINA** Sandrine, il faut être prudent dans la vie, je ne le connais pas vraiment, tu sais.

**SANDRINE** Comme d'habitude, tu as raison. Mais finalement, un cyberhomme c'est peut-être mieux qu'un petit ami. Ou alors un petit ami artistique, charmant et beau garçon.

**AMINA** Et américain?

## Expressions utiles

### Talking about what you know

- **Je ne le savais pas, mais franchement, ça ne me surprend pas.**
  *I didn't know that, but frankly, I'm not surprised.*

- **Je sais!**
  *I know!*

- **Je ne sais pas si c'est une bonne idée.**
  *I don't know if that's a good idea.*

- **Je ne le connais pas vraiment, tu sais.**
  *I don't really know him, you know.*

### Additional vocabulary

- **Comptez sur moi.**
  *Count on me.*

- **Ne t'en fais pas.**
  *Don't worry about it.*

- **J'y vais!**
  *I'm going there!/I'm on my way!*

- **pas encore**
  *not yet*

- **tu dois**
  *you must*

- **être de bonne/mauvaise humeur**
  *to be in a good/bad mood*

**2** **Le ménage** Indiquez qui a fait ou va faire les tâches ménagères suivantes: Michèle (**M**), Stéphane (**St**), Valérie (**V**), Sandrine (**S**), Amina (**A**) ou personne (*no one*) (**P**).

1. sortir la poubelle
2. balayer
3. passer l'aspirateur
4. faire la vaisselle
5. faire le lit
6. débarrasser la table
7. faire la lessive
8. ranger sa chambre

**3** **Écrivez** Vous avez gagné un pari (*bet*) avec votre colocataire et, par conséquent, il/elle doit faire (*must do*) toutes les tâches ménagères que vous lui indiquez pendant un mois. Faites une liste de dix tâches minimum. Pour chaque tâche, précisez la pièce du logement et combien de fois par semaine il/elle doit l'exécuter.

**ressources**

| | | |
|---|---|---|
| VM pp. 217–218 | DVD Leçon 8B | vhlcentral.com Leçon 8B |

**ACTIVITÉS**

# SYNTHÈSE

# Révision

**1** **Un grand dîner** Émilie et son mari Vincent ont invité des amis à dîner ce soir. Qu'ont-ils fait cet après-midi pour préparer la soirée? Que vont-ils faire ce soir après le départ des invités? Conversez avec un(e) partenaire.

**MODÈLE**

**Étudiant(e) 1:** *Cet après-midi, Émilie et Vincent ont mis la table.*

**Étudiant(e) 2:** *Ce soir, ils vont faire la vaisselle.*

**2** **Mes connaissances** Votre professeur va vous donner une feuille d'activités. Interviewez vos camarades. Pour chaque activité, trouvez un(e) camarade différent(e) qui dit oui.

**Étudiant(e) 1:** *Connais-tu une personne qui aime faire le ménage?*

**Étudiant(e) 2:** *Oui, autrefois mon père aimait bien faire le ménage.*

| Activité | Nom |
|---|---|
| 1. ne pas faire souvent la vaisselle | |
| 2. aimer faire le ménage | Farid |
| 3. dormir avec une couverture en été | |
| 4. faire son lit tous les jours | |
| 5. repasser rarement ses vêtements | |

**3** **Qui faisait le ménage?** Par groupes de trois, interviewez vos camarades. Qui faisait le ménage à la maison quand ils habitaient encore chez leurs parents? Préparez des questions avec ces expressions et comparez vos réponses.

| | |
|---|---|
| balayer | mettre et débarrasser la table |
| faire la lessive | passer l'aspirateur |
| faire le lit | ranger |
| faire la vaisselle | repasser le linge |

**4** **Soudain!** Tout était calme quand soudain... Avec un(e) partenaire, choisissez l'une des deux photos et écrivez un texte de dix phrases. Faites cinq phrases pour décrire la photo et cinq autres pour raconter (*to tell*) un événement qui s'est passé soudainement (*that suddenly happened*). Employez des adverbes et soyez imaginatifs/imaginatives.

**5** **J'ai appris…** Qu'avez-vous appris ou qui connaissez-vous depuis que (*since*) vous êtes à la fac? Avec un(e) partenaire, faites une liste de cinq choses et de cinq personnes. À chaque fois, utilisez un imparfait et un passé composé dans vos explications.

**MODÈLE**

**Étudiant(e) 1:** *Avant, je ne savais pas comment dire bonjour en français, et puis j'ai commencé ce cours, et maintenant, je sais le dire.*

**Étudiant(e) 2:** *Avant, je ne connaissais pas tous les pays francophones, et maintenant, je les connais.*

**6** **Élise fait sa lessive** Votre professeur va vous donner, à vous et à votre partenaire, une feuille avec des dessins représentant Élise et sa journée d'hier. Attention! Ne regardez pas la feuille de votre partenaire.

**MODÈLE**

**Étudiant(e) 1:** *Hier matin, Élise avait besoin de faire sa lessive.*

**Étudiant(e) 2:** *Mais, elle…*

# Écriture

## Mastering the simple past tenses

In French, when you write about events that occurred in the past, you need to know when to use the **passé composé** and when to use the **imparfait**. A good understanding of the uses of each tense will make it much easier to determine which one to use as you write.

Look at the following summary of the uses of the **passé composé** and the **imparfait**. Write your own example sentence for each of the rules described.

### Passé composé vs. imparfait

#### Passé composé

**1.** Actions viewed as completed

_____

**2.** Beginning or end of past actions

_____

**3.** Series of past actions

_____

#### Imparfait

**1.** Ongoing past actions

_____

**2.** Habitual past actions

_____

**3.** Mental, physical, and emotional states and characteristics of the past

_____

With a partner, compare your example sentences. Use the sentences as a guide to help you decide which tense to use as you are writing a story about something that happened in the past.

## Thème

### Écrire une histoire

Quand vous étiez petit(e), vous habitiez dans la maison ou l'appartement de vos rêves (*of your dreams*). Décrivez cette maison ou cet appartement. Écrivez sur la ville où vous habitiez et sur votre quartier. Décrivez les différentes pièces, les meubles et les objets décoratifs. Parlez aussi de votre pièce préférée et de ce que (*what*) vous aimiez faire dans cette pièce. Ensuite, imaginez qu'il y ait eu (*was*) un vol (*robbery*) dans cette maison ou dans cet appartement. Décrivez ce qui est arrivé (*what happened*). Attention à l'utilisation du passé composé et de l'imparfait!

#### Coup de main

Here are some terms that you may find useful in your narration.

| | |
|---|---|
| **le voleur** | *thief* |
| **cassé(e)** | *broken* |
| **j'ai vu** | *I saw* |
| **manquer** | *to be missing* |

*Quand j'étais petit(e), j'habitais dans un château, en France. Le château était dans un joli quartier, dans une petite ville près de Paris. Il y avait un grand jardin, avec beaucoup d'animaux. Il y avait douze pièces...*

*Ma pièce préférée était la cuisine parce que j'aimais faire la cuisine et j'aidais souvent ma mère...*

*Un jour, je suis rentré(e) de...*

# SAVOIR-FAIRE

# Panorama

## L'Alsace

### La région en chiffres

▸ **Superficie:** *8.280 km²*

▸ **Population:** *1.793.000*
   SOURCE: INSEE

▸ **Industries principales:** *viticulture, culture du houblon° et brassage° de la bière, exploitation forestière°, industrie automobile, tourisme*

▸ **Villes principales:** *Colmar, Mulhouse, Strasbourg*

### Personnages célèbres

▸ **Gustave Doré,** *dessinateur° et peintre° (1832–1883)*

▸ **Auguste Bartholdi,** *sculpteur, statue de la Liberté à New York, (1834–1904)*

▸ **Albert Schweitzer,** *médecin, prix Nobel de la paix en 1952 (1875–1965)*

## La Lorraine

### La région en chiffres

▸ **Superficie:** *23.547 km²*

▸ **Population:** *2.329.000*

▸ **Industries principales:** *industrie automobile, agro-alimentaire°, bois° pour le papier, chimie et pétrochimie, métallurgie, verre et cristal*

▸ **Villes principales:** *Épinal, Forbach, Metz, Nancy*

### Personnages célèbres

▸ **Georges de La Tour,** *peintre (1593–1652)*

▸ **Bernard-Marie Koltès,** *dramaturge° (1948–1989)*

▸ **Patricia Kaas,** *chanteuse (1966– )*

**houblon** *hops* **brassage** *brewing* **exploitation forestière** *forestry* **dessinateur** *illustrator* **peintre** *painter* **agro-alimentaire** *food processing* **bois** *wood* **dramaturge** *playwright* **traité** *treaty* **envahit** *invades*

le quartier de la Petite France à Strasbourg

LA BELGIQUE
LE LUXEMBOURG

L'ALLEMAGNE

Thionville
Verdun
Metz
Forbach
Sarreguemines

LORRAINE

Bar-le-Duc
Nancy

Strasbourg

LA FRANCE

ALSACE
LES VOSGES

la Moselle

Épinal
le Rhin

Colmar

Mulhouse

LA SUISSE

la place Stanislas à Nancy

0       50 milles
0       50 kilomètres

dans les Vosges

### Incroyable mais vrai!

Français depuis 1678, l'Alsace et le département de la Moselle en Lorraine deviennent allemands en 1871. Puis en 1919, le traité° de Versailles les rend à la France. Ensuite, en 1939, l'Allemagne envahit° la région qui redevient allemande entre 1940 et 1944. Depuis, l'Alsace et la Lorraine sont françaises.

PATISSERIE
CAKES
TEE-KAFFEE
CHOCOLAT

## La gastronomie

### La choucroute

La choucroute est typiquement alsacienne et son nom vient de l'allemand «sauerkraut». Du chou râpé° fermente dans un baril° avec du gros sel° et des baies de genièvre°. Puis, le chou est cuit° dans du vin blanc ou de la bière et mangé avec de la charcuterie° alsacienne et des pommes de terre°. La choucroute, qui se conserve longtemps° grâce à° la fermentation, est une nourriture appréciée° des marins° pendant leurs longs voyages.

## L'histoire

### Jeanne d'Arc

Jeanne d'Arc est née en 1412, en Lorraine, dans une famille de paysans°. En 1429, quand la France est en guerre avec l'Angleterre, Jeanne d'Arc décide de partir au combat pour libérer son pays. Elle prend la tête° d'une armée et libère la ville d'Orléans des Anglais. Cette victoire permet de sacrer° Charles VII roi de France. Plus tard, Jeanne d'Arc perd ses alliés° pour des raisons politiques. Vendue aux Anglais, elle est condamnée pour hérésie. Elle est exécutée à Rouen, en 1431. En 1920, l'Église catholique la canonise.

## Les destinations

### Strasbourg

Strasbourg, capitale de l'Alsace, est le siège° du Conseil de l'Europe depuis 1949 et du Parlement européen depuis 1979. Le Conseil de l'Europe est responsable de la promotion des valeurs démocratiques et des droits de l'homme°, de l'identité culturelle européenne et de la recherche de solutions° aux problèmes de société. Les membres du Parlement sont élus° dans chaque pays de l'Union européenne. Le Parlement contribue à l'élaboration de la législation européenne et à la gestion de l'Europe.

## La société

### Un mélange de cultures

L'Alsace a été enrichie° par de multiples courants° historiques et culturels grâce à sa position entre la France et l'Allemagne. La langue alsacienne vient d'un dialecte germanique et l'allemand est maintenant enseigné dans les écoles primaires. Quand la région est rendue à la France en 1919, les Alsaciens continuent de bénéficier des lois° sociales allemandes. Le mélange° des cultures est visible à Noël avec des traditions allemandes et françaises (le sapin de Noël, Saint Nicolas, les marchés).

---

**Qu'est-ce que vous avez appris?** Répondez aux questions par des phrases complètes.

1. En 1919, quel document rend l'Alsace et la Moselle à la France?
2. Combien de fois l'Alsace et la Moselle ont-elles changé de nationalité depuis 1871?
3. Quel est l'ingrédient principal de la choucroute?
4. Qui apprécie particulièrement la choucroute?
5. Pourquoi Strasbourg est-elle importante?

6. Quel est l'un des rôles du Conseil de l'Europe?
7. Contre qui Jeanne d'Arc a-t-elle défendu la France?
8. Comment est-elle morte?
9. Quelle langue étrangère enseigne-t-on aux petits Alsaciens?
10. À quel moment de l'année le mélange des cultures est-il particulièrement visible en Alsace?

### Sur Internet

Go to **vhlcentral.com** to find more cultural information related to this **Panorama**.

1. Quelle est la différence entre le Conseil européen et le Conseil de l'Europe?
2. Trouvez d'autres informations sur Jeanne d'Arc. Quel est son surnom?
3. Pourquoi l'Alsace et le département de la Moselle sont-ils devenus allemands en 1871?

**ressources**

WB pp. 111–112

vhlcentral.com Unité 8

**chou râpé** *grated cabbage* **baril** *cask* **gros sel** *coarse sea salt* **baies de genièvre** *juniper berries* **cuit** *cooked* **charcuterie** *cured meats* **pommes de terre** *potatoes* **qui se conserve longtemps** *which keeps for a long time* **grâce à** *thanks to* **appréciée** *valued* **marins** *sailors* **paysans** *peasants* **prend la tête** *takes lead* **sacrer** *to crown* **alliés** *allies* **siège** *headquarters* **droits de l'homme** *human rights* **recherche de solutions** *finding solutions* **élus** *elected* **enrichie** *enriched* **courants** *trends, movements* **lois** *laws* **mélange** *mix*

## Les parties d'une maison

| | |
|---|---|
| un balcon | balcony |
| une cave | basement, cellar |
| une chambre | bedroom |
| un couloir | hallway |
| une cuisine | kitchen |
| un escalier | staircase |
| un garage | garage |
| un jardin | garden; yard |
| un mur | wall |
| une pièce | room |
| une salle à manger | dining room |
| une salle de bains | bathroom |
| une salle de séjour | living/family room |
| un salon | formal living/ sitting room |
| un sous-sol | basement |
| un studio | studio (apartment) |
| les toilettes/W.-C. | restrooms/toilet |

## Locutions de temps

| | |
|---|---|
| autrefois | in the past |
| de temps en temps | from time to time |
| d'habitude | usually |
| en général | in general |
| parfois | sometimes |
| quelquefois | sometimes |
| soudain | suddenly |
| souvent | often |
| toujours | always |
| tous les jours | every day |
| tout d'un coup | all of a sudden |
| une (deux, etc.) fois | once (twice, etc.) |
| vite | fast, quickly |

## Chez soi

| | |
|---|---|
| un appartement | apartment |
| un immeuble | building |
| un logement | housing |
| un loyer | rent |
| un quartier | area, neighborhood |
| une résidence | residence |
| une affiche | poster |
| une armoire | armoire, wardrobe |
| une baignoire | bathtub |
| un balai | broom |
| un canapé | couch |
| une commode | dresser, chest of drawers |
| une couverture | blanket |
| une douche | shower |
| les draps (m.) | sheets |
| une étagère | shelf |
| un évier | kitchen sink |
| un fauteuil | armchair |
| une fleur | flower |
| une lampe | lamp |
| un lavabo | bathroom sink |
| un meuble | piece of furniture |
| un miroir | mirror |
| un oreiller | pillow |
| un placard | closet, cupboard |
| un rideau | drape, curtain |
| un tapis | rug |
| un tiroir | drawer |
| déménager | to move out |
| emménager | to move in |
| louer | to rent |

## Adverbes

| | |
|---|---|
| absolument | absolutely |
| activement | actively |
| bien | well |
| constamment | constantly |
| couramment | fluently |
| différemment | differently |
| évidemment | obviously, evidently; of course |
| franchement | frankly, honestly |
| gentiment | nicely |
| heureusement | fortunately |
| mal | badly |
| malheureusement | unfortunately |
| vraiment | really |

## Les tâches ménagères

| | |
|---|---|
| une tâche ménagère | household chore |
| balayer | to sweep |
| débarrasser la table | to clear the table |
| enlever/faire la poussière | to dust |
| essuyer la vaisselle/ la table | to dry the dishes/ to wipe the table |
| faire la lessive | to do the laundry |
| faire le lit | to make the bed |
| faire le ménage | to do the housework |
| faire la vaisselle | to do the dishes |
| laver | to wash |
| mettre la table | to set the table |
| passer l'aspirateur | to vacuum |
| ranger | to tidy up; to put away |
| repasser (le linge) | to iron (the laundry) |
| salir | to soil, to make dirty |
| sortir la/les poubelle(s) | to take out the trash |
| propre | clean |
| sale | dirty |

## Les appareils ménagers

| | |
|---|---|
| un appareil électrique/ménager | electrical/household appliance |
| une cafetière | coffeemaker |
| un congélateur | freezer |
| une cuisinière | stove |
| un fer à repasser | iron |
| un four (à micro-ondes) | (microwave) oven |
| un frigo | refrigerator |
| un grille-pain | toaster |
| un lave-linge | washing machine |
| un lave-vaisselle | dishwasher |
| un sèche-linge | clothes dryer |

## Verbes

| | |
|---|---|
| connaître | to know, to be familiar with |
| reconnaître | to recognize |
| savoir | to know (facts), to know how to do something |

| | |
|---|---|
| Expressions utiles | See pp. 287 and 305. |

# La nourriture

UNITÉ

9

## Pour commencer

- Où est Sandrine, dans un supermarché ou une poissonnerie?
- Quand va-t-elle manger ce qu'elle (*what she*) a dans la main?
- Comment va-t-elle le servir, avec un steak, dans une salade ou dans une tarte?
- Est-ce qu'elle a déjà payé ou pas encore (*not yet*)?

# Leçon 9A

**You will learn how to...**
- talk about food
- express needs, desires, and abilities

# Quel appétit!

## Vocabulaire

| | |
|---|---|
| cuisiner | to cook |
| faire les courses (f.) | to go (grocery) shopping |
| | |
| une cantine | school cafeteria |
| un supermarché | supermarket |
| | |
| un aliment | food item |
| un déjeuner | lunch |
| un dîner | dinner |
| un goûter | afternoon snack |
| la nourriture | food, sustenance |
| un petit-déjeuner | breakfast |
| un repas | meal |
| | |
| des petits pois (m.) | peas |
| une salade | salad |
| | |
| le bœuf | beef |
| un escargot | escargot, snail |
| les fruits de mer (m.) | seafood |
| un pâté (de campagne) | pâté, meat spread |
| le porc | pork |
| un poulet | chicken |
| une saucisse | sausage |
| un steak | steak |
| le thon | tuna |
| la viande | meat |
| | |
| le riz | rice |
| des pâtes (f.) | pasta |
| un yaourt | yogurt |

**les poires (f.)**

**les oranges (f.)**

**les fraises (f.)**

*fruits*

**les fruits (m.)**

**les pêches (f.)**

**les bananes (f.)**

**les pommes (f.)**

**les légumes (m.)**

*légumes*

**les pommes de terre (f.)**

**les oignons (m.)**

**les poivrons rouges (m.)**

**les carottes (f.)**

**les a...**

**les haricots verts (m.)**

**l'ail (m.)**

**les champignons (m.)**

**les tomates (f.)**

**ressources**

| WB pp. 113–114 | LM p. 65 | Ⓢ vhlcentral.com Leçon 9A |
|---|---|---|

# Mise en pratique

**S** Audio: Vocabulary

**1** **Écoutez** 🎧 Fatima et René se préparent à aller faire des courses. Ils décident de ce qu'ils vont acheter. Écoutez leur conversation. Ensuite, complétez les phrases.

Dans le frigo, il reste six (1) _____, quelques (2) _____, une petite (3) _____ et trois (4) _____. René va utiliser ce qui reste dans le frigo pour préparer (5) _____. Fatima va acheter des (6) _____ et des (7) _____. René va acheter des (8) _____: des (9) _____, des (10) _____ et quelques (11) _____. René va faire un bon petit repas avec des (12) _____.

**2** **Les invités** Vous avez invité quelques amis pour le week-end. Vous vous préparez à les accueillir (*welcome*). Complétez les phrases suivantes avec les mots ou les expressions qui conviennent le mieux (*fit the best*).

1. Au petit-déjeuner, Sébastien aime bien prendre un café et manger des croissants et _____. (une salade, des fruits de mer, un yaourt)
2. Pour le petit-déjeuner, il faut aussi de _____. (la confiture, l'ail, l'oignon)
3. J'adore les fruits, alors je vais acheter _____. (des petits pois, un repas, des pêches)
4. Mélanie n'aime pas trop la viande, elle va préférer manger _____. (des fruits de mer, du pâté de campagne, des saucisses)
5. Je vais aussi préparer une salade pour Mélanie avec _____. (de la confiture, des pâtes, du bœuf)
6. Jean-François est allergique aux légumes verts. Je ne vais donc pas lui servir de _____. (carottes, pommes de terre, haricots verts)
7. Pour le dessert, je vais préparer une tarte aux fruits avec des _____. (poivrons, fraises, petits pois)
8. Il faut aller au supermarché pour acheter des _____ (yaourts, pâtes, oranges) pour faire du jus pour le petit-déjeuner.

**3** **Vos habitudes alimentaires** Utilisez un élément de chaque colonne pour former des phrases au sujet de vos habitudes alimentaires. N'oubliez pas de faire les accords nécessaires.

| A | B | C |
|---|---|---|
| au petit-déjeuner | acheter | des bananes |
| au déjeuner | adorer | des fruits |
| au goûter | aimer (bien) | des haricots verts |
| au dîner | ne pas tellement | des légumes |
| au resto U | aimer | des œufs |
| à la maison | détester | du porc |
| au restaurant | manger | du riz |
| au supermarché | prendre | de la viande |

la confiture de fraises

les tartes (f.)

le poivron vert

la laitue

les œufs (m.)

# Communication

**4**  **Quel repas?** Regardez les dessins et pour chacun d'eux, indiquez le repas qu'il représente et décrivez ce que chaque personnage mange. Ensuite, avec un(e) partenaire, décrivez une image à tour de rôle. Votre partenaire doit deviner (*must guess*) quel dessin vous décrivez.

1. _____

2. _____

3. _____

4. _____

**5** **Sondage** Votre professeur va vous donner une feuille d'activités. Circulez dans la classe et utilisez les éléments du tableau pour demander à vos camarades ce qu'ils (*what they*) mangent. Quels sont les trois aliments les plus (*the most*) souvent mentionnés?

**MODÈLE**

**Étudiant(e) 1:** À quelle heure est-ce que tu prends ton petit-déjeuner? Que manges-tu?

**Étudiant(e) 2:** Je prends mon petit-déjeuner à sept heures. Je mange du pain avec du beurre et de la confiture et je bois du café au lait.

| Questions | Noms | Réponses |
|---|---|---|
| 1. Petit-déjeuner: Quand? Quoi? | 1. _____ | 1. _____ |
| 2. Déjeuner: Où? Quand? Quoi? | 2. _____ | 2. _____ |
| 3. Goûter: Quand? Quoi? | 3. _____ | 3. _____ |
| 4. Dîner: Quand? Quoi? | 4. _____ | 4. _____ |
| 5. Supermarché: Quoi? À quelle fréquence? | 5. _____ | 5. _____ |
| 6. Resto U: Quoi? Quand? À quelle fréquence? | 6. _____ | 6. _____ |

**6** **La brochure** Avec un(e) partenaire, vous allez préparer une brochure pour les étudiants français qui viennent (*are coming*) étudier dans votre université. Cette brochure compare les habitudes alimentaires entre la France et les États-Unis. Ensuite, présentez votre brochure à la classe.

### Coup de main

Here are some characteristics of traditional French eating habits.

**Le petit-déjeuner** is usually light, with bread, butter, and jam, or cereal, and coffee or tea. Croissants are normally reserved for the weekend.

**Le déjeuner** is the main meal and typically includes a starter, a main dish (meat or fish with vegetables), cheese or yogurt, and dessert (often fruit). Lunch breaks may be one to two hours, allowing people to eat at home.

**Le goûter** is a light afternoon snack that may include cookies, bread with chocolate, pastry, yogurt, or fruit.

**Le dîner** starts between 7:30 and 8:00 p.m. Foods served at lunch and dinner are similar. However, dinner is typically lighter than lunch and is usually eaten at home.

# Les sons et les lettres

Audio: Concepts, Activities
Record & Compare

## e caduc and e muet

In **Leçon 4A**, you learned that the vowel **e** in very short words is pronounced similarly to the *a* in the English word *about*. This sound is called an **e caduc**. An **e caduc** can also occur in longer words and before words beginning with vowel sounds.

r**e**chercher          d**e**voirs          l**e** haricot          l**e** onze

An **e caduc** often occurs in order to break up clusters of several consonants.

appart**e**ment     quelqu**e**fois     poivr**e** vert     gouvern**e**ment

An **e caduc** is sometimes called **e muet** (*mute*). It is often dropped in spoken French.

Tu n~~e~~ sais pas.      J~~e~~ veux bien!      C'est un livr~~e~~ intéressant.

An unaccented **e** before a single consonant sound is often silent unless its omission makes the word difficult to pronounce.

s~~e~~maine          p~~e~~tit          final~~e~~ment

An unaccented **e** at the end of a word is usually silent and often marks a feminine noun or adjective.

frais~~e~~          salad~~e~~          intelligent~~e~~          jeun~~e~~

**Prononcez** Répétez les mots suivants à voix haute.

1. vendredi      3. exemple      5. tartelette      7. boucherie      9. pomme de terre
2. logement      4. devenir      6. finalement      8. petits pois      10. malheureusement

**Articulez** Répétez les phrases suivantes à voix haute.

1. Tu ne vas pas prendre de casquette?
2. J'étudie le huitième chapitre maintenant.
3. Il va passer ses vacances en Angleterre.
4. Marc me parle souvent au téléphone.
5. Mercredi, je réserve dans une auberge.
6. Finalement, ce petit logement est bien.

**Dictons** Répétez les dictons à voix haute.

Le soleil luit pour tout le monde.[2]

L'habit ne fait pas le moine.[1]

[2] The sun shines for everyone.
[1] Clothes don't make the man. (lit. The habit doesn't make the monk.)

ressources

LM p. 66

vhlcentral.com
Leçon 9A

# ROMAN-PHOTO

## Au supermarché

**Video:** *Roman-photo*
**Record & Compare**

**PERSONNAGES**

Amina

Caissière

David

Sandrine

Stéphane

*Au supermarché...*

**AMINA** Mais quelle heure est-il? Sandrine devait être là à deux heures et quart. On l'attend depuis quinze minutes!

**DAVID** Elle va arriver!

**AMINA** Mais pourquoi est-elle en retard?

**DAVID** Elle vient peut-être juste de sortir de la fac.

*En ville...*

**STÉPHANE** Eh! Sandrine!

**SANDRINE** Salut, Stéphane, je suis très pressée! David et Amina m'attendent au supermarché depuis vingt minutes.

**STÉPHANE** À quelle heure est-ce qu'on doit venir ce soir, ma mère et moi?

**SANDRINE** À sept heures et demie.

**STÉPHANE** D'accord. Qu'est-ce qu'on peut apporter?

**SANDRINE** Oh, rien, rien.

**STÉPHANE** Mais maman insiste.

**SANDRINE** Bon, une salade, si tu veux.

**AMINA** Alors, Sandrine. Qu'est-ce que tu vas nous préparer?

**SANDRINE** Un repas très français. Je pensais à des crêpes.

**DAVID** Génial, j'adore les crêpes!

**SANDRINE** Il nous faut des champignons, du jambon et du fromage. Et, bien sûr, des œufs, du lait et du beurre.

**SANDRINE** Et puis non! Finalement, je vous prépare un bœuf bourguignon.

**AMINA** Qu'est-ce qu'il nous faut alors?

**SANDRINE** Du bœuf, des carottes, des oignons...

**DAVID** Mmm... Ça va être bon!

**AMINA** Mais le bœuf bourguignon, c'est long à préparer, non?

**SANDRINE** Tu as raison. Vous ne voulez pas plutôt un poulet à la crème et aux champignons, accompagné d'un gratin de pommes de terre?

**AMINA ET DAVID** Mmmm!

**SANDRINE** Alors c'est décidé.

**A C T I V I T É S**

**1** **Les ingrédients** Répondez aux questions suivantes par des phrases complètes.

1. Quels ingrédients faut-il pour préparer les crêpes de Sandrine?

2. Quels ingrédients faut-il pour préparer le bœuf bourguignon?

3. Quels ingrédients faut-il à Sandrine pour préparer le poulet et le gratin?

4. Quelle va être la salade de Valérie à votre avis? Quels ingrédients va-t-elle mettre?

5. À votre avis, quel(s) dessert(s) Sandrine va-t-elle préparer?

6. Après avoir lu ce **ROMAN-PHOTO**, quel plat préférez-vous? Pourquoi?

 Practice more at **vhlcentral.com.**

Amina, Sandrine et David font les courses.

**STÉPHANE** Mais quoi comme salade?
**SANDRINE** Euh, une salade de tomates ou... peut-être une salade verte... Désolée, Stéphane, je suis vraiment pressée!
**STÉPHANE** Une salade avec du thon peut-être? Maman fait une salade au thon délicieuse!
**SANDRINE** Comme tu veux, Stéphane!

**SANDRINE** Je suis en retard. Je suis vraiment désolée. Je ne voulais pas vous faire attendre, mais je viens de rencontrer Stéphane et avant ça, mon prof de français m'a retenue pendant vingt minutes!
**DAVID** Oh, ce n'est pas grave!
**AMINA** Bon, on fait les courses?

**SANDRINE** Voilà exactement ce qu'il me faut pour commencer! Deux beaux poulets!
**AMINA** Tu sais, Sandrine, le chant, c'est bien, mais tu peux devenir chef de cuisine si tu veux!

**CAISSIÈRE** Ça vous fait 51 euros et 25 centimes, s'il vous plaît.
**AMINA** C'est cher!
**DAVID** Ah non, Sandrine, tu ne paies rien du tout, c'est pour nous!
**SANDRINE** Mais c'est mon dîner et vous êtes mes invités.
**AMINA** Pas question, Sandrine. C'est nous qui payons!

## Expressions utiles

### Meeting friends

- **Sandrine devait être là à deux heures et quart.**
  *Sandrine should have been here at 2:15.*
- **On l'attend depuis quinze minutes!**
  *We've been waiting for her for fifteen minutes!*
- **Elle vient peut-être juste de sortir de la fac.**
  *Maybe she just got out of class.*
- **Je suis très pressé(e)!**
  *I'm in a big hurry!*
- **À quelle heure est-ce qu'on doit venir ce soir?**
  *What time should we come tonight?*
- **Je ne voulais pas vous faire attendre, mais je viens de rencontrer Stéphane.**
  *I didn't mean to make you wait, but I just ran into Stéphane.*
- **Mon prof m'a retenue pendant vingt minutes!**
  *My professor kept me for twenty minutes!*

### Additional vocabulary

- **une caissière**
  *cashier (female)*
- **Vous ne voulez pas plutôt un poulet accompagné d'un gratin de pommes de terre?**
  *Wouldn't you rather have chicken with a side of potatoes au gratin?*
- **Voilà exactement ce qu'il me faut.**
  *This is exactly what I need.*
- **Tu peux devenir chef de cuisine si tu veux!**
  *You can become a chef if you want to!*
- **Comme tu veux.**
  *As you like./It's up to you./Whatever you want.*
- **C'est pour nous.**
  *It's on us.*

---

**2** | **Les événements** Mettez les événements suivants dans l'ordre chronologique.

a. _____ Sandrine décide de ne pas préparer de bœuf bourguignon.
b. _____ Le prof de Sandrine parle avec elle après la classe.
c. _____ Amina dit que Sandrine peut devenir chef de cuisine.
d. _____ David et Amina paient.
e. _____ Stéphane demande à quelle heure il doit arriver.
f. _____ Sandrine essaie de payer.

**3** | **À vous!** Stéphane arrive chez lui et dit à sa mère qu'il faut faire une salade pour le dîner de Sandrine. Avec un(e) partenaire, préparez leur conversation. Parlez du dîner et décidez des ingrédients pour la salade. Utilisez un dictionnaire et présentez votre conversation à la classe.

**ressources**

| | | |
|---|---|---|
| VM pp. 219–220 | DVD Leçon 9A | vhlcentral.com Leçon 9A |

**ACTIVITÉS**

**Reading**
**Video:** *Flash culture*

# Le Guide Michelin et la gastronomie

**Chaque année le Guide Michelin sélectionne les meilleurs° restaurants et hôtels dans toute la France.** Ce petit guide rouge est le guide gastronomique le plus réputé° et le plus ancien°. Les gastronomes et les professionnels de l'hôtellerie attendent sa sortie° au mois de mars avec impatience. Les plus grands restaurants reçoivent° des étoiles° Michelin, avec un maximum de trois étoiles. Il n'y a que° 26 restaurants trois étoiles en France, tous très prestigieux et

très chers, et 83 restaurants deux étoiles. Un repas au Plaza Athénée à Paris, célèbre° restaurant trois étoiles du chef Alain Ducasse, coûte environ° 450 dollars ou plus. Un restaurant trois étoiles est une «cuisine exceptionnelle qui vaut° le voyage»; un restaurant deux étoiles, une «excellente cuisine, qui vaut le détour»; un restaurant une étoile, une «très bonne cuisine dans sa catégorie». Beaucoup de restaurants ne reçoivent pas d'étoiles mais simplement des fourchettes°. Quoi qu'il en soit°, c'est un honneur d'être sélectionné et d'apparaître° dans le Guide Michelin. Tous les restaurants sont des «bonnes tables°». Maintenant le Guide Michelin est publié pour plus de douze autres pays en Europe ainsi que° pour des villes comme New York, San Francisco et Tokyo.

Le premier Guide Michelin a été créé en 1900 par André et Édouard Michelin, propriétaires des pneus° Michelin. Il était offert° avec l'achat de pneus. À cette époque°, il n'y avait en France que 2.400 conducteurs°. Le guide leur donnait des informations précieuses sur les rares garagistes°, le plan de quelques villes et une liste des curiosités. Un peu plus tard ils ont inclus les restaurants.

La gastronomie française fait maintenant partie du patrimoine mondial° de l'humanité depuis 2010.

**meilleurs** *best* **le plus réputé** *most renowned* **le plus ancien** *oldest* **sortie** *release* **reçoivent** *receive* **étoiles** *stars* **Il n'y a que** *There are only*
**célèbre** *famous* **environ** *around* **vaut** *is worth* **fourchettes** *forks* **Quoi qu'il en soit** *Be that as it may* **apparaître** *appear*
**bonnes tables** *good restaurants* **ainsi que** *as well as* **pneus** *tires* **offert** *offered* **époque** *time* **conducteurs** *drivers* **garagistes** *car mechanics*
**patrimoine mondial** *world heritage*

**A C T I V I T É S**

**1** **Complétez** Complétez les phrases.

1. Chaque année le Guide Michelin sélectionne les _____.
2. Les _____ de l'hôtellerie attendent la sortie du Guide avec impatience.
3. Les restaurants peuvent (*can*) recevoir un maximum de _____ étoiles.
4. Il y a _____ restaurants trois étoiles en France.
5. Un repas au Plaza Athénée coûte environ 450 _____ ou plus.

6. Un restaurant deux étoiles vaut le _____.
7. Beaucoup de restaurants ne reçoivent pas d'étoiles mais des _____.
8. Aujourd'hui le Guide Michelin est publié pour des villes américaines comme _____ ou San Francisco.
9. Le premier Guide Michelin a été créé en 1900 par les _____.
10. Autrefois le Guide Michelin donnait aux conducteurs des informations sur les rares _____.

## STRATÉGIE

### Reading for the main idea

Reading for the main idea is a useful strategy that involves locating the topic sentence of a paragraph or section of text to determine the author's purpose. Topic sentences provide clues about the content of each paragraph or section, as well as about the general content of the reading. As you read a selection, keeping the topic sentence in mind will help you stay focused on the main idea and at the same time will shed light on the supporting information.

## LE MONDE FRANCOPHONE

### La cuisine de La Nouvelle-Orléans

À La Nouvelle-Orléans, la cuisine combine les influences créoles des colons° français et les influences cajuns des immigrés acadiens du Canada. Voici quelques spécialités.

**le beignet** un morceau de pâte frit° et recouvert de sucre, servi à toute heure du jour et de la nuit avec un café au lait et à la chicorée°

**le gumbo** une soupe à l'okra et aux fruits de mer, souvent accompagnée de riz

**le jambalaya** un riz très pimenté° préparé avec du jambon, du poulet, des tomates et parfois des saucisses et des fruits de mer

**le po-boy** de *poor boy* (garçon pauvre), un sandwich au poisson, aux écrevisses°, aux huîtres° ou à la viande dans un morceau de baguette

**colons** *colonists* **morceau de pâte frit** *fried piece of dough* **chicorée** *chicory* **pimenté** *spicy* **écrevisses** *crawfish* **huîtres** *oysters*

## PORTRAIT

# Les fromages français

Les Français sont très fiers de leurs fromages, et beaucoup de ces fromages sont connus dans le monde entier. La France produit près de 500 fromages dont° le type varie dans chaque région. Ils sont au lait de vache° comme le Brie et le Camembert, au lait de chèvre° comme le crottin de Chavignol, au lait de brebis° comme le Roquefort ou faits d'un mélange° de plusieurs laits. Ils sont aussi classés en plusieurs catégories, comme cuit° ou non cuit, fermenté, fondu° ou frais°. Plus de 95% des Français mangent du fromage et ils dépensent sept milliards° d'euros par an pour le fromage. On célèbre aussi la Journée nationale du fromage avec des débats, des conférences, des démonstrations de recettes° et des dégustations°.

**dont** *of which* **vache** *cow* **chèvre** *goat* **brebis** *ewe* **mélange** *mix* **cuit** *cooked* **fondu** *melted* **frais** *fresh* **milliards** *billions* **recettes** *recipes* **dégustations** *tastings*

### Sur Internet

**Peut-on acheter des appareils ménagers dans un hypermarché?**

Go to **vhlcentral.com** to find more cultural information related to this **Lecture culturelle**. Then watch the corresponding **Flash culture**.

---

**2** **À table!** Répondez aux questions d'après les textes par des phrases complètes.

1. Combien de types de fromage sont produits en France?
2. Quels laits sont utilisés pour faire le fromage en France?
3. Quelles sont trois des catégories de fromages?
4. Comment célèbre-t-on la Journée nationale du fromage?
5. Que met-on dans le jambalaya?
6. Quand peut-on manger des beignets à La Nouvelle-Orléans?

**3** **Le pique-nique** Vous et un(e) partenaire avez décidé de faire un pique-nique en plein air. Qu'allez-vous manger? Boire? Allez-vous apporter d'autres choses, comme des chaises ou une couverture? Parlez avec un autre groupe et échangez vos idées.

**ressources**

VM pp. 255–256

vhlcentral.com Leçon 9A

 Practice more at **vhlcentral.com**.

A C T I V I T É S

# STRUCTURES

**9A.1**

## The verb *venir* and the *passé récent*  **Presentation**

**Point de départ** In **Leçon 4A**, you learned the verb **aller** (*to go*). Now you will learn how to conjugate and use the irregular verb **venir** (*to come*).

| venir | |
|---|---|
| je viens | nous venons |
| tu viens | vous venez |
| il/elle/on vient | ils/elles viennent |

Vous **venez** souvent au resto U?
*Do you come to the cafeteria often?*

Tu **viens** avec moi au supermarché?
*Are you coming with me to the supermarket?*

**Viens** vers huit heures du soir.
*Come around 8 o'clock in the evening.*

Mes tantes **viennent** de Nice.
*My aunts are coming from Nice.*

**À noter**

In **Leçon 7A**, you learned about verbs that take **être** in the **passé composé**. Add the verbs **venir**, **devenir**, and **revenir** to that list to complete it.

- **Venir** takes the auxiliary **être** in the **passé composé**. Its past participle is **venu**.

  Ils **sont venus** vendredi dernier.
  *They came last Friday.*

  Nous **sommes venues** à la fac.
  *We came to campus.*

  Nadine **est venue** chez moi.
  *Nadine came to my house.*

  **Es**-tu **venu** trop tard?
  *Did you come too late?*

- **Venir** in the present tense can also be used with **de** and an infinitive to say that something has just happened. This is called the **passé récent**.

  Je **viens de prendre** mon goûter dans ma chambre.
  *I just had a snack in my room.*

  Ma mère **vient de cuisiner**.
  *My mother just cooked.*

  Nous **venons de regarder** cette émission.
  *We just watched that show.*

  Karine **vient de manger** à la cantine.
  *Karine just ate at the cafeteria.*

- **Venir** can be used with an infinitive to say that someone has come to do something.

  Papa **est venu** me **chercher**.
  *Dad came to pick me up.*

  Thuy et Mia **venaient répéter** avec nous.
  *Thuy and Mia used to come rehearse with us.*

  Elle **venait** nous **rendre** visite.
  *She used to come visit us.*

  Ali **vient** te **parler**.
  *Ali is coming to talk to you.*

- The verbs **devenir** (*to become*) and **revenir** (*to come back*) are conjugated like **venir**. They, too, take **être** in the **passé composé**.

  Estelle et sa copine **sont devenues** médecins.
  *Estelle and her friend became doctors.*

  Il **est revenu** avec une tarte aux fraises.
  *He came back with a strawberry tart.*

- The verbs **tenir** (*to hold*), **maintenir** (*to maintain*), and **retenir** (*to keep, to retain*) are also conjugated like **venir**. However, they take **avoir** in the **passé composé**.

  Corinne **tient** le livre de cuisine.
  *Corinne is holding the cookbook.*

  On **a retenu** mon passeport à la douane.
  *They kept my passport at customs.*

- A command form of **tenir** is often used when handing something to someone.

**Tiens**, une belle orange pour toi.      Votre sac est tombé! **Tenez**, Madame.
*Here, a nice orange for you.*      *Your bag fell! Here, ma'am.*

## Depuis, pendant, il y a + [*time*]

- To say that something happened at a time *ago* in the past, use **il y a** + [*time ago*].

**Il y a une heure**, on était à la cantine.      Il a visité Ouagadougou **il y a deux ans**.
*An hour ago, we were at the cafeteria.*      *He visited Ouagadougou two years ago.*

- To say that something happened for a particular period of time and ended in the past, use **pendant** + [*time period*]. Often the verb will be in the **passé composé**.

Salim a fait la vaisselle **pendant**      Les équipes ont joué au foot
     **deux heures.**      **pendant un mois.**
*Salim washed dishes for two hours.*      *The teams played soccer for one month.*

- To say that something has been going on *since* a particular time and continues into the present, use **depuis** + [*time period, date, or starting point*]. Unlike its English equivalent, the verb in the French construction is usually in the present tense.

Elle danse **depuis son arrivée**      Nous passons l'été au Québec
     à la fête.      **depuis 1998.**
*She has been dancing since*      *We have been spending summers*
*she arrived at the party.*      *in Quebec since 1998.*

 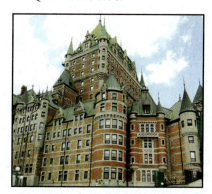

### Essayez!    Choisissez l'option correcte pour compléter chaque phrase.

1. Chloé, tu _____*d*_____ avec nous à la cantine?
2. Vous _____ d'où, Monsieur?
3. Les Aubailly _____ de dîner au café.
4. Julia Child est _____ célèbre en 1961.
5. Qu'est-ce qu'ils _____ dans la main?
6. Ils sont _____ du supermarché à midi.
7. On allait souvent en Europe _____ dix ans.
8. On mange bien _____ l'arrivée de maman.
9. Le prof _____ l'ordre dans la salle de classe.
10. Nous avons loué notre maison _____ les vacances d'été.
11. Alex et Sylvie, _____ ces valises, s'il vous plaît!

     a. viennent
     b. revenus
     c. tenez
     d. viens
     e. il y a
     f. pendant
     g. tiennent
     h. depuis
     i. devenue
     j. venez
     k. maintient

# STRUCTURES

## Mise en pratique

**1** **Qu'est-ce qu'ils viennent de faire?** Regardez les images et dites ce qu'ils (*what they*) viennent de faire.

**MODÈLE**

*Julien vient de faire du cheval.*

Jullen

**1.** M. et Mme Martin    **2.** vous    **3.** nous    **4.** je

_____    _____    _____    _____

_____    _____    _____    _____

**2** **Mes tantes** Tante Olga téléphone à tante Simone pour lui donner des nouvelles (*news*) de la famille. Complétez ses phrases au passé composé.

1. La semaine dernière, Georges _____ (revenir) de vacances.

2. Marc a déménagé, mais je _____ (ne pas retenir) sa nouvelle adresse.

3. J'ai rencontré Martine ce matin; elle _____ (devenir) très jolie.

4. Alfred va avoir 100 ans; c'est parce qu'il _____ (maintenir) un bon rythme de vie.

5. Hier midi, Charles et Antoinette _____ (venir) déjeuner à la maison.

6. Marie-Louise et Roland _____ (devenir) avocats.

7. La fille d'Albert _____ (ne pas venir) le voir le mois dernier.

8. Mélanie _____ (tenir) son chien dans ses bras parce que les enfants avaient peur.

**3** **Nos activités** Avec un(e) partenaire, dites ce que (*what*) chaque personne vient de faire et ce qu'elle va faire maintenant.

**MODÈLE**

*Je viens de manger. Maintenant, je vais faire la vaisselle.*

| A | B | C |
|---|---|---|
| je | manger | emménager |
| tu | faire la lessive | répondre |
| elle | recevoir une lettre | faire un séjour |
| nous | acheter une maison | faire la vaisselle |
| vous | partir en vacances | prendre le train |
| ils | faire ses valises | repasser le linge |
| on | faire les courses | cuisiner |

# Communication

**4** **Préparation de la fête** Marine a invité ses amis ce soir. Elle a demandé à un(e) ami(e) de l'aider. Ils/Elles sont tous/toutes les deux impatient(e)s et ont besoin de savoir si tout est prêt. Avec un(e) partenaire, jouez les rôles de Marine et de son ami(e). Alternez les rôles et utilisez **venir de, il y a, depuis** et **pendant**.

> **MODÈLE**
>
> **Étudiant(e) 1:** *Étienne a téléphoné?*
> **Étudiant(e) 2:** *Oui, il a téléphoné il y a une heure.*

1. Ta mère a apporté les gâteaux?
2. Tu as mis les fleurs dans le vase?
3. Pierre et Stéphanie ont fini de faire les courses?
4. Quand est-ce que tu as sorti les boissons?
5. Il faut mettre les escargots au four pendant longtemps?
6. Les salades de fruits sont dans le frigo?
7. Tu as préparé les tartes aux poires?
8. Ton petit ami est déjà arrivé?

**5** **Devinez** À tour de rôle avec un(e) partenaire, devinez (*guess*) ce que Floriane et ses amis viennent de faire.

> **MODÈLE**
>
> Michel débarrasse la table.
> *Il vient de dîner.*

1. Malika et moi, nous n'avons pas soif.
2. Josiane n'est pas à la maison.
3. Faroukh et Alisha ont dépensé beaucoup d'argent.
4. Vous êtes tout mouillés (*wet*).
5. Tu es très fatigué.
6. Hugo a l'air content.

**6** **Un(e) Américain(e) à Paris** Vous venez de rencontrer un(e) Américain(e) de San Francisco (votre partenaire). Vous lui demandez de vous décrire sa vie à Paris, ses voyages, ce qui (*what*) l'intéresse, etc. Utilisez **depuis, il y a** et **pendant**. Ensuite, jouez la scène pour la classe.

> **MODÈLE**
>
> **Étudiant(e) 1:** *Tu habites en France depuis longtemps?*
> **Étudiant(e) 2:** *Oui, j'habite à Paris depuis 2004.*

**7** **De nouveaux voisins** Deux policiers (*police officers*) vous interrogent sur une famille mystérieuse qui vient d'emménager dans votre quartier. Par groupes de trois, jouez les rôles. Utilisez **depuis, il y a** et **pendant** dans votre conversation.

> **MODÈLE**
>
> **Étudiant(e) 1:** *Quand est-ce que les Rocher ont emménagé?*
> **Étudiant(e) 2:** *Ils ont emmenagé il y a trois mois.*
> **Étudiant(e) 1:** *D'habitude, qui est à la maison pendant la journée?*

# STRUCTURES

## The verbs *devoir, vouloir, pouvoir*  **Presentation**

**Point de départ** The verbs **devoir** (*to have to [must]; to owe*), **vouloir** (*to want*), and **pouvoir** (*to be able to [can]*) are all irregular.

| | devoir | vouloir | pouvoir |
|---|---|---|---|
| je | dois | veux | peux |
| tu | dois | veux | peux |
| il/elle/on | doit | veut | peut |
| nous | devons | voulons | pouvons |
| vous | devez | voulez | pouvez |
| ils/elles | doivent | veulent | peuvent |

Je **dois** repasser.
*I have to iron.*

**Veut**-elle des pâtes?
*Does she want pasta?*

Vous **pouvez** entrer.
*You can come in.*

- **Devoir, vouloir**, and **pouvoir** all take **avoir** in the **passé composé**. They have irregular past participles.

| devoir |  | dû |
|---|---|---|
| vouloir | | voulu |
| pouvoir | | pu |

- **Devoir** can be used with an infinitive to mean *to have to* or *must*.

On **doit** manger des légumes tous les jours.
*One must eat vegetables every day.*

Nous ne **devons** pas parler en classe.
*We must not talk in class.*

- When **devoir** is followed by a noun, it means *to owe*.

Tu me **dois** cinq euros.
*You owe me five euros.*

Il **doit** sa vie aux médecins.
*He owes his life to the doctors.*

- **Devoir** is often used in the **passé composé** with an infinitive to speculate on what *must have happened* or what someone *had to do*. The context will determine the meaning.

Ils ne sont pas arrivés chez eux. Ils **ont dû avoir** un accident.
*They haven't arrived home. They must have had an accident.*

Louise n'est pas allée à la fête parce qu'elle **a dû travailler**.
*Louise didn't go to the party because she had to work.*

- **Devoir** can be used with an infinitive to express *supposed to*.

Je **dois faire** mes devoirs.
*I'm supposed to do my homework.*

Vous **deviez arriver** à huit heures.
*You were supposed to arrive at 8 o'clock.*

- When **vouloir** is used with the infinitive **dire**, it is translated as *to mean*.

Nous **voulons dire** exactement le contraire.
*We mean exactly the opposite.*

Biscuit? Ça **veut dire** "cookie" en français.
*Biscuit? That means "cookie" in French.*

Sandrine devait être là. Elle a dû parler à son prof.

Enfin, j'ai pu vous retrouver.

- **Vouloir bien** can be used to express willingness.

Tu veux prendre de la glace?
*Do you want to have some ice cream?*

Oui, je **veux bien** prendre de la glace.
*Yes, I'd really like to have some ice cream.*

Voulez-vous dîner avec nous demain soir?
*Do you want to have dinner with us tomorrow evening?*

Nous **voulons bien** manger avec vous demain soir.
*We'd love to eat with you tomorrow evening.*

- **Vouloir** is often used in the **passé composé** with an infinitive in negative sentences to express *refused to*.

J'ai essayé, mais il **n'a pas voulu** parler.
*I tried, but he refused to talk.*

Elles **n'ont pas voulu** débarrasser la table.
*They refused to clear the table.*

Nous **n'avons pas voulu** aller chez lui.
*We refused to go to his house.*

Tu **n'as pas voulu** lui dire bonjour.
*You refused to say hello to him.*

- **Pouvoir** can be used in the **passé composé** with an infinitive to express *managed to do something*.

Nous **avons pu** tout finir.
*We managed to finish everything.*

Fathia **a pu** nous trouver.
*Fathia managed to find us.*

J'**ai pu** parler à l'avocat.
*I managed to talk to the lawyer.*

Vous **avez pu** acheter les billets?
*Did you manage to buy the tickets?*

> **🏃 Boîte à outils**
>
> **Vouloir** often takes the **imparfait** in the past since the action of wanting does not usually have a clear beginning or end and lasts an unspecified amount of time. In cases where the beginning or end is specified, use the **passé composé**.
>
> **Je voulais rire.**
> *I wanted to laugh.*
> (no beginning or end)
>
> **Tout à coup, j'ai voulu rire.**
> *All of a sudden, I felt like laughing.*
> (a specific moment in time)

---

**Essayez!**  Complétez ces phrases avec les formes correctes du présent des verbes.

**devoir**

1. Tu _____*dois*_____ revenir à midi?
2. Elles _____ manger tout de suite.
3. Nous _____ encore vingt euros.
4. Je ne _____ pas assister au pique-nique.
5. Elle _____ nous téléphoner.

**vouloir**

6. _____ -vous manger sur la terrasse?
7. Tu _____ quelque chose à boire?
8. Il _____ faire la cuisine.

9. Nous ne _____ pas prendre de dessert.
10. Ils _____ préparer un grand repas.

**pouvoir**

11. Je _____ passer l'aspirateur ce soir.
12. Il _____ acheter de l'ail au marché.
13. Elles _____ emménager demain.
14. Vous _____ maigrir de quelques kilos.
15. Nous _____ mettre la table.

**ressources**

WB pp. 117–118

LM p. 68

Ⓢ vhlcentral.com
Leçon 9A

# STRUCTURES

## Mise en pratique

**1** **Que doit-on faire?** Qu'est-ce que ces personnes doivent faire pour avoir ce qu'elles (*what they*) veulent?

> **MODÈLE** André ___veut___ courir le marathon, alors il ___doit___ faire du jogging.

1. Je _____ grossir, alors je _____ manger des frites.

2. Il _____ être en forme, alors il _____ aller à la gym.

3. Vous _____ manger des spaghettis, alors vous _____ aller dans un resto italien.

4. Tu _____ manger chez toi, alors tu _____ faire la cuisine.

5. Elles _____ maigrir, alors elles _____ moins manger.

6. Nous _____ écouter de la musique, alors nous _____ acheter des CD.

**2** **Qui peut faire quoi?** Ève prépare un grand repas. Dites ce que (*what*) chaque personne peut faire.

> **MODÈLE**
>
> Joseph / faire / courses
> *Joseph peut faire les courses.*

1. Marc / acheter / boissons

2. Benoît et Anne / préparer / gâteaux

3. Jean et toi / décorer / salle à manger

4. Patrick et moi / essuyer / verres

5. je / prendre / photos

6. tu / mettre / table

**3** **Mes enfants** M. Dion est au restaurant avec ses enfants. Le serveur/ La serveuse lui demande ce qu'ils (*what they*) veulent prendre. Avec un(e) partenaire, posez les questions et répondez. Alternez les rôles.

> **MODÈLE** Éric:  ou
>
> **Étudiant(e) 1:** *Veut-il un jus d'orange ou un verre de lait?*
> **Étudiant(e) 2:** *Il veut un jus d'orange, s'il vous plaît.*

1. Michèle:   ou

2. Stéphanie et Éric:  ou

3. Stéphanie:   ou

4. Éric:  ou

Practice more at **vhlcentral.com**.

## Communication

**4** **Que faire?** À tour de rôle avec un(e) partenaire, dites ce que (*what*) ces personnes peuvent, doivent ou veulent faire ou ne pas faire. Utilisez **pouvoir**, **devoir** et **vouloir** dans vos réponses.

> **MODÈLE**
>
> **Étudiant(e) 1:** *Il veut maigrir.*
>
> **Étudiant(e) 2:** *Il ne peut pas manger de dessert.*

1.

2.

3.

4.

5.

6.

**5** **Ce n'est pas de ma faute.** Préparez une liste de cinq choses qui vous sont arrivées (*happened to you*) par accident. Montrez la liste à un(e) partenaire, qui va deviner pourquoi. A-t-il/elle raison?

**MODÈLE**

**Étudiant(e) 1:** *J'ai perdu les clés de ma maison.*
**Étudiant(e) 2:** *Tu as dû les laisser sur ton lit.*

**6** **Ce week-end** Invitez vos camarades de classe à faire des choses avec vous le week-end prochain. S'ils refusent votre invitation, ils doivent vous donner une excuse. Quelles réponses avez-vous reçues (*received*)?

**MODÈLE**

**Étudiant(e) 1:** *Tu veux jouer au tennis avec moi le week-end prochain?*
**Étudiant(e) 2:** *Quel jour?*
**Étudiant(e) 1:** *Samedi matin.*
**Étudiant(e) 2:** *Désolé(e), je ne peux pas. Je dois rendre visite à ma famille.*

**7** **La permission** La mère de Sylvain lui permet de faire certaines choses mais pas d'autres. Avec un(e) partenaire, préparez leur dialogue. Utilisez les verbes **devoir**, **vouloir** et **pouvoir**.

**MODÈLE**

**Étudiant(e) 1:** *Maman, je veux sortir avec Paul vendredi.*
**Étudiant(e) 2:** *Tu peux sortir, mais tu dois d'abord ranger ta chambre.*

**8** **Des conseils** Votre ami(e) a beaucoup de problèmes et vous demande des conseils (*advice*). Avec un(e) partenaire, préparez le dialogue. Utilisez le verbe **devoir** pour lui faire des suggestions.

**MODÈLE**

**Étudiant(e) 1:** *Je ne peux pas dormir la nuit.*
**Étudiant(e) 2:** *Tu ne dois pas boire de café après le dîner.*

# Révision

**1** **Au restaurant** Avec un(e) partenaire, dites ce que (*what*) ces personnes viennent de faire. Utilisez les verbes de la liste et d'autres verbes.

| | |
|---|---|
| apporter | manger |
| arriver | parler |
| boire | prendre |
| demander | téléphoner |

**2** **Au supermarché** Un(e) enfant et son père ou sa mère sont au supermarché. L'enfant demande ces choses à manger, mais le père ou la mère ne veut pas les acheter et doit lui donner des raisons. Avec un(e) partenaire, préparez un dialogue et puis jouez-le pour la classe. Employez les verbes **devoir**, **vouloir** et **pouvoir** et le passé récent.

> **MODÈLE**
>
> **Étudiant(e) 1:** *Maman, je veux de la confiture. Achète-moi cette confiture, s'il te plaît.*
> **Étudiant(e) 2:** *Tu ne dois pas manger ça. Tu viens de manger un dessert et tu vas grossir.*

| | |
|---|---|
| des chips | une glace |
| du chocolat | du pâté |
| un coca | une saucisse |
| de la confiture | des yaourts aux fruits |

**3** **Le chef de cuisine** Vous et votre partenaire êtes deux chefs. Choisissez une recette (*recipe*) facile et préparez une démonstration de cette recette pour la classe. Donnez des conseils (*advice*) avec les verbes **devoir**, **vouloir** et **pouvoir** et employez le passé récent.

> **MODÈLE**
>
> **Étudiant(e) 1:** *Combien de carottes doit-on utiliser?*
> **Étudiant(e) 2:** *Vous pouvez utiliser deux ou trois carottes.*

**4** **Dans le frigo** Vous et vos partenaires êtes colocataires et vous nettoyez votre frigo. Qu'allez-vous mettre à la poubelle? Par groupes de trois, regardez l'illustration et décidez. Ensuite, présentez vos décisions à la classe.

> **MODÈLE**
>
> **Étudiant(e) 1:** *Depuis combien de temps on a ce fromage dans le frigo?*
> **Étudiant(e) 2:** *Je viens de l'acheter, nous pouvons le garder encore un peu.*

**5** **Chez moi** Vous et votre partenaire voulez manger ensemble après le cours. Vous voulez manger chez vous ou chez votre partenaire, mais pas au resto U. Que pouvez-vous préparer? Que voulez-vous manger ou boire?

> **MODÈLE**
>
> **Étudiant(e) 1:** *Chez moi, j'ai du chocolat et du lait, et je peux te faire un chocolat chaud.*
> **Étudiant(e) 2:** *Non merci, je veux plutôt une boisson froide et j'ai des boissons gazeuses à la maison.*

**6** **Une journée bien occupée** Votre professeur va vous donner, à vous et à votre partenaire, une feuille sur les activités d'Alexandra. Attention! Ne regardez pas la feuille de votre partenaire.

> **MODÈLE**
>
> **Étudiant(e) 1:** *À quatre heures et demie, Alexandra a pu faire du jogging.*
> **Étudiant(e) 2:** *Après, à cinq heures, elle...*

**Video**

# Le Zapping

## Le far breton

En Bretagne, région du nord-ouest de la France, il existe plusieurs variétés de *fars*. Ils ont tous comme ingrédient principal de la farine°, d'où vient leur nom. Les Bretons cuisinaient traditionnellement un far à l'occasion des fêtes religieuses. En Bretagne, il a toujours existé des fars salés° et sucrés°. Pourtant°, c'est une version sucrée avec des pruneaux° qui a traversé les limites régionales pour se populariser dans toute la France sous le nom de "far breton".

—Alors, je vais vous présenter la recette° du far breton.

—Donc, maintenant, je vais casser° les œufs pour les mélanger° ensuite à la farine.

**Compréhension** Répondez aux questions.

1. Quels sont les ingrédients pour le far breton?
2. Quel est le verbe de la liste que le chef de cuisine ne dit pas?
   **ajouter** (*to add*), **casser**, **chauffer** (*to heat*), **couper** (*to cut*), **mélanger**, **verser** (*to pour*)
3. À quelle température et pendant combien de temps la pâte (*batter*) doit-elle rester au four?

**Discussion** Avec un(e) partenaire, posez-vous ces questions et discutez.

Quelle est votre recette préférée? Quels sont les ingrédients? Comment la prépare-t-on?

**farine** *flour* **salés** *savory* **sucrés** *sweet* **Pourtant** *However* **pruneaux** *prunes*
**recette** *recipe* **casser** *to crack* **mélanger** *to mix*

Go to **vhlcentral.com** to watch the TV clip featured in this **Le Zapping**.

# Leçon 9B

**You will learn how to...**

- describe and discuss food
- shop for food

# À table!

## Vocabulaire

| | |
|---|---|
| être au régime | *to be on a diet* |
| une boîte (de conserve) | *can* |
| la crème | *cream* |
| la mayonnaise | *mayonnaise* |
| la moutarde | *mustard* |
| une tranche | *slice* |
| une entrée | *appetizer, starter* |
| un hors-d'œuvre | *hors-d'œuvre, appetizer* |
| un plat (principal) | *(main) dish* |
| À table! | *Dinner is ready!* |
| compris | *included* |
| une boucherie | *butcher's shop* |
| une boulangerie | *bread shop, bakery* |
| une charcuterie | *delicatessen* |
| un(e) commerçant(e) | *shopkeeper* |
| un kilo(gramme) | *kilo(gram)* |
| une pâtisserie | *pastry shop, bakery* |
| une poissonnerie | *fish shop* |

Il goûte la soupe. (goûter)

l'assiette (f.)

la carte

la serviette

la fourchette

le couteau

la nappe

# Mise en pratique

 **S** **Audio: Vocabulary**

**1** **Écoutez** 🎧 Catherine est au régime. Elle parle de ses habitudes alimentaires. Écoutez et indiquez si les affirmations suivantes sont **vraies** ou **fausses**.

| | Vrai | Faux |
|---|---|---|
| 1. Catherine mange beaucoup de desserts. | ☐ | ☐ |
| 2. Catherine fait les courses au supermarché. | ☐ | ☐ |
| 3. Elle adore la viande. | ☐ | ☐ |
| 4. Elle est au régime. | ☐ | ☐ |
| 5. Catherine achète des fruits et des légumes au marché. | ☐ | ☐ |
| 6. Selon (*According to*) Catherine, le service chez les commerçants est désagréable. | ☐ | ☐ |
| 7. Elle va souvent à la boucherie et à la poissonnerie. | ☐ | ☐ |
| 8. Elle vient de devenir végétarienne. | ☐ | ☐ |

**2** **Le repas** Mettez ces différentes étapes dans l'ordre chronologique.

a. _____ dire «À table!»

b. _____ servir le plat principal

c. _____ mettre les assiettes, les fourchettes, les cuillères et les couteaux sur la table

d. _____ servir l'entrée

e. _____ faire les courses

f. _____ organiser un menu

g. _____ prendre le dessert avec les invités

h. _____ faire la cuisine

**3** **Complétez** Complétez les phrases suivantes avec le bon mot pour faire une phrase logique.

1. Pour manger de la soupe on utilise...
   a. un couteau.
   b. une cuillère.
   c. une fourchette.

2. On sert la soupe dans...
   a. une boîte.
   b. une carafe.
   c. un bol.

3. Au restaurant le serveur/ la serveuse doit... la nourriture.
   a. commander
   b. apporter
   c. goûter

4. On vend des baguettes à...
   a. la boulangerie.
   b. la charcuterie.
   c. la boucherie.

5. On met... dans le café.
   a. du beurre
   b. du poivre
   c. de la crème

6. On vend des gâteaux à...
   a. la boucherie.
   b. la pâtisserie.
   c. la poissonnerie.

7. Au restaurant, on commande d'abord...
   a. une entrée.
   b. un plat principal.
   c. une serviette.

8. On vend du jambon à...
   a. la charcuterie.
   b. la crémerie.
   c. la pâtisserie.

Elle commande. (commander)

le menu

menu

le sel  le poivre

l'huile d'olive (*f.*)

la carafe d'eau

le bol  la cuillère à soupe

la cuillère à café

# Communication

 **4** **Conversez** Interviewez un(e) camarade de classe.

 1. En général, qu'est-ce que tu commandes au restaurant? Comme entrée? Comme plat principal?
2. Qui fait les courses chez toi? Où? Quand?
3. Est-ce que tu préfères faire les courses au supermarché ou chez les commerçants? Pourquoi?
4. Es-tu au régime? Qu'est-ce que tu manges?
5. Quel est ton plat principal préféré?
6. Aimes-tu la moutarde? Avec quel(s) plat(s) l'utilises-tu?
7. Aimes-tu la mayonnaise? Avec quel(s) plat(s) l'utilises-tu?
8. Dans quel(s) plat(s) mets-tu de l'huile d'olive?

**5** **Sept différences** Votre professeur va vous donner, à vous et à votre partenaire, deux feuilles d'activités avec le dessin (*drawing*) d'un restaurant. Il y a sept différences entre les deux images. Sans regarder l'image de votre partenaire, faites une liste de ces différences. Quel est le groupe le plus rapide de la classe?

> **MODÈLE**
>
> **Étudiant(e) 1:** *Dans mon restaurant, le serveur apporte du beurre à la table.*
> **Étudiant(e) 2:** *Dans mon restaurant aussi, on apporte du beurre à la table, mais c'est une serveuse, pas un serveur.*

**6** **Au restaurant** Travaillez avec deux camarades de classe pour présenter le dialogue suivant.

- Une personne invite un(e) ami(e) à dîner au restaurant.
- Une personne est le serveur/la serveuse et décrit le menu.
- Vous parlez du menu et de vos préférences.
- Une personne est au régime et ne peut pas manger certains ingrédients.
- Vous commandez les plats.
- Vous parlez des plats que vous mangez.

**7** **Écriture** Écrivez un paragraphe dans lequel vous:

- parlez de la dernière fois que vous avez préparé un dîner, un déjeuner ou un petit-déjeuner pour quelqu'un.
- décrivez les ingrédients que vous avez utilisés pour préparer le(s) plat(s).
- mentionnez les endroits où vous avez acheté les ingrédients et leurs quantités.
- décrivez comment vous avez mis la table.

# Les sons et les lettres

**Audio: Concepts, Activities
Record & Compare**

 **Stress and rhythm**

In French, all syllables are pronounced with more or less equal stress, but the final syllable in a phrase is elongated slightly.

**Je fais souvent du sport, mais aujourd'hui j'ai envie de rester à la maison.**

French sentences are divided into three basic kinds of rhythmic groups.

| *Noun phrase* | *Verb phrase* | *Prepositional phrase* |
|---|---|---|
| **Caroline et Dominique** | **sont venues** | **chez moi.** |

The final syllable of a rhythmic group may be slightly accentuated either by rising intonation (pitch) or elongation.

**Caroline et Dominique sont venues chez moi.**

In English, you can add emphasis by placing more stress on certain words. In French, you can repeat the word to be emphasized by adding a pronoun or you can elongate the first consonant sound.

**Je ne sais pas, moi.**    **Quel idiot!**    **C'est fantastique!**

 **Prononcez** Répétez les phrases suivantes à voix haute.

1. Ce n'est pas vrai, ça.
2. Bonjour, Mademoiselle.
3. Moi, je m'appelle Florence.
4. La clé de ma chambre, je l'ai perdue.
5. Je voudrais un grand café noir et un croissant, s'il vous plaît.
6. Nous allons tous au marché, mais Marie, elle va au centre commercial.

 **Articulez** Répétez les phrases en mettant l'emphase sur les mots indiqués.

1. C'est *impossible*!
2. Le film était *super*!
3. Cette tarte est *délicieuse*!
4. Quelle idée *extraordinaire*!
5. Ma sœur parle *constamment*.

**Dictons** Répétez les dictons à voix haute.

*Le chat parti, les souris dansent.*[2]

*Les chemins les plus courts ne sont pas toujours les meilleurs.*[1]

[2] When the cat is away, the mice will play.
[1] The shortest paths aren't always the best.

ressources

LM p. 70

vhlcentral.com
Leçon 9B

# ROMAN-PHOTO

## Le dîner

 **Video: Roman-photo**
**Record & Compare**

**Amina**

**David**

**Rachid**

**Sandrine**

**Stéphane**

**Valérie**

*Au centre-ville...*

**DAVID** Qu'est-ce que tu as fait en ville?

**RACHID** Des courses à la boulangerie et chez le chocolatier.

**DAVID** Tu as acheté ces chocolats pour Sandrine?

**RACHID** Pourquoi? Tu es jaloux? Ne t'en fais pas! Elle nous a invités, il est normal d'apporter quelque chose.

**DAVID** Je n'ai pas de cadeau pour elle. Qu'est-ce que je peux lui acheter? Je peux lui apporter des fleurs!

*Chez le fleuriste...*

**DAVID** Ces roses sont très jolies, non?

**RACHID** Tu es tombé amoureux?

**DAVID** Mais non! Pourquoi tu dis ça?

**RACHID** Des roses, c'est romantique.

**DAVID** Ah... Ces fleurs-ci sont jolies. C'est mieux?

**RACHID** Non, c'est pire! Les chrysanthèmes sont réservés aux funérailles.

**DAVID** Hmmm. Je ne savais pas que c'était aussi difficile de choisir un bouquet de fleurs!

**RACHID** Regarde! Celles-là sont parfaites!

**DAVID** Tu es sûr?

**RACHID** Sûr et certain, achète-les!

**AMINA** Sandrine, est-ce qu'on peut faire quelque chose pour t'aider?

**SANDRINE** Oui euh, vous pouvez finir de mettre la table, si vous voulez.

**VALÉRIE** Je vais t'aider dans la cuisine.

**AMINA** Tiens, Stéphane. Voilà le sel et le poivre. Tu peux les mettre sur la table, s'il te plaît.

**SANDRINE** À table!

**SANDRINE** Je vous sers autre chose? Une deuxième tranche de tarte aux pommes peut-être?

**VALÉRIE** Merci.

**AMINA** Merci. Je suis au régime.

**SANDRINE** Et toi, David?

**DAVID** Oh! J'ai trop mangé. Je n'en peux plus!

**STÉPHANE** Moi, je veux bien...

**SANDRINE** Donne-moi ton assiette.

**STÉPHANE** Tiens, tu peux la lui passer, s'il te plaît?

**VALÉRIE** Quel repas fantastique, Sandrine. Tu as beaucoup de talent, tu sais.

**RACHID** Vous avez raison, Madame Forestier. Ton poulet aux champignons était superbe!

 **1** **Vrai ou faux?** Indiquez si les affirmations suivantes sont **vraies** ou **fausses**.

1. Rachid est allé chez le chocolatier.

2. Rachid et David sont arrivés en avance.

3. David n'a pas apporté de cadeau.

4. Sandrine aime les fleurs de David.

5. Personne (*Nobody*) n'aide Sandrine.

6. David n'a pas beaucoup mangé.

7. Stéphane n'est pas au régime.

8. Sandrine a fait une tarte aux pêches pour le dîner.

9. Les plats de Sandrine ne sont pas très bons.

10. Les invités ont passé une soirée très agréable.

 Practice more at **vhlcentral.com.**

A C T I V I T É S

**Sandrine a préparé un repas fantastique pour ses amis.**

*Chez Sandrine...*

**SANDRINE** Bonsoir... Entrez! Oh!

**DAVID** Tiens. C'est pour toi.

**SANDRINE** Oh, David! Il ne fallait pas, c'est très gentil!

**DAVID** Je voulais t'apporter quelque chose.

**SANDRINE** Ce sont les plus belles fleurs que j'aie jamais reçues! Merci!

**RACHID** Bonsoir, Sandrine.

**SANDRINE** Oh, du chocolat! Merci beaucoup.

**RACHID** J'espère qu'on n'est pas trop en retard.

**SANDRINE** Pas du tout! Venez! On est dans la salle à manger.

**STÉPHANE** Oui, et tes desserts sont les meilleurs! C'est la tarte la plus délicieuse du monde!

**SANDRINE** Vous êtes adorables, merci. Moi, je trouve que cette tarte aux pommes est meilleure que la tarte aux pêches que j'ai faite il y a quelques semaines.

**AMINA** Tout ce que tu prépares est bon, Sandrine.

**DAVID** À Sandrine, le chef de cuisine le plus génial!

**TOUS** À Sandrine!

---

## Expressions utiles

### Making comparisons and judgments

- **Ces fleurs-ci sont jolies. C'est mieux?**
  *These flowers are pretty. Is that better?*

- **C'est pire! Les chrysanthèmes sont réservés aux funérailles.**
  *That's worse! Chrysanthemums are only for funerals.*

- **Je ne savais pas que c'était aussi difficile de choisir un bouquet de fleurs!**
  *I didn't know it was so hard to choose a bouquet of flowers!*

- **Ce sont les plus belles fleurs que j'aie jamais reçues!**
  *These are the most beautiful flowers I have ever received!*

- **C'est la tarte la plus délicieuse du monde!**
  *This is the most delicious tart in the world!*

- **Cette tarte aux pommes est meilleure que la tarte aux pêches.**
  *This apple tart is better than the peach tart.*

### Additional vocabulary

- **Ah, tu es jaloux? Ne t'en fais pas!**
  *Are you jealous? Don't worry!*

- **sûr(e) et certain(e)**
  *totally sure/completely certain*

- **Il ne fallait pas.**
  *You shouldn't have./There was no need.*

- **J'ai trop mangé. Je n'en peux plus!**
  *I ate too much. I can't take another bite!*

- **Tu peux la lui passer?**
  *Can you pass it to her?*

---

**2** **Questions** Répondez aux questions suivantes.

1. Qu'est-ce que Rachid a apporté à Sandrine?
2. Qu'a fait Amina pour aider?
3. Qui mange une deuxième tranche de tarte aux pommes?
4. Quel type de tarte Sandrine a-t-elle préparé il y a quelques semaines?
5. Pourquoi David n'a-t-il pas acheté les roses?

**3** **Écrivez** David veut raconter le dîner de Sandrine à sa famille. Composez un e-mail. Quels ont été les préparatifs (*preparations*)? Qui a apporté quoi? Qui est venu? Qu'est-ce qu'on a mangé? Relisez le **ROMAN-PHOTO** de la Leçon 9A si nécessaire.

**ressources**

| VM pp. 221–222 | DVD Leçon 9B | vhlcentral.com Leçon 9B |

**A C T I V I T É S**

**Reading**

# Les repas en France

**En France, un grand repas traditionnel peut être composé de beaucoup de plats différents et il peut durer° plusieurs heures.** Avant de passer à table, on sert des amuse-gueules° comme des biscuits salés°, des olives ou des cacahuètes°. Ensuite, on commence le repas par un hors-d'œuvre ou directement par une ou deux entrées chaudes ou froides, comme une soupe, de la charcuterie, des escargots, etc. Après l'entrée, on prend parfois un sorbet pour nettoyer le palais°. Puis, on passe au plat principal, qui est en général une viande ou un poisson servi avec des légumes. Après, on apporte la salade, puis le fromage et enfin, on sert le dessert et le café. Le repas traditionnel est souvent accompagné de vin, et dans les grandes occasions, de champagne pour le dessert. Bien sûr, tous les Français ne font pas ce genre de repas tous les jours. En général, on mange beaucoup plus simplement. Au petit-déjeuner, on boit du café au lait, du thé ou du chocolat chaud. On mange des tartines° ou du pain grillé° avec du beurre et de la confiture, et des croissants le week-end. Le déjeuner est traditionnellement le repas principal, mais aujourd'hui, les Français n'ont pas souvent le temps de rentrer à la maison. Pour cette raison, on mange de plus en plus° au travail ou au café. Après l'école, les enfants prennent parfois un goûter, par exemple du pain avec du chocolat. Et le soir, on dîne à la maison, en famille.

### Les Français et les repas

- 10% des Français ne prennent pas de petit-déjeuner.
- 60% boivent du café le matin, 20% du thé, 15% du chocolat.
- 99% dînent chez eux en semaine.
- 35% dînent en famille, 30% en couple.
- 75% des dîners consistent en moins de° trois plats successifs.
- Le pain est présent dans plus de 60% des déjeuners et des dîners.

**durer** *last* **amuse-gueules** *small appetizers* **salés** *savory* **cacahuètes** *peanuts* **palais** *palate* **tartines** *slices of bread* **pain grillé** *toast* **de plus en plus** *more and more* **moins de** *less than*

### Coup de main

You can use these terms to specify how you would like meat to be cooked.

| | |
|---|---|
| **bleu(e)** | *very rare* |
| **saignant(e)** | *medium rare* |
| **à point** | *medium* |
| **bien cuit(e)** | *well-done* |

## ACTIVITÉS

**1** **Vrai ou faux?** Indiquez si les phrases sont **vraies** ou **fausses**. Corrigez les phrases fausses.

1. On mange les hors-d'œuvres avant les amuse-gueules.
2. On prend parfois un sorbet après l'entrée.
3. En France, on mange la salade en entrée.
4. En général, on ne boit pas de vin pendant le repas.
5. On sert le fromage entre la salade et le dessert.
6. Les Français mangent souvent des œufs au petit-déjeuner.
7. Tous les Français mangent un grand repas traditionnel chaque soir.
8. Le déjeuner est traditionnellement le repas principal de la journée en France.
9. À midi, les Français mangent toujours à la maison.
10. Les enfants prennent parfois un goûter après l'école.

STRATÉGIE

## Predicting

A useful way to understand a reading in French better is to predict what you believe will happen next. Predicting encourages you to recall what you have read, organize your thoughts, and draw logical conclusions. Pick a good stopping point, and jot down on a sheet of paper a sentence or two predicting what the next part of the text will be about, or even how the reading will end. As you read further, confirm or correct your written predictions.

LE MONDE FRANCOPHONE

## Si on est invité...

Voici quelques bonnes manières à observer quand on dîne chez des amis.

### En Afrique du Nord

- Si quelqu'un vous invite à boire un thé à la menthe, ce n'est pas poli de refuser.
- En général, on enlève ses chaussures avant d'entrer dans une maison.
- On mange souvent avec les doigts°.

### En France

- Il est poli d'apporter un petit cadeau pour les hôtes, par exemple des bonbons ou des fleurs.
- On dit parfois «Santé!°» ou «À votre santé°!» avant de boire et «Bon appétit!» avant de manger.
- On mange avec la fourchette dans la main gauche et le couteau dans la main droite et on garde toujours les deux mains sur la table.

**doigts** *fingers* **Santé!** *Cheers!* **santé** *health*

PORTRAIT

# La couscousmania des Français

La cuisine du Maghreb est très populaire en France. Les restaurants orientaux sont nombreux et appréciés pour la qualité de leur nourriture et leur ambiance. Les merguez, des petites saucisses rouges pimentées°, sont vendues dans toutes les boucheries. Dans les grandes villes, des pâtisseries au miel° sont dégustées° au goûter. Le plat le plus célèbre reste le couscous, le

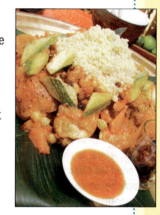

quatrième plat préféré des Français, devant le steak-frites! Aujourd'hui, des restaurants trois étoiles° le proposent en plat du jour et on le sert dans les cantines. Les Français consomment 75.000 tonnes de couscous par an, une vraie couscousmania!

**pimentées** *spicy* **miel** *honey* **dégustées** *savored* **étoiles** *stars*

### Sur Internet

**Les Français mangent-ils beaucoup de glace?**

Go to **vhlcentral.com** to find more cultural information related to this **Lecture culturelle**.

---

**2**  **Répondez** Répondez aux questions d'après les textes.
1. Qu'est-ce qu'il est impoli de refuser en Afrique du Nord?
2. Pourquoi les Français apprécient-ils les restaurants orientaux?
3. Où sert-on le couscous aujourd'hui?
4. Quel cadeau peut-on apporter quand on dîne chez des Français?
5. Une fourchette et un couteau sont-ils nécessaires en Afrique du Nord?

**3** **Que choisir?** Avez-vous déjà mangé dans un restaurant nord-africain? Quand? Où? Qu'avez-vous mangé? Du couscous? Si vous n'êtes jamais allé(e) dans un restaurant nord-africain, imaginez que des amis vous invitent à en essayer un. Qu'avez-vous envie de goûter? Pourquoi?

**ACTIVITÉS**

**ressources**

vhlcentral.com
Leçon 9B

 Practice more at **vhlcentral.com.**

# STRUCTURES

## Mise en pratique

**1** **Oui, mais...** Deux amis comparent deux restaurants. Complétez les phrases avec **bon**, **bien**, **meilleur** ou **mieux**.

1. J'ai bien mangé au Café du marché hier.

   Oui, mais nous avons _____ mangé Chez Charles.

2. Le vin blanc au Café du marché est _____.

   Oui, mais le vin blanc de Chez Charles est meilleur.

3. Mes amis ont bien aimé le Café du marché.

   Oui, mais mes amis ont _____ mangé Chez Charles.

4. Au Café du marché, le chef prépare _____ le poulet.

   Oui, mais le chef de Chez Charles le prépare mieux.

5. Les salades au Café du marché sont bonnes.

   Oui, mais elles sont _____ Chez Charles.

6. Tout est bon au Café du marché!

   Tout est _____ Chez Charles!

**2** **Un nouveau quartier** Vous venez d'emménager. Assemblez les éléments des trois colonnes pour poser des questions sur le quartier à un(e) voisin(e).

**MODÈLE**

*Est-ce que le jambon est moins cher au supermarché ou à la charcuterie?*

| A | B | C |
|---|---|---|
| pain | boucherie | aussi |
| fruits de mer | boulangerie | meilleur(e) |
| faire les courses | charcuterie | mieux |
| dîner | pâtisserie | moins |
| aller | poissonnerie | pire |
| acheter | voisins | plus |
| desserts | quartier | |
| jambon | supermarché | |

**3** **Aujourd'hui et autrefois** Avec un(e) partenaire, comparez la vie domestique d'aujourd'hui et d'autrefois. Utilisez les adjectifs de la liste à tour de rôle. Ensuite, présentez vos opinions à la classe.

**MODÈLE**

*Aujourd'hui, les tâches ménagères sont moins difficiles.*

| | | | |
|---|---|---|---|
| bon | difficile | mauvais | poli |
| compliqué | grand | naturel | rapide |
| curieux | indépendant | occupé | sophistiqué |

1. les congélateurs
2. la nourriture
3. les femmes
4. les commerçants
5. les voyages
6. les voitures
7. les enfants
8. la vie

Practice more at **vhlcentral.com.**

# Communication

 **4** **Trouvez quelqu'un** Votre professeur va vous donner une feuille d'activités. Circulez dans la classe pour trouver des camarades différents qui correspondent aux phrases.

**MODÈLE**

**Étudiant(e) 1:** *Quel âge as-tu?*
**Étudiant(e) 2:** *J'ai dix-neuf ans.*
**Étudiant(e) 3:** *Alors tu es plus jeune que moi.*

| Trouvez dans la classe quelqu'un qui... | Nom |
|---|---|
| 1. ... est plus jeune que vous. | Myriam |
| 2. ... habite plus loin de la fac que vous. | |
| 3. ... prend l'avion aussi souvent que vous. | |
| 4. ... fait moins de gym que vous. | |

**5** **Comparaisons** Par groupes de trois, comparez les sujets présentés. Utilisez des comparatifs et des superlatifs.

**MODÈLE**

**Étudiant(e) 1:** *Les vacances à la mer sont plus amusantes que les vacances à la montagne.*

**Étudiant(e) 2:** *Moi, je pense que les vacances à la montagne sont plus intéressantes.*

**Étudiant(e) 3:** *D'accord, mais les vacances à l'étranger sont les plus amusantes.*

1.      2.      3.      4.

**6** **À mon avis** À tour de rôle avec un(e) partenaire, comparez ces personnes et ces choses en utilisant des comparatifs.

1. New York / Chicago
2. Johnny Depp / Daniel Craig
3. George W. Bush / Barack Obama
4. Tiger Woods / Phil Mickelson
5. Rihanna / Katy Perry
6. le cours de français / le cours d'anglais
7. la vie à la campagne / la vie en ville
8. *Modern Family / Revenge*

**7** **Comparaisons** À tour de rôle avec un(e) partenaire, parlez de votre famille et de vos amis. Utilisez des comparatifs et des superlatifs dans vos descriptions.

**MODÈLE**

*Ma sœur Amy est plus sérieuse que moi, mais mon frère Thomas est la personne la plus sérieuse de ma famille.*

# STRUCTURES

**9B.2**

## Double object pronouns  **Presentation**

**Point de départ** In **Leçon 6B** and **Leçon 7A**, respectively, you learned to use indirect and direct object pronouns. Now you will learn to use these pronouns together.

| DIRECT OBJECT | INDIRECT OBJECT | | DIRECT OBJECT PRONOUN | INDIRECT OBJECT PRONOUN |

J'ai rendu **le menu** à **la serveuse**.
*I returned the menu to the waitress.*

 Je **le** **lui** ai rendu.
*I returned it to her.*

*Tu peux la lui passer, s'il te plaît?*

*Une deuxième tranche? Je te la sers.*

- Use this sequence when a sentence contains both a direct and an indirect object pronoun.

| me te nous vous | *before* | le la l' les | *before* | lui leur | + | [verb] |

Gérard m'envoie les messages de Christiane.
Il **me les** envoie tous les jours.
*Gérard sends me Christiane's messages.*
*He sends them to me every day.*

Je lui envoie aussi les messages de Laurent.
Je **les lui** envoie tous les week-ends.
*I send him Laurent's messages, too.*
*I send them to him every weekend.*

Le chef nous prépare son meilleur plat.
Les serveurs **nous l'**apportent.
*The chef prepares his best dish for us.*
*The waiters bring it to us.*

Nous avons laissé le pourboire des serveurs sur la table. Nous **le leur** avons laissé quand nous sommes partis.
*We left a tip for the waiters on the table.*
*We left it for them when we left.*

- In an infinitive construction, the double object pronouns come after the conjugated verb and precede the infinitive, just like single object pronouns.

Mes notes de français? Je vais
 **vous les** prêter.
*My French notes? I'm going to
 lend them to you.*

Carole veut lire mon poème?
 Je vais **le lui** montrer.
*Carole wants to read my poem?
 I'm going to show it to her.*

- In the **passé composé** the double object pronouns precede the auxiliary verb, just like single object pronouns. The past participle agrees with the preceding direct object.

Rémi a-t-il acheté ces fleurs pour sa mère?
*Did Rémi buy those flowers for his mother?*

Oui, il **les lui** a **achetées**.
*Yes, he bought them for her.*

Vous m'avez donné la plus grande chambre?
*Did you give me the biggest room?*

Oui, nous **vous** l'avons **donnée**.
*Yes, we gave it to you.*

- In affirmative commands, the verb is followed by the direct object pronoun and then the indirect object pronoun, with hyphens in between. Remember to use **moi** and **toi** instead of **me** and **te**.

Vous avez trois voitures?
 Montrez-**les-moi**.
*You have three cars?
 Show them to me.*

Tu connais la réponse à la
 question du prof? Dis-**la-nous**.
*You know the answer to the
 professor's question? Tell it to us.*

Voici le livre. Donne-**le-leur**.
*Here's the book. Give it to them.*

Ce poème? Traduisons-**le-lui**.
*This poem? Let's translate it for her.*

 **Boîte à outils**

In negative commands, object pronouns come before the verb. The direct object pronoun precedes the indirect object pronoun.

**Tu veux vendre la montre à ta cousine? Ne la lui vends pas!**

---

**Essayez!**  Utilisez deux pronoms pour refaire ces phrases.

1. Le prof vous donne les résultats des examens. ____*Le prof vous les donne.*____
2. Tes parents t'achètent le billet. _____
3. Qui t'a donné cette belle lampe bleue? _____
4. Il nous a réservé les chambres. _____
5. Pose-moi tes questions. _____
6. Explique-leur le problème de maths. _____
7. Peux-tu me montrer les photos? _____
8. Tu préfères lui prêter ton dictionnaire? _____
9. Dites-moi la vérité (*truth*)! _____
10. Nous n'avons pas apporté les couteaux à Paul. _____

**ressources**

WB
pp. 123–124

LM
p. 72

vhlcentral.com
Leçon 9B

# SAVOIR-FAIRE

# Panorama

les vendanges° en Bourgogne

## La Bourgogne

### La région en chiffres

- ▶ **Superficie:** *31.582 km²*
- ▶ **Population:** *1.616.000*
  SOURCE: INSEE
- ▶ **Industries principales:** *industries automobile et pharmaceutique, tourisme, viticulture°*
- ▶ **Villes principales:** *Auxerre, Chalon-sur-Saône, Dijon, Mâcon, Nevers*

### Personnages célèbres

- ▶ **Gustave Eiffel,** *ingénieur (la tour Eiffel) (1832–1923)*
- ▶ **Colette,** *écrivain (1873–1954)*
- ▶ **Claude Jade,** *actrice (1948–2006)*

## La Franche-Comté

### La région en chiffres

- ▶ **Superficie:** *16.202 km²*
- ▶ **Population:** *1.133.000*
- ▶ **Industries principales:** *agriculture, artisanat, industrie automobile, horlogerie°, tourisme*
- ▶ **Villes principales:** *Belfort, Besançon, Dole, Pontarlier, Vesoul*

### Personnages célèbres

- ▶ **Louis (1864–1948) et Auguste (1862–1954) Lumière,** *inventeurs du cinématographe°*
- ▶ **Claire Motte,** *danseuse étoile° à l'Opéra de Paris (1937– )*

viticulture *grape growing*  horlogerie *watch and clock making*
cinématographe *motion picture camera*  danseuse étoile *principal
dancer*  servaient à *were used for*  toux *cough*  persil *parsley*
lutter contre *fight against*  vendanges *grape harvest*

### Map labels

Sens
Auxerre
Luxeuil-les-Bains
Vesoul
Belfort
Montbéliard
Dijon
Besançon
**BOURGOGNE**
**FRANCHE-COMTÉ**
Nevers
Beaune
Dole
le Doubs
Pontarlier
Chalon-sur-Saône
Lons-le-Saunier
la Saône
l'Ain
LA SUISS
Mâcon
la Loire
l'Yonne
la Seine
la Saône
le Doubs

LA FRANCE

un marché à Dijon

la ville d'Ornans
L'ITAL

0        50 milles
0        50 kilomètres

## Incroyable mais vrai!

Au Moyen Âge, les escargots servaient à° la fabrication de sirops contre la toux°. La recette bourguignonne (beurre, ail, persil°) est popularisée au 19ᵉ siècle. La France produit 500 à 800 tonnes d'escargots par an, mais en importe 5.000 tonnes. L'escargot aide à lutter contre° le mauvais cholestérol et les maladies cardio-vasculaires.

Escargots de Bourgogne

# Les sports

### Les sports d'hiver dans le Jura

On peut pratiquer de nombreux sports d'hiver dans les montagnes du Jura, en Franche-Comté: ski alpin, surf°, monoski, planche à voile sur neige. Mais le Jura est surtout le paradis du ski de fond°. Avec des centaines de kilomètres de pistes°, on y skie de décembre à avril, y compris° la nuit, sur des pistes éclairées°. La célèbre Transjurassienne

est la 2e course° d'endurance du monde avec un parcours° de 76 km pour les hommes et 50 km pour les femmes. Il y a aussi une minitrans de 10 km pour les enfants.

# Les destinations

### Besançon: capitale de l'horlogerie

L'artisanat de l'horlogerie commence au 16e siècle avec l'installation de grandes horloges dans les monastères. Au 18e siècle, 400 horlogers suisses viennent s'installer° en Franche-Comté. Au 19e siècle, Montbéliard compte 5.000 horlogers. En hiver, les paysans°-horlogers s'occupent°, dans leurs fermes°, de la finition° et de la décoration des horloges. En 1862, une école d'horlogerie est créée° et en 1900, Besançon devient le berceau° de l'horlogerie française avec 8.000 horlogers qui produisent 600.000 montres par an.

# L'architecture

### Les toits de Bourgogne

Les toits° en tuiles vernissées° multicolores sont typiques de la Bourgogne. Inspirés de l'architecture flamande° et d'Europe centrale, ils forment des dessins géométriques. Le plus célèbre bâtiment° est l'Hôtel-Dieu de Beaune, construit en 1443 pour accueillir° les pauvres et les victimes de la guerre° de 100 ans. Aujourd'hui, l'Hôtel-Dieu organise la plus célèbre vente aux enchères° de vins du monde.

# Les gens

### Louis Pasteur (1822–1895)

Louis Pasteur est né à Dole, en Franche-Comté. Il découvre° que les fermentations sont dues à des micro-organismes spécifiques. Dans ses recherches° sur les maladies° contagieuses, il montre la relation entre le microbe et l'apparition d'une maladie. Cette découverte° a des applications dans le monde hospitalier et industriel avec les méthodes de désinfection, de stérilisation et de pasteurisation. Le vaccin contre la rage° est aussi une de ses inventions. L'Institut Pasteur est créé à Paris en 1888. Aujourd'hui, il a des filiales° sur cinq continents.

---

**Qu'est-ce que vous avez appris?** Répondez aux questions par des phrases complètes.

1. Comment s'appellent les inventeurs du cinématographe?
2. À quoi servaient les escargots au Moyen Âge?
3. Avec quoi sont préparés les escargots de Bourgogne?
4. Quel est le sport le plus pratiqué dans le Jura?
5. Qu'est-ce que la Transjurassienne?
6. D'où viennent les horlogers au 18e siècle?

7. Quel style d'architecture a influencé les toits de Bourgogne?
8. Quel est le bâtiment avec le toit le plus célèbre en Bourgogne?
9. Comment les recherches de Pasteur ont-elles été utilisées par les hôpitaux et l'industrie?
10. Où trouve-t-on des Instituts Pasteur aujourd'hui?

ressources

WB pp. 125–126 | vhlcentral.com Unité 9

## Sur Internet

Go to **vhlcentral.com** to find more cultural information related to this **Panorama**.

1. Quand ont lieu les vendanges en Bourgogne?
2. Cherchez trois recettes à base (*using*) d'escargots.
3. Trouvez des informations sur les vacances d'hiver dans le Jura: logement, prix, activités, etc.
4. Cherchez des informations sur Louis Pasteur. Quel effet ont eu ses découvertes sur des produits alimentaires d'usage courant (*everyday use*)?

**surf** *snowboarding* **ski de fond** *cross-country skiing* **pistes** *trails* **y compris** *including* **éclairées** *lit* **course** *race* **parcours** *course* **s'installer** *settle* **paysans** *peasants* **s'occupent** *take care* **fermes** *farms* **finition** *finishing* **créée** *created* **berceau** *cradle* **toits** *roofs* **tuiles vernissées** *glazed tiles* **flamande** *Flemish* **bâtiment** *building* **Hôtel-Dieu** *Hospital* **accueillir** *take care of* **guerre** *war* **vente aux enchères** *auction* **découvre** *discovers* **recherches** *research* **maladies** *illnesses* **découverte** *discovery* **rage** *rabies* **filiales** *branches*

## À table!

| | |
|---|---|
| une assiette | plate |
| un bol | bowl |
| une carafe d'eau | pitcher of water |
| une carte | menu |
| un couteau | knife |
| une cuillère (à soupe/à café) | spoon (soupspoon/teaspoon) |
| une fourchette | fork |
| un menu | menu |
| une nappe | tablecloth |
| une serviette | napkin |
| une boîte (de conserve) | can |
| la crème | cream |
| l'huile (d'olive) (f.) | (olive) oil |
| la mayonnaise | mayonnaise |
| la moutarde | mustard |
| le poivre | pepper |
| le sel | salt |
| une tranche | slice |
| une cantine | school cafeteria |
| À table! | Dinner is ready! |
| compris | included |

## Les fruits

| | |
|---|---|
| une banane | banana |
| une fraise | strawberry |
| un fruit | fruit |
| une orange | orange |
| une pêche | peach |
| une poire | pear |
| une pomme | apple |
| une tomate | tomato |

## Autres aliments

| | |
|---|---|
| un aliment | food item |
| la confiture | jam |
| la nourriture | food, sustenance |
| des pâtes (f.) | pasta |
| le riz | rice |
| une tarte | pie, tart |
| un yaourt | yogurt |

## Verbes

| | |
|---|---|
| devenir | to become |
| devoir | to have to (must); to owe |
| maintenir | to maintain |
| pouvoir | to be able to (can) |
| retenir | to keep, to retain |
| revenir | to come back |
| tenir | to hold |
| venir | to come |
| vouloir | to want; to mean (with dire) |

## Autres mots et locutions

| | |
|---|---|
| depuis + [time] | since |
| il y a + [time] | ago |
| pendant + [time] | for |

## Les repas

| | |
|---|---|
| commander | to order |
| cuisiner | to cook |
| être au régime | to be on a diet |
| goûter | to taste |
| un déjeuner | lunch |
| un dîner | dinner |
| un goûter | afternoon snack |
| un petit-déjeuner | breakfast |
| un repas | meal |
| une entrée | appetizer, starter |
| un hors-d'œuvre | hors-d'œuvre, appetizer |
| un plat (principal) | (main) dish |

## Les viandes et les poissons

| | |
|---|---|
| le bœuf | beef |
| un escargot | escargot, snail |
| les fruits de mer (m.) | seafood |
| un œuf | egg |
| un pâté (de campagne) | pâté, meat spread |
| le porc | pork |
| un poulet | chicken |
| une saucisse | sausage |
| un steak | steak |
| le thon | tuna |
| la viande | meat |

## Les légumes

| | |
|---|---|
| l'ail (m.) | garlic |
| une aubergine | eggplant |
| une carotte | carrot |
| un champignon | mushroom |
| des haricots verts (m.) | green beans |
| une laitue | lettuce |
| un légume | vegetable |
| un oignon | onion |
| des petits pois (m.) | peas |
| un poivron (vert, rouge) | (green, red) pepper |
| une pomme de terre | potato |
| une salade | salad |

## Les achats

| | |
|---|---|
| faire les courses (f.) | to go (grocery) shopping |
| une boucherie | butcher's shop |
| une boulangerie | bread shop, bakery |
| une charcuterie | delicatessen |
| une pâtisserie | pastry shop, bakery |
| une poissonnerie | fish shop |
| un supermarché | supermarket |
| un(e) commerçant(e) | shopkeeper |
| un kilo(gramme) | kilo(gram) |

| | |
|---|---|
| Expressions utiles | See pp. 327 and 345. |
| Comparatives and superlatives | See pp. 348–349. |

# La santé

### Pour commencer

- Quelle est la profession de la dame, coiffeuse ou médecin?
- Où sont Rachid et cette dame, à l'hôpital ou à l'épicerie?
- Est-ce qu'il veut revenir samedi prochain?
- Qu'est-ce qu'il faisait avant de venir, il jouait au foot ou il faisait les courses?

# Leçon 10A

**You will learn how to...**
- describe your daily routine
- discuss personal hygiene

# La routine quotidienne

## Vocabulaire

| | |
|---|---|
| faire sa toilette | *to wash up* |
| se brosser les cheveux/ les dents | *to brush one's hair/ teeth* |
| se coiffer | *to do one's hair* |
| se coucher | *to go to bed* |
| se déshabiller | *to undress* |
| s'endormir | *to go to sleep, to fall asleep* |
| s'habiller | *to get dressed* |
| se laver (les mains) | *to wash oneself (one's hands)* |
| se lever | *to get up, to get out of bed* |
| prendre une douche | *to take a shower* |
| se regarder | *to look at oneself* |
| se sécher | *to dry oneself* |
| | |
| le shampooing | *shampoo* |
| | |
| le cœur | *heart* |
| le corps | *body* |
| le dos | *back* |
| la gorge | *throat* |
| une joue | *cheek* |
| un orteil | *toe* |
| la peau | *skin* |
| la poitrine | *chest* |
| la taille | *waist* |
| le visage | *face* |

une serviette de bain

une brosse à dents

une bros à cheve

le maquillag

un rasoir

un peigne

Elle se maquille (se maquiller)

le savon

le dentifrice

la crème à raser

Il se rase. (se raser)

une pantoufle

**ressources**

WB pp. 127–128

LM p. 73

**S** vhlcentral.com Leçon 10A

## Mise en pratique

 **Audio: Vocabulary**

### Attention!

The verbs following the pronoun **se** are called reflexive verbs. You will learn more about them in **STRUCTURES**. For now, when talking about another person, place the pronoun **se** between the subject and the verb.

**Il se regarde.** *He looks at himself.*
**Elle se réveille.** *She wakes up.*

**1** **Écoutez** 🎧 Sarah, son grand frère Guillaume et leur père parlent de qui va utiliser la salle de bains en premier ce matin. Écoutez la conversation et indiquez si les affirmations suivantes sont **vraies** ou **fausses**.

|  | Vrai | Faux |
|---|---|---|
| 1. Guillaume ne va pas se raser. | ☐ | ☐ |
| 2. Guillaume doit encore prendre une douche et se brosser les dents. | ☐ | ☐ |
| 3. Sarah n'a pas entendu son réveil. | ☐ | ☐ |
| 4. Guillaume demande à Sarah de lui apporter de la crème à raser. | ☐ | ☐ |
| 5. Guillaume demande à Sarah un savon. | ☐ | ☐ |
| 6. Guillaume demande à Sarah une grande serviette de bain. | ☐ | ☐ |
| 7. Sarah doit prendre une douche et s'habiller en moins de vingt minutes. | ☐ | ☐ |
| 8. Sarah décide de ne pas se maquiller et de ne pas se sécher les cheveux aujourd'hui. | ☐ | ☐ |

**2** **Association** Associez les activités de la colonne de gauche aux parties du corps correspondantes des colonnes de droite. Notez que certains éléments ne sont pas utilisés et que d'autres sont utilisés plus d'une fois.

| | | | |
|---|---|---|---|
| 1. _____ écouter | a. la bouche | f. le pied |
| 2. _____ manger | b. la gorge | g. la taille |
| 3. _____ marcher | c. l'orteil | h. la tête |
| 4. _____ montrer | d. l'œil | i. le doigt |
| 5. _____ parler | e. l'oreille | j. le nez |
| 6. _____ penser | | |
| 7. _____ sentir | | |
| 8. _____ regarder | | |

**3** **Quel matin!** Remplissez les espaces par le mot ou l'expression de la liste qui convient afin de (*in order to*) trouver ce qui est arrivé à Alexandre aujourd'hui. Notez que tous les mots et expressions ne sont pas utilisés. Faites également les accords nécessaires.

| le bras | s'habiller | le réveil | la gorge |
|---|---|---|---|
| se brosser les dents | le peigne | se laver | le ventre |
| se coucher | le pied | le cœur | les yeux |

Ce matin, Alexandre n'entend pas son (1) _____. Quand il se lève, il met d'abord le (2) _____ gauche par terre. Il entre dans la salle de bains. Là, il ne trouve pas le (3) _____ pour se coiffer ni (*nor*) le dentifrice pour (4) _____. Il se regarde dans le miroir. Ses (5) _____ sont tout rouges. Comme il a très faim, son (6) _____ commence à faire du bruit (*noise*). Il retourne ensuite dans sa chambre pour (7) _____. Il met un pantalon noir et une chemise bleue. Puis, il descend les escaliers et tombe. Après un moment, il retourne dans sa chambre. Avec un tel début (*such a beginning*) de journée, Alexandre va (8) _____.

la tête
un œil (yeux *pl.*)
le nez
une oreille
la bouche
le cou
un bras
le réveil
un doigt
le ventre
un genou (genoux *pl.*)
une jambe
un pied
Elle se réveille. (se réveiller)
un doigt de pied

# Communication

**4** **Définition** Créez votre propre définition des mots de la liste suivante. Ensuite, à tour de rôle, lisez vos définitions à votre partenaire. Il/Elle doit deviner le mot correspondant.

**MODÈLE**

cheveux
**Étudiant(e) 1:** *On utilise une brosse ou un peigne pour les brosser. Qu'est-ce que c'est?*
**Étudiant(e) 2:** *Ce sont les cheveux.*

1. le cœur
2. le corps
3. le cou
4. les dents
5. le dos
6. le genou
7. la joue
8. le nez
9. la poitrine
10. le visage
11. l'œil
12. l'orteil

**5** **Que font-ils?** Dites ce que font les personnes suivantes et ce qu'elles utilisent pour le faire. Donnez autant de (*as many*) détails que possible. Ensuite, à tour de rôle avec un(e) partenaire, lisez vos descriptions. Votre partenaire doit deviner quelle image vous décrivez.

1.

2.

3.

4.

5.

6.

7.

8.

**6** **Écrivez** Pensez à votre acteur/actrice préféré(e). Quelle est sa routine du matin? Décrivez-la et utilisez les adjectifs de la liste suivante et les mots et expressions de la section **CONTEXTES**.

| beau | gros | petit |
|------|------|-------|
| court | heureux | sincère |
| égoïste | jeune | de taille moyenne |
| grand | long | vieux |

**7** **Décrivez** Votre professeur va vous donner, à vous et à votre partenaire, deux feuilles d'activités différentes. À tour de rôle, posez-vous des questions pour savoir ce que fait Nadia chaque soir et chaque matin. Attention! Ne regardez pas la feuille de votre partenaire.

**MODÈLE**

**Étudiant(e) 1:** *À vingt-trois heures, Nadia se déshabille et met son pyjama. Que fait-elle ensuite?*
**Étudiant(e) 2:** *Après, elle…*

# Les sons et les lettres

**Audio: Concepts, Activities Record & Compare**

### Diacriticals for meaning

Some French words with different meanings have nearly identical spellings except for a diacritical mark (*accent*). Sometimes a diacritical does not affect pronunciation at all.

| **ou** | **où** | **a** | **à** |
|---|---|---|---|
| *or* | *where* | *has* | *to, at* |

Sometimes, you can clearly hear the difference between the words.

| **côte** | **côté** | **sale** | **salé** |
|---|---|---|---|
| *coast* | *side* | *dirty* | *salty* |

Very often, two similar-looking words are different parts of speech. Many similar-looking word pairs are those with and without an **-é** at the end.

| **âge** | **âgé** | **entre** | **entré (entrer)** |
|---|---|---|---|
| *age* (n.) | *elderly* (adj.) | *between* (prep.) | *entered* (p.p.) |

In such instances, context should make their meaning clear.

**Tu as quel âge?**
*How old are you? / What is your age?*

**C'est un homme âgé.**
*He's an elderly man.*

---

**Prononcez** Répétez les mots suivants à voix haute.

1. la (*the*)      là (*there*)
2. êtes (*are*)      étés (*summers*)
3. jeune (*young*)      jeûne (*fasting*)
4. pêche (*peach*)      pêché (*fished*)

**Articulez** Répétez les phrases suivantes à voix haute.

1. J'habite dans une ferme (*farm*).
   Le magasin est fermé (*closed*).
2. Les animaux mangent du maïs (*corn*).
   Je suis suisse, mais il est belge.
3. Est-ce que tu es prête?
   J'ai prêté ma voiture à Marcel.
4. La lampe est à côté de la chaise.
   J'adore la côte ouest de la France.

**Dictons** Répétez les dictons à voix haute.

*C'est un prêté pour un rendu.* [2]

*À vos marques, prêts, partez!* [1]

[1] On your mark, get set, go!    [2] One good turn deserves another. (lit. It is one loaned for one returned.)

# ROMAN-PHOTO

## Drôle de surprise

**Video:** *Roman-photo*
**Record & Compare**

**PERSONNAGES**

**David**

**Rachid**

*Chez David et Rachid...*

**DAVID** Oh là là, ça ne va pas du tout, toi!

**RACHID** David, tu te dépêches? Il est sept heures et quart. Je dois me préparer, moi aussi!

**DAVID** Ne t'inquiète pas. Je finis de me brosser les dents!

**RACHID** On doit partir dans moins de vingt minutes. Tu ne te rends pas compte!

**DAVID** Excuse-moi, mais on s'est couché tard hier soir.

**RACHID** Oui et on ne s'est pas réveillé à l'heure, mais mon prof de sciences po, ça ne l'intéresse pas tout ça.

**DAVID** Attends, je ne trouve pas le peigne... Ah, le voilà. Je me coiffe... Deux secondes!

**RACHID** C'était vraiment sympa hier soir... On s'entend tous super bien et on ne s'ennuie jamais ensemble... Mais enfin, qu'est-ce que tu fais? Je dois me raser, prendre une douche et m'habiller, en exactement dix-sept minutes!

**RACHID** Bon, tu veux bien me passer ma brosse à dents, le dentifrice et un rasoir, s'il te plaît?

**DAVID** Attends une minute. Je me dépêche.

**RACHID** Comment est-ce qu'un mec peut prendre aussi longtemps dans la salle de bains?

**DAVID** Euh, j'ai un petit problème...

**RACHID** Qu'est-ce que tu as sur le visage?

**DAVID** Aucune idée.

**RACHID** Est-ce que tu as mal à la gorge? Fais: Ah!

**RACHID** Et le ventre, ça va?

**DAVID** Oui, oui ça va...

**RACHID** Attends, je vais examiner tes yeux... regarde à droite, à gauche... maintenant ferme-les. Bien. Tourne-toi...

**DAVID** Hé!

---

**A C T I V I T É S**

**1** **Vrai ou faux?** Indiquez si les affirmations suivantes sont **vraies** ou **fausses**.

1. David se sent (*feels*) bien ce matin.
2. Rachid est pressé ce matin.
3. David se rase.
4. David se maquille.
5. Rachid doit prendre une douche.

6. David ne s'est pas réveillé à l'heure.
7. David s'est couché tôt hier soir.
8. Tout le monde s'est bien amusé (*had a good time*) hier soir.
9. Les amis se disputent souvent.
10. Rachid est très inquiet pour David.

 Practice more at **vhlcentral.com.**

David et Rachid se préparent le matin.

**DAVID** Patience, cher ami!

**RACHID** Tu n'as pas encore pris ta douche?!

**DAVID** Ne te mets pas en colère. J'arrive, j'arrive! Voilà... un peu de crème sur le visage, sur le cou...

**RACHID** Tu te maquilles maintenant?

**DAVID** Ce n'est pas facile d'être beau, ça prend du temps, tu sais. Écoute, ça ne sert à rien de se disputer. Lis le journal si tu t'ennuies, j'ai bientôt fini.

**RACHID** Ne t'inquiète pas, c'est probablement une réaction allergique. Téléphone au médecin pour prendre un rendez-vous. Qu'est-ce que tu as mangé hier?

**DAVID** Eh ben... J'ai mangé un peu de tout! Hé! Je n'ai pas encore fini ma toilette!

**RACHID** Patience, cher ami!

## Expressions utiles

### Talking about your routine

- **Je dois me préparer.**
  *I have to get (myself) ready.*
- **Je finis de me brosser les dents!**
  *I'm finishing brushing my teeth!*
- **On s'est couché tard hier soir.**
  *We went to bed late last night.*
- **On ne s'est pas réveillé à l'heure.**
  *We didn't get up on time.*
- **Je me coiffe.**
  *I'm doing my hair.*
- **Je dois me raser et m'habiller.**
  *I have to shave (myself) and get dressed.*
- **Tu te maquilles maintenant?**
  *Are you putting makeup on now?*

### Talking about states of being

- **Ça ne sert à rien de se disputer.**
  *There's no point in arguing.*
- **Tu te dépêches?**
  *Are you hurrying?/Will you hurry?*
- **Ne t'inquiète pas.**
  *Don't worry.*
- **Tu ne te rends pas compte!**
  *You don't realize!*
- **On s'entend tous super bien et on ne s'ennuie jamais ensemble.**
  *We all get along really well and we're never bored when we're together.*
- **Ne te mets pas en colère.**
  *Don't get angry.*
- **Lis le journal si tu t'ennuies.**
  *Read the paper if you're bored.*

### Additional vocabulary

- **Je me dépêche.**
  *I'm hurrying.*
- **un mec**
  *a guy*
- **Tourne-toi.**
  *Turn around.*
- **aucune idée**
  *no idea*

---

**2** **Les opposés** Trouvez pour chaque verbe de la colonne de gauche son opposé dans les colonnes de droite. Utilisez un dictionnaire. Attention! Tous les mots ne sont pas utilisés.

1. _____ bien s'entendre
2. _____ s'ennuyer
3. _____ se dépêcher
4. _____ se réveiller
5. _____ se reposer

a. s'amuser
b. s'occuper
c. se détendre
d. s'appeler
e. se disputer
f. se coucher

**3** **Écrivez** Écrivez un paragraphe dans lequel vous décrivez la routine du matin et du soir de David ou de Rachid. Utilisez votre imagination et ce que vous savez de **ROMAN-PHOTO**.

**A C T I V I T É S**

CULTURE À LA LOUPE

# Les Français et la maladie

**Que fait-on en France quand on ne se sent pas bien?** On peut bien sûr contacter son médecin. Généralement, il vous reçoit° dans son cabinet° pour une consultation et vous donne une ordonnance. Il faut ensuite se rendre° à la pharmacie et présenter son ordonnance pour acheter ses médicaments. Beaucoup de médicaments ne sont pas en vente libre°, donc consulter un médecin est important et nécessaire.

Cependant°, pour leurs petites maladies, les Français aiment demander conseil° à leur pharmacien. Les pharmaciens en France ont un diplôme spécialisé et font six années d'études supérieures. Ils sont donc très compétents pour donner des conseils de qualité. Les pharmacies sont faciles à trouver: elles ont toutes une grande croix° verte lumineuse° suspendue° à l'extérieur. Elles sont en général ouvertes du lundi au samedi, entre 9h00 et 20h00. Pour les jours fériés et la nuit, il existe des pharmacies de garde°, dont° la liste est affichée sur la porte de chaque pharmacie.

Quand on est très malade, le médecin donne une consultation à domicile°, ce qui° est très pratique pour les enfants et les personnes âgées! En cas d'urgence, on peut appeler deux autres numéros. SOS Médecin existe dans toutes les grandes villes. Ses médecins répondent aux appels 24 heures sur 24 et font des visites à domicile. Pour les accidents et les gros problèmes, on peut contacter le Samu. C'est un service qui emmène les patients à l'hôpital si nécessaire.

## Coup de main

In France, body temperature is measured in Celsius.

**37°C** is the normal body temperature.

Between **37°** and **38°C** is a slight fever.

For a fever above **38.5°C**, medication should be taken.

Between **39°** and **40°C** is a high fever.

## Les services et les produits de santé

- 85% des Français voient° un médecin généraliste dans l'année.
- 52% vont chez le dentiste dans l'année.
- Les médecins donnent une ordonnance dans 75% des consultations.
- 57% des Français utilisent les médecines alternatives.
- 39% utilisent l'homéopathie° au moins une fois dans l'année.

**reçoit** *sees* **cabinet** *office* **se rendre** *to go* **en vente libre** *available over the counter* **Cependant** *However* **conseil** *advice* **croix** *cross* **lumineuse** *illuminated* **suspendue** *hung* **de garde** *emergency* **dont** *of which* **à domicile** *at home* **ce qui** *which* **voient** *see* **homéopathie** *homeopathy*

**A C T I V I T É S**

**1** **Complétez** Complétez les phrases, d'après le texte et le tableau.

1. À la fin d'une consultation, le médecin vous donne parfois _____.
2. _____ en France ne sont pas en vente libre.
3. Les pharmaciens en France font six années _____.
4. Les pharmacies sont faciles à trouver grâce à _____.
5. Parfois, le médecin vient à domicile pour donner _____.
6. Quand on est très malade, on peut appeler _____.
7. _____ voient un médecin généraliste dans l'année.
8. 39% des Français utilisent _____ au moins une fois dans l'année.
9. La température normale du corps est de _____.
10. On a une forte fièvre quand on a _____.

### Activating background knowledge

Using what you already know about a particular subject will often help you better understand a reading. As you read the **Culture à la loupe** selection on the previous page, think about what you already know about the subject of health. Remember that you possess a certain amount of knowledge on a wide range of subjects. Rely on it to inform your interpretation of unfamiliar words or concepts.

LE MONDE FRANCOPHONE

## Des expressions près du corps

Voici quelques expressions idiomatiques.

**En France**

**avoir le bras long** être une personne importante qui peut influencer quelqu'un

**avoir un chat dans la gorge** ne pas pouvoir parler

**casser les pieds à quelqu'un** ennuyer une personne

**coûter les yeux de la tête** coûter très cher

**se mettre le doigt dans l'œil** faire une grosse erreur

**Au Québec**

**avoir quelqu'un dans le dos** détester quelqu'un

**coûter un bras** coûter très cher

**un froid à couper un cheveu** un très grand froid

**sur le bras** gratuit, qu'on n'a pas besoin de payer

**En Suisse**

**avoir des tournements de tête** avoir des vertiges°

**donner une bonne-main** donner un pourboire

**vertiges** *dizziness, vertigo*

PORTRAIT

# L'Occitane en Provence

En 1976, un jeune étudiant en littérature de 23 ans, Olivier Baussan, a commencé à fabriquer chez lui de l'huile de romarin° et l'a vendue sur les marchés de Provence. Son huile a été très appréciée par le public et Baussan a fondé° L'Occitane en Provence, marque° de produits de beauté. La première boutique a ouvert ses portes dans le sud de la France en 1980 et aujourd'hui, la compagnie a plus de 500 boutiques dans 60 pays, y compris aux États-Unis et au Canada. Les produits de L'Occitane, tous faits d'ingrédients naturels comme la lavande° ou l'olive, s'inspirent de la Provence et sont fabriqués avec des méthodes traditionnelles. L'Occitane offre des produits de beauté, des parfums, du maquillage et des produits pour le bain, pour la douche et pour la maison.

**huile de romarin** *rosemary oil* **fondé** *founded* **marque** *brand* **lavande** *lavender*

 **Sur Internet**

|  **Les hommes en France dépensent-ils beaucoup d'argent pour les produits de beauté ou de soin?** | Go to **vhlcentral.com** to find more cultural information related to this **Lecture culturelle**. |

**2** **Vrai ou faux?** Indiquez si les phrases suivantes sont **vraies** ou **fausses**. Corrigez les phrases fausses.

1. La compagnie L'Occitane en Provence a été fondée en Provence.
2. Le premier magasin L'Occitane a ouvert ses portes en 1976.
3. On trouve de l'olive dans certains produits de L'Occitane.
4. L'Occitane se spécialise dans les produits pour le corps.
5. Les produits de L'Occitane utilisent des ingrédients naturels et sont fabriqués avec des méthodes traditionnelles.

**3** **Les expressions idiomatiques** Regardez bien la liste des expressions dans **Le monde francophone**. En petits groupes, discutez de ces expressions. Lesquelles (*Which*) aimez-vous? Pourquoi? Essayez de deviner l'équivalent de ces expressions en anglais.

ressources

vhlcentral.com
Leçon 10A

 Practice more at **vhlcentral.com**.

A
C
T
I
V
I
T
É
S

# STRUCTURES

## Reflexive verbs  Presentation

**Point de départ** A reflexive verb usually describes what a person does to or for himself or herself. In other words, it "reflects" the action of the verb back to the subject. Reflexive verbs always use reflexive pronouns. (**me**, **te**, **se**, **nous**, **vous**)

| SUBJECT | REFLEXIVE VERB |
|---------|----------------|
| **André** | **se rase** à huit heures. |

| Reflexive verbs |  |  |
|---|---|---|
| **se laver** (to wash oneself) | | |
| je | **me lave** | *I wash (myself)* |
| tu | **te laves** | *you wash (yourself)* |
| il/elle/on | **se lave** | *he/she/it/one washes (himself/herself/itself/oneself)* |
| nous | **nous lavons** | *we wash (ourselves)* |
| vous | **vous lavez** | *you wash (yourself/yourselves)* |
| ils/elles | **se lavent** | *they wash (themselves)* |

- The pronoun **se** before an infinitive identifies the verb as reflexive: **se laver**.

*Je me coiffe.*

*Tu te maquilles, maintenant?*

- When a reflexive verb is conjugated, the reflexive pronoun agrees with the subject. Except for **se**, reflexive pronouns have the same forms as direct and indirect object pronouns (**me**, **te**, **nous**, **vous**); **se** is used for both singular and plural third-person subjects.

Tu **te couches**.
*You're going to bed.*

Les enfants **se réveillent**.
*The children wake up.*

Je **me maquille** aussi.
*I put on makeup too.*

Nous **nous levons** très tôt.
*We get up very early.*

- Note that the reflexive pronouns **nous** and **vous** are identical to the corresponding subject pronouns.

Nous **nous regardons** dans le miroir.
*We look at ourselves in the mirror.*

Vous **habillez**-vous déjà?
*Are you getting dressed already?*

Nous ne **nous levons** pas avant six heures.
*We don't get up before six o'clock.*

À quelle heure est-ce que **vous vous couchez**?
*At what time do you go to bed?*

## Common reflexive verbs

| | | | |
|---|---|---|---|
| **se brosser les cheveux/ les dents** | *to brush one's hair/teeth* | **se laver (les mains)** | *to wash oneself (one's hands)* |
| **se coiffer** | *to do one's hair* | **se lever** | *to get up, to get out of bed* |
| **se coucher** | *to go to bed* | **se maquiller** | *to put on makeup* |
| **se déshabiller** | *to undress* | **se raser** | *to shave oneself* |
| **s'endormir** | *to go to sleep, to fall asleep* | **se regarder** | *to look at oneself* |
| | | **se réveiller** | *to wake up* |
| **s'habiller** | *to get dressed* | **se sécher** | *to dry oneself* |

- **S'endormir** is conjugated like **dormir**. **Se lever** and **se sécher** follow the same spelling-change patterns as **acheter** and **espérer**, respectively.

| | | |
|---|---|---|
| Il **s'endort** tôt. | Tu **te lèves** à quelle heure? | Elles **se sèchent**. |
| *He falls asleep early.* | *At what time do you get up?* | *They dry off.* |

- Some verbs can be used reflexively or non-reflexively. If the verb acts upon something other than the subject (for example, **son fils** in the second example below), the non-reflexive form is used.

| | |
|---|---|
| La mère **se réveille** à sept heures. | Ensuite, elle **réveille** son fils. |
| *The mother wakes up at 7 o'clock.* | *Then, she wakes her son up.* |

- When a body part is the direct object of a reflexive verb, it is usually preceded by a definite article.

| | |
|---|---|
| Je ne **me brosse** pas **les** dents. | Vous **vous lavez les** mains. |
| *I'm not brushing my teeth.* | *You wash your hands.* |

- You form the imperative of a reflexive verb as you would that of a non-reflexive verb. Add the reflexive pronoun to the end of an affirmative command. In negative commands, place the reflexive pronoun between **ne** and the verb. (Remember to change **te** to **toi** in affirmative commands.)

| | | |
|---|---|---|
| **Réveille-toi**, Bruno! | *but* | **Ne te réveille pas!** |
| *Wake up, Bruno!* | | *Don't wake up!* |

- In the **futur proche** and **passé récent**, place the reflexive pronoun after the conjugated forms of **aller** and **venir** and before the infinitive. Note that although the reflexive pronoun changes according to the subject, the second verb stays in the infinitive.

| | |
|---|---|
| Nous n'**allons** pas **nous réveiller** tôt demain. | Est-ce que tu **viens de te raser**? |
| *We're not going to wake up early tomorrow.* | *Did you just shave?* |

 **Boîte à outils**

Since reflexive verbs already imply that the action is performed on the subject, French uses definite articles (**le, la, les**) with body parts, whereas English uses possessive adjectives (*my, your, his/her/its, our, their*).

**Je me lave les mains.**
*I wash my hands.*

**À noter**

There are some special rules for using reflexive verbs in the **passé composé**. You will learn these in **Leçon 10B**.

### Essayez!   Complétez les phrases avec les formes correctes des verbes.

1. Ils _____se brossent_____ (se brosser) les dents.
2. À quelle heure est-ce que vous _____ (se coucher)?
3. Tu _____ (s'endormir) en cours.
4. Nous _____ (se sécher) les cheveux.
5. On _____ (s'habiller) vite! Il faut partir.
6. Les hommes _____ (se maquiller) rarement.
7. Tu ne _____ (se déshabiller) pas encore.
8. Je _____ (se lever) vers onze heures.

**ressources**

WB
pp. 129–130

LM
p. 75

**S**
vhlcentral.com
Leçon 10A

# STRUCTURES

## Mise en pratique

**1** **Les habitudes** Vous allez chez vos amis Frédéric et Pauline. Tout le monde a ses habitudes. Que fait-on tous les jours?

**MODÈLE**

Frédéric / se raser
*Frédéric se rase.*

1. vous / se réveiller / à six heures
2. Frédéric et Pauline / se brosser / dents
3. tu / se lever / puis / prendre une douche
4. nous / se sécher / cheveux
5. on / s'habiller / avant le petit-déjeuner
6. Frédéric et Pauline / se coiffer / avant / sortir
7. je / se déshabiller / et après / se coucher
8. tout le monde / s'endormir / tout de suite
9. leurs tantes / se maquiller / et après / s'habiller
10. leur père / se laver / mains / avant / manger
11. Les cousins de Pauline / ne pas se raser

**2** **La routine** Tous les matins, Juliette suit (*follows*) la même routine. Regardez les illustrations et dites ce que (*what*) fait Juliette.

1. _____  2. _____  3. _____  4. _____

**3** **L'ordre logique** À tour de rôle avec un(e) partenaire, indiquez dans quel ordre vous (ou quelqu'un que vous connaissez) faites ces choses.

**MODÈLE**

se lever / se réveiller
*D'abord je me réveille, ensuite je me lève.*

1. se laver / se sécher
2. se maquiller / prendre une douche
3. se lever / s'habiller
4. se raser / se réveiller
5. se coucher / se brosser les cheveux
6. s'endormir / se coucher
7. se coucher / se déshabiller
8. se lever / se réveiller
9. se brosser les cheveux / se coiffer
10. se maquiller / se sécher

 Practice more at **vhlcentral.com.**

# Communication

**4** **Tous les jours** Que fait votre partenaire tous les jours? Posez-lui les
questions et il/elle vous répond.

**MODÈLE**

se lever tôt le matin
**Étudiant(e) 1:** *Est-ce que tu te lèves tôt le matin?*
**Étudiant(e) 2:** *Non, je ne me lève pas tôt le matin.*

1. se réveiller tôt ou tard le week-end
2. se lever tout de suite
3. se maquiller tous les matins
4. se laver les cheveux tous les jours
5. se raser le soir ou le matin
6. se coucher avant ou après minuit
7. se brosser les dents chaque nuit
8. s'habiller avant ou après le petit-déjeuner
9. s'endormir parfois en classe

**5** **Enquête** Votre professeur va vous donner une feuille d'activités. Circulez dans
la classe et trouvez un(e) camarade différent(e) pour chaque action. Présentez
les réponses à la classe.

**MODÈLE**

**Étudiant(e) 1:** *Est-ce que tu te lèves avant six heures du matin?*
**Étudiant(e) 2:** *Oui, je me lève parfois à cinq heures!*

| Activité | Nom |
|---|---|
| 1. se lever avant six heures du matin | Carole |
| 2. se maquiller pour venir en cours | |
| 3. se brosser les dents trois fois par jour | |
| 4. se laver les cheveux le soir | |
| 5. se coiffer à la dernière mode | |
| 6. se reposer le vendredi soir | |

**6** **Jacques a dit** Par groupes de quatre, un(e) étudiant(e) donne des ordres au
groupe. Attention! Vous devez obéir seulement si l'ordre est précédé de **Jacques
a dit...** (*Simon says...*) La personne qui se trompe devient le meneur de jeu
(*leader*). Le gagnant (*winner*) est l'étudiant(e) qui n'a pas été le meneur de jeu.
Utilisez les expressions de la liste puis trouvez vos propres expressions.

| | |
|---|---|
| se brosser les dents | se laver les mains |
| se coiffer | se lever |
| s'endormir | se maquiller |
| s'habiller | se sécher les cheveux |

# STRUCTURES

## 10A.2  Reflexives: *Sens idiomatique*   Presentation

**Point de départ** You've learned that reflexive verbs "reflect" the action back to the subject. Some reflexive verbs, however, do not literally express a reflexive meaning.

### Common idiomatic reflexives

| | | | |
|---|---|---|---|
| s'amuser | to play; to have fun | s'intéresser (à) | to be interested (in) |
| s'appeler | to be called | se mettre à | to begin to |
| s'arrêter | to stop | se mettre en colère | to become angry |
| s'asseoir | to sit down | | |
| se dépêcher | to hurry | s'occuper (de) | to take care of, to keep oneself busy |
| se détendre | to relax | | |
| se disputer (avec) | to argue (with) | se préparer | to get ready |
| s'énerver | to get worked up, to become upset | se promener | to take a walk |
| | | se rendre compte | to realize |
| s'ennuyer | to get bored | se reposer | to rest |
| s'entendre bien (avec) | to get along well (with) | se souvenir (de) | to remember |
| | | se tromper | to be mistaken |
| s'inquiéter | to worry | se trouver | to be located |

Le marché **se trouve** derrière l'église.
*The market is located behind the church.*

Ne **te mets** pas **en colère**.
*Don't get angry.*

Nous **nous amusons** bien chez Fabien.
*We have fun at Fabien's house.*

Je **m'occupe du** linge.
*I'm taking care of the laundry.*

Mon grand-père **se repose** à la maison.
*My grandfather is resting at home.*

Vous devez **vous dépêcher**.
*You must hurry.*

- **Se souvenir** is conjugated like **venir**.

  **Souviens-toi** de son anniversaire.
  *Remember her birthday.*

  **Nous nous souvenons** de cette date.
  *We remember that date.*

- **S'ennuyer** has the same spelling changes as **envoyer**. **Se promener** and **s'inquiéter** have the same spelling changes as **acheter** and **espérer**, respectively.

  Je **m'ennuie** à mourir aujourd'hui.
  *I'm bored to death today.*

  On **se promène** dans le parc.
  *We take a walk in the park.*

  Ils **s'inquiètent** plus que mes parents.
  *They worry more than my parents.*

- Note the spelling changes of **s'appeler** in the present tense.

### s'appeler (to be named, to call oneself)

| | |
|---|---|
| je m'appe**ll**e | nous nous appelons |
| tu t'appe**ll**es | vous vous appelez |
| il/elle/on s'appe**ll**e | ils/elles s'appe**ll**ent |

Tu **t'appelles** comment?
*What is your name?*

Vous **vous appelez** Laure?
*Is your name Laure?*

- Note the irregular conjugation of the verb **s'asseoir**.

### s'asseoir (to be seated, to sit down)

| | |
|---|---|
| je m'assieds | nous nous asseyons |
| tu t'assieds | vous vous asseyez |
| il/elle/on s'assied | ils/elles s'asseyent |

**Asseyez-vous**, Monsieur.
*Have a seat, sir.*

**Assieds-toi** ici sur le canapé.
*Sit here on the sofa.*

- Many idiomatically reflexive expressions can be used alone, with a preposition, or with the conjunction **que**.

Tu **te trompes**.
*You're wrong.*

Il **se trompe** toujours **de** date.
*He's always mixing up the date.*

Marlène **s'énerve** facilement.
*Marlène gets mad easily.*

Marlène **s'énerve contre** Thierry.
*Marlène gets mad at Thierry.*

Ils **se souviennent de** ton anniversaire.
*They remember your birthday.*

Je **me souviens que** tu m'as téléphoné.
*I remember you phoned me.*

Vous **vous inquiétez** trop!
*You worry too much!*

Tu **t'inquiètes pour** tes enfants?
*Are you worried about your children?*

---

**Essayez!** **Complétez les phrases avec les formes correctes des verbes.**

1. Mes parents _____*s'inquiètent*_____ (s'inquiéter) beaucoup.
2. Nous _____ (s'entendre) bien, ma sœur et moi.
3. Alexis ne _____ (se rendre) pas compte que sa petite amie ne l'aime pas.
4. On doit _____ (se dépêcher) pour arriver à la fac.
5. Papa _____ (s'occuper) toujours de la cuisine.
6. Tu _____ (s'amuser) quand tu vas au cinéma?
7. Vous _____ (s'intéresser) au cours d'histoire de l'art?
8. Je ne _____ (se disputer) pas souvent avec les profs.
9. Tu _____ (se reposer) un peu sur le lit.
10. Angélique _____ (s'asseoir) toujours près de la porte.
11. Je _____ (s'appeler) Susanne.
12. Elles _____ (s'ennuyer) chez leurs cousins.

**ressources**

WB
pp. 131–132

LM
p. 76

Ⓢ
vhlcentral.com
Leçon 10A

# STRUCTURES

## Mise en pratique

**1** **Ma sœur et moi** Complétez ce texte avec les formes correctes des verbes.

Je (1) _____ (s'appeler) Anne, et j'ai une sœur, Stéphanie. Nous (2) _____ (s'habiller) souvent de la même manière, mais nous sommes très différentes. Stéphanie (3) _____ (s'intéresser) à la politique et elle étudie le droit, et moi, je (4) _____ (s'intéresser) à la peinture et je fais de l'art. Nous habitons ensemble, et nous (5) _____ (s'entendre bien). On (6) _____ (s'asseoir) souvent sur un banc (*bench*) au parc pour bavarder. Quelquefois on (7) _____ (se mettre en colère). Heureusement, on (8) _____ (se rendre compte) que c'est inutile et on (9) _____ (s'arrêter). En fait, Stéphanie et moi, nous (10) _____ (ne pas s'ennuyer) ensemble.

**2** **Que faire?** Que font Diane et ses copains? Utilisez les verbes de la liste pour compléter les phrases.

| | | |
|---|---|---|
| s'amuser | se disputer | s'occuper |
| s'appeler | s'énerver | se préparer |
| s'asseoir | s'ennuyer | se promener |
| se dépêcher | s'entendre bien | se reposer |
| se détendre | s'inquiéter | se tromper |

1. Si je suis en retard pour mon cours, je _____.

2. Parfois, Toufik _____ et ne donne pas la bonne réponse.

3. Quand un cours n'est pas intéressant, nous _____.

4. Le week-end, Hubert et Édith sont fatigués, alors ils _____.

5. Quand je ne comprends pas mon prof, je _____.

6. Quand il fait beau, vous allez dans le parc et vous _____.

7. Quand tes parents sortent, tu _____ de tes petites sœurs.

8. Ils _____ tout le temps. Ils vont sûrement divorcer!

**3** **La fête** Marc a invité ses amis pour célébrer la fin (*end*) du semestre. Avec un(e) partenaire, décrivez la scène à tour de rôle. Utilisez tous les verbes possibles de la liste de l'**Activité 2**.

Marc    Fatima    Virginie

Christine et Mohammed

Tran et Yves

Rachel et Victor

Chrystelle et Thomas

Practice more at **vhlcentral.com**.

## Communication

**4** **Se connaître** Vous voulez mieux connaître vos camarades. Par groupes de quatre, posez-vous des questions et puis présentez les réponses à la classe.

> **MODÈLE**
>
> s'intéresser à la politique
> **Étudiant(e) 1:** *Je ne m'intéresse pas à la politique.*
> *Et toi, t'intéresses-tu à la politique?*
> **Étudiant(e) 2:** *Je m'intéresse beaucoup à la politique et je lis le journal tous les jours.*

1. s'amuser en cours de français
2. s'inquiéter pour des questions d'argent
3. s'asseoir au premier rang (*row*) dans la classe
4. s'énerver facilement
5. se mettre souvent en colère
6. se reposer le week-end
7. s'entendre bien avec ses camarades de classe
8. se promener souvent

**5** **Curieux** Utilisez ces verbes et expressions pour interviewer un(e) partenaire.

> **MODÈLE**
>
> avec qui / s'amuser
> **Étudiant(e) 1:** *Avec qui est-ce que tu t'amuses?*
> **Étudiant(e) 2:** *Je m'amuse avec mes amis.*

1. avec qui / s'entendre bien
2. à quoi / s'intéresser
3. quand, pourquoi / s'ennuyer
4. pourquoi / se mettre en colère
5. quand, comment / se détendre
6. avec qui, où, quand / se promener
7. avec qui, pourquoi / se disputer
8. quand, pourquoi / se dépêcher

**6** **Une mère inquiète** La mère de Philippe lui a écrit cet e-mail. Avec un(e) partenaire, préparez par écrit la réponse de Philippe. Employez des verbes réfléchis à sens idiomatique.

> Mon chéri,
>
> Je m'inquiète beaucoup pour toi. Je me rends compte que tu as changé. Tu ne t'amuses pas avec tes amis et tu te mets constamment en colère. Maintenant, tu restes tout le temps dans ta chambre et tu t'intéresses seulement à la télé. Est-ce que tu t'ennuies à l'école? Te souviens-tu que tu as des amis? J'espère que je me trompe.

**1** **Les colocataires** Avec un(e) partenaire, décrivez cette maison de colocataires à sept heures du matin. Que font-ils?

1.

2.

3.

**2** **Le camping** Vous et votre partenaire faites du camping dans un endroit isolé. Malheureusement, vous avez tout oublié. À tour de rôle, parlez de ces problèmes à votre partenaire. Il/Elle va essayer de vous aider.

 **MODÈLE**

**Étudiant(e) 1:** *Je veux me laver les cheveux, mais je n'ai pas pris mon shampooing.*
**Étudiant(e) 2:** *Moi, j'ai apporté mon shampooing. Je te le prête.*

| | |
|---|---|
| prendre une douche | se brosser les cheveux |
| se brosser les dents | se laver les mains |
| se coiffer | se sécher les cheveux |
| se laver le visage | se raser |

**3** **Débat** Par groupes de quatre, débattez cette question: Qui prend plus de temps pour se préparer avant de sortir, les hommes ou les femmes? Préparez une liste de raisons pour défendre votre point de vue. Présentez vos arguments à la classe.

**4** **Dépêchez-vous!** Avec un(e) partenaire, imaginez que vous soyez (*are*) les parents de trois enfants. Ils doivent partir pour l'école dans dix minutes, mais ils viennent juste de se réveiller! Que leur dites-vous? Utilisez des verbes réfléchis.

**MODÈLE**

**Étudiant(e) 1:** *Dépêchez-vous!*
**Étudiant(e) 2:** *Lève-toi!*

**5** **Départ de vacances** Avec un(e) partenaire, observez les images et décrivez-les. Utilisez tous les verbes de la liste. Ensuite, racontez à la classe l'histoire du départ en vacances de la famille Glassié.

| | |
|---|---|
| s'amuser | s'énerver |
| se dépêcher | se mettre en colère |
| se détendre | se préparer |
| se disputer (avec) | se rendre compte |

**6** **La personnalité de Martin** Votre professeur va vous donner, à vous et à votre partenaire, une feuille d'information sur Martin. Attention! Ne regardez pas la feuille de votre partenaire.

**MODÈLE**

**Étudiant(e) 1:** *Martin s'habille élégamment.*
**Étudiant(e) 2:** *Mais...*

Video

# Le Zapping

## S'aimer mieux

La marque° Krys veut que la beauté soit° accessible à tous. Ses lunettes ont donc des prix raisonnables et elles sont vendues partout° en France, en Belgique et sur Internet. Ses opticiens sont des professionnels qui savent aussi donner de bons conseils° esthétiques à leurs clients.

Cette compagnie est apparue° en 1966 quand les 14 plus grands opticiens de France ont décidé de travailler ensemble. Pour choisir leur nom, ils ont pensé à la transparence et au cristal, et «Krys» est née.

Collection [K]
60€* monture + verres

pour une monture K + 2 verres organiques 1.5 blancs durcis unifocaux, correcteurs

Non merci.

Jolies lunettes!

**Compréhension** Répondez aux questions.

1. Est-ce que le jeune homme se sentait (*felt*) bien avant? Quel était son plus gros problème?
2. Qu'est-ce qui a ensuite changé dans sa vie?

**Discussion** Par groupes de quatre, répondez aux questions et discutez.

1. Quelle partie de votre routine matinale prend le plus de temps ou est vraiment essentielle?
2. En général, est-ce que votre *look* vous aide à vous sentir (*feel*) mieux et à passer une bonne journée, ou est-ce qu'il n'a pas d'importance?
3. Comme la jeune fille dans la pub (*ad*), avez-vous déjà essayé de faire un compliment à un(e) inconnu(e) (*stranger*) sur son *look*? Quelle réaction a eu cette personne?

**marque** *brand*  **soit** *be*  **partout** *everywhere*  **conseils** *advice*  **apparue** *appeared*

Go to **vhlcentral.com** to watch the TV clip featured in this **Le Zapping**.

# Leçon 10B

**You will learn how to...**

- describe your health
- talk about remedies and well-being

# J'ai mal!

## Vocabulaire

| | |
|---|---|
| aller aux urgences/ à la pharmacie | to go to the emergency room/ to the pharmacy |
| avoir mal | to have an ache |
| avoir mal au cœur | to feel nauseous |
| enfler | to swell |
| être en bonne/ mauvaise santé | to be in good/ bad health |
| être en pleine forme | to be in good shape |
| éviter de | to avoid |
| faire mal | to hurt |
| garder la ligne | to stay slim |
| guérir | to get better |
| se blesser | to hurt oneself |
| se casser (la jambe/ le bras) | to break one's (leg/arm) |
| se fouler la cheville | to twist/sprain one's ankle |
| se porter mal/mieux | to be ill/better |
| se sentir | to feel |
| tomber/être malade | to get/to be sick |
| un(e) dentiste | dentist |
| un(e) pharmacien(ne) | pharmacist |
| une allergie | allergy |
| une douleur | pain |
| la grippe | flu |
| un symptôme | symptom |
| une aspirine | aspirin |
| un médicament (contre/pour) | medication (to prevent/for) |
| une ordonnance | prescription |
| la salle des urgences | emergency room |
| déprimé(e) | depressed |
| grave | serious |
| sain(e) | healthy |

Il a de la fièvre.

Elle tousse. (tousser)

Elle fait une piqûre.

Elle a mal au dos.

un patient (patiente f.)

Elle est enceinte.

une pilule

Il a un rhume.

Elle est en bonne santé.

une blessure

Il éternue. (éternuer)

## Mise en pratique

 **Audio: Vocabulary**

**1** **Écoutez** 🎧 Monsieur Sebbar est tombé malade. Vous allez écouter une conversation entre lui et son médecin. Choisissez les éléments de chaque catégorie qui sont vrais.

### Symptômes

1. J'ai mal à la tête. ☐
2. J'ai mal au ventre. ☐
3. J'ai mal aux yeux. ☐
4. J'ai mal à la gorge. ☐
5. J'ai mal au cœur. ☐
6. J'ai mal à la cheville. ☐

### Diagnostic

1. la grippe ☐
2. un rhume ☐
3. la cheville cassée ☐
4. de la fièvre ☐

### Traitement

1. faire de l'exercice ☐
2. faire une piqûre ☐
3. prendre des médicaments ☐

**2** **Chassez l'intrus** Indiquez le mot qui ne va pas avec les autres.

1. un médicament, une pilule, une ordonnance, une aspirine
2. un médecin, un dentiste, un patient, une pharmacienne
3. un rhume, une aspirine, la grippe, une allergie
4. tomber malade, guérir, être en bonne santé, se porter mieux
5. éternuer, tousser, fumer, avoir mal à la gorge
6. être en pleine forme, être malade, être au régime, garder la ligne
7. se sentir bien, se porter mieux, être en mauvaise santé, éviter de fumer
8. une blessure, une pharmacie, un symptôme, une douleur

**3** **Complétez** Complétez les phrases suivantes avec le bon mot choisi dans la section **CONTEXTES** pour faire des phrases logiques.

1. Vous allez chez le médecin quand vous tombez _____.
2. Vous allez chez _____ quand vous avez mal aux dents.
3. _____ aide les médecins.
4. Une femme qui va avoir un bébé est _____.
5. Une personne qui a eu un accident grave est emmenée (*taken*) aux _____.
6. On prend une _____ quand on a mal à la tête.
7. Pour être en forme et garder la ligne, il faut _____.
8. Si on n'est pas malade, on est _____.
9. Le médecin peut vous faire _____.
10. _____ est une liste de médicaments à prendre.
11. Être _____, c'est être tout le temps malheureux.
12. Si les fleurs vous font _____, vous avez une allergie.

un infirmier

ne pas fumer

Elle fait de l'exercice.

une infirmière

Elle a mal à la tête.

Il a mal au ventre.

## Communication

**4** **Conversez** Interviewez un(e) camarade de classe.

1. Quand t'a-t-on fait une piqûre pour la dernière fois? Pourquoi? Et une ordonnance?
2. Est-ce que tu as souvent des rhumes? Que fais-tu pour guérir?
3. Quel médicament prends-tu quand tu as de la fièvre? Et quand tu as mal à la tête?
4. Es-tu allé(e) chez le médecin cette année? À l'hôpital? Pourquoi?
5. Es-tu déjà allé(e) aux urgences? Pourquoi?
6. Connais-tu une femme enceinte? Comment se sent-elle?
7. Est-ce une bonne idée de fumer? Pourquoi pas?
8. Comment te sens-tu aujourd'hui? Et comment te sentais-tu hier?

**5** **Qu'est-ce qui ne va pas?** Travaillez avec un(e) camarade de classe et à tour de rôle, indiquez ce qui ne va pas chez chaque personne, puis proposez un traitement (*treatment*).

1.  2.  3.  4.

5.  6.  7.  8.

**6** **Écriture** Suivez les instructions et composez un paragraphe. Ensuite, comparez votre paragraphe avec celui d'un(e) camarade de classe.

- Décrivez la dernière fois que vous avez été malade ou la dernière fois que vous avez eu un accident.
- Dites quels étaient vos symptômes.
- Dites si vous êtes allé(e) chez le médecin ou aux urgences.
- Mentionnez si on vous a donné une ordonnance et quels médicaments vous avez pris.

**7** **Chez le médecin** Travaillez avec un(e) camarade de classe pour présenter un dialogue dans lequel vous:

- jouez le rôle d'un médecin et d'un(e) patient(e).
- parlez des symptômes du/de la patient(e).
- présentez le diagnostic (*diagnosis*) du médecin.
- proposez un traitement au/à la patient(e).

# Les sons et les lettres

**Audio: Concepts, Activities
Record & Compare**

 **p, t, and c**

Read the following English words aloud while holding your hand an inch or two in front of your mouth. You should feel a small burst of air when you pronounce each of the consonants.

| **p**an | **t**op | **c**ope | **p**at |
|---|---|---|---|

In French, the letters **p**, **t**, and **c** are not accompanied by a short burst of air. This time, try to minimize the amount of air you exhale as you pronounce these consonants. You should feel only a very small burst of air or none at all.

| **p**anne | **t**au**p**e | **c**a**p**ital | **c**œur |
|---|---|---|---|

To minimize a **t** sound, touch your tongue to your teeth and gums, rather than just your gums.

| **t**aille | **t**ête | **t**omber | **t**ousser |
|---|---|---|---|

Similarly, you can minimize the force of a **p** by smiling slightly as you pronounce it.

| **p**ied | **p**oitrine | **p**ilule | **p**iqûre |
|---|---|---|---|

When you pronounce a hard **c** sound, you can minimize the force by releasing it very quickly.

| **c**orps | **c**ou | **c**asser | **c**omme |
|---|---|---|---|

**Prononcez** Répétez les mots suivants à voix haute.

1. plat
2. cave
3. tort
4. timide
5. commencer
6. travailler
7. pardon
8. carotte
9. partager
10. problème
11. rencontrer
12. confiture
13. petits pois
14. colocataire
15. canadien

**Articulez** Répétez les phrases suivantes à voix haute.

1. Paul préfère le tennis ou les cartes?
2. Claude déteste le poisson et le café.
3. Claire et Thomas ont-ils la grippe?
4. Tu préfères les biscuits ou les gâteaux?

**Dictons** Répétez les dictons à voix haute.

Il n'y a que le premier pas qui coûte.[2]

Les absents ont toujours tort.[1]

ressources

LM
p. 78

vhlcentral.com
Leçon 10B

[1] Those who are absent are always the ones to blame.
[2] The first step is always the hardest.

# L'accident

Video: *Roman-photo*
Record & Compare

**Amina**

**David**

**Dr Beaumarchais**

**Rachid**

**Stéphane**

*Au parc...*

**RACHID**  Comment s'appelle le parti politique qui gagne les élections en 1936?

**STÉPHANE**  Le Front Populaire.

**RACHID**  Exact. Qui en était le chef?

**STÉPHANE**  Je ne m'en souviens pas.

**RACHID**  Réfléchis. Qui est devenu président...?

**AMINA**  Salut, vous deux!

**RACHID**  Bonjour, Amina! (*Il tombe.*) Aïe!

**STÉPHANE**  Tiens, donne-moi la main. Essaie de te relever.

**RACHID**  Attends... non, je ne peux pas.

**AMINA**  On va t'emmener chez le médecin tout de suite. Stéphane, mets-toi là de l'autre côté. Hop là! On y va? Allons-y.

*Chez le médecin...*

**DOCTEUR**  Alors, expliquez-moi ce qui s'est passé.

**RACHID**  Et bien, je jouais au foot quand tout à coup je suis tombé.

**DOCTEUR**  Et où est-ce que vous avez mal? Au genou? À la jambe? Ça ne vous fait pas mal ici?

**RACHID**  Non, pas vraiment.

**AMINA**  Ah, te voilà Rachid!

**STÉPHANE**  Alors, tu t'es cassé la jambe? Euh... tu peux toujours jouer au foot?

**AMINA**  Stéphane!

**RACHID**  Pas pour le moment, non; mais ne t'inquiète pas. Après quelques semaines de repos, je vais guérir rapidement et retrouver la forme.

**AMINA**  Qu'est-ce que t'a dit le docteur?

**RACHID**  Oh, ce n'est pas grave. Je me suis foulé la cheville. C'est tout.

**AMINA**  Ah, c'est une bonne nouvelle. Bon, on rentre?

**RACHID**  Oui, volontiers. Dis, est-ce qu'on peut passer par la pharmacie?

**AMINA**  Bien sûr!

*Chez David et Rachid...*

**DAVID**  Rachid! Qu'est-ce qui t'est arrivé?

**RACHID**  On jouait au foot et je suis tombé. Je me suis foulé la cheville.

**DAVID**  Oh! C'est idiot!

**AMINA**  Bon, on va mettre de la glace sur ta cheville. Il y en a au congélateur?

**DAVID**  Oui, il y en a.

---

**A C T I V I T É S**

**1**  **Les événements**  Mettez les événements suivants dans l'ordre chronologique.

a. _____  Rachid, Stéphane et Amina vont à la pharmacie.

b. _____  Rachid tombe.

c. _____  David explique qu'il a eu une réaction allergique.

d. _____  Rachid et Stéphane jouent au foot.

e. _____  Le docteur Beaumarchais explique que Rachid n'a pas la cheville cassée.

f. _____  Stéphane ne se souvient pas de la réponse.

g. _____  Amina et Stéphane aident Rachid.

h. _____  Amina et Stéphane sont surpris de voir (*see*) le visage de David.

i. _____  David dit qu'il est allé aux urgences.

j. _____  Le docteur Beaumarchais prépare une ordonnance.

 Practice more at **vhlcentral.com**.

### Summarizing a text

Summarizing a text in your own words can help you comprehend it better. Before summarizing a text, you might find it helpful to skim it and jot down a few notes about its general meaning. You can then read the text again, writing down the important details. Your notes will help you summarize what you have read. If the text is particularly long, you may want to subdivide it into smaller segments so that you can summarize it more easily.

## LE MONDE FRANCOPHONE

### Où faire des courses?

Voici quelques endroits où faire des courses.

**En Afrique du Nord** les souks, quartiers des vieilles villes où il y a une grande concentration de magasins et de stands

**En Côte d'Ivoire** le marché de Cocody à Abidjan où on trouve des tissus° et des objets locaux

**À la Martinique** le grand marché de Fort-de-France, un marché couvert°, ouvert tous les jours, qui offre toutes sortes de produits

**À Montréal** la ville souterraine°, un district du centre-ville où il y a de nombreux centres commerciaux reliés° entre eux par des tunnels

**À Paris** le marché aux puces° de Saint-Ouen où on trouve des antiquités et des objets divers

**À Tahiti** le marché couvert de Papeete où on offre des produits pour les touristes et pour les Tahitiens

**tissus** *fabrics* **couvert** *covered* **souterraine** *underground* **reliés** *connected* **marché aux puces** *flea market*

## PORTRAIT

# Le «Spiderman» français

Alain Robert, le «Spiderman» français, découvre l'escalade° quand il est enfant et devient un des meilleurs grimpeurs° de falaises° du monde. Malgré° deux accidents qui l'ont laissé invalide à 60%°, avec des problèmes de vertiges°, il commence sa carrière de grimpeur «urbain» et escalade son premier gratte-ciel° à Chicago, en 1994. Depuis, il a escaladé plus de 70 gratte-ciel et autres structures du monde, dont la tour Eiffel à Paris et la Sears Tower à Chicago. En 1997, il a été arrêté par la police pendant son ascension du plus grand bâtiment du monde, les tours Petronas en Malaisie. Parfois en costume de Spiderman, mais toujours sans corde° et à mains nues°, Robert fait souvent des escalades pour collecter des dons° et il attire° parfois des milliers de spectateurs.

**escalade** *climbing* **grimpeurs** *climbers* **falaises** *cliffs* **Malgré** *In spite of* **invalide à 60%** *60% disabled* **vertiges** *vertigo* **gratte-ciel** *skyscraper* **corde** *rope* **nues** *bare* **dons** *charitable donations* **attire** *attracts*

### ◗⟲ Sur Internet

**Que peut-on acheter chez les bouquinistes, à Paris?**

Go to **vhlcentral.com** to find more cultural information related to this **Lecture culturelle**. Then watch the corresponding **Flash culture**.

---

**2** **Vrai ou faux?** Indiquez si les phrases sont **vraies** ou **fausses**.

1. Alain Robert escalade seulement des falaises.
2. Alain Robert a escaladé son premier bâtiment à Chicago.
3. Alain Robert n'a jamais eu de problèmes de santé dans sa carrière de grimpeur.
4. À Montréal, il y a un quartier souterrain.
5. Il y a des souks dans les marchés d'Abidjan.

**3** **Le marchandage** En Afrique du Nord, il est très courant de marchander ou de discuter avec un vendeur pour obtenir un meilleur prix. Avez-vous déjà eu l'occasion de marchander? Où? Quand? Qu'avez-vous acheté? Avez-vous obtenu un bon prix? Discutez de ce sujet avec un(e) partenaire.

**ressources**

VM pp. 261–262

vhlcentral.com Leçon 12A

◗⟲ Practice more at **vhlcentral.com.**

**A C T I V I T É S**

# STRUCTURES

## 12A.1 Voir, recevoir, and apercevoir

**S** Presentation

*Je m'aperçois que je n'ai pas d'argent.*

*On vous a vus devant le distributeur!*

### The verb *voir* (to see)

| | |
|---|---|
| je vois | nous voyons |
| tu vois | vous voyez |
| il/elle/on voit | ils/elles voient |

Nous **voyons** le nouveau
commissariat de police.
*We see the new police station.*

Tu **vois** les cartes postales
sur la table?
*Do you see the postcards on the table?*

- **Voir** takes **avoir** as an auxiliary verb in the **passé composé**, and its past participle is **vu**.

  Tu **as vu** le nouveau facteur?
  *Did you see the new mailman?*

  Ils **ont vu** *Un air de famille* en DVD.
  *They saw* Un air de famille *on DVD.*

- The **conditionnel** of **voir** is formed with the stem **verr-**.

  S'ils pouvaient, ils **verraient**
  le film ce week-end.
  *If they could, they would see
  the film this weekend.*

  Elle **verrait** mieux si elle portait
  des lunettes.
  *She would see better if she
  wore glasses.*

- The verb **revoir** (*to see again*) is derived from **voir** and is conjugated in the same way.

**Au revoir!**

On se **revoit** mercredi
ou jeudi?
*Will we see each other again
Wednesday or Thursday?*

On a **revu** nos camarades
à la papeterie.
*We saw our classmates again
at the stationery store.*

### Boîte à outils

You can use the expression
**aller voir** to mean *to go
(and) see/visit*.

**On va voir les ruines.**
*We're going to see (visit) the
ruins.*

**Se voir** can be used either
reflexively or reciprocally.

**Je me vois dans le miroir.**
(reflexive)
**Dorian et Lise se voient.**
(reciprocal)

Rachid se foule la cheville.

**DOCTEUR** Et là, à la cheville?
**RACHID** Aïe! Oui, c'est ça!
**DOCTEUR** Vous pouvez tourner le pied à droite... Et à gauche? Doucement. La bonne nouvelle, c'est que ce n'est pas cassé.
**RACHID** Ouf, j'ai eu peur.

**DOCTEUR** Vous vous êtes simplement foulé la cheville. Alors, voilà ce que vous allez faire: mettre de la glace, vous reposer. Ça veut dire: pas de foot pendant une semaine au moins et prendre des médicaments contre la douleur. Je vous prépare une ordonnance tout de suite.
**RACHID** Merci, Docteur Beaumarchais.

**STÉPHANE** Et toi, David, qu'est-ce qui t'est arrivé? Tu fais le clown ou quoi?
**DAVID** Ah! Ah!... Très drôle, Stéphane.
**AMINA** Ça te fait mal?
**DAVID** Non. C'est juste une allergie. Ça commence à aller mieux. Je suis allé aux urgences. On m'a fait une piqûre et on m'a donné des médicaments. Ça va passer. En attendant, je dois éviter le soleil.

**STÉPHANE** Vous faites vraiment la paire, tous les deux!
**AMINA** Allez, Stéphane. Laissons-les tranquilles. Au revoir, vous deux. Reposez-vous bien!
**RACHID** Merci! Au revoir!
**DAVID** Au revoir!
**DAVID** Eh! Rends-moi la télécommande! Je regardais ce film...

## Expressions utiles

### Giving instructions and suggestions

- **Essaie de te relever.**
  *Try to get up.*
- **On y va? Allons-y.**
  *Should we go (there)? Let's go (there).*
- **Qu'est-ce qui t'est arrivé?**
  *What happened to you?*
- **Laissons-les tranquilles.**
  *Let's leave them alone.*
- **Rends-moi la télécommande.**
  *Give me back the remote.*

### Referring to ideas, quantities, and places

- **Qui en était le chef?**
  *Who was the leader of it?*
- **Je ne m'en souviens pas.**
  *I don't remember.*
- **De la glace. Il y en a au congélateur?**
  *Ice. Is there any in the freezer?*
- **Oui, il y en a.**
  *Yes, there is some (there).*

### Additional vocabulary

- **la bonne nouvelle**
  *the good news*
- **ça veut dire**
  *that is to say/that means*
- **volontiers**
  *gladly*
- **en attendant**
  *in the meantime*

**2** **À vous!** Sandrine ne sait pas encore ce qui est arrivé à David et à Rachid. Avec deux camarades de classe, préparez une conversation dans laquelle Sandrine découvre ce qui s'est passé. Ensuite, jouez les rôles de Sandrine, David et Rachid devant la classe.

- Imaginez le contexte de la conversation: le lieu, qui fait/a fait quoi.
- Décidez si Sandrine rencontre les garçons ensemble ou séparément.
- Décrivez la surprise initiale de Sandrine. Détaillez ses questions et ses réactions.

**3** **Écrivez** Rachid et David ont deux problèmes de santé très différents. Qu'est-ce que vous préférez, une cheville foulée pendant une semaine ou une réaction allergique au visage? Écrivez un paragraphe dans lequel vous comparez les deux situations. Quelle situation est la pire? Pourquoi?

**ressources**

| VM pp. 225–226 | DVD Leçon 10B | vhlcentral.com Leçon 10B |

**ACTIVITÉS**

### CULTURE À LA LOUPE

# La Sécurité sociale

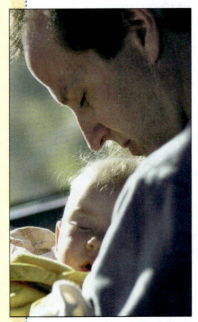

**En France, presque tous les habitants sont couverts par le système national de la Sécurité sociale.** La Sécurité sociale, ou «la sécu», est un organisme d'État, financé principalement par les cotisations° sociales des travailleurs, qui donne une aide financière à ses bénéficiaires dans différents domaines. La branche «famille», par exemple, s'occupe des allocations° pour la maternité et les enfants. La branche «vieillesse» paie les retraites des personnes âgées. La branche «maladie» aide les gens en cas de maladies et d'accidents du travail. Chaque personne qui bénéficie des

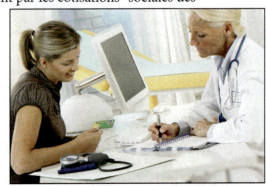

prestations° de la Sécurité sociale a une carte Vitale qui ressemble à une carte de crédit et qui contient° toutes ses informations personnelles. La Sécurité sociale rembourse° en moyenne 75% des frais° médicaux. Les visites chez le médecin sont remboursées à 70%. Le taux° de remboursement varie entre 80 et 100% pour les séjours en clinique ou à l'hôpital et entre 70 et 100% pour les soins dentaires°. Pour les achats° en pharmacie, le taux de remboursement varie beaucoup: de 35 à 100% selon° les médicaments achetés. Beaucoup de gens ont aussi une mutuelle, une assurance santé supplémentaire qui rembourse ce que la Sécurité sociale ne rembourse pas. Ceux° qui ne peuvent pas avoir de mutuelle et ceux qui n'ont pas droit à° la Sécurité sociale traditionnelle bénéficient parfois de la Couverture Maladie Universelle (CMU). La CMU garantit le remboursement à 100% des frais médicaux aux gens qui n'ont pas beaucoup de ressources.

### Les visites médicales

- En moyenne°, les Français consultent un médecin sept fois par an,
- dont° quatre fois un généraliste
- et trois fois un spécialiste.
- 70% des visites médicales ont lieu° chez le médecin.
- 20% ont lieu à la maison.
- 10% ont lieu à l'hôpital.

cotisations *contributions* allocations *allowances* prestations *benefits* contient *holds* rembourse *reimburses* frais *expenses* taux *rate* soins dentaires *dental care* achats *purchases* selon *depending on* Ceux *Those* n'ont pas droit à *don't qualify for* En moyenne *On average* dont *of which* ont lieu *take place*

**A C T I V I T É S**

**1** **Vrai ou faux?** Indiquez si les phrases sont **vraies** ou **fausses**. Corrigez les phrases fausses.

1. Les cotisations des travailleurs financent la Sécurité sociale.
2. La Sécurité sociale a plusieurs branches.
3. La branche «vieillesse» s'occupe des accidents du travail.
4. La carte Vitale est une assurance supplémentaire.
5. La Sécurité sociale rembourse en moyenne 100% des frais médicaux.

6. Entre 70 et 100% des soins dentaires sont remboursés par la sécu.
7. La Sécurité sociale ne rembourse pas les médicaments.
8. En plus de la Sécurité sociale, certaines personnes ont des assurances santé supplémentaires.
9. Si on n'a pas beaucoup d'argent, on peut bénéficier de la CMU.
10. Vingt pour cent des consultations médicales ont lieu à l'hôpital.

STRATÉGIE

### Using a dictionary

Be careful not to reach for the dictionary every time you do not understand what you read. Instead, keep a running list of unfamiliar words that you come across in the selection. Only after you have tried several strategies and are still unable to guess a word's meaning should you consider using a dictionary. Remember to read and consider all the translations under an entry before choosing the right one for the context.

## LE MONDE FRANCOPHONE

## Des pionniers de la médecine

Voici quelques autres pionniers francophones de la médecine.

### En Belgique
**Jules Bordet** (1870–1961) médecin et microbiologiste qui a découvert° le microbe de la coqueluche°

### En France
**Bernard Kouchner** (1939– ) médecin, cofondateur° de Médecins sans frontières° et de Médecins du monde

### En Haïti
**Yvonne Sylvain** (1907–1989) première femme médecin et gynécologue obstétricienne d'Haïti

### Au Québec
**Jeanne Mance** (1606–1673) fondatrice du premier hôpital d'Amérique du Nord

### En Suisse
**Henri Dunant** (1828–1910) fondateur de la Croix-Rouge°

**a découvert** *discovered* **coqueluche** *whooping cough* **cofondateur** *cofounder* **frontières** *Borders* **Croix-Rouge** *Red Cross*

PORTRAIT

# Marie Curie

Grande figure féminine du 20ᵉ siècle et de l'histoire des sciences, Marie Curie reçoit° en 1903 le prix Nobel de physique avec son mari, Pierre, pour leurs travaux° sur la radioactivité. Quelques années plus tard elle reçoit le prix Nobel de chimie pour la découverte° de deux éléments radioactifs: le polonium et le radium. Pendant la Première Guerre mondiale° elle organise un service de radiologie mobile pour mieux soigner° les blessés. La lutte° contre le cancer bénéficie aussi des vertus thérapeutiques du radium. Marie Curie est la première femme à recevoir° un prix Nobel et la seule personne à en avoir reçu° deux. Elle est née Maria Sklodowska à Varsovie en Pologne. À 24 ans elle est venue à Paris pour faire des études scientifiques car° l'université de Varsovie refusait l'accès aux jeunes filles. Elle a consacré° toute sa vie aux recherches scientifiques et est morte d'une leucémie en 1934.

**reçoit** *receives* **travaux** *work* **découverte** *discovery* **Première Guerre mondiale** *World War I* **soigner** *treat* **lutte** *fight* **recevoir** *receive* **reçu** *received* **car** *because* **consacré** *devoted*

### Sur Internet

**Qui a découvert le vaccin contre la tuberculose?**

Go to **vhlcentral.com** to find more cultural information related to this **Lecture culturelle**. Then watch the corresponding **Flash culture**.

**2** **Répondez** Répondez aux questions par des phrases complètes.
1. Quels grands prix Marie Curie a-t-elle reçus?
2. Quelles sont les implications pour la lutte contre le cancer?
3. Où Marie Curie est-elle née?
4. Pourquoi est-elle venue à Paris?
5. Qui a été la première femme médecin d'Haïti?

**3** **Problèmes de santé** Avec un(e) camarade, écrivez cinq phrases où vous utilisez ce vocabulaire: **une angine** (*strep throat*), **une carie** (*cavity*), **des frissons** (*m.*) (*chills*), **le nez bouché** (*stuffy nose*), **une toux** (*cough*). Soyez prêts à les présenter devant la classe.

 Practice more at **vhlcentral.com.**

**ressources**

VM pp. 257–258

vhlcentral.com Leçon 10B

A C T I V I T É S

# STRUCTURES

**10B.1**

## The *passé composé* of reflexive verbs

 **Presentation**

**Point de départ** In **Leçon 10A**, you learned to form the present tense and command forms of reflexive verbs. You will now learn how to form the **passé composé** of reflexive verbs.

> *Vous vous êtes foulé la cheville.*

> *Tu t'es cassé la jambe?*

### À noter

In **Leçon 7A**, you learned about verbs that take **être** in the **passé composé** and about agreement of past participles with a preceding direct object pronoun in the **passé composé** with **avoir**. Keep these in mind as you learn how to form the **passé composé** of reflexive verbs.

- Use the auxiliary verb **être** with all reflexive verbs in the **passé composé**, and place the reflexive pronoun before it.

Nous **nous sommes fait** mal hier, pendant la randonnée.
*We hurt ourselves during the hike yesterday.*

Il **s'est lavé** les mains avant de prendre le médicament.
*He washed his hands before taking the medicine.*

Où est-ce que tu **t'es blessé**?
*Where did you hurt yourself?*

Vous **vous êtes trompé**?
*Did you make a mistake?*

### Boîte à outils

Recall that some verbs can be used both reflexively and non-reflexively. In the **passé composé**, reflexive verbs take **être** as the auxiliary verb, while their non-reflexive counterparts take **avoir**.

Elle **s'est arrêtée**.
Elle **a arrêté** la voiture.

- If the verb is not followed by a direct object, the past participle should agree with the subject in gender and number.

SUBJECT        PAST PARTICIPLE
L'infirmier et le médecin **se sont disputés**.
*The nurse and the doctor argued.*

SUBJECT    PAST PARTICIPLE
Elle **s'est assise** dans le fauteuil du dentiste.
*She sat in the dentist's chair.*

SUBJECT        PAST PARTICIPLE
Ahmed et toi, vous **vous êtes** bien **entendus**?
*Did you and Ahmed get along?*

- If the verb is followed by a direct object, the past participle should not agree with the subject. Use the masculine singular form.

PAST PARTICIPLE   DIRECT OBJECT
Régine **s'est foulé** les deux chevilles.
*Régine twisted both ankles.*

PAST PARTICIPLE   DIRECT OBJECT
Ils **se sont cassé** les bras.
*They broke their arms.*

- To make a reflexive verb negative in the **passé composé**, place **ne** before the reflexive pronoun and **pas** after the auxiliary verb.

Elles **ne se sont pas** mises en colère.
*They didn't get angry.*

Nous **ne nous sommes pas** sentis mieux.
*We didn't feel better.*

Je **ne me suis pas** rasé ce matin.
*I didn't shave this morning.*

Tu **ne t'es pas** coiffée.
*You didn't do your hair.*

- To ask a question using inversion with a reflexive verb in the **passé composé**, follow the same pattern as you would with non-reflexive verbs. Invert the subject pronoun and the auxiliary verb, and keep the reflexive pronoun before the auxiliary.

  Irène **s'est-elle** blessée au genou?
  *Did Irène hurt her knee?*

  Ne **vous êtes-vous** pas rendu compte de ça?
  *Didn't you realize that?*

- Place a direct object pronoun between the reflexive pronoun and the auxiliary verb. Make the past participle agree with the direct object pronoun that precedes it.

  Il a la cheville un peu enflée. Il **se l'**est **cassée** il y a une semaine.
  *His ankle is a bit swollen. He broke it a week ago.*

  Mes mains? Mais je **me les** suis déjà **lavées**.
  *My hands? But I already washed them.*

- The irregular past participle of the verb **s'asseoir** is **assis(e)**.

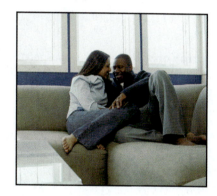

Elle **s'est assise** près de la fenêtre.
*She sat near the window.*

Les jeunes mariés **se sont assis** dans le salon.
*The newlyweds sat in the living room.*

- Form the **imparfait** of reflexive verbs exactly as you would for non-reflexive verbs. Just add the corresponding reflexive pronoun.

  Je **me brossais** les dents trois fois par jour.
  *I used to brush my teeth three times a day.*

  Nous **nous promenions** souvent au parc.
  *We often used to take walks in the park.*

**Essayez!**  **Complétez ces phrases.**

1. Natalia s'est (foulé/foulée) le bras.
2. Sa jambe? Comment Robert se l'est-il (cassé/cassée)?
3. Les deux joueurs de basket se sont (blessé/blessés) au genou.
4. L'infirmière s'est (lavé/lavées) les mains.
5. M. Pinchon s'est (fait/faite) mal à la jambe.
6. S'est-elle (rasé/rasées) les jambes?
7. Elles se sont (maquillé/maquillés) les yeux?
8. Nous nous les sommes (cassé/cassés).
9. Sandrine, tu t'es (réveillé/réveillée) tard ce matin.
10. Tout à coup, Omar s'est (senti/sentie) mal.
11. Nous ne nous sommes pas (déshabillé/déshabillées) avant de nous coucher.

**ressources**

WB
pp. 135–136

LM
p. 79

**S**

vhlcentral.com
Leçon 10B

## Mise en pratique

**1   Une lettre** Complétez la lettre que Christine a écrite sur sa journée. Mettez les verbes au passé composé.

> Hier soir, je (1) _____ (se coucher) trop tard, et quand je (2) _____ (se réveiller), j'étais fatiguée. Mais je voulais jouer au basket, alors je (3) _____ (se lever) et je (4) _____ (se brosser) les dents. Mon amie est venue me chercher et je (5) _____ (s'endormir) dans la voiture! Je pense que mon amie (6) _____ (s'énerver) un peu contre moi. Nous (7) _____ (se préparer) pour le match et nous (8) _____ (se mettre) à jouer.

**2   Descriptions** Utilisez des verbes réfléchis pour décrire ce que (*what*) les personnages des illustrations ont fait ou n'ont pas fait hier. Mettez les verbes au passé composé.

Thomas

**MODÈLE**

Thomas ne s'est pas lavé.

1. mes amis
_____

2. tu
_____

3. je
_____

4. vous
_____

**3   Une mauvaise journée** Hier, Djamila a eu toutes sortes de difficultés. Avec un(e) partenaire, utilisez le vocabulaire de la liste pour raconter sa mauvaise journée.

**MODÈLE**

**Étudiant(e) 1:** Djamila s'est trompée.
**Étudiant(e) 2:** Elle s'est brossé les dents avec du savon!

| | | |
|---|---|---|
| se brosser | se sentir | la cheville |
| se casser | se tromper | la jambe |
| se fouler | le bras | le pied |
| s'habiller | les chaussures | un rhume |
| se laver | du dentifrice | du savon |
| se lever | la salle des urgences | du shampooing |

Practice more at **vhlcentral.com.**

## Communication

**4** **Et toi?** Avec un(e) partenaire, posez-vous ces questions. Ensuite, présentez vos réponses à la classe.

1. À quelle heure t'es-tu réveillé(e) ce matin?
2. Avec quel dentifrice t'es-tu brossé les dents?
3. Avec quel shampooing t'es-tu lavé les cheveux aujourd'hui?
4. T'es-tu énervé(e) cette semaine? Pourquoi?
5. T'es-tu disputé(e) avec quelqu'un cette semaine? Avec qui?
6. T'es-tu endormi(e) facilement hier soir? Pourquoi?
7. T'es-tu promené(e) récemment? Où?
8. Comment t'es-tu détendu(e) le week-end dernier?
9. Comment t'es-tu amusé(e) le week-end dernier?
10. T'es-tu bien entendu(e) avec ton/ta camarade de chambre le premier mois?
11. T'es-tu couché(e) tard le week-end dernier? Pourquoi?
12. T'es-tu mis(e) en colère contre quelqu'un récemment? Contre qui? Pourquoi?

**5** **Une enquête criminelle** Il y a eu un crime dans votre quartier et un agent de police vous pose des questions pour l'enquête (*investigation*). Avec un(e) partenaire, utilisez le vocabulaire de la liste pour créer le dialogue.

| | |
|---|---|
| se coucher | se trouver |
| se disputer | appartement |
| s'énerver | blessure |
| se lever | corps |
| se mettre en colère | quartier |
| se réveiller | déprimé(e) |
| revenir | grave |
| se souvenir | soudain |

**6** **Charades** Par groupes de quatre, pensez à une phrase au passé composé avec un verbe réfléchi et jouez-la. La première personne qui devine joue la prochaine phrase.

# STRUCTURES

**10B.2**

## The pronouns *y* and *en*  **S** Presentation

**Point de départ** The pronoun **y** replaces a previously mentioned phrase that begins with the prepositions **à, chez, dans, en,** or **sur.** The pronoun **en** replaces a previously mentioned phrase that begins with a partitive or indefinite article, or with the preposition **de.**

| PREPOSITIONAL PHRASE | | PRONOUN |
|---|---|---|
| Nous allons **chez le médecin**. | ▶ | Nous **y** allons. |

| PREPOSITIONAL PHRASE | | PRONOUN |
|---|---|---|
| Il était le chef **du Front Populaire**. | ▶ | Il **en** était le chef. |

Allons-y!

Le Front Populaire.
Qui en était le chef?

- The pronouns **y** and **en** precede the conjugated verb.

  Es-tu allée **à la plage**?
  *Did you go to the beach?*

  Oui, j'**y** suis allée.
  *Yes, I went there.*

  Achètent-elles **de la moutarde**?
  *Are they buying mustard?*

  Oui, elles **en** achètent.
  *Yes, they're buying some.*

  Tu te mets **à la danse**?
  *Are you taking up dancing?*

  Oui, je m'**y** mets.
  *Yes, I'm taking it up.*

- Like other pronouns in an infinitive construction, **y** and **en** follow the conjugated verb and precede the infinitive.

  Quand préfères-tu manger **chez Fatima**?
  *When do you prefer to eat at Fatima's?*

  Je **préfère y manger** demain soir.
  *I prefer to eat there tomorrow night.*

  Allez-vous prendre **du thé**?
  *Are you going to have tea?*

  Oui, **nous allons en prendre.**
  *Yes, we're going to have some.*

- Never omit **y** or **en** even when the English equivalents can be omitted.

  Ah, vous allez **à la boulangerie**.
  *Oh, you're going to the bakery.*

  Tu **y** vas aussi?
  *Are you going (there), too?*

  Est-ce qu'elle prend **du sucre**?
  *Does she take sugar?*

  Non, elle n'**en** prend pas.
  *No, she doesn't (take any).*

- Use **en** to replace a prepositional phrase that begins with **de.**

  Vous revenez **de vacances**?
  *Are you coming back from vacation?*

  Oui, nous **en** revenons.
  *Yes, we're coming back (from vacation).*

- Always use **en** to replace nouns that follow a number or expression of quantity. In such cases, you must still use the number or expression of quantity in the sentence together with **en**.

  | | |
  |---|---|
  | Combien **de frères** a-t-elle? | Elle **en** a **un** (**deux, trois**). |
  | *How many brothers does she have?* | *She has one (two, three).* |
  | Avez-vous acheté **beaucoup de pain**? | Oui, j'**en** ai acheté **beaucoup**. |
  | *Did you buy a lot of bread?* | *Yes, I bought a lot.* |

- In the **passé composé**, the past participle never agrees with **y** or **en**.

  | | |
  |---|---|
  | Avez-vous trouvé **des fraises**? | Oui, nous **en** avons trouvé. |
  | *Did you find some strawberries?* | *Yes, we found some.* |
  | A-t-elle attendu **à la salle des urgences**? | Oui, elle **y** a attendu. |
  | *Did she wait in the emergency room?* | *Yes, she waited there.* |

- In an affirmative **tu** command, do not drop the **-s** when an **-er** verb is followed by **y** or **en**. Note that **aller** also follows this pattern.

  | | | |
  |---|---|---|
  | Tu vas chez le médecin? Va**s-y**! | *but* | Va chez le médecin! |
  | *You're going to the doctor's? Go!* | | *Go to the doctor's!* |
  | Il y a des pommes. Mange**s-en**! | *but* | Mange des pommes! |
  | *There are some apples. Eat a few!* | | *Eat apples!* |

- With imperatives, **moi** followed by **y** and **en** becomes **m'y** and **m'en**. **Toi** followed by **y** and **en** becomes **t'y** and **t'en**.

  | | |
  |---|---|
  | Vous avez **des pêches** aujourd'hui? | Donnez-**m'en** dix. |
  | *You have peaches today?* | *Give me ten.* |

- When using two pronouns in the same sentence, **y** and **en** always come in second position.

  | | |
  |---|---|
  | Vous parlez **à Hélène de sa toux**? | Oui, nous **lui en** parlons. |
  | *Are you talking to Hélène about her cough?* | *Yes, we're talking to her about it.* |

- When used together in the same sentence, **y** is placed before **en**.

  | | |
  |---|---|
  | Il y a **de bons médecins** à l'hôpital? | Oui, il **y en** a. |
  | *Are there good doctors at the hospital?* | *Yes, there are.* |

---

**Boîte à outils**

The pronoun **y** is not used to refer to people. The pronoun **en** may refer to people when the noun it refers to is preceded by the indefinite article **des**. However, in the constructions [*verb*] + **à** + [*person*] and [*verb*] + **de** + [*person*], **y** and **en** cannot be used to refer to people. Instead, use disjunctive pronouns.

Je pense **à ma mère**.
Je pense **à elle**.

Nous parlons de **notre père**.
Nous parlons de **lui**.

---

**Essayez!** Complétez les phrases avec le(s) pronom(s) correct(s).

1. Faites-vous du sport? Oui, nous __*en*__ faisons.
2. Papa est au garage? Oui, il ____ est.
3. Nous voulons des fraises. Donnez-nous- ____ un kilo.
4. Mettez-vous du sucre dans votre café? Oui, nous ____ mettons.
5. Est-ce que tu t'intéresses à la médecine? Oui, je ____ intéresse.
6. Il est allé au cinéma? Oui, il ____ est allé.
7. Combien de pièces y avait-il? Il y ____ avait quatre.
8. Avez-vous des lampes? Non, nous n' ____ avons pas.
9. Elles sont chez leur copine. Elles ____ sont depuis samedi.
10. Êtes-vous allés en France? Oui, nous ____ sommes déjà allés.

**ressources**

WB
pp. 137–138

LM
p. 80

vhlcentral.com
Leçon 10B

# STRUCTURES

## Mise en pratique

**1** **Une lettre** M. Renaud répond aux questions d'un journaliste qui fait un sondage (*poll*) pour un magazine français. Utilisez **y** ou **en** pour compléter les notes du journaliste.

| Nombre/Fréquence | | Notes |
|---|---|---|
| 1. Enfants | 3 | M. Renaud en a trois. |
| 2. Chiens | 0 | |
| 3. Voiture | 2 | |
| 4. Cinéma | rarement | |
| 5. Argent | peu | |
| 6. Thé/café | parfois | |
| 7. New York | en 2005 | |
| 8. Chez le médecin | une fois par an | |

**2** **Dossier médical** Avec un(e) partenaire, choisissez une célébrité. Cette personne est allée à l'hôpital, où on lui pose ces questions. Comment répond votre célébrité? Justifiez toutes vos réponses. Utilisez les pronoms **y** et **en**.

1. Avez-vous des allergies?
2. Êtes-vous allé(e) aux urgences cette année?
3. Allez-vous chez le médecin régulièrement?
4. Combien d'aspirines prenez-vous par jour?
5. Faites-vous du sport tous les jours?
6. Avez-vous des douleurs?
7. Avez-vous de la fièvre?
8. Vous êtes-vous blessé(e) au travail?

**3** **Chez le dentiste** Mme Hanh emmène ses fils chez un nouveau dentiste. Complétez le dialogue entre le dentiste et les deux garçons. Utilisez les pronoms **y** et **en**.

| | |
|---|---|
| **LE DENTISTE** | C'est la première fois que vous venez chez le dentiste? |
| **FRÉDÉRIC** | Oui, (1) _____ |
| **LE DENTISTE** | N'ayez pas peur. Alors, mangez-vous beaucoup de sucre? |
| **HENRI** | (2) _____ |
| **LE DENTISTE** | Et toi, Frédéric, utilises-tu du dentifrice? |
| **FRÉDÉRIC** | (3) _____ |
| **HENRI** | Est-ce que vous allez nous faire une piqûre? |
| **LE DENTISTE** | (4) _____ |
| **HENRI** | Moi, je n'ai pas peur des piqûres... mais j'espère que vous n'allez pas trouver de caries (*cavities*). |
| **LE DENTISTE** | (5) _____ |

Practice more at **vhlcentral.com.**

# Communication

**4** **Trouvez quelqu'un qui…** Votre professeur va vous donner une feuille d'activités. Circulez dans la classe pour trouver un(e) camarade différent(e) qui donne une réponse affirmative à chaque question. Employez les pronoms **y** et **en**.

 **MODÈLE**

**Étudiant(e) 1:** *Je suis né(e) à Los Angeles. Y es-tu né(e) aussi?*
**Étudiant(e) 2:** *Oui, j'y suis né(e) aussi!*

| Qui… | Nom |
|---|---|
| 1. est né(e) dans la même (same) ville que vous? | Mireille |
| 2. a pris une aspirine aujourd'hui? Pourquoi? | |
| 3. est allé(e) en Suisse? Quand? | |
| 4. a mangé au resto U cette semaine? Combien de fois? | |
| 5. est déjà allé(e) aux urgences une fois? Pourquoi? | |
| 6. est allé(e) chez le dentiste ce mois-ci? Quand? | |

**5** **Interview** Posez ces questions à un(e) partenaire. Employez **y** ou **en** dans vos réponses, puis présentez-les à la classe.

 …Demandez à un(e) partenaire…

1. s'il/elle va à la bibliothèque (au restaurant, à la plage, chez le dentiste) aujourd'hui. Pourquoi?
2. s'il/elle a besoin d'argent (d'une voiture, de courage, de temps libre). Pourquoi?
3. s'il/elle s'intéresse aux sports (à la littérature, au jazz, à la politique). Que préfère-t-il/elle?
4. combien de personnes il y a dans sa famille (dans la classe de français, dans sa résidence).
5. s'il/elle a un chien (beaucoup de cousins, un grand-père, un vélo, un ordinateur). Où sont-ils?
6. s'il/elle a des allergies (une blessure, un rhume). Que fait-il/elle contre les symptômes?

**6** **Chez le docteur** Vous avez ces problèmes et vous allez chez le docteur. Votre partenaire va jouer le rôle du docteur. Parlez de vos symptômes. Que faut-il faire? Utilisez les pronoms **y** et **en**.

- des allergies
- une grippe
- un rhume
- une cheville foulée
- mal à la gorge
- se sentir mal

**7** **Devinez!** Avec un(e) partenaire, décrivez un endroit ou une chose en utilisant les pronoms **y** ou **en**. Votre partenaire va essayer de deviner (*guess*) ce que vous décrivez.

 **MODÈLE**

**Étudiant(e) 1:** *J'y vais pour jouer au foot.*
**Étudiant(e) 2:** *Tu vas au stade?*
**Étudiant(e) 1:** *J'en mange deux le matin.*
**Étudiant(e) 2:** *Tu manges des croissants?*

**1 La salle d'attente** Observez cette salle d'attente (*waiting room*) et, avec un(e) partenaire, décrivez la situation ou la maladie de chaque personnage. À tour de rôle, essayez de prescrire un remède. Utilisez le passé composé des verbes réfléchis dans vos dialogues.

> **MODÈLE**
>
> **Étudiant(e) 1:** *Ce garçon s'est foulé la cheville. Il doit aller aux urgences.*
> **Étudiant(e) 2:** *Oui, et cette fille...*

**2 Êtes-vous souvent malade?** Avec un(e) partenaire, préparez huit questions pour savoir si vos camarades de classe sont en bonne ou en mauvaise santé. Ensuite, par groupes de quatre, posez les questions à vos camarades et écrivez leurs réponses.

**3 Oh! Ça va!?** Vous êtes un(e) piéton(ne) (*pedestrian*) et tout d'un coup, vous voyez (*see*) un(e) cycliste tomber de son vélo. Avec un(e) partenaire, suivez (*follow*) ces instructions et préparez la scène. Utilisez les pronoms **y** et **en**.

| Piéton(ne) | | Cycliste |
|---|---|---|
| Demandez s'il/elle s'est fait mal. | ▶ | Dites quel est le problème. |
| Posez des questions sur les symptômes. | ▶ | Décrivez les symptômes. |
| Proposez de l'emmener aux urgences. | ▶ | Acceptez ou refusez la proposition. |

**4 Pour partir loin** Vous et un(e) partenaire allez vivre (*to live*) un mois dans une région totalement isolée. Regardez l'illustration: vous pouvez mettre seulement cinq choses dans votre sac de voyage. Choisissez-les avec votre partenaire.

> **MODÈLE**
>
> **Étudiant(e) 1:** *On prend une bouteille de shampooing pour se laver les cheveux?*
> **Étudiant(e) 2:** *D'accord, mais on n'en prend pas deux!*

**5 Le malade imaginaire** Vous êtes hypocondriaque et vous pensez que vous êtes très malade. À tour de rôle, parlez de vos peurs à votre partenaire, qui va essayer de vous rassurer. Utilisez les pronoms **y** et **en** dans vos dialogues.

> **MODÈLE**
>
> **Étudiant(e) 1:** *J'ai de la fièvre, n'est-ce pas?*
> **Étudiant(e) 2:** *Mais non, tu n'en as pas!*
> **Étudiant(e) 1:** *J'ai besoin d'un médicament!*
> **Étudiant(e) 2:** *Mais non, tu n'en as pas besoin!*

**6 La famille à problèmes!** Votre professeur va vous donner, à vous et à votre partenaire, une feuille d'informations sur la famille Valmont. Attention! Ne regardez pas la feuille de votre partenaire.

> **MODÈLE**
>
> **Étudiant(e) 1:** *David jouait au baseball.*
> **Étudiant(e) 2:** *Voilà pourquoi il s'est cassé le bras!*

# Écriture

## STRATÉGIE

### Sequencing events

Paying attention to sequencing in a narrative will ensure that your writing flows logically from one part to the next. Of course, every composition should have an introduction, a body, and a conclusion.

The introduction presents the subject, the setting, the situation, and the people involved. The main part, or the body, describes the events and people's reactions to these events. The conclusion brings the narrative to a close.

Adverbs and adverbial phrases are often used as transitions between the introduction, the body, and the conclusion. Here is a list of commonly used adverbs in French.

| Adverbes | |
|---|---|
| (tout) d'abord | *first* |
| premièrement / en premier | *first* |
| avant (de) | *before* |
| après | *after* |
| alors | *then, at that time* |
| (et) puis | *(and) then* |
| ensuite | *then* |
| plus tard | *later* |
| bientôt | *soon* |
| enfin | *finally* |
| finalement | *finally* |

## Thème

### Écrire une lettre

Vous avez été malade le jour du dernier examen de français et vous n'avez pas pu passer l'examen. Préparez une lettre que vous allez envoyer à votre professeur de français pour lui expliquer ce qui s'est passé. Écrivez votre lettre au passé (passé composé et imparfait) et utilisez des adverbes. À la fin de la lettre, excusez-vous et demandez à votre professeur si vous pouvez passer l'examen la semaine prochaine. (Attention! Cette partie de la lettre doit être au présent.) Répondez aux questions suivantes pour vous aider.

- Que s'est-il passé? (maladie, accident, autre problème de santé, etc.)

- Quels étaient les symptômes ou quelle blessure avez-vous eue? (avoir mal au ventre, avoir de la fièvre, avoir la jambe cassée, etc.)

- Qu'est-ce qui a peut-être causé ce problème? (accident, pas assez d'exercice physique, ne pas manger sainement, etc.)

- Qu'avez-vous fait? (prendre des médicaments, aller chez le docteur ou le dentiste, aller aux urgences, etc.)

- Qu'est-ce qu'on vous a fait là-bas? (une piqûre, une radio [*X-ray*], une ordonnance, etc.)

- Comment vous sentez-vous maintenant et qu'allez-vous faire pour rester en forme? (ne plus fumer, faire plus attention, faire de l'exercice, etc.)

# Panorama

## La Suisse

### Le pays en chiffres ✚

- **Superficie:** *41.293 km²*
- **Population:** *7.073.000*
  SOURCE: Population Division, UN Secretariat
- **Industries principales:** *activités financières° (banques, assurances), agroalimentaire°, élevage bovin°, horlogerie°, métallurgie, tourisme*
- **Villes principales:** *Bâle, Berne, Genève, Lausanne, Zurich*
- **Langues:** *allemand, français, italien, romanche*

  *L'allemand, le français et l'italien sont les langues officielles, parlées dans les différentes régions du pays. Le romanche, langue d'origine latine, est parlée à l'est° du pays. Langue nationale depuis 1938, elle n'est pas utilisée au niveau° fédéral. Aujourd'hui en Suisse, l'italien et le romanche sont moins parlés que d'autres langues étrangères.*
- **Monnaie:** *le franc suisse*

### Suisses célèbres

- **Johanna Spyri,** *auteur de «Heidi» (1827–1901)*
- **Louis Chevrolet,** *coureur automobile°, fondateur de la société Chevrolet (1878–1941)*

- **Alberto Giacometti,** *sculpteur (1901–1966)*
- **Charles Édouard Jeanneret Le Corbusier,** *architecte (1887–1965)*
- **Ella Maillart,** *écrivain, journaliste, photographe et sportive (1903–1997)*
- **Jean-Luc Godard,** *cinéaste (1930– )*

**financières** *financial* **agroalimentaire** *food processing* **élevage bovin** *cattle farming* **horlogerie** *watch and clock making* **est** *east* **niveau** *level* **coureur automobile** *racecar driver* **barques** *small boats* **guerres** *wars* **Battue** *Defeated* **paix** *peace treaty* **statut** *status* **ne... ni** *neither... nor* **OTAN** *NATO*

le château de Chillon sur le lac Léman

des barques° sur le lac de Saint-Moritz

☐ Région francophone

0 — 50 milles
0 — 50 kilomètres

### Incroyable mais vrai!

La Suisse n'a pas connu de guerres° depuis le 16ᵉ siècle! Battue° par la France en 1515, elle signe une paix° perpétuelle avec ce pays et inaugure donc sa période de neutralité. Ce statut° est reconnu par les autres pays européens en 1815 et, depuis, la Suisse ne peut participer à aucune guerre ni° être membre d'alliances militaires comme l'OTAN°.

## L'économie

### Des montres et des banques

L'économie suisse se caractérise par la présence de grandes entreprises° multinationales et par son secteur financier. Les multinationales sont particulièrement actives dans le domaine des banques, des assurances, de l'agroalimentaire (Nestlé), de l'industrie pharmaceutique et de l'horlogerie (Longines, Rolex, Swatch). Cinquante pour cent de la production mondiale° d'articles° d'horlogerie viennent de Suisse. Le franc suisse est une des monnaies les plus stables du monde et les banques suisses ont la réputation de bien gérer° les fortunes de leurs clients.

## Les gens

### Jean-Jacques Rousseau (1712–1778)

Né à Genève, Jean-Jacques Rousseau a passé sa vie entre la France et la Suisse. Vagabond et autodidacte°, Rousseau est devenu écrivain, philosophe, théoricien politique et musicien. Il a comme principe° que l'homme naît bon et que c'est la société qui le corrompt°. Défenseur de la tolérance religieuse et de la liberté de pensée, les idées de Rousseau, exprimées° principalement dans son œuvre° *Du contrat social*, se retrouvent° dans la Révolution française. À la fin de sa vie, il écrit *Les Confessions*, son autobiographie, un genre nouveau pour l'époque°.

## Les traditions

### Le couteau suisse

En 1884, Carl Elsener, coutelier° suisse, se rend compte que les soldats° suisses portent des couteaux allemands. Il décide donc de fonder sa propre compagnie et invente le «couteau du soldat» à quatre outils°. Depuis 1891, chaque soldat de l'armée suisse en a un. En 1897, Elsener développe le «couteau d'officier°» pour l'armée et aujourd'hui, il est vendu au grand public. Le célèbre couteau, orné de la croix° suisse sur fond° rouge, offre un choix de 90 accessoires.

## Les destinations

### Genève

La ville de Genève, sur la frontière° franco-suisse, est une ville internationale et francophone. C'est une belle ville verte, avec sa rade° sur le lac Léman et son célèbre jet d'eau°. Son horloge fleurie°, ses promenades, ses magasins divers et ses nombreux chocolatiers font de Genève une ville très appréciée des touristes. On y trouve aussi de nombreuses grandes entreprises et organisations internationales ou non gouvernementales, comme l'O.N.U.°, la Croix-Rouge et l'O.M.S.° C'est pourquoi 40% de la population de Genève est d'origine étrangère.

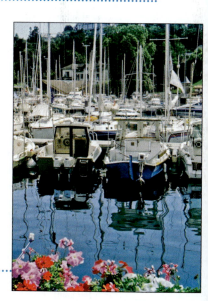

### Qu'est-ce que vous avez appris? Répondez aux questions par des phrases complètes.

1. Quelles sont les langues officielles de la Suisse?
2. Quand la Suisse a-t-elle commencé sa période de neutralité?
3. Que signifie la neutralité pour la Suisse?
4. Quels sont deux secteurs importants de l'économie suisse?
5. Quel est le principe fondamental de Rousseau?
6. Quel événement a été influencé par les idées de Rousseau?
7. À quoi servait le couteau suisse à l'origine?
8. Pourquoi Carl Elsener a-t-il inventé le couteau suisse?
9. Où se trouve la ville de Genève en Suisse?
10. Quel pourcentage de la population de Genève est d'origine étrangère?

ressources

WB pp. 139–140

vhlcentral.com Unité 10

### Sur Internet

Go to **vhlcentral.com** to find more cultural information related to this **Panorama**.

1. Cherchez plus d'informations sur Ella Maillart. Qu'a-t-elle fait de remarquable?
2. Cherchez plus d'informations sur les œuvres de Rousseau. Quelles autres œuvres a-t-il écrites?
3. La Suisse est membre des Nations Unies. Depuis quand en est-elle membre? Quel est son statut (*status*) dans l'Union européenne?

**entreprises** *companies* **mondiale** *worldwide* **articles** *products* **gérer** *manage* **autodidacte** *self-taught* **comme principe** *as a principle* **corrompt** *corrupts* **exprimées** *expressed* **œuvre** *work* **se retrouvent** *are found* **époque** *time* **coutelier** *knife maker* **soldats** *soldiers* **outils** *tools* **officier** *officer* **orné de la croix** *adorned with the cross* **fond** *background* **frontière** *border* **rade** *harbor* **jet d'eau** *fountain* **horloge fleurie** *flower clock* **O.N.U. (Organisation des Nations Unies)** *U.N.* **Croix-Rouge** *Red Cross* **O.M.S. (Organisation Mondiale de la Santé)** *W.H.O. (World Health Organization)*

## La routine

| | |
|---|---|
| faire sa toilette | to wash up |
| se brosser les cheveux/les dents | to brush one's hair/teeth |
| se coiffer | to do one's hair |
| se coucher | to go to bed |
| se déshabiller | to undress |
| s'endormir | to go to sleep, to fall asleep |
| s'habiller | to get dressed |
| se laver (les mains) | to wash oneself (one's hands) |
| se lever | to get up, to get out of bed |
| se maquiller | to put on makeup |
| prendre une douche | to take a shower |
| se raser | to shave oneself |
| se regarder | to look at oneself |
| se réveiller | to wake up |
| se sécher | to dry oneself |

## Dans la salle de bains

| | |
|---|---|
| un réveil | alarm clock |
| une brosse (à cheveux, à dents) | brush (hairbrush, toothbrush) |
| la crème à raser | shaving cream |
| le dentifrice | toothpaste |
| le maquillage | makeup |
| une pantoufle | slipper |
| un peigne | comb |
| un rasoir | razor |
| le savon | soap |
| une serviette (de bain) | (bath) towel |
| le shampooing | shampoo |

## La forme

| | |
|---|---|
| être en pleine forme | to be in good shape |
| faire de l'exercice | to exercise |
| garder la ligne | to stay slim |

| | |
|---|---|
| Expressions utiles | See pp. 367 and 385. |
| The pronouns y and en | See pp. 392–393. |

## La santé

| | |
|---|---|
| aller aux urgences/ à la pharmacie | to go to the emergency room/ to the pharmacy |
| avoir mal | to have an ache |
| avoir mal au cœur | to feel nauseous |
| enfler | to swell |
| éternuer | to sneeze |
| être en bonne/ mauvaise santé | to be in good/ bad health |
| éviter de | to avoid |
| faire mal | to hurt |
| faire une piqûre | to give a shot |
| fumer | to smoke |
| guérir | to get better |
| se blesser | to hurt oneself |
| se casser (la jambe/ le bras) | to break one's (leg/ arm) |
| se faire mal (à la jambe, au bras...) | to hurt one's (leg, arm...) |
| se fouler la cheville | to twist/sprain one's ankle |
| se porter mal/mieux | to be ill/better |
| se sentir | to feel |
| tomber/être malade | to get/to be sick |
| tousser | to cough |

| | |
|---|---|
| une allergie | allergy |
| une blessure | injury, wound |
| une douleur | pain |
| la fièvre (avoir de la fièvre) | (to have a) fever |
| la grippe | flu |
| un rhume | cold |
| un symptôme | symptom |

| | |
|---|---|
| une aspirine | aspirin |
| un médicament (contre/pour) | medication (to prevent/for) |
| une ordonnance | prescription |
| une pilule | pill |
| la salle des urgences | emergency room |

| | |
|---|---|
| déprimé(e) | depressed |
| enceinte | pregnant |
| grave | serious |
| sain(e) | healthy |

| | |
|---|---|
| un(e) dentiste | dentist |
| un infirmier/ une infirmière | nurse |
| un(e) patient(e) | patient |
| un(e) pharmacien(ne) | pharmacist |

## Verbes pronominaux

| | |
|---|---|
| s'amuser | to play, to have fun |
| s'appeler | to be called |
| s'arrêter | to stop |
| s'asseoir | to sit down |
| se dépêcher | to hurry |
| se détendre | to relax |
| se disputer (avec) | to argue (with) |
| s'énerver | to get worked up, to become upset |
| s'ennuyer | to get bored |
| s'entendre bien (avec) | to get along well (with) |
| s'inquiéter | to worry |
| s'intéresser (à) | to be interested (in) |
| se mettre à | to begin to |
| se mettre en colère | to become angry |
| s'occuper (de) | to take care of, to keep oneself busy |
| se préparer | to get ready |
| se promener | to take a walk |
| se rendre compte | to realize |
| se reposer | to rest |
| se souvenir (de) | to remember |
| se tromper | to be mistaken |
| se trouver | to be located |

## Le corps

| | |
|---|---|
| la bouche | mouth |
| un bras | arm |
| le cœur | heart |
| le corps | body |
| le cou | neck |
| un doigt | finger |
| un doigt de pied | toe |
| le dos | back |
| un genou (genoux pl.) | knee (knees) |
| la gorge | throat |
| une jambe | leg |
| une joue | cheek |
| le nez | nose |
| un œil (yeux pl.) | eye (eyes) |
| une oreille | ear |
| un orteil | toe |
| la peau | skin |
| un pied | foot |
| la poitrine | chest |
| la taille | waist |
| la tête | head |
| le ventre | stomach |
| le visage | face |

ressources

S

vhlcentral.com
Unité 10

# La technologie

## Pour commencer

- Stéphane est dans une salle...
  a. d'urgences.    b. de bains.
  c. d'ordinateurs.
- Qu'est-ce qu'il a dans la main gauche (*left*)?
  a. un savon    b. un CD    c. un smartphone
- Qu'est-ce qu'il va faire?
  a. ses devoirs    b. surfer sur Internet
  c. écrire des e-mails

# Leçon 11A

You will learn how to...
- talk about communication
- talk about electronics

# Le son et l'image

## Vocabulaire

| | |
|---|---|
| allumer | to turn on |
| composer (un numéro) | to dial (a number) |
| démarrer | to start up |
| effacer | to erase |
| enregistrer | to record |
| éteindre | to turn off |
| être connecté(e) (avec) | to be connected (to) |
| être en ligne (avec) | to be online/on the phone (with) |
| fermer | to close; to shut off |
| fonctionner/marcher | to function, to work |
| graver | to record, to burn |
| imprimer | to print |
| sauvegarder | to save |
| surfer sur Internet | to surf the Internet |
| télécharger | to download |
| | |
| un e-mail | e-mail |
| un fichier | file |
| un jeu vidéo (jeux vidéo *pl.*) | video game(s) |
| un lien | link |
| un logiciel | software, program |
| un mot de passe | password |
| une page d'accueil | home page |
| un réseau (social) | (social) network |
| un site Internet/web | web site |
| un smartphone | smartphone |
| un texto/SMS | text message |
| un appareil photo (numérique) | (digital) camera |
| une chaîne (de télévision) | (television) channel |
| une chaîne stéréo | stereo system |
| un lecteur (de) DVD | DVD player |

ressources

WB pp. 141–142

LM p. 81

vhlcentral.com Leçon 11A

## Attention!

- The prefix **re-** in French is used much as it is in English. It expresses the idea of doing an action again.

| | |
|---|---|
| *to dial* | composer |
| *to redial* | recomposer |
| *to start* | démarrer |
| *to restart* | redémarrer |

- The conjugation of **éteindre** is irregular:

| | |
|---|---|
| j'éteins | nous éteignons |
| tu éteins | vous éteignez |
| il/elle/on éteint | ils/elles éteignent |

Le téléphone sonne. (sonner)

une télécommande

un poste de télévision

un enregistreur DVR

des CD/compact disc/disques compacts (*m.*)

# Mise en pratique

Audio: Vocabulary

**1 Écoutez** 🎧 Écoutez la conversation entre Jérôme et l'employée d'un cybercafé. Ensuite, complétez les phrases suivantes.

1. Jérôme voudrait (*would like*)...
   a. imprimer et envoyer ses photos.
   b. sauvegarder ses photos sur son disque dur.
   c. effacer ses photos.

2. Jérôme peut sélectionner les photos...
   a. par un clic de la souris.
   b. avec une arobase.
   c. avec le clavier.

3. L'employée propose à Jérôme...
   a. de faire fonctionner le logiciel.
   b. de graver un CD.
   c. d'utiliser une imprimante noir et blanc.

4. Pour regarder les photos, Jérôme doit utiliser...
   a. une télécommande.
   b. un écran.
   c. le lecteur de CD.

5. L'adresse du site web de Jérôme est...
   a. www.email.fr.
   b. www.courriel.fr.
   c. www.courriel.com.

6. L'employée demande à Jérôme de ne pas oublier...
   a. d'éteindre.
   b. de sonner.
   c. de fermer.

### Coup de main

Here are some useful terms to help you read e-mail addresses in French.

| | |
|---|---|
| *at* sign (@) | **arobase** (*f.*) |
| dash | **tiret** (*m.*) |
| dot | **point** (*m.*) |
| underscore | **tiret bas** (*m.*) |

**2 Association** Faites correspondre les activités de la colonne de gauche aux objets correspondants de la colonne de droite.

1. enregistrer une émission
2. protéger ses e-mails
3. parler avec un ami à tout moment
4. jouer sur l'ordinateur
5. taper (*type*) un e-mail
6. écouter de la musique
7. changer de chaîne
8. prendre des photos

a. une télécommande
b. un appareil photo
c. un mot de passe
d. un jeu vidéo
e. un enregistreur DVR
f. un portable
g. un lecteur MP3
h. un clavier

**3 Chassez l'intrus** Choisissez le mot ou l'expression qui ne va pas avec les autres.

1. un lien, une page d'accueil, un site web, un texto
2. sonner, démarrer, un portable, un smartphone
3. une souris, un clavier, un moniteur, une chaîne stéréo
4. un lecteur CD, un jeu vidéo, une chaîne stéréo, un CD
5. un fichier, sauvegarder, une télécommande, effacer
6. un site web, être en ligne, télécharger, composer

CONTEXTES

# Communication

**4** **Qui fait quoi?** Avec un(e) partenaire, formez des questions à partir de la liste d'expressions et de mots suivants. Ensuite, à tour de rôle, posez vos questions à votre partenaire afin d'en savoir plus sur ses habitudes par rapport à la technologie.

**MODÈLE**

**Étudiant(e) 1:** À qui est-ce que tu envoies des e-mails?

**Étudiant(e) 2:** J'envoie des e-mails à mes professeurs pour les devoirs et à mes amis qui sont loin d'ici.

| A | B | C |
|---|---|---|
| à qui | toi | être en ligne |
| combien de | tes parents | télécharger |
| comment | tes grands-parents | un e-mail |
| où | ton professeur de français | un texto |
| pour qui | ta sœur | un site web |
| pourquoi | tes amis | graver |
| quand | les autres étudiants | un appareil photo numérique |
| quel(le)(s) | les enfants | un jeu vidéo |

**5** **Mots croisés** Votre professeur va vous donner, à vous et à votre partenaire, une grille de mots croisés (*crossword puzzle*) incomplète. Votre partenaire a les mots qui vous manquent, et vice versa. Donnez-lui une définition et des exemples pour compléter la grille. Attention! N'utilisez pas le mot recherché.

**MODÈLE**

**Étudiant(e) 1:** Horizontalement (*Across*), le numéro 1, c'est ce que tu fais pour mettre ton fichier Internet sur ton disque dur.

**Étudiant(e) 2:** Télécharger!

**6** **La technologie d'hier et d'aujourd'hui**
Avec un(e) partenaire, imaginez que vous ayez (*are having*) une conversation avec une personne célèbre du passé. Vous parlez de l'évolution de la technologie et, bien sûr, cette personne est choquée de voir (*see*) les appareils électroniques du 21e siècle (*century*).

- Choisissez trois ou quatre appareils différents.
- Demandez/Donnez une définition pour chaque objet.
- Demandez/Expliquez comment utiliser chaque appareil.
- Demandez quels sont les points positifs et négatifs de chaque appareil, et expliquez-les.

**7** **Le cybercafé** Le patron d'un cybercafé souhaite (*wishes*) avoir plus de clients et vous demande de créer une brochure. Avec un(e) partenaire, présentez les différents services offerts et tous les avantages de ce cybercafé. Incluez les informations suivantes:

- nom, adresse et horaires du cybercafé
- nombre et type d'appareils électroniques
- description des services
- liste des prix par type de service

# Les sons et les lettres

**Audio:** Concepts, Activities
Record & Compare

 **Final consonants**

You already learned that final consonants are usually silent, except for the letters **c**, **r**, **f**, and **l**.

| ave**c** | hive**r** | che**f** | hôte**l** |

You've probably noticed other exceptions to this rule. Often, such exceptions are words borrowed from other languages. These final consonants are pronounced.

| *Latin* | *English* | *Inuit* | *Latin* |
| foru**m** | sno**b** | anora**k** | ga**z** |

Numbers, geographical directions, and proper names are common exceptions.

| cin**q** | su**d** | Agnè**s** | Maghre**b** |

Some words with identical spellings are pronounced differently to distinguish between meanings or parts of speech.

| fil**s** = *son* | fil~~s~~ = *threads* |
| **tous** (pronoun) = *everyone* | **tou~~s~~** (adjective) = *all* |

The word **plus** can have three different pronunciations.

| plu~~s~~ de (silent s) | plu**s** que (s sound) | plu**s** ou moins (z sound in liaison) |

**Prononcez** Répétez les mots suivants à voix haute.

1. cap
2. six
3. truc
4. club
5. slip
6. actif
7. strict
8. avril
9. index
10. Alfred
11. bifteck
12. bus

**Articulez** Répétez les phrases suivantes à voix haute.

1. Leur fils est gentil, mais il est très snob.
2. Au restaurant, nous avons tous pris du bifteck.
3. Le sept août, David assiste au forum sur le Maghreb.
4. Alex et Ludovic jouent au tennis dans un club de sport.
5. Prosper prend le bus pour aller à l'est de la ville.

**Dictons** Répétez les dictons à voix haute.

Plus on boit, plus on a soif.[1]

Un pour tous, tous pour un![2]

[1] The more you drink, the thirstier you are.
[2] All for one and one for all!

# ROMAN-PHOTO

## C'est qui, Cyberhomme?

 **Video: *Roman-photo***
**Record & Compare**

**PERSONNAGES**

**Amina**

**David**

**Rachid**

**Sandrine**

**Valérie**

*Chez David et Rachid...*

**RACHID** Dis donc, David! Un peu de silence. Je n'arrive pas à travailler!

**DAVID** Qu'est-ce que tu dis?

**RACHID** Je dis que je ne peux pas me concentrer! La télé est allumée, tu ne la regardes même pas, et en même temps, la chaîne stéréo fonctionne et tu ne l'écoutes pas!

**DAVID** Oh, désolé, Rachid.

**RACHID** Ah, on arrive enfin à s'entendre parler et à s'entendre réfléchir! À quoi est-ce que tu joues?

**DAVID** Un jeu vidéo génial!

**RACHID** Tu n'étudies pas? Tu n'avais pas une dissertation à faire? Lundi, c'est dans deux jours!

**DAVID** Okay. Je la commence.

*Au café...*

**SANDRINE** Tu as un autre e-mail de Cyberhomme? Qu'est-ce qu'il dit?

**AMINA** Oh, il est super gentil, écoute: «Chère Technofemme, je ne sais pas comment te dire combien j'adore lire tes messages. On s'entend si bien et on a beaucoup de choses en commun. J'ai l'impression que toi et moi, on peut tout se dire.»

*Chez David et Rachid...*

**DAVID** Et voilà! J'ai fini ma dissert', Rachid.

**RACHID** Bravo!

**DAVID** Maintenant, je l'imprime.

**RACHID** N'oublie pas de la sauvegarder.

**DAVID** Oh, non!

**RACHID** Tu n'as pas sauvegardé?

**DAVID** Si, mais... Attends... le logiciel redémarre. Ce n'est pas vrai! Il a effacé les quatre derniers paragraphes! Oh non!

**RACHID** Téléphone à Amina. C'est une pro de l'informatique. Peut-être qu'elle peut retrouver la dernière version de ton fichier.

**DAVID** Au secours, Amina! J'ai besoin de tes talents.

*Un peu plus tard...*

**AMINA** Ça y est, David. Voilà ta dissertation.

**DAVID** Tu me sauves la vie!

**AMINA** Ce n'était pas grand-chose, mais tu sais, David, il faut sauvegarder au moins toutes les cinq minutes pour ne pas avoir de problème.

**DAVID** Oui. C'est idiot de ma part.

---

A C T I V I T É S

**1** **Vrai ou faux?** Indiquez si les affirmations suivantes sont vraies ou fausses.

1. Rachid est en train d'écrire (*in the process of writing*) une dissertation pour son cours de sciences po.

2. David ne fait pas ses devoirs immédiatement; il a tendance à remettre les choses à plus tard.

3. David aime les jeux vidéo.

4. David regarde la télévision avec beaucoup d'attention.

5. Rachid n'aime pas les distractions.

6. Valérie s'inquiète de la sécurité d'Amina.

7. David sauvegarde ses documents toutes les cinq minutes.

8. David pense qu'il a perdu la totalité de son document.

9. Amina sait beaucoup de choses à propos de la technologie.

10. Amina et Cyberhomme décident de se rencontrer.

 Practice more at **vhlcentral.com**.

Amina découvre l'identité de son ami virtuel.

**SANDRINE** Il est adorable, ton Cyberhomme! Continue! Est-ce qu'il veux te rencontrer en personne?

**VALÉRIE** Qui vas-tu rencontrer, Amina? Qui est ce Cyberhomme?

**SANDRINE** Amina l'a connu sur Internet. Ils s'écrivent depuis longtemps, n'est-ce pas, Amina?

**AMINA** Oui, mais comme je te l'ai déjà dit, je ne sais pas si c'est une bonne idée de se rencontrer en personne. S'écrire des e-mails, c'est une chose; se donner rendez-vous, ça peut être dangereux.

**VALÉRIE** Amina a raison, Sandrine. On ne sait jamais.

**SANDRINE** Mais il est si charmant et tellement romantique...

**RACHID** Merci, Amina. Tu me sauves la vie aussi. Peut-être que maintenant je vais pouvoir me concentrer.

**AMINA** Ah? Et tu travailles sur quoi? Ce n'est pas possible!... C'est toi, Cyberhomme?!

**RACHID** Et toi, tu es Technofemme?!

**DAVID** Évidemment, tu me l'as dit toi-même: Amina est une pro de l'informatique.

**2** **Questions** Répondez aux questions par des phrases complètes.

1. Pourquoi Rachid se met-il en colère?

2. Pourquoi y a-t-il beaucoup de bruit (*noise*) chez Rachid et David?

3. Est-ce qu'Amina s'entend bien avec Cyberhomme?

4. Que pense Valérie de la possibilité d'un rendez-vous avec Cyberhomme?

5. Qu'est-ce que Rachid fait pendant que David joue au jeu vidéo et écrit sa dissertation?

**3** **À vous** Par rapport aux (*With respect to*) études, David et Rachid sont très différents. David aime les distractions et Rachid a besoin de silence pour travailler. Avec un(e) partenaire, décrivez vos habitudes par rapport aux études. Avez-vous les mêmes habitudes? Pouvez-vous être de bon(nes) colocataires? Présentez vos conclusions à la classe.

**ressources**

| VM pp. 227–228 | DVD Leçon 11A | vhlcentral.com Leçon 11A |

**ACTIVITÉS**

**Reading**

CULTURE À LA LOUPE

# La technologie et les Français

le Minitel

**Pendant les années 1980, la technologie a connu une grande évolution.** En France, cette révolution technologique a commencé par l'invention du Minitel, développé par France Télécom, la compagnie nationale française de téléphone, au début des années 1980. Le Minitel peut être considéré comme le prédécesseur d'Internet. C'est un petit terminal qu'on branche° sur sa ligne de téléphone et qui permet d'accéder à toutes sortes d'informations et de jeux, de faire des réservations de train ou d'hôtel, de commander des articles en ligne ou d'acheter des billets de concert, par exemple. Aujourd'hui, le Minitel n'existe plus. Internet l'a remplacé et de plus en plus de Français sont équipés chez eux d'un ordinateur et d'une connexion. Moins de 300.000 abonnés° utilisent encore une connection bas débit° et la majorité des connections se font avec le haut débit°. Les Français ont le choix, pour ce haut débit, entre la connexion par câble et la connexion ADSL°. Enfin, pour ceux° qui n'ont pas d'autre manière° de se connecter à Internet, il existe les smartphones et—beaucoup plus qu'aux États-Unis—de nombreux cybercafés.

En ce qui concerne les autres appareils électroniques à la mode, on note une augmentation des achats° de consoles de jeux vidéo, de lecteurs de CD/DVD, de caméras vidéo, de tablettes tactiles, d'appareils photos numériques ou de produits périphériques° pour les ordinateurs, comme les imprimantes ou, les scanners. Mais l'appareil qui a connu le plus grand succès en France, c'est sans doute le téléphone portable. En 1996, moins de 2,5 millions de Français avaient un téléphone portable. Aujourd'hui, presque tous les Français en possèdent un.

| L'équipement technologique des Français (% de ménages) | |
|---|---|
| Téléphone | 89 |
| Téléphone portable | 85 |
| Ordinateur | 78 |
| Connexion Internet | 75 |
| Smartphone | 17 |
| Tablette tactile | 4 |

**branche** *connects* **abonnés** *subscribers* **bas débit** *low-speed* **haut débit** *high-speed* **ADSL** *DSL* **ceux** *those* **manière** *way* **achats** *purchases* **périphériques** *peripheral*

**Coup de main**

When saying an e-mail address aloud, follow this example.

**claude-monet@yahoo.fr**

*claude tiret monet arobase yahoo point F R*

## ACTIVITÉS

**1** **Répondez** Répondez par des phrases complètes.

1. Quelle invention française est le prédécesseur d'Internet?
2. Qu'est-ce que le Minitel?
3. Quel est le nom de la compagnie nationale française de téléphone?
4. La connexion Internet haut débit existe-t-elle en France?
5. Où peut-on aller si on n'a pas d'accès Internet à la maison?
6. Quels sont deux appareils électroniques qu'on achète souvent en France en ce moment?
7. Quel appareil électronique a eu le plus de succès depuis 1996?
8. Quel est le pourcentage de Français qui possèdent un ordinateur?
9. Est-il courant (*common*) d'avoir Internet en France?
10. La majorité des Français ont-ils encore un Minitel?

## STRATÉGIE

### The purpose of a text

When you are faced with an unfamiliar text, it is important to determine the writer's purpose. If you are reading an editorial in a newspaper, for example, you know that the journalist's objective is to persuade you of his or her point of view. Identifying the purpose of a text will help you better comprehend its meaning. Scan the **Portrait** article on this page. Is the author expressing an opinion? What might the purpose of the article be?

## LE MONDE FRANCOPHONE

### Quelques stations de radio francophones

Voici quelques radios francophones en ligne.

**En Afrique**

**Africa 1** radio africaine qui propose des actualités et beaucoup de musique africaine (www.africa1.com)

**En Belgique**

**Classic 21** radio pour les jeunes qui passe° de la musique rock et propose des emplois° pour les étudiants (www.classic21.be)

**En France**

**NRJ** radio privée nationale pour les jeunes qui passe tous les grands tubes° (www.nrj.fr)

**En Suisse**

**Fréquence Banane** radio universitaire de Lausanne (www.frequencebanane.ch)

**passe** *plays* **emplois** *jobs* **tubes** *hits*

## PORTRAIT

# La fusée Ariane

Après la Seconde Guerre mondiale°, la conquête de l'espace° s'est amplifiée. En Europe, le premier programme spatial, le programme Europa, n'a pas bien marché et a été abandonné. En 1970, la France a proposé un nouveau programme spatial, le projet Ariane, qui a eu, lui, un succès considérable. La fusée° Ariane est un lanceur° civil de satellites européen à Kourou, en Guyane française, une région française d'outre-mer° située en Amérique du Sud. Elle transporte des satellites commerciaux dans l'espace. La première fusée Ariane a été lancée en 1979. Depuis, il y a eu plusieurs générations de fusées. Aujourd'hui, Ariane V (cinq), un lanceur beaucoup plus puissant° que ses prédécesseurs, est utilisé.

**Guerre mondiale** *World War* **espace** *space* **fusée** *rocket* **lanceur** *launcher* **outre-mer** *overseas* **puissant** *powerful*

### Sur Internet

**Qui est Jean-Loup Chrétien?**

Go to **vhlcentral.com** to find more cultural information related to this **Lecture culturelle**.

---

**2 Complétez** Complétez les phrases d'après les textes.

1. Africa 1, la radio africaine, propose de la musique, mais aussi _____.
2. La radio privée nationale française destinée aux jeunes s'appelle _____.
3. En Suisse, beaucoup d'étudiants apprécient la radio _____.
4. Le premier programme spatial européen s'appelait _____.
5. La fusée Ariane est le _____ européen.

**3 À vous...** Avec un(e) partenaire, choisissez une des stations de radio présentées dans **Le monde francophone** et écrivez six phrases où vous donnez des exemples de ce qu'on entend sur cette station. Soyez prêt(e)s à les présenter à la classe.

**ressources**
**S**
vhlcentral.com
Leçon 11A

 Practice more at **vhlcentral.com**.

**A C T I V I T É S**

# STRUCTURES

**11A.1**

## Prepositions with the infinitive  **Presentation**

**Point de départ** Infinitive constructions, where the first verb is conjugated and the second verb is an infinitive, are common in French.

| CONJUGATED VERB | INFINITIVE |
|---|---|
| Vous **pouvez** | **fermer** le document. |
| *You can* | *close the document.* |

- Some conjugated verbs are followed directly by an infinitive. Others are followed by the preposition **à** or **de** before the infinitive.

| verbs followed directly by infinitive | verbs followed by **à** before infinitive | | verbs followed by **de** before infinitive | |
|---|---|---|---|---|
| adorer | aider à | | arrêter de | *to stop* |
| aimer | s'amuser à | *to pass time by* | décider de | *to decide to* |
| aller | apprendre à | | éviter de | |
| détester | arriver à | *to manage to* | finir de | |
| devoir | commencer à | | s'occuper de | *to take care of, to see to* |
| espérer | continuer à | | oublier de | |
| pouvoir | hésiter à | *to hesitate to* | permettre de | |
| préférer | se préparer à | | refuser de | *to refuse to* |
| savoir | réussir à | | rêver de | *to dream about/of* |
| vouloir | | | venir de | *to have just* |

Nous **allons manger** à midi.
*We are going to eat at noon.*

Elle **a appris à conduire** une voiture.
*She learned to drive a car.*

Il **rêve de visiter** l'Afrique.
*He dreams of visiting Africa.*

- Place object pronouns before infinitives. Unlike definite articles, they do not contract with the prepositions **à** and **de**.

**J'ai décidé de les télécharger.**
*I decided to download them.*

Il **est arrivé à lui donner** l'argent.
*He managed to give him the money.*

N'**oublie** pas **de l'éteindre.**
*Don't forget to turn it off.*

Elle **continue à t'envoyer** des e-mails?
*Does she continue to send you e-mails?*

- The infinitive is also used after the prepositions **pour** and **sans**.

Nous sommes venus **pour t'aider.**
*We came to help you.*

Elle part **sans manger.**
*She's leaving without eating.*

Il a téléphoné **pour dire** bonjour.
*He called to say hello.*

Ne fermez pas le fichier **sans le sauvegarder.**
*Don't close the file without saving it.*

**Essayez!**  Décidez s'il faut ou non une préposition. S'il en faut une, choisissez entre **à** et **de**.

1. Tu sais ___Ø___ cuisiner.
2. Commencez _____ travailler.
3. Tu veux _____ goûter la soupe?
4. Allez-vous vous occuper _____ vos chiens?
5. J'espère _____ avoir mon diplôme cette année.
6. Elles vont _____ revenir.
7. Je finis _____ mettre la table.
8. Il hésite _____ me poser la question.
9. Marc continue _____ lui parler.
10. Arrête _____ m'énerver!

## Le français vivant

Football? Jeux?
Musique?
Films et séries?

Vous avez toujours rêvé de posséder un ordinateur comme ça. Vous vouliez l'acheter, et vous venez de l'allumer. Maintenant, vous commencez à vous rendre compte de ses possibilités. N'hésitez pas à en profiter. En tout confort.

**Identifiez** Quels verbes trouvez-vous devant un infinitif dans le texte de cette publicité (*ad*)? Lesquels (*Which ones*) prennent une préposition? Quelle préposition?

 **Questions** À tour de rôle avec un(e) partenaire, posez-vous ces questions.

1. As-tu toujours rêvé de posséder quelque chose? De faire quelque chose? Explique.
2. Que veux-tu acheter en ce moment? Pourquoi?
3. D'habitude, qu'hésites-tu à faire?
4. La technologie peut-elle vraiment apporter le confort?
5. Qu'as-tu commencé à faire grâce à (*thanks to*) la technologie? Qu'as-tu arrêté de faire à cause de la technologie?
6. Y a-t-il quelqu'un dans ta famille qui évite d'utiliser la technologie? Qui? Pourquoi?

# STRUCTURES

## Mise en pratique

**1  Les vacances** Paul veut voyager cet été. Il vous raconte ses problèmes. Complétez le paragraphe avec les prépositions **à** ou **de**, si nécessaire.

Je n'arrive pas (1) _____ décider où partir en vacances. Je veux (2) _____ visiter un pays chaud et ensoleillé (*sunny*). J'espère (3) _____ trouver des billets d'avion pour la Martinique. Cet après-midi, je me suis amusé (4) _____ regarder les prix des billets d'avion sur Internet. Je n'ai pas réussi (5) _____ trouver un bon tarif (*fare*). Je vais continuer (6) _____ chercher. J'hésite (7) _____ payer plein tarif mais je refuse (8) _____ voyager en stand-by.

**2  Le week-end dernier** Sophie et ses copains ont fait beaucoup de choses le week-end dernier. Regardez les illustrations et dites ce qu'ils (*what they*) ont fait.

je / décider

▶ **MODÈLE**

*J'ai décidé de conduire.*

**1.** nous / devoir

_____

**2.** elles / apprendre

_____

**3.** André / refuser

_____

**4.** vous / aider

_____

**5.** tu / s'amuser

_____

**6.** mes cousins / éviter

_____

**7.** Sébastien / continuer

_____

**8.** il / finir

_____

**3  Questionnaire** Vous cherchez un travail d'été. Complétez les phrases avec les prépositions **à** ou **de**, quand c'est nécessaire. Ensuite, indiquez si vous êtes d'accord avec ces affirmations.

|  | oui | non |  |
|---|---|---|---|
| 1. | ____ | ____ | Vous savez _____ parler plusieurs langues. |
| 2. | ____ | ____ | Vous acceptez _____ voyager souvent. |
| 3. | ____ | ____ | Vous n'hésitez pas _____ travailler tard. |
| 4. | ____ | ____ | Vous oubliez _____ répondre au téléphone. |
| 5. | ____ | ____ | Vous pouvez _____ travailler le week-end. |
| 6. | ____ | ____ | Vous commencez _____ travailler immédiatement. |

Practice more at **vhlcentral.com.**

## Communication

**4** **Assemblez** Avez-vous eu de bonnes ou de mauvaises expériences avec la technologie? À tour de rôle, avec un(e) partenaire, assemblez les éléments des colonnes pour créer des phrases logiques.

**MODÈLE**

**Étudiant(e) 1:** *Je déteste télécharger des logiciels.*
**Étudiant(e) 2:** *Chez moi, ma mère n'arrive pas à envoyer des e-mails.*

| A | B | C | D |
|---|---|---|---|
| mère | | aimer | composer |
| mon père | | arriver | effacer |
| mon frère | | décider | envoyer |
| ma sœur | | détester | éteindre |
| mes copains | | hésiter | être en ligne |
| mon petit ami | (ne pas) | oublier | fermer |
| ma petite amie | | refuser | graver |
| notre prof | | réussir | ouvrir |
| nous | | savoir | sauvegarder |
| ? | | ? | télécharger |

**5** **Les voyages** Vous et votre partenaire parlez des vacances et des voyages. Utilisez ces éléments pour vous poser des questions. Justifiez vos réponses.

**MODÈLE**

aimer / faire des voyage
**Étudiant(e) 1:** *Aimes-tu faire des voyages?*
**Étudiant(e) 2:** *Oui, j'aime faire des voyages. J'aime faire la connaissance de beaucoup de personnes.*

1. rêver / aller en Afrique
2. vouloir / visiter des musées
3. préférer / voyager avec un groupe ou seul(e)
4. commencer / lire des guides touristiques
5. réussir / trouver des vols bon marché
6. aimer / rencontrer des amis à l'étranger
7. hésiter / visiter un pays où on ne parle pas anglais
8. apprendre / parler des langues étrangères
9. s'occuper / faire les réservations d'hôtel

**6** **Une pub** Par groupes de trois, préparez une publicité pour École-dinateur, une école qui enseigne l'informatique aux technophobes. Utilisez le plus de verbes possible de la liste avec un infinitif.

**MODÈLE**

*Rêvez-vous d'écrire des e-mails? Continuez-vous à travailler comme vos grands-parents? Alors...*

| | | |
|---|---|---|
| aimer | détester | refuser |
| s'amuser | éviter | réussir |
| apprendre | espérer | rêver |
| arriver | hésiter | savoir |
| continuer | oublier | vouloir |

**11A.2**

# Reciprocal reflexives  **Presentation**

**Point de départ** In **Leçon 10A**, you learned that reflexive verbs indicate that the subject of a sentence does the action to itself. Reciprocal reflexives, on the other hand, express a shared or reciprocal action between two or more people or things. In this context, the pronoun means *(to) each other* or *(to) one another.*

Il **se regarde** dans le miroir.
*He looks at himself in the mirror.*

Alain et Diane **se regardent**.
*Alain and Diane look at each other.*

| **Common reciprocal verbs** | | | |
|---|---|---|---|
| **s'adorer** | *to adore one another* | **s'entendre bien** | *to get along well (with one another)* |
| **s'aider** | *to help one another* | **se parler** | *to speak to one another* |
| **s'aimer (bien)** | *to love (like) one another* | **se quitter** | *to leave one another* |
| **se connaître** | *to know one another* | **se regarder** | *to look at one another* |
| **se dire** | *to tell one another* | **se rencontrer** | *to meet one another (make an acquaintance)* |
| **se donner** | *to give one another* | | |
| **s'écrire** | *to write one another* | **se retrouver** | *to meet one another (planned)* |
| **s'embrasser** | *to kiss one another* | **se téléphoner** | *to phone one another* |

**Boîte à outils**

The pronouns **nous**, **vous**, and **se** are used to reflect reciprocal actions.

Annick et Joël **s'écrivent** tous les jours.
*Annick and Joël write one another every day.*

Vous **vous donnez** souvent rendez-vous le lundi?
*Do you often arrange to meet each other on Mondays?*

Nous **nous retrouvons** devant le métro à midi.
*We're meeting each other in front of the subway at noon.*

Vous **embrassez**-vous devant vos parents?
*Do you kiss each other in front of your parents?*

- The past participle of a reciprocal verb only agrees with the subject when the subject is also the direct object of the verb.

DIRECT OBJECT
Marie a aidé **son frère**.
*Marie helped her brother.*

DIRECT OBJECT → AGREEMENT
Marie et son frère **se** sont **aidés**.
*Marie and her brother helped each other.*

DIRECT OBJECT
Son frère a aidé **Marie**.
*Her brother helped Marie.*

INDIRECT OBJECT
Régine a parlé à **Sophie**.
*Régine spoke to Sophie.*

INDIRECT OBJECT → NO AGREEMENT
Régine et Sophie **se** sont **parlé**.
*Régine and Sophie spoke to each other.*

INDIRECT OBJECT
Sophie a parlé à **Régine**.
*Sophie spoke to Régine.*

---

**Essayez!** **Donnez les formes correctes des verbes.**

1. (s'embrasser) nous _nous embrassons_
2. (se quitter) vous _____
3. (se rencontrer) ils _____
4. (se dire) nous _____
5. (se parler) elles _____
6. (se retrouver) ils _____
7. (se regarder) vous _____
8. (s'aider) nous _____

**ressources**

WB
pp. 145–146

LM
p. 84

vhlcentral.com
Leçon 11A

## Le français vivant

MIEUX CHERCHER ▪ MIEUX COMMUNIQUER ▪ MIEUX JOUER

▪ POUR MIEUX S'ENTENDRE ▪

Avec le smartphone, je cherche l'heure de mes cours.
Nous nous retrouvons entre amis.

Nous nous écrivons.
Nous nous entendons mieux.
Avec ce téléphone, c'est facile de se parler.

**Identifiez** Quels verbes réciproques avez-vous trouvés dans la publicité (*ad*)?

 **Questions** À tour de rôle avec un(e) partenaire, posez-vous ces questions.

1. Tes amis et toi, vous écrivez-vous avec un téléphone? Comment vous écrivez-vous?
2. Penses-tu que les gens s'entendent mieux grâce à (*thanks to*) la technologie? Pourquoi?
3. Quels gadgets technologiques utilises-tu pour communiquer avec tes amis? Pourquoi les utilises-tu?
4. Quels gadgets technologiques utilisaient tes grands-parents pour communiquer avec leurs amis? Pourquoi les utilisaient-ils?
5. Quelles applications de ton portable utilises-tu le plus souvent?

# STRUCTURES

## Mise en pratique

**1** **L'amour réciproque** Employez des verbes réciproques pour raconter l'histoire d'amour de Laure et d'Habib.

> **MODÈLE** Laure retrouve Habib tous les jours. Habib retrouve Laure tous les jours.
>
> *Laure et Habib se retrouvent tous les jours.*

1. Laure connaît bien Habib. Habib connaît bien Laure.
2. Elle le regarde amoureusement. Il la regarde amoureusement.
3. Laure écrit des e-mails à Habib. Habib écrit des e-mails à Laure.
4. Elle lui téléphone tous les soirs. Il lui téléphone tous les soirs.
5. Elle lui dit tous ses secrets. Il lui dit tous ses secrets.
6. Laure aime beaucoup Habib. Habib aime beaucoup Laure.

**2** **Souvenir** Les étudiants de votre classe se retrouvent pour fêter leur réunion. Employez l'imparfait.

> **MODÈLE** Marie et moi / s'aider souvent
>
> *Marie et moi, nous nous aidions souvent.*

1. Marc et toi / se regarder en cours
2. Anne et Mouna / se téléphoner
3. François et moi / s'écrire deux fois par semaine
4. Paul et toi / s'entendre bien
5. Luc et Sylvie / s'adorer
6. Patrick et moi / se retrouver après les cours
7. Alisha et Malik / ne pas se connaître bien
8. Agnès et moi / se parler à la cantine
9. Félix et toi / se donner parfois des cadeaux

**3** **Une rencontre** Regardez les illustrations. Qu'est-ce que ces personnages ont fait?

> ▶ **MODÈLE**
>
> *Ils se sont rencontrés.*

ils

1. Arnaud et moi

_____

2. vous

_____

3. elles

_____

4. nous

_____

Practice more at **vhlcentral.com**.

# Communication

**4** **Curieux** Pensez à deux amis qui sont amoureux. Votre partenaire va vous poser beaucoup de questions pour tout savoir sur leur relation. Répondez à ses questions.

**MODÈLE**

**Étudiant(e) 1:** *Est-ce qu'ils se regardent tout le temps?*
**Étudiant(e) 2:** *Non, ils ne se regardent pas tout le temps, mais ils n'arrêtent pas de se téléphoner!*

| | | |
|---|---|---|
| s'adorer | se retrouver | régulièrement |
| s'aimer | se téléphoner | souvent |
| s'écrire | bien | tout le temps |
| s'embrasser | mal | tous les jours |
| s'entendre | quelquefois | ? |

**5** **Un rendez-vous** Avec un(e) partenaire, posez-vous des questions sur la dernière fois que vous êtes sorti(e) avec quelqu'un.

**MODÈLE**

à quelle heure / se donner rendez-vous
**Étudiant(e) 1:** *À quelle heure est-ce que vous vous êtes donné rendez-vous?*
**Étudiant(e) 2:** *Nous nous sommes donné rendez-vous à sept heures.*

1. où / se retrouver

2. longtemps / se parler

3. se regarder / amoureusement

4. s'entendre / bien

5. à quelle heure / se quitter

6. s'embrasser / avant de se quitter

7. plus tard / se téléphoner

8. s'écrire des textos / souvent

**6** **On se quitte** Julie a reçu (*received*) cette lettre de son petit ami Sébastien. Elle ne comprend pas du tout, mais elle doit lui répondre. Avec un(e) partenaire, employez des verbes réciproques pour écrire la réponse.

> *Chère Julie,*
> *Nous devons nous quitter, ma chérie.*
> *Pourquoi sommes-nous encore*
> *ensemble? Nous ne nous sommes pas*
> *vraiment aimés. Nous nous disputons*
> *tout le temps et nous ne nous parlons*
> *pas assez. Soyons réalistes. Je te quitte et*
> *j'espère que tu comprends.*
> *Sébastien*

# Révision

**1** **À deux** Que peuvent faire deux personnes avec chacun (*each one*) de ces objets? Avec un(e) partenaire, répondez à tour de rôle et employez des verbes réciproques.

> **MODÈLE** un appareil photo numérique
>
> *Avec un appareil photo numérique, deux personnes peuvent s'envoyer des photos tout de suite.*

- un portable
- un réseau social
- du papier et un stylo
- un enregistreur DVR
- un ordinateur
- une tablette

**2** **La communication** Votre professeur va vous donner une feuille d'activités. Circulez dans la classe pour interviewer vos camarades. Comment communiquent-ils avec leurs familles et leurs amis? Pour chaque question, parlez avec des camarades différents qui doivent justifier leurs réponses.

> **MODÈLE**
>
> **Étudiant(e) 1:** *Tes amis et toi, vous écrivez-vous plus de cinq textos par jour?*
> **Étudiant(e) 2:** *Oui, parfois nous nous écrivons dix textos.*
> **Étudiant(e) 1:** *Pourquoi vous écrivez-vous tellement souvent?*

| Activité | Oui | Non |
|---|---|---|
| 1. s'écrire plus de cinq textos par jour | Jules | Corinne |
| 2. s'envoyer des lettres par la poste | | |
| 3. se téléphoner le week-end | | |
| 4. se parler dans les couloirs | | |
| 5. se retrouver au resto U | | |
| 6. se donner rendez-vous | | |
| 7. se rencontrer sur Internet | | |
| 8. bien s'entendre | | |

**3** **Dimanche au parc** Ces personnes sont allées au parc dimanche dernier. Avec un(e) partenaire, décrivez à tour de rôle leurs activités. Employez des verbes réciproques.

**4** **Leur rencontre** Comment ces couples se sont-ils rencontrés? Par groupes de trois, inventez une histoire courte pour chaque couple. Utilisez les verbes donnés (*given*) plus des verbes réciproques.

**1. venir de**      **3. continuer à**

**2. commencer à**      **4. rêver de**

**5** **Les bonnes relations** Parlez avec deux camarades. Que faut-il faire pour maintenir de bonnes relations avec ses amis ou sa famille? À tour de rôle, utilisez les verbes de la liste pour donner des conseils (*advice*).

> **MODÈLE**
>
> **Étudiant(e) 1:** *Dans une bonne relation, deux personnes peuvent tout se dire.*
> **Étudiant(e) 2:** *Oui, et elles apprennent à se connaître.*

| | | |
|---|---|---|
| s'adorer | se connaître | hésiter à |
| s'aider | se dire | oublier de |
| apprendre à | s'embrasser | pouvoir |
| arrêter de | espérer | refuser de |
| commencer à | éviter de | savoir |

**6** **Rencontre sur Internet** Votre professeur va vous donner, à vous et à votre partenaire, une feuille d'illustrations sur la rencontre sur Internet d'Amandine et de Gilles. Attention! Ne regardez pas la feuille de votre partenaire.

Video

# L'iPad est là!

France 24 est une chaîne d'information° française lancée° en 2006. Elle couvre l'actualité° française et internationale 24 heures sur 24°. Ses programmes sont disponibles gratuitement° sur Internet, sur le site de France 24, et à travers° ses applications et podcasts. La mission de France 24 est d'apporter une perspective française sur l'actualité internationale. France 24 prête° aussi une grande attention à la culture. En mai 2010, la chaîne était présente à Paris pour couvrir l'arrivée de l'iPad en France.

**Aurore DUPUIS**
**Journaliste France24**
**PARIS**

Oui, il y a déjà du monde°...

**FOCUS - TECHNOLOGIES**
**L'IPAD À LA CONQUÊTE DU MONDE ?**

Les gens avec qui j'ai parlé ici sont des adeptes°...

## Compréhension Répondez aux questions.

1. Pourquoi est-ce que les gens font la queue (*wait in line*) derrière la journaliste, au début du reportage (*news report*)? Où est-ce qu'ils vont?

2. Comment est-ce que la journaliste décrit l'iPad?

3. D'après la journaliste, qu'est-ce qu'on peut faire avec l'iPad?

## Discussion Par groupes de trois, répondez aux questions et discutez.

1. Quels types de personnes s'intéressent (*are interested*) à l'iPad en France? Est-ce qu'un ou plusieurs types de personnes semblent (*seem*) absents du reportage?

2. Est-ce que vous êtes d'accord avec la journaliste quand elle décrit les usages et les défauts (*flaws*) de l'iPad?

**chaîne d'information** *news channel*  **lancée** *launched*  **l'actualité** *news*  **24 heures sur 24** *24/7*
**disponibles gratuitement** *available for free*  **à travers** *through*  **prête** *pays*  **du monde** *a crowd*  **adeptes** *enthusiasts*

Go to **vhlcentral.com** to watch the TV clip featured in this **Le Zapping**.

# Leçon 11B

**You will learn how to...**

- talk about cars
- talk about traffic
- say what you would do

# En voiture!

une station-service

libre-service

un coffre

une voiture

Il fait le plein d'essence (f.).

un volant

un capot

une ceinture de sécurité

un moteur

un mécanicien
(mécanicienne f.)

une portière

un pneu crevé

## Vocabulaire

| | |
|---|---|
| arrêter (de faire quelque chose) | to stop (doing something) |
| attacher | to buckle |
| avoir un accident | to have/to be in an accident |
| dépasser | to go over; to pass |
| freiner | to brake |
| se garer | to park |
| offrir | to offer, to give something |
| ouvrir | to open |
| rentrer (dans) | to hit (another car) |
| réparer | to repair |
| tomber en panne | to break down |
| vérifier (l'huile/ la pression des pneus) | to check (the oil/ the air pressure) |
| | |
| l'embrayage (m.) | clutch |
| les freins (m.) | brakes |
| l'huile (f.) | oil |
| un pare-chocs (pare-chocs pl.) | bumper |
| un réservoir d'essence | gas tank |
| un rétroviseur | rearview mirror |
| une roue (de secours) | (emergency) tire |
| un voyant (d'essence/ d'huile) | (gas/oil) warning light |
| | |
| une amende | fine |
| une autoroute | highway |
| la limitation de vitesse | speed limit |
| un parking | parking lot |
| un permis de conduire | driver's license |
| une rue | street |

## Attention!

The verbs **ouvrir** and **offrir** are irregular. Although they end in **-ir**, they use the endings of regular **-er** verbs in the present tense. See the Verb Conjugation Tables appendix for all their forms.

The verbs **couvrir** (to cover), **découvrir** (to discover), and **souffrir** (to suffer) use the same endings as **ouvrir** and **offrir**.

un agent de police/un policier (policière f.)

les essuie-glaces (m.)

un pare-brise (pare-brise pl.)

circulation

les phares (m.)

# Mise en pratique

**S** Audio: Vocabulary

**1** **Écoutez** 🎧 Madeleine a eu une mauvaise journée. Écoutez son histoire, ensuite indiquez si les phrases suivantes sont **vraies** ou **fausses**.

|  | Vrai | Faux |
|---|---|---|
| **Madeleine...** | | |
| 1. a oublié son permis de conduire. | ☐ | ☐ |
| 2. a dépassé la limitation de vitesse. | ☐ | ☐ |
| 3. a fait le plein avant d'aller à la fac. | ☐ | ☐ |
| 4. a attaché sa ceinture de sécurité. | ☐ | ☐ |
| 5. s'est garée à l'université. | ☐ | ☐ |
| 6. conduisait quand un policier l'a arrêtée. | ☐ | ☐ |
| **Sa voiture...** | | |
| 7. a redémarré. | ☐ | ☐ |
| 8. avait un pneu crevé. | ☐ | ☐ |
| 9. n'avait pas d'essence. | ☐ | ☐ |
| 10. était en panne. | ☐ | ☐ |

**2** **Les correspondances** Choisissez l'élément de la liste **B** qui convient le mieux à chaque verbe de la liste **A**.

| A | B |
|---|---|
| 1. _____ dépasser | a. les freins |
| 2. _____ tomber en panne | b. la limitation de vitesse |
| 3. _____ freiner | c. la ceinture de sécurité |
| 4. _____ faire le plein | d. une voiture |
| 5. _____ réparer une voiture | e. l'essence |
| 6. _____ se garer | f. un parking |
| 7. _____ attacher | g. un mécanicien |
| 8. _____ vérifier la pression | h. les pneus |

**3** **Complétez** Complétez les phrases suivantes avec le bon mot de vocabulaire pour faire une phrase logique.

1. La personne qui répare une voiture est un _____.
2. Il faut _____ le capot de la voiture pour vérifier l'huile.
3. On met de l'essence dans le _____.
4. Le _____ est un document officiel qui vous autorise à conduire.
5. On utilise les _____ pour voir (see) quand on conduit la nuit.
6. On utilise les _____ pour voir à travers (through) le pare-brise quand il pleut.
7. Le _____ sert à diriger la voiture.
8. Vous utilisez le _____ pour voir la circulation derrière vous.
9. La personne qui peut donner une amende est un _____.
10. On peut ranger ses valises dans le _____ de la voiture.
11. On utilise les _____ quand on veut s'arrêter.
12. Quand il y a beaucoup de voitures sur la route, il y a de la _____.

## Communication

**4** **Conversez** Interviewez un(e) camarade de classe.

1. As-tu une voiture? De quelle sorte? Tes parents te l'ont-ils offerte?
2. À quel âge as-tu obtenu (*obtained*) ton permis de conduire? Comment s'est passé l'examen?
3. Sais-tu comment changer un pneu crevé? En as-tu déjà changé un?
4. Ta voiture est-elle tombée en panne récemment? Qui l'a réparée?
5. Respectes-tu la limitation de vitesse sur l'autoroute? Et tes amis?
6. As-tu déjà été arrêté(e) par un policier? Pour quelle(s) raison(s)?
7. Combien de fois par mois fais-tu le plein (d'essence)? Combien paies-tu à chaque fois?
8. À quelle occasion offre-t-on une voiture à un(e) adolescent(e)?
9. Qu'as-tu découvert pendant ton dernier voyage en voiture?
10. As-tu eu des problèmes de pare-chocs récemment? Et des problèmes d'essuie-glaces?

**5** **Sept différences** Votre professeur va vous donner, à vous et à votre partenaire, deux feuilles d'activités différentes. À tour de rôle, posez-vous des questions pour trouver les sept différences entre vos dessins. Attention! Ne regardez pas la feuille de votre partenaire.

> **MODÈLE**
>
> **Étudiant(e) 1:** *Ma voiture est blanche. De quelle couleur est ta voiture?*
> **Étudiant(e) 2:** *Oh! Ma voiture est noire.*

**6** **Chez le mécanicien** Travaillez avec un(e) camarade de classe pour présenter un dialogue. Jouez les rôles d'un(e) client(e) et d'un(e) mécanicien(ne).

**Le/La client(e)...**
- explique le problème qu'il/qu'elle a.
- donne quelques détails sur les problèmes qu'il/qu'elle a eus dans le passé.
- négocie le prix et la date à laquelle il/elle peut venir chercher la voiture.

**Le/La mécanicien(ne)...**
- demande quand le problème a commencé et s'il y en a d'autres.
- explique le problème et donne le prix des réparations.
- accepte les conditions du/de la client(e).

**7** **Écriture** Écrivez un paragraphe à propos (*about*) d'un accident de la circulation. Suivez les instructions.

- Parlez d'un accident (voiture, moto, vélo) que vous avez eu récemment. Si vous n'avez jamais eu d'accident, inventez-en un.
- Décrivez ce qui s'est passé avant, pendant et après.
- Donnez des détails.
- Comparez votre paragraphe avec celui (*that*) d'un(e) camarade de classe.

# Les sons et les lettres

**Audio: Concepts, Activities
Record & Compare**

## The letter x

The letter **x** in French is sometimes pronounced -ks, like the x in the English word *axe*.

| ta**x**i | e**x**pliquer | me**x**icain | te**x**te |

Unlike English, some French words begin with a *ks-* sound.

| **x**ylophone | **x**énon | **x**énophile | **X**avière |

The letters **ex-** followed by a vowel are often pronounced like the English word *eggs*.

| **ex**emple | **ex**amen | **ex**il | **exa**ct |

Sometimes an **x** is pronounced *s*, as in the following numbers.

| soi**x**ante | si**x** | di**x** |

An **x** is pronounced *z* in a liaison. Otherwise, an **x** at the end of a word is usually silent.

| deu**x** enfants | si**x** éléphants | mieu**x** | curieu**x** |

**Prononcez** Répétez les mots suivants à voix haute.

1. fax
2. eux
3. dix
4. prix
5. jeux
6. index
7. excuser
8. exercice
9. orageux
10. expression
11. contexte
12. sérieux

**Articulez** Répétez les phrases suivantes à voix haute.

1. Les amoureux sont devenus époux.
2. Soixante-dix euros! La note (*bill*) du taxi est exorbitante!
3. Alexandre est nerveux parce qu'il a deux examens.
4. Xavier explore le vieux quartier d'Aix-en-Provence.
5. Le professeur explique l'exercice aux étudiants exceptionnels.

**Dictons** Répétez les dictons à voix haute.

*Les belles plumes font les beaux oiseaux.*[2]

*Les beaux esprits se rencontrent.*[1]

[1] Great minds think alike.
[2] Beautiful feathers make beautiful birds.

## La panne

Video: *Roman-photo*
Record & Compare

**PERSONNAGES**

Amina

Garagiste

Rachid

Sandrine

Valérie

*À la station-service...*

**GARAGISTE** Elle est belle, votre voiture! Elle est de quelle année?

**RACHID** Elle est de 2005.

**GARAGISTE** Je vérifie l'huile ou la pression des pneus?

**RACHID** Non, merci ça va. Je suis un peu pressé en fait. Au revoir.

*Au P'tit Bistrot...*

**SANDRINE** Ton Cyberhomme, c'est Rachid! Quelle coïncidence!

**AMINA** C'est incroyable, non? Je savais qu'il habitait à Aix, mais...

**VALÉRIE** Une vraie petite histoire d'amour, comme dans les films!

**SANDRINE** C'est exactement ce que je me disais!

**AMINA** Rachid arrive dans quelques minutes. Est-ce que cette couleur va avec ma jupe?

**SANDRINE** Vous l'avez entendue? Elle doit être amoureuse.

**AMINA** Arrête de dire des bêtises.

**RACHID** Oh non!!

**AMINA** Qu'est-ce qu'il y a? Un problème?

**RACHID** Je ne sais pas, j'ai un voyant qui s'est allumé.

**AMINA** Allons à une station-service.

**RACHID** Oui... c'est une bonne idée.

*De retour à la station-service...*

**GARAGISTE** Ah! Vous êtes de retour. Mais que se passe-t-il? Je peux vous aider?

**RACHID** J'espère. Il y a quelque chose qui ne va pas, peut-être avec le moteur, regardez, ce voyant est allumé.

**GARAGISTE** Ah, ça? C'est l'huile. Je m'en occupe tout de suite.

**GARAGISTE** Vous pouvez redémarrer? Et voilà.

**RACHID** Parfait. Au revoir. Bonne journée.

**GARAGISTE** Bonne route!

**A C T I V I T É S**

**1** **Vrai ou faux?** Indiquez si les affirmations suivantes sont **vraies** ou **fausses**.

1. La voiture de Rachid est très vieille.
2. Quand Rachid va à la station-service la première fois, il a beaucoup de temps.
3. Amina savait que Cyberhomme habitait à Aix.
4. Sandrine trouve l'histoire de Rachid et d'Amina très romantique.

5. Amina ouvre la portière de la voiture.
6. Rachid est galant (*a gentleman*).
7. Le premier problème que Rachid rencontre, c'est une panne d'essence.
8. Le garagiste répare la voiture.
9. La voiture a un pneu crevé.
10. Rachid n'est pas très fier de lui.

Practice more at **vhlcentral.com.**

**Amina sort avec Rachid pour la première fois.**

**SANDRINE** Oh, regarde, il lui offre des fleurs.

**RACHID** Bonjour, Amina. Tiens, c'est pour toi.

**AMINA** Bonjour, Rachid. Oh, merci, c'est très gentil.

**RACHID** Tu es très belle aujourd'hui.

**AMINA** Merci.

**RACHID** Attends, laisse-moi t'ouvrir la portière.

**AMINA** Merci.

**RACHID** N'oublie pas d'attacher ta ceinture.

**AMINA** Oui, bien sûr.

**AMINA** Heureusement, ce n'était pas bien grave. À quelle heure est notre réservation?

**RACHID** Oh! C'est pas vrai!

**AMINA** Qu'est-ce que c'était?

**RACHID** On a un pneu crevé.

**AMINA** Oh, non!!

---

### Expressions utiles

#### Talking about dating

- **Il lui offre des fleurs.**
  *He's offering/giving her flowers.*

- **Attends, laisse-moi t'ouvrir la portière.**
  *Wait, let me open the (car) door for you.*

#### Talking about cars

- **N'oublie pas d'attacher ta ceinture.**
  *Don't forget to fasten your seatbelt.*

- **J'ai un voyant qui s'est allumé.**
  *A warning light came on.*

- **Il y a quelque chose qui ne va pas.**
  *There's something wrong.*

#### Additional vocabulary

- **incroyable**
  *incredible*

---

**2** **Qui?** Indiquez qui dirait (*would say*) les affirmations suivantes: Rachid (**R**), Amina (**A**), Sandrine (**S**), Valérie (**V**) ou le garagiste (**G**).

1. La prochaine fois, je vais suivre les conseils du garagiste.
2. Je suis un peu anxieuse.
3. C'est comme un conte de fées (*fairy tale*)!
4. Taisez-vous (*Be quiet*), s'il vous plaît!
5. Il aurait dû (*should have*) m'écouter.

**3** **Écrivez** Qu'est-ce qui se passe pour Amina et Rachid après le deuxième incident? Utilisez votre imagination et écrivez un paragraphe qui raconte ce qu'ils ont fait. Est-ce que quelqu'un d'autre les aide? Amina est-elle fâchée? Y aura-t-il (*Will there be*) un deuxième rendez-vous pour Cyberhomme et Technofemme?

**ressources**

VM pp. 229–230 | DVD Leçon 11B | vhlcentral.com Leçon 11B

ACTIVITÉS

**S** Reading
Video: *Flash culture*

# Les voitures

la Smart

**Dans l'ensemble°, les Français utilisent moins leurs voitures que les Américains.** Il n'est pas rare qu'un couple ou une famille possède une seule voiture. Dans les grandes villes, beaucoup de gens se déplacent° à pied ou utilisent les transports en commun°. Dans les villages ou à la campagne, les gens utilisent un peu plus fréquemment leurs voitures. Pour de longs voyages, pourtant°, ils ont tendance, plus que les Américains, à laisser leurs voitures chez eux et à prendre le train ou l'avion. En général, les voitures en France sont beaucoup plus petites que les voitures qu'on trouve aux États-Unis, mais on y trouve des quatre-quatre°, même dans les grandes villes. La Smart, une voiture minuscule produite par les compagnies Swatch et Mercedes-Benz, a aussi beaucoup de succès en France et en Europe.

Il y a plusieurs raisons qui expliquent ces différences. D'abord, les rues des villes françaises sont beaucoup moins larges. Au centre-ville, beaucoup de rues sont piétonnes° et d'autres sont si petites qu'il est parfois difficile de passer, même pour une petite voiture. Il y a aussi de gros problèmes de parking dans la majorité des villes françaises. Il y a peu de places de parking et elles sont en général assez petites. Il est donc nécessaire de faire un créneau° pour se garer et plus la voiture est petite, plus° on a de chance de le réussir. Les rues en dehors° des villes sont souvent plus larges. En plus, en France, l'essence est plus chère qu'aux États-Unis. Il vaut donc mieux avoir une petite voiture économique qui ne consomme pas beaucoup d'essence, ou prendre les transports en commun quand c'est possible.

| Pourcentage de Français qui possèdent une voiture | |
|---|---|
| Dans les villages et à la campagne | 92% |
| Dans les villes de moins de 20.000 habitants | 86% |
| Dans les villes de 20.000 à 100.000 habitants | 84% |
| Dans les villes de plus de 100.000 habitants | 75% |
| En région parisienne | 60% |
| À Paris | 45% |

**Dans l'ensemble** By and large **se déplacent** get around **transports en commun** public transportation **pourtant** however **quatre-quatre** sport utility vehicles **piétonnes** reserved for pedestrians **faire un créneau** parallel park **plus..., plus...** the more..., the more... **en dehors** outside

**1** **Complétez** Donnez un début ou une suite logique à chaque phrase, d'après le texte.

1. ... possèdent parfois une seule voiture.
2. Les Français qui habitent en ville se déplacent souvent...
3. Beaucoup de Français prennent le train ou l'avion...
4. ... sont en général plus petites qu'aux États-Unis.
5. Comme aux États-Unis, même dans les grandes villes en France, on trouve...
6. ..., on peut facilement faire un créneau pour se garer.
7. ... sont souvent plus larges.
8. Il n'est pas toujours facile de se garer dans les villes françaises...
9. ... parce que l'essence coûte cher en France.
10. ..., la grande majorité des Français a une voiture.

## STRATÉGIE

### Jotting down notes

As you read a text, you will find it helpful to jot down your thoughts and questions about it. You can write them either in the margins of the reading or in a separate notebook. If you make it a point to jot ideas down as you read, you will come up with questions, make connections, and draw conclusions about the text. When you return to the text later, your notes will reinforce what you understood as well as remind you of what you should revisit.

## LE MONDE FRANCOPHONE

### Conduire une voiture

Voici quelques informations utiles.

**En France** Il n'existe pas de carrefours° avec quatre panneaux° de stop.

**En France, en Belgique et en Suisse** Il est interdit d'utiliser un téléphone portable quand on conduit et on n'a pas le droit de tourner à droite quand le feu° est rouge.

**À l'île Maurice et aux Seychelles** Faites attention! On conduit à gauche.

**En Suisse** Pour conduire sur l'autoroute, il est nécessaire d'acheter une vignette° et de la mettre sur son pare-brise. On peut l'acheter à la poste ou dans les stations-service et elle est valable° un an.

**Dans l'Union européenne** Le permis de conduire d'un pays de l'Union européenne est valable dans tous les autres pays de l'Union.

carrefours *intersections* panneaux *signs* feu *traffic light* vignette *sticker* valable *valid*

## PORTRAIT

# Le constructeur automobile Citroën

La marque° Citroën est une marque de voitures française créée° en 1919 par André Citroën, ingénieur et industriel français. La marque est réputée pour son utilisation de technologies d'avant-garde et pour ses innovations dans le domaine de l'automobile. Le premier véhicule construit par Citroën, la voiture type A, a été la première voiture européenne construite en série°. En 1924, Citroën a utilisé la première carrosserie° entièrement en acier° d'Europe. Puis, dans les années 1930, Citroën a inventé la traction avant°. Parmi les modèles de voiture les plus vendus de la marque Citroën, on compte la 2CV, ou «deux chevaux», un modèle bon marché et très apprécié des jeunes dans les années 1970 et 1980. En 1976, Citroën a fusionné° avec un autre grand constructeur automobile français, Peugeot, pour former le groupe PSA Peugeot-Citroën.

marque *make* créée *created* construite en série *mass-produced* carrosserie *body* acier *steel* traction avant *front-wheel drive* a fusionné *merged*

###  Sur Internet

**Qu'est-ce que la Formule 1?**

Go to **vhlcentral.com** to find more cultural information related to this **Lecture culturelle**. Then watch the corresponding **Flash culture**.

---

**2** **Répondez** Répondez par des phrases complètes.

1. Quelles sont les caractéristiques de la marque Citroën?
2. Quelle est une des innovations de la marque Citroën?
3. Quel modèle de voiture Citroën a eu beaucoup de succès?
4. Qu'a fait la compagnie Citroën en 1976?
5. Que faut-il avoir pour conduire sur l'autoroute en Suisse?
6. Les résidents d'autres pays de l'U.E. ont-ils le droit de conduire en France?

**3** **À vous...** Quelle est votre voiture préférée? Pourquoi? Avec un(e) partenaire, discutez de ce sujet et soyez prêt(e)s à expliquer vos raisons au reste de la classe.

Practice more at **vhlcentral.com**.

**ressources**

VM pp. 259–260

vhlcentral.com Leçon 11B

**ACTIVITÉS**

# STRUCTURES

## Le conditionnel  Presentation

**Point de départ** The conditional expresses what you *would* do or what *would* happen under certain circumstances.

> Sans réservation, nous ne mangerions pas avant minuit!

> Y aurait-il une autre station-service près d'ici?

### Conditional of regular verbs

|  | parler | réussir | attendre |
|---|---|---|---|
| je/j' | parler**ais** | réussir**ais** | attendr**ais** |
| tu | parler**ais** | réussir**ais** | attendr**ais** |
| il/elle/on | parler**ait** | réussir**ait** | attendr**ait** |
| nous | parler**ions** | réussir**ions** | attendr**ions** |
| vous | parler**iez** | réussir**iez** | attendr**iez** |
| ils/elles | parler**aient** | réussir**aient** | attendr**aient** |

- Note that you form the conditional of **-er** and **-ir** verbs by adding the conditional endings to the infinitive. The conditional endings are the same as those of the **imparfait**. To form the conditional of **-re** verbs, drop the final **-e** and add the endings.

| | | |
|---|---|---|
| Nous **voyagerions** cet été. | Tu ne **sortirais** pas. | Ils **attendraient** Luc. |
| *We'd travel this summer.* | *You wouldn't go out.* | *They would wait for Luc.* |

- Note the conditional forms of most spelling-change **-er** verbs:

| present form of je | +r | conditional forms |
|---|---|---|
| j'**achète** | achèter- | j'**achèterais** |
| je **nettoie** | nettoier- | je **nettoierais** |
| je **paie/paye** | paier-/payer- | je **paierais/payerais** |
| je **m'appelle** | m'appeller- | je **m'appellerais** |

Tu te **lèverais** si tôt?
*Would you get up that early?*

Vous **essaieriez** de vous garer.
*You would try to park.*

Je n'**achèterais** pas cette voiture.
*I would not buy this car.*

Il **nettoierait** le pare-brise.
*He would clean the windshield.*

- The conditional of **-er** verbs with an **é** before the infinitive ending follows the same pattern as that of regular **-er** verbs.

Elle **répéterait** ses questions.
*She would repeat her questions.*

Elles **considéreraient** le pour et le contre.
*They'd consider the pros and cons.*

- Although the conditional endings are the same for all verbs, some verbs use irregular stems.

### Irregular verbs in the conditional

| infinitive | stem | conditional forms |
|---|---|---|
| aller | ir- | j'irais |
| avoir | aur- | j'aurais |
| devoir | devr- | je devrais |
| envoyer | enverr- | j'enverrais |
| être | ser- | je serais |
| faire | fer- | je ferais |
| mourir | mourr- | je mourrais |
| pouvoir | pourr- | je pourrais |
| savoir | saur- | je saurais |
| venir | viendr- | je viendrais |
| vouloir | voudr- | je voudrais |

Vous **auriez** de longues vacances.
*You would have a long vacation.*

Nous **irions** en Tunisie.
*We'd go to Tunisia.*

Il **enverrait** des e-mails.
*He would send e-mails.*

Tu le **saurais** dans une semaine.
*You would know it in a week.*

Elles y **seraient** plus heureuses.
*They'd be happier there.*

Je **ferais** le plein pour toi.
*I would fill the tank for you.*

- The verbs **devenir**, **maintenir**, **retenir**, **revenir**, and **tenir** are patterned after **venir** in the conditional, just as they are in the present tense.

Elle **viendrait** en voiture
   cette fois.
*She would come by car this time.*

Ils **tiendraient** le capot pendant que tu
   regardes le moteur.
*They'd hold up the hood while you look at the engine.*

Nous **reviendrions** bientôt.
*We would come back soon.*

Tu **deviendrais** architecte un jour?
*Would you become an architect one day?*

- The conditional forms of **il y a**, **il faut**, and **il pleut** are, respectively, **il y aurait**, **il faudrait**, and **il pleuvrait**.

Il **faudrait** apporter le parapluie.
*We'd need to bring the umbrella.*

Quand **pleuvrait**-il dans ce pays?
*When would it rain in this country?*

---

**Essayez!**    Indiquez la forme correcte du conditionnel de ces verbes.

1. je (perdre, devoir, venir) _____ *perdrais, devrais, viendrais*
2. tu (vouloir, aller, essayer) _____
3. Michel (dire, prendre, savoir) _____
4. nous (préférer, nettoyer, faire) _____
5. vous (être, pouvoir, avoir) _____
6. elles (dire, espérer, amener) _____
7. je (boire, choisir, essuyer) _____
8. il (tenir, se lever, envoyer) _____

**ressources**

WB
pp. 149–150

LM
p. 87

vhlcentral.com
Leçon 11B

# STRUCTURES

## Mise en pratique

**1** **Changer de vie** Alexandre parle à son ami de ce qu'il aimerait changer dans sa vie. Complétez ses phrases avec les formes correctes du conditionnel.

> **MODÈLE**
>
> J' _étudierais_ (étudier) tous les week-ends.

1. Ma petite amie et moi _____ (faire) des études dans la même (*same*) ville.

2. Je _____ (vendre) ma vieille voiture.

3. Nous _____ (acheter) une Porsche.

4. Je _____ (travailler) bien.

5. Nos amis nous _____ (rendre) souvent visite.

6. Quelqu'un _____ (nettoyer) la maison.

7. Je n' _____ (avoir) pas de problèmes d'argent.

8. Ma petite ami et moi, nous _____ (pouvoir) nous retrouver tous les jours.

9. Tous mes cours _____ (être) très faciles.

**2** **Les professeurs** Que feraient ces personnes si elles étaient profs de français?

> **MODÈLE** tu / donner / examen / difficile
>
> *Tu donnerais des examens difficiles.*

1. Marc / donner / devoirs

2. vous / répondre / à / questions / étudiants

3. nous / permettre / à / étudiants / de / manger / en classe

4. tu / parler / français / tout le temps

5. tes parents / boire / café / classe

6. nous / montrer / films / français

7. je / enseigner / chansons françaises / étudiants

8. Guillaume et Robert / être / gentil / avec / étudiants

**3** **Sur une île** Vous découvrez une île (*island*) et vous y emmenez un groupe de personnes et leurs familles. Assemblez les éléments des colonnes pour faire des phrases avec le conditionnel. Quels rôles joueraient ces personnes?

> **MODÈLE**
>
> *Le professeur enseignerait les mathématiques aux enfants.*

| A | B | C |
|---|---|---|
| agent de police | construire | cartes |
| agent de voyages | découvrir | disputes |
| chauffeur | enseigner | enfants |
| dentiste | s'occuper de | logement |
| hôtelier/hôtelière | organiser | nourriture |
| infirmier/infirmière | parler | problèmes |
| mécanicien(ne) | préparer | réunions |
| professeur | servir | transports |
| serveur/serveuse | trouver | urgences |
| ? | ? | ? |

Practice more at **vhlcentral.com.**

## Communication

**4 Une grosse fortune** Avec un(e) partenaire, parlez de la façon dont (*the way in which*) vous dépenseriez l'argent si quelqu'un vous laissait une grosse fortune. Posez-vous ces questions à tour de rôle.

1. Partirais-tu en voyage? Où irais-tu?

2. Quelle profession choisirais-tu?

3. Où habiterais-tu?

4. Qu'est-ce que tu achèterais? À tes amis? À ta famille?

5. Donnerais-tu de l'argent à des œuvres de charité (*charities*)? Auxquelles (*To which ones*)?

6. Qu'est-ce qui changerait dans ta vie quotidienne (*daily*)?

**5 Sans ça...** Par groupes de trois, dites ce qui (*what*) changerait dans le monde sans ces choses.

> **MODÈLE** sans écoles?
> *Les étudiants n'apprendraient pas.*

- sans voitures?
- sans ordinateurs?
- sans télévisions?
- sans avions?
- sans téléphones?
- ?

**6 Le tour de la France** Vous aimeriez faire le tour de la France avec un(e) partenaire. Regardez la carte et discutez de l'itinéraire. Où commenceriez-vous? Que visiteriez-vous? Utilisez ces idées et trouvez-en d'autres.

> **MODÈLE**
> *Nous commencerions à Paris.*

- les plages de la Côte d'Azur
- les randonnées dans le Centre
- le ski dans les Alpes
- les musées à Paris
- les châteaux (*castles*) de la Loire

# STRUCTURES

**11B.2** ## Uses of *le conditionnel; Si clauses* **S** Presentation

### Uses of *le conditionnel*

- Use the conditional to make a polite request, soften a demand, or express what someone *could* or *should* do.

Je **voudrais** acheter une nouvelle imprimante.
*I would like to buy a new printer.*

Tu **devrais** dormir jusqu'à onze heures.
*You should sleep until 11 o'clock.*

**Pourriez**-vous nous dire où elles sont?
*Could you tell us where they are?*

Nous **aimerions** recevoir un salaire élevé.
*We would like to receive a high salary.*

Tu pourrais t'arrêter à la station-service?

Vous devriez faire plus attention au voyant d'huile.

- To express what someone said or thought would happen in the future at a past moment in time, use a past tense verb before **que** and the **conditionnel** after it.

Guillaume a dit qu'il **arriverait** vers midi.
*Guillaume said that he would arrive around noon.*

Je savais que Lucie **reviendrait** dans deux jours.
*I knew that Lucie would come back in two days.*

Nous pensions que tu **ferais** tes devoirs.
*We thought that you would do your homework.*

Mes parents ont expliqué qu'ils ne **pourraient** pas les aider.
*My parents explained that they would not be able to help them.*

- Unlike French, in English *would* can also mean *used to*, in the sense of past habitual action. To express past habitual actions in French, you must use the **imparfait**.

Je **travaillais** pour une compagnie à Paris tous les étés.
*I would (used to) work for a company in Paris every summer.*

Ils **attendaient** le week-end pour surfer sur Internet.
*They'd (used to) wait for the weekend to surf the Internet.*

Avec la vieille voiture, nous **tombions** en panne.
*With the old car, we would (used to) break down.*

*but*   Je **travaillerais** seulement pour une compagnie à Paris.
*I would work only for a company in Paris.*

*but*   Ils **attendraient** bien le week-end, mais ils sont trop impatients.
*They'd wait for the weekend, but they're too impatient.*

*but*   Sans un bon moteur, nous **tomberions** en panne.
*Without a good engine, we would break down.*

## *Si* clauses

- **Si** (*If*) clauses describe a condition or event upon which another condition or event depends. Sentences with **si** clauses consist of a **si** clause and a main (or result) clause.

> *Si je faisais une robe, elle serait laide.*

> *Si j'échouais, ma mère se mettrait en colère.*

- **Si** clauses can speculate or hypothesize about a current event or condition. They express what *would happen* if an event or condition *were* to *occur*. This is called a contrary-to-fact situation. In such instances, the verb in the **si** clause is in the **imparfait** while the verb in the main clause is in the conditional. Either clause can come first.

  Si j'**étais** chez moi, je lui **enverrais** un e-mail.
  *If I were home, I'd send her an e-mail.*

  Vous **partiriez** souvent en vacances si vous **aviez** de l'argent.
  *You would go on vacation often if you had money.*

  Si tu **avais** ton permis, tu **pourrais** conduire.
  *If you had your license, you could drive.*

  Nous ne **grossirions** pas si nous **mangions** moins.
  *We wouldn't put on weight if we ate less.*

- Note that **si** and **il/ils** contract to become **s'il** and **s'ils**, respectively.

  Nous **marcherions s'il** ne **pleuvait** pas.
  *We'd walk if it weren't raining.*

  **S'ils faisaient** le plein d'essence, ils **iraient** plus loin.
  *If they filled the tank, they'd go farther.*

- Use a **si** clause alone with the **imparfait** to make a suggestion or to express a wish.

  Si nous **faisions** des projets pour le week-end?
  *What about making plans for the weekend?*

  Ah! Si elle **obtenait** un meilleur travail!
  *Oh! If only she got a better job!*

---

**Essayez!** **Complétez les phrases avec la forme correcte des verbes.**

1. Si on visitait la Tunisie, on _____ (aller) admirer les ruines.
2. Vous _____ (être) plus heureux si vous faisiez vos devoirs.
3. Si tu _____ (avoir) la grippe, tu devrais aller chez le médecin.
4. Si elles avaient un million d'euros, que _____-elles (faire)?
5. Mes parents me _____ (rendre) visite ce week-end s'ils avaient le temps.
6. J'_____ (écrire) au président si j'avais son adresse.
7. Si nous lisions, nous _____ (savoir) les réponses.
8. Il _____ (avoir) le temps s'il ne regardait pas la télé.

**ressources**

WB
pp. 151–152

LM
p. 88

vhlcentral.com
Leçon 11B

# STRUCTURES

## Mise en pratique

**1** **Questions** Votre voiture est tombée en panne et vous la laissez chez un(e) mécanicien(ne), à qui vous posez des questions. Indiquez ses réponses.

> **MODÈLE**
> Quand est-ce que vous pourriez commencer? (vous / être pressé(e) / je / pouvoir commencer demain)
>
> *Si vous étiez pressé(e), je pourrais commencer demain.*

1. Les pneus sont neufs (*new*). Ne devriez-vous pas vérifier leur pression? (pneus / être usés (*worn*) / je / vérifier leur pression)

2. Auriez-vous besoin de mon numéro de fax? (je / avoir un fax / je / prendre votre numéro)

3. Quand est-ce que je pourrais reprendre ma voiture? (nous / ne pas fermer le week-end / vous / pouvoir / la reprendre samedi)

4. Pourriez-vous m'appeler au bureau lundi? (je / ne pas pouvoir / finir / secrétaire / vous appeler)

**2** **Et si...** D'abord, complétez les questions. Ensuite, employez le conditionnel pour y répondre. Comparez vos réponses aux réponses d'un(e) partenaire.

> **MODÈLE**
> Que ferais-tu si... tu / être malade?
>
> *Que ferais-tu si tu étais malade? Si j'étais malade, je dormirais toute la journée.*

Situation 1: Que ferais-tu si...

1. tu / être fatigué(e)?

2. il / pleuvoir?

3. il / faire beau?

4. tu / ne pas réussir à tes examens?

Situation 2: Que feraient tes parents si...

1. tu / quitter l'université?

2. tu / choisir de devenir avocat(e)?

3. tu / partir habiter en France?

4. tu / vouloir se marier (*to marry*) très jeune?

**3** **Des réactions** À tour de rôle avec un(e) partenaire, dites ce que (*what*) vous aimeriez, devriez, pourriez ou voudriez faire dans ces circonstances.

> **MODÈLE**
> Vous vous rendez compte que votre petit(e) ami(e) et vous ne vous aimez plus.
>
> *Nous devrions nous quitter.*

1. Vous n'avez pas de devoirs ce week-end.

2. Votre ami(e) organise une fête sans rien vous dire.

3. Vos parents ne vous téléphonent pas pendant un mois.

4. Le prof de français vous donne une mauvaise note.

5. Vous tombez malade.

6. Votre voiture tombe en panne.

7. Vous n'êtes pas en bonne forme.

8. Vous pouvez aller n'importe où (*anywhere*) pour les vacances.

Practice more at **vhlcentral.com.**

## Communication

**4** **L'imagination** Par groupes de trois, choisissez un de ces sujets et préparez un paragraphe par écrit. Ensuite, lisez votre paragraphe à la classe. Vos camarades décident quel groupe est le gagnant (*winner*).

- Si je pouvais devenir invisible, …
- Si j'étais un extraterrestre à New York, …
- Si j'inventais une machine, …
- Si j'étais une célébrité, …
- Si nous pouvions prendre des vacances sur Mars, …

**5** **Le portefeuille** Vos camarades de classe trouvent un portefeuille (*wallet*) plein d'argent. Par groupes de quatre, parlez d'abord avec un(e) de vos camarades pour deviner ce que (*what*) feraient les deux autres. Ensuite, rejoignez-les pour comparer vos prédictions.

**MODÈLE**

**Étudiant(e) 1:** *Si vous trouviez le portefeuille, vous le donneriez à la police.*
**Étudiant(e) 2:** *Oui, mais nous garderions l'argent pour aller dans un bon restaurant.*

**6** **Interview** Par groupes de trois, préparez cinq questions pour un(e) candidat(e) à la présidence des États-Unis. Ensuite, jouez les rôles de l'interviewer et du/de la candidat(e). Alternez les rôles.

**MODÈLE**

**Étudiant(e) 1:** *Que feriez-vous au sujet du sexisme dans l'armée?*
**Étudiant(e) 2:** *Alors, si j'étais président(e), nous…*

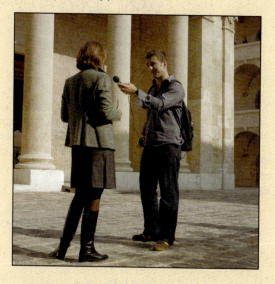

**7** **Ma voiture** Vous voulez une voiture mais vous devez d'abord convaincre (*convince*) votre père de vous en acheter une. Il vous pose des questions. Avec un(e) partenaire, préparez cette conversation. Alternez les rôles.

**MODÈLE**

**Étudiant(e) 1:** *Si je t'achetais une voiture, est-ce que tu conduirais prudemment?*
**Étudiant(e) 2:** *Oui, je ne dépasserais pas la limitation de vitesse.*

# SYNTHÈSE

# Révision

 **Du changement** Avec un(e) partenaire, observez ces bureaux. Faites une liste d'au minimum huit changements que les employés feraient s'ils en avaient les moyens (*means*).

**MODÈLE**

**Étudiant(e) 1:** *Si ces gens pouvaient changer quelque chose, ils achèteraient de nouveaux ordinateurs.*
**Étudiant(e) 2:** *Si les affaires allaient mieux, ils déménageraient.*

 **Si j'étais…** Par groupes de quatre, discutez et faites votre propre (*own*) portrait à travers (*through*) ces occupations. Comparez vos réponses et présentez le portrait d'un(e) camarade à la classe.

**MODÈLE**

**Étudiant(e) 1:** *Si j'étais journaliste, j'écrirais sur la vie politique.*
**Étudiant(e) 2:** *Si je travaillais comme chauffeur, je conduirais tout le temps sur l'autoroute.*

| | | |
|---|---|---|
| architecte | chauffeur | médecin |
| artiste | homme/femme | musicien(ne) |
| athlète | d'affaires | professeur |
| avocat(e) | journaliste | propriétaire |

**Je la vendrais…** Pour quelles raisons seriez-vous prêt(e)s à vendre votre voiture? Par groupes de trois, donnez chacun(e) (*each one*) au minimum deux raisons positives et deux raisons négatives.

**MODÈLE**

**Étudiant(e) 1:** *Je la vendrais si les freins ne marchaient pas.*
**Étudiant(e) 2:** *Moi, je vendrais ma voiture si je déménageais à Paris, où les transports en commun sont excellents.*

 **Au travail** Avec un(e) partenaire, observez ces personnes et écrivez une phrase avec **si** pour expliquer leur situation. Ensuite, comparez vos phrases aux phrases d'un autre groupe.

**MODÈLE**

*Si elle dormait mieux la nuit, elle ne serait pas fatiguée pendant la journée.*

1.

2.

4.

**Soyons polis!** Avec un(e) partenaire, inventez un dialogue entre un(e) mécanicien(ne) et son assistant(e). Le/La mécanicien(ne) demande méchamment plusieurs services à l'assistant(e), qui refuse. Le/La mécanicien(ne) réitère alors ses demandes, mais plus poliment, et l'assistant(e) accepte.

**MODÈLE**

**Étudiant(e) 1:** *Apportez-moi le téléphone!*
**Étudiant(e) 2:** *Si vous me parliez gentiment, je vous apporterais le téléphone.*
**Étudiant(e) 1:** *Pourriez-vous m'apporter le téléphone, s'il vous plaît?*
**Étudiant(e) 2:** *Avec plaisir!*

 **Causes et effets** Votre professeur va vous donner, à vous et à votre partenaire, deux feuilles d'activités différentes sur des causes et leurs effets. Attention! Ne regardez pas la feuille de votre partenaire.

# Écriture

## STRATÉGIE

### Listing key words

Once you have determined the purpose for a piece of writing and identified your audience, it is helpful to make a list of key words you can use while writing. If you were to write a description of your campus, for example, you would probably need a list of prepositions that describe location, such as **devant**, **à côté de**, and **derrière**. Likewise, a list of descriptive adjectives would be useful if you were writing about the people and places of your childhood.

By preparing a list of potential words ahead of time, you will find it easier to avoid using the dictionary while writing your first draft. You will probably also learn a few new words in French while preparing your list of key words.

Listing useful vocabulary is also a valuable organizational strategy since the act of brainstorming key words will help you form ideas about your topic. In addition, a list of key words can help you avoid redundancy when you write.

If you were going to write a composition about your communication habits with your friends, what French words would be the most helpful to you? Jot a few of them down and compare your list with a partner's. Did you choose the same words? Would you choose any different or additional words, based on what your partner wrote?

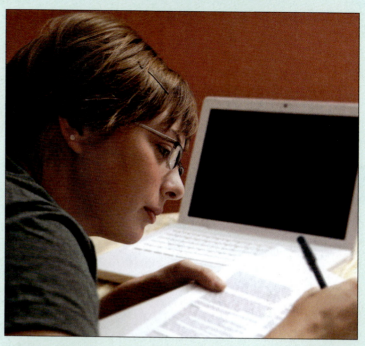

## Thème

### Écrire une dissertation

Écrivez une dissertation pour décrire vos préférences et vos habitudes en ce qui concerne (*regarding*) les moyens (*means*) de communication d'hier et d'aujourd'hui.

- Quel est votre moyen de communication préféré (e-mail, téléphone, lettre,...)? Pourquoi?

- En général, comment communiquez-vous avec les gens que vous connaissez? Pourquoi? Avez-vous toujours communiqué avec eux de cette manière (*in this way*)?

- Communiquez-vous avec tout le monde de la même manière ou cela dépend-il des personnes? Par exemple, restez-vous en contact avec vos grands-parents de la même manière qu'avec votre professeur de français? Expliquez.

- Comment restez-vous en contact avec les membres de votre famille? Et avec vos amis et vos camarades de classe?

- Communiquez-vous avec certaines personnes tous les jours? Avec qui? Comment?

Avant de commencer, faites une liste des personnes avec qui vous communiquez régulièrement et donnez le moyen de communication que vous avez utilisé dans le passé et que vous utilisez aujourd'hui. Utilisez aussi votre liste de mots-clés comme point de départ pour votre dissertation.

# SAVOIR-FAIRE

# Panorama

une barque° sur l'Escaut

## La Belgique

### Le pays en chiffres

▶ **Superficie:** *30.500 km²*

▶ **Population:** *10.296.000*

SOURCE: Population Division, UN Secretariat

▶ **Industries principales:** *agroalimentaire°, chimie, métallurgie, sidérurgie°, textile*

▶ **Villes principales:** *Anvers, Bruges, Bruxelles, Gand, Liège, Namur*

▶ **Langues:** *allemand, français, néerlandais°*

*Les Belges néerlandais parlent une variante° de la langue néerlandaise qui s'appelle le flamand°. Environ° 60% de la population belge parlent flamand et habitent dans la partie nord° du pays, la Flandre. Le français est parlé surtout dans la partie sud° du pays, la Wallonie, par environ 40% des Belges. L'allemand est parlé par très peu de gens, environ 1%, dans l'est° du pays.*

▶ **Monnaie:** *l'euro*

### Belges célèbres

▶ **Marguerite Yourcenar,** *écrivain (1903–1987)*

▶ **Georges Simenon,** *écrivain (1903–1989)*

▶ **Jacques Brel,** *chanteur (1929–1978)*

▶ **Eddy Merckx,** *cycliste, cinq fois gagnant° du Tour de France (1945– )*

▶ **Cécile de France,** *actrice (1975– )*

▶  **Justine Hénin** *joueuse de tennis (1982– )*

LA MER DU NORD

la Meuse

LES PAYS-BAS

L'ALLEM

Ostende

Bruges

Anvers

Gand

**LA FLANDRE**

le Lys

l'Escaut

**Bruxelles**

Mons

Charleroi

la Meuse

Liège

Namur

la Sambre

LES ARDENNES

**LA WALLONIE**

LE LUXEMBOURG

LA FRANCE

☐ Régions francophones

0 ———————— 50 milles
0 ———————— 50 kilomètres

Bruges

l'Ommegang, festival historique

## Incroyable mais vrai!

Acheter de la bière ou du fromage au monastère? Pourquoi pas? Les moines° trappistes suivent° des principes monastiques stricts: isolés, ils se consacrent° au travail et à la prière°. Pour subvenir° à leurs besoins, ils font des bières et des fromages de qualité. Seules six bières belges peuvent porter l'appellation «trappiste».

**agroalimentaire** *food processing* **sidérurgie** *steel industry* **néerlandais** *Dutch* **variante** *variant* **flamand** *Flemish* **Environ** *About* **nord** *north* **sud** *south* **est** *east* **gagnant** *winner* **moines** *monks* **suivent** *follow* **se consacrent** *devote themselves* **prière** *prayer* **subvenir** *provide* **barque** *small boat*

## Les destinations

### Bruxelles, capitale de l'Europe

Fondée au septième siècle, la ville de Bruxelles a été choisie en 1958, en partie pour sa situation géographique centrale, comme siège° de la C.E.E.° Aujourd'hui, elle reste encore le siège de l'Union européenne (l'U.E.), lieu central des institutions et des décisions européennes. On y trouve le Parlement européen, organe législatif de l'U.E., et depuis 1967, le siège de l'OTAN°. Bruxelles est une ville très cosmopolite, avec un grand nombre d'habitants étrangers. Elle est aussi touristique, renommée pour sa Grand-Place, ses nombreux chocolatiers et la grande qualité de sa cuisine.

## Les traditions

### La bande dessinée

Les dessinateurs° de bandes dessinées (BD) sont très nombreux en Belgique. À Bruxelles, il y a de nombreuses peintures murales° et statues de BD. Le dessinateur Peyo est devenu célèbre avec la création des Schtroumpfs° en 1958, mais le père de la BD belge est Hergé, dessinateur qui a créé Tintin et Milou en 1929. Tintin est un reporter qui a des aventures partout dans° le monde. En 1953, il devient le premier homme, avant Neil Armstrong, à marcher sur la Lune° dans *On a marché sur la Lune*. La BD de Tintin est traduite en 45 langues.

## La gastronomie

### Les moules frites

Les moules° frites sont une spécialité belge. Les moules, cuites° dans du vin blanc, et les frites sont servies dans des plats séparés mais on les mange ensemble, et c'est délicieux. Beaucoup de gens ne savent pas que les frites ne sont pas françaises mais belges! On peut en acheter dans les nombreuses friteries. Elles sont servies dans un cornet° en papier avec une sauce, souvent de la mayonnaise. Il existe même en Belgique une Semaine nationale de la frite et une Union nationale des frituristes.

## Les arts

### René Magritte (1898–1967)

René Magritte, peintre surréaliste, s'intéressait à la représentation des images mentales. En montrant° la divergence entre un objet et sa représentation, son désir était de «faire hurler° les objets les plus familiers», mais toujours avec humour. Le musée Magritte à Bruxelles se trouve dans la maison où il a habité pendant 24 ans, et qui était aussi le quartier général° des surréalistes belges. Le portrait de Magritte était sur les billets de 500 francs belges. Une de ses œuvres° les plus célèbres, à gauche, est *Le Fils de l'homme*.

---

### Qu'est-ce que vous avez appris? Répondez aux questions par des phrases complètes.

1. Quelle est la langue la plus parlée en Belgique?
2. Que produisent les moines trappistes?
3. À quelles activités se consacrent-ils?
4. Pourquoi Bruxelles a-t-elle été choisie comme capitale de l'Europe?
5. Qui est le père de la bande dessinée belge?

6. Qui est allé sur la Lune avant Armstrong?
7. Quelle bande dessinée a été créée (*created*) par Peyo?
8. Où peut-on acheter des frites?
9. Qu'est-ce que Magritte montre dans ses œuvres?
10. Où se trouvait le quartier général des surréalistes belges?

### Sur Internet

Go to **vhlcentral.com** to find more cultural information related to this **Panorama**.

1. Quels sont les noms de trois autres personnages de bandes dessinées belges?
2. Dans quelles peintures Magritte a-t-il représenté des parties de la maison (fenêtre, cheminée, escalier)?
3. Cherchez des informations sur la ville de Bruges. Combien de kilomètres de canaux (*canals*) y a-t-il?

**ressources**

WB pp. 153–154

vhlcentral.com
Unité 11

**siège** *headquarters (lit. seat)* **C.E.E** *European Economic Community (predecessor of the European Union)* **OTAN** *NATO* **dessinateurs** *artists* **peintures murales** *murals* **Schtroumpfs** *Smurfs* **partout dans** *all over* **Lune** *moon* **moules** *mussels* **cuites** *cooked* **cornet** *cone* **En montrant** *In showing* **faire hurler** *make scream* **quartier général** *headquarters* **œuvres** *works*

## L'ordinateur

| | |
|---|---|
| un CD/compact disc/ disque compact | CD, compact disc |
| (CD/compact disc/ disques compacts *pl.*) | (CDs, compact discs) |
| un clavier | keyboard |
| un disque dur | hard drive |
| un écran | screen |
| un e-mail | e-mail |
| un fichier | file |
| une imprimante | printer |
| un jeu vidéo (jeux vidéo *pl.*) | video game(s) |
| un logiciel | software, program |
| un moniteur | monitor |
| un mot de passe | password |
| une page d'accueil | home page |
| un site Internet/web | web site |
| une souris | mouse |
| démarrer | to start up |
| être connecté(e) (avec) | to be connected (to) |
| être en ligne (avec) | to be online/on the phone (with) |
| graver | to record, to burn |
| imprimer | to print |
| sauvegarder | to save |
| surfer sur Internet | to surf the Internet |
| télécharger | to download |

## Verbes

| | |
|---|---|
| couvrir | to cover |
| découvrir | to discover |
| offrir | to offer, to give something |
| ouvrir | to open |
| souffrir | to suffer |

| | |
|---|---|
| *Expressions utiles* | See pp. 407 and 425. |
| Prepositions with the infinitive | See p. 410. |

## La voiture

| | |
|---|---|
| arrêter (de faire quelque chose) | to stop (doing something) |
| attacher sa ceinture de sécurité (f.) | to buckle one's seatbelt |
| avoir un accident | to have/to be in an accident |
| dépasser | to go over; to pass |
| faire le plein | to fill the tank |
| freiner | to brake |
| se garer | to park |
| rentrer (dans) | to hit (another car) |
| réparer | to repair |
| tomber en panne | to break down |
| vérifier (l'huile/la pression des pneus) | to check (the oil/ the air pressure) |
| un capot | hood |
| un coffre | trunk |
| l'embrayage (*m.*) | clutch |
| l'essence (*f.*) | gas |
| un essuie-glace (des essuie-glaces) | windshield wiper(s) |
| les freins (*m.*) | brakes |
| l'huile (*f.*) | oil |
| un moteur | engine |
| un pare-brise (pare-brise *pl.*) | windshield |
| un pare-chocs (pare-chocs *pl.*) | bumper |
| les phares (*m.*) | headlights |
| un pneu (crevé) | (flat) tire |
| une portière | car door |
| un réservoir d'essence | gas tank |
| un rétroviseur | rearview mirror |
| une roue (de secours) | (emergency) tire |
| une voiture | car |
| un volant | steering wheel |
| un voyant (d'essence/d'huile) | (gas/oil) warning light |
| un agent de police/ un(e) policier/policière | police officer |
| une amende | fine |
| une autoroute | highway |
| la circulation | traffic |
| la limitation de vitesse | speed limit |
| un(e) mécanicien(ne) | mechanic |
| un parking | parking lot |
| un permis de conduire | driver's license |
| une rue | street |
| une station-service | service station |

## Verbes pronominaux réciproques

| | |
|---|---|
| s'adorer | to adore one another |
| s'aider | to help one another |
| s'aimer (bien) | to love (like) one another |
| se connaître | to know one another |
| se dire | to tell one another |
| se donner | to give one another |
| s'écrire | to write one another |
| s'embrasser | to kiss one another |
| s'entendre bien (avec) | to get along well (with one another) |
| se parler | to speak to one another |
| se quitter | to leave one another |
| se regarder | to look at one another |
| se rencontrer | to meet one another (make an acquaintance) |
| se retrouver | to meet one another (planned) |
| se téléphoner | to phone one another |

## L'électronique

| | |
|---|---|
| un appareil photo (numérique) | (digital) camera |
| une chaîne (de télévision) | (television) channel |
| une chaîne stéréo | stereo system |
| des écouteurs (*m.*) | headphones |
| un enregistreur DVR | DVR |
| un lecteur MP3/(de) CD/DVD | MP3/CD/DVD player |
| un lien | link |
| un portable | cell phone |
| un poste de télévision | television set |
| un réseau (social) | (social) network |
| un smartphone | smartphone |
| une tablette (tactile) | tablet computer |
| une télécommande | remote control |
| un texto/SMS | text message |
| allumer | to turn on |
| composer (un numéro) | to dial (a number) |
| effacer | to erase |
| enregistrer | to record |
| éteindre | to turn off |
| fermer | to close; to shut off |
| fonctionner/marcher | to work; to function |
| sonner | to ring |

# En ville

## Pour commencer
- Qu'est-ce que David a dans la main?
- Quel temps fait-il?
- Qu'est-ce que Valérie fait?
- Est-ce que David va conduire jusqu'à sa destination?

# Les courses

**You will learn how to...**
- make business transactions
- get around town

## Vocabulaire

| | |
|---|---|
| accompagner | to accompany |
| avoir un compte bancaire | to have a bank account |
| déposer de l'argent | to deposit money |
| emprunter | to borrow |
| payer avec une carte de crédit | to pay with a credit card |
| payer en liquide | to pay in cash |
| payer par chèque | to pay by check |
| remplir un formulaire | to fill out a form |
| retirer de l'argent | to withdraw money |
| signer | to sign |
| | |
| une adresse | address |
| une carte postale | postcard |
| une enveloppe | envelope |
| un timbre | stamp |
| | |
| une boutique | boutique, store |
| une brasserie | café, restaurant |
| un commissariat de police | police station |
| une laverie | laundromat |
| une mairie | town/city hall; mayor's office |
| | |
| un compte de chèques | checking account |
| un compte d'épargne | savings account |
| une dépense | expenditure, expense |
| des pièces de monnaie/ de la monnaie | coins/change |
| | |
| fermé(e) | closed |
| ouvert(e) | open |

une papeterie

La Maison du Papier

SOLDES

LA POSTE

Bijouterie Martin

cyberc@fé espace connexion

une bijouterie

un bureau de poste

un cybercafé

un colis

LA POSTE

Elle poste une lettre. (poster)

une boîte aux lettres

un marchand de journaux

# Mise en pratique

un salon de beauté

Salon de Beauté Claude

le facteur

le courrier

BANQUE

une banque

guichet

les billets (m.)

un distributeur automatique/de billets

Elle fait la queue.

**1 Écoutez** 🎧 Écoutez la conversation entre Jean-Pierre et Carole. Ensuite, complétez les phrases avec le bon mot.

1. Carole demande à Jean-Pierre d'acheter des timbres et de _____ un colis. (déposer, poster, retirer)

2. Le _____ se trouve sur la route de Jean-Pierre. (bureau de poste, papeterie, laverie)

3. Jean-Pierre veut _____ de l'argent à la banque. (retirer, déposer, emprunter)

4. Jean-Pierre doit _____ et signer des formulaires. (accompagner, remplir, payer)

5. Jean-Pierre a acheté le journal chez le _____. (papeterie, marchand de journaux, bureau de poste)

6. Jean-Pierre n'avait pas assez de _____ sur lui. (compte de chèques, carte de crédit, liquide)

**2 Associez** Associez chaque activité de la colonne de gauche avec le lieu qui correspond dans la colonne de droite.

_____ 1. acheter un chemisier    a. un bureau de poste
_____ 2. acheter du maquillage    b. une banque
_____ 3. acheter un magazine    c. une bijouterie
_____ 4. acheter une montre    d. une boutique
_____ 5. boire un café    e. une brasserie
_____ 6. envoyer une carte    f. un commissariat de police
_____ 7. envoyer un e-mail    g. un cybercafé
_____ 8. faire la lessive    h. une laverie
_____ 9. ouvrir un compte    i. un marchand de journaux
_____ 10. payer une amende    j. un salon de beauté

**3 Complétez** Complétez les phrases suivantes avec le mot ou l'expression qui convient le mieux. N'oubliez pas de faire les accords nécessaires.

1. _____ apporte le courrier tous les jours à la même heure.

2. Quand les magasins sont _____, on ne peut pas faire de courses.

3. Pour poster une lettre, on peut simplement la mettre dans _____.

4. Quand on n'a pas beaucoup d'argent, il faut faire attention à ses _____.

5. Si la banque n'est pas ouverte, on peut toujours _____ au distributeur automatique.

6. Quand on envoie une lettre, il ne faut pas oublier d'écrire _____ et de mettre _____.

7. Pour acheter une voiture, il faut souvent _____ de l'argent.

8. Si on n'a pas de lave-linge à la maison, il faut aller à _____.

## Communication

**4** **Décrivez** Avec un(e) partenaire, regardez les photos et décrivez où et comment Annick et Charles ont passé la journée samedi dernier.

1.

2.

3.

4.

5.

6.

**5** **Répondez** Avec un(e) partenaire, posez les questions suivantes et répondez-y à tour de rôle. Ensuite, comparez vos réponses avec celles d'un autre groupe.

1. Vas-tu souvent au bureau de poste? Pour quoi faire?
2. Quel genre de courses fais-tu le week-end?
3. Où est-ce que tu fais souvent la queue? Pourquoi?
4. Y a-t-il une laverie près de chez toi? Combien de fois par mois y vas-tu?
5. Comment préfères-tu payer tes achats (*purchases*)? Pourquoi?
6. Combien de fois par semaine utilises-tu un distributeur de billets?

**6** **À vous de jouer** Par petits groupes, choisissez une des situations suivantes et écrivez un dialogue. Ensuite, jouez la scène.

1. À la banque, un(e) étudiant(e) veut ouvrir un compte bancaire et connaître les services offerts.
2. À la poste, une vieille dame (*lady*) veut envoyer un colis, acheter des timbres et faire un changement d'adresse. Il y a la queue derrière elle.
3. Dans un salon de beauté, deux femmes discutent de leurs courses à la mairie, à la papeterie et chez le marchand de journaux.
4. Dans un cybercafé, des étudiants font des achats en ligne sur différents sites.

# Les sons et les lettres

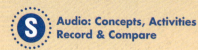

**Audio: Concepts, Activities Record & Compare**

## The letter h

You already know that the letter **h** is silent in French, and you are familiar with many French words that begin with an **h muet**. In such words, the letter **h** is treated as if it were a vowel. For example, the articles **le** and **la** become **l'** and there is a liaison between the final consonant of a preceding word and the vowel following the **h**.

l'heure    l'homme         des hôtels    des hommes

Some words begin with an **h aspiré**. In such words, the **h** is still silent, but it is not treated like a vowel. Words beginning with **h aspiré**, like these you've already learned, are not preceded by **l'** and there is no liaison.

la honte    les haricots verts    le huit mars    les hors-d'œuvre

Words that begin with an **h aspiré** are normally indicated in dictionaries by some kind of symbol, usually an asterisk (*).

**Prononcez** Répétez les mots suivants à voix haute.

1. le hall
2. la hi-fi
3. l'humeur
4. la honte
5. le héron
6. l'horloge
7. l'horizon
8. le hippie
9. l'hilarité
10. la Hongrie
11. l'hélicoptère
12. les hamburgers
13. les hiéroglyphes
14. les hors-d'œuvre
15. les hippopotames
16. l'hiver

**Articulez** Répétez les phrases suivantes à voix haute.

1. Hélène joue de la harpe.
2. Hier, Honorine est allée à l'hôpital.
3. Le hamster d'Hervé s'appelle Henri.
4. La Havane est la capitale de Cuba.
5. L'anniversaire d'Héloïse est le huit mars.
6. Le hockey et le hand-ball sont mes sports préférés.

**Dictons** Répétez les dictons à voix haute.

*L'heure, c'est l'heure; avant l'heure, c'est pas l'heure; après l'heure, c'est plus l'heure.[2]*

*La honte n'est pas d'être inférieur à l'adversaire, c'est d'être inférieur à soi-même.[1]*

**ressources**

LM p. 90

vhlcentral.com Leçon 12A

[1] Shame is not being inferior to an adversary; it's being inferior to oneself.
[2] On time is on time; before the hour is not on time; after the hour is no longer on time.

# On fait des courses

Video: *Roman-photo*
Record & Compare

**Amina**

**David**

**Employée**

**Rachid**

**Sandrine**

*À la charcuterie...*

**EMPLOYÉE** Bonjour, Mademoiselle, Monsieur. Qu'est-ce que je vous sers?

**RACHID** Bonjour, Madame, quatre tranches de pâté et de la salade de carottes pour deux personnes, s'il vous plaît.

**EMPLOYÉE** Et avec ça?

**RACHID** Deux tranches de jambon, s'il vous plaît.

**RACHID** Vous prenez les cartes de crédit?

**EMPLOYÉE** Ah désolée, Monsieur, nous n'acceptons que les paiements en liquide ou par chèque.

**RACHID** Amina, je viens de m'apercevoir que je n'ai pas de liquide sur moi!

**AMINA** Ce n'est pas grave, j'en ai assez. Tiens.

*Dans la rue...*

**RACHID** Merci, chérie. Passons à la banque avant d'aller au parc.

**AMINA** Mais nous sommes samedi midi, la banque est fermée.

**RACHID** Peut-être, mais il y a toujours le distributeur automatique.

**AMINA** Bon d'accord... J'ai quelques courses à faire plus tard cet après-midi. Tu veux m'accompagner?

*Dans une autre partie de la ville...*

**DAVID** Tu aimes la cuisine alsacienne?

**SANDRINE** Oui, j'adore la choucroute!

**DAVID** Tu veux aller à la brasserie La Petite France? C'est moi qui t'invite.

**SANDRINE** D'accord, avec plaisir.

**DAVID** Excellent! Avant d'y aller, il faut trouver un distributeur automatique.

**SANDRINE** Il y en a un à côté de la banque.

*Au distributeur automatique...*

**SANDRINE** Eh regarde qui fait la queue!

**RACHID** Tiens, salut, qu'est-ce que vous faites de beau, vous deux?

**SANDRINE** On va à la brasserie. Vous voulez venir avec nous?

**AMINA** Non non! Euh... je veux dire... Rachid et moi, on va faire un pique-nique dans le parc.

**RACHID** Oui, et après ça, Amina a des courses importantes à faire.

**SANDRINE** Je comprends, pas de problème... David et moi, nous avons aussi des choses à faire cet après-midi.

**A C T I V I T É S**

**1 Vrai ou faux?** Indiquez si les affirmations suivantes sont **vraies** ou **fausses**.

1. Aujourd'hui, la banque est ouverte.
2. Amina doit aller à la poste pour envoyer un colis.
3. Amina doit aller à la poste pour acheter des timbres.
4. Amina va mettre ses cartes postales dans une boîte aux lettres à côté de la banque.
5. Sandrine n'aime pas la cuisine alsacienne.
6. David et Rachid vont retirer de l'argent.
7. Il n'y a pas de queue au distributeur automatique.
8. David et Sandrine invitent Amina et Rachid à la brasserie.
9. Amina et Rachid vont à la brasserie.
10. Amina va faire ses courses après le pique-nique.

 Practice more at **vhlcentral.com.**

Amina et Rachid préparent un pique-nique.

**RACHID** Volontiers. Où est-ce que tu vas?

**AMINA** Je dois aller à la poste pour acheter des timbres et envoyer quelques cartes postales, et puis je voudrais aller à la bijouterie. J'ai reçu un e-mail de la bijouterie qui vend les bijoux que je fais. Regarde.

**RACHID** Très joli!

**AMINA** Oui, tu aimes? Et après ça, je dois passer à la boutique Olivia où l'on vend mes vêtements.

**RACHID** Tu vends aussi des vêtements dans une boutique?

**AMINA** Oui, mes créations! J'étudie le stylisme de mode, tu ne t'en souviens pas?

**RACHID** Si, bien sûr, mais... Tu as vraiment du talent.

**AMINA** Alors! On n'a plus besoin de chercher un Cyberhomme?

**SANDRINE** Pour le moment, je ne cherche personne. David est super.

**DAVID** De quoi parlez-vous?

**SANDRINE** Oh, rien d'important.

**RACHID** Bon, Amina. On y va?

**AMINA** Oui. Passez un bon après-midi.

**SANDRINE** Vous aussi.

---

### Expressions utiles

#### Dealing with money

- **Nous n'acceptons que les paiements en liquide.**
  *We only accept payment in cash.*

- **Je viens de m'apercevoir que je n'ai pas de liquide.**
  *I just noticed/realized I don't have any cash.*

- **Il y a toujours le distributeur automatique.**
  *There's always the ATM.*

#### Running errands

- **J'ai quelques courses à faire plus tard cet après-midi.**
  *I have a few/some errands to run later this afternoon.*

- **Je voudrais aller à la bijouterie qui vend les bijoux que je fais.**
  *I'd like to go to the jewelry shop that sells the jewelry I make.*

#### Expressing negation

- **Pas de problème.**
  *No problem.*

- **On n'a plus besoin de chercher un Cyberhomme?**
  *We no longer need to look for a Cyberhomme?*

- **Pour le moment, je ne cherche personne.**
  *For the time being/the moment, I'm not looking for anyone.*

- **Rien d'important.**
  *Nothing important.*

#### Additional vocabulary

- **J'ai reçu un e-mail.**
  *I received an e-mail.*

- **Qu'est-ce que vous faites de beau?**
  *What are you up to?*

---

**2** **Complétez** Complétez les phrases suivantes.

1. La charcuterie accepte les paiements en liquide et _____.

2. Amina veut aller à la poste, à la boutique de vêtements et à la _____.

3. À côté de la banque, il y a un _____.

4. Amina paie avec des pièces de monnaie et des _____.

5. Amina a des _____ à faire cet après-midi.

**3** **À vous!** Que se passe-t-il au pique-nique ou à la brasserie? Avec un(e) camarade de classe, écrivez une conversation entre Amina et Sandrine ou Rachid et David, dans laquelle elles/ils se racontent ce qu'ils ont fait. Qu'ont-ils mangé? Se sont-ils amusés? Était-ce romantique? Jouez la scène devant la classe.

ressources

VM pp. 231–232

DVD Leçon 12A

vhlcentral.com Leçon 12A

ACTIVITÉS

# Les petits commerces

**Dans beaucoup de pays francophones, on fait toujours les courses chez les petits commerçants, même° s'il est plus pratique d'aller au supermarché.** On allie° modernité et tradition: on fait souvent les courses une fois par semaine au supermarché mais quand on a plus de temps, on se rend° dans les petits commerces où on achète des produits plus authentiques et parfois plus proches° de son domicile°.

Pour le fromage, par exemple, on va à la crémerie; pour la viande, on va à la boucherie; pour le poisson, à la poissonnerie. Dans les épiceries de quartier, on trouve aussi toutes sortes de produits, par exemple des fruits et des légumes, des produits frais°, des boîtes de conserve°, des produits surgelés°, etc. Les épiceries fines se spécialisent dans les produits de luxe et parfois, dans les plats préparés.

En France, la boulangerie reste le petit commerce le plus fréquenté. Le pain artisanal, les croissants et les brioches au beurre ont aussi un goût° bien différent des produits industriels. Chaque quartier, chaque village a au minimum une boulangerie. Dans certaines rues des grandes villes françaises (Paris, Lyon, Marseille, Bordeaux, etc.) il y en a parfois quatre ou cinq proches les unes des autres. Les pâtisseries aussi sont très nombreuses°.

Les petits commerces ont survécu° en France grâce à° une volonté° politique. Pour les sauvegarder°, les pouvoirs° publics des années 1980 ont limité les autorisations de constructions des supermarchés et hypermarchés dans la périphérie° des villes. Avec la présence des petits commerces, vie et activités dans les centres-villes ont ainsi° été préservés.

**même** *even* **allie** *combines* **se rend** *goes* **proches** *close* **domicile** *home* **frais** *fresh* **boîtes de conserve** *canned goods* **surgelés** *frozen* **goût** *flavor* **nombreuses** *numerous* **survécu** *survived* **grâce à** *thanks to* **volonté** *will* **sauvegarder** *save* **pouvoirs** *authorities* **périphérie** *outskirts* **ainsi** *thus*

**1** **Complétez** Complétez les phrases.

1. Dans beaucoup de pays francophones, on fait les courses au supermarché ou chez _____.

2. On fait souvent les courses une fois par semaine _____.

3. Dans les petits commerces on achète des produits plus _____.

4. Pour acheter du fromage, on peut aller à _____.

5. Dans _____, on peut acheter des produits frais et surgelés.

6. On peut acheter des plats préparés et des produits de luxe dans certaines _____.

7. Le pain artisanal des boulangeries a _____ très différent des produits industriels.

8. Dans certaines rues _____, il y a parfois cinq boulangeries.

9. Les petits commerces français ont survécu grâce à une volonté _____.

10. Les pouvoirs publics en France ont limité la construction des supermarchés dans _____ des villes.

- In **Leçon 9A**, you learned to conjugate **devoir**. **Recevoir** and **apercevoir** are conjugated similarly.

| | **recevoir** (to receive) | **apercevoir** (to catch sight of, to see) |
|---|---|---|
| je/j' | reçois | aperçois |
| tu | reçois | aperçois |
| il/elle/on | reçoit | aperçoit |
| nous | recevons | apercevons |
| vous | recevez | apercevez |
| ils/elles | reçoivent | aperçoivent |

Je **reçois** une lettre de mon copain.
*I receive a letter from my friend.*

Vous **recevez** le courrier à la même heure tous les après-midi.
*You receive the mail at the same time every afternoon.*

Les criminels **aperçoivent** le policier.
*The criminals see the police officer.*

Le chien **aperçoit** le facteur quand il s'approche.
*The dog sees the mailman when he approaches.*

- **Recevoir** and **apercevoir** take **avoir** as the auxiliary verb in the **passé composé**. Their past participles are, respectively, **reçu** and **aperçu**.

Guillaume **a reçu** une carte postale.
*Guillaume received a postcard.*

J'**ai aperçu** un distributeur automatique.
*I saw an ATM.*

- The **conditionnel** of **recevoir** and **apercevoir** is formed with the stems **recevr-** and **apercevr-**, respectively.

Nous **recevrions** des colis si elle nous en envoyait.
*We would receive packages if she sent us some.*

D'ici, on **apercevrait** le bureau de poste.
*From here, you would catch sight of the post office.*

- The verb **s'apercevoir (de)** means *to notice* or *to realize*.

Elle **s'est aperçue** qu'il fallait faire la queue.
*She realized it was necessary to wait in line.*

Nous **nous sommes aperçus** du problème hier.
*We noticed the problem yesterday.*

**Essayez!** Donnez la forme appropriée du verbe au présent.

*voir*
1. tu ___vois___
2. vous _____
3. elle _____
4. elles _____

*recevoir*
5. il ___reçoit___
6. nous _____
7. ils _____
8. je _____

*apercevoir*
9. vous ___apercevez___
10. tu _____
11. elles _____
12. Houda _____

ressources

WB
pp. 157–158

LM
p. 91

vhlcentral.com
Leçon 12A

## Mise en pratique

**1** **À la Martinique** Alain et Chantal sont en vacances. Que disent-ils? Utilisez le présent de l'indicatif du verbe **voir**.

> **MODÈLE**
>
> tu / voir / la plage et la mer
> *Tu vois la plage et la mer.*

1. je / voir / couleurs / merveilleux
2. Chantal / voir / énorme / poisson
3. ils / voir / que / marché aux fruits / fermer / tôt
4. nous / voir / le Carnaval / balcon de l'hôtel
5. tu / voir / enfants / dans / parc
6. vous / voir / boutique de vêtements
7. on / voir / le marchand / à côté de / bijouterie

**2** **Recevoir ou apercevoir?** Vous parlez avec un(e) ami(e) de votre vie sur le campus. Complétez les phrases avec les verbes appropriés au présent.

1. De sa chambre, mon ami Marc _____ le campus.
2. Mon camarade de chambre et moi, nous ne _____ pas de visites pendant la semaine.
3. Tu _____ parfois le facteur passer en voiture.
4. Ma petite amie et sa sœur _____ souvent des colis de leurs parents.
5. Quelquefois, je/j' _____ mes profs au supermarché.
6. Ton meilleur ami et toi, vous _____ souvent des amis le week-end.
7. Mon amie Fabienne _____ beaucoup de cadeaux pour son anniversaire.
8. Malik et moi, nous _____ le cybercafé de la bibliothèque.

**3** **Revoir** Alain et Chantal ont beaucoup aimé leur séjour à la Martinique et ils disent à une amie qu'ils ont déjà vu ces endroits et qu'ils les reverraient volontiers.

la montagne Pelée
(nous)

> ▶ **MODÈLE**
>
> *Nous avons vu la montagne Pelée et nous la reverrions volontiers.*

1. d'énormes poissons (tu)

2. la forêt tropicale (je)

3. le marché (Alain)

4. les plages (vous)

Practice more at **vhlcentral.com**.

## Communication

**4** **Curieux!** Avec un(e) partenaire, posez-vous ces questions à tour de rôle.

1. Reçois-tu souvent des lettres? De qui? Quand?

2. As-tu vu un bon film récemment? Quel film?

3. Tes parents recevaient-ils souvent des amis quand tu étais petit(e)? Aimais-tu leurs amis?

4. Voyais-tu tes camarades pendant les vacances d'été? Pourquoi?

5. Qu'aperçois-tu de ta chambre? Que préférerais-tu apercevoir?

6. Est-ce que tu as reçu beaucoup de cadeaux pour Noël? De qui?

7. D'habitude, quand est-ce que tu vois tes cousins?

8. Reçois-tu toujours de bonnes notes? Dans quels cours?

9. Que ferais-tu si tu apercevais un crime sur le campus?

**5** **Assemblez** Achetez-vous sur Internet? Avec un(e) partenaire, assemblez les éléments des colonnes pour raconter vos expériences. Utilisez les verbes **voir**, **recevoir**, **apercevoir** et **s'apercevoir** dans votre conversation.

**MODÈLE**

**Étudiant(e) 1:** *Je commande parfois des livres sur Internet. Une fois, je n'ai pas reçu mes livres!*

**Étudiant(e) 2:** *Mon père adore acheter sur Internet. Il voit souvent des objets qui l'intéressent.*

| A | B | C |
|---|---|---|
| je | apercevoir | billets d'avion |
| tu | s'apercevoir | billets de concert |
| un(e) ami(e) | commander | CD |
| nous | poster | DVD |
| vous | recevoir | livres |
| tes parents | voir | vêtements |
| ? | ? | ? |

**6** **Enquête** Votre professeur va vous donner une feuille d'activités. Circulez dans la classe et demandez à vos camarades s'ils connaissent quelqu'un qui pratique chaque activité de la liste. S'ils répondent par l'affirmative, demandez-leur qui est la personne et écrivez la réponse. Ensuite, présentez vos réponses à la classe.

**MODÈLE**

**Étudiant(e) 1:** *Connais-tu quelqu'un qui reçoit rarement des e-mails?*

**Étudiant(e) 2:** *Oui, mon frère aîné reçoit très peu d'e-mails.*

| Activités | Nom | Réponses |
|---|---|---|
| 1. recevoir / rarement / e-mails | Quang | son frère aîné |
| 2. s'inquiéter / quand / ne pas / recevoir / e-mails | | |
| 3. apercevoir / e-mail bizarre / le / ouvrir | | |

# STRUCTURES

## Negative/affirmative expressions

 **Presentation**

**Point de départ** In **Leçon 2A**, you learned how to negate verbs with **ne... pas**, which is used to make a general negation. In French, as in English, you can also use a variety of expressions that add a more specific meaning to the negation.

- The other negative expressions are also made up of two parts: **ne** and a second negative word. The verb is placed between these two parts.

| Negative expressions | | | |
|---|---|---|---|
| **ne... aucun(e)** | *none (not any)* | **ne... plus** | *no more (not anymore)* |
| **ne... jamais** | *never (not ever)* | **ne... que** | *only* |
| **ne... ni... ni** | *neither... nor* | **ne... rien** | *nothing (not anything)* |
| **ne... personne** | *nobody, no one* | | |

Je **n'**ai **aucune** envie de manger.
*I have no desire to eat.*

Le bureau de poste **n'**est **jamais** ouvert.
*The post office is never open.*

Elle **ne** parle à **personne**.
*She doesn't talk to anyone.*

Il **n'**a **plus** faim.
*He's not hungry anymore.*

Ils **n'**ont **que** des timbres de la poste aérienne.
*They only have airmail stamps.*

Le facteur **n'**avait **rien** pour nous.
*The mailman had nothing for us.*

- To negate the expression **il y a**, place **n'** before **y** and the second negative word after the form of **avoir**.

Il **n'**y a **aucune** banque près d'ici?
*Aren't there any banks nearby?*

Il **n'**y avait **rien** sur mon compte.
*There wasn't anything in my account.*

- The negative words **personne** and **rien** can be the subject of a verb, in which case they are placed before a third-person singular verb with **ne** following them.

**Personne n'**était là.
*No one was there.*

**Rien n'**est arrivé dans le courrier.
*Nothing arrived in the mail.*

- Note that **aucun(e)** can be either an adjective or a pronoun. Therefore, it must agree with the noun it modifies or replaces. It is always used in the singular.

Tu **ne** trouves **aucune boîte aux lettres**?
*Can't you find any mailboxes?*

Il **n'**a choisi **aucun** de ces pulls?
*Didn't he pick any of these sweaters?*

Je **n'**en trouve **aucune** par ici.
*I can't find any around here.*

Non, il **n'**en a aimé **aucun**.
*No, he didn't like any of them.*

- **Jamais**, **personne**, **plus**, and **rien** can be doubled up with **ne**.

Elle **ne** parle **jamais** à **personne**.
*She never talks to anyone.*

Elle **ne** dit **jamais rien**.
*She never says anything.*

Il **n'**y a **plus personne** ici.
*There isn't anyone here anymore.*

Il **n'**y a **plus rien** ici.
*There isn't anything here anymore.*

- To say *neither... nor*, you use three negative words: **ne... ni... ni**. Note that partitive and indefinite articles are usually omitted.

Le facteur **n'**est **ni** sympa **ni** sociable.
*The mailman is neither nice nor sociable.*

Je **n'**ai **ni** frères **ni** sœurs.
*I have neither brothers nor sisters.*

- Note that in the **passé composé**, the words **jamais**, **plus**, and **rien** are placed between the auxiliary verb and the past participle. **Aucun(e)**, **personne**, and **que** follow the past participle.

Elle **n'**est **jamais** revenue.
*She's never returned.*

Nous **n'**avons **plus** emprunté d'argent.
*We haven't borrowed money anymore.*

Je **n'**ai **rien** dit aujourd'hui.
*I didn't say anything today.*

Vous **n'**avez signé **aucun** papier.
*You didn't sign any papers.*

Il **n'**a parlé à **personne**.
*He didn't speak to anyone.*

Ils **n'**en ont posté **que** deux.
*They only mailed two.*

- These expressions can be used in affirmative phrases. Note that when **jamais** is not accompanied by **ne**, it can mean *ever*.

| | | | | |
|---|---|---|---|---|
| **jamais** | *ever* | | **quelqu'un** | *someone* |
| **quelque chose** | *something* | | **toujours** | *always; still* |

As-tu **jamais** été à cette brasserie?
*Have you ever been to that brasserie?*

Il y a **quelqu'un**?
*Is someone there?*

Vous cherchez **quelque chose**?
*Are you looking for something?*

Il est **toujours** aussi réservé?
*Is he still so reserved?*

- Note that **personne**, **quelque chose**, **quelqu'un**, and **rien** can be modified with an adjective after **de**.

Nous cherchons **quelque chose de joli**.
*We're looking for something pretty.*

Ce n'est **rien de nouveau**.
*It's nothing new.*

Il y a **quelqu'un de généreux** dans ta famille?
*Is there anyone generous in your family?*

Je ne connais **personne de plus intelligent** que lui.
*I don't know anyone more intelligent than him.*

**Boîte à outils**

Some expressions, when used in questions, often result in a logical negative expression in the answer.

**quelqu'un** (*someone*) →
**ne... personne** (*no one*)

**quelquefois / toujours** (*sometimes / always*) →
**ne... jamais** (*never*)

**quelque chose / tout** (*something / everything*) →
**ne... rien** (*nothing*)

**toujours** (*still*) → **ne... plus** (*anymore*)

**déjà** (*already*) → **ne... pas encore** (*not yet*)

**Essayez!** Choisissez l'expression correcte.

1. (Jamais / Personne) ne trouve cet homme agréable.
2. Je ne veux (rien / jamais) faire aujourd'hui.
3. Y a-t-il (quelqu'un / personne) à la banque?
4. Je n'ai reçu (pas de / aucun) colis.
5. Il n'y avait (ne / ni) lettres ni colis dans la boîte aux lettres.
6. Il n'y a (plus / aucun) d'argent à la banque?
7. Jérôme ne va (toujours / jamais) à la poste.
8. Le facteur n'arrive (toujours / qu') à trois heures.

**ressources**

WB
pp. 159–160

LM
p. 92

vhlcentral.com
Leçon 12A

# STRUCTURES

## Mise en pratique

**1** **Les jumelles** Olivia et Anaïs sont des jumelles (*twin sisters*) bien différentes. Expliquez comment.

> **MODÈLE**
>
> Olivia est toujours heureuse.
> *Anaïs n'est jamais heureuse.*

1. Olivia rit tout le temps.
2. Olivia remarque (*notes*) tout.
3. Olivia voit encore ses amies d'enfance.
4. Olivia aime le chocolat et la glace.
5. Olivia connaît beaucoup de monde.
6. Olivia reçoit beaucoup de colis.
7. Olivia est toujours étudiante.

**2** **À la banque** Vous voulez ouvrir un nouveau compte et vous posez des questions au banquier. Écrivez ses réponses à la forme négative.

> **MODÈLE**
>
> La banque ferme-t-elle à midi? (jamais)
> *Non, la banque ne ferme jamais à midi.*

1. La banque est-elle ouverte le samedi? (jamais)
2. Peut-on ouvrir un compte sans papier d'identité? (personne)
3. Avez-vous des distributeurs automatiques dans les supermarchés? (aucun)
4. Pour retirer de l'argent, avons-nous encore besoin de remplir ce document? (plus)
5. Avez-vous des billets et des pièces dans vos distributeurs automatiques? (que)
6. Est-ce que tout le monde peut retirer de l'argent de mon compte bancaire? (personne)

**3** **Pas exactement** Tristan exagère souvent. Il a écrit cet e-mail et vous lui répondez pour dire que les choses ne sont pas arrivées exactement comme ça. Mettez toutes ses phrases à la forme négative dans votre réponse.

> **MODÈLE**
>
> *Tu n'es pas arrivé tard à la banque...*

> Je suis arrivé tard à la banque. Quelqu'un m'a ouvert la porte. J'ai regardé les affiches et les brochures. J'ai demandé quelque chose. Il y avait encore beaucoup d'argent sur mon compte. Je vais souvent revenir dans cette banque.

Practice more at **vhlcentral.com.**

## Communication

**4** **De mauvaise humeur** Aujourd'hui, Anne-Marie est très négative. Elle répond négativement à toutes les questions. Avec un(e) partenaire, jouez les rôles d'Anne-Marie et de son amie. Rajoutez (*Add*) deux lignes supplémentaires de dialogue à la fin.

**MODÈLE**

tu / sortir avec quelqu'un en ce moment
**Étudiant(e) 1:** *Est-ce que tu sors avec quelqu'un en ce moment?*
**Étudiant(e) 2:** *Non, je ne sors avec personne.*

1. tu / faire quelque chose ce soir

2. tes parents / déjà venir chez toi le week-end

3. ton frère / avoir encore sa vieille voiture

4. tes amis et toi / aller toujours au Canada en été

5. quelqu'un / habiter dans ta maison cet été

6. tu / prendre quelquefois des vacances

7. ?

8. ?

**5** **Activités dangereuses** Avec un(e) partenaire, faites une liste de dix activités dangereuses. Ensuite, travaillez avec un autre groupe et demandez à vos camarades s'ils pratiquent ces activités. Répondent-ils toujours par des phrases négatives?

**MODÈLE**

**Étudiant(e) 1:** *Fais-tu du jogging la nuit?*
**Étudiant(e) 2:** *Non! Je ne fais jamais de jogging la nuit.*

**6** **Quel désastre!** En vacances, vous vous apercevez que votre valise a disparu (*disappeared*) avec votre argent liquide, vos papiers et vos cartes de crédit. Vous avez besoin de retirer de l'argent à la banque. Préparez un dialogue entre vous et deux employés de banque. Utilisez les expressions de la liste.

| jamais | ne... que | quelqu'un |
| ne... aucun(e) | ne... rien | rien |
| ne... ni... ni... | quelque chose | toujours |
| ne... plus | | |

# Révision

**1** **Je ne vais jamais…** Votre professeur va vous donner une feuille d'activités. Circulez dans la classe pour trouver un(e) camarade différent(e) qui fait ses courses à ces endroits. Où ne vont-ils jamais? Où ne vont-ils plus? Justifiez toutes vos réponses.

**MODÈLE**

**Étudiant(e) 1:** *Vas-tu à la laverie?*
**Étudiant(e) 2:** *Non, je n'y vais plus parce que j'ai acheté un lave-linge. Mais, je vais toujours à la banque le lundi.*

| Endroit | Nom |
|---|---|
| 1. banque | Yvonne |
| 2. bijouterie | |
| 3. boutique de vêtements | |
| 4. cybercafé | |
| 5. laverie | |

**2** **Le courrier** Avec un(e) partenaire, préparez six questions pour interviewer vos camarades. Que reçoivent-ils dans leur courrier? Qu'envoient-ils? Utilisez les expressions négatives et les verbes **recevoir** et **envoyer**. Ensuite, par groupes de quatre, posez vos questions et écrivez les réponses.

**MODÈLE**

**Étudiant(e) 1:** *Est-ce que tu ne reçois que des lettres dans ton courrier?*
**Étudiant(e) 2:** *Non, je reçois des cadeaux parfois, mais je n'en envoie jamais.*

**3** **Au village** Vous visitez un petit village pour la première fois. Malheureusement, tout y est fermé. Vous posez des questions à un(e) habitant(e) sur les endroits de la liste et il/elle vous répond par des expressions négatives. Préparez le dialogue avec un(e) partenaire.

**MODÈLE**

**Étudiant(e) 1:** *À quelle heure le bureau de poste ouvre-t-il aujourd'hui?*
**Étudiant(e) 2:** *Malheureusement, le bureau de poste n'existe plus, Monsieur!*

| | |
|---|---|
| banque | laverie |
| bureau de poste | mairie |
| commissariat de police | salon de beauté |

**4** **Vrai ou faux?** Par groupes de quatre, travaillez avec un(e) partenaire pour préparer huit phrases au sujet des deux autres partenaires de votre groupe. Essayez de deviner ce qu'ils/elles (*what they*) ont fait et n'ont pas fait. Dans vos phrases, utilisez le passé composé et les expressions négatives indiquées. Ensuite, lisez les phrases à vos deux camarades, qui vont essayer de deviner si elles sont vraies ou fausses.

**MODÈLE**

**Étudiant(e) 1:** *Tu n'es jamais allée dans le bureau du prof.*
**Étudiant(e) 2:** *C'est faux. J'ai dû y aller hier pour lui poser une question.*

- ne... aucun(e)
- ne... jamais
- ne... personne
- ne... plus
- ne... que
- ne... rien

**5** **Au secours!** Avec un(e) partenaire, préparez un dialogue pour représenter la scène de cette illustration. Utilisez le verbe **voir** et des expressions négatives et affirmatives.

**6** **Dix ans plus tard** Votre professeur va vous donner, à vous et à votre partenaire, deux plans d'une ville. Attention! Ne regardez pas la feuille de votre partenaire.

**MODÈLE**

**Étudiant(e) 1:** *Il y a dix ans, la laverie avait beaucoup de clients.*
**Étudiant(e) 2:** *Aujourd'hui, il n'y a personne dans la laverie.*

Video

# Le Zapping

## Rennes: capitale bretonne

La ville de Rennes devient capitale de la Bretagne en 1532, année où cette région est aussi annexée à la France. Mais elle commence sa longue histoire il y a plus de 2.000 ans, à l'époque des Gaulois°. Rennes se trouve sur le confluent de deux fleuves°, "l'Ille" et la Vilaine, à un emplacement stratégique qui attire° ses premiers habitants. Au centre-ville, on peut admirer son architecture de différentes périodes historiques, comme les maisons médiévales à colombages° et le Parlement de Bretagne du XVIIᵉ siècle.

Métropole **Rennes** La Bretagne en Capitale

—Au centre-ville, on trouve des cafés, la mairie, des boutiques, des distributeurs automatiques...

—Une promenade à travers les rues anciennes du centre historique vous fait découvrir la magnifique architecture bretonne...

**Compréhension** Répondez aux questions.

1. Quelles courses peut-on faire dans un centre-ville français?
2. Quels lieux d'intérêt culturel peut-on visiter à Rennes?
3. Comment peut-on s'y détendre?

**Discussion** Avec un(e) partenaire, discutez de ces questions.

1. Y a-t-il des villes dans ce pays avec des centres-villes de style français? Lesquelles (*Which ones*)?
2. Que pensez-vous des centres-villes français? Aimeriez-vous habiter à Rennes? Pourquoi?

**Gaulois** *Gauls (ancient Celtic people)* **fleuves** *rivers* **attire** *attracts* **à colombages** *half-timbered*

Go to **vhlcentral.com** to watch the TV clip featured in this **Le Zapping**.

# Leçon 12B

**You will learn how to...**
- ask for directions
- say what you will do

# Où se trouve…?

un pont

Elle monte les escaliers. (monter)

une statue

Il descend les escaliers. (descendre)

une fontaine

OUEST
SUD

Il est perdu. (perdue f.)

Elle s'oriente. (s'orienter)

## Vocabulaire

| | |
|---|---|
| continuer | to continue |
| se déplacer | to move (change location) |
| suivre | to follow |
| tourner | to turn |
| traverser | to cross |
| | |
| un angle | corner |
| une avenue | avenue |
| un bâtiment | building |
| un boulevard | boulevard |
| un chemin | way; path |
| un coin | corner |
| des indications (f.) | directions |
| un office du tourisme | tourist office |
| | |
| au bout (de) | at the end (of) |
| au coin (de) | at the corner (of) |
| autour (de) | around |
| jusqu'à | until |
| (tout) près (de) | (very) close (to) |
| tout droit | straight ahead |

## Attention!

The verb **suivre** (*to follow*) is an important verb for giving and getting directions. Its first person singular form (**je**) is the same as the **je** form of the present tense of **être**. Context will determine the meaning.

| je suis | nous suivons |
|---------|--------------|
| tu suis | vous suivez |
| il/elle/on suit | ils/elles suivent |

**un feu de signalisation (feux** *pl.***)**

**un carrefour**

**une rue**

**une cabine téléphonique**

**un banc**

# Mise en pratique

 **Audio: Vocabulary**

**1** **Écoutez** 🎧 Écoutez cette conversation entre un touriste et une dame (*lady*) à qui il demande son chemin. Ensuite, dites si les affirmations suivantes sont vraies ou fausses.

1. Le touriste est perdu.
2. Il cherche la rue Saint-Antoine.
3. Il cherche l'hôtel Étoile.
4. L'hôtel est loin d'où il se trouve.
5. Le touriste doit traverser le pont de Sully.
6. Il doit tourner une fois à gauche.
7. La rue de Rivoli se trouve au bout de la rue Saint-Antoine.
8. Le touriste a peur de ne pas se souvenir des indications.
9. Le touriste a oublié le numéro de téléphone de l'hôtel.
10. La dame suggère au touriste de prendre un taxi.

**2** **Les antonymes** Quel est l'opposé des expressions et des mots suivants?

1. continuer tout droit _____
2. descendre _____
3. sud _____
4. est _____
5. à droite _____
6. devant _____
7. très loin de _____
8. s'orienter _____
9. rester _____
10. au début de _____

**3** **Complétez** Complétez les phrases suivantes avec le bon mot de vocabulaire pour faire des phrases cohérentes. Notez que tous les mots ne sont pas utilisés.

| angles | cabine téléphonique | continuer | pont |
|--------|---------------------|-----------|------|
| avenue | chemin | se déplacer | statue |
| banc | coin | feu de signalisation | traverser |

1. On peut s'asseoir sur un _____ au parc.
2. L' _____ des Champs-Élysées est très populaire à Paris.
3. La _____ de la Liberté se trouve à New York.
4. Le _____ du Golden Gate se trouve à San Francisco.
5. Généralement, il y a quatre _____ à un carrefour.
6. On peut téléphoner dans une _____.
7. Il faut toujours s'arrêter quand le _____ est rouge.
8. Il faut toujours regarder à gauche et à droite avant de _____ la rue.
9. En ville, on peut _____ rapidement en métro.
10. Quand on est perdu, on demande son _____.

## Communication

**4** **Le plan de la ville** Travaillez avec un(e) partenaire et, à tour de rôle, demandez des indications pour pouvoir vous rendre (*to get*) aux endroits de la liste. Indiquez votre point de départ.

 Café de la Gare

 Boulangerie Le Pain Chaud

 Hôpital St-Jean

 Office du tourisme

 Épicerie Bresson

 Bureau de poste

 Pharmacie La Molière

 Banque

 Université Joseph Fourier

 Téléphone

**MODÈLE**

la boulangerie Le Pain Chaud, le bureau de poste

**Étudiant(e) 1:** *Excusez-moi, où se trouve la boulangerie Le Pain Chaud, s'il vous plaît?*
**Étudiant(e) 2:** *Du bureau de poste, suivez le boulevard jusqu'à l'avenue Félix Viallet, ensuite prenez à droite, continuez tout droit, la boulangerie est à droite, juste après le cours Jean Jaurès.*

1. l'hôpital, la pharmacie
2. le café, l'office du tourisme
3. la banque, le bureau de poste
4. l'université, l'épicerie

5. la cabine téléphonique, la boulangerie
6. l'office du tourisme, la pharmacie
7. la banque, l'université
8. la boulangerie, la pharmacie

**5** **Conversez** Interviewez un(e) camarade de classe.

1. Quelles statues célèbres connais-tu? Connais-tu aussi des ponts et des bâtiments célèbres?
2. Quand t'es-tu perdu(e) pour la dernière fois? Où? Qui t'a aidé(e)?
3. Quand as-tu utilisé une cabine téléphonique pour la dernière fois? Où étais-tu?
4. Es-tu déjà allé(e) dans un office du tourisme? Pour quoi faire?
5. Qu'est-ce qui se trouve au coin de la rue où tu habites? Et au bout de la rue?
6. Qui, de ta famille ou de tes ami(e)s, habite près de chez toi?

**6** **En vacances** Préparez cette conversation avec un(e) partenaire. Soyez prêt(e)s à jouer la scène devant la classe.

- Vous êtes un(e) touriste perdu(e) en ville.
- Vous demandez où se trouvent deux endroits différents.
- Quelqu'un vous indique le chemin.

# Les sons et les lettres

**Audio: Concepts, Activities Record & Compare**

## Les majuscules et les minuscules

Some of the rules governing capitalization are the same in French as they are in English. However, many words that are capitalized in English are not capitalized in French. For example, the French pronoun **je** is never capitalized except when it is the first word in a sentence.

**Aujourd'hui, je vais au marché.**     **Today, I am going to the market.**

Days of the week, months, and geographical terms are not capitalized in French.

**Qu'est-ce que tu fais lundi après-midi?**     **Mon anniversaire, c'est le 14 octobre.**
**Cette ville est sur la mer Méditerranée.**     **Il habite 5 rue de la Paix.**

Languages are not capitalized in French, nor are adjectives of nationality. However, if the word is a noun that refers to a person or people of a particular nationality, it is capitalized.

**Tu apprends le français.**     **C'est une voiture allemande.**
*You are learning French.*     *It's a German car.*

**Elle s'est mariée avec un Italien.**     **Les Français adorent le foot.**
*She married an Italian.*     *The French love soccer.*

As a general rule, you should write capital letters with their accents. Diacritical marks can change the meaning of words, so not including them can create ambiguities.

**LES AVOCATS SERONT JUGÉS.**     **LES AVOCATS SERONT JUGES.**
*Lawyers will be judged.*     *Lawyers will be the judges.*

---

 **Corrigez** Corrigez la capitalisation des mots suivants.

1. MAI
2. QUÉBEC
3. VENDREDI
4. ALLEMAND
5. L'OCÉAN PACIFIQUE
6. LE BOULEVARD ST-MICHEL

**Écrivez** Écrivez correctement les phrases en utilisant les minuscules et les majuscules.

1. LE LUNDI ET LE MERCREDI, J'AI MON COURS D'ITALIEN.
2. CHARLES BAUDELAIRE ÉTAIT UN POÈTE FRANÇAIS.
3. LES AMÉRICAINS AIMENT BEAUCOUP LE LAC MICHIGAN.
4. UN MONUMENT SE TROUVE SUR L'AVENUE DES CHAMPS-ÉLYSÉES.

**Dictons** Répétez les dictons à voix haute.

Si le Français est "tout yeux", l'Anglais est "tout oreilles."[2]

La France, c'est le français quand il est bien écrit.[1]

**ressources**

LM
p. 94

vhlcentral.com
Leçon 12B

[2] If the Frenchman is all eyes, the Englishman is all ears.
[1] France is French (when it is) well written.

## Chercher son chemin

Video: *Roman-photo*
Record & Compare

 Amina

 David

 M. Hulot

 Rachid

 Sandrine

 Stéphane

 Touriste

*Au kiosque de M. Hulot...*

**M. HULOT** Bonjour, Monsieur.
**TOURISTE** Bonjour.
**M. HULOT** Trois euros, s'il vous plaît.
**TOURISTE** Je n'ai pas de monnaie.
**M. HULOT** Voici cinq, six, sept euros qui font dix. Merci.
**TOURISTE** Excusez-moi, où est le bureau de poste, s'il vous plaît?

**M. HULOT** Euh... c'est par là... Ah... non... euh... voyons... vous prenez cette rue, là et... euh, non non... je ne sais pas vraiment comment vous expliquer... Attendez, vous voyez le café qui est juste là? Il y aura certainement quelqu'un qui saura vous dire comment y aller.
**TOURISTE** Ah, merci, Monsieur, au revoir!

*Au P'tit Bistrot...*

**SANDRINE** Qu'est-ce que vous allez faire le week-end prochain?
**RACHID** Je pense que nous irons faire une randonnée à la Sainte-Victoire.
**AMINA** Oui, j'espère qu'il fera beau!
**DAVID** S'il ne pleut pas, nous irons au concert en plein air de Pauline Ester. C'est la chanteuse préférée de Sandrine, n'est-ce pas, chérie?

**DAVID** Non! À droite!
**RACHID** Non, à gauche! Puis, vous continuez tout droit, vous traversez le cours Mirabeau et c'est juste là, en face de la fontaine de La Rotonde, à côté de la gare.
**DAVID** Non, c'est à côté de l'office du tourisme.

**TOURISTE** Euh merci, je... je vais le trouver tout seul. Au revoir.
**TOUS** Bonne journée, Monsieur.

*À la terrasse...*

**STÉPHANE** Bonjour, je peux vous aider?
**TOURISTE** J'espère que oui.
**STÉPHANE** Vous êtes perdu?
**TOURISTE** Exactement. Je cherche le bureau de poste.

**A C T I V I T É S**

**1** **Questions** Répondez par des phrases complètes.

1. Qu'est-ce que Rachid et Amina vont faire ce week-end?
2. Qu'est-ce que Sandrine et David vont faire ce week-end?
3. Quels points de repères (*landmarks*) Stéphane donne-t-il au touriste?
4. Est-ce que vous pensez que la musique de Pauline Ester est très appréciée aujourd'hui? Pourquoi?
5. Est-ce que vous pensez que les choses vont bien entre Amina et Rachid? Pourquoi?
6. Est-ce que vous pensez que les choses vont bien entre Sandrine et David? Pourquoi?
7. Comment pensez-vous que le touriste se sent quand il sort du P'tit Bistrot?
8. Qui avait raison, à votre avis (*in your opinion*), David ou Rachid?

 Practice more at **vhlcentral.com.**

**Un touriste se perd à Aix… heureusement, il y a Stéphane!**

**SANDRINE** Absolument! «Oui, je l'adore, c'est mon amour, mon trésor...»

**AMINA** Pauline Ester! Tu aimes la musique des années quatre-vingt-dix?

**SANDRINE** Pas tous les styles de musique, mais Pauline Ester, oui.

**AMINA** Comme on dit, les goûts et les couleurs, ça ne se discute pas!

**RACHID** Tu n'aimes pas Pauline Ester, mon cœur?

**TOURISTE** Excusez-moi, est-ce que vous savez où se trouve le bureau de poste, s'il vous plaît?

**RACHID** Oui, ce n'est pas loin d'ici. Vous descendez la rue, juste là, ensuite vous continuez jusqu'au feu rouge et vous tournez à gauche.

**STÉPHANE** Le bureau de poste? C'est très simple.

**TOURISTE** Ah bon! C'est loin d'ici?

**STÉPHANE** Non, pas du tout. C'est tout près. Vous prenez cette rue, là, à gauche. Vous continuez jusqu'au cours Mirabeau. Vous le connaissez?

**TOURISTE** Non, je ne suis pas d'ici.

**STÉPHANE** Bon... Le cours Mirabeau, c'est le boulevard principal de la ville.

**STÉPHANE** Alors, une fois que vous serez sur le cours Mirabeau, vous tournerez à gauche et suivrez le cours jusqu'à La Rotonde. Vous la verrez... Il y a une grande fontaine. Derrière la fontaine, vous trouverez le bureau de poste, et voilà!

**TOURISTE** Merci beaucoup.

**STÉPHANE** De rien. Au revoir!

## Expressions utiles

### Giving directions

- **Attendez, vous voyez le café qui est juste là?**
  *Wait, do you see the café right over there?*

- **Il y aura certainement quelqu'un qui saura vous dire comment y aller.**
  *There'll definitely be someone there who will know how to tell you how to get there.*

- **Vous tournerez à gauche et suivrez le cours jusqu'à La Rotonde.**
  *You'll turn left and follow the street until the Rotunda.*

- **Vous la verrez.**
  *You'll see it.*

- **Derrière la fontaine, vous trouverez le bureau de poste.**
  *Behind the fountain you'll find the post office.*

### Talking about the weekend

- **Je pense que nous irons faire une randonnée.**
  *I think we'll go for a hike.*

- **J'espère qu'il fera beau!**
  *I hope it will be nice/the weather will be good!*

- **Nous irons au concert en plein air.**
  *We'll go to the outdoor concert.*

### Additional vocabulary

- **voyons**
  *let's see*

- **le boulevard principal**
  *the main street/principal thoroughfare*

---

**2** **Comment y aller?** Remettez les indications pour aller du P'tit Bistrot au bureau de poste dans l'ordre. Écrivez un **X** à côté de l'indication que l'on ne doit pas suivre.

a. _____ Suivez le cours Mirabeau jusqu'à la fontaine.

b. _____ Le bureau de poste se trouve derrière la fontaine.

c. _____ Tournez à gauche.

d. _____ Tournez à droite au feu rouge.

e. _____ Prenez cette rue à gauche jusqu'au boulevard principal.

**3** **Écrivez** Le touriste est soulagé (*relieved*) d'arriver enfin au bureau de poste. Il était très découragé; presque personne ne savait lui expliquer comment y aller. Il écrit une carte postale à sa femme pour lui raconter son aventure. Composez son message.

**A C T I V I T É S**

**S** Reading

CULTURE À LA LOUPE

# Villes et villages

**Quand on regarde le plan d'un village, d'une petite ville ou celui d'un quartier dans une grande ville, on remarque qu'il y a souvent une place au centre, autour de laquelle° la vie urbaine s'organise.** C'est un peu comme «le cœur» de la ville ou du quartier.

Sur la place principale des villes et villages français, on trouve souvent une église. Il peut aussi y avoir l'hôtel de ville (la mairie), ainsi que° d'autres bâtiments administratifs comme la poste, le commissariat de police ou l'office du tourisme. Autour de cette grande place se trouve le centre-ville où beaucoup de gens vont pour faire leurs courses dans les magasins ou pour se détendre dans un café, restaurant ou cinéma. Parfois, on y trouve aussi un musée ou un théâtre. La place principale peut être piétonne° ou ouverte à la circulation, mais dans les deux cas, elle est souvent très animée°.

En général, cette place est bien entretenue° et décorée d'une fontaine, d'un parterre de fleurs° ou d'une statue. La majorité des rues principales de la ville ou du quartier y sont connectées. Le nom de cette place reflète ce qui s'y trouve, par exemple place de l'Église, place de la Mairie ou place de la Comédie. Les rues, elles, portent souvent le nom d'un écrivain ou d'un personnage célèbre de l'histoire de France, par exemple rue Victor Hugo ou avenue du général de Gaulle. Au centre-ville, les rues sont souvent très étroites et beaucoup sont à sens unique°.

laquelle *which* ainsi que *as well as* piétonne *pedestrian* animée *busy* entretenue *cared for* parterre de fleurs *flower bed* à sens unique *one-way*

> ### Coup de main
> Some major cities in France, such as Paris, Lyon, and Marseille, are divided into **arrondissements**, or districts. You can determine in which **arrondissement** something is located by the final numbers of its zip code. For example, 75011 indicates the 11th **arrondissement** in Paris and 13001 is the 1st **arrondissement** in Marseille.

**A C T I V I T É S**

**1** **Complétez** Donnez un début logique à chaque phrase, d'après le texte.

1. ... au centre de la majorité des petites villes françaises.
2. ... autour de sa grande place.
3. ... se situe souvent sur la place principale d'une ville française.
4. ... pour faire leurs courses ou pour se détendre.
5. ... décorent souvent les places.
6. ... sont réservées exclusivement aux piétons.
7. ... détermine souvent le nom d'une place.
8. ... donnent souvent leur nom aux rues françaises.
9. ... sont souvent à sens unique.
10. ... sont parfois divisées en arrondissements.

## Previously learned grammar and vocabulary

As you read, remember to identify and take advantage of previously learned grammar and vocabulary. Doing so has two advantages. First, concepts and words that you have already learned function as clues for understanding new or unfamiliar ones. Second, by identifying known grammar and vocabulary, you recycle and thereby retain them better for future reference.

## Le centre des villes

Les places centrales reflètent le cœur des centres-villes.

### En Belgique

**La Grand-Place à Bruxelles** est bordée de superbes bâtiments ornés aux riches architectures néo-gothiques et baroques du 17e siècle. Énorme, elle est considérée comme une des plus belles places du monde.

### Au Maroc

**La place Djemaa El Fna à Marrakesh** est immense et débordante° d'activités. Et quelles activités! On y trouve des acrobates, des charmeurs de serpents, des danseurs, des groupes de musique, des conteurs° et beaucoup de restaurants ambulants°.

Ces deux places sont inscrites° au patrimoine mondial° de l'UNESCO.

**débordante** *overflowing* **conteurs** *storytellers* **restaurants ambulants** *food stalls* **inscrites** *registered* **patrimoine mondial** *world heritage*

# Le baron Haussmann

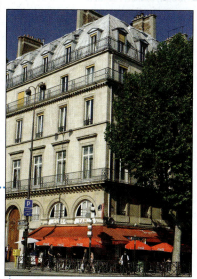

En 1853, Napoléon III demande au baron Georges Eugène Haussmann (1809-1891) de moderniser Paris. Le baron imagine alors un programme de transformation de la ville entière°. Il en est le premier vrai urbaniste. Il multiplie sa surface par deux. Pour améliorer° la circulation, il ouvre de larges avenues et des boulevards, comme le boulevard Haussmann, qu'il borde° d'immeubles bourgeois. Il crée de grands carrefours, comme l'Étoile ou la place de la Concorde, et de nombreux parcs

et jardins. Plus de 600 km d'égouts° sont construits. Parce qu'il a aussi détruit beaucoup de bâtiments historiques, les Français ont longtemps détesté le baron Haussmann. Pourtant°, son influence a été remarquable.

**entière** *entire* **améliorer** *improve* **borde** *lines with* **égouts** *sewers* **Pourtant** *However*

### Sur Internet

**Quelle est la particularité de la ville de Rocamadour, en France?**

Go to **vhlcentral.com** to find more cultural information related to this **Lecture culturelle**.

---

**2** **Complétez** Donnez une suite logique à chaque phrase.

1. En 1853, Napoléon III demande à Haussmann...
2. Pour améliorer la circulation dans Paris, le baron Haussmann a créé...
3. Les Français ont longtemps détesté le baron Haussmann...
4. La Grand-Place est bordée de bâtiments ornés aux riches architectures...
5. Sur la place Djemaa El Fna, on peut trouver des restaurants...

**3** **Une école de langues** Vous et un(e) partenaire dirigez une école de langues située en plein centre-ville. Préparez une petite présentation de votre école où vous expliquez où elle se situe, les choses à faire au centre-ville, etc. Vos camarades ont-ils envie de s'y inscrire (*enroll*)?

**ressources**

vhlcentral.com
Leçon 12B

Practice more at **vhlcentral.com.**

**A C T I V I T É S**

# STRUCTURES

## Le futur simple   Presentation

**Point de départ** In **Leçon 4A**, you learned to use **aller** + [*infinitive*] to express actions that are going to happen in the immediate future (**le futur proche**). You will now learn the future tense to say what *will happen*.

- The future uses the same verb stems as the conditional.

| Future tense of regular verbs | | | |
|---|---|---|---|
| | **parler** | **réussir** | **attendre** |
| **je/j'** | parler**ai** | réussir**ai** | attendr**ai** |
| **tu** | parler**as** | réussir**as** | attendr**as** |
| **il/elle/on** | parler**a** | réussir**a** | attendr**a** |
| **nous** | parler**ons** | réussir**ons** | attendr**ons** |
| **vous** | parler**ez** | réussir**ez** | attendr**ez** |
| **ils/elles** | parler**ont** | réussir**ont** | attendr**ont** |

Au Québec, nous **parlerons** français.
*In Quebec, we will speak French.*

Je **suivrai** le chemin autour du parc.
*I'll follow the path around the park.*

- The same patterns that you learned for forming the conditional of spelling-change **-er** verbs also apply to the future.

Vous m'**emmènerez** avec vous?
*Will you take me with you?*

Tu **répéteras** les indications?
*Will you repeat the directions?*

Nous **achèterons** une maison dans deux ans.
*We'll buy a house in two years.*

Mes parents t'**appelleront** demain.
*My parents will call you tomorrow.*

- The same irregular stems you learned for the conditional are used for the future.

J'**irai** chez toi, mais pas aujourd'hui.
*I'll go to your house, but not today.*

Elles **feront** du vélo ce week-end.
*They'll go bike-riding this weekend.*

Vous **viendrez** par le petit chemin.
*You'll come down the small path.*

À l'angle, tu **devras** tourner à gauche.
*At the corner, you'll have to turn left.*

- In **Leçon 11B**, you learned how to use **si** clauses to express contrary-to-fact situations.

**Si** + [*imparfait*] ▶ **conditionnel**

**Si** clauses can also express conditions or events that are possible or likely to occur. In such instances, the **si** clause is in the present while the main clause uses the **futur** or **futur proche**.

**Si** + [*present tense*] ▶ **futur / futur proche**

Si je **tombe** en panne, je **trouverai** une station-service.
*If I break down, I'll find a service station.*

Si vous **réparez** la voiture, vous **allez éviter** l'amende.
*If you repair the car, you're going to avoid the fine.*

Si tu **continues** tout droit, tu **arriveras** au pont.
*If you continue straight ahead, you will arrive at the bridge.*

Nous **verrons** la statue si nous **traversons** la rue.
*We'll see the statue if we cross the street.*

---

**À noter**

See **Leçon 11B** for the explanation of how to form the conditional of spelling-change verbs and for the list of verbs with irregular conditional stems.

*Je te rendrai l'argent dès que je passerai au distributeur.*

*Quand vous serez dans le café, quelqu'un pourra vous aider.*

- In English, you use the present tense after words like *when* or *as soon as* even if you're talking about an action that takes place in the future. However, in French, you use the future tense after **quand** or **dès que** (*as soon as*) if the clause describes an event that will happen in the future.

| | |
|---|---|
| Il **enverra** les e-mails **quand il aura** le temps.<br>*He will send the e-mails when he has time.* | Je **posterai** les lettres **dès que je pourrai**.<br>*I will mail the letters as soon as I can.* |
| **Quand** j'**arriverai** à Lyon, je **prendrai** un taxi pour aller à l'hôtel.<br>*When I arrive in Lyons, I'll take a taxi to go to the hotel.* | **Dès qu**'on **finira** nos études, on **voyagera**.<br>*As soon as we finish our studies, we'll travel.* |

- If a clause with **quand** or **dès que** does not describe a future action, another tense may be used for the verb.

| | |
|---|---|
| **Quand avez-vous fait** vos valises?<br>*When did you pack your bags?* | Il me téléphone **dès qu'il arrive**.<br>*He calls me as soon as he arrives.* |

- The words **le futur** and **l'avenir** (*m.*) both mean *future*. Use the first word when referring to the grammatical future; use the second word when referring to events that haven't occurred yet.

| | |
|---|---|
| On étudie **le futur** en cours.<br>*We're studying the future (tense) in class.* | Je parlerai de **mon avenir** au prof.<br>*I'll speak to the professor about my future.* |

---

**Essayez!** Conjuguez ces verbes au futur.

1. je/j' (aller, vouloir, savoir) _____ *irai, voudrai, saurai* _____
2. tu (suivre, pouvoir, tourner) _____
3. Marc (venir, être, ouvrir) _____
4. nous (avoir, devoir, choisir) _____
5. vous (recevoir, tenir, aller) _____
6. elles (vouloir, faire, être) _____
7. je/j' (devenir, dire, envoyer) _____
8. elle (aller, avoir, continuer) _____

**ressources**

WB
pp. 163–164

LM
p. 95

vhlcentral.com
Leçon 12B

# STRUCTURES

## Mise en pratique

**1** **Projets** Cécile et ses amis parlent de leurs projets (*plans*) d'avenir. Employez le futur pour refaire leurs phrases.

**MODÈLE**

Je vais chercher une belle maison.
*Je chercherai une belle maison.*

1. Je vais finir mes études.
2. Philippe va me dire où trouver un travail.
3. Tu vas gagner beaucoup d'argent.
4. Mes amis vont habiter près de chez moi.
5. Mon petit ami et moi, nous allons acheter un chien.
6. Vous allez nous rendre visite de temps en temps.

**2** **Plus tard** Aurélien parle de ses projets (*plans*) et des projets de sa famille et de ses amis. Mettez les verbes au futur.

**MODÈLE**

dès que / je / avoir / le bac / je / aller / à l'université
*Dès que j'aurai le bac, j'irai à l'université.*

1. quand / je / être / à l'université / ma sœur et moi / habiter ensemble
2. quand / ma sœur / étudier plus / elle / réussir
3. quand / mes parents / être / à la retraite / je / emprunter pour payer mes études
4. dès que / vous / finir vos études / vous / contacter / employeurs
5. quand / tu / travailler / tu / acheter une voiture
6. quand / nous / trouver / nouveau travail / nous / ne plus lire / les annonces (*want ads*)

**3** **Si...** Avec un(e) partenaire, finissez ces phrases à tour de rôle. Employez le futur des verbes de la liste dans toutes vos réponses.

**MODÈLE**

Si mon ami(e) ne me téléphone pas ce soir, ...
*Si mon amie ne me téléphone pas ce soir, je ne serai pas très content.*

| aller | devoir | faire | venir |
|-------|--------|-------|--------|
| avoir | être | pouvoir | vouloir |

1. Si on m'invite à une fête samedi soir, ...
2. Si mes parents me donnent $100, ...
3. Si mon ami(e) me prête sa voiture, ...
4. Si le temps est mauvais, ...
5. Si je suis fatigué(e) vendredi, ...
6. Si ma famille me rend visite, ...

## Communication

**4** **Faites des projets** Travaillez avec un(e) camarade de classe pour faire des projets (*plans*) pour ces événements qui auront lieu dans l'avenir.

**MODÈLE**

**Étudiant(e) 1:** *Après l'université, je chercherai un travail à San Diego. J'enseignerai dans un lycée.*
**Étudiant(e) 2:** *Moi, après l'université, j'irai en Europe. Je travaillerai comme serveuse dans un café.*

1. Samedi soir: Décidez où vous irez et comment vous y arriverez.
2. Les prochaines vacances: Parlez de ce que (*what*) vous ferez. Que visiterez-vous?
3. Votre prochain anniversaire: Quel âge aurez-vous? Que ferez-vous? Avec qui ferez-vous la fête?
4. À 65 ans: Où serez-vous? Que ferez-vous? Avec qui partagerez-vous votre vie?

**5** **Content(e)** Votre professeur va vous donner une feuille d'activités. Circulez dans la classe pour trouver une réponse affirmative et une réponse négative à chaque question. Justifiez toutes vos réponses.

**MODÈLE**

**Étudiant(e) 1:** *Est-ce que tu seras plus content(e) quand tu auras du temps libre?*
**Étudiant(e) 2:** *Oui, je serai plus content(e) dès que j'aurai du temps libre, parce que je ferai plus souvent de la gym.*

**6** **Partir très loin** Vous et votre partenaire avez décidé de prendre des vacances très loin de chez vous. Regardez les photos et choisissez deux endroits où vous voulez aller, puis comparez-les. Utilisez ces questions pour vous guider. Ensuite, présentez vos réponses à la classe.

- Qu'apporterez-vous?
- Quand partirez-vous?
- Que ferez-vous?
- Comment vous détendrez-vous? (*relax*)
- Combien de temps y resterez-vous?
- Quand rentrerez-vous?

**7** **Un autre monde** Vous espérez devenir homme ou femme politique à l'avenir. Que ferez-vous pour changer le monde? Précisez au moins (*at least*) cinq choses qui seront différentes. Avec un(e) partenaire, discutez de ce sujet à tour de rôle.

**MODÈLE**

*Si je deviens homme/femme politique, il n'y aura plus d'enfants pauvres.*

**8** **Des prédictions** Par groupes de quatre, jouez le rôle d'un(e) voyant(e) (*fortune teller*) qui peut prédire (*predict*) l'avenir. Donnez des prédictions pour chaque personne de votre groupe. Les autres personnes vous poseront des questions.

**MODÈLE**

**Étudiant(e) 1:** *Je pense que tu deviendras médecin.*
**Étudiant(e) 2:** *Quand est-ce que je finirai mes études?*

# STRUCTURES

## Relative pronouns *qui, que, dont, où*  **Presentation**

**Point de départ** Relative pronouns combine two sentences into one, more complex sentence. The second phrase gives more information about a noun that both sentences have in common. In English, relative pronouns can be omitted, but the relative pronoun in French cannot be.

Vous traversez **l'avenue**.
*You are crossing the avenue.*

Je connais bien **l'avenue**.
*I know the avenue well.*

Vous traversez l'avenue **que** je connais bien.
*You are crossing the avenue that I know well.*

C'est Pauline Ester qui chante ça?

Je ne vois pas la fontaine dont il parle.

### Relative pronouns

| | | | |
|---|---|---|---|
| **qui** | who, that, which | **dont** | of which, of whom |
| **que** | that, which | **où** | where |

- Use **qui** if the noun in common is the subject of the second phrase. Since **qui** is the subject, it is followed by a conjugated verb.

COMMON NOUN
Nous écoutons **le prof**.
*We listen to the professor.*

SUBJECT
**Le prof** parle vite.
*The professor speaks fast.*

Nous écoutons le prof **qui** parle vite.
*We listen to the professor who speaks fast.*

COMMON NOUN
Les étudiantes vont au **café**.
*The students go to the café.*

SUBJECT
**Le café** se trouve près de la fac.
*The café is near the university.*

Les étudiantes vont au café **qui** se trouve près de la fac.
*The students go to the café that is near the university.*

COMMON NOUN
**Ta cousine** travaille beaucoup.
*Your cousin works a lot.*

SUBJECT
**Ta cousine** habite à Boston.
*Your cousin lives in Boston.*

Ta cousine **qui** habite à Boston travaille beaucoup.
*Your cousin who lives in Boston works a lot.*

**Boîte à outils**

The pronoun **qui** does not drop the **i** before another vowel sound.

**La femme qui ouvre la porte est ma mère.**

**Je préfère le café qui est au coin de cette rue.**

**À noter**

As the last set of sample sentences on this page shows, the relative clause antecedent is not always the final noun in the first sentence.

- Use **que** if the noun in common is the direct object in the second phrase. If **que** is followed by the **passé composé**, the past participle should agree in gender and number with the noun that **que** represents.

COMMON NOUN • DIRECT OBJECT

J'apporte **les CD**. — J'ai acheté **les CD** hier.
*I'm bringing the CDs.* — *I bought the CDs yesterday.*

J'apporte les CD **que** j'ai acheté**s** hier.
*I'm bringing the CDs (that) I bought yesterday.*

COMMON NOUN • DIRECT OBJECT

**Stéphanie** arrive bientôt. — Samir a retrouvé **Stéphanie** à la gare.
*Stéphanie arrives soon.* — *Samir met Stéphanie at the train station.*

Stéphanie, **que** Samir a retrouvé**e** à la gare, arrive bientôt.
*Stéphanie, whom Samir met at the train station, arrives soon.*

- Use **dont**, meaning *that* or *of which*, after the noun in common if it is the object of the preposition **de** in the second phrase. There is never agreement of the past participle in the **passé composé** with **dont**.

COMMON NOUN • OBJECT OF PREPOSITION DE

Voici **l'huile**. — Tu m'as parlé **de l'huile**.
*Here's the oil.* — *You talked to me about the oil.*

Voici l'huile **dont** tu m'as parlé.
*Here's the oil (that) you talked to me about.*

- Use **où**, meaning *where*, *when*, or *in which*, if the noun in common is a place or a period of time.

COMMON NOUN • PERIOD OF TIME

Venez me parler à **ce moment-là**. — Vous arrivez à **ce moment-là**.
*Come speak with me at that time.* — *You arrive at that time.*

Venez me parler au moment **où** vous arrivez.
*Come speak with me at the time (when) you arrive.*

**Boîte à outils**

The pronoun **que** is usually followed by a subject and a verb. **Que** becomes **qu'** if it precedes a word that begins with a vowel sound. Note that the word *that* or *whom* is often omitted in English, but **que** must always be used in French.

**La fille que j'ai vue était blonde.**
*The girl (whom) I saw was blond.*

**Boîte à outils**

**Dont** (*whose*) can also indicate possession.

**Voilà M. Duval. La femme de M. Duval est actrice.**

**Voilà M. Duval, dont la femme est actrice.**

---

**Essayez!**   Complétez les phrases avec qui, que, dont, où.

1. La France est le pays ___que___ j'aime le plus.
2. Tu te souviens du jour _____ tu as fait ma connaissance?
3. Rocamadour est le village _____ mes amis m'ont parlé.
4. C'est la voiture _____ vous avez louée?
5. Voici l'enveloppe _____ tu as besoin.
6. Vous connaissez l'autoroute _____ descend à Montpellier?
7. On passe devant la fac _____ j'ai fait mes études.
8. Je reconnais le mécanicien _____ a réparé ma voiture.

**ressources**

WB
pp. 165–166

LM
p. 96

vhlcentral.com
Leçon 12B

# STRUCTURES

## Mise en pratique

**1** **Des publicités** Complétez les phrases pour ces publicités de boutiques qui viennent d'ouvrir en ville. Employez les pronoms relatifs **où, dont, qui** ou **que**.

> **MODÈLE**
>
> Nous avons des bracelets ___*qui*___ sont vraiment élégants.

1. Il y a des soldes sur les dictionnaires _____ vous avez besoin.
2. Il y a des montres _____ ne sont pas chères.
3. Nous avons des sacs à dos _____ sont légers (*light*) mais solides.
4. Regardez notre site web _____ nous avons des photos de notre magasin.
5. Nous avons les nouveaux CD _____ vous désirez.
6. Nos produits, _____ sont de la meilleure qualité, sont aussi parfaits comme cadeaux.
7. Nous avons tous les vêtements _____ vous avez besoin pour l'école.
8. Venez dans notre boutique _____ vous allez trouver tous les objets _____ vous cherchez.

**2** **À mon avis...** La grand-mère d'Édith parle de la technologie avec sa petite-fille. Assemblez les deux phrases avec **où, dont, qui** ou **que** pour faire une seule phrase.

1. Je ne sais pas utiliser Skype avec tes cousins. Tu vois tes cousins à Noël.
2. J'aime bien lire les e-mails. Tu m'envoies des e-mails.
3. Tu devras réparer ton ordinateur un jour. Tu auras de l'argent un jour.
4. Tu m'as donné un portable. Je n'utilise pas ce portable.
5. Je ne peux pas allumer le poste de télévision. Le poste de télévision est dans ma chambre.
6. J'ai visité le site web. On parle de ton université sur ce site.
7. Explique-moi comment sauvegarder ces documents. J'ai besoin de ces documents.
8. Je voudrais aller au magasin. Tu as acheté ton appareil photo dans ce magasin.

**3** **Les choses que je préfère** Marianne parle des choses qu'elle préfère. À tour de rôle avec un(e) partenaire, utilisez les pronoms relatifs pour écrire ses phrases. Présentez vos phrases à la classe.

1. Marc est l'ami... (qui, dont)
2. «Chez Henri», c'est le restaurant... (où, que)
3. Ce CD est le cadeau... (que, qui)
4. Ma sœur est la personne... (dont, que)
5. Paris est la ville... (où, dont)
6. L'acteur/L'actrice... (qui, que)
7. Les livres... (dont, que)
8. J'aimerais sortir avec une personne... (qui, que)

# Communication

**4** **Des opinions** Avec un(e) partenaire, donnez votre opinion sur ces thèmes. Utilisez les pronoms relatifs **qui, que, dont** et **où**.

**MODÈLE**

le printemps / saison
**Étudiant(e) 1:** *Le printemps est la saison que je préfère parce que j'aime les fleurs.*
**Étudiant(e) 2:** *L'hiver est la saison que moi, je préfère, parce que j'aime la neige.*

1. le petit-déjeuner / repas
2. surfer sur Internet / passe-temps
3. mon/ma camarade de chambre / personne
4. le samedi / jour
5. la chimie / cours
6. la France / pays
7. Tom Cruise / acteur
8. ? / ?

**5** **Des endroits intéressants** Par groupes de trois, organisez un voyage. Parlez des endroits qui vous intéressent et expliquez pourquoi vous voulez y aller. Utilisez des pronoms relatifs dans vos réponses et décidez où vous partez.

**MODÈLE**

*Allons à Bruxelles où nous pouvons acheter des chocolats délicieux.*

**6** **Chère Madame** Avec un(e) partenaire, écrivez une lettre à votre professeur où vous lui expliquez pourquoi vous n'avez pas fini votre devoir. Utilisez des pronoms relatifs et le vocabulaire de cette leçon.

*Chère Madame,*

*Je suis désolé(e), mais je n'ai pas fini mon devoir.*

*La bibliothèque où...*

**7** **Mes préférences** Avec un(e) partenaire, parlez de vos préférences dans chaque catégorie ci-dessous (*below*). Donnez des raisons pour vos choix (*choices*). Utilisez les pronoms relatifs **qui, que, dont** et **où** dans vos descriptions.

**MODÈLE**

mon film préféré
*Le film que j'aime le plus, c'est* Pirates des Caraïbes. *Johnny Depp, qui joue dans ce film, est super!*

1. mon film préféré
2. mon roman (*novel*) préféré
3. mon chanteur/ma chanteuse préféré(e)
4. la meilleure ville pour aller en vacances

# SYNTHÈSE

# Révision

**1**  **Mes stratégies** Avec un(e) partenaire, faites une liste de dix stratégies pour bien mener (*to lead*) votre prochaine année universitaire. Utilisez **quand** ou **dès que**.

**MODÈLE**

**Étudiant(e) 1:** *Dès qu'un cours deviendra trop difficile, j'irai parler au prof.*
**Étudiant(e) 2:** *Quand je serai trop fatiguée, je dormirai au moins sept heures par nuit.*

**2** **La visite de Québec** Avec un(e) partenaire, vous visitez la ville de Québec. Préparez un itinéraire où vous vous arrêterez souvent pour visiter ou acheter quelque chose, manger, boire, etc. Soyez prêt(e)s à présenter votre itinéraire à la classe.

**MODÈLE**

**Étudiant(e) 1:** *Le matin, nous prendrons le petit-déjeuner dans l'hôtel.*
**Étudiant(e) 2:** *Ensuite, nous irons visiter le musée de la Civilisation.*

Québec vous attend!

Visitez:
- le château Frontenac
- la terrasse Dufferin
- le musée de la Civilisation
- la basilique Notre Dame de Québec
- le musée de l'Amérique française et beaucoup plus!

**3** **C'est l'histoire de…** Avec un(e) partenaire, commentez ces titres de films français et imaginez les histoires. Utilisez des pronoms relatifs. Ensuite, découvrez les vraies histoires sur Internet et travaillez avec un autre groupe pour comparer toutes les histoires.

**MODÈLE**

**Étudiant(e) 1:** *C'est l'histoire d'un homme qui…*
**Étudiant(e) 2:** *… et que la police cherche…*

- *Le Dernier métro*
- *Les Visiteurs*
- *Toto le héros*
- *La Chèvre* (goat)
- *L'Argent de poche* (pocket)
- *Le Professionnel*

**4** **La leçon de conduite** Vous êtes moniteur/monitrice (*instructor*) et c'est la première leçon de conduite (*driving*) que prend votre partenaire. Inventez une scène où il/elle découvre la voiture et où vous lui expliquez la fonction des différents accessoires. Utilisez plusieurs pronoms relatifs dans votre dialogue.

**MODÈLE**

**Étudiant(e) 1:** *Et ça, c'est le bouton qu'on utilise pour freiner?*
**Étudiant(e) 2:** *Mais non! C'est le bouton qui sert à allumer les phares que tu dois utiliser la nuit.*

**5** **Des prévisions météo** Avec un(e) partenaire, parlez des prévisions météo pour le week-end prochain. Chacun (*Each one*) doit faire cinq prévisions et dire ce qu'on (*what one*) peut faire par ce temps. Soyez prêt(e)s à parler de vos prévisions et des possibilités pour le week-end à la classe.

**MODÈLE**

**Étudiant(e) 1:** *Samedi, il fera beau dans le nord. On pourra faire une promenade.*
**Étudiant(e) 2:** *Dimanche, il pleuvra dans l'ouest. On devra passer la journée dans l'appartement.*

samedi            dimanche

**6** **La vie de Gaëlle et de Jean-Georges** Votre professeur va vous donner, à vous et à votre partenaire, deux feuilles d'activités différentes sur l'avenir de Gaëlle et de Jean-Georges. Attention! Ne regardez pas la feuille de votre partenaire.

**MODÈLE**

**Étudiant(e) 1:** *Jean-Georges et Gaëlle finiront leurs études au lycée.*
**Étudiant(e) 2:** *Ensuite, …*

# Écriture

## STRATÉGIE

### Using linking words

You can make your writing more sophisticated by using linking words to connect simple sentences or ideas in order to create more complex sentences. Consider these passages that illustrate this effect:

### Without linking words

Aujourd'hui, j'ai fait beaucoup de courses. Je suis allé à la poste. J'ai fait la queue pendant une demi-heure. J'ai acheté des timbres. J'ai aussi posté un colis. Je suis allé à la banque. La banque est rue Girardeau. J'ai perdu ma carte de crédit hier. Je devais aussi retirer de l'argent. Je suis allé à la brasserie pour déjeuner avec un ami. Cet ami s'appelle Marc. Je suis rentré à la maison. Ma mère rentrait du travail.

### With linking words

Aujourd'hui, j'ai fait beaucoup de courses. D'abord, je suis allé à la poste où j'ai fait la queue pendant une demi-heure. J'ai acheté des timbres et j'ai aussi posté un colis. Après, je suis allé à la banque qui est rue Girardeau, parce que j'ai perdu ma carte de crédit hier et parce que je devais aussi retirer de l'argent. Ensuite, je suis allé à la brasserie pour déjeuner avec un ami qui s'appelle Marc. Finalement, je suis rentré à la maison alors que ma mère rentrait du travail.

| Linking words | | | |
|---|---|---|---|
| alors | then | mais | but |
| alors que | as | ou | or |
| après | then, after that | où | where |
| d'abord | first | parce que | because |
| donc | so | pendant (que) | while |
| dont | of which | (et) puis | (and) then |
| enfin | finally | puisque | since |
| ensuite | then, after that | quand | when |
| et | and | que | that, which |
| finalement | finally | qui | who, that |

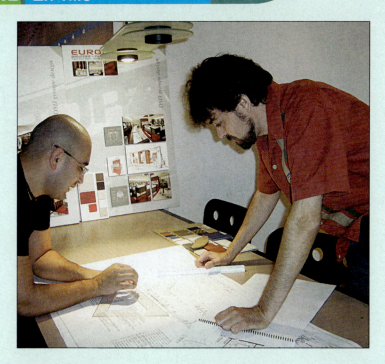

## ꙮ Thème

### Faire la description d'un nouveau commerce

Avec des amis, vous allez ouvrir un commerce (*business*) dans le quartier de votre université. Vous voulez créer quelque chose d'original qui n'existe pas encore et qui sera très utile aux étudiants: un endroit où ils pourront faire plusieurs choses en même temps (par exemple, une laverie/salon de coiffure). Préparez une description détaillée de votre idée et de ce que (*what*) votre commerce proposera comme services. Utilisez votre imagination et les questions suivantes comme point de départ de votre description.

- Quel sera le nom du commerce?
- Quel type de commerce voulez-vous ouvrir?
- Quels seront les produits (*products*) que vous vendrez? Quels seront les prix? Donnez quelques détails sur l'activité commerciale.
- Où se trouvera le commerce?
- Comment sera l'intérieur du commerce (style, décoration, etc.)?
- Quels seront ses jours et heures d'ouverture (*business hours*)?
- En quoi consistera l'originalité de votre commerce? Expliquez pourquoi votre commerce sera unique et donnez les raisons pour lesquelles (*which*) des étudiants le fréquenteront.

# SAVOIR-FAIRE

# Panorama

un traîneau à chiens°

## Le Québec

### La province en chiffres

▶ **Superficie:** 1.540.680 km²

▶ **Population:** 7.542.800
SOURCE: Statistique Canada

▶ **Industries principales:** *agriculture, exploitation forestière°, hydroélectricité, industrie du bois (papier), minerai° (fer°, cuivre°, or°)*

▶ **Villes principales:** *Montréal, Québec, Trois-Rivières*

▶ **Langues:** *anglais, français*

*Le français parlé par les Québécois a une histoire très intéressante. La population française qui s'installe° au Québec en 1608 est composée en majorité de Français du nord-ouest de la France. Ils parlent tous leur langue régionale, comme le normand ou le breton. Beaucoup d'entre eux parlent aussi le français de la cour du roi°, langue qui devient la langue commune de tous les Québécois. Assez isolés du reste du monde francophone et ardents défenseurs de leur langue, les Québécois continuent à parler un français considéré plus pur même° que celui° des Français.*

▶ **Monnaie:** *le dollar canadien*

### Québécois célèbres

▶ **Antonine Maillet,** *écrivain (1929– )*

▶ **Jean Chrétien,** *ancien premier ministre du Canada (1934– )*

▶ **Robert Charlebois,** *chanteur (1944– )*

▶ **Carole Laure,** *actrice (1948– )*

▶ **Julie Payette,** *astronaute (1963– )*

▶ **Mario Lemieux,** *joueur de hockey sur glace (1965– )*

**exploitation forestière** *forestry* **minerai** *ore* **fer** *iron* **cuivre** *copper* **or** *gold* **s'installe** *settles* **cour du roi** *king's court* **même** *even* **celui** *that* **traîneau à chiens** *dogsled* **loger** *house* **Bonhomme** *Snowman (mascot of the carnival)* **de haut** *high* **de profondeur** *deep*

Région francophone

LA BAIE D'HUDSON

LA MER DU LABRADOR

Kangiqsujuaq

Inukjuak

LE QUÉBEC

TERRE-NEUVE-ET-LABRA

LE CANADA

Chisasibi

Labrador City

La Tabatière

la ville de Trois-Rivières

le Saint Laurent

L'ÎLE-DU-PRINCE-ÉDOUARD

Québec

Trois-Rivières

LE NOUVEAU-BRUNSWICK

L'ONTARIO
Ottawa

Montréal

LA NOUVELLE-ÉCOSSE

Toronto

le lac Ontario

LES ÉTATS-UNIS

| 0 | 200 milles |
| 0 | 200 kilomètres |

le Stade olympique, Montréal

L'OCÉAN ATLANTIQUE

### Incroyable mais vrai!

Chaque année, pour le carnaval d'hiver de la ville de Québec, 15 personnes travaillent pendant deux mois à la construction d'un immense palais de glace pour loger° le Bonhomme° Carnaval. L'architecture et la taille du palais changent chaque année, mais il mesure parfois jusqu'à 50 mètres de long, 20 m de haut° et 20 m de profondeur°.

## La société

### Un Québec indépendant

Pour des raisons politiques, économiques et culturelles, un grand nombre de Québécois, surtout les francophones, luttent°, depuis les années soixante, pour un Québec indépendant du Canada. Ils forment le mouvement souverainiste° et font des efforts pour conserver l'identité culturelle québécoise. Ces Canadiens français ont pris le nom de québécois pour montrer leur «nationalisme». Les séparatistes ont perdu deux référendums en 1980 et en 1995, mais aujourd'hui, l'indépendance est une idée toujours d'actualité°.

## Les destinations

### Montréal

Montréal, deuxième ville francophone du monde après Paris, est située sur une île° du fleuve° Saint-Laurent et présente une ambiance américano-européenne. Elle a été fondée° en 1642 et a, à la fois, l'énergie d'un centre urbain moderne et le charme d'une vieille ville de style européen. Ville cosmopolite et largement bilingue de 1,8 million d'habitants, elle attire° beaucoup de touristes et accueille° de nombreux étudiants dans ses quatre universités. La majorité des Montréalais, 68%, est de langue maternelle française; 12% parlent l'anglais et 19% une autre langue. Pourtant°, 57% de la population montréalaise peuvent communiquer en français et en anglais.

## La musique

### Le festival de jazz de Montréal

Le festival international de jazz de Montréal est parmi° les plus prestigieux du monde. Avec 500 concerts, dont 300 donnés gratuitement en plein air°, le festival attire 2.000 artistes de plus de 20 pays, et près de 2 millions de spectateurs. Le centre-ville, fermé à la circulation, se transforme en un village musical. De grands noms internationaux comme Miles Davis, Ella Fitzgerald, Dizzy Gillespie ou Pat Metheny sont venus au festival, ainsi que° des jazzmen locaux.

## L'histoire

### La ville de Québec

Capitale de la province de Québec, la ville de Québec est la seule ville d'Amérique du Nord qui a conservé ses fortifications. Fondée par l'explorateur français Samuel de Champlain en 1608, Québec est située sur un rocher°, au bord du° fleuve Saint-Laurent. Elle est connue en particulier pour sa vieille ville, son carnaval d'hiver et le château Frontenac. Les plaines d'Abraham, où les Britanniques ont vaincu° les Français en 1759 pour prendre le contrôle du Canada, servent aujourd'hui de vaste parc public. De nombreux étudiants de l'Université Laval profitent° du charme de cette ville francophone.

---

**Qu'est-ce que vous avez appris?** Répondez aux questions par des phrases complètes.

1. Quelle était la deuxième langue de beaucoup de Français quand ils sont arrivés au Québec?
2. Quel est le nom d'un chanteur québécois célèbre?
3. Combien de temps et combien de personnes sont nécessaires à la construction du palais de glace?
4. Le palais est-il identique pour chaque carnaval?
5. Que désire le mouvement souverainiste pour le Québec?

6. Quelles sont les deux langues principales parlées à Montréal?
7. Pourquoi le centre-ville de Montréal est-il fermé pour le festival de jazz?
8. Y a-t-il seulement de grandes stars du jazz au festival?
9. Où se situe la ville de Québec?
10. Qui a fondé la ville de Québec?

**ressources**

WB
pp. 167–168

vhlcentral.com
Unité 12

## Sur Internet

Go to **vhlcentral.com** to find more cultural information related to this **Panorama**.

1. Quelles sont quelques-unes des expressions qui sont particulières au français des Québécois?
2. Quels sont les autres grands festivals du Québec? Quand ont-ils lieu?
3. Cherchez plus d'informations sur le carnaval d'hiver de Québec. Le palais de glace a-t-il toujours été fait de glace?

**luttent** *fight* **souverainiste** *in support of sovereignty for Quebec* **d'actualité** *current, relevant* **île** *island* **fleuve** *river* **fondée** *founded* **attire** *attracts* **accueille** *welcomes* **Pourtant** *However* **parmi** *among* **en plein air** *outdoors* **ainsi que** *as well as* **rocher** *rock* **au bord du** *on the banks of the* **ont vaincu** *defeated* **profitent** *take advantage of, benefit from*

# SAVOIR-FAIRE

# Panorama

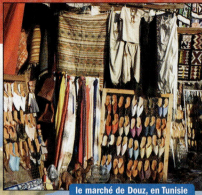
le marché de Douz, en Tunisie

## L'Algérie

### Le pays en chiffres

▶ **Superficie:** *2.380.000 km²*

▶ **Population:** *35.635.000*
SOURCE: Population Division, UN Secretariat

▶ **Industries principales:** *agriculture, gaz naturel, pétrole°*

▶ **Ville capitale:** *Alger* ▶ **Monnaie:** *dinar algérien*

▶ **Langues:** *arabe, français*

## Le Maroc

### Le pays en chiffres

▶ **Superficie:** *710.000 km²*

▶ **Population:** *35.324.000*

▶ **Industries principales:** *agriculture, tourisme*

▶ **Ville capitale:** *Rabat* ▶ **Monnaie:** *dirham*

▶ **Langues:** *arabe, français*

## La Tunisie

### Le pays en chiffres

▶ **Superficie:** *164.000 km²*

▶ **Population:** *10.629.000*

▶ **Industries principales:** *agriculture, tourisme*

▶ **Ville capitale:** *Tunis* ▶ **Monnaie:** *dinar tunisien*

▶ **Langues:** *arabe, français*

### Personnages célèbres

▶ **Juliette Smája-Zerah,** *Tunisie, première avocate de Tunisie (1890–1973)*

▶ **Khaled,** *Algérie, chanteur (1960– )*

▶ **Saïd Aouita,** *Maroc, coureur de fond° (1960– )*

**pétrole** *oil* **coureur de fond** *long-distance runner*
**Grâce aux** *Thanks to the* **sources** *springs* **sable** *sand*
**faire pousser** *grow* **En plein milieu** *Right in the middle*

L'OCÉAN ATLANTIQUE

LE PORTUGAL  L'ESPAGNE

LA MER MÉDITERRANÉE

Bizerte
Tunis
Sfax

Tanger
**Rabat**
Casablanca
Fès
Oran  **Alger**  Sétif  Constantine

Marrakech

LE MAROC  LES CHAÎNES DE L'ATLAS  LA TUNISIE

L'ALGÉRIE

LA LYBIE

LE SAHARA OCCIDENTAL  LA MAURITANIE

LE  SAHARA

LE MALI  LE NIGER

la mosquée Hassan II à Casablanca, au Maroc

Pays francophones

0       500 milles
0       500 kilomètres

un café à Tlemcen, en Algérie

### Incroyable mais vrai!

Des oranges du Sahara? Dans ce désert, il ne tombe que 12 cm de pluie par an. Grâce aux° sources° et aux rivières sous le sable°, les Sahariens ont développé un système d'irrigation pour faire pousser° des fruits et des légumes dans les oasis. En plein milieu° du désert, on peut trouver des tomates, des abricots ou des oranges!

## Les régions

### Le Maghreb

La région du Maghreb, en Afrique du Nord, se compose° du Maroc, de l'Algérie et de la Tunisie. Envahis° aux 7e et 8e siècles par les Arabes, les trois pays deviennent plus tard des colonies françaises avant de retrouver leur indépendance dans les années 1950–1960. La population du Maghreb est composée d'Arabes, d'Européens et de Berbères, les premiers résidents de l'Afrique du Nord. Le Grand Maghreb inclut ces trois pays, plus la Libye et la Mauritanie. En 1989, les cinq pays ont formé l'Union du Maghreb Arabe dans l'espoir° de créer une union politique et économique.

## Les arts

### Assia Djebar (1936– )

Lauréate de nombreux prix littéraires et cinématographiques, Assia Djebar fait partie des écrivains et cinéastes algériens les plus talentueux. Dans ses œuvres°, Djebar présente le point de

vue° féminin avec l'intention de donner une voix° aux femmes algériennes. *La Soif*, son premier roman°, sort en 1957. C'est plus tard, pendant qu'elle enseigne l'histoire à l'Université d'Alger, qu'elle devient cinéaste et sort son premier film, *La Nouba des femmes du Mont Chenoua*, en 1979. Le film reçoit le prix de la critique internationale au festival du film de Venise. En 2005, Assia Djebar est élue° à l'Académie française.

## Les destinations

### Marrakech

La ville de Marrakech, fondée en 1062, est un grand symbole du Maroc médiéval. Sa médina, ou vieille ville, est entourée° de fortifications et fermée aux automobiles. On y trouve la mosquée de Kutubiyya et la place Djema'a el-Fna. La mosquée est le joyau° architectural de la ville, et la place Djema'a el-Fna est la plus active de toute l'Afrique à tout moment de la journée, avec ses nombreux artistes et vendeurs. La médina a aussi le plus grand souk (grand marché couvert°) du Maroc, où toutes sortes d'objets sont proposés, au milieu de délicieuses odeurs de thé à la menthe°, d'épices et de pâtisseries au miel°.

## Les traditions

### Les hammams

Inventés par les Romains et adoptés par les Arabes, les hammams, ou «bains turcs», sont très nombreux et populaires en Afrique du Nord. Ce sont des bains de vapeur° composés de plusieurs pièces—souvent trois—où la chaleur est plus ou moins forte. L'architecture des hammams varie d'un endroit à un autre, mais ces bains de vapeur servent tous de lieux où se laver et de centres sociaux très importants dans la culture régionale. Les gens s'y réunissent aux grandes occasions de la vie, comme les mariages et les naissances, et y vont aussi de manière habituelle pour se détendre et bavarder entre amis.

**Qu'est-ce que vous avez appris?** Répondez aux questions par des phrases complètes.

1. Qui est un chanteur algérien célèbre?
2. Où fait-on pousser des fruits et des légumes dans le Sahara?
3. Pourquoi le français est-il parlé au Maghreb?
4. Combien de pays composent le Grand Maghreb? Lesquels?
5. Qui est Assia Djebar?

6. Qu'essaie-t-elle de faire dans ses œuvres?
7. Qu'est-ce qu'un souk?
8. Quel est l'autre nom pour la vieille ville de Marrakech?
9. Où peut-on aller au Maghreb pour se détendre et bavarder entre amis?
10. Qui a inventé les hammams?

ressources

WB
pp. 169–170

vhlcentral.com
Unité 12

## Sur Internet

Go to **vhlcentral.com** to find more cultural information related to this **Panorama**.

1. Cherchez plus d'information sur les Berbères. Où se trouvent les grandes populations de Berbères? Ont-ils encore une identité commune?
2. Le henné est une tradition dans le monde maghrébin. Comment et pourquoi est-il employé?
3. Cherchez des informations sur les oasis du Sahara. Comment est la vie là-bas? Que peut-on y faire?

**se compose** *is made up* **Envahis** *Invaded* **espoir** *hope* **œuvres** *works* **point de vue** *point of view* **voix** *voice* **roman** *novel* **élue** *elected* **entourée** *surrounded* **joyau** *jewel* **couvert** *covered* **menthe** *mint* **miel** *honey* **vapeur** *steam*

# Lecture

**S** Audio: Reading

## Avant la lecture

### STRATÉGIE

#### Identifying point of view

You can understand a text more completely if you identify the point of view of the narrator. You can do this by simply asking yourself from whose perspective the story is being told. Some stories are narrated in the first person. That is, the narrator is a character in the story, and everything you read is filtered through that person's thoughts, emotions, and opinions. Other texts have an omniscient narrator who is not a character in the story but who reports the thoughts and actions of the story's characters.

## Examinez le texte

Regardez le titre du texte et l'image. De quoi va parler ce texte, à votre avis? Décrivez l'image.

## À propos de l'auteur
### Charles Baudelaire (1821–1867)

Charles Baudelaire est aujourd'hui considéré comme un des plus grands poètes français du dix-neuvième siècle. Né à Paris, où il passera la plus grande partie de sa vie, il connaît une enfance et une adolescence difficiles avec un beau-père, général dans l'armée, qu'il n'aime pas. Baudelaire devient poète, mais est peu apprécié de ses contemporains. En 1857, son recueil° de poèmes *Les Fleurs du mal*, dont «Paysage» est tiré, paraît. Cette œuvre°, qui reflète ses pensées° sur la société, est qualifiée de scandaleuse et il est condamné à payer une amende. Il part alors s'installer° pour quelques temps à Bruxelles, en Belgique, où il devient critique d'art et où il réussit enfin à publier° une partie de son recueil hors de° la juridiction française. Il meurt à Paris sans avoir exaucé° son rêve° de publier *Les Fleurs du mal* dans son intégralité°.

**recueil** *collection* **œuvre** *work* **pensées** *thoughts* **s'installer** *to settle* **publier** *publish* **hors de** *outside* **exaucé** *satisfied* **rêve** *dream* **intégralité** *entirety*

# Paysage

1  Je veux, pour composer chastement mes églogues°,
Coucher auprès du ciel°, comme les astrologues,
Et, voisin des clochers°, écouter en rêvant°
Leurs hymnes solennels emportés° par le vent.

5  Les deux mains au menton°, du haut de ma mansarde°,
Je verrai l'atelier° qui chante et qui bavarde°;
Les tuyaux°, les clochers, ces mâts° de la cité,
Et les grands ciels qui font rêver d'éternité.

Il est doux, à travers les brumes°, de voir naître
10  L'étoile° dans l'azur°, la lampe à la fenêtre,
Les fleuves de charbon° monter au firmament
Et la lune° verser° son pâle° enchantement.

«Paysage» dans *Les Fleurs du mal* de Charles Baudelaire

# Charles Baudelaire

Je verrai les printemps, les étés, les automnes;
Et quand viendra l'hiver aux neiges monotones,
5 Je fermerai partout° portières et volets°
Pour bâtir° dans la nuit mes féeriques° palais.
Alors je rêverai des horizons bleuâtres,
Et tout ce que° l'Idylle° a de plus enfantin.
L'Émeute°, tempêtant vainement à ma vitre°,
10 Ne fera pas lever mon front de mon pupitre;
Car je serai plongé° dans cette volupté°
D'évoquer le Printemps avec ma volonté°,
De tirer un soleil de mon cœur, et de faire
De mes pensers brûlants une tiède° atmosphère.

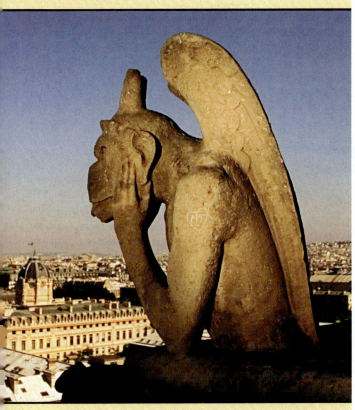

## Après la lecture

**Vrai ou faux?** Indiquez si les phrases sont **vraies** ou **fausses**. Citez le texte pour justifier vos réponses.

| | Vrai | Faux |
|---|---|---|
| 1. | ☐ | ☐ |
| _____ | | |
| 2. | ☐ | ☐ |
| _____ | | |
| 3. | ☐ | ☐ |
| _____ | | |
| 4. | ☐ | ☐ |
| _____ | | |
| 5. | ☐ | ☐ |
| _____ | | |
| 6. | ☐ | ☐ |
| _____ | | |
| 7. | ☐ | ☐ |
| _____ | | |
| 8. | ☐ | ☐ |
| _____ | | |
| 9. | ☐ | ☐ |
| _____ | | |
| 10. | ☐ | ☐ |
| _____ | | |

**Le narrateur** Regardez rapidement tout le texte et notez les pronoms sujets utilisés dans ce poème. D'après vous, qui est le narrateur? Qui voudrait-il être? Expliquez votre réponse.

**Réflexions** Et vous, si (*if*) vous deviez écrire un poème sur la vie à la campagne tout en habitant (*living*) en ville, ou vice versa, comment feriez-vous pour trouver l'inspiration? Comme l'auteur du haut de sa fenêtre? Expliquez votre réponse.

églogues *eclogues (poems about shepherds)* ciel *sky* clochers *bell towers* en rêvant *while dreaming* emportés *carried away* menton *chin* mansarde *attic* atelier *workshop* bavarde *chats* tuyaux *pipes* mâts *masts* brumes *mists* étoile *star* azur *blue sky* fleuves de charbon *rivers of coal* lune *moon* verser *to pour* partout *everywhere* volets *shutters* bâtir *to build* féeriques *enchanted* ce que *that* Idylle *Romance* Émeute *Riot* vitre *windowpane* plongé *immersed* volupté *voluptuousness* volonté *will* tiède *warm*

## Retrouver son chemin

| | |
|---|---|
| continuer | to continue |
| se déplacer | to move (change location) |
| descendre | to go/come down |
| être perdu(e) | to be lost |
| monter | to go up/come up |
| s'orienter | to get one's bearings |
| suivre | to follow |
| tourner | to turn |
| traverser | to cross |
| un angle | corner |
| une avenue | avenue |
| un banc | bench |
| un bâtiment | building |
| un boulevard | boulevard |
| une cabine téléphonique | phone booth |
| un carrefour | intersection |
| un chemin | way; path |
| un coin | corner |
| des indications (f.) | directions |
| un feu de signalisation (feux pl.) | traffic light(s) |
| une fontaine | fountain |
| un office du tourisme | tourist office |
| un pont | bridge |
| une rue | street |
| une statue | statue |
| est | east |
| nord | north |
| ouest | west |
| sud | south |

## Pour donner des indications

| | |
|---|---|
| au bout (de) | at the end (of) |
| au coin (de) | at the corner (of) |
| autour (de) | around |
| jusqu'à | until |
| (tout) près (de) | (very) close (to) |
| tout droit | straight ahead |

## Vocabulaire supplémentaire

| | |
|---|---|
| dès que | as soon as |
| quand | when |

ressources

vhlcentral.com
Unité 12

## À la poste

| | |
|---|---|
| poster une lettre | to mail a letter |
| une adresse | address |
| une boîte aux lettres | mailbox |
| une carte postale | postcard |
| un colis | package |
| le courrier | mail |
| une enveloppe | envelope |
| un facteur | mailman |
| un timbre | stamp |

## À la banque

| | |
|---|---|
| avoir un compte bancaire | to have a bank account |
| déposer de l'argent | to deposit money |
| emprunter | to borrow |
| payer avec une carte de crédit | to pay with a credit card |
| payer en liquide | to pay in cash |
| payer par chèque | to pay by check |
| retirer de l'argent | to withdraw money |
| les billets (m.) | bills, notes |
| un compte de chèques | checking account |
| un compte d'épargne | savings account |
| une dépense | expenditure, expense |
| un distributeur automatique/de billets | ATM |
| les pièces de monnaie (f.)/ de la monnaie | coins/change |

## Pronoms relatifs

| | |
|---|---|
| dont | of which, of whom |
| où | where |
| que | that, which |
| qui | who, that, which |

## En ville

| | |
|---|---|
| accompagner | to accompany |
| faire la queue | to wait in line |
| remplir un formulaire | to fill out a form |
| signer | to sign |
| une banque | bank |
| une bijouterie | jewelry store |
| une boutique | boutique, store |
| une brasserie | café, restaurant |
| un bureau de poste | post office |
| un cybercafé | cybercafé |
| une laverie | laundromat |
| un marchand de journaux | newsstand |
| une papeterie | stationery store |
| un salon de beauté | beauty salon |
| un commissariat de police | police station |
| une mairie | town/city hall; mayor's office |
| fermé(e) | closed |
| ouvert(e) | open |

## La négation

| | |
|---|---|
| jamais | never; ever |
| ne... aucun(e) | none (not any) |
| ne... jamais | never (not ever) |
| ne... ni... ni... | neither... nor |
| ne... personne | nobody, no one |
| ne... plus | no more (not anymore) |
| ne... que | only |
| ne... rien | nothing (not anything) |
| pas (de) | no, none |
| personne | no one |
| quelque chose | something |
| quelqu'un | someone |
| rien | nothing |
| toujours | always; still |

## Verbes

| | |
|---|---|
| apercevoir | to catch sight of, to see |
| s'apercevoir | to notice; to realize |
| recevoir | to receive |
| voir | to see |

| | |
|---|---|
| Expressions utiles | See pp. 447 and 465. |
| Le futur simple | See pp. 468–469. |

# L'espace vert

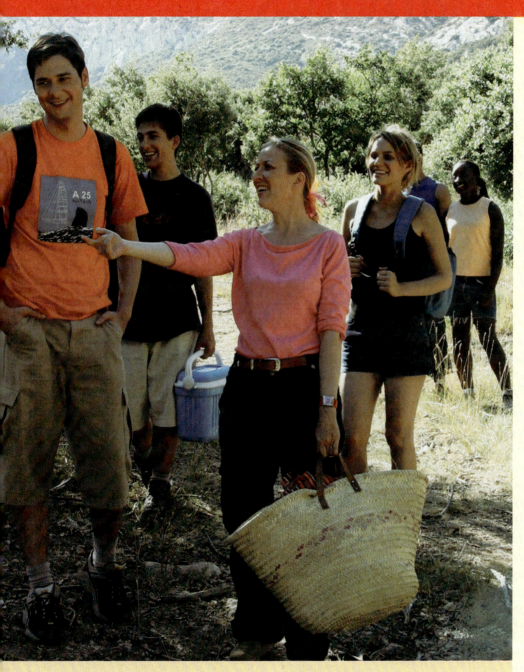

## Pour commencer
- Où est le groupe d'amis?
  a. à la mer   b. à la campagne   c. en ville
- Qu'est-ce qu'ils vont faire?
  a. un pique-nique   b. les courses   c. du vélo
- Qu'est-ce qu'il y a derrière eux?
  a. une jungle   b. une montagne   c. un pont

## Savoir-faire

# Leçon 13A

**You will learn how to...**
- talk about pollution
- talk about what needs to be done

# Sauvons la planète!

un nuage de pollution

la pluie acide

l'énergie nucléaire (f.)

l'énergie solaire (f.)

une centrale nucléaire

USINE AUTOMOBILE

la pollution

le covoiturage

## Vocabulaire

| | |
|---|---|
| abolir | to abolish |
| améliorer | to improve |
| développer | to develop |
| gaspiller | to waste |
| préserver | to preserve |
| prévenir l'incendie | to prevent fires |
| proposer une solution | to propose a solution |
| sauver la planète | to save the planet |
| | |
| une catastrophe | catastrophe |
| un danger | danger, threat |
| des déchets toxiques (m.) | toxic waste |
| l'effet de serre (m.) | greenhouse effect |
| le gaspillage | waste |
| un glissement de terrain | landslide |
| une population croissante | growing population |
| le réchauffement de la Terre | global warming |
| la surpopulation | overpopulation |
| le trou dans la couche d'ozone | hole in the ozone layer |
| une usine | factory |
| | |
| l'écologie (f.) | ecology |
| un emballage en plastique | plastic wrapping/packaging |
| l'environnement (m.) | environment |
| un espace | space, area |
| un produit | product |
| la protection | protection |
| | |
| écologique | ecological |
| en plein air | outdoor, open-air |
| pur(e) | pure |
| | |
| un gouvernement | government |
| une loi | law |

**ressources**

WB
pp. 171–172

LM
p. 97

vhlcentral.com
Leçon 13A

# Mise en pratique  Audio: Vocabulary

**1** **Écoutez** 🎧 Écoutez l'annonce radio suivante. Ensuite, complétez les phrases avec le mot ou l'expression qui convient le mieux.

1. C'est l'annonce radio _____
   a. d'un groupe d'étudiants.
   b. d'une entreprise commerciale.
   c. d'une agence écologiste.
2. La protection de l'environnement, c'est l'affaire _____
   a. de tous.
   b. du gouvernement.
   c. des centres de recyclage.
3. L'annonce dit qu'on peut recycler _____
   a. les emballages en plastique et en papier.
   b. les boîtes de conserve.
   c. les bouteilles en plastique.
4. Pour les déchets toxiques, il y a _____
   a. le ramassage des ordures.
   b. le centre de recyclage.
   c. l'effet de serre.
5. Pour ne pas gaspiller l'eau, on peut _____
   a. acheter des produits écologiques.
   b. développer les incendies.
   c. prendre des douches plus courtes.

**2** **Complétez** Complétez les phrases suivantes avec le mot ou l'expression qui convient le mieux pour parler de l'environnement. N'oubliez pas les accords.

1. Nous avons trois poubelles différentes pour pouvoir _____.
2. _____ contribue au réchauffement de la Terre.
3. _____ produisent près de 80% de l'énergie en France.
4. Les pluies ont provoqué _____. À présent, la route est fermée.
5. Chez moi, _____ des ordures se fait tous les lundis.
6. L'accident à l'usine chimique a provoqué un _____.

**3** **Composez** Utilisez les éléments de chaque colonne pour former six phrases cohérentes au sujet de l'environnement. Vous pouvez composer des phrases affirmatives ou négatives.

| Les gens | Les actions | Les éléments |
|---|---|---|
| vous | développer | l'eau |
| on | gaspiller | le covoiturage |
| les gens | polluer | l'énergie solaire |
| les politiciens | préserver | l'environnement |
| les entreprises | proposer | la planète |
| les centrales nucléaires | sauver | la Terre |

le ramassage des ordures (f.)

Elle recycle. (recycler)

le recyclage

interdire

Ils ont pollué. (polluer)

## Communication

**4** **Décrivez** Avec un(e) partenaire, décrivez ces photos et donnez autant de détails et d'informations que possible. Soyez prêt(e)s à présenter vos descriptions à la classe.

1.

3.

2.

4.

**5** **À vous de jouer** Par petits groupes, préparez une conversation au sujet d'une des situations suivantes. Ensuite jouez la scène devant la classe.

- Un(e) employé(e) du centre de recyclage local vient dans votre université pour expliquer aux étudiants un nouveau système de recyclage. De nombreux étudiants posent des questions.
- Un groupe d'écologistes rencontre le patron d'une entreprise accusée de polluer la rivière (*river*) locale.
- Le ministre de l'environnement donne une conférence de presse au sujet d'une nouvelle loi sur la protection de l'environnement.
- Votre colocataire oublie systématiquement de recycler les emballages. Vous avez une conversation animée avec lui/elle.

**6** **L'article** Vous êtes journaliste et vous devez écrire un article pour le journal local au sujet de la pollution. Vous en expliquez les causes et les conséquences sur l'environnement. Vous suggérez aussi des solutions pour améliorer la situation.

**MODÈLE**

*Les dangers de la pollution chimique*
*Les usines chimiques de notre région polluent! C'est une catastrophe pour notre environnement. Il faut leur interdire de fonctionner jusqu'à ce qu'elles améliorent leurs systèmes de recyclage...*

# Les sons et les lettres

 **Audio: Concepts, Activities
Record & Compare**

## Les liaisons obligatoires et les liaisons interdites

Rules for making liaisons are complex and have many exceptions. Generally, a liaison is made between pronouns and between a pronoun and a verb that begins with a vowel or vowel sound.

**vous en avez**    **nous habitons**    **ils aiment**    **elles arrivent**

Make liaisons between articles, numbers, or the verb **est** and a noun or adjective that begins with a vowel or a vowel sound.

**un éléphant**    **les amis**    **dix hommes** (z)    **Roger est enchanté.**

There is a liaison after many single-syllable adverbs, conjunctions, and prepositions.

**très intéressant**    **chez eux**    **quand elle** (t)    **quand on décidera** (t)

Many expressions have obligatory liaisons that may or may not follow these rules.

**C'est-à-dire…**    **Comment allez-vous?**    **plus ou moins**    **avant-hier**

Never make a liaison before or after the conjunction **et** or between a noun and a verb that follows it. Likewise, do not make a liaison between a singular noun and an adjective that follows it.

**un garçon et une fille**    **Gilbert adore le football.**    **un cours intéressant**

There is no liaison before **h aspiré** or before the word **oui** and before numbers.

**un hamburger**    **les héros**    **un oui et un non**    **mes onze animaux**

---

**Prononcez** Répétez les mots suivants à voix haute.

1. les héros    2. mon petit ami    3. un pays africain    4. les onze étages

**Articulez** Répétez les phrases suivantes à voix haute.

1. Ils en veulent onze.
2. Vous vous êtes bien amusés hier soir?
3. Cristelle et Albert habitent en Angleterre.
4. Quand est-ce que Charles a acheté ces objets?

**Dictons** Répétez les dictons à voix haute.

*Les murs ont des oreilles.*[2]

*Deux avis valent mieux qu'un.*[1]

[1] Two heads are better than one. (lit. Two opinions are better than one.)
[2] The walls have ears.

# ROMAN-PHOTO

## Une idée de génie

**S** Video: *Roman-photo*
Record & Compare

**Amina**

**David**

**Rachid**

**Sandrine**

**Stéphane**

**Valérie**

*Au P'tit Bistrot...*

**VALÉRIE** Stéphane, mon chéri, tu peux porter ces bouteilles en verre à recycler, s'il te plaît?

**STÉPHANE** Oui, bien sûr, maman.

**VALÉRIE** Oh, et puis, ces emballages en plastique aussi.

**STÉPHANE** Oui, je m'en occupe tout de suite.

**RACHID ET AMINA** Bonjour, Madame Forestier!

**VALÉRIE** Bonjour à vous deux.

**AMINA** Où est Michèle?

**VALÉRIE** Je n'en sais rien.

**RACHID** Mais elle ne travaille pas aujourd'hui?

**VALÉRIE** Non, elle ne vient ni aujourd'hui, ni demain, ni la semaine prochaine.

**AMINA** Elle est en vacances?

**VALÉRIE** Elle a démissionné.

**RACHID** Mais pourquoi?

**AMINA** Ça ne nous regarde pas!

**VALÉRIE** Oh, ça va, je peux vous le dire. Michèle voulait un autre travail.

**RACHID** Quelle sorte de travail?

**VALÉRIE** Plus celui-ci... Elle voulait une augmentation, ce n'était pas possible.

**DAVID** Madame Forestier, vous avez entendu la nouvelle? Je rentre aux États-Unis.

**VALÉRIE** Tu repars aux États-Unis?

**DAVID** Dans trois semaines.

**VALÉRIE** Il te reste très peu de temps à Aix, alors!

**SANDRINE** Oui. On sait.

**DAVID** Il faut que nous passions le reste de mon séjour de bonne humeur, hein?

**RACHID** Ah, mais vraiment, tout le monde a l'air triste aujourd'hui!

**AMINA** Oui. Pensons à quelque chose pour améliorer la situation. Tu as une idée?

**RACHID** Oui, peut-être.

**AMINA** Dis-moi! (*Il lui parle à l'oreille.*) Excellente idée!

**RACHID** Tu crois? Tu es sûre? Bon... Écoutez, j'ai une idée.

**DAVID** C'est quoi, ton idée?

**RACHID** Tout le monde a l'air triste aujourd'hui. Si on allait au mont Sainte-Victoire ce week-end. Ça vous dit?

**DAVID** Oui! J'aimerais bien y aller. J'adore dessiner en plein air.

**1** **Les évènements** Remettez les évènements suivants dans l'ordre chronologique.

____ **a.** David dit qu'il part dans trois semaines.

____ **b.** Valérie explique que Michèle ne travaille plus au P'tit Bistrot.

____ **c.** Amina dit qu'elle veut aller à la montagne Sainte-Victoire ce week-end.

____ **d.** Stéphane va apporter les bouteilles et les emballages à recycler.

____ **e.** Amina veut savoir où est Michèle.

____ **f.** David veut parler de ce qu'il a appris dans le journal au reste du groupe.

____ **g.** Sandrine semble (*seems*) avoir le trac (*stage fright*).

____ **h.** Ils décident de passer le week-end tous ensemble.

____ **i.** Rachid essaie de remonter le moral à ses amis.

____ **j.** David console Sandrine.

**S** Practice more at **vhlcentral.com.**

Rachid propose une excursion en montagne.

**DAVID** Bonjour, tout le monde. Vous avez lu le journal ce matin? Il faut que je vous parle de cet article sur la pollution. J'ai appris beaucoup de choses au sujet des pluies acides, du trou dans la couche d'ozone, de l'effet de serre...

**AMINA** Oh, David, la barbe.

**RACHID** Allez, assieds-toi et déjeune avec nous.

*Un peu plus tard...*

**RACHID** Ton concert est dans une semaine, n'est-ce pas Sandrine?

**SANDRINE** Oui.

**RACHID** Qu'est-ce que tu vas chanter?

**SANDRINE** Écoute, Rachid, je n'ai pas vraiment envie de parler de ça.

**SANDRINE** Oui, peut-être...

**AMINA** Allez! Ça nous fera du bien! Adieu pollution de la ville. À nous, l'air pur de la campagne! Qu'en penses-tu, Sandrine?

**SANDRINE** Bon, d'accord.

**AMINA** Super! Et vous, Madame Forestier? Vous et Stéphane avez besoin de vous reposer aussi, vous devez absolument venir avec nous!

**VALÉRIE** En effet, je crois que c'est une excellente idée!

### Expressions utiles

#### Talking about necessities

- **Il faut que je vous parle de cet article sur la pollution.**
  *I have to tell you about this article on pollution.*
- **Il faut que nous passions le reste de mon séjour de bonne humeur.**
  *We have to be in a good mood for the rest of my stay.*

#### Getting someone's opinion

- **Qu'en penses-tu?**
  *What do you think (about that)?*
- **Je pense que...**
  *I think that...*

#### Expressing denial

- **Je n'en sais rien.**
  *I have no idea.*
- **Ça ne nous regarde pas.**
  *That's none of our business.*
- **Quelle sorte de travail? Plus celui-ci.**
  *What kind of job? Not this one anymore.*

#### Additional vocabulary

- **au sujet de**
  *about*
- **Adieu!**
  *Farewell!*
- **Il te reste très peu de temps.**
  *You don't have much time left.*
- **en effet**
  *indeed/in fact*
- **je crois**
  *I think/believe*
- **Ça te/vous dit?**
  *Does that sound good to you?*

**2** **Répondez** Répondez aux questions suivantes par des phrases complètes.

1. Comment va Sandrine aujourd'hui?
2. Où est-ce qu'Amina croit (*believe*) que Michèle est?
3. Pourquoi Rachid veut-il aller à la montagne Sainte-Victoire?
4. À votre avis, qu'est-ce que David a appris après avoir lu le journal?

**3** **Écrivez** Imaginez comment se passera le week-end du groupe d'amis à la montagne Sainte-Victoire. Composez un paragraphe qui explique comment ils vont y aller, ce qu'ils y feront, s'ils s'amuseront...

ressources

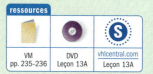

| VM pp. 235–236 | DVD Leçon 13A | vhlcentral.com Leçon 13A |

A C T I V I T É S

**Reading**

# L'écologie

l'agriculture française

une manifestation° des Verts

**Le mouvement écologique a commencé en France dans les années 1970, mais ne s'est réellement développé que dans les années 1980.** Ce sont surtout les crises majeures comme le nuage de Tchernobyl en 1986, la destruction de la couche d'ozone, l'effet de serre et les marées noires° qui ont réveillé la conscience écologique des Français. Le désir de préserver la qualité de la vie et les espaces naturels s'est développé en même temps.

Aujourd'hui, l'environnement n'est pas le sujet d'inquiétude° numéro un des Français. L'emploi, la baisse des revenus° et l'avenir des retraites les préoccupent° plus. Pourtant, le score aux élections du parti écologique des Verts est en hausse° depuis 1999 et on considère que le parti des Verts est le deuxième parti de gauche.

De manière générale, les problèmes liés à° l'environnement qui retiennent° le plus l'attention des Français sont la pollution atmosphérique des villes, la pollution de l'eau, le réchauffement du climat et la prolifération des déchets nucléaires. Pour l'opinion publique, le plus urgent à régler est la qualité de l'eau. En effet, à cause de° l'agriculture française, les taux° de nitrates et de phosphates dans l'eau sont presque partout largement supérieurs à la normale. Depuis la crise de la vache folle°, les Français sont aussi sensibles aux menaces alimentaires°. Les cultures OGM° ont porté le débat écologique dans les assiettes.

| Les inquiétudes sur l'environnement | |
|---|---|
| • les Français qui sont préoccupés par la pollution de l'air et de l'eau | 70 à 80% |
| • les Français qui s'opposent à la culture de plantes génétiquement modifiées | 66% |
| • les Français qui s'inquiètent de plus en plus des changements climatiques | 35% |
| • les Français qui sont préoccupés par les problèmes de qualité du cadre de vie°: urbanisation en augmentation, pollution sonore°, disparition des paysages°, etc. | 33% |

**marées noires** *oil spills* **inquiétude** *concern* **baisse des revenus** *lowering of incomes* **préoccupent** *worry* **en hausse** *on the rise* **liés à** *linked to* **retiennent** *hold* **régler** *solve* **à cause de** *because of* **taux** *levels* **vache folle** *mad cow* **menaces alimentaires** *food-related threats* **OGM (organismes génétiquement modifiés)** *GMO (genetically modified organisms)* **cadre de vie** *living environment* **pollution sonore** *noise pollution* **disparition des paysages** *changing landscapes* **manifestation** *demonstration*

**A C T I V I T É S**

**1** **Complétez** Complétez les phrases.

1. Le mouvement écologique s'est développé _____.

2. Les crises majeures comme _____ ont réveillé la conscience écologique des Français.

3. _____ n'est pas la principale préoccupation des Français.

4. _____ préoccupent plus les Français.

5. Le score aux élections du parti écologique des Verts est _____.

6. Pour les Français, le problème écologique le plus urgent à régler est _____.

7. À cause de l'agriculture, _____ sont presque partout largement supérieurs à la normale.

8. 70 à 80% des Français sont préoccupés _____.

9. 66% des Français s'opposent _____.

10. _____ s'inquiètent de plus en plus des changements climatiques.

### Drawing conclusions

Every time you apply one of the reading strategies you have learned, you are able to draw a conclusion about one particular aspect of the text. The more conclusions you accumulate, the clearer the text's broader meaning should become. After you have applied all the reading strategies relevant to a text, draw your own general conclusions and form your own opinions about the overall text with confidence.

## LE MONDE FRANCOPHONE

### Des réponses

Voici deux exemples de réponses aux inquiétudes sur l'environnement.

#### En Suisse

**Le tunnel ferroviaire° du Gothard,** au cœur des Alpes suisses, est le plus long tunnel du monde (57 kilomètres). Il sera opérationnel en 2017 et permettra l'accroissement° du trafic ferroviaire et décongestionnera° le trafic routier°. L'objectif est de réduire la pollution.

#### Dans l'Océan Indien

**Les espèces° exotiques envahissantes°** créent des dégâts° écologiques importants qui ont un impact sur la biodiversité et sur la santé humaine. Des experts se sont réunis à Mayotte pour réfléchir à ce problème. Ils venaient de toutes les îles francophones environnantes° de l'Océan Indien.

**ferroviaire** *railroad* **accroissement** *increase* **décongestionner** *will relieve* **routier** *highway* **espèces** *species* **envahissantes** *invasive* **dégâts** *damages* **environnantes** *surrounding*

---

PORTRAIT

# L'énergie nucléaire

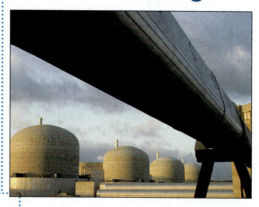

En France, le nucléaire produit 75 à 80% de l'électricité. C'est EDF (Électricité de France) qui a construit les premières centrales° du pays. Aujourd'hui, le pays possède 58 réacteurs et une usine de traitement°, la COGEMA. Les déchets radioactifs de France, d'Europe et d'Asie y sont traités°. La France est un exemple de réussite de l'énergie nucléaire, mais sa population est inquiète. L'explosion de Tchernobyl en 1986 et l'accident de Fukushima en 2011 ont démontré les risques des centrales. Dix pour cent des déchets, dits «à vie longue», ne sont pas traitables° et deviennent un problème de santé publique. Le rôle des énergies renouvelables ne peut donc qu'augmenter° à l'avenir.

**centrales** *power plants* **usine de traitement** *reprocessing plant* **traités** *reprocessed* **ne sont pas traitables** *cannot be reprocessed* **augmenter** *increase*

### Sur Internet

**Quand la dernière marée noire a-t-elle eu lieu en France?**

Go to **vhlcentral.com** to find more cultural information related to this **Lecture culturelle**.

---

**2** **Répondez** Répondez aux questions d'après les textes.

1. En France, quelle quantité d'électricité le nucléaire produit-il?
2. Qui a construit les premières centrales françaises?
3. Quel type de déchets la COGEMA traite-t-elle?
4. Les Français sont-ils contents du nucléaire?
5. Qu'est-ce qui crée des dégâts écologiques aux îles dans l'Océan Indien?

**3** **Nucléaire et environnement** Vous travaillez à la COGEMA et votre partenaire est un(e) militant(e) écologiste. Imaginez ensemble un dialogue où vous parlez de vos opinions pour et contre l'usage (*use*) de l'énergie nucléaire en France. Soyez prêt(e)s à jouer votre dialogue devant la classe.

 Practice more at **vhlcentral.com.**

**ressources**

vhlcentral.com
Leçon 13A

ACTIVITÉS

**13A.1**

## The interrogative pronoun *lequel* and demonstrative pronouns

 **S** Presentation

**À noter**

Review the interrogative adjective **quel** and its forms, which you learned in **Leçon 4A**.

**Point de départ** The interrogative pronoun **lequel** (*which one*) and its different forms ask a question about a person or thing previously mentioned. They replace the forms of the adjective **quel** + [*noun*].

| | |
|---|---|
| **Quel produit** choisirez-vous? | **Lequel** choisirez-vous? |
| *Which product will you choose?* | *Which one will you choose?* |

- The interrogative pronoun agrees in gender and number with the noun to which it refers.

| | singular | plural |
|---|---|---|
| masculine | **lequel** | **lesquels** |
| feminine | **laquelle** | **lesquelles** |

| | |
|---|---|
| **Quelle solution** proposeraient-ils? | **Laquelle** proposeraient-ils? |
| *Which solution would they propose?* | *Which one would they propose?* |

| | |
|---|---|
| **Quelles lois** abolira-t-il? | **Lesquelles** abolira-t-il? |
| *Which laws will he abolish?* | *Which ones will he abolish?* |

- Place the form of **lequel** wherever you would place **quel(le)(s)** + [*noun*] in a question.

| | |
|---|---|
| Dans **quel emballage** l'envoie-t-il? | Dans **lequel** l'envoie-t-il? |
| *In which package is he sending it?* | *In which one is he sending it?* |

| | |
|---|---|
| Pour **quel gouvernement** travaillez-vous? | Pour **lequel** travaillez-vous? |
| *For which government do you work?* | *For which one do you work?* |

- Remember that past participles agree with preceding direct objects.

| | |
|---|---|
| **Laquelle** avez-vous **choisie**? | **Lesquels** as-tu **faits**? |
| *Which one did you choose?* | *Which ones did you do?* |

- Forms of **lequel** contract with the prepositions **à** and **de**.

| à + form of *lequel* | | | | de + form of *lequel* | | |
|---|---|---|---|---|---|---|
| | singular | plural | | | singular | plural |
| masculine | auquel | auxquels | | masculine | duquel | desquels |
| feminine | à laquelle | auxquelles | | feminine | de laquelle | desquelles |

| | |
|---|---|
| **Auxquels** vous intéressez-vous? | Vous parlez **duquel**? |
| *Which ones interest you?* | *Which one are you talking about?* |

*Michèle avait ses raisons? Lesquelles?*

*Les meilleures idées sont toujours celles de Rachid.*

## Demonstrative pronouns

- In **Leçon 6A**, you learned how to use demonstrative adjectives. Demonstrative *pronouns* refer to a person or thing that has already been mentioned. Examples of English demonstrative pronouns include *this one* and *those.*

**La voiture** qui coûte moins cher est plus dangereuse pour l'environnement.
*The car that costs less is more dangerous for the environment.*

**Celle** qui coûte moins cher est plus dangereuse pour l'environnement.
*The one that costs less is more dangerous for the environment.*

**Les produits** que tu développes sont très importants.
*The products that you're developing are very important.*

**Ceux** que tu développes sont très importants.
*The ones that you're developing are very important.*

- Demonstrative pronouns agree in number and gender with the noun to which they refer.

### Demonstrative pronouns

|           | singular |                            | plural |                          |
|-----------|----------|----------------------------|--------|--------------------------|
| masculine | celui    | *this one; that one; the one* | ceux   | *these; those; the ones* |
| feminine  | celle    | *this one; that one; the one* | celles | *these; those; the ones* |

- Demonstrative pronouns must be followed by one of three constructions: **-ci** or **-là**, a relative clause, or a prepositional phrase.

| **-ci; -là** | **Quels emballages? Ceux-ci?** *Which packages? These here?* | **Quelle bouteille? Celle-là, en verre?** *Which bottle? The glass one there?* |
|---|---|---|
| **relative clause** | **Quelle femme? Celle qui parle?** *Which woman? The one who is talking?* | **Henri Rouet? C'est celui qu'on a entendu à la radio.** *Henri Rouet? He's the one we heard on the radio.* |
| **prepositional phrase** | **Quel problème? Celui de l'effet de serre?** *What problem? The one with the greenhouse effect?* | **Ces sacs coûtent plus cher que ceux en papier.** *Those bags cost more than the paper ones.* |

### Essayez!

**Refaites les questions avec des formes de lequel.**

1. Pour quelle compagnie travaillez-vous? *Pour laquelle travaillez-vous?*
2. Quel timbre préférez-vous? _____
3. Quels pays t'intéressent? _____
4. Quelles usines polluent? _____

**Choisissez le bon pronom démonstratif.**

5. Le recyclage du plastique coûte plus cher que (celle / celui) du verre.
6. Les espaces verts sont (ceux / celles) dont on a le plus besoin en ville.
7. Les ordures les plus sales sont (ceux / celles) des industries.
8. Quel sac préfères-tu: (ceux / celui)-ci?

# STRUCTURES

## Mise en pratique

**1** **Le marché aux puces** Vous êtes au marché aux puces (*flea market*) pour trouver des cadeaux. Complétez les phrases avec des pronoms démonstratifs.

1. Ce magnifique vase bleu, je pense que c'est _____ que maman voulait.

2. Ces deux jolis sacs: _____ est pour Sylvie et _____ est pour Soraya.

3. Cette casquette rouge est pour moi. Elle ressemble à _____ de Françoise.

4. Il y avait des boîtes pleines de livres anciens. _____ que j'ai achetés étaient les plus beaux.

5. J'adore ces deux affiches. _____ est pour Julien et _____ est pour André.

6. Nous allons acheter un nouveau vélo. _____ de Julien est trop vieux!

7. Tu aimes ces bottes-ci ou préfères-tu _____ -là?

8. Ces pulls coûtent trop cher! _____ que Stéphane a choisis sont mieux.

**2** **Répétez** Vous rencontrez M. Dupont pendant un dîner où il y a beaucoup de bruit (*noise*). Il vous pose des questions, mais il n'entend pas vos réponses. Avec un(e) partenaire, alternez les rôles.

**MODÈLE**

examen / avoir réussi
*Quel examen avez-vous réussi? Lequel avez-vous réussi?*

1. produit / s'intéresser à

2. e-mail / avoir envoyé

3. solution / avoir trouvé pour améliorer les espaces verts

4. déchets / être les plus toxiques

5. lois / devoir suivre

6. domaine (*area*) de l'environnement / se spécialiser dans

**3** **La culture francophone** À tour de rôle, posez-vous ces questions et répondez. Ensuite, posez-vous une question avec une forme de **lequel**.

**MODÈLE**

Qui chante en français?
a. Madonna　　　　　　　　b. Céline Dion　　　　　　　　c. Mariah Carey

*Laquelle/Lesquelles de ces chanteuses aimes-tu?*

1. Qui est un acteur français?
   a. Gérard Depardieu　　　　b. Paul Newman　　　　　　c. Johnny Depp

2. Où parle-t-on français?
   a. Philadelphie　　　　　　b. Montréal　　　　　　　　c. Athènes

3. Quelle voiture est française?
   a. Lotus　　　　　　　　　b. Ferrari　　　　　　　　　c. Peugeot

4. Quelle marque (*brand*) est française?
   a. Oscar de la Renta　　　　b. Versace　　　　　　　　　c. L'Oréal

5. Qui est un réalisateur (*director*) français?
   a. Miyazaki　　　　　　　　b. Besson　　　　　　　　　c. Spielberg

Practice more at **vhlcentral.com.**

# Communication

**4 Définitions** Votre petit frère vous demande de lui expliquer ces expressions. Avec un(e) partenaire, alternez les rôles pour donner leurs définitions. Utilisez **celui qui, celle qui, ceux qui** ou **celles qui**.

**MODÈLE**

un pollueur
**Étudiant(e) 1:** *Qu'est-ce que c'est, un pollueur?*
**Étudiant(e) 2:** *C'est celui qui laisse des papiers sales dans la rue.*

- les déchets toxiques
- un(e) écologiste
- un écoproduit
- l'énergie solaire
- une loi
- la pluie acide
- une usine
- les voitures hybrides

**5 La pollution** Que pensent vos camarades de la pollution? Posez ces questions à un(e) partenaire. Ensuite, présentez les réponses à la classe. Utilisez **celui, celle, ceux** ou **celles**.

1. Quelles voitures polluent le moins: les voitures hybrides ou les voitures de sport? Lesquelles préfères-tu?
2. Connais-tu quelqu'un qui fait régulièrement du covoiturage? Qui? Pourquoi le fait-il/elle?
3. Les emballages en plastique polluent-ils plus que ceux en papier? Pourquoi?
4. Est-ce que ceux qui recyclent leurs déchets aident à préserver la nature? Pourquoi?
5. Quelles usines sont mauvaises pour l'environnement? Pourquoi?
6. À votre avis, le gouvernement doit-il passer des lois pour arrêter le gaspillage? Quelles sortes de lois?
7. Quelles solutions proposez-vous pour sauver la planète?
8. Parmi (*Among*) les pays industrialisés, lesquels polluent le plus? Lesquels polluent le moins?

**6 Enquête** Votre professeur va vous donner une feuille d'activités. Circulez dans la classe et parlez à des camarades différent(e)s pour trouver qui fait quoi. Demandez des détails.

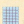

**MODÈLE**

**Étudiant(e) 1:** *Écoutes-tu de la musique?*
**Étudiant(e) 2:** *Oui.*
**Étudiant(e) 1:** *Laquelle aimes-tu?*
**Étudiant(e) 2:** *J'écoute toujours de la musique classique.*

| Activités | Nom | Réponse |
|---|---|---|
| 1. écouter de la musique | Delphine | musique classique |
| 2. avoir des passe-temps | | |
| 3. bien s'entendre avec des membres de sa famille | | |
| 4. s'intéresser aux livres | | |
| 5. travailler avec d'autres étudiant(e)s | | |

# STRUCTURES

## Mise en pratique

**1** **Prévenir et améliorer** Complétez ces phrases avec la forme correcte des verbes au présent du subjonctif.

1. Il est essentiel que je _____ (recycler).

2. Il est important que nous _____ (réduire) la pollution.

3. Il faut que le gouvernement _____ (interdire) les voitures polluantes (*polluting*).

4. Il vaut mieux que vous _____ (améliorer) les transports en commun (*public transportation*).

5. Il est possible que les pays _____ (prendre) des mesures pour réduire les déchets toxiques.

6. Il est indispensable que tu _____ (boire) de l'eau pure.

7. Il est bon que vous _____ (proposer) des solutions pour préserver la nature.

8. Il est dommage qu'on _____ (gaspiller) de l'eau.

**2** **Sur le campus** Quelles règles les étudiants qui habitent sur le campus doivent-ils suivre? Transformez ces phrases avec **il faut** et le présent du subjonctif.

> **MODÈLE**
>
> Vous devez vous coucher avant minuit.
> *Il faut que vous vous couchiez avant minuit.*

1. Le matin, vous devez vous lever à sept heures.

2. Ils doivent fermer leur porte avant de partir.

3. Tu dois prendre le bus au coin de la rue.

4. Je dois déjeuner au resto U à midi.

5. Nous devons rentrer tôt pendant la semaine.

6. Elle doit travailler pour payer ses études.

7. Nous devons étudier à la bibliothèque.

8. On doit se coucher avant minuit.

**3** **Éviter une catastrophe** Que devons-nous faire pour préserver notre planète? Avec un(e) partenaire, faites des phrases avec des expressions impersonnelles.

> **MODÈLE**
>
> *Il est essentiel que tu évites le gaspillage.*

| A | B | C |
|---|---|---|
| je/j' | améliorer | les écoproduits |
| tu | développer | les emballages |
| on | éviter | le gaspillage |
| nous | préserver | les glissements de terrain |
| vous | prévenir | les industries propres |
| le président | recycler | la nature |
| les pays | sauver | la pollution |
| ? | trouver | le ramassage des ordures |

Practice more at **vhlcentral.com**.

# Communication

**4** **Oui ou non?** Vous discutez avec un(e) partenaire des problèmes de l'environnement. À tour de rôle, dites si vous êtes d'accord ou non.

**MODÈLE**

**Étudiant(e) 1:** *Il faut que les pays industrialisés réduisent les émissions de gaz à effet de serre.*
**Étudiant(e) 2:** *C'est vrai, il faut qu'ils réduisent les émissions de gaz à effet de serre.*

1. Il est nécessaire que tu recycles les bouteilles.
2. Il est dommage que les étudiants prennent le bus pour aller à la fac.
3. Il est bon qu'on développe des énergies propres.
4. Il est essentiel qu'on signe le protocole de Kyoto.
5. Il est indispensable que nous évitions le gaspillage.
6. Il faut que les pays développent de nouvelles technologies pour réduire les émissions toxiques.

**5** **Les opinions** Vous discutez avec un(e) partenaire des problèmes de pollution. À tour de rôle, répondez à ces questions. Justifiez vos réponses.

**MODÈLE**

**Étudiant(e) 1:** *Faut-il que nous préservions l'environnement?*
**Étudiant(e) 2:** *Oui, il faut que nous préservions l'environnement pour éviter le réchauffement de la Terre.*

1. Est-il important qu'on s'intéresse à l'écologie?
2. Faut-il qu'on évite de gaspiller?
3. Est-il essentiel que nous construisions des centrales nucléaires?
4. Vaut-il mieux que j'utilise des bacs (*bins*) à recyclage pour le ramassage des ordures?
5. Est-il indispensable qu'on prévienne les incendies?
6. Est-il possible qu'on développe l'énergie solaire?

**6** **L'écologie** Par groupes de quatre, regardez les deux photos et parlez des problèmes écologiques qu'elles évoquent. Ensuite, préparez par écrit une liste de solutions. Comparez votre liste avec celles de la classe.

**MODÈLE**

**Étudiant(e) 1:** *Aujourd'hui, il y a trop de centrales nucléaires.*
**Étudiant(e) 2:** *Il faut qu'on développe l'énergie solaire.*

# SYNTHÈSE

# Révision

**1** **Des solutions** Avec un(e) partenaire, décrivez ces problèmes et donnez des solutions. Utilisez le présent du subjonctif et un pronom démonstratif pour chaque photo. Présentez vos solutions à la classe.

**MODÈLE**

**Étudiant(e) 1:** *Cette eau est sale.*
**Étudiant(e) 2:** *Il faut que celui qui a pollué cette eau paie une grosse amende.*

1.

3.

2.

4.

**2** **Attention!** Vous habitez un village où les autorités veulent construire un grand aéroport. Avec un(e) partenaire, écrivez une lettre aux responsables où vous expliquez vos inquiétudes (*worries*). Utilisez des expressions impersonnelles, puis lisez la lettre à la classe.

**3** **Lequel?** Avec un(e) partenaire, imaginez un dialogue entre le chef (*head*) d'un organisme qui défend l'environnement et un(e) collègue qui demande des précisions. Alternez les rôles.

**MODÈLE**

**Étudiant(e) 1:** *Vous appellerez le journaliste, s'il vous plaît?*
**Étudiant(e) 2:** *Oui, mais lequel?*
**Étudiant(e) 1:** *Celui qui est venu hier après-midi.*

| | |
|---|---|
| accompagner un visiteur | envoyer des colis |
| appeler des clients | laisser un message à |
| chercher un numéro | un(e) employé(e) |
| de téléphone | prendre un rendez-vous |

**4** **Si...** Avec un(e) partenaire, observez ces scènes et lisez les phrases. Pour chaque scène, faites trois phrases au présent du subjonctif, puis présentez-les à la classe.

**MODÈLE**

**Étudiant(e) 1:** *Si l'eau est sale, il ne faut pas que les gens mangent les poissons.*
**Étudiant(e) 2:** *Oui, il faut qu'ils les achètent à la poissonnerie.*

1. **Si l'eau est sale,...**

3. **S'il tombe une pluie acide,...**

2. **S'il y a un nuage de pollution,...**

4. **S'il y a un glissement de terrain,...**

**5** **Les plaintes** Par groupes de trois, interviewez vos camarades à tour de rôle. Que vous suggèrent-ils de faire quand vous vous plaignez (*complain*) d'une de ces personnes? Écrivez d'abord vos plaintes (*complaints*) et puis les réponses de vos camarades.

**MODÈLE**

**Étudiant(e) 1:** *Mon médecin ne s'intéresse pas à mes problèmes.*
**Étudiant(e) 2:** *Il est important que tu lui écrives une lettre.*

- vos parents
- votre professeur
- votre camarade de chambre
- un(e) serveur/serveuse
- un(e) patron(ne) (*boss*)
- un médecin

**6** **Non, Solange!** Votre professeur va vous donner, à vous et à votre partenaire, deux feuilles d'activités différentes sur les mauvaises habitudes de Solange. Attention! Ne regardez pas la feuille de votre partenaire.

**MODÈLE**

**Étudiant(e) 1:** *Il est dommage que Solange conduise une voiture qui pollue.*
**Étudiant(e) 2:** *Il faut qu'elle conduise une voiture plus écologique.*

Video

# Le Zapping

## La BMCE

La Banque Marocaine du Commerce Extérieur est la deuxième plus grande banque du Maroc. Elle a des agences en Europe et en Asie et vise° constamment à étendre° les liens° entre le Maroc et le reste du monde. À travers la Fondation BMCE Éducation et Environnement, elle se soucie° aussi de la protection de l'environnement et du développement de la société marocaine. En 2000, elle a lancé le projet Medersat.com, dont un des objectifs les plus importants est la scolarisation° des enfants dans les villages ruraux du Maroc.

—Comme tu es belle, petite fleur! Seras-tu encore belle demain?

—Attends-moi! Moi aussi, j'ai envie d'apprendre.

**Compréhension** Répondez aux questions.

1. Sur quoi le garçon est-il debout (*standing*) dans la première scène?
2. Que demande-t-il à la colombe (*dove*)?
3. Où vont le garçon et sa sœur à la fin?

**Discussion** Par groupes de trois, répondez aux questions et discutez.

1. Pourquoi le garçon pose-t-il des questions? Pourquoi à une fleur, aux étoiles (*stars*), à une colombe et à un arbre (*tree*)? Quels sont leurs attributs?
2. Quels messages concernant les missions de la BMCE la publicité (*commercial*) nous transmet-elle?

vise *aims* étendre *to extend* liens *links* se soucie *cares* scolarisation *education*

Go to **vhlcentral.com** to watch the TV clip featured in this **Le Zapping**.

**You will learn how to...**
- discuss nature
- express feelings, opinions, and doubts

# En pleine nature

le ciel

un arbre

une plante

Ils font un pique-nique(s). (faire)

un écureuil

une vache

l'herbe (f.)

### Vocabulaire

| | |
|---|---|
| chasser | to hunt |
| jeter | to throw away |
| | |
| un animal | animal |
| un bois | woods |
| un champ | field |
| une côte | coast |
| un désert | desert |
| un fleuve | river |
| une forêt (tropicale) | (tropical) forest |
| la jungle | jungle |
| la nature | nature |
| une région | region |
| une rivière | river |
| un sentier | path |
| un volcan | volcano |
| | |
| la chasse | hunt |
| le déboisement | deforestation |
| l'écotourisme (m.) | ecotourism |
| une espèce (menacée) | (endangered) species |
| l'extinction (f.) | extinction |
| la préservation | protection |
| une ressource naturelle | natural resource |
| le sauvetage des habitats | habitat preservation |

# Mise en pratique

**S** Audio: Vocabulary

la Lune

une étoile

une vallée

une île

un lac

une falaise

un serpent

une pierre

un lapin

**1** **Écoutez** Écoutez Armand parler de quelques-unes de ses expériences avec la nature. Après une deuxième écoute, écrivez les termes qui se réfèrent au ciel, à la terre et aux plantes.

| Terre | Ciel | Plantes |
|-------|------|---------|
| _____ | _____ | _____ |
| _____ | _____ | _____ |
| _____ | _____ | _____ |
| _____ | _____ | _____ |

**2** **Par catégorie** Faites correspondre les éléments de la colonne de gauche avec l'élément des colonnes de droite qui convient.

1. _____ la Seine
2. _____ la Martinique
3. _____ une vache
4. _____ l'Etna
5. _____ le pétrole
6. _____ le Sahara
7. _____ l'aloe vera
8. _____ Érié

a. un volcan
b. une jungle
c. un lac
d. un fleuve
e. une plante

f. une forêt
g. un désert
h. un animal
i. une ressource naturelle
j. une île

**3** **La nature** Choisissez le terme qui correspond à chaque définition. Ensuite choisissez trois autres termes dans la section **CONTEXTES** et écrivez leur définition. Avec une(e) partenaire, lisez vos définitions et devinez quels sont les termes que vous avez choisis.

| | | |
|---|---|---|
| le déboisement | une falaise | la préservation |
| l'écotourisme | une jungle | le sauvetage des habitats |
| l'environnement | une pierre | un sentier |
| l'extinction | un pique-nique | une vache |

1. Là où l'homme vit _____.
2. Sauver et protéger _____.
3. Lieu très chaud, très humide _____.
4. Chemin très étroit (*narrow*) _____.
5. Quand une espèce n'existe plus _____.
6. Conséquence de la destruction des arbres _____.
7. Action de sauver le lieu où vivent des animaux _____.
8. Vacances qui favorisent la protection de l'environnement _____.
9. Un animal de taille importante qui mange de l'herbe _____.
10. Quand on mange dans la nature _____.
11. Élément minéral solide, parfois gris _____.
12. Sur le dessin à gauche, c'est la masse rocheuse (*rocky*) à droite _____.

# Communication

**4** **Conversez** Interviewez un(e) camarade de classe.

1. As-tu déjà fait de l'écotourisme? Où? Sinon, où as-tu envie d'essayer d'en faire?
2. Aimes-tu les pique-niques? Quand en as-tu fait un pour la dernière fois? Avec qui?
3. Quelles activités aimes-tu pratiquer dans la nature?
4. As-tu déjà visité une forêt? Laquelle?
5. Connais-tu un lac? Quand y es-tu allé(e)? Qu'est-ce que tu y as fait?
6. Es-tu déjà allé(e) dans un désert? Lequel?
7. Es-tu déjà allé(e) sur une île? Laquelle? Comment as-tu passé le temps?
8. Quelles sont les régions du monde que tu veux visiter? Pour quelle(s) raison(s)?
9. Si tu étais un animal, lequel serais-tu? Pourquoi?
10. Quand tu regardes le ciel, que trouves-tu de beau? Pourquoi?

**5** **La nature et moi** Écrivez un paragraphe dans lequel vous racontez votre expérience avec la nature. Ensuite, à tour de rôle, lisez votre description à votre partenaire et comparez vos paragraphes.

- Choisissez au minimum deux lieux naturels différents.
- Utilisez un minimum de huit mots de vocabulaire de **CONTEXTES**.
- Faites votre description avec le plus de détails possible.
- Expliquez ce que vous aimez ou ce que vous n'aimez pas à propos de chaque lieu.

**6** **Les écologistes** Vous faites partie d'un club d'écologistes à l'université. Avec deux camarades de classe et les informations suivantes, préparez une brochure pour informer les étudiants du campus d'un grave problème écologique. Présentez ensuite votre brochure au reste de la classe. Quel groupe a présenté le problème le plus sérieux? Quel groupe a proposé les solutions les plus originales?

- le nom de votre club
- la situation géographique du problème écologique
- la description du problème
- les causes du problème
- les conséquences du problème
- les solutions possibles au problème

**7** **À la radio** Vous travaillez pour le ministère du Tourisme d'un pays francophone et devez préparer un texte qui sera lu à la radio. L'objectif de ce message est de faire la promotion de ce pays pour son écotourisme. Décrivez la nature et les activités offertes. Utilisez les mots que vous avez appris dans la section **CONTEXTES**.

**MODÈLE**

*Venez découvrir la beauté de l'île de Madagascar. Chaque région vous offre des sentiers qui permettent d'admirer des plantes rares ou des arbres magnifiques et de rencontrer des animaux extraordinaires… À Madagascar, la nature est unique, préservée. Le charme et l'exotisme sont ici!*

# Les sons et les lettres

**Audio: Concepts, Activities
Record & Compare**

 **Homophones**

Many French words sound alike, but are spelled differently. As you have already learned, sometimes the only difference between two words is a diacritical mark. Other words that sound alike have more obvious differences in spelling.

| a / à | ou / où | sont / son | en / an |
|---|---|---|---|

Several forms of a single verb may sound alike. To tell which form is being used, listen for the subject or words that indicate tense.

| je parle | tu parles | ils parlent |
|---|---|---|
| vous parlez | j'ai parlé | je vais parler |

Many words that sound alike are different parts of speech. Use context to tell them apart.

| VERB | POSSESSIVE ADJECTIVE | PREPOSITION | NOUN |
|---|---|---|---|
| Ils sont belges. | C'est son mari. | Tu vas en France? | Il a un an. |

You may encounter multiple spellings of words that sound alike. Again, context is the key to understanding which word is being used.

| je peux *I can* | elle peut *she can* | peu *a little, few* |
|---|---|---|
| le foie *liver* | la foi *faith* | une fois *one time* |
| haut *high* | l'eau *water* | au *at, to, in the* |

**Prononcez** Répétez les paires de mots suivants à voix haute.

| 1. ce | se | 4. foi | fois | 7. au | eau | 10. lis | lit |
|---|---|---|---|---|---|---|---|
| 2. leur | leurs | 5. ces | ses | 8. peut | peu | 11. quelle | qu'elle |
| 3. né | nez | 6. vert | verre | 9. où | ou | 12. c'est | s'est |

**Choisissez** Choisissez le mot qui convient à chaque phrase.

1. Je (lis / lit) le journal tous les jours.
2. Son chien est sous le (lis / lit).
3. Corinne est (née / nez) à Paris.
4. Elle a mal au (née / nez).

**Jeux de mots** Répétez les jeux de mots à voix haute.

Le ver vert va vers le verre.[1]

Mon père est maire, mon frère est masseur.[2]

ressources

LM
p. 102

vhlcentral.com
Leçon 13B

# ROMAN-PHOTO

## La randonnée

**Video:** *Roman-photo*
**Record & Compare**

**Amina**

**David**

**Guide**

**Rachid**

**Sandrine**

**Stéphane**

**Valérie**

*À la montagne...*

**DAVID** Que c'est beau!

**VALÉRIE** C'est la première fois que tu viens à la montagne Sainte-Victoire?

**DAVID** Non, en fait, je viens assez souvent pour dessiner, mais malheureusement c'est peut-être la dernière fois. C'est dommage que j'aie si peu de temps.

**SANDRINE** Je préférerais qu'on parle d'autre chose.

**AMINA** Elle a raison, nous sommes venus ici pour passer un bon moment.

**STÉPHANE** Tiens, et si on essayait de trouver des serpents?

**AMINA** Des serpents ici?

**RACHID** Ne t'inquiète pas, ma chérie. Par précaution, je suggère que tu restes près de moi.

**RACHID** Mais il ne faut pas que tu sois aussi anxieuse.

**SANDRINE** C'est romantique ici, n'est-ce pas?

**DAVID** Comment? Euh, oui, enfin...

**VALÉRIE** Avant de commencer notre randonnée, je propose qu'on visite la Maison Sainte-Victoire.

**AMINA** Bonne idée. Allons-y!

*Après le pique-nique...*

**DAVID** Mais tu avais faim, Sandrine!

**SANDRINE** Oui. Pourquoi?

**DAVID** Parce que tu as mangé autant que Stéphane!

**SANDRINE** C'est normal, on a beaucoup marché, ça ouvre l'appétit. En plus, ce fromage est délicieux!

**DAVID** Mais, tu peux manger autant de fromage que tu veux, ma chérie.

*Stéphane laisse tomber une serviette...*

**VALÉRIE** Stéphane! Mais qu'est-ce que tu jettes par terre? Il est essentiel qu'on laisse cet endroit propre!

**STÉPHANE** Oh, ne t'inquiète pas, maman. J'allais mettre ça à la poubelle plus tard.

**SANDRINE** David, j'aimerais que tu fasses un portrait de moi, ici, à la montagne. Ça te dit?

**DAVID** Peut-être un peu plus tard... Cette montagne est tellement belle!

**VALÉRIE** David, tu es comme Cézanne. Il venait ici tous les jours pour dessiner. La montagne Sainte-Victoire était un de ses sujets favoris.

---

**1** **Vrai ou faux?** Indiquez si les affirmations suivantes sont **vraies** ou **fausses**.

1. David fait un portrait de Sandrine sur-le-champ (*on the spot*).

2. C'est la première fois que Stéphane visite la Maison Sainte-Victoire.

3. Valérie traite la nature avec respect.

4. Sandrine mange beaucoup au pique-nique.

5. David et Sandrine passent un après-midi très romantique.

6. Le guide confirme qu'il y a des serpents sur la montagne Sainte-Victoire.

7. David est un peu triste de devoir bientôt retourner aux États-Unis.

8. Valérie pense que David est un artiste sans talent.

9. Rachid est très romantique.

10. Stéphane laisse Rachid et Amina tranquilles.

 Practice more at **vhlcentral.com.**

Les amis se promènent à la montagne Sainte-Victoire.

*À la Maison Sainte-Victoire*

**GUIDE** Mesdames, Messieurs, bonjour et bienvenue. C'est votre première visite de la Maison Sainte-Victoire?

**STÉPHANE** Pour moi, oui.

**GUIDE** La Maison Sainte-Victoire a été construite après l'incendie de 1989.

**DAVID** Un incendie?

**GUIDE** Oui, celui qui a détruit une très grande partie de la forêt.

**GUIDE** Maintenant, la montagne est un espace protégé.

**DAVID** Protégé? Comment?

**GUIDE** Eh bien, nous nous occupons de la gestion de la montagne et de la forêt. Notre mission est la préservation de la nature, le sauvetage des habitats naturels et la prévention des incendies. Je vous fais visiter le musée?

**VALÉRIE** Oui, volontiers!

**RACHID** Tiens, chérie.

**AMINA** Merci, elle est très belle cette fleur.

**RACHID** Oui, mais toi, tu es encore plus belle. Tu es plus belle que toutes les fleurs de la nature réunies!

**AMINA** Rachid...

**RACHID** Chut! Ne dis rien... Stéphane! Laisse-nous tranquilles.

## Expressions utiles

### Expressing regrets and preferences

- **C'est dommage que j'aie si peu de temps.**
  *It's a shame that I have so little time.*
- **Je préférerais qu'on parle d'autre chose.**
  *I would prefer to talk about something else.*
- **J'aimerais que tu fasses un portrait de moi.**
  *I would like you to do a portrait of me.*

### Making suggestions

- **Par précaution, je suggère que tu restes près de moi.**
  *As a precaution, I suggest that you stay close to me.*
- **Il ne faut pas que tu sois si anxieuse.**
  *There's no need to be so anxious.*
- **Je propose qu'on visite...**
  *I propose that we visit...*

---

**2** **À vous!** Vous êtes à la montagne Sainte-Victoire avec des amis. À l'entrée du parc, il y a une liste de règles (*rules*) à suivre pour protéger la nature. Avec un(e) camarade de classe, imaginez quelles sont ces règles et composez cette liste. Qu'est-ce qu'il faut faire si vous faites un pique-nique? Une randonnée? Quelles sont les activités interdites? Présentez votre liste à la classe.

**3** **Écrivez** Il y a deux couples dans notre histoire, Sandrine et David, Amina et Rachid. Composez un paragraphe dans lequel vous expliquez quel couple va rester ensemble et quel couple va se séparer. Pourquoi? Attention! Le départ de David n'entre pas en jeu (*doesn't come into play*).

**ressources**

| VM pp. 237–238 | DVD Leçon 13B | vhlcentral.com Leçon 13B |

**A C T I V I T É S**

## CULTURE À LA LOUPE

# Les parcs nationaux

des perroquets°, en Guadeloupe

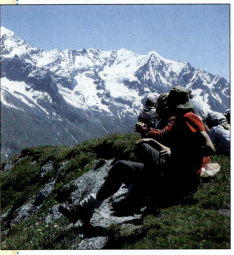

le parc de la Vanoise

**Le gouvernement français protège et gère° neuf parcs nationaux.** Tous offrent des sentiers de randonnée et la possibilité de découvrir la nature avec de l'écotourisme guidé. Ce sont aussi souvent des endroits où les visiteurs peuvent pratiquer différentes activités sportives. Par exemple, on peut faire des sports d'hiver dans cinq des sept parcs de montagnes et dans leurs nombreux sommets° et glaciers.

Les Cévennes, en Languedoc-Roussillon, est le plus grand parc forestier, avec 3.200 km² de forêts, mais on y trouve aussi des montagnes et des plateaux. La Vanoise, un parc de haute montagne dans les Alpes, a été le premier parc créé° en France, en 1963. Avec ses 107 lacs et sa vingtaine° de glaciers, c'est une réserve naturelle où le bouquetin° est protégé. Deux autres parcs, les Écrins et le Mercantour, sont aussi situés dans la région des Alpes. Toujours dans les parcs montagneux, le parc national des Pyrénées est composé de six vallées principales qui sont riches en forêts, cascades° et autres formations naturelles. C'est un refuge pour de nombreuses espèces menacées, comme l'ours° et l'aigle royal°. Quand il fait beau l'été, le parc marin de Port-Cros, composé d'îles méditerranéennes, est idéal pour les activités aquatiques.

Aux Antilles°, il fait chaud et humide toute l'année dans le parc national de la Guadeloupe. Les paysages° de ce parc sont très variés: forêt tropicale, volcan et paysages côtiers° ou maritimes. Ouverts depuis 2007 seulement, les deux parcs nationaux les plus récents sont le Parc Amazonien de Guyane, en Amérique du Sud, et le Parc national de La Réunion, dans l'océan Indien.

**gère** *manages* **sommets** *summits* **créé** *created* **vingtaine** *about twenty* **bouquetin** *ibex, a type of wild goat* **cascades** *waterfalls* **ours** *bear* **aigle royal** *golden eagle* **Antilles** *the French West Indies* **paysages** *landscapes* **côtiers** *coastal* **perroquets** *parrots* **sable** *sand* **cirque** *steep-walled, mountainous basin*

### Les records naturels de la France en Europe de l'Ouest

- Le Mont-Blanc, dans les Alpes, est la plus haute montagne d'Europe de l'Ouest. Il mesure 4.807 mètres.

- La forêt de pins des Landes, en Aquitaine, est le plus grand massif forestier d'Europe. Il fait plus d'un million d'hectares.

- La dune du Pilat, en Aquitaine, est la plus haute dune de sable° d'Europe. Elle mesure 117 mètres.

- Le cirque° de Gavarnie, dans les Pyrénées, a la plus grande cascade d'Europe. Elle mesure 442 mètres.

**A C T I V I T É S**

**1** **Répondez** Répondez aux questions par des phrases complètes.

1. Combien de parcs nationaux français y a-t-il?
2. Quel type de parc est le parc des Cévennes?
3. Quel parc est situé sur des îles méditerranéennes?
4. Quels sont deux animaux qu'on peut trouver dans les Pyrénées?
5. Quels sont deux types de paysages du parc de la Guadeloupe?
6. Comment s'appellent deux des parcs nationaux français et où se trouvent-ils (à la montagne, etc.)?
7. Quelle est la plus haute montagne d'Europe?
8. Où se trouve le plus grand massif forestier d'Europe?
9. Combien mesure la dune du Pilat?
10. Combien mesure la plus grande cascade d'Europe?

## Being aware of the reading process

The reading strategies you have learned are part of a larger process to help you become a smarter and more efficient reader, in French and in general. The individual strategies are important, but don't forget to look at the big picture; you'll learn more if you remember how the strategies all work together.

## Grands sites naturels

Voici deux exemples d'espaces naturels remarquables du monde francophone.

**Au Sénégal** Le parc national du Niokolo Koba est l'une des réserves naturelles les plus vastes d'Afrique de l'Ouest. Situé le long° des rives° de la Gambie, forêts et savanes abritent° une faune d'une grande richesse: des lions, des chimpanzés, des éléphants et de très nombreux° oiseaux et reptiles. Cet écosystème est classé au Patrimoine° mondial de l'UNESCO.

**Aux Seychelles** L'atoll Aldabra abrite la plus grande population de tortues° géantes du monde (152.000). Elles sont encore plus grosses que les tortues des Galapagos: elles peuvent atteindre° 1,2 mètre et 300 kilogrammes. L'atoll, qui comprend° quatre grandes îles de corail, est un autre site du Patrimoine mondial depuis 1982.

**le long** along **rives** riverbanks **abritent** shelter **nombreux** numerous **Patrimoine** Heritage **tortues** tortoises **atteindre** reach **comprend** encompasses

# Madagascar

Madagascar, ancienne colonie française, est la quatrième plus grande île du monde, et, avec plus de 20 parcs nationaux et réserves naturelles, c'est un paradis pour l'écotourisme. Madagascar (avec plus de 16 millions d'habitants) est située à 400 km à l'est du Mozambique, dans l'océan Indien. Sa faune et sa flore sont exceptionnelles, avec 250.000 espèces différentes, dont 1.000 orchidées. Plus de 90% de ces espèces sont uniques au monde. Ses mangroves, rivières, lacs et récifs coralliens° offrent des milieux écologiques variés et ses forêts abritent° 90% des lémuriens° du monde. Caméléons, tortues terrestres°, tortues de mer° et baleines à bosse° sont aussi typiques de l'île.

**récifs coralliens** coral reefs **abritent** provide a habitat for **lémuriens** lemurs **tortues terrestres** tortoises **tortues de mer** sea turtles **baleines à bosse** humpback whales

### ⬙ Sur Internet

**Quel est le sujet de l'émission _Thalassa_?**

Go to **vhlcentral.com** to find more cultural information related to this **Lecture culturelle**. Then watch the corresponding **Flash culture**.

**2** **Complétez** Complétez les phrases.

1. Madagascar est une grande _____ près du Mozambique.

2. Madagascar est une bonne destination pour _____.

3. À Madagascar, la majorité des espèces sont _____.

4. _____ sont des espèces typiques de l'île.

5. L'une des réserves naturelles les plus vastes d'Afrique de l'Ouest se trouve _____.

**3** **À la découverte** Vous et deux partenaires voulez visiter ensemble plusieurs pays francophones et découvrir la nature. Quelles destinations choisissez-vous? Comparez les activités qui vous intéressent et les endroits que vous voulez visiter. Soyez prêt(e)s à présenter votre itinéraire à la classe.

**ressources**

VM pp. 263–264

vhlcentral.com Leçon 13B

Practice more at **vhlcentral.com.**

**ACTIVITÉS**

# STRUCTURES

**13B.1**

## The subjunctive (Part 2)  **Presentation**

### Will and emotion, irregular subjunctive forms

**À noter**

See **Leçon 13A** for an introduction to the subjunctive and the structure of clauses containing verbs in the subjunctive.

- Use the subjunctive with verbs and expressions of will and emotion. Verbs and expressions of will are often used when someone wants to influence the actions of other people. Verbs and expressions of emotion express someone's feelings or attitude.

*Je suggère que tu restes près de moi.*

*Je propose qu'on visite la Maison Sainte-Victoire.*

- When the main clause contains an expression of will or emotion and the subordinate clause has a different subject, the subjunctive is required.

| MAIN CLAUSE VERB OF WILL | CONNECTOR | SUBORDINATE CLAUSE SUBJUNCTIVE |
|---|---|---|
| **Mes parents exigent** | **que** | **je dorme** huit heures. |
| *My parents demand* | *that* | *I sleep eight hours.* |

| EXPRESSION OF EMOTION | CONNECTOR | SUBJUNCTIVE |
|---|---|---|
| **Tu es triste** | **que** | **Sophie ne vienne pas** avec nous. |
| *You are sad* | *that* | *Sophie isn't coming with us.* |

| VERB OF WILL | CONNECTOR | SUBJUNCTIVE |
|---|---|---|
| **Je préfère** | **que** | **tu travailles** ce soir. |
| *I prefer* | *that* | *you work tonight.* |

| EXPRESSION OF EMOTION | CONNECTOR | SUBJUNCTIVE |
|---|---|---|
| **Elle est heureuse** | **que** | **tu finisses** tes études. |
| *She is happy* | *that* | *you're finishing your studies.* |

- Here are some verbs and expressions of will commonly followed by the subjunctive.

| Verbs of will | | | |
|---|---|---|---|
| **demander que...** | *to ask that...* | **recommander que...** | *to recommend that...* |
| **désirer que...** | *to want/ desire that...* | **souhaiter que...** | *to wish that...* |
| **exiger que...** | *to demand that...* | **suggérer que...** | *to suggest that...* |
| **préférer que...** | *to prefer that...* | **vouloir que...** | *to want that...* |
| **proposer que...** | *to propose that...* | | |

Mon père **recommande que** nous **dînions** au restaurant français.

*My father recommends that we have dinner at the French restaurant.*

Le gouvernement **exige qu'**on **recycle** les produits en plastique.

*The government demands that we recycle plastic products.*

- These are some verbs and expressions of emotion followed by the subjunctive.

### Verbs and expressions of emotion

| | | | |
|---|---|---|---|
| aimer que... | to like that... | être heureux / heureuse que... | to be happy that... |
| avoir peur que... | to be afraid that... | | |
| être content(e) que... | to be glad that... | être surpris(e) que... | to be surprised that... |
| être désolé(e) que... | to be sorry that... | être triste que... | to be sad that... |
| être furieux / furieuse que... | to be furious that... | regretter que... | to regret that... |

Martine est **surprise que** Thomas **arrive** demain.
*Martine is surprised that Thomas is arriving tomorrow.*

Nous sommes **furieux que** les gens **jettent** des ordures dans la rivière.
*We're furious that people throw trash in the river.*

- In English, the word *that* introducing the subordinate clause may be omitted. In French, never omit **que** between the two clauses.

Ils sont heureux **que** j'arrive.
*They're happy (that) I'm arriving.*

Elle préfère **que** tu partes.
*She prefers (that) you leave.*

- If the subject doesn't change, use the infinitive with expressions of will and emotion. In the case of **avoir peur**, **regretter**, and expressions with **être**, add **de** before the infinitive.

Tu souhaites faire un pique-nique?
*Do you wish to have a picnic?*

Nous sommes tristes d'apprendre la mauvaise nouvelle.
*We're sad to learn the bad news.*

- Some verbs have irregular subjunctive forms.

### Present subjunctive of *avoir, être, faire*

| | avoir | être | faire |
|---|---|---|---|
| que je/j' | aie | sois | fasse |
| que tu | aies | sois | fasses |
| qu'il/elle/on | ait | soit | fasse |
| que nous | ayons | soyons | fassions |
| que vous | ayez | soyez | fassiez |
| qu'ils/elles | aient | soient | fassent |

Elle veut que je **fasse** le lit.
*She wants me to make the bed.*

Tu es désolé qu'elle **soit** loin.
*You are sorry that she is far away.*

### Boîte à outils

The is no future form of the subjunctive, so use the present subjunctive even when expressing an action that is going to take place in the future. The context will clarify the meaning.

**Elle est contente que tu prennes des cours de musique l'année prochaine.**
*She's glad that you're taking music classes next year.*

---

### Essayez!

**Indiquez les formes correctes du présent du subjonctif des verbes.**

1. que je ____sois____ (être)
2. qu'il _____ (faire)
3. que vous _____ (être)
4. que leur enfant _____ (avoir)
5. qu'elle _____ (faire)
6. que nous _____ (faire)
7. qu'ils _____ (avoir)
8. que tu _____ (être)

**ressources**

WB
pp. 179–180

LM
p. 103

vhlcentral.com
Leçon 13B

# S T R U C T U R E S

## Mise en pratique

**1** **Des réactions** Que devraient faire les personnages sur les illustrations? Employez ces expressions pour donner vos réactions.

vous (proposer que)

 **MODÈLE**

*Je propose que vous mangiez quelque chose.*

| | |
|---|---|
| acheter une décapotable (*convertible*) | faire une fête |
| boire de l'eau | garder le secret |
| me donner de l'argent | manger quelque chose |
| | trouver des amis |

**1.** tu (suggérer que)
_____
_____

**2.** mes voisins (vouloir que)
_____
_____

**3.** vous (exiger que)
_____
_____

**4.** Yves (souhaiter que)
_____
_____

**5.** elle (recommander que)
_____
_____

**6.** tu (désirer que)
_____
_____

**2** **Des opinions** Complétez ces phrases avec le présent du subjonctif. Ensuite, comparez vos réponses avec celles d'un(e) partenaire.

1. Nous sommes furieux que les examens...

2. Notre prof exige que...

3. Nous aimons que le prof...

4. Je propose que... le vendredi.

5. Les étudiants veulent que les cours...

6. Je recommande que... tous les jours.

7. C'est triste que cette université...

8. Nous préférons que le resto U...

9. Mes ami(e)s suggèrent que...

10. Je souhaite que...

Practice more at **vhlcentral.com.**

# Communication

**3** **Enquête** Comparez vos idées sur la nature et l'environnement avec celles d'un(e) partenaire. Posez-vous ces questions.

1. Que suggères-tu qu'on fasse pour protéger les forêts tropicales?
2. Vaut-il mieux qu'on ne chasse plus? Pourquoi?
3. Que recommandes-tu qu'on fasse pour arrêter la pollution?
4. Comment souhaites-tu que nous préservions nos ressources naturelles?
5. Quels produits recommandes-tu qu'on développe?
6. Quel problème écologique veux-tu qu'on traite tout de suite?
7. Que proposes-tu qu'on fasse pour sauver les espèces menacées?
8. Est-il important qu'on arrête le déboisement? Pourquoi?

**4** **Mme Quefège** Mme Quefège donne des conseils (*advice*) à la radio. Pensez à une difficulté que vous avez et préparez par écrit un paragraphe que vous lui lirez. Elle va vous faire des recommandations. Avec un(e) partenaire, alternez les rôles pour jouer les scènes.

**MODÈLE**

**Étudiant(e) 1:** *Ma petite amie fait constamment ses devoirs et elle ne quitte plus son appartement.*
**Étudiant(e) 2:** *Je suis désolée qu'elle n'arrête pas de travailler. Si elle ne quitte toujours pas l'appartement ce week-end, je suggère que vous écriviez à ses parents.*

**5** **Il faut que...** À tour de rôle, donnez des conseils à votre partenaire pour chacune (*each one*) de ces situations. Utilisez des expressions de volonté et d'opinion avec le subjonctif.

- Il/Elle voyage en Europe pour la première fois.
- Il/Elle a un mauvais rhume.
- Il/Elle veut rester en forme.
- Il/Elle ne respecte pas la nature.

**6** **Les habitats naturels** Par groupes de trois, préparez le texte pour cette affiche où vous expliquez ce qu'on doit faire pour sauver les habitats naturels. Utilisez des verbes au présent du subjonctif.

# STRUCTURES

**13B.2**

## The subjunctive (Part 3)
**Verbs of doubt, disbelief, and uncertainty; more irregular subjunctive forms**

 **Presentation**

### The verb *croire*

| The verb *croire* (to believe) | |
|---|---|
| je crois | nous croyons |
| tu crois | vous croyez |
| il/elle/on croit | ils/elles croient |

Les touristes **croient** que la forêt est en danger.
*The tourists believe that the forest is in danger.*

Tu **crois** que l'extinction des espèces menacées est imminente?
*Do you think that the extinction of endangered species is imminent?*

- **Croire** takes **avoir** as an auxiliary verb in the **passé composé**, and its past participle is **cru**. In the **passé composé**, **croire** can mean *thought*.

J'**ai cru** qu'il y était.
*I thought he was there.*

Vous **avez cru** à son histoire?
*Did you believe his story?*

- The **futur simple** and **conditionnel** of **croire** are formed with the stem **croir-**.

Nous le **croirons** si nous le voyons.
*We will believe it if we see it.*

On **croirait** que c'est une tragédie.
*One would think it's a tragedy.*

### The subjunctive

- The subjunctive is used in a subordinate clause when there is a change of subject and the main clause implies doubt, disbelief, or uncertainty.

| MAIN CLAUSE | CONNECTOR | SUBORDINATE CLAUSE |
|---|---|---|
| **Je doute** | **que** | la rivière **soit** propre. |
| *I doubt* | *that* | *the river is clean.* |

> **À noter**
>
> As you learned in **Structures 13B.1**, the connector *that* is often optional in English, but **que** is always required in French.

| Expressions of doubt, disbelief, and uncertainty | | | |
|---|---|---|---|
| douter que... | to doubt that... | Il est impossible que... | It is impossible that... |
| ne pas croire que... | not to believe that... | Il n'est pas certain que... | It is uncertain that... |
| ne pas penser que... | not to think that... | Il n'est pas sûr que... | It is not sure that... |
| Il est douteux que... | It is doubtful that... | Il n'est pas vrai que... | It is untrue that... |

Il n'est pas sûr qu'il y **ait** un problème.
*It's not sure that there is a problem.*

Je ne crois pas qu'on **fasse** une randonnée sur le volcan.
*I don't believe that we're hiking on the volcano.*

Il n'est pas vrai que Julie **sorte** avec Ahmed.
*It's not true that Julie is going out with Ahmed.*

Vous ne pensez pas qu'il y **ait** un sentier là-bas?
*Don't you think there's a path over there?*

- The indicative is used in a subordinate clause when the main clause expresses certainty.

### Expressions of certainty

| | | | |
|---|---|---|---|
| croire que... | to believe that... | Il est clair que... | It is clear that... |
| penser que... | to think that... | Il est évident que... | It is obvious that... |
| savoir que... | to know that... | | |
| Il est certain que... | It is certain that... | Il est sûr que... | It is sure that... |
| | | Il est vrai que... | It is true that... |

On **sait que** l'histoire **finit** mal.
*We know the story ends badly.*

Il est certain qu'elle **comprend**.
*It is certain that she understands.*

- Sometimes a speaker may opt to use the subjunctive in a question to indicate that he or she feels doubtful or uncertain of an affirmative response.

**Crois-tu que** cette loi **soit** juste pour tout le monde?
*Do you believe that this law is just for everybody?*

**Est-il vrai que** vous **partiez** déjà en vacances?
*Is it true that you're already leaving on vacation?*

- Here are more verbs that are irregular in the subjunctive.

### Present subjunctive of *aller, pouvoir, savoir, vouloir*

| | aller | pouvoir | savoir | vouloir |
|---|---|---|---|---|
| que je/j' | aille | puisse | sache | veuille |
| que tu | ailles | puisses | saches | veuilles |
| qu'il/elle/on | aille | puisse | sache | veuille |
| que nous | allions | puissions | sachions | voulions |
| que vous | alliez | puissiez | sachiez | vouliez |
| qu'ils/elles | aillent | puissent | sachent | veuillent |

Je doute qu'on **aille** au théâtre ce soir.
*I doubt we'll go to the theater tonight.*

Il n'est pas sûr qu'on **puisse** voir les acteurs.
*It's not sure that we'll be able to see the actors.*

Ma copine ne croit pas qu'il **sache** l'adresse.
*My friend doesn't think he knows the address.*

Nous doutons qu'ils **veuillent** faire de l'écotourisme.
*We doubt they want to do ecotourism.*

### Essayez! Choisissez la forme correcte du verbe.

1. Il est douteux que le guide (sait / sache) où est le champ.
2. Il est certain qu'elle (sait / sache) nager.
3. Nous doutons que vous (voulez / vouliez) recycler.
4. Ne crois-tu pas qu'Anne (va / aille) au Maroc seule?
5. Est-il vrai que les Français (font / fassent) de l'écotourisme?
6. Je ne crois pas qu'on (peut / puisse) nager dans ce lac.
7. Tu penses que l'énergie solaire (peut / puisse) sauver la planète.
8. Il n'est pas certain qu'ils (peuvent / puissent) chasser.

ressources

WB pp. 181-182

LM p. 104

vhlcentral.com Leçon 13B

# STRUCTURES

## Mise en pratique

**1** **Fort-de-France** Vous discutez de vos projets (*plans*) avec votre ami(e) martiniquais(e). Complétez les phrases avec les formes correctes du présent de l'indicatif ou du subjonctif.

1. Je crois que Fort-de-France _____ (être) plus loin de Paris que de New York.

2. Il n'est pas certain que je _____ (venir) à Fort-de-France cet été.

3. Il n'est pas sûr que nous _____ (partir) en croisière (*cruise*) ensemble.

4. Il est clair que nous _____ (ne pas partir) sans toi.

5. Nous savons que ce voyage _____ (aller) t'intéresser.

6. Il est douteux que le ski alpin _____ (être) un sport populaire ici.

**2** **Camarade pénible** Vous faites une présentation sur la Martinique devant la classe. Un(e) camarade critique toutes vos idées. Avec un(e) partenaire, jouez la scène.

**MODÈLE**

**Étudiant(e) 1:** *Le carnaval martiniquais est populaire.*
**Étudiant(e) 2:** *Je doute qu'il soit populaire.*

1. Les ressources naturelles sont protégées.

2. Tout le monde va se promener dans la forêt.

3. Les Martiniquais font des pique-niques tous les jours.

4. L'île a de belles plages.

5. Les enfants y font des randonnées.

6. On y boit des jus de fruits délicieux.

**3** **Le Tour de France** Maxime veut participer un jour au Tour de France. Employez des expressions de doute et de certitude pour lui dire ce que vous pensez de ses bonnes et de ses mauvaises habitudes.

▶ **MODÈLE**

*Je ne crois pas que tu puisses dormir jusqu'à midi!*

| | |
|---|---|
| ne pas croire que... | Il faut que... |
| douter que... | penser que... |
| Il est clair que... | recommander que... |
| Il est essentiel que... | suggérer que... |

1.

2.

3.

4.

5.

6.

Practice more at **vhlcentral.com.**

# Communication

**4** **Assemblez** Imaginez que vous ayez l'occasion de faire un séjour aux Antilles françaises. À tour de rôle avec un(e) partenaire, assemblez les éléments de chaque colonne pour parler de ces vacances.

**MODÈLE**

*Il n'est pas certain que nous allions visiter une plantation.*

| A | B | C |
|---|---|---|
| Il est certain que | je/j' | être content(e)(s) |
| Il n'est pas certain que | tu | faire des excursions |
| Il est évident que | mon copain | faire beau temps |
| Il est impossible que | ma sœur | faire du bateau |
| Il est vrai que | mon frère | jouer sur la plage |
| Il n'est pas sûr que | nous | pouvoir parler créole |
| Je doute que | les touristes | visiter une plantation |
| Je crois que | mes parents | ? |
| Je ne crois pas que | ? | |
| ? | | |

**5** **Voyage en Afrique centrale** Vous voulez visiter ces endroits en Afrique centrale. Avec un(e) partenaire, préparez un dialogue dans lequel vous utilisez des expressions de doute et de certitude. Ensuite, échangez les rôles.

**MODÈLE**

**Étudiant(e) 1:** *Il est clair qu'on doit visiter Kribi, au Cameroun. Il y a beaucoup de plages.*
**Étudiant(e) 2:** *Je doute que nous en ayons le temps. Il vaut mieux que nous visitions le marché, au Gabon.*

> la forêt de Dzanga-Sangha (République centrafricaine)
> le lac Kivu (Rwanda)
> les marchés (Gabon)
> le parc national de Lobéké (Cameroun)
> le parc national de l'Ivindo (Congo)
> les plages de Kribi (Cameroun)

**6** **L'avenir** Vous et votre partenaire parlez de vos doutes et de vos certitudes à propos de l'avenir. À tour de rôle, complétez ces phrases pour décrire comment vous envisagez (*envision*) l'avenir.

1. Je doute que...
2. Il est sûr que...
3. Il n'est pas certain que...
4. Il est impossible que...
5. Je ne crois pas que...
6. Je sais que...

**7** **Je doute** Votre partenaire veut mieux vous connaître. Écrivez cinq phrases qui vous décrivent: quatre fausses et une vraie. Votre partenaire doit deviner laquelle est vraie et justifier sa réponse. Ensuite, alternez les rôles.

**MODÈLE**

**Étudiant(e) 1:** *Je finis toujours mes devoirs avant de me coucher.*
**Étudiant(e) 2:** *Je doute que tu finisses tes devoirs avant de te coucher, parce que tu as toujours beaucoup de devoirs.*

# SYNTHÈSE

# Révision

**1** **Des changements** Avec un(e) partenaire, observez ces endroits et dites, à tour de rôle, ce que vous aimeriez qu'il y ait pour améliorer la situation. Ensuite, comparez vos phrases à celles d'un autre groupe.

**MODÈLE**

**Étudiant(e) 1:** *Je préférerais qu'il y ait de l'eau dans cette rivière.*
**Étudiant(e) 2:** *J'aimerais mieux qu'il y ait de l'herbe.*

1.

3.

2.

4.

**2** **Visite de votre région** Interviewez vos camarades. Que recommandent-ils à des visiteurs qui ne connaissent pas votre région? Écrivez leurs réponses, puis comparez vos résultats à ceux d'un autre groupe. Utilisez ces expressions.

**MODÈLE**

**Étudiant(e) 1:** *Que devraient faire les visiteurs de cette région?*
**Étudiant(e) 2:** *Je recommande qu'ils visitent les musées du centre-ville. Il serait bon qu'ils assistent aussi à un match de baseball.*

| | |
|---|---|
| il est bon que | proposer que |
| il est indispensable que | recommander que |
| il faut que | suggérer que |
| ? | ? |

**3** **Mes activités** Faites la liste de quatre activités qui protègent l'environnement, une à laquelle vous participez et trois auxquelles vous ne participez pas. Donnez cette liste à deux de vos camarades, qui devineront celle à laquelle vous participez. Utilisez les verbes **croire** et **penser**. Ensuite, présentez vos discussions à la classe.

**4** **Je ne pense pas** Que pensent vos camarades de ces affirmations? Par groupes de quatre, trouvez au moins une personne qui soit d'accord avec chaque phrase et une qui ne soit pas d'accord. Utilisez des expressions de doute et de certitude. Ensuite, présentez vos arguments à la classe.

**MODÈLE** On lit moins à cause de la télévision.

**Étudiant(e) 1:** *Penses-tu qu'on lise moins à cause de la télévision?*
**Étudiant(e) 2:** *Non, je ne crois pas que ce soit vrai. Il est clair que les gens achètent toujours beaucoup de livres.*

- Le réchauffement de la Terre n'est pas vraiment un problème.
- L'écotourisme n'est qu'une mode passagère (*temporary*).
- Personne n'aime chasser aujourd'hui.
- Les humains peuvent sauver la planète.
- L'extinction des espèces va s'arrêter dans l'avenir.

**5** **Échange d'opinions** Avec un(e) partenaire, imaginez une conversation entre un chasseur (*hunter*) et un défenseur de la nature. Préparez un dialogue où les deux se font des suggestions. Ensuite, jouez votre dialogue pour la classe.

**MODÈLE**

**Étudiant(e) 1:** *Il est dommage que vous disiez que les chasseurs n'aiment pas la nature.*
**Étudiant(e) 2:** *Je souhaite que vous respectiez plus les animaux.*

**6** **La maman de Carine** Votre professeur va vous donner, à vous et à votre partenaire, deux feuilles d'activités différentes sur Carine et sa mère. Attention! Ne regardez pas la feuille de votre partenaire.

**MODÈLE**

**Étudiant(e) 1:** *Si Carine prend l'avion,...*
**Étudiant(e) 2:** *... sa mère veut qu'elle l'appelle de l'aéroport.*

# Écriture

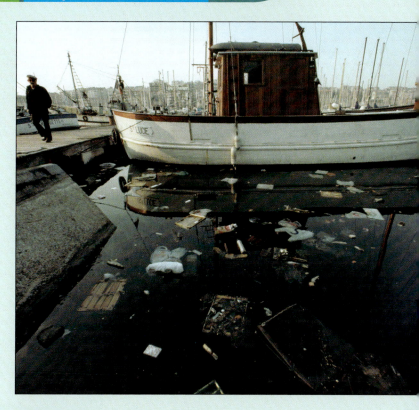

### Considering audience and purpose

Writing always has a purpose. During the planning stages, you must determine to whom you are addressing the piece and what you want to express to your reader. Once you have defined both your audience and your purpose, you will be able to decide which genre, vocabulary, and grammatical structures will best serve your composition.

Let's say you want to share your thoughts on local traffic problems. Your audience can be either the local government or the community. You could choose to write a newspaper article, a letter to the editor, or a letter to the city's governing board. You should first ask yourself these questions:

1. Are you going to comment on traffic problems in general, or are you going to point out several specific problems?

2. Are you intending to register a complaint?

3. Are you simply intending to inform others and increase public awareness of the problems?

4. Are you hoping to persuade others to adopt your point of view?

5. Are you hoping to inspire others to take concrete actions?

The answers to these questions will help you establish the purpose of your writing and determine your audience. Of course, your writing can have more than one purpose. For example, you may intend for your writing to both inform others of a problem and inspire them to take action.

## Thème

### Écrire une lettre ou un article

Vous allez écrire au sujet d'un problème de l'environnement qui est important pour vous.

1. Choisissez d'abord le problème dont vous voulez parler. Vous pouvez choisir un problème local (par exemple, le ramassage des ordures sur votre campus) ou bien un problème mondial comme la surpopulation.

2. Décidez qui sera votre public: Voulez-vous écrire une lettre à un(e) ami(e), à un membre du gouvernement, à une association universitaire, etc.? Préférez-vous écrire un article pour un journal ou pour un magazine?

3. Identifiez le but de votre lettre ou article: Voulez-vous simplement informer votre public ou allez-vous aussi donner votre opinion personnelle?

4. Préparez une courte introduction, puis présentez le problème que vous avez choisi, de façon logique.

5. Si vous avez choisi d'exprimer votre opinion personnelle, justifiez-la pour essayer de persuader votre (vos) lecteur(s) que vous avez raison.

6. Préparez la conclusion de votre lettre ou article.

**un marché en Afrique**

**(S) Interactive Map**

# Panorama

## L'Afrique de l'Ouest

### La région en chiffres

- ▶ **Bénin:** *(8.278.000 habitants), Porto Novo*
- ▶ **Burkina-Faso:** *(15.764.000), Ouagadougou*
- ▶ **Côte d'Ivoire:** *(19.625.000), Yamoussoukro*
- ▶ **Guinée:** *(9.996.000), Conakry*
- ▶ **Mali:** *(15.234.000), Bamako*
- ▶ **Mauritanie:** *(3.577.000), Nouakchott*
- ▶ **Niger:** *(15.550.000), Niamey*
- ▶ **Sénégal:** *(12.051.000), Dakar*
- ▶ **Togo:** *(5.826.000), Lomé*

SOURCE: Population Division, UN Secretariat

## L'Afrique centrale

### La région en chiffres

- ▶ **Burundi:** *(8.662.000), Bujumbura*
- ▶ **Cameroun:** *(18.347.000), Yaoundé*
- ▶ **Congo:** *(4.084.000), Brazzaville*
- ▶ **Gabon:** *(1.568.000), Libreville*
- ▶ **République centrafricaine:** *(4.430.000), Bangui*
- ▶ **République démocratique du Congo (R.D.C.):** *(71.272.000), Kinshasa*
- ▶ **Rwanda:** *(9.425.000), Kigali*
- ▶ **Tchad:** *(10.689.000), N'Djamena*

### Personnages célèbres

- ▶ **Mory Kanté,** *Guinée et Mali, chanteur et musicien (1950– )*

- ▶ **Djimon Hounsou,** *Bénin, acteur (1964– )*

- ▶ **Françoise Mbango-Etone,** *Cameroun, athlète olympique (1976– )*

**liste du patrimoine mondial en péril** *World Heritage in Danger List*

La carte:

LA TUNISIE · LE MAROC · L'ALGÉRIE · LE SAHARA OCCIDENTAL · LA MAURITANIE · LE SÉNÉGAL · Nouakchott · Dakar · LA GAMBIE · LE SAHARA · LE MALI · Bamako · LE BURKINA-FASO · Ouagadougou · LE NIGER · Niamey · LE TCHAD · N'Djamena · LE SOUDAN · LA GUINÉE · Conakry · LA GUINÉE-BISSAU · LA SIERRA LEONE · LE GHANA · Yamoussoukro · LA CÔTE D'IVOIRE · LE LIBÉRIA · LE BÉNIN · Lomé · Porto Novo · LE TOGO · LE NIGÉRIA · LE CAMEROUN · Yaoundé · LA RÉPUBLIQUE CENTRAFRICAINE · Bangui · LE GOLFE DE GUINÉE · LA GUINÉE ÉQUATORIALE · Libreville · LE GABON · LE CONGO · Brazzaville · Kinshasa · LA RÉPUBLIQUE DÉMOCRATIQUE DU CONGO · L'OCÉAN ATLANTIQUE · L'OUGAND · LE RWANDA · Kiga · Bujumbura · LE BURUNDI · TANZ · L'ANGOLA · LA ZAMBIE · le Nil

**la ville d'Abidjan**

**la place des Artistes à Kinshasa**

☐ **Pays francophones**

0 — 500 milles
0 — 500 kilomètres

## Incroyable mais vrai!

Progrès ou destruction? Dans le parc Kahuzi-Biega, à l'est de la R.D.C., habite une espèce menacée d'extinction: le gorille de montagne. Il est encore plus menacé, depuis peu, par l'exploitation d'un minerai qu'on trouve dans ce parc, le coltan, utilisé dans la fabrication de téléphones portables. Aujourd'hui, le parc est sur la liste du patrimoine mondial en péril°.

## Les gens

### Léopold Sédar Senghor, le président poète (1906–2001)

Senghor, homme politique et poète sénégalais, était professeur de lettres en France avant de mener° le Sénégal à l'indépendance et de devenir le premier président du pays en 1960. Humaniste et homme de culture, il est un des pères fondateurs° de la Négritude, un mouvement littéraire d'Africains et d'Antillais noirs qui examinent et mettent en valeur leur identité culturelle. Il a aussi organisé le premier Festival mondial des arts nègres, à Dakar, en 1966. Senghor a produit une importante œuvre° littéraire dans laquelle il explore le métissage° des cultures africaines, européennes et américaines. Docteur honoris causa de nombreuses universités, dont Harvard et la Sorbonne, il a été élu° à l'Académie française en 1983.

## La musique

### Le reggae ivoirien

La Côte d'Ivoire est un des pays d'Afrique où le reggae africain est le plus développé. Ce type de reggae se distingue du reggae jamaïcain par les instruments de musique utilisés et les thèmes abordés°. En fait, les artistes ivoiriens incorporent souvent

**Alpha Blondy**

des instruments traditionnels d'Afrique de l'Ouest et les thèmes sont souvent très politiques. Alpha Blondy, par exemple, est le plus célèbre des chanteurs ivoiriens de reggae et fait souvent des commentaires sociopolitiques. Le chanteur Tiken Jah Fakoly critique la politique occidentale et les gouvernants africains, et Ismaël Isaac dénonce les ventes d'armes° dans le monde. Le reggae ivoirien est chanté en français, en anglais et dans les langues africaines.

## Les lieux

### Les parcs nationaux du Cameroun

Avec la forêt, la savane et la montagne dans ses réserves et parcs nationaux, le Cameroun présente une des faunes et flores les plus riches et variées d'Afrique. Deux cent quarante empreintes° de dinosaures sont fossilisées au site de dinosaures de Manangia, dans la province du Nord. Les différentes réserves du pays abritent°, entre autres, éléphants, gorilles, chimpanzés, antilopes et plusieurs centaines d'espèces de reptiles, d'oiseaux et de poissons. Le parc national Korup est une des plus anciennes forêts tropicales du monde. Il est connu surtout récemment pour une liane°, découverte là-bas, qui pourrait avoir un effet sur la guérison° de certains cancers et du VIH°.

## Les arts

### Le FESPACO

Le FESPACO (Festival Panafricain du Cinéma et de la télévision à Ouagadougou), créé en 1969 pour favoriser la promotion du cinéma africain, est le plus grand festival de cinéma africain du monde et le plus grand événement culturel récurrent d'Afrique. Vingt films et vingt courts métrages° africains sont présentés en compétition officielle, tous les deux ans, à ce festival du Burkina-Faso. Le FESPACO est aussi une fête populaire avec une cérémonie d'ouverture à laquelle assistent 40.000 spectateurs et des stars de la musique africaine.

---

**Qu'est-ce que vous avez appris?** Répondez aux questions par des phrases complètes.

1. Qu'est-ce qui menace la vie des gorilles de montagne?
2. Quelle est une des utilisations du coltan?
3. Pourquoi Senghor est-il important dans l'histoire du Sénégal?
4. De quel mouvement Senghor était-il un des fondateurs?
5. Qu'est-ce qui fait la spécificité du son (*sound*) du reggae ivoirien?
6. De quoi parlent souvent les chanteurs de reggae en Côte d'Ivoire?
7. Qu'a-t-on trouvé sur le site de Manangia?
8. Pourquoi le parc national Korup est-il bien connu récemment?
9. Pourquoi le FESPACO a-t-il été créé?
10. Le FESPACO est-il un festival réservé exclusivement aux professionnels du cinéma?

## Sur Internet

Go to **vhlcentral.com** to find more cultural information related to this **Panorama**.

1. Trouvez des informations sur le mouvement de la Négritude. Qui en étaient les autres principaux fondateurs?
2. Écoutez des chansons (*songs*) de reggae ivoirien. De quoi parlent-elles?
3. Cherchez plus d'informations sur le gorille de montagne et le coltan. Quel est le statut (*status*) du gorille aujourd'hui?

**ressources**

WB pp. 183–184 | vhlcentral.com Unité 13

**mener** *lead* **pères fondateurs** *founding fathers*
**œuvre** *body of work* **métissage** *mixing* **élu** *elected*
**abordés** *dealt with* **ventes d'armes** *arms trade*
**empreintes** *footprints* **abritent** *provide a habitat for, shelter*
**liane** *vine* **guérison** *cure* **VIH** *HIV* **métrages** *films*

**S** Interactive Map

# Panorama

L'OCÉAN ATLANTIQUE

la ville de Gustavia, à Saint-Barthélemy

## Les Antilles

### L'archipel en chiffres

▶ **Guadeloupe:** *(460.000 habitants), Pointe-à-Pitre, Basse-Terre*

▶ **Haïti:** *(9.500.000), Port-au-Prince*

▶ **Martinique:** *(402.000), Fort-de-France*

▶ **Saint-Barthélemy:** *(6.858), Gustavia*

▶ **Saint-Martin:** *(en partie) (29.126), Marigot*

SOURCE: Population Division, UN Secretariat

### Antillais célèbres

▶ **Aimé Césaire,** *la Martinique, poète (1913–2008)*

▶ **Raphaël Confiant,** *la Martinique, écrivain° (1951– )*

▶ **Garcelle Beauvais,** *Haïti, actrice (1966– )*

▶ **Wyclef Jean,** *Haïti, chanteur de rap (1972– )*

## La Polynésie française

### L'archipel en chiffres

▶ **Îles Australes:** *(6.386), Tubuai*

▶ **Îles de la Société:** *(214.445), Papeete*

▶ **Îles Gambier:** *(1.097), Mangareva*

▶ **Îles Marquises:** *(8.712), Nuku-Hiva*

▶ **Îles Tuamotu:** *(16.959), Fakarava, Rankiroa*

### Polynésiens célèbres

▶ **Henri Hiro,** *Tahiti, îles de la Société, poète (1944–1990)*

▶ **Rodolphe Vinh Tung,** *Raiatea, îles de la Société, professionnel du wakeboard (1974– )*

LES ÉTATS-UNIS

**LES ANTILLES**

CUBA
Porto Rico
LA JAMAÏQUE
HAÏTI
Saint-Martin
Saint-Barthélemy
La Guadeloupe
La Martinique

LE VENEZUELA
LA COLOMBIE
LE SURINAM
La Guyane française
LA GUYANA

L'OCÉAN PACIFIQUE

LE BRÉSIL

**LA POLYNÉSIE FRANÇAISE**

Les îles Marquises

L'OCÉAN PACIFIQUE

Les îles Tuamotu

Les îles de la Société
Tahiti

Les îles Australes

Les îles Gambier

■ Régions francophones

0       1,000 milles
0       1,000 kilomètres

0    500 milles
0    500 kilomètres

les courses de pirogues° en Polynésie française

### Incroyable mais vrai!

Jusqu'au vingtième siècle, Saint-Pierre était le port le plus actif des Antilles et la capitale de la Martinique. Mais en 1902, son volcan, la montagne Pelée, entre en éruption. Il n'y a que deux survivants°, dont un qui a été protégé par les murs de la prison où il était enfermé°. Certains historiens doutent de l'authenticité de cette anecdote.

**écrivain** writer **survivants** survivors **enfermé** detained **pirogues** dugout canoes

# Les arts

## Les peintures de Gauguin

En 1891, le peintre° Paul Gauguin (1848–1903) vend ses œuvres° à Paris et déménage à Tahiti, dans les îles de la Société, pour échapper° la vie moderne. Il y reste deux ans avant de rentrer en France et, en 1895, il retourne en Polynésie française pour y habiter jusqu'à sa mort en 1903. Inspirée par le nouvel environnement du peintre et la nature qui l'entoure°, l'œuvre «tahitienne» de Gauguin est célèbre° pour la représentation du peuple indigène et l'emploi° de couleurs vives°. Ses peintures° de femmes font partie de ses meilleurs tableaux°.

# Les destinations

## Haïti, première République noire

En 1791, un ancien esclave°, Toussaint Louverture, mène° une rébellion dans la colonie française de Saint-Domingue. Après avoir gagné le combat, Louverture se proclame gouverneur de l'île et abolit l'esclavage. Il est plus tard capturé par l'armée française et exilé en France. Son successeur, Jean-Jacques Dessalines, lui-même ancien esclave, vainc° définitivement l'armée française en 1803 et proclame l'indépendance d'Haïti en 1804. Haïti est donc la première République noire du monde et le premier pays du monde occidental à abolir l'esclavage.

# L'économie

## La perle noire

La Polynésie française est le principal producteur de perles° noires. Dans la nature, les perles sont très rares; on en trouve dans une huître° sur 15.000. Par contre°, aujourd'hui, la Polynésie française produit plusieurs tonnes de perles noires chaque année. Des milliers de Tahitiens vivent de° l'industrie perlière. Parce qu'elle s'est développée dans les lagons, la perliculture° a même aidé à repeupler° certaines îles et certains endroits ruraux, abandonnés par les gens partis en ville. Les perles sont très variées et présentent différentes formes ou nuances de noir.

# Les gens

## Maryse Condé

Née en Guadeloupe, puis étudiante à la Sorbonne, à Paris, Maryse Condé a vécu° huit ans en Afrique (Ghana, Sénégal, Guinée, etc.). En 1973, elle enseigne dans les universités françaises et commence sa carrière° d'écrivain°. Elle sera ensuite professeur en Californie et à l'Université de Columbia. Ses nombreux romans°, y compris° *Moi, Tituba Sorcière*, ont reçu de multiples récompenses°. Ils mêlent° souvent fiction et événements historiques pour montrer la complexité de la culture antillaise, culture liée° à l'Amérique, l'Europe et l'Afrique.

---

**Qu'est-ce que vous avez appris?** Répondez aux questions par des phrases complètes.

1. Que s'est-il passé en Martinique au début du vingtième siècle?
2. L'éruption a-t-elle tué tous les habitants de Saint-Pierre?
3. Pour quelle raison Gauguin a-t-il déménagé à Tahiti?
4. Pour quelles raisons l'œuvre «tahitienne» de Gauguin est-elle célèbre?
5. Quelle est la principale particularité d'Haïti?
6. Qui a réussi à abolir l'esclavage en Haïti?

7. D'où viennent la majorité des perles noires?
8. Comment la perliculture a-t-elle changé la population de la Polynésie?
9. Où Maryse Condé a-t-elle étudié? Où est-elle née?
10. Ses romans sont-ils entièrement des œuvres de fiction?

**ressources**

WB pp. 185–186

vhlcentral.com
Unité 13

# Sur Internet

Go to **vhlcentral.com** to find more cultural information related to this **Panorama**.

1. Cherchez des informations sur Aimé Césaire. Qu'a-t-il en commun avec Léopold Sédar Senghor, poète et homme politique mentionné dans le **Panorama** précédent?
2. Trouvez des informations sur la ville de Saint-Pierre. Comment est-elle aujourd'hui?
3. Cherchez des informations sur les courses de pirogues en Polynésie française. Quelle est leur signification?

**peintre** *painter* **œuvres** *artworks* **échapper à** *escape* **entoure** *surrounds* **célèbre** *famous* **emploi** *use* **vives** *bright* **peintures** *paintings* **tableaux** *paintings* **esclave** *slave* **mène** *leads* **vainc** *defeats* **perles** *pearls* **huître** *oyster* **Par contre** *However* **vivent de** *make a living from* **perliculture** *pearl farming* **repeupler** *repopulate* **a vécu** *lived* **carrière** *career* **écrivain** *writer* **romans** *novels* **y compris** *including* **récompenses** *awards* **mêlent** *mix* **liée** *tied*

# Lecture

**S** Audio: Reading

## Avant la lecture

### STRATÉGIE

#### Recognizing chronological order

Recognizing the chronological order of events is key to understanding the cause and effect relationship between them. When you are able to establish the chronological chain of events, you will easily be able to follow the plot. In order to be more aware of the order of events, you may find it helpful to prepare a numbered list of the events as you read.

### Examinez le texte

D'abord, regardez la forme du texte. Quel genre de texte est-ce? Puis, regardez les illustrations. Qu'y a-t-il sur ces illustrations? Qui sont les personnages de l'histoire (*story*)? Que font les insectes dans la première illustration? Et dans la deuxième?

### À propos de l'auteur
#### Jean de La Fontaine (1621–1695)

Jean de La Fontaine est un auteur et un poète français très connu du dix-septième siècle. Né à Château-Thierry, à l'est de Paris, il a passé toute son enfance à la campagne avant de devenir avocat et de s'installer à Paris. C'est dans la capitale qu'il a rencontré des écrivains célèbres et qu'il a décidé d'écrire. Il est l'auteur de poèmes, de nouvelles en vers° et de contes°, mais il est connu surtout pour ses fables, considérées comme des chefs-d'œuvre° de la littérature française. Au total, La Fontaine a publié 12 livres de fables dans lesquels il a créé des histoires autour de concepts fondamentaux de la morale qu'il a empruntés principalement aux fables d'Ésope. Les fables de La Fontaine, avec leurs animaux et leurs histoires assez simples, étaient, pour lui, une manière° subtile de critiquer la société contemporaine et la nature humaine. Deux de ses fables les plus connues sont *La Cigale et la Fourmi* et *Le Corbeau et le Renard*.

**nouvelles en vers** *short stories in verse* **contes** *tales* **chefs-d'œuvre** *masterpieces* **manière** *manner, way*

# La Cigale et

1 La Cigale°, ayant° chanté
Tout l'été,
Se trouva fort dépourvue°
Quand la bise fut venue°:
5 Pas un seul petit morceau
De mouche° ou de vermisseau°.
Elle alla crier° famine
Chez la Fourmi° sa voisine,
La priant° de lui prêter
10 Quelque grain pour subsister°
Jusqu'à la saison nouvelle.
«Je vous paierai, lui dit-elle,
Avant l'Oût°, foi d'animal°,
Intérêt et principal.»
15 La Fourmi n'est pas prêteuse°;
C'est là son moindre défaut°.
«Que faisiez-vous au temps chaud?
Dit-elle à cette emprunteuse°.
—Nuit et jour à tout venant°
20 Je chantais, ne vous déplaise°.
—Vous chantiez? j'en suis fort aise°.
Eh bien! dansez maintenant.»

# la Fourmi

de Jean
de La Fontaine

**Cigale** *Cicada* **ayant** *having* **Se trouva fort dépourvue** *Found itself left without a thing* **la bise
...ut venue** *the cold winds of winter arrived* **mouche** *fly* **vermisseau** *small worm* **alla crier** *went
...rying* **Fourmi** *Ant* **La priant** *Begging her* **subsister** *survive* **Oût** *August* **foi d'animal** *on my word
...s an animal* **n'est pas prêteuse** *doesn't like lending things* **moindre défaut** *the least of her faults*
**...mprunteuse** *borrower* **à tout venant** *all the time* **ne vous déplaise** *if you please* **fort aise** *delighted*

## Après la lecture

**Répondez** Répondez aux questions par des phrases complètes.

1. Qu'est-ce que la Cigale a fait tout l'été?
   _____

2. Quel personnage de la fable a beaucoup travaillé pendant l'été?
   _____

3. Pourquoi la Cigale n'a-t-elle rien à manger quand l'hiver arrive?
   _____

4. Que fait la Cigale quand elle a faim?
   _____

5. Que fera la Cigale si la Fourmi lui donne à manger?
   _____

6. Qu'est-ce que la Fourmi demande à la Cigale?
   _____

7. Quel est le moindre défaut de la Fourmi?
   _____

8. La Fourmi va-t-elle donner quelque chose à manger à la Cigale? Expliquez.
   _____

**Un résumé** Écrivez un résumé (*summary*) de la fable de La Fontaine. Regardez le texte et prenez des notes sur ce qui se passe aux différents moments de l'histoire. Faites aussi une liste des mots importants que vous ne connaissez pas et trouvez-leur des synonymes que vous pourrez utiliser dans votre résumé. Par exemple, vous connaissez déjà le mot «vent», synonyme de «bise».

**La morale de la fable** Comme les fables en général, *La Cigale et la Fourmi* a une morale, mais La Fontaine ne la donne pas explicitement. À votre avis, quelle est la morale de cette fable? Êtes-vous d'accord avec cette morale? Discutez de ces questions par petits groupes.

**Les fables** Connaissiez-vous déjà l'histoire de cette fable? Connaissez-vous d'autres fables, comme celles du Grec Ésope, de l'Américain James Thurber, de l'Allemand Gotthold Lessing ou de l'Espagnol Félix Maria Samaniego? Que pensez-vous des fables en général? Aimez-vous les lire? À quoi servent-elles? Quels thèmes trouve-t-on souvent dans les fables? Quels animaux sont souvent utilisés? Discutez de ces questions par petits groupes.

Audio: Vocabulary Flashcards

## La nature

| | |
|---|---|
| un espace | space, area |
| une espèce (menacée) | (endangered) species |
| la nature | nature |
| un pique-nique | picnic |
| une région | region |
| une ressource naturelle | natural resource |
| un arbre | tree |
| un bois | woods |
| un champ | field |
| le ciel | sky |
| une côte | coast |
| un désert | desert |
| une étoile | star |
| une falaise | cliff |
| un fleuve | river |
| une forêt (tropicale) | (tropical) forest |
| l'herbe (f.) | grass |
| une île | island |
| la jungle | jungle |
| un lac | lake |
| la Lune | moon |
| une pierre | stone |
| une plante | plant |
| une rivière | river |
| un sentier | path |
| une vallée | valley |
| un volcan | volcano |
| en plein air | outdoor, open-air |
| pur(e) | pure |

## Vocabulaire supplémentaire

| | |
|---|---|
| lequel | which one (m. sing.) |
| lesquels | which ones (m. pl.) |
| laquelle | which one (f. sing.) |
| lesquelles | which ones (f. pl.) |

## L'écologie

| | |
|---|---|
| améliorer | to improve |
| chasser | to hunt |
| développer | to develop |
| gaspiller | to waste |
| jeter | to throw away |
| polluer | to pollute |
| préserver | to preserve |
| prévenir l'incendie | to prevent fires |
| proposer une solution | to propose a solution |
| recycler | to recycle |
| sauver la planète | to save the planet |
| une catastrophe | catastrophe |
| une centrale nucléaire | nuclear power plant |
| la chasse | hunt |
| le covoiturage | carpooling |
| un danger | danger, threat |
| le déboisement | deforestation |
| des déchets toxiques (m.) | toxic waste |
| l'écologie (f.) | ecology |
| l'écotourisme (m.) | ecotourism |
| l'effet de serre (m.) | greenhouse effect |
| un emballage en plastique | plastic wrapping/ packaging |
| l'énergie nucléaire (f.) | nuclear energy |
| l'énergie solaire (f.) | solar energy |
| l'environnement (m.) | environment |
| l'extinction (f.) | extinction |
| le gaspillage | waste |
| un glissement de terrain | landslide |
| un nuage de pollution | pollution cloud |
| la pluie acide | acid rain |
| la pollution | pollution |
| une population croissante | growing population |
| la préservation | protection |
| un produit | product |
| la protection | protection |
| le ramassage des ordures | garbage collection |
| le réchauffement de la Terre | global warming |
| le recyclage | recycling |
| le sauvetage des habitats | habitat preservation |
| la surpopulation | overpopulation |
| le trou dans la couche d'ozone | hole in the ozone layer |
| une usine | factory |
| écologique | ecological |

## Les animaux

| | |
|---|---|
| un animal | animal |
| un écureuil | squirrel |
| un lapin | rabbit |
| un serpent | snake |
| une vache | cow |

## Les lois et les règlements

| | |
|---|---|
| abolir | to abolish |
| interdire | to forbid, to prohibit |
| un gouvernement | government |
| une loi | law |

## Pronoms démonstratifs

| | |
|---|---|
| celui | this one; that one; the one (m. sing.) |
| ceux | these; those; the ones (m. pl.) |
| celle | this one; that one; the one (f. sing.) |
| celles | these; those; the ones (f. pl.) |

| | |
|---|---|
| *Expressions utiles* | See pp. 491 and 509. |
| Impersonal expressions | See p. 499. |
| Verbs of will | See p. 512. |
| Verbs and expressions of emotion | See p. 513. |
| Expressions of doubt and certainty | See p. 516–517. |
| *croire* | See p. 516. |

# Le monde francophone

LE GROENLAND

L'OCÉAN ARCTIQUE

LE CANADA

Le Québec

Saint-Pierre-et-Miquelon (*France*)

LES ÉTATS-UNIS

L'OCÉAN ATLANTIQUE

La Louisiane

LE MEXIQUE

LE BELIZE

CUBA

HAÏTI

Les Antilles françaises

LA JAMAÏQUE

LE GUATEMALA

LE SALVADOR

LE HONDURAS

LE NICARAGUA

LE COSTA RICA

LE PANAMÁ

LE GUYANA

LE SURINAME

La Guyane française

LE VENEZUELA

LA COLOMBIE

L'ÉQUATEUR

L'OCÉAN PACIFIQUE

LE PÉROU

LE BRÉSIL

LA BOLIVIE

Wallis-et-Futuna

TUVALU

KIRIBATI

La Polynésie française

VANUATU

LES SAMOA

FIDJI

TONGA

La Nouvelle-Calédonie

LE PARAGUAY

LE CHILI

L'ARGENTINE

L'URUGUAY

LA NOUVELLE-ZÉLANDE

Pays et régions francophones

0    3,000 milles
0    3,000 kilomètres

L'OCÉAN ARCTIQUE

L'ISLANDE

LA SUÈDE

LA NORVÈGE

LA FINLANDE

LA RUSSIE

LA MER DU NORD
LE DANEMARK
L'ESTONIE
LA LETTONIE
LA LITUANIE

L'IRLANDE
LA GRANDE-BRETAGNE
LA POLOGNE
LA BIÉLORUSSIE

L'ALLEMAGNE
L'UKRAINE
LE KAZAKHSTAN
LA MONGOLIE

LA FRANCE
LA MOLDAVIE
LA ROUMANIE
LA BULGARIE
L'OUZBÉKISTAN
LE TURKMÉNISTAN
LE KIRGHIZISTAN
LE TADJIKISTAN
LA CORÉE DU NORD
LE JAPON
LA CORÉE DU SUD

PORTUGAL
LE L'ESPAGNE
L'ITALIE
LA GRÈCE
LA TURQUIE
La Corse

LE MAROC
LA TUNISIE
LA MER MÉDITERRANÉE
L'IRAN
L'AFGHANISTAN
LA CHINE
LE BHOUTAN
LE NÉPAL
LA BIRMANIE
TAÏWAN
L'OCÉAN PACIFIQUE

LE SAHARA OCCIDENTAL
L'ALGÉRIE
LA LYBIE
L'ÉGYPTE
L'IRAK
LE KOWEÏT
BAHREÏN
LE QATAR
LE PAKISTAN
L'INDE
L'ARABIE SAOUDITE
LES ÉMIRATS ARABES UNIS
OMAN
LE BANGLADESH
THAÏLANDE
LES PHILIPPINES

LA MAURITANIE
LE MALI
LE NIGER
LE TCHAD
L'ÉRYTHRÉE
LE YÉMEN
DJIBOUTI
LE SOUDAN
L'ÉTHIOPIE
LE SRI LANKA
LE VIÊT-NAM
LE CAMBODGE
LA MALAISIE

LE NIGÉRIA
LA RÉPUBLIQUE CENTRAFRICAINE
LA SOMALIE
LE CAMEROUN
L'OUGANDA
LE KENYA
LES COMORES
LA PAPOUASIE-NOUVELLE-GUINÉE

LE CONGO
LE GABON
LA RÉPUBLIQUE DÉMOCRATIQUE DU CONGO
LA TANZANIE
LES SEYCHELLES
MAYOTTE
L'INDONÉSIE

L'ANGOLA
LA ZAMBIE
LE MALAWI
MADAGASCAR
MAURICE
La Réunion
L'OCÉAN INDIEN

LA NAMIBIE
LE BOTSWANA
LE ZIMBABWE
LE MOZAMBIQUE
L'AUSTRALIE

L'AFRIQUE DU SUD
LE SWAZILAND
LE LESOTHO

| | | |
|---|---|---|
| 1 | LES PAYS-BAS | 14 | L'AUTRICHE | 27 | LA CÔTE D'IVOIRE |
| 2 | LA BELGIQUE | 15 | LA SLOVAQUIE | 28 | LE BURKINA-FASO |
| 3 | LE LUXEMBOURG | 16 | LA RÉPUBLIQUE TCHÈQUE | 29 | LE LIBÉRIA |
| 4 | LE LIECHTENSTEIN | 17 | LA RUSSIE | 30 | LA SIERRA LEONE |
| 5 | LA SUISSE | 18 | LA GÉORGIE | 31 | LA GUINÉE |
| 6 | ANDORRE | 19 | L'ARMÉNIE | 32 | LA GUINÉE-BISSAU |
| 7 | LA SLOVÉNIE | 20 | L'AZERBAIDJAN | 33 | LA GAMBIE |
| 8 | LA CROATIE | 21 | LE RWANDA | 34 | LE SÉNÉGAL |
| 9 | LA BOSNIE-HERZÉGOVINE | 22 | LE BURUNDI | 35 | ISRAËL |
| 10 | SERBIE-ET-MONTÉNÉGRO | 23 | LA GUINÉE ÉQUATORIALE | 36 | LE LIBAN |
| 11 | L'ALBANIE | 24 | LE BÉNIN | 37 | LA JORDANIE |
| 12 | LA MACÉDOINE | 25 | LE TOGO | 38 | LA SYRIE |
| 13 | LA HONGRIE | 26 | LE GHANA | 39 | CHYPRE |

# La France

# L'Europe

0               500 milles
0        500 kilomètres

**Pays francophones**

LA MER DE BARENTS

LA MER DE NORVÈGE

L'ISLANDE
Reykjavik

LA SUÈDE

LA FINLANDE
Helsinki

LA NORVÈGE

LA RUSSIE

Oslo    Stockholm    Tallinn

L'ESTONIE

Moscou

LA MER BALTIQUE

Riga

LA LETTONIE

LA MER DU NORD

LE DANEMARK

Copenhague

LA LITUANIE

Vilnius    Minsk

Dublin

LA RUSSIE

LA BIÉLORUSSIE

L'IRLANDE

LA GRANDE BRETAGNE

LES PAYS-BAYS

Berlin

Varsovie

Kiev

Londres

La Haye

L'ALLEMAGNE

LA POLOGNE

L'UKRAINE

Bruxelles

LA BELGIQUE

Prague

L'OCÉAN ATLANTIQUE

Paris

Luxembourg

LA RÉPUBLIQUE TCHÈQUE

LA SLOVAQUIE

LA MOLDAVIE

LE LUXEMBOURG

LE LIECHTENSTEIN

Bratislava

Vienne

Budapest

Chisinau

Berne

L'AUTRICHE

LA HONGRIE

LA ROUMANIE

LA MER NOIRE

LA SUISSE

LA FRANCE

Ljubljana

Zagreb

Belgrade

Bucarest

LA SLOVÉNIE

LA CROATIE

LA BOSNIE-HERZÉGOVINE

SERBIE-ET-MONTÉNÉGRO

LA BULGARIE

Monte Carlo

Sarajevo

Andorre-la-Vieille

MONACO

L'ITALIE

Sofia

Skopje

LE PORTUGAL

ANDORRE

La Corse

Rome

Tirana

LA MACÉDOINE

LA TURQUIE

Madrid

L'ALBANIE

LA GRÈCE

Lisbonne

L'ESPAGNE

La Sardaigne

La Sicile

Athènes

Nicosie

CHYPRE

MALTE

La Valette

LA MER MÉDITERRANÉE

LE MAROC

L'ALGÉRIE

LA TUNISIE

LA LYBIE

L'ÉGYPTE

# L'Afrique

LA FRANCE

L'ITALIE

LE L'ESPAGNE

PORTUGAL

LA GRÈCE

LA TURQUIE

Alger

Tunis

LA MER MÉDITERRANÉE

LA SYRIE

Rabat

LA TUNISIE

LE LIBAN

L'IRAK

L'IRAN

LE MAROC

Tripoli

ISRAËL

LE KOWEÏT

LA JORDANIE

BAHREÏN

L'ALGÉRIE

LA LYBIE

Le Caire

L'ÉGYPTE

LES ÉMIRATS ARABES UNIS

LE SAHARA OCCIDENTAL

L'ARABIE SAOUDITE

OMAN

LE QATAR

LA MAURITANIE

LE MALI

OMAN

Nouakchott

LE NIGER

LE TCHAD

Khartoum

Asmara

LE YÉMEN

LE SÉNÉGAL

LA GAMBIE

LE BURKINA-FASO

Niamey

L'ÉRYTHRÉE

Dakar

LE SOUDAN

Bissau

LA GUINÉE

Bamako

Ouagadougou

N'Djamena

DJIBOUTI

Djibouti

LA GUINÉE-BISSAU

Conakry

LE GHANA

LE NIGÉRIA

Abuja

LA SOMALIE

Freetown

Yamoussoukro

Lomé

LE BÉNIN

LA RÉPUBLIQUE CENTRAFRICAINE

Addis-Abeba

Monrovia

Accra

LE CAMEROUN

L'ÉTHIOPIE

LA SIERRA LEONE

Porto-Novo

LE TOGO

Yaoundé

Bangui

LA CÔTE D'IVOIRE

L'OUGANDA

LE LIBÉRIA

LE GABON

LE CONGO

LE RWANDA

Kampala

LE KENYA

Muqdisho

Libreville

Kigali

Nairobi

LES SEYCHELLES

LA GUINÉE ÉQUATORIALE

Brazzaville

LA RÉPUBLIQUE DÉMOCRATIQUE DU CONGO

Bujumbura

Kinshasa

LE BURUNDI

LA TANZANIE

Dar es-Salaam

Luanda

LES COMORES

MAYOTTE

L'ANGOLA

LA ZAMBIE

Llongwe

LE MALAWI

MADAGASCAR

L'OCÉAN ATLANTIQUE

Lusaka

Harare

LE MOZAMBIQUE

Antananarivo

LA NAMIBIE

LE ZIMBABWE

LE BOTSWANA

MAURICE

Windhoek

Gabarone

Pretoria

Maputo

La Réunion

Mbabane

LE SWAZILAND

L'OCÉAN INDIEN

Maseru

L'AFRIQUE DU SUD

LE LESOTHO

Pays francophones

0                              1,000 milles

0                              1,000 kilomètres

# L'Amérique du Nord et du Sud

L'OCÉAN ARCTIQUE

LE GROENLAND

L'Alaska

Le Yukon

Les Territoires du Nord-Ouest

Le Nunavut

La Colombie-Britannique

L'Alberta

LE CANADA

Le Manitoba

Le Saskatchewan

L'Ontario

Le Québec

Le Nouveau-Brunswick

Terre-Neuve-et-Labrador

Québec

Montréal

Ottawa

Saint-Pierre-et-Miquelon (France)

La Nouvelle-Écosse

L'Île-du-Prince-Édouard

LES ÉTATS-UNIS

Washington

L'OCÉAN ATLANTIQUE

L'OCÉAN PACIFIQUE

La Louisiane

LE MEXIQUE

LA JAMAÏQUE

LE BELIZE

HAÏTI

CUBA

Les Antilles françaises

Mexico

Belmopan

Tegucigalpa

Guatemala

LE GUATEMALA

San Salvador

LE HONDURAS

LE NICARAGUA

Régions francophones

LE SALVADOR

Managua

Panamá

Caracas

LE COSTA RICA

LE PANAMÁ

LE VENEZUELA

Georgetown

Paramaribo

Cayenne

0 — 2,000 milles

0 — 2,000 kilomètres

Bogotá

LA COLOMBIE

Quito

L'ÉQUATEUR

LE PÉROU

Lima

LE GUYANA

LE SURINAME

La Guyane française

LE BRÉSIL

PORTO RICO

LA BOLIVIE

La Paz

Sucre

Brasilia

HAÏTI

LA RÉPUBLIQUE DOMINICAINE

San Juan

LE PARAGUAY

Port-au-Prince

Saint-Domingue

LE CHILI

Asunción

LA MER DES ANTILLES

La Guadeloupe

Pointe-à-Pitre

L'ARGENTINE

DOMINIQUE

Fort-de-France

Santiago

L'URUGUAY

0 — 500 milles

La Martinique

Buenos Aires

Montevideo

0 — 500 kilomètres

SAINTE-LUCIE

# Verb Conjugation Tables

The list of verbs below and the model verb tables that start on page A-11 show you how to conjugate the verbs that appear in **PROMENADES**. Each verb in the list is followed by a model verb conjugated according to the same pattern. The number in parentheses indicates where in the verb tables you can find the conjugated forms of the model verb. For example, if you want to find out how to conjugate the verb **offrir**, look up number 31 to refer to its model verb, **ouvrir**. The

phrase **p.c.** with **être** after a verb means that it is conjugated with **être** in the **passé composé**. Reminder: All reflexive (pronominal) verbs use **être** as their auxiliary verb in the **passé composé**. The infinitives of reflexive verbs begin with **se (s')**.

In the tables you will find the infinitive, past participles, and all the forms of each model verb you have learned.

**abolir** like finir (2)
**aborder** like parler (1)
**abriter** like parler (1)
**accepter** like parler (1)
**accompagner** like parler (1)
**accueillir** like ouvrir (31)
**acheter** (7)
**adorer** like parler (1)
**afficher** like parler (1)
**aider** like parler (1)
**aimer** like parler (1)
**aller** (13) **p.c.** with **être**
**allumer** like parler (1)
**améliorer** like parler (1)
**amener** like acheter (7)
**animer** like parler (1)
**apercevoir** like recevoir (36)
**appeler** (8)
**applaudir** like finir (2)
**apporter** like parler (1)
**apprendre** like prendre (35)
**arrêter** like parler (1)
**arriver** like parler (1) *except* **p.c.** with **être**
**assister** like parler (1)
**attacher** like parler (1)

**attendre** like vendre (3)
**attirer** like parler (1)
**avoir** (4)
**balayer** like essayer (10)
**bavarder** like parler (1)
**boire** (15)
**bricoler** like parler (1)
**bronzer** like parler (1)
**célébrer** like préférer (12)
**chanter** like parler (1)
**chasser** like parler (1)
**chercher** like parler (1)
**choisir** like finir (2)
**classer** like parler (1)
**commander** like parler (1)
**commencer** (9)
**composer** like parler (1)
**comprendre** like prendre (35)
**compter** like parler (1)
**conduire** (16)
**connaître** (17)
**consacrer** like parler (1)
**considérer** like préférer (12)
**construire** like conduire (16)
**continuer** like parler (1)

**courir** (18)
**coûter** like parler (1)
**couvrir** like ouvrir (31)
**croire** (19)
**cuisiner** like parler (1)
**danser** like parler (1)
**débarrasser** like parler (1)
**décider** like parler (1)
**découvrir** like ouvrir (31)
**décrire** like écrire (22)
**décrocher** like parler (1)
**déjeuner** like parler (1)
**demander** like parler (1)
**démarrer** like parler (1)
**déménager** like manger (11)
**démissionner** like parler (1)
**dépasser** like parler (1)
**dépendre** like vendre (3)
**dépenser** like parler (1)
**déposer** like parler (1)
**descendre** like vendre (3) *except* **p.c.** with **être**; **p.c.** w/**avoir** if takes a direct object
**désirer** like parler (1)
**dessiner** like parler (1)
**détester** like parler (1)

**détruire** like conduire (16)
**développer** like parler (1)
**devenir** like venir (41); **p.c.** with **être**
**devoir** (20)
**dîner** like parler (1)
**dire** (21)
**diriger** like parler (1)
**discuter** like parler (1)
**divorcer** like commencer (9)
**donner** like parler (1)
**dormir** like partir (32) *except* **p.c.** with **avoir**
**douter** like parler (1)
**durer** like parler (1)
**échapper** like parler (1)
**échouer** like parler (1)
**écouter** like parler (1)
**écrire** (22)
**effacer** like commencer (9)
**embaucher** like parler (1)
**emménager** like manger (11)
**emmener** like acheter (7)
**employer** like essayer (10)
**emprunter** like parler (1)
**enfermer** like parler (1)
**enfler** like parler (1)

**enlever** like acheter (7)
**enregistrer** like parler (1)
**enseigner** like parler (1)
**entendre** like vendre (3)
**entourer** like parler (1)
**entrer** like parler (1) *except* p.c. with être
**entretenir** like tenir (40)
**envahir** like finir (2)
**envoyer** like essayer (10)
**épouser** like parler (1)
**espérer** like préférer (12)
**essayer** (10)
**essuyer** like essayer (10)
**éteindre** (24)
**éternuer** like parler (1)
**étrangler** like parler (1)
**être** (5)
**étudier** like parler (1)
**éviter** like parler (1)
**exiger** like manger (11)
**expliquer** like parler (1)
**explorer** like parler (1)
**faire** (25)
**falloir** (26)
**fermer** like parler (1)
**fêter** like parler (1)
**finir** (2)
**fonctionner** like parler (1)
**fonder** like parler (1)
**freiner** like parler (1)
**fréquenter** like parler (1)
**fumer** like parler (1)
**gagner** like parler (1)
**garder** like parler (1)
**garer** like parler (1)
**gaspiller** like parler (1)
**goûter** like parler (1)
**graver** like parler (1)
**grossir** like finir (2)
**guérir** like finir (2)
**habiter** like parler (1)
**imprimer** like parler (1)
**indiquer** like parler (1)
**interdire** like dire (21)
**inviter** like parler (1)
**jeter** like appeler (8)

**jouer** like parler (1)
**laisser** like parler (1)
**laver** like parler (1)
**lire** (27)
**loger** like manger (11)
**louer** like parler (1)
**lutter** like parler (1)
**maigrir** like finir (2)
**maintenir** like tenir (40)
**manger** (11)
**marcher** like parler (1)
**mêler** like préférer (12)
**mener** like parler (1)
**mettre** (28)
**monter** like parler (1) *except* p.c. with être; p.c. w/avoir if takes a direct object
**montrer** like parler (1)
**mourir** (29); p.c. with être
**nager** like manger (11)
**naître** (30); p.c. with être
**nettoyer** like essayer (10)
**noter** like parler (1)
**obtenir** like tenir (40)
**offrir** like ouvrir (31)
**organiser** like parler (1)
**oublier** like parler (1)
**ouvrir** (31)
**parler** (1)
**partager** like manger (11)
**partir** (32); p.c. with être
**passer** like parler (1)
**patienter** like parler (1)
**patiner** like parler (1)
**payer** like essayer (10)
**penser** like parler (1)
**perdre** like vendre (3)
**permettre** like mettre (28)
**pleuvoir** (33)
**plonger** like manger (11)
**polluer** like parler (1)
**porter** like parler (1)
**poser** like parler (1)
**posséder** like préférer (12)
**poster** like parler (1)
**pouvoir** (34)

**pratiquer** like parler (1)
**préférer** (12)
**prélever** like parler (1)
**prendre** (35)
**préparer** like parler (1)
**présenter** like parler (1)
**préserver** like parler (1)
**prêter** like parler (1)
**prévenir** like tenir (40)
**produire** like conduire (16)
**profiter** like parler (1)
**promettre** like mettre (28)
**proposer** like parler (1)
**protéger** like préférer (12)
**provenir** like venir (41)
**publier** like parler (1)
**quitter** like parler (1)
**raccrocher** like parler (1)
**ranger** like manger (11)
**réaliser** like parler (1)
**recevoir** (36)
**recommander** like parler (1)
**reconnaître** like connaître (17)
**recycler** like parler (1)
**réduire** like conduire (16)
**réfléchir** like finir (2)
**regarder** like parler (1)
**régner** like préférer (12)
**remplacer** like parler (1)
**remplir** like finir (2)
**rencontrer** like parler (1)
**rendre** like vendre (3)
**rentrer** like parler (1) *except* p.c. with être
**renvoyer** like essayer (10)
**réparer** like parler (1)
**repasser** like parler (1)
**répéter** like préférer (12)
**repeupler** like parler (1)
**répondre** like vendre (3)
**réserver** like parler (1)
**rester** like parler (1) *except* p.c. with être
**retenir** like tenir (40)
**retirer** like parler (1)

**retourner** like parler (1) *except* p.c. with être
**retrouver** like parler (1)
**réussir** like finir (2)
**revenir** like venir (41); p.c. with être
**revoir** like voir (42)
**rire** (37)
**rouler** like parler (1)
**salir** like finir (2)
**s'amuser** like se laver (6)
**s'asseoir** (14)
**sauvegarder** like parler (1)
**sauver** like parler (1)
**savoir** (38)
**se brosser** like se laver (6)
**se coiffer** like se laver (6)
**se composer** like se laver (6)
**se connecter** like se laver (6)
**se coucher** like se laver (6)
**se croiser** like se laver (6)
**se dépêcher** like se laver (6)
**se déplacer** like se laver (6)
**se déshabiller** like se laver (6)
**se détendre** like vendre (3) *except* p.c. with être
**se disputer** like se laver (6)
**s'embrasser** like se laver (6)
**s'endormir** like partir (32) *except* p.c. with être
**s'énerver** like se laver (6)
**s'ennuyer** like essayer (10) *except* p.c. with être
**s'excuser** like se laver (6)
**se fouler** like se laver (6)
**s'installer** like se laver (6)
**se laver** (6)
**se lever** like se laver (6)
**se maquiller** like se laver (6)
**se marier** like se laver (6)

**se promener** like acheter (7) *except* **p.c.** with **être**

**se rappeler** like se laver (6)

**se raser** like se laver (6)

**se rebeller** like se laver (6)

**se réconcilier** like se laver (6)

**se relever** like se laver (6)

**se reposer** like se laver (6)

**se réveiller** like se laver (6)

**servir** like partir (32) *except* **p.c.** with **avoir**

**se sécher** like préférer (12) *except* **p.c.** with **être**

**se souvenir** like venir (41)

**se tromper** like se laver (6)

**s'habiller** like se laver (6)

**sentir** like partir (32) *except* **p.c.** with **avoir**

**signer** like parler (1)

**s'inquiéter** like préférer (12) *except* **p.c.** with **être**

**s'intéresser** like se laver (6)

**skier** like parler (1)

**s'occuper** like se laver (6)

**sonner** like parler (1)

**s'orienter** like se laver (6)

**sortir** like partir (32)

**sourire** like rire (37)

**souffrir** like ouvrir (31)

**souhaiter** like parler (1)

**subvenir** like venir (41) *except* **p.c.** with **avoir**

**suffire** like lire (27)

**suggérer** like préférer (12)

**suivre** (39)

**surfer** like parler (1)

**surprendre** like prendre (35)

**télécharger** like parler (1)

**téléphoner** like parler (1)

**tenir** (40)

**tomber** like parler (1) *except* **p.c.** with **être**

**tourner** like parler (1)

**tousser** like parler (1)

**traduire** like conduire (16)

**travailler** like parler (1)

**traverser** like parler (1)

**trouver** like parler (1)

**tuer** like parler (1)

**utiliser** like parler (1)

**valoir** like falloir (26)

**vendre** (3)

**venir** (41); **p.c.** with **être**

**vérifier** like parler (1)

**visiter** like parler (1)

**vivre** like suivre (39)

**voir** (42)

**vouloir** (43)

**voyager** like manger (11)

# Regular verbs

| Infinitive / Past participle | Subject Pronouns | INDICATIVE | | | | | CONDITIONAL | SUBJUNCTIVE | IMPERATIVE |
|---|---|---|---|---|---|---|---|---|---|
| | | **Present** | **Passé composé** | **Imperfect** | **Future** | | **Present** | **Present** | |
| **1** parler (to speak) parlé | je (j') | parle | ai parlé | parlais | parlerai | | parlerais | parle | |
| | tu | parles | as parlé | parlais | parleras | | parlerais | parles | parle |
| | il/elle/on | parle | a parlé | parlait | parlera | | parlerait | parle | |
| | nous | parlons | avons parlé | parlions | parlerons | | parlerions | parlions | parlons |
| | vous | parlez | avez parlé | parliez | parlerez | | parleriez | parliez | parlez |
| | ils/elles | parlent | ont parlé | parlaient | parleront | | parleraient | parlent | |
| **2** finir (to finish) fini | je (j') | finis | ai fini | finissais | finirai | | finirais | finisse | |
| | tu | finis | as fini | finissais | finiras | | finirais | finisses | finis |
| | il/elle/on | finit | a fini | finissait | finira | | finirait | finisse | |
| | nous | finissons | avons fini | finissions | finirons | | finirions | finissions | finissons |
| | vous | finissez | avez fini | finissiez | finirez | | finiriez | finissiez | finissez |
| | ils/elles | finissent | ont fini | finissaient | finiront | | finiraient | finissent | |
| **3** vendre (to sell) vendu | je (j') | vends | ai vendu | vendais | vendrai | | vendrais | vende | |
| | tu | vends | as vendu | vendais | vendras | | vendrais | vendes | vends |
| | il/elle/on | vend | a vendu | vendait | vendra | | vendrait | vende | |
| | nous | vendons | avons vendu | vendions | vendrons | | vendrions | vendions | vendons |
| | vous | vendez | avez vendu | vendiez | vendrez | | vendriez | vendiez | vendez |
| | ils/elles | vendent | ont vendu | vendaient | vendront | | vendraient | vendent | |

## Auxiliary verbs: *avoir* and *être*

**4**

| Infinitive / Past participle | Subject Pronouns | INDICATIVE | | | | CONDITIONAL | SUBJUNCTIVE | IMPERATIVE |
|---|---|---|---|---|---|---|---|---|
| | | Present | Passé composé | Imperfect | Future | Present | Present | |
| avoir *(to have)* | j' | ai | ai eu | avais | aurai | aurais | aie | |
| | tu | as | as eu | avais | auras | aurais | aies | aie |
| eu | il/elle/on | a | a eu | avait | aura | aurait | ait | |
| | nous | avons | avons eu | avions | aurons | aurions | ayons | ayons |
| | vous | avez | avez eu | aviez | aurez | auriez | ayez | ayez |
| | ils/elles | ont | ont eu | avaient | auront | auraient | aient | |

**5**

| Infinitive / Past participle | Subject Pronouns | INDICATIVE | | | | CONDITIONAL | SUBJUNCTIVE | IMPERATIVE |
|---|---|---|---|---|---|---|---|---|
| | | Present | Passé composé | Imperfect | Future | Present | Present | |
| être *(to be)* | je (j') | suis | ai été | étais | serai | serais | sois | |
| | tu | es | as été | étais | seras | serais | sois | sois |
| été | il/elle/on | est | a été | était | sera | serait | soit | |
| | nous | sommes | avons été | étions | serons | serions | soyons | soyons |
| | vous | êtes | avez été | étiez | serez | seriez | soyez | soyez |
| | ils/elles | sont | ont été | étaient | seront | seraient | soient | |

## Reflexive (Pronominal)

**6**

| Infinitive / Past participle | Subject Pronouns | INDICATIVE | | | | CONDITIONAL | SUBJUNCTIVE | IMPERATIVE |
|---|---|---|---|---|---|---|---|---|
| | | Present | Passé composé | Imperfect | Future | Present | Present | |
| se laver *(to wash oneself)* | je | me lave | me suis lavé(e) | me lavais | me laverai | me laverais | me lave | |
| | tu | te laves | t'es lavé(e) | te lavais | te laveras | te laverais | te laves | lave-toi |
| lavé | il/elle/on | se lave | s'est lavé(e) | se lavait | se lavera | se laverait | se lave | |
| | nous | nous lavons | nous sommes lavé(e)s | nous lavions | nous laverons | nous laverions | nous lavions | lavons-nous |
| | vous | vous lavez | vous êtes lavé(e)(s) | vous laviez | vous laverez | vous laveriez | vous laviez | lavez-vous |
| | ils/elles | se lavent | se sont lavé(e)s | se lavaient | se laveront | se laveraient | se lavent | |

# Verbs with spelling changes

| Infinitive / Past participle | Subject Pronouns | INDICATIVE Present | Passé composé | Imperfect | Future | CONDITIONAL Present | SUBJUNCTIVE Present | IMPERATIVE |
|---|---|---|---|---|---|---|---|---|
| **7** acheter *(to buy)* / acheté | j' | achète | ai acheté | achetais | achèterai | achèterais | achète | |
| | tu | achètes | as acheté | achetais | achèteras | achèterais | achètes | achète |
| | il/elle/on | achète | a acheté | achetait | achètera | achèterait | achète | |
| | nous | achetons | avons acheté | achetions | achèterons | achèterions | achetions | achetons |
| | vous | achetez | avez acheté | achetiez | achèterez | achèteriez | achetiez | achetez |
| | ils/elles | achètent | ont acheté | achetaient | achèteront | achèteraient | achètent | |
| **8** appeler *(to call)* / appelé | j' | appelle | ai appelé | appelais | appellerai | appellerais | appelle | |
| | tu | appelles | as appelé | appelais | appelleras | appellerais | appelles | appelle |
| | il/elle/on | appelle | a appelé | appelait | appellera | appellerait | appelle | |
| | nous | appelons | avons appelé | appelions | appellerons | appellerions | appelions | appelons |
| | vous | appelez | avez appelé | appeliez | appellerez | appelleriez | appeliez | appelez |
| | ils/elles | appellent | ont appelé | appelaient | appelleront | appelleraient | appellent | |
| **9** commencer *(to begin)* / commencé | je (j') | commence | ai commencé | commençais | commencerai | commencerais | commence | |
| | tu | commences | as commencé | commençais | commenceras | commencerais | commences | commence |
| | il/elle/on | commence | a commencé | commençait | commencera | commencerait | commence | |
| | nous | commençons | avons commencé | commencions | commencerons | commencerions | commencions | commençons |
| | vous | commencez | avez commencé | commenciez | commencerez | commenceriez | commenciez | commencez |
| | ils/elles | commencent | ont commencé | commençaient | commenceront | commenceraient | commencent | |
| **10** essayer *(to try)* / essayé | j' | essaie | ai essayé | essayais | essaierai | essaierais | essaie | |
| | tu | essaies | as essayé | essayais | essaieras | essaierais | essaies | essaie |
| | il/elle/on | essaie | a essayé | essayait | essaiera | essaierait | essaie | |
| | nous | essayons | avons essayé | essayions | essaierons | essaierions | essayions | essayons |
| | vous | essayez | avez essayé | essayiez | essaierez | essaieriez | essayiez | essayez |
| | ils/elles | essayent | ont essayé | essayaient | essaieront | essaieraient | essaient | |
| **11** manger *(to eat)* / mangé | je (j') | mange | ai mangé | mangeais | mangerai | mangerais | mange | |
| | tu | manges | as mangé | mangeais | mangeras | mangerais | manges | mange |
| | il/elle/on | mange | a mangé | mangeait | mangera | mangerait | mange | |
| | nous | mangeons | avons mangé | mangions | mangerons | mangerions | mangions | mangeons |
| | vous | mangez | avez mangé | mangiez | mangerez | mangeriez | mangiez | mangez |
| | ils/elles | mangent | ont mangé | mangeaient | mangeront | mangeraient | mangent | |

**12** préférer (to prefer), past participle: préféré

| Subject Pronouns | INDICATIVE Present | INDICATIVE Passé composé | INDICATIVE Imperfect | INDICATIVE Future | CONDITIONAL Present | SUBJUNCTIVE Present | IMPERATIVE |
|---|---|---|---|---|---|---|---|
| je (j') | préfère | ai préféré | préférais | préférerai | préférerais | préfère | |
| tu | préfères | as préféré | préférais | préféreras | préférerais | préfères | préfère |
| il/elle/on | préfère | a préféré | préférait | préférera | préférerait | préfère | |
| nous | préférons | avons préféré | préférions | préférerons | préférerions | préférions | préférons |
| vous | préférez | avez préféré | préfériez | préférerez | préféreriez | préfériez | préférez |
| ils/elles | préfèrent | ont préféré | préféraient | préféreront | préféreraient | préfèrent | |

## Irregular verbs

**13** aller (to go), past participle: allé

| Subject Pronouns | INDICATIVE Present | INDICATIVE Passé composé | INDICATIVE Imperfect | INDICATIVE Future | CONDITIONAL Present | SUBJUNCTIVE Present | IMPERATIVE |
|---|---|---|---|---|---|---|---|
| je (j') | vais | suis allé(e) | allais | irai | irais | aille | |
| tu | vas | es allé(e) | allais | iras | irais | ailles | va |
| il/elle/on | va | est allé(e) | allait | ira | irait | aille | |
| nous | allons | sommes allé(e)s | allions | irons | irions | allions | allons |
| vous | allez | êtes allé(e)(s) | alliez | irez | iriez | alliez | allez |
| ils/elles | vont | sont allé(e)s | allaient | iront | iraient | aillent | |

**14** s'asseoir (to sit down, to be seated), past participle: assis

| Subject Pronouns | INDICATIVE Present | INDICATIVE Passé composé | INDICATIVE Imperfect | INDICATIVE Future | CONDITIONAL Present | SUBJUNCTIVE Present | IMPERATIVE |
|---|---|---|---|---|---|---|---|
| je | m'assieds | me suis assis(e) | m'asseyais | m'assiérai | m'assiérais | m'asseye | |
| tu | t'assieds | t'es assis(e) | t'asseyais | t'assiéras | t'assiérais | t'asseyes | assieds-toi |
| il/elle/on | s'assied | s'est assis(e) | s'asseyait | s'assiéra | s'assiérait | s'asseye | |
| nous | nous asseyons | nous sommes assis(e)s | nous asseyions | nous assiérons | nous assiérions | nous asseyions | asseyons-nous |
| vous | vous asseyez | vous êtes assis(e)(s) | vous asseyiez | vous assiérez | vous assiériez | vous asseyiez | asseyez-vous |
| ils/elles | s'asseyent | se sont assis(e)s | s'asseyaient | s'assiéront | s'assiéraient | s'asseyent | |

**15** boire (to drink), past participle: bu

| Subject Pronouns | INDICATIVE Present | INDICATIVE Passé composé | INDICATIVE Imperfect | INDICATIVE Future | CONDITIONAL Present | SUBJUNCTIVE Present | IMPERATIVE |
|---|---|---|---|---|---|---|---|
| je (j') | bois | ai bu | buvais | boirai | boirais | boive | |
| tu | bois | as bu | buvais | boiras | boirais | boives | bois |
| il/elle/on | boit | a bu | buvait | boira | boirait | boive | |
| nous | buvons | avons bu | buvions | boirons | boirions | buvions | buvons |
| vous | buvez | avez bu | buviez | boirez | boiriez | buviez | buvez |
| ils/elles | boivent | ont bu | buvaient | boiront | boiraient | boivent | |

| Infinitive / Past participle | Subject Pronouns | INDICATIVE Present | Passé composé | Imperfect | Future | CONDITIONAL Present | SUBJUNCTIVE Present | IMPERATIVE |
|---|---|---|---|---|---|---|---|---|
| **16** conduire (to drive; to lead) conduit | je (j') | conduis | ai conduit | conduisais | conduirai | conduirais | conduise | |
| | tu | conduis | as conduit | conduisais | conduiras | conduirais | conduises | conduis |
| | il/elle/on | conduit | a conduit | conduisait | conduira | conduirait | conduise | |
| | nous | conduisons | avons conduit | conduisions | conduirons | conduirions | conduisions | conduisons |
| | vous | conduisez | avez conduit | conduisiez | conduirez | conduiriez | conduisiez | conduisez |
| | ils/elles | conduisent | ont conduit | conduisaient | conduiront | conduiraient | conduisent | |
| **17** connaître (to know, to be acquainted with) connu | je (j') | connais | ai connu | connaissais | connaîtrai | connaîtrais | connaisse | |
| | tu | connais | as connu | connaissais | connaîtras | connaîtrais | connaisses | connais |
| | il/elle/on | connaît | a connu | connaissait | connaîtra | connaîtrait | connaisse | |
| | nous | connaissons | avons connu | connaissions | connaîtrons | connaîtrions | connaissions | connaissons |
| | vous | connaissez | avez connu | connaissiez | connaîtrez | connaîtriez | connaissiez | connaissez |
| | ils/elles | connaissent | ont connu | connaissaient | connaîtront | connaîtraient | connaissent | |
| **18** courir (to run) couru | je (j') | cours | ai couru | courais | courrai | courrais | coure | |
| | tu | cours | as couru | courais | courras | courrais | coures | cours |
| | il/elle/on | court | a couru | courait | courra | courrait | coure | |
| | nous | courons | avons couru | courions | courrons | courrions | courions | courons |
| | vous | courez | avez couru | couriez | courrez | courriez | couriez | courez |
| | ils/elles | courent | ont couru | couraient | courront | courraient | courent | |
| **19** croire (to believe) cru | je (j') | crois | ai cru | croyais | croirai | croirais | croie | |
| | tu | crois | as cru | croyais | croiras | croirais | croies | crois |
| | il/elle/on | croit | a cru | croyait | croira | croirait | croie | |
| | nous | croyons | avons cru | croyions | croirons | croirions | croyions | croyons |
| | vous | croyez | avez cru | croyiez | croirez | croiriez | croyiez | croyez |
| | ils/elles | croient | ont cru | croyaient | croiront | croiraient | croient | |
| **20** devoir (to have to; to owe) dû | je (j') | dois | ai dû | devais | devrai | devrais | doive | |
| | tu | dois | as dû | devais | devras | devrais | doives | dois |
| | il/elle/on | doit | a dû | devait | devra | devrait | doive | |
| | nous | devons | avons dû | devions | devrons | devrions | devions | devons |
| | vous | devez | avez dû | deviez | devrez | devriez | deviez | devez |
| | ils/elles | doivent | ont dû | devaient | devront | devraient | doivent | |

| Infinitive / Past participle | Subject Pronouns | INDICATIVE Present | Passé composé | Imperfect | Future | CONDITIONAL Present | SUBJUNCTIVE Present | IMPERATIVE |
|---|---|---|---|---|---|---|---|---|
| **21** dire *(to say, to tell)* dit | je (j') | dis | ai dit | disais | dirai | dirais | dise | |
| | tu | dis | as dit | disais | diras | dirais | dises | dis |
| | il/elle/on | dit | a dit | disait | dira | dirait | dise | |
| | nous | disons | avons dit | disions | dirons | dirions | disions | disons |
| | vous | dites | avez dit | disiez | direz | diriez | disiez | dites |
| | ils/elles | disent | ont dit | disaient | diront | diraient | disent | |
| **22** écrire *(to write)* écrit | j' | écris | ai écrit | écrivais | écrirai | écrirais | écrive | |
| | tu | écris | as écrit | écrivais | écriras | écrirais | écrives | écris |
| | il/elle/on | écrit | a écrit | écrivait | écrira | écrirait | écrive | |
| | nous | écrivons | avons écrit | écrivions | écrirons | écririons | écrivions | écrivons |
| | vous | écrivez | avez écrit | écriviez | écrirez | écririez | écriviez | écrivez |
| | ils/elles | écrivent | ont écrit | écrivaient | écriront | écriraient | écrivent | |
| **23** envoyer *(to send)* envoyé | j' | envoie | ai envoyé | envoyais | enverrai | enverrais | envoie | |
| | tu | envoies | as envoyé | envoyais | enverras | enverrais | envoies | envoie |
| | il/elle/on | envoie | a envoyé | envoyait | enverra | enverrait | envoie | |
| | nous | envoyons | avons envoyé | envoyions | enverrons | enverrions | envoyions | envoyons |
| | vous | envoyez | avez envoyé | envoyiez | enverrez | enverriez | envoyiez | envoyez |
| | ils/elles | envoient | ont envoyé | envoyaient | enverront | enverraient | envoient | |
| **24** éteindre *(to turn off)* éteint | j' | éteins | ai éteint | éteignais | éteindrai | éteindrais | éteigne | |
| | tu | éteins | as éteint | éteignais | éteindras | éteindrais | éteignes | éteins |
| | il/elle/on | éteint | a éteint | éteignait | éteindra | éteindrait | éteigne | |
| | nous | éteignons | avons éteint | éteignions | éteindrons | éteindrions | éteignions | éteignons |
| | vous | éteignez | avez éteint | éteigniez | éteindrez | éteindriez | éteigniez | éteignez |
| | ils/elles | éteignent | ont éteint | éteignaient | éteindront | éteindraient | éteignent | |
| **25** faire *(to do; to make)* fait | je (j') | fais | ai fait | faisais | ferai | ferais | fasse | |
| | tu | fais | as fait | faisais | feras | ferais | fasses | fais |
| | il/elle/on | fait | a fait | faisait | fera | ferait | fasse | |
| | nous | faisons | avons fait | faisions | ferons | ferions | fassions | faisons |
| | vous | faites | avez fait | faisiez | ferez | feriez | fassiez | faites |
| | ils/elles | font | ont fait | faisaient | feront | feraient | fassent | |
| **26** falloir *(to be necessary)* fallu | il | faut | a fallu | fallait | faudra | faudrait | faille | |

| Infinitive / Past participle | Subject Pronouns | INDICATIVE Present | Passé composé | Imperfect | Future | CONDITIONAL Present | SUBJUNCTIVE Present | IMPERATIVE |
|---|---|---|---|---|---|---|---|---|
| **27** lire *(to read)* / lu | je (j') | lis | ai lu | lisais | lirai | lirais | lise | |
| | tu | lis | as lu | lisais | liras | lirais | lises | lis |
| | il/elle/on | lit | a lu | lisait | lira | lirait | lise | |
| | nous | lisons | avons lu | lisions | lirons | lirions | lisions | lisons |
| | vous | lisez | avez lu | lisiez | lirez | liriez | lisiez | lisez |
| | ils/elles | lisent | ont lu | lisaient | liront | liraient | lisent | |
| **28** mettre *(to put)* / mis | je (j') | mets | ai mis | mettais | mettrai | mettrais | mette | |
| | tu | mets | as mis | mettais | mettras | mettrais | mettes | mets |
| | il/elle/on | met | a mis | mettait | mettra | mettrait | mette | |
| | nous | mettons | avons mis | mettions | mettrons | mettrions | mettions | mettons |
| | vous | mettez | avez mis | mettiez | mettrez | mettriez | mettiez | mettez |
| | ils/elles | mettent | ont mis | mettaient | mettront | mettraient | mettent | |
| **29** mourir *(to die)* / mort | je | meurs | suis mort(e) | mourais | mourrai | mourrais | meure | |
| | tu | meurs | es mort(e) | mourais | mourras | mourrais | meures | meurs |
| | il/elle/on | meurt | est mort(e) | mourait | mourra | mourrait | meure | |
| | nous | mourons | sommes mort(e)s | mourions | mourrons | mourrions | mourions | mourons |
| | vous | mourez | êtes mort(e)(s) | mouriez | mourrez | mourriez | mouriez | mourez |
| | ils/elles | meurent | sont mort(e)s | mouraient | mourront | mourraient | meurent | |
| **30** naître *(to be born)* / né | je | nais | suis né(e) | naissais | naîtrai | naîtrais | naisse | |
| | tu | nais | es né(e) | naissais | naîtras | naîtrais | naisses | nais |
| | il/elle/on | naît | est né(e) | naissait | naîtra | naîtrait | naisse | |
| | nous | naissons | sommes né(e)s | naissions | naîtrons | naîtrions | naissions | naissons |
| | vous | naissez | êtes né(e)(s) | naissiez | naîtrez | naîtriez | naissiez | naissez |
| | ils/elles | naissent | sont né(e)s | naissaient | naîtront | naîtraient | naissent | |
| **31** ouvrir *(to open)* / ouvert | j' | ouvre | ai ouvert | ouvrais | ouvrirai | ouvrirais | ouvre | |
| | tu | ouvres | as ouvert | ouvrais | ouvriras | ouvrirais | ouvres | ouvre |
| | il/elle/on | ouvre | a ouvert | ouvrait | ouvrira | ouvrirait | ouvre | |
| | nous | ouvrons | avons ouvert | ouvrions | ouvrirons | ouvririons | ouvrions | ouvrons |
| | vous | ouvrez | avez ouvert | ouvriez | ouvrirez | ouvririez | ouvriez | ouvrez |
| | ils/elles | ouvrent | ont ouvert | ouvraient | ouvriront | ouvriraient | ouvrent | |

|  | | | INDICATIVE | | | | CONDITIONAL | SUBJUNCTIVE | IMPERATIVE |
|---|---|---|---|---|---|---|---|---|---|
| Infinitive / Past participle | Subject Pronouns | Present | Passé composé | Imperfect | Future | Present | Present | |
| **32** partir *(to leave)* parti | je tu il/elle/on nous vous ils/elles | pars pars part partons partez partent | suis parti(e) es parti(e) est parti(e) sommes parti(e)s êtes parti(e)(s) sont parti(e)s | partais partais partait partions partiez partaient | partirai partiras partira partirons partirez partiront | partirais partirais partirait partirions partiriez partiraient | parte partes parte partions partiez partent | pars partons partez |
| **33** pleuvoir *(to rain)* plu | il | pleut | a plu | pleuvait | pleuvra | pleuvrait | pleuve | |
| **34** pouvoir *(to be able)* pu | je (j') tu il/elle/on nous vous ils/elles | peux peux peut pouvons pouvez peuvent | ai pu as pu a pu avons pu avez pu ont pu | pouvais pouvais pouvait pouvions pouviez pouvaient | pourrai pourras pourra pourrons pourrez pourront | pourrais pourrais pourrait pourrions pourriez pourraient | puisse puisses puisse puissions puissiez puissent | |
| **35** prendre *(to take)* pris | je (j') tu il/elle/on nous vous ils/elles | prends prends prend prenons prenez prennent | ai pris as pris a pris avons pris avez pris ont pris | prenais prenais prenait prenions preniez prenaient | prendrai prendras prendra prendrons prendrez prendront | prendrais prendrais prendrait prendrions prendriez prendraient | prenne prennes prenne prenions preniez prennent | prends prenons prenez |
| **36** recevoir *(to receive)* reçu | je (j') tu il/elle/on nous vous ils/elles | reçois reçois reçoit recevons recevez reçoivent | ai reçu as reçu a reçu avons reçu avez reçu ont reçu | recevais recevais recevait recevions receviez recevaient | recevrai recevras recevra recevrons recevrez recevront | recevrais recevrais recevrait recevrions recevriez recevraient | reçoive reçoives reçoive recevions receviez reçoivent | reçois recevons recevez |
| **37** rire *(to laugh)* ri | je (j') tu il/elle/on nous vous ils/elles | ris ris rit rions riez rient | ai ri as ri a ri avons ri avez ri ont ri | riais riais riait riions riiez riaient | rirai riras rira rirons rirez riront | rirais rirais rirait ririons ririez riraient | rie ries rie riions riiez rient | ris rions riez |

| | Infinitive / Past participle | Subject Pronouns | INDICATIVE Present | Passé composé | Imperfect | Future | CONDITIONAL Present | SUBJUNCTIVE Present | IMPERATIVE Present |
|---|---|---|---|---|---|---|---|---|---|
| 38 | savoir (to know) su | je (j') | sais | ai su | savais | saurai | saurais | sache | |
| | | tu | sais | as su | savais | sauras | saurais | saches | sache |
| | | il/elle/on | sait | a su | savait | saura | saurait | sache | |
| | | nous | savons | avons su | savions | saurons | saurions | sachions | sachons |
| | | vous | savez | avez su | saviez | saurez | sauriez | sachiez | sachez |
| | | ils/elles | savent | ont su | savaient | sauront | sauraient | sachent | |
| 39 | suivre (to follow) suivi | je (j') | suis | ai suivi | suivais | suivrai | suivrais | suive | |
| | | tu | suis | as suivi | suivais | suivras | suivrais | suives | suis |
| | | il/elle/on | suit | a suivi | suivait | suivra | suivrait | suive | |
| | | nous | suivons | avons suivi | suivions | suivrons | suivrions | suivions | suivons |
| | | vous | suivez | avez suivi | suiviez | suivrez | suivriez | suiviez | suivez |
| | | ils/elles | suivent | ont suivi | suivaient | suivront | suivraient | suivent | |
| 40 | tenir (to hold) tenu | je (j') | tiens | ai tenu | tenais | tiendrai | tiendrais | tienne | |
| | | tu | tiens | as tenu | tenais | tiendras | tiendrais | tiennes | tiens |
| | | il/elle/on | tient | a tenu | tenait | tiendra | tiendrait | tienne | |
| | | nous | tenons | avons tenu | tenions | tiendrons | tiendrions | tenions | tenons |
| | | vous | tenez | avez tenu | teniez | tiendrez | tiendriez | teniez | tenez |
| | | ils/elles | tiennent | ont tenu | tenaient | tiendront | tiendraient | tiennent | |
| 41 | venir (to come) venu | je | viens | suis venu(e) | venais | viendrai | viendrais | vienne | |
| | | tu | viens | es venu(e) | venais | viendras | viendrais | viennes | viens |
| | | il/elle/on | vient | est venu(e) | venait | viendra | viendrait | vienne | |
| | | nous | venons | sommes venu(e)s | venions | viendrons | viendrions | venions | venons |
| | | vous | venez | êtes venu(e)(s) | veniez | viendrez | viendriez | veniez | venez |
| | | ils/elles | viennent | sont venu(e)s | venaient | viendront | viendraient | viennent | |
| 42 | voir (to see) vu | je (j') | vois | ai vu | voyais | verrai | verrais | voie | |
| | | tu | vois | as vu | voyais | verras | verrais | voies | vois |
| | | il/elle/on | voit | a vu | voyait | verra | verrait | voie | |
| | | nous | voyons | avons vu | voyions | verrons | verrions | voyions | voyons |
| | | vous | voyez | avez vu | voyiez | verrez | verriez | voyiez | voyez |
| | | ils/elles | voient | ont vu | voyaient | verront | verraient | voient | |
| 43 | vouloir (to want, to wish) voulu | je (j') | veux | ai voulu | voulais | voudrai | voudrais | veuille | |
| | | tu | veux | as voulu | voulais | voudras | voudrais | veuilles | veuille |
| | | il/elle/on | veut | a voulu | voulait | voudra | voudrait | veuille | |
| | | nous | voulons | avons voulu | voulions | voudrons | voudrions | voulions | veuillons |
| | | vous | voulez | avez voulu | vouliez | voudrez | voudriez | vouliez | veuillez |
| | | ils/elles | veulent | ont voulu | voulaient | voudront | voudraient | veuillent | |

# Guide to Vocabulary

## Abbreviations used in this glossary

| | | | | | | |
|---|---|---|---|---|---|---|
| *adj.* | adjective | *form.* | formal | *p.p.* | past participle |
| *adv.* | adverb | *imp.* | imperative | *pl.* | plural |
| *art.* | article | *indef.* | indefinite | *poss.* | possessive |
| *comp.* | comparative | *interj.* | interjection | *prep.* | preposition |
| *conj.* | conjunction | *interr.* | interrogative | *pron.* | pronoun |
| *def.* | definite | *inv.* | invariable | *refl.* | reflexive |
| *dem.* | demonstrative | *i.o.* | indirect object | *rel.* | relative |
| *disj.* | disjunctive | *m.* | masculine | *sing.* | singular |
| *d.o.* | direct object | *n.* | noun | *sub.* | subject |
| *f.* | feminine | *obj.* | object | *super.* | superlative |
| *fam.* | familiar | *part.* | partitive | *v.* | verb |

## French-English

### A

**à** *prep.* at; in; to 4
**À bientôt.** See you soon. 1
**à condition que** on the condition that, provided that
**à côté de** *prep.* next to 3
**À demain.** See you tomorrow. 1
**à droite (de)** *prep.* to the right (of) 3
**à gauche (de)** *prep.* to the left (of) 3
**à … heure(s)** at … (o'clock) 4
**à la radio** on the radio
**à la télé(vision)** on television
**à l'automne** in the fall 5
**à l'étranger** abroad, overseas 7
**à mi-temps** part-time (*job*)
**à moins que** unless
**à plein temps** full-time (*job*)
**À plus tard.** See you later. 1
**À quelle heure?** What time?; When? 2
**À qui?** To whom? 4
**À table!** Dinner is ready! 9
**à temps partiel** part-time (*job*)
**À tout à l'heure. See you later. 1**
**au bout (de)** *prep.* at the end (of) 12
**au contraire** on the contrary
**au fait** by the way 3
**au printemps** in the spring 5
**Au revoir.** Good-bye. 1
**au secours** help 11
**au sujet de** on the subject of, about 13

**abolir** *v.* to abolish 13
**absolument** *adv.* absolutely 8
**accident** *m.* accident 11
    **avoir un accident** to have/to be in an accident 11
**accompagner** *v.* to accompany 12
**acheter** *v.* to buy 5
**acteur** *m.* actor 1
**actif/active** *adj.* active 3
**activement** *adv.* actively 8
**actrice** *f.* actress 1
**addition** *f.* check, bill 4
**adieu** farewell 13
**adolescence** *f.* adolescence 6
**adorer** *v.* to love, to adore 2
    **J'adore…** I love… 2
    **s'adorer** *v.* to adore one another 11
**adresse** *f.* address 12
**aérobic** *m.* aerobics 5
    **faire de l'aérobic** *v.* to do aerobics 5
**aéroport** *m.* airport 7
**affaires** *f., pl.* business 3
**affiche** *f.* poster 8
**afficher** *v.* to post
**âge** *m.* age 6
    **âge adulte** *m.* adulthood 6
**agence de voyages** *f.* travel agency 7
**agent** *m.* officer; agent 11
    **agent de police** *m.* police officer 11
    **agent de voyages** *m.* travel agent 7
    **agent immobilier** *m.* real estate agent
**agréable** *adj.* pleasant 1
**agriculteur/agricultrice** *m., f.* farmer
**aider (à)** *v.* to help (*to do something*) 5
    **s'aider** *v.* to help one another 11

**aie (avoir)** *imp. v.* have 7
**ail** *m.* garlic 9
**aimer** *v.* to like 2
    **aimer mieux** to prefer 2
    **aimer que…** to like that… 13
    **J'aime bien…** I really like…
    **Je n'aime pas tellement…** I don't like … very much 2
    **s'aimer (bien)** *v.* to love (like) one another 11
**aîné(e)** *adj.* elder 3
**algérien(ne)** *adj.* Algerian 1
**aliment** *m.* food item 9
**Allemagne** *f.* Germany 7
**allemand(e)** *adj.* German 1
**aller** *v.* to go 4
    **aller à la pêche** to go fishing 5
    **aller aux urgences** to go to the emergency room 10
    **aller avec** to go with 6
    **aller-retour** *adj.* round-trip 7
    **billet aller-retour** *m.* round-trip ticket 7
    **Allons-y!** Let's go! 2
    **Ça va?** What's up?; How are things? 1
    **Comment allez-vous?** *form.* How are you? 1
    **Comment vas-tu?** *fam.* How are you? 1
    **Je m'en vais.** I'm leaving. 8
    **Je vais bien/mal.** I am doing well/badly. 1
    **J'y vais.** I'm going/coming. 8
    **Nous y allons.** We're going/coming. 9
**allergie** *f.* allergy 10
**allô** (*on the phone*) hello 1
**allumer** *v.* to turn on 11
    **s'allumer** *v.* to light up 11
**alors** *adv.* so, then; at that moment 2
**améliorer** *v.* to improve
**amende** *f.* fine 11

amener *v.* to bring (*someone*) 5
américain(e) *adj.* American 1
  football américain *m.* football 5
ami(e) *m., f.* friend 1
  petit(e) ami(e) *m., f.* boyfriend/girlfriend 1
amitié *f.* friendship 6
amour *m.* love 6
amoureux/amoureuse *adj.* in love 6
  tomber amoureux/amoureuse *v.* to fall in love 6
amusant(e) *adj.* fun 1
s'amuser *v.* to play; to have fun 10
  s'amuser à *v.* to pass time by 11
an *m.* year 2
ancien(ne) *adj.* ancient, old; former
ange *m.* angel 1
anglais(e) *adj.* English 1
angle *m.* corner 12
Angleterre *f.* England 7
animal *m.* animal 13
année *f.* year 2
  cette année this year 2
anniversaire *m.* birthday 5
  C'est quand l'anniversaire de ... ? When is ...'s birthday? 5
  C'est quand ton/votre anniversaire? When is your birthday? 5
annuler (une réservation) *v.* to cancel (a reservation) 7
anorak *m.* ski jacket, parka 6
antipathique *adj.* unpleasant 3
août *m.* August 5
apercevoir *v.* to see, to catch sight of 12
  s'apercevoir *v.* to notice; to realize 12
aperçu (apercevoir) *p.p.* seen, caught sight of 12
appareil *m.* (on the phone) telephone
  appareil (électrique/ménager) *m.* (electrical/household) appliance 8
  appareil photo (numérique) *m.* (digital) camera 11
  C'est M./Mme/Mlle ... à l'appareil. It's Mr./Mrs./Miss ... on the phone.
  Qui est à l'appareil? Who's calling, please?
appartement *m.* apartment 7
appeler *v.* to call
  s'appeler *v.* to be named, to be called 10
  Comment t'appelles-tu? *fam.* What is your name? 1
  Comment vous appelez-vous? *form.* What is your name? 1

Je m'appelle... My name is... 1
applaudir *v.* to applaud
applaudissement *m.* applause
apporter *v.* to bring (*something*) 4
apprendre (à) *v.* to teach; to learn (*to do something*) 4
appris (apprendre) *p.p., adj.* learned 6
après (que) *adv.* after 2
après-demain *adv.* day after tomorrow 2
après-midi *m.* afternoon 2
  cet après-midi this afternoon 2
  de l'après-midi in the afternoon 2
  demain après-midi *adv.* tomorrow afternoon 2
  hier après-midi *adv.* yesterday afternoon 7
arbre *m.* tree 13
architecte *m., f.* architect 3
architecture *f.* architecture 2
argent *m.* money 12
  dépenser de l'argent *v.* to spend money 4
  déposer de l'argent *v.* to deposit money 12
  retirer de l'argent *v.* to withdraw money 12
armoire *f.* armoire, wardrobe 8
arrêt d'autobus (de bus) *m.* bus stop 7
arrêter (de faire quelque chose) *v.* to stop (doing something) 11
  s'arrêter *v.* to stop 10
arrivée *f.* arrival 7
arriver (à) *v.* to arrive; to manage (*to do something*) 2
art *m.* art 2
  beaux-arts *m., pl.* fine arts
artiste *m., f.* artist 3
ascenseur *m.* elevator 7
aspirateur *m.* vacuum cleaner 8
  passer l'aspirateur to vacuum 8
aspirine *f.* aspirin 10
s'asseoir *v.* to sit down 10
Asseyez-vous! (s'asseoir) *imp. v.* Have a seat! 10
assez *adv.* (before adjective or adverb) pretty; quite 8
  assez (de) (before noun) enough (of) 4
  pas assez (de) not enough (of) 4
assiette *f.* plate 9
assis (s'asseoir) *p.p., adj.* (used as past participle) sat down; (used as adjective) sitting, seated 10
assister à *v.* to attend 2

assurance (maladie/vie) *f.* (health/life) insurance
athlète *m., f.* athlete 3
attacher *v.* to attach 11
  attacher sa ceinture de sécurité to buckle one's seatbelt 11
attendre *v.* to wait 6
attention *f.* attention 5
  faire attention (à) *v.* to pay attention (to) 5
au (à + le) *prep.* to/at the 4
auberge de jeunesse *f.* youth hostel 7
aubergine *f.* eggplant 9
aucun(e) *adj.* no; *pron.* none 10
  ne... aucun(e) none, not any 12
augmentation (de salaire) *f.* raise (in salary)
aujourd'hui *adv.* today 2
auquel (à + lequel) *pron., m., sing.* which one
aussi *adv.* too, as well; as 1
  Moi aussi. Me too. 1
  aussi ... que (used with an adjective) as ... as 9
autant de ... que *adv.* (used with noun to express quantity) as much/as many ... as 13
auteur/femme auteur *m., f.* author
autobus *m.* bus 7
  arrêt d'autobus (de bus) *m.* bus stop 7
  prendre un autobus to take a bus 7
automne *m.* fall 5
  à l'automne in the fall 5
autoroute *f.* highway 11
autour (de) *prep.* around 12
autrefois *adv.* in the past 8
aux (à + les) to/at the 4
auxquelles (à + lesquelles) *pron., f., pl.* which ones
auxquels (à + lesquels) *pron., m., pl.* which ones
avance *f.* advance 2
  en avance *adv.* early 2
avant (de/que) *adv.* before 7
avant-hier *adv.* day before yesterday 7
avec *prep.* with 1
  Avec qui? With whom? 4
aventure *f.* adventure
  film d'aventures *m.* adventure film
avenue *f.* avenue 12
avion *m.* airplane 7
  prendre un avion *v.* to take a plane 7
avocat(e) *m., f.* lawyer 3
avoir *v.* to have 2
  aie *imp. v.* have 7
  avoir besoin (de) to need (*something*) 2

**avoir chaud** to be hot 2
**avoir de la chance** to be lucky 2
**avoir envie (de)** to feel like (*doing something*) 2
**avoir faim** to be hungry 4
**avoir froid** to be cold 2
**avoir honte (de)** to be ashamed (of) 2
**avoir l'air** to look like, seem 2
**avoir mal** to have an ache 10
**avoir mal au cœur** to feel nauseated 10
**avoir peur (de/que)** to be afraid (of/that) 2
**avoir raison** to be right 2
**avoir soif** to be thirsty 4
**avoir sommeil** to be sleepy 2
**avoir tort** to be wrong 2
**avoir un accident** to have/to be in an accident 11
**avoir un compte bancaire** to have a bank account 12
**en avoir marre** to be fed up 3
**avril** *m.* April 5
**ayez (avoir)** *imp. v.* have 7
**ayons (avoir)** *imp. v.* let's have 7

### B

**bac(calauréat)** *m.* an important exam taken by high-school students in France 2
**baguette** *f.* baguette 4
**baignoire** *f.* bathtub 8
**bain** *m.* bath 6
　**salle de bains** *f.* bathroom 8
**balai** *m.* broom 8
**balayer** *v.* to sweep 8
**balcon** *m.* balcony 8
**banane** *f.* banana 9
**banc** *m.* bench 12
**bancaire** *adj.* banking 12
　**avoir un compte bancaire** *v.* to have a bank account 12
**bande dessinée (B.D.)** *f.* comic strip 5
**banlieue** *f.* suburbs 4
**banque** *f.* bank 12
**banquier/banquière** *m., f.* banker
**barbant** *adj.*, **barbe** *f.* drag 3
**baseball** *m.* baseball 5
**basket(-ball)** *m.* basketball 5
**baskets** *f., pl.* tennis shoes 6
**bateau** *m.* boat 7
　**prendre un bateau** *v.* to take a boat 7
**bateau-mouche** *m.* riverboat 7
**bâtiment** *m.* building 12
**batterie** *f.* drums
**bavarder** *v.* to chat 4

**beau (belle)** *adj.* handsome; beautiful 3
　**faire quelque chose de beau** *v.* to be up to something interesting 12
　**Il fait beau.** The weather is nice. 5
**beaucoup (de)** *adv.* a lot (of) 4
　**Merci (beaucoup).** Thank you (very much). 1
**beau-frère** *m.* brother-in-law 3
**beau-père** *m.* father-in-law; stepfather 3
**beaux-arts** *m., pl.* fine arts
**belge** *adj.* Belgian 7
**Belgique** *f.* Belgium 7
**belle** *adj., f.* (feminine form of **beau**) beautiful 3
**belle-mère** *f.* mother-in-law; stepmother 3
**belle-sœur** *f.* sister-in-law 3
**besoin** *m.* need 2
　**avoir besoin (de)** to need (*something*) 2
**beurre** *m.* butter 4
**bibliothèque** *f.* library 1
**bien** *adv.* well 7
　**bien sûr** *adv.* of course 2
　**Je vais bien.** I am doing well. 1
　**Très bien.** Very well. 1
**bientôt** *adv.* soon 1
　**À bientôt.** See you soon. 1
**bienvenu(e)** *adj.* welcome 1
**bière** *f.* beer 6
**bijouterie** *f.* jewelry store 12
**billet** *m.* (*travel*) ticket 7; (*money*) bills, notes 12
　**billet aller-retour** *m.* round-trip ticket 7
**biologie** *f.* biology 2
**biscuit** *m.* cookie 6
**blague** *f.* joke 2
**blanc(he)** *adj.* white 6
**se blesser** *v.* to hurt oneself 10
**blessure** *f.* injury, wound 10
**bleu(e)** *adj.* blue 3
**blond(e)** *adj.* blonde 3
**blouson** *m.* jacket 6
**bœuf** *m.* beef 9
**boire** *v.* to drink 4
**bois** *m.* woods 13
**boisson (gazeuse)** *f.* (carbonated) drink/beverage 4
**boîte** *f.* box; can 9
　**boîte aux lettres** *f.* mailbox 12
　**boîte de conserve** *f.* can (of food) 9
　**boîte de nuit** *f.* nightclub 4
**bol** *m.* bowl 9
**bon(ne)** *adj.* kind; good 3

**bon marché** *adj.* inexpensive
**Il fait bon.** The weather is good/warm. 5
**bonbon** *m.* candy 6
**bonheur** *m.* happiness 6
**Bonjour.** Good morning.; Hello. 1
**Bonsoir.** Good evening.; Hello.
**bouche** *f.* mouth 10
**boucherie** *f.* butcher's shop 9
**boulangerie** *f.* bread shop, bakery 9
**boulevard** *m.* boulevard 12
　**suivre un boulevard** *v.* to follow a boulevard 12
**bourse** *f.* scholarship, grant 2
**bout** *m.* end 12
　**au bout (de)** *prep.* at the end (of) 12
**bouteille (de)** *f.* bottle (of) 4
**boutique** *f.* boutique, store 12
**bras** *m.* arm 10
**brasserie** *f.* café; restaurant 12
**Brésil** *m.* Brazil 7
**brésilien(ne)** *adj.* Brazilian 7
**bricoler** *v.* to tinker; to do odd jobs 5
**brillant(e)** *adj.* brilliant 1
**bronzer** *v.* to tan 6
**brosse (à cheveux/à dents)** *f.* (hair/tooth)brush 10
**se brosser (les cheveux/les dents)** *v.* to brush one's (hair/teeth) 9
**brun(e)** *adj.* (*hair*) dark 3
**bu (boire)** *p.p.* drunk 6
**bureau** *m.* desk; office 1
　**bureau de poste** *m.* post office 12
**bus** *m.* bus 7
　**arrêt d'autobus (de bus)** *m.* bus stop 7
　**prendre un bus** *v.* to take a bus 7

### C

**ça** *pron.* that; this; it 1
　**Ça dépend.** It depends. 4
　**Ça ne nous regarde pas.** That has nothing to do with us.; That is none of our business. 13
　**Ça suffit.** That's enough. 5
　**Ça te dit?** Does that appeal to you? 13
　**Ça va?** What's up?; How are things? 1
　**ça veut dire** that is to say 10
　**Comme ci, comme ça.** So-so. 1
**cabine téléphonique** *f.* phone booth 12

**cadeau** *m.* gift 6
  **paquet cadeau** wrapped gift 6
**cadet(te)** *adj.* younger 3
**cadre/femme cadre** *m., f.* executive
**café** *m.* café; coffee 1
  **terrasse de café** *f.* café terrace 4
  **cuillère à café** *f.* teaspoon 9
**cafetière** *f.* coffeemaker 8
**cahier** *m.* notebook 1
**calculatrice** *f.* calculator 1
**calme** *adj.* calm 1; *m.* calm 1
**camarade** *m., f.* friend 1
  **camarade de chambre** *m., f.* roommate 1
  **camarade de classe** *m., f.* classmate 1
**campagne** *f.* country(side) 7
  **pain de campagne** *m.* country-style bread 4
  **pâté (de campagne)** *m.* pâté, meat spread 9
**camping** *m.* camping 5
  **faire du camping** *v.* to go camping 5
**Canada** *m.* Canada 7
**canadien(ne)** *adj.* Canadian 1
**canapé** *m.* couch 8
**candidat(e)** *m., f.* candidate; applicant
**cantine** *f.* cafeteria 9
**capitale** *f.* capital 7
**capot** *m.* hood 11
**carafe (d'eau)** *f.* pitcher (of water) 9
**carotte** *f.* carrot 9
**carrefour** *m.* intersection 12
**carrière** *f.* career
**carte f.** map 1; menu 9; card 12
  **payer avec une carte de crédit** to pay with a credit card 12
  **carte postale** *f.* postcard 12
  **cartes** *f. pl.* (*playing*) cards 5
**casquette** *f.* (baseball) cap 6
**se casser** *v.* to break 10
**catastrophe** *f.* catastrophe 13
**cave** *f.* basement, cellar 8
**CD** *m.* CD(s) 11
**ce** *dem. adj., m., sing.* this; that 6
  **ce matin** this morning 2
  **ce mois-ci** this month 2
  **Ce n'est pas grave.** It's no big deal. 6
  **ce soir** this evening 2
  **ce sont...** those are... 1
  **ce week-end** this weekend 2
**ceinture** *f.* belt 6
  **attacher sa ceinture de sécurité** *v.* to buckle one's seatbelt 11
**célèbre** *adj.* famous
**célébrer** *v.* to celebrate 5

**célibataire** *adj.* single 3
**celle** *pron., f., sing.* this one; that one; the one 13
**celles** *pron., f., pl.* these; those; the ones 13
**celui** *pron., m., sing.* this one; that one; the one 13
**cent** *m.* one hundred 3
  **cent mille** *m.* one hundred thousand 5
  **cent un** *m.* one hundred one 5
  **cinq cents** *m.* five hundred 5
**centième** *adj.* hundredth 7
**centrale nucléaire** *f.* nuclear power plant 13
**centre commercial** *m.* shopping center, mall 4
**centre-ville** *m.* city/town center, downtown 4
**certain(e)** *adj.* certain 9
  **Il est certain que...** It is certain that... 13
  **Il n'est pas certain que...** It is uncertain that... 13
**ces** *dem. adj., m., f., pl.* these; those 6
**c'est...** it/that is... 1
  **C'est de la part de qui?** On behalf of whom?
  **C'est le 1ᵉʳ (premier) octobre.** It is October 1st. 5
  **C'est M./Mme/Mlle ... (à l'appareil).** It's Mr./Mrs./Miss ... (on the phone).
  **C'est quand l'anniversaire de... ?** When is ...'s birthday? 5
  **C'est quand ton/votre anniversaire?** When is your birthday? 5
  **Qu'est-ce que c'est?** What is it? 1
**cet** *dem. adj., m., sing.* this; that 6
  **cet après-midi** this afternoon 2
**cette** *dem. adj., f., sing.* this; that 6
  **cette année** this year 2
  **cette semaine** this week 2
**ceux** *pron., m., pl.* these; those; the ones 13
**chaîne (de télévision)** *f.* (television) channel 11
**chaîne stéréo** *f.* stereo system 11
**chaise** *f.* chair 1
**chambre** *f.* bedroom 8
  **chambre (individuelle)** *f.* (single) room 7
  **camarade de chambre** *m., f.* roommate 1
**champ** *m.* field 13
**champagne** *m.* champagne 6
**champignon** *m.* mushroom 9
**chance** *f.* luck 2

  **avoir de la chance** *v.* to be lucky 2
**chanson** *f.* song
**chanter** *v.* to sing 5
**chanteur/chanteuse** *m., f.* singer 1
**chapeau** *m.* hat 6
**chaque** *adj.* each 6
**charcuterie** *f.* delicatessen 9
**charmant(e)** *adj.* charming 1
**chasse** *f.* hunt 13
**chasser** *v.* to hunt 13
**chat** *m.* cat 3
**châtain** *adj.* (*hair*) brown 3
**chaud** *m.* heat 2
  **avoir chaud** *v.* to be hot 2
  **Il fait chaud.** (*weather*) It is hot. 5
**chauffeur de taxi/de camion** *m.* taxi/truck driver
**chaussette** *f.* sock 6
**chaussure** *f.* shoe 6
**chef d'entreprise** *m.* head of a company
**chef-d'œuvre** *m.* masterpiece
**chemin** *m.* path; way 12
  **suivre un chemin** *v.* to follow a path 12
**chemise (à manches courtes/longues)** *f.* (short-/long-sleeved) shirt 6
**chemisier** *m.* blouse 6
**chèque** *m.* check 12
  **compte de chèques** *m.* checking account 12
  **payer par chèque** *v.* to pay by check 12
**cher/chère** *adj.* expensive 6
**chercher** *v.* to look for 2
  **chercher un/du travail** to look for work 12
**chercheur/chercheuse** *m., f.* researcher
**chéri(e)** *adj.* dear, beloved, darling 2
**cheval** *m.* horse 5
  **faire du cheval** *v.* to go horseback riding 5
**cheveux** *m., pl.* hair 9
  **brosse à cheveux** *f.* hairbrush 10
  **cheveux blonds** blond hair 3
  **cheveux châtains** brown hair 3
  **se brosser les cheveux** *v.* to brush one's hair 9
**cheville** *f.* ankle 10
  **se fouler la cheville** *v.* to twist/sprain one's ankle 10
**chez** *prep.* at (*someone's*) house 3, at (*a place*) 3
  **passer chez quelqu'un** *v.* to stop by someone's house 4
**chic** *adj.* chic 4
**chien** *m.* dog 3
**chimie** *f.* chemistry 2

**Chine** *f.* China 7
**chinois(e)** *adj.* Chinese 7
**chocolat (chaud)** *m.* (hot) chocolate 4
**chœur** *m.* choir, chorus
**choisir** *v.* to choose 7
**chômage** *m.* unemployment
   **être au chômage** *v.* to be unemployed
**chômeur/chômeuse** *m., f.* unemployed person
**chose** *f.* thing 1
   **quelque chose** *m.* something; anything 4
**chrysanthèmes** *m., pl.* chrysanthemums 9
**chut** shh
**-ci** *(used with demonstrative adjective* **ce** *and noun or with demonstrative pronoun* **celui***)* here 6
   **ce mois-ci** this month 2
**ciel** *m.* sky 13
**cinéma (ciné)** *m.* movie theater, movies 4
**cinq** *m.* five 1
**cinquante** *m.* fifty 1
**cinquième** *adj.* fifth 7
**circulation** *f.* traffic 11
**clair(e)** *adj.* clear 13
   **Il est clair que...** It is clear that... 13
**classe** *f.* *(group of students)* class 1
   **camarade de classe** *m., f.* classmate 1
   **salle de classe** *f.* classroom 1
**clavier** *m.* keyboard 11
**clé** *f.* key 7
**client(e)** *m., f.* client; guest 7
**cœur** *m.* heart 10
   **avoir mal au cœur** to feel nauseated 10
**coffre** *m.* trunk 11
**se coiffer** *v.* to do one's hair 10
**coiffeur/coiffeuse** *m., f.* hairdresser 3
**coin** *m.* corner 12
**colis** *m.* package 12
**colocataire** *m., f.* roommate *(in an apartment)* 1
**Combien (de)... ?** *adv.* How much/many... ? 1
   **Combien coûte... ?** How much is... ? 4
**combiné** *m.* receiver
**comédie (musicale)** *f.* comedy (musical)
**commander** *v.* to order 9
**comme** *adv.* how; like, as 2
   **Comme ci, comme ça.** So-so. 1

**commencer (à)** *v.* to begin (*to do something*) 2
**comment** *adv.* how 4
   **Comment?** *adv.* What? 4
   **Comment allez-vous?,** *form.* How are you? 1
   **Comment t'appelles-tu?** *fam.* What is your name? 1
   **Comment vas-tu?** *fam.* How are you? 1
   **Comment vous appelez-vous?** *form.* What is your name? 1
**commerçant(e)** *m., f.* shopkeeper 9
**commissariat de police** *m.* police station 12
**commode** *f.* dresser, chest of drawers 8
**compact disc** *m.* compact disc 11
**complet (complète)** *adj.* full (no vacancies) 7
**composer (un numéro)** *v.* to dial (a number) 11
**compositeur** *m.* composer
**comprendre** *v.* to understand 4
**compris (comprendre)** *p.p., adj.* understood; included 6
**comptable** *m., f.* accountant
**compte** *m.* account (*at a bank*) 12
   **avoir un compte bancaire** *v.* to have a bank account 12
   **compte de chèques** *m.* checking account 12
   **compte d'épargne** *m.* savings account 12
   **se rendre compte** *v.* to realize 10
**compter sur quelqu'un** *v.* to count on someone 8
**concert** *m.* concert
**condition** *f.* condition
   **à condition que** on the condition that..., provided that...
**conduire** *v.* to drive 6
**conduit (conduire)** *p.p., adj.* driven 6
**confiture** *f.* jam 9
**congé** *m.* day off 7
   **jour de congé** *m.* day off 7
   **prendre un congé** *v.* to take time off
**congélateur** *m.* freezer 8
**connaissance** *f.* acquaintance 5
   **faire la connaissance de** *v.* to meet (*someone*) 5
**connaître** *v.* to know, to be familiar with 8
   **se connaître** *v.* to know one another 11

**connecté(e)** *adj.* connected 11
   **être connecté(e) avec quelqu'un** *v.* to be online with someone 7, 11
**connu (connaître)** *p.p., adj.* known; famous 8
**conseil** *m.* advice
**conseiller/conseillère** *m., f.* consultant; advisor
**considérer** *v.* to consider 5
**constamment** *adv.* constantly 8
**construire** *v.* to build, to construct 6
**conte** *m.* tale
**content(e)** *adj.* happy
   **être content(e) que...** *v.* to be happy that... 13
**continuer (à)** *v.* to continue (*doing something*) 12
**contraire** *adj.* contrary
   **au contraire** on the contrary
**copain/copine** *m., f.* friend 1
**corbeille (à papier)** *f.* wastebasket 1
**corps** *m.* body 10
**costume** *m.* (*man's*) suit 6
**côte** *f.* coast 13
**coton** *m.* cotton 12
**cou** *m.* neck 10
**couche d'ozone** *f.* ozone layer 13
   **trou dans la couche d'ozone** *m.* hole in the ozone layer 13
**se coucher** *v.* to go to bed 10
**couleur** *f.* color 6
   **De quelle couleur... ?** What color... ? 6
**couloir** *m.* hallway 8
**couple** *m.* couple 6
**courage** *m.* courage
**courageux/courageuse** *adj.* courageous, brave 3
**couramment** *adv.* fluently 8
**courir** *v.* to run 5
**courrier** *m.* mail 12
**cours** *m.* class, course 2
**course** *f.* errand 9
   **faire les courses** *v.* to go (grocery) shopping 9
**court(e)** *adj.* short 3
   **chemise à manches courtes** *f.* short-sleeved shirt 6
**couru (courir)** *p.p.* run 6
**cousin(e)** *m., f.* cousin 3
**couteau** *m.* knife 9
**coûter** *v.* to cost 4
   **Combien coûte... ?** How much is... ? 4
**couvert (couvrir)** *p.p.* covered 11
**couverture** *f.* blanket 8
**couvrir** *v.* to cover 11

**covoiturage** *m.* carpooling 13
**cravate** *f.* tie 6
**crayon** *m.* pencil 1
**crème** *f.* cream 9
 **crème à raser** *f.* shaving cream 10
**crêpe** *f.* crêpe 5
**crevé(e)** *adj.* deflated; blown up 11
 **pneu crevé** *m.* flat tire 11
**critique** *f.* review; criticism
**croire (que)** *v.* to believe (that) 13
 **ne pas croire que...** to not believe that... 13
**croissant** *m.* croissant 4
**croissant(e)** *adj.* growing 13
 **population croissante** *f.* growing population 13
**cru (croire)** *p.p.* believed 13
**cruel/cruelle** *adj.* cruel 3
**cuillère (à soupe/à café)** *f.* spoon (soupspoon/ teaspoon) 9
**cuir** *m.* leather 12
**cuisine** *f.* cooking; kitchen 5
 **faire la cuisine** *v.* to cook 5
**cuisiner** *v.* to cook 9
**cuisinier/cuisinière** *m., f.* cook
**cuisinière** *f.* stove 8
**curieux/curieuse** *adj.* curious 3
**curriculum vitæ (C.V.)** *m.* résumé
**cybercafé** *m.* cybercafé 12

### D

**d'abord** *adv.* first 7
**d'accord** *(tag question)* all right? 2; *(in statement)* okay 2
 **être d'accord** to be in agreement 2
**d'autres** *m., f.* others 4
**d'habitude** *adv.* usually 8
**danger** *m.* danger, threat 13
**dangereux/dangereuse** *adj.* dangerous 11
**dans** *prep.* in 3
**danse** *f.* dance
**danser** *v.* to dance 4
**danseur/danseuse** *m., f.* dancer
**date** *f.* date 5
 **Quelle est la date?** What is the date? 5
**de/d'** *prep.* of 3; from 1
 **de l'après-midi** in the afternoon 2
 **de laquelle** *pron., f., sing.* which one 13

**De quelle couleur... ?** What color... ? 6
**De rien.** You're welcome. 1
**de taille moyenne** medium-sized 3
**de temps en temps** *adv.* from time to time 8
**débarrasser la table** *v.* to clear the table 8
**déboisement** *m.* deforestation 13
**début** *m.* beginning; debut
**décembre** *m.* December 5
**déchets toxiques** *m., pl.* toxic waste 13
**décider (de)** *v.* to decide (*to do something*) 11
**découvert (découvrir)** *p.p.* discovered 11
**découvrir** *v.* to discover 11
**décrire** *v.* to describe 7
**décrocher** *v.* to pick up
**décrit (décrire)** *p.p., adj.* described 7
**degrés** *m., pl.* (*temperature*) degrees 5
 **Il fait ... degrés.** (*to describe weather*) It is ... degrees. 5
**déjà** *adv.* already 5
**déjeuner** *m.* lunch 9; *v.* to eat lunch 4
**de l'** *part. art., m., f., sing.* some 4
**de la** *part. art., f., sing.* some 4
**délicieux/délicieuse** delicious 8
**demain** *adv.* tomorrow 2
 **À demain.** See you tomorrow. 1
 **après-demain** *adv.* day after tomorrow 2
 **demain matin/après-midi/ soir** *adv.* tomorrow morning/ afternoon/evening 2
**demander (à)** *v.* to ask (*someone*), to make a request (*of someone*) 6
 **demander que...** *v.* to ask that... 13
**démarrer** *v.* to start up 11
**déménager** *v.* to move out 8
**demie** half 2
 **et demie** half past ... (o'clock) 2
**demi-frère** *m.* half-brother, stepbrother 3
**demi-sœur** *f.* half-sister, stepsister 3
**démissionner** *v.* to resign
**dent** *f.* tooth 9
 **brosse à dents** *f.* toothbrush 10
 **se brosser les dents** *v.* to brush one's teeth 9

**dentifrice** *m.* toothpaste 10
**dentiste** *m., f.* dentist 3
**départ** *m.* departure 7
**dépasser** *v.* to go over; to pass 11
**dépense** *f.* expenditure, expense 12
**dépenser** *v.* to spend 4
 **dépenser de l'argent** *v.* to spend money 4
**se déplacer** *v.* to move, to change location 12
**déposer de l'argent** *v.* to deposit money 12
**déprimé(e)** *adj.* depressed 10
**depuis** *adv.* since; for 9
**dernier/dernière** *adj.* last 2
**dernièrement** *adv.* lastly, finally 8
**derrière** *prep.* behind 3
**des** *part. art., m., f., pl.* some 4
**des (de + les)** *m., f., pl.* of the 3
**dès que** *adv.* as soon as 12
**désagréable** *adj.* unpleasant 1
**descendre** *v.* to go down; to take down 6
**désert** *m.* desert 13
**se déshabiller** *v.* to undress 10
**désirer (que)** *v.* to want (that), to desire 5
**désolé(e)** *adj.* sorry 6
 **être désolé(e) que...** to be sorry that... 13
**desquelles (de + lesquelles)** *pron., f., pl.* which ones 13
**desquels (de + lesquels)** *pron., m., pl.* which ones 13
**dessert** *m.* dessert 6
**dessin animé** *m.* cartoon
**dessiner** *v.* to draw 2
**se détendre** *v.* to relax 10
**détester** *v.* to hate 2
 **Je déteste...** I hate... 2
**détruire** *v.* to destroy 6
**détruit (détruire)** *p.p., adj.* destroyed 6
**deux** *m.* two 1
**deuxième** *adj.* second 7
**devant** *prep.* in front of 3
**développer** *v.* to develop 13
**devenir** *v.* to become 9
**devoirs** *m., pl.* homework 2; *v.* to have to, must 9
**dictionnaire** *m.* dictionary 1
**différemment** *adv.* differently 8
**différence** *f.* difference 1
**différent(e)** *adj.* different 1
**difficile** *adj.* difficult 1
**dimanche** *m.* Sunday 2
**dîner** *m.* dinner 9; *v.* to have dinner 2

**diplôme** *m.* diploma, degree 2
**dire** *v.* to say 7
  **Ça te/vous dit?** Does that appeal to you? 13
  **ça veut dire** that is to say 10
  **veut dire** *v.* means, signifies 9
  **se dire** *v.* to tell one another 11
**diriger** *v.* to manage
**discret/discrète** *adj.* discreet; unassuming 3
**discuter** *v.* discuss 6
**se disputer (avec)** *v.* to argue (with) 10
**disque** *m.* disk 11
  **disque compact** *m.* compact disc 11
  **disque dur** *m.* hard drive 11
**dissertation** *f.* essay 11
**distributeur automatique/de billets** *m.* ATM 12
**dit (dire)** *p.p., adj.* said 7
**divorce** *m.* divorce 6
**divorcé(e)** *adj.* divorced 3
**divorcer** *v.* to divorce 3
**dix** *m.* ten 1
**dix-huit** *m.* eighteen 1
**dixième** adj. tenth 7
**dix-neuf** *m.* nineteen 1
**dix-sept** *m.* seventeen 1
**documentaire** *m.* documentary
**doigt** *m.* finger 10
**doigt de pied** *m.* toe 10
**domaine** *m.* field
**dommage** *m.* harm 13
  **Il est dommage que...** It's a shame that... 13
**donc** *conj.* therefore 7
**donner (à)** *v.* to give (*to someone*) 2
  **se donner** *v.* to give one another 11
**dont** *rel. pron.* of which; of whom; that 11
**dormir** *v.* to sleep 5
**dos** *m.* back 10
  **sac à dos** *m.* backpack 1
**douane** *f.* customs 7
**douche** *f.* shower 8
  **prendre une douche** *v.* to take a shower 10
**doué(e)** *adj.* talented, gifted
**douleur** *f.* pain 10
**douter (que)** *v.* to doubt (that) 13
**douteux/douteuse** *adj.* doubtful 13
  **Il est douteux que...** It is doubtful that... 13
**doux/douce** *adj.* sweet; soft 3
**douze** *m.* twelve 1
**dramaturge** *m.* playwright

**drame (psychologique)** *m.* (psychological) drama
**draps** *m., pl.* sheets 8
**droit** *m.* law 2
**droite** *f.* the right (side) 3
  **à droite de** *prep.* to the right of 3
**drôle** *adj.* funny 3
**du** *part. art., m., sing.* some 4
**du (de + le)** *m., sing.* of the 3
**dû (devoir)** *p.p., adj. (used with infinitive)* had to; *(used with noun)* due, owed 9
**duquel (de + lequel)** *pron., m., sing.* which one

**E**

**eau (minérale)** *f.* (mineral) water 4
  **carafe d'eau** *f.* pitcher of water 9
**écharpe** *f.* scarf 6
**échecs** *m., pl.* chess 5
**échouer** *v.* to fail 2
**éclair** *m.* éclair 4
**école** *f.* school 2
**écologie** *f.* ecology 13
**écologique** *adj.* ecological 13
**économie** *f.* economics 2
**écotourisme** *m.* ecotourism 13
**écouter** *v.* to listen (to) 2
**écouteurs** *m.* headphones 11
**écran** *m.* screen 11
**écrire** *v.* to write 7
  **s'écrire** *v.* to write one another 11
**écrivain/femme écrivain** *m., f.* writer
**écrit (écrire)** *p.p., adj.* written 7
**écureuil** *m.* squirrel 13
**éducation physique** *f.* physical education 2
**effacer** *v.* to erase 11
**effet de serre** *m.* greenhouse effect 13
**égaler** *v.* to equal 3
**église** *f.* church 4
**égoïste** *adj.* selfish 1
**Eh!** *interj.* Hey! 2
**électrique** *adj.* electric 8
  **appareil électrique/ménager** *m.* electrical/household appliance 8
**électricien/électricienne** *m., f.* electrician
**élégant(e)** *adj.* elegant 1
**élevé** *adj.* high
**élève** *m., f.* pupil, student 1
**elle** *pron., f.* she; it 1; her 3
  **elle est...** she/it is... 1
**elles** *pron., f.* they 1; them 3
  **elles sont...** they are... 1

**e-mail** *m.* e-mail 11
**emballage (en plastique)** *m.* (plastic) wrapping/packaging 13
**embaucher** *v.* to hire
**s'embrasser** *v.* to kiss one another 11
**embrayage** *m. (automobile)* clutch 11
**émission (de télévision)** *f.* (television) program
**emménager** *v.* to move in 8
**emmener** *v.* to take (*someone*) 5
**emploi** *m.* job
  **emploi à mi-temps/à temps partiel** *m.* part-time job
  **emploi à plein temps** *m.* full-time job
**employé(e)** *m., f.* employee 25
**employer** *v.* to use 5
**emprunter** *v.* to borrow 12
**en** *prep.* in 3
  **en avance** early 2
  **en avoir marre** to be fed up 6
  **en effet** indeed; in fact 13
  **en été** in the summer 5
  **en face (de)** *prep.* facing, across (from) 3
  **en fait** in fact 7
  **en général** *adv.* in general 8
  **en hiver** in the winter 5
  **en plein air** in fresh air 13
  **en retard** late 2
  **en tout cas** in any case 6
  **en vacances** on vacation 7
  **être en ligne** to be online 11
**en** *pron.* some of it/them; about it/them; of it/them; from it/them 10
  **Je vous en prie.** *form.* Please.; You're welcome. 1
  **Qu'en penses-tu?** What do you think about that? 13
**enceinte** *adj.* pregnant 10
**Enchanté(e).** Delighted. 1
**encore** *adv.* again; still 3
**s'endormir** *v.* to fall asleep, to go to sleep 10
**endroit** *m.* place 4
**énergie (nucléaire/solaire)** *f.* (nuclear/solar) energy 13
**s'énerver** *v.* to get worked up, to become upset 10
**enfance** *f.* childhood 6
**enfant** *m., f.* child 3
**enfin** *adv.* finally, at last 7
**enfler** *v.* to swell 10
**enlever la poussière** *v.* to dust 8
**s'ennuyer** *v.* to get bored 10
**ennuyeux/ennuyeuse** *adj.* boring 3
**énorme** *adj.* enormous, huge 2
**enregistrer** *v.* to record 11
  **enregistreur DVR** *m.* DVR 11

enseigner *v.* to teach 2
ensemble *adv.* together 6
ensuite *adv.* then, next 7
entendre *v.* to hear 6
  s'entendre bien (avec) *v.* to get along well (with one another) 10
entracte *m.* intermission
entre *prep.* between 3
entrée *f.* appetizer, starter 9
entreprise *f.* firm, business
entrer *v.* to enter 7
entretien: passer un entretien *to have an interview*
enveloppe *f.* envelope 12
envie *f.* desire, envy 2
  avoir envie (de) to feel like (*doing something*) 2
environnement *m.* environment 13
envoyer (à) *v.* to send (*to someone*) 5
épargne *f.* savings 12
  compte d'épargne *m.* savings account 12
épicerie *f.* grocery store 4
épouser *v.* to marry 3
épouvantable *adj.* dreadful 5
  Il fait un temps épouvantable The weather is dreadful. 5
époux/épouse *m., f.* husband/wife 3
équipe *f.* team 5
escalier *m.* staircase 8
escargot *m.* escargot, snail 9
espace *m.* space 13
Espagne *f.* Spain 7
espagnol(e) *adj.* Spanish 1
espèce (menacée) *f.* (endangered) species 13
espérer *v.* to hope 5
essayer *v.* to try 5
essence *f.* gas 11
  réservoir d'essence *m.* gas tank 11
  voyant d'essence *m.* gas warning light 11
essentiel(le) *adj.* essential 13
  Il est essentiel que... It is essential that... 13
essuie-glace *m.* (essuie-glaces *pl.*) windshield wiper(s) 11
essuyer (la vaiselle/la table) *v.* to wipe (the dishes/the table) 8
est *m.* east 12
Est-ce que... ? (*used in forming questions*) 2
et *conj.* and 1
  Et toi? *fam.* And you? 1
  Et vous? *form.* And you? 1

étage *m.* floor 7
étagère *f.* shelf 8
étape *f.* stage 6
état civil *m.* marital status 6
États-Unis *m., pl.* the United States 7
été *m.* summer 5
  en été in the summer 5
été (être) *p.p.* been 6
éteindre *v.* to turn off 11
éternuer *v.* to sneeze 10
étoile *f.* star 13
étranger/étrangère *adj.* foreign 2
  langues étrangères *f., pl.* foreign languages 2
étranger *m.* (*places that are*) abroad, overseas 7
  à l'étranger abroad, overseas 7
étrangler *v.* to strangle
être *v.* to be 1
  être bien/mal payé(e) to be well/badly paid
  être connecté(e) avec quelqu'un to be online with someone 7, 11
  être en ligne avec to be online with 11
  être en pleine forme to be in good shape 10
études (supérieures) *f., pl.* studies; (higher) education 2
étudiant(e) *m., f.* student 1
étudier *v.* to study 2
eu (avoir) *p.p.* had 6
eux *disj. pron., m., pl.* they, them 3
évidemment *adv.* obviously, evidently; of course 8
évident(e) *adj.* evident, obvious 13
  Il est évident que... It is evident that... 13
évier *m.* sink 8
éviter (de) *v.* to avoid (*doing something*) 10
exactement *adv.* exactly 9
examen *m.* exam; test 1
  être reçu(e) à un examen *v.* to pass an exam 2
  passer un examen *v.* to take an exam 2
Excuse-moi. *fam.* Excuse me. 1
Excusez-moi. *form.* Excuse me. 1
exercice *m.* exercise 10
  faire de l'exercice *v.* to exercise 10
exigeant(e) *adj.* demanding
  profession (exigeante) *f.* a (demanding) profession
exiger (que) *v.* to demand (that) 13

expérience (professionnelle) *f.* (professional) experience
expliquer *v.* to explain 2
explorer *v.* to explore 4
exposition *f.* exhibit
extinction *f.* extinction 13

## F

facile *adj.* easy 2
facilement *adv.* easily 8
facteur *m.* mailman 12
faculté *f.* university; faculty 1
faible *adj.* weak 3
faim *f.* hunger 4
  avoir faim *v.* to be hungry 4
faire *v.* to do; to make 5
  faire attention (à) *v.* to pay attention (to) 5
  faire quelque chose de beau *v.* to be up to something interesting 12
  faire de l'aérobic *v.* to do aerobics 5
  faire de la gym *v.* to work out 5
  faire de la musique *v.* to play music
  faire de la peinture *v.* to paint
  faire de la planche à voile *v.* to go windsurfing 5
  faire de l'exercice *v.* to exercise 10
  faire des projets *v.* to make plans
  faire du camping *v.* to go camping 5
  faire du cheval *v.* to go horseback riding 5
  faire du jogging *v.* to go jogging 5
  faire du shopping *v.* to go shopping 7
  faire du ski *v.* to go skiing 5
  faire du sport *v.* to do sports 5
  faire du vélo *v.* to go bike riding 5
  faire la connaissance de *v.* to meet (*someone*) for the first time 5
  faire la cuisine *v.* to cook 5
  faire la fête *v.* to party 6
  faire la lessive *v.* to do the laundry 8
  faire la poussière *v.* to dust 8
  faire la queue *v.* to wait in line 12
  faire la vaisselle *v.* to do the dishes 8
  faire le lit *v.* to make the bed 8

**faire le ménage** *v.* to do the housework 8

**faire le plein** *v.* to fill the tank 11

**faire les courses** *v.* to run errands 9

**faire les musées** *v.* to go to museums

**faire les valises** *v.* to pack one's bags 7

**faire mal** *v.* to hurt 10

**faire plaisir à quelqu'un** *v.* to please someone

**faire sa toilette** *v.* to wash up 10

**faire une piqûre** *v.* to give a shot 10

**faire une promenade** *v.* to go for a walk 5

**faire une randonnée** *v.* to go for a hike 5

**faire un séjour** *v.* to spend time (*somewhere*) 7

**faire un tour (en voiture)** *v.* to go for a walk (drive) 5

**faire visiter** *v.* to give a tour 8

**fait (faire)** *p.p., adj.* done; made 6

**falaise** *f.* cliff 13

**faut (falloir)** *v.* (*used with infinitive*) is necessary to... 5

**Il a fallu...** It was necessary to... 6

**Il fallait...** One had to... 8

**Il faut que...** One must.../It is necessary that... 13

**fallu (falloir)** *p.p.* (*used with infinitive*) had to... 6

**Il a fallu...** It was necessary to... 6

**famille** *f.* family 3

**fatigué(e)** *adj.* tired 3

**fauteuil** *m.* armchair 8

**favori/favorite** *adj.* favorite 3

**félicitations** congratulations

**femme** *f.* woman; wife 1

**femme d'affaires** business-woman 3

**femme au foyer** housewife

**femme auteur** author

**femme cadre** executive

**femme écrivain** writer

**femme peintre** painter

**femme politique** politician

**femme pompier** firefighter

**femme sculpteur** sculptor

**fenêtre** *f.* window 1

**fer à repasser** *m.* iron 8

**férié(e)** *adj.* holiday 6

**jour férié** *m.* holiday 6

**fermé(e)** *adj.* closed 12

**fermer** *v.* to close; to shut off 11

**festival (festivals** *pl.***)** *m.* festival

**fête** *f.* party 6; celebration 6

**faire la fête** *v.* to party 6

**fêter** *v.* to celebrate 6

**feu de signalisation** *m.* traffic light 12

**feuille de papier** *f.* sheet of paper 1

**feuilleton** *m.* soap opera

**février** *m.* February 5

**fiancé(e)** *adj.* engaged 3

**fiancé(e)** *m., f.* fiancé 6

**fichier** *m.* file 11

**fier/fière** *adj.* proud 3

**fièvre** *f.* fever 10

**avoir de la fièvre** *v.* to have a fever 10

**fille** *f.* girl; daughter 1

**film (d'aventures, d'horreur, de science-fiction, policier)** *m.* (adventure, horror, science-fiction, crime) film

**fils** *m.* son 3

**fin** *f.* end

**finalement** *adv.* finally 7

**fini (finir)** *p.p., adj.* finished, done, over 7

**finir (de)** *v.* to finish (*doing something*) 7

**fleur** *f.* flower 8

**fleuve** *m.* river 13

**fois** *f.* time 8

**une fois** *adv.* once 8

**deux fois** *adv.* twice 8

**fonctionner** *v.* to work, to function 11

**fontaine** *f.* fountain 12

**foot(ball)** *m.* soccer 5

**football américain** *m.* football 5

**forêt (tropicale)** *f.* (tropical) forest 13

**formation** *f.* education; training

**forme** *f.* shape; form 10

**être en pleine forme** *v.* to be in good shape 10

**formidable** *adj.* great 7

**formulaire** *m.* form 12

**remplir un formulaire** to fill out a form 12

**fort(e)** *adj.* strong 3

**fou/folle** *adj.* crazy 3

**se fouler (la cheville)** *v.* to twist/to sprain one's (ankle) 10

**four (à micro-ondes)** *m.* (microwave) oven 8

**fourchette** *f.* fork 9

**frais/fraîche** *adj.* fresh; cool 5

**Il fait frais.** (*weather*) It is cool. 5

**fraise** *f.* strawberry 9

**français(e)** *adj.* French 1

**France** *f.* France 7

**franchement** *adv.* frankly, honestly 8

**freiner** *v.* to brake 11

**freins** *m., pl.* brakes 11

**fréquenter** *v.* to frequent; to visit 4

**frère** *m.* brother 3

**beau-frère** *m.* brother-in-law 3

**demi-frère** *m.* half-brother, stepbrother 3

**frigo** *m.* refrigerator 8

**frisé(e)** *adj.* curly 3

**frites** *f., pl.* French fries 4

**froid** *m.* cold 2

**avoir froid** to be cold 2

**Il fait froid.** (*weather*) It is cold. 5

**fromage** *m.* cheese 4

**fruit** *m.* fruit 9

**fruits de mer** *m., pl.* seafood 9

**fumer** *v.* to smoke 10

**funérailles** *f., pl.* funeral 9

**furieux/furieuse** *adj.* furious 13

**être furieux/furieuse que...** *v.* to be furious that... 13

**G**

**gagner** *v.* to win 5; to earn

**gant** *m.* glove 6

**garage** *m.* garage 8

**garanti(e)** *adj.* guaranteed 5

**garçon** *m.* boy 1

**garder la ligne** *v.* to stay slim 10

**gare (routière)** *f.* train station (bus station) 7

**se garer** *v.* to park 11

**gaspillage** *m.* waste 13

**gaspiller** *v.* to waste 13

**gâteau** *m.* cake 6

**gauche** *f.* the left (side) 3

**à gauche (de)** *prep.* to the left (of) 3

**gazeux/gazeuse** *adj.* carbonated, fizzy 4

**boisson gazeuse** *f.* carbonated drink/beverage 4

**généreux/généreuse** *adj.* generous 3

**génial(e)** *adj.* great 3

**genou** *m.* knee 10

**genre** *m.* genre

**gens** *m., pl.* people 7

**gentil/gentille** *adj.* nice 3

**gentiment** *adv.* nicely 8

**géographie** *f.* geography 2

**gérant(e)** *m., f.* manager

**gestion** *f.* business administration 2

**glace** *f.* ice cream 6

**glaçon** *m.* ice cube 6

**glissement de terrain** *m.* landslide 13

**golf** *m.* golf 5

**gorge** *f.* throat 10

**goûter** *m.* afternoon snack 9; *v.* to taste 9

**gouvernement** *m.* government 13

**grand(e)** *adj.* big 3
  **grand magasin** *m.* department store 4

**grand-mère** *f.* grandmother 3

**grand-père** *m.* grandfather 3

**grands-parents** *m., pl.* grandparents 3

**gratin** *m.* gratin 9

**gratuit(e)** *adj.* free

**grave** *adj.* serious 10
  **Ce n'est pas grave.** It's okay.; No problem. 6

**graver** *v.* to record, to burn (CD, DVD) 11

**grille-pain** *m.* toaster 8

**grippe** *f.* flu 10

**gris(e)** *adj.* gray 6

**gros(se)** *adj.* fat 3

**grossir** *v.* to gain weight 7

**guérir** *v.* to get better 10

**guitare** *f.* guitar

**gym** *f.* exercise 5
  **faire de la gym** *v.* to work out 5

**gymnase** *m.* gym 4

### H

**s'habiller** *v.* to dress 10

**habitat** *m.* habitat 13
  **sauvetage des habitats** *m.* habitat preservation 13

**habiter (à)** *v.* to live (in/at) 2

**haricots verts** *m., pl.* green beans 9

**Hein?** *interj.* Huh?; Right? 3

**herbe** *f.* grass 13

**hésiter (à)** *v.* to hesitate (*to do something*) 11

**heure(s)** *f.* hour, o'clock; time 2
  **à ... heure(s)** at ... (o'clock) 4
  **À quelle heure?** What time?; When? 2
  **À tout à l'heure.** See you later. 1
  **Quelle heure avez-vous?** *form.* What time do you have? 2
  **Quelle heure est-il?** What time is it? 2

**heureusement** *adv.* fortunately 8

**heureux/heureuse** *adj.* happy 3
  **être heureux/heureuse que...** to be happy that... 13

**hier (matin/après-midi/soir)** *adv.* yesterday (morning/afternoon/evening) 7

**avant-hier** *adv.* day before yesterday 7

**histoire** *f.* history; story 2

**hiver** *m.* winter 5
  **en hiver** in the winter 5

**homme** *m.* man 1
  **homme d'affaires** *m.* businessman 3
  **homme politique** *m.* politician

**honnête** *adj.* honest

**honte** *f.* shame 2
  **avoir honte (de)** *v.* to be ashamed (of) 2

**hôpital** *m.* hospital 4

**horloge** *f.* clock 1

**hors-d'œuvre** *m.* hors d'œuvre, appetizer 9

**hôte/hôtesse** *m., f.* host 6

**hôtel** *m.* hotel 7

**hôtelier/hôtelière** *m., f.* hotel keeper 7

**huile** *f.* oil 9
  **huile** *f.* (automobile) oil 11
  **huile d'olive** *f.* olive oil 9
  **vérifier l'huile** *to check the oil* 11
  **voyant d'huile** *m.* oil warning light 11

**huit** *m.* eight 1

**huitième** *adj.* eighth 7

**humeur** *f.* mood 8
  **être de bonne/mauvaise humeur** *v.* to be in a good/bad mood 8

### I

**ici** *adv.* here 1

**idée** *f.* idea 3

**il** *sub. pron.* he; it 1
  **il est...** he/it is... 1
  **Il n'y a pas de quoi.** It's nothing.; You're welcome. 1
  **Il vaut mieux que...** It is better that... 13

**Il faut (falloir)** *v.* (*used with infinitive*) It is necessary to... 6
  **Il a fallu...** It was necessary to... 6
  **Il fallait...** One had to... 8
  **Il faut (que)...** One must.../It is necessary that... 13

**il y a** there is/are 1
  **il y a eu** there was/were 6
  **il y avait** there was/were 8
  **Qu'est-ce qu'il y a?** What is it?; What's wrong? 1
  **Y a-t-il... ?** Is/Are there... ? 2

**il y a...** (*used with an expression of time*) ... ago 9

**île** *f.* island 13

**ils** *sub. pron., m., pl.* they 1
  **ils sont...** they are... 1

**immeuble** *m.* building 8

**impatient(e)** *adj.* impatient 1

**imperméable** *m.* rain jacket 5

**important(e)** *adj.* important 1
  **Il est important que...** It is important that... 13

**impossible** *adj.* impossible 13
  **Il est impossible que...** It is impossible that... 13

**imprimante** *f.* printer 11

**imprimer** *v.* to print 11

**incendie** *m.* fire 13
  **prévenir l'incendie** to prevent a fire 13

**incroyable** *adj.* incredible 11

**indépendamment** *adv.* independently 8

**indépendant(e)** *adj.* independent 1

**indications** *f.* directions 12

**indiquer** *v.* to indicate 5

**indispensable** *adj.* essential, indispensable 13
  **Il est indispensable que...** It is essential that... 13

**individuel(le)** *adj.* single, individual 7
  **chambre individuelle** *f.* single (hotel) room 7

**infirmier/infirmière** *m., f.* nurse 10

**informations (infos)** *f., pl.* news

**informatique** *f.* computer science 2

**ingénieur** *m.* engineer 3

**inquiet/inquiète** *adj.* worried 3

**s'inquiéter** *v.* to worry 10

**instrument** *m.* instrument 1

**intellectuel(le)** *adj.* intellectual 3

**intelligent(e)** *adj.* intelligent 1

**interdire** *v.* to forbid, to prohibit 13

**intéressant(e)** *adj.* interesting 1

**s'intéresser (à)** *v.* to be interested in 10

**inutile** *adj.* useless 2

**invité(e)** *m., f.* guest 6

**inviter** *v.* to invite 4

**irlandais(e)** *adj.* Irish 7

**Irlande** *f.* Ireland 7

**Italie** *f.* Italy 7

**italien(ne)** *adj.* Italian 1

### J

**jaloux/jalouse** *adj.* jealous 3

**jamais** *adv.* never 5
  **ne... jamais** never, not ever 12

**jambe** *f.* leg 10
**jambon** *m.* ham 4
**janvier** *m.* January 5
**Japon** *m.* Japan 7
**japonais(e)** *adj.* Japanese 1
**jardin** *m.* garden; yard 8
**jaune** *adj.* yellow 6
**je/j'** *sub. pron.* I 1
   **Je vous en prie.** *form.*
   Please.; You're welcome. 1
**jean** *m., sing.* jeans 6
**jeter** *v.* to throw away 13
**jeu** *m.* game 5
   **jeu télévisé** *m.* game show
   **jeu vidéo (des jeux vidéo)**
   *m.* video game(s) 11
**jeudi** *m.* Thursday 2
**jeune** *adj.* young 3
   **jeunes mariés** *m., pl.* newlyweds 6
**jeunesse** *f.* youth 6
   **auberge de jeunesse** *f.*
   youth hostel 7
**jogging** *m.* jogging 5
   **faire du jogging** *v.* to go
   jogging 5
**joli(e)** *adj.* handsome; beautiful 3
**joue** *f.* cheek 10
**jouer (à/de)** *v.* to play (*a*
   *sport/a musical instrument*) 5
   **jouer un rôle** *v.* to play a role
**joueur/joueuse** *m., f.* player 5
**jour** *m.* day 2
   **jour de congé** *m.* day off 7
   **jour férié** *m.* holiday 6
   **Quel jour sommes-nous?**
   What day is it? 2
**journal** *m.* newspaper; journal 7
**journaliste** *m., f.* journalist 3
**journée** *f.* day 2
**juillet** *m.* July 5
**juin** *m.* June 5
**jungle** *f.* jungle 13
**jupe** *f.* skirt 6
**jus (d'orange/de pomme)** *m.*
   (orange/apple) juice 4
**jusqu'à (ce que)** *prep.* until 12
**juste** *adv.* just; right 3
   **juste à côté** right next door 3

**K**

**kilo(gramme)** *m.* kilo(gram) 9
**kiosque** *m.* kiosk 4

**L**

**l'** *def. art., m., f. sing.* the 1; *d.o.*
   *pron., m., f.* him; her; it 7
**la** *def. art., f. sing.* the 1; *d.o.*
   *pron., f.* her; it 7

**là(-bas)** (over) there 1
**-là** *(used with demonstrative*
   *adjective* **ce** *and noun or with*
   *demonstrative pronoun* **celui**)
   there 6
**lac** *m.* lake 13
**laid(e)** *adj.* ugly 3
**laine** *f.* wool 12
**laisser** *v.* to let, to allow 11
   **laisser tranquille** *v.* to leave
   alone 10
   **laisser un message** *v.* to
   leave a message
   **laisser un pourboire** *v.* to
   leave a tip 4
**lait** *m.* milk 4
**laitue** *f.* lettuce 9
**lampe** *f.* lamp 8
**langues (étrangères)** *f., pl.*
   (foreign) languages 2
**lapin** *m.* rabbit 13
**laquelle** *pron., f., sing.* which
   one 13
   **à laquelle** *pron., f., sing.*
   which one 13
   **de laquelle** *pron., f., sing.*
   which one 13
**large** *adj.* loose; big 6
**lavabo** *m.* bathroom sink 8
**lave-linge** *m.* washing machine 8
**laver** *v.* to wash 8
**se laver (les mains)** *v.* to wash
   oneself (one's hands) 10
**laverie** *f.* laundromat 12
**lave-vaisselle** *m.* dishwasher 8
**le** *def. art., m. sing.* the 1; *d.o.*
   *pron.* him; it 7
**lecteur MP3/de CD/**
   **DVD** *m.* MP3/CD/DVD
   player 11
**légume** *m.* vegetable 9
**lent(e)** *adj.* slow 3
**lequel** *pron., m., sing.* which
   one 13
   **auquel (à + lequel)** *pron., m.,*
   *sing.* which one 13
   **duquel (de + lequel)** *pron.,*
   *m., sing.* which one 13
**les** *def. art., m., f., pl.* the 1; *d.o.*
   *pron., m., f., pl.* them 7
**lesquelles** *pron., f., pl.* which
   ones 13
   **auxquelles (à + lesquelles)**
   *pron., f., pl.* which ones 13
   **desquelles (de + lesquelles)**
   *pron., f., pl.* which ones 13
**lesquels** *pron., m., pl.* which
   ones 13
   **auxquels (à + lesquels)**
   *pron., m., pl.* which ones 13
   **desquels (de + lesquels)**
   *pron., m., pl.* which ones 13

**lessive** *f.* laundry 8
   **faire la lessive** *v.* to do the
   laundry 8
**lettre** *f.* letter 12
   **boîte aux lettres** *f.* mailbox 12
   **lettre de motivation** *f.* letter
   of application
   **lettre de recommandation**
   *f.* letter of recommendation,
   reference letter
**lettres** *f., pl.* humanities 2
**leur** *i.o. pron., m., f., pl.* them 6
**leur(s)** *poss. adj., m., f.* their 3
**se lever** *v.* to get up, to get out
   of bed 10
**librairie** *f.* bookstore 1
**libre** *adj.* available 7
**lien** *m.* link 11
**lieu** *m.* place 4
**ligne** *f.* figure, shape 10
   **garder la ligne** *v.* to stay
   slim 10
**limitation de vitesse** *f.* speed
   limit 11
**limonade** *f.* lemon soda 4
**linge** *m.* laundry 8
   **lave-linge** *m.* washing
   machine 8
   **sèche-linge** *m.* clothes dryer 8
**liquide** *m.* cash (*money*) 12
   **payer en liquide** *v.* to pay in
   cash 12
**lire** *v.* to read 7
**lit** *m.* bed 7
   **faire le lit** *v.* to make the bed 8
**littéraire** *adj.* literary
**littérature** *f.* literature 1
**livre** *m.* book 1
**logement** *m.* housing 8
**logiciel** *m.* software, program 11
**loi** *f.* law 13
**loin de** *prep.* far from 3
**loisir** *m.* leisure activity 5
**long(ue)** *adj.* long 3
   **chemise à manches**
   **longues** *f.* long-sleeved shirt 6
**longtemps** *adv.* a long time 5
**louer** *v.* to rent 8
**loyer** *m.* rent 8
**lu (lire)** *p.p.* read 7
**lui** *pron., sing.* he 1; him 3;
   *i.o. pron.* (*attached to impera-*
   *tive*) to him/her 9
**l'un(e) à l'autre** to one another 11
**l'un(e) l'autre** one another 11
**lundi** *m.* Monday 2
**Lune** *f.* moon 13
**lunettes (de soleil)** *f., pl.*
   (sun)glasses 6
**lycée** *m.* high school 1

lycéen(ne) *m., f.* high school student 2

## M

ma *poss. adj., f., sing.* my 3
Madame *f.* Ma'am; Mrs. 1
Mademoiselle *f.* Miss 1
magasin *m.* store 4
  grand magasin *m.* department store 4
magazine *m.* magazine
mai *m.* May 5
maigrir *v.* to lose weight 7
maillot de bain *m.* swimsuit, bathing suit 6
main *f.* hand 5
  sac à main *m.* purse, handbag 6
maintenant *adv.* now 5
maintenir *v.* to maintain 9
mairie *f.* town/city hall; mayor's office 12
mais *conj.* but 1
  mais non (but) of course not; no 2
maison *f.* house 4
  rentrer à la maison *v.* to return home 2
mal *adv.* badly 7
  Je vais mal. I am doing badly. 1
  le plus mal *super. adv.* the worst 9
  se porter mal *v.* to be doing badly 10
mal *m.* illness; ache, pain 10
  avoir mal *v.* to have an ache 10
  avoir mal au cœur *v.* to feel nauseated 10
  faire mal *v.* to hurt 10
malade *adj.* sick, ill 10
  tomber malade *v.* to get sick 10
maladie *f.* illness
  assurance maladie *f.* health insurance
malheureusement *adv.* unfortunately 2
malheureux/malheureuse *adj.* unhappy 3
manche *f.* sleeve 6
  chemise à manches courtes/ longues *f.* short-/long-sleeved shirt 6
manger *v.* to eat 2
  salle à manger *f.* dining room 8
manteau *m.* coat 6
maquillage *m.* makeup 10

se maquiller *v.* to put on make-up 10
marchand de journaux *m.* newsstand 12
marché *m.* market 4
  bon marché *adj.* inexpensive 6
marcher *v.* to walk (*person*) 5; to work (*thing*) 11
mardi *m.* Tuesday 2
mari *m.* husband 3
mariage *m.* marriage; wedding (*ceremony*) 6
marié(e) *adj.* married 3
mariés *m., pl.* married couple 6
  jeunes mariés *m., pl.* newlyweds 6
marocain(e) *adj.* Moroccan 1
marron *adj., inv.* (not for hair) brown 3
mars *m.* March 5
martiniquais(e) *adj.* from Martinique 1
match *m.* game 5
mathématiques (maths) *f., pl.* mathematics 2
matin *m.* morning 2
  ce matin *adv.* this morning 2
  demain matin *adv.* tomorrow morning 2
  hier matin *adv.* yesterday morning 7
matinée *f.* morning 2
mauvais(e) *adj.* bad 3
  Il fait mauvais. The weather is bad. 5
  le/la plus mauvais(e) *super. adj.* the worst 9
mayonnaise *f.* mayonnaise 9
me/m' *pron., sing.* me; myself 6
mec *m.* guy 10
mécanicien *m.* mechanic 11
mécanicienne *f.* mechanic 11
méchant(e) *adj.* mean 3
médecin *m.* doctor 3
médicament (contre/pour) *m.* medication (against/for) 10
meilleur(e) *comp. adj.* better 9
  le/la meilleur(e) *super. adj.* the best 9
membre *m.* member
même *adj.* even 5; same
-même(s) *pron.* -self/-selves 6
menacé(e) *adj.* endangered 13
  espèce menacée *f.* endangered species 13
ménage *m.* housework 8
  faire le ménage *v.* to do housework 8
ménager/ménagère *adj.* household 8
  appareil ménager *m.* household appliance 8

tâche ménagère *f.* household chore 8
mention *f.* distinction
menu *m.* menu 9
mer *f.* sea 7
Merci (beaucoup). Thank you (very much). 1
mercredi *m.* Wednesday 2
mère *f.* mother 3
  belle-mère *f.* mother-in-law; stepmother 3
mes *poss. adj., m., f., pl.* my 3
message *m.* message
  laisser un message *v.* to leave a message
météo *f.* weather
métier *m.* profession
métro *m.* subway 7
  station de métro *f.* subway station 7
metteur en scène *m.* director (*of a play*)
mettre *v.* to put, to place 6
  mettre la table to set the table 8
  se mettre *v.* to put (*something*) on (yourself) 10
  se mettre à *v.* to begin to 10
se mettre en colère *v.* to become angry 10
meuble *m.* piece of furniture 8
mexicain(e) *adj.* Mexican 1
Mexique *m.* Mexico 7
Miam! *interj.* Yum! 5
micro-onde *m.* microwave oven 8
  four à micro-ondes *m.* microwave oven 8
midi *m.* noon 2
  après-midi *m.* afternoon 2
mieux *comp. adv.* better 9
  aimer mieux *v.* to prefer 2
  le mieux *super. adv.* the best 9
  se porter mieux *v.* to be doing better 10
mille *m.* one thousand 5
  cent mille *m.* one hundred thousand 5
million, un *m.* one million 5
  deux millions *m.* two million 5
minuit *m.* midnight 2
miroir *m.* mirror 8
mis (mettre) *p.p.* put, placed 6
mode *f.* fashion 2
modeste *adj.* modest
moi *disj. pron., sing.* I, me 3; *pron. (attached to an imperative)* to me, to myself 9
  Moi aussi. Me too. 1
  Moi non plus. Me neither. 2
moins *adv.* before … (o'clock) 2
moins (de) *adv.* less (of); fewer 4

**le/la moins** *super. adv. (used with verb or adverb)* the least 9
**le moins de...** *(used with noun to express quantity)* the least... 13
**moins de... que...** *(used with noun to express quantity)* less... than... 13
**mois** *m.* month 2
**ce mois-ci** this month 2
**moment** *m.* moment 1
**mon** *poss. adj., m., sing.* my 3
**monde** *m.* world 7
**moniteur** *m.* monitor 11
**monnaie** *f.* change, coins; money 12
**Monsieur** *m.* Sir; Mr. 1
**montagne** *f.* mountain 4
**monter** *v.* to go up, to come up; to get in/on 7
**montre** *f.* watch 1
**montrer (à)** *v.* to show *(to someone)* 6
**morceau (de)** *m.* piece, bit (of) 4
**mort** *f.* death 6
**mort (mourir)** *p.p., adj. (as past participle)* died; *(as adjective)* dead 7
**mot de passe** *m.* password 11
**moteur** *m.* engine 11
**mourir** *v.* to die 7
**moutarde** *f.* mustard 9
**moyen(ne)** *adj.* medium 3
**de taille moyenne** of medium height 3
**mur** *m.* wall 8
**musée** *m.* museum 4
**faire les musées** *v.* to go to museums
**musical(e)** *adj.* musical
**comédie musicale** *f.* musical
**musicien(ne)** *m., f.* musician 3
**musique: faire de la musique** *v.* to play music

N

**nager** *v.* to swim 4
**naïf/naïve** *adj.* naïve 3
**naissance** *f.* birth 6
**naître** *v.* to be born 7
**nappe** *f.* tablecloth 9
**nationalité** *f.* nationality 1
**Je suis de nationalité...** I am of ... nationality. 1
**Quelle est ta nationalité?** *fam.* What is your nationality? 1
**Quelle est votre nationalité?** *fam., pl., form.* What is your nationality? 1
**nature** *f.* nature 13
**naturel(le)** *adj.* natural 13
**ressource naturelle** *f.* natural resource 13

**né (naître)** *p.p., adj.* born 7
**ne/n'** no, not 1
**ne... aucun(e)** none, not any 12
**ne... jamais** never, not ever 12
**ne... ni... ni...** neither... nor... 12
**ne... pas** no, not 2
**ne... personne** nobody, no one 12
**ne... plus** no more, not anymore 12
**ne... que** only 12
**ne... rien** nothing, not anything 12
**N'est-ce pas?** *(tag question)* Isn't it? 2
**nécessaire** *adj.* necessary 13
**Il est nécessaire que...** It is necessary that... 13
**neiger** *v.* to snow 5
**Il neige.** It is snowing. 5
**nerveusement** *adv.* nervously 8
**nerveux/nerveuse** *adj.* nervous 3
**nettoyer** *v.* to clean 5
**neuf** *m.* nine 1
**neuvième** *adj.* ninth 7
**neveu** *m.* nephew 3
**nez** *m.* nose 10
**ni** nor 12
**ne... ni... ni...** neither... nor 12
**nièce** *f.* niece 3
**niveau** *m.* level
**noir(e)** *adj.* black 3
**non** no 2
**mais non** (but) of course not; no 2
**nord** *m.* north 12
**nos** *poss. adj., m., f., pl.* our 3
**note** *f. (academics)* grade 2
**notre** *poss. adj., m., f., sing.* our 3
**nourriture** *f.* food, sustenance 9
**nous** *pron.* we 1; us 3; ourselves 10
**nouveau/nouvelle** *adj.* new 3
**nouvelles** *f., pl.* news
**novembre** *m.* November 5
**nuage de pollution** *m.* pollution cloud 13
**nuageux/nuageuse** *adj.* cloudy 5
**Le temps est nuageux.** It is cloudy. 5
**nucléaire** *adj.* nuclear 13
**centrale nucléaire** *f.* nuclear plant 13
**énergie nucléaire** *f.* nuclear energy 13
**nuit** *f.* night 2
**boîte de nuit** *f.* nightclub 4
**nul(le)** *adj.* useless 2

**numéro** *m.* (telephone) number 11
**composer un numéro** *v.* to dial a number 11
**recomposer un numéro** *v.* to redial a number 11

O

**objet** *m.* object 1
**obtenir** *v.* to get, to obtain
**occupé(e)** *adj.* busy 1
**s'occuper (de)** *v.* to take care *(of something)*, to see to 10
**octobre** *m.* October 5
**œil (les yeux)** *m.* eye (eyes) 10
**œuf** *m.* egg 9
**œuvre** *f.* artwork, piece of art
**chef-d'œuvre** *m.* masterpiece
**hors-d'œuvre** *m.* hors d'œuvre, starter 9
**offert (offrir)** *p.p.* offered 11
**office du tourisme** *m.* tourist office 12
**offrir** *v.* to offer 11
**oignon** *m.* onion 9
**oiseau** *m.* bird 3
**olive** *f.* olive 9
**huile d'olive** *f.* olive oil 9
**omelette** *f.* omelette 5
**on** *sub. pron., sing.* one (we) 1
**on y va** let's go 10
**oncle** *m.* uncle 3
**onze** *m.* eleven 1
**onzième** *adj.* eleventh 7
**opéra** *m.* opera
**optimiste** *adj.* optimistic 1
**orageux/orageuse** *adj.* stormy 5
**Le temps est orageux.** It is stormy. 5
**orange** *adj. inv.* orange 6; *f.* orange 9
**orchestre** *m.* orchestra
**ordinateur** *m.* computer 1
**ordonnance** *f.* prescription 10
**ordures** *f., pl.* trash 13
**ramassage des ordures** *m.* garbage collection 13
**oreille** *f.* ear 10
**oreiller** *m.* pillow 8
**organiser (une fête)** *v.* to organize/to plan (a party) 6
**s'orienter** *v.* to get one's bearings 12
**origine** *f.* heritage 1
**Je suis d'origine...** I am of... heritage. 1
**orteil** *m.* toe 10
**ou** or 3
**où** *adv., rel. pron.* where 4
**ouais** *adv.* yeah 2
**oublier (de)** *v.* to forget *(to do something)* 2

ouest *m.* west 12
oui *adv.* yes 2
ouvert (ouvrir) *p.p., adj. (as past participle)* opened; *(as adjective)* open 11
ouvrier/ouvrière *m., f.* worker, laborer
ouvrir *v.* to open 11
ozone *m.* ozone 13
   trou dans la couche d'ozone *m.* hole in the ozone layer 13

## P

page d'accueil *f.* home page 11
pain (de campagne) *m.* (country-style) bread 4
panne *f.* breakdown, malfunction 11
   tomber en panne *v.* to break down 11
pantalon *m., sing.* pants 6
pantoufle *f.* slipper 10
papeterie *f.* stationery store 12
papier *m.* paper 1
   corbeille à papier *f.* wastebasket 1
   feuille de papier *f.* sheet of paper 1
paquet cadeau *m.* wrapped gift 6
par *prep.* by 3
   par jour/semaine/mois/an per day/week/month/year 5
parapluie *m.* umbrella 5
parc *m.* park 4
parce que *conj.* because 2
Pardon. Pardon (me). 1
Pardon? What? 4
pare-brise *m.* windshield 11
pare-chocs *m.* bumper 11
parents *m., pl.* parents 3
paresseux/paresseuse *adj.* lazy 3
parfait(e) *adj.* perfect 4
parfois *adv.* sometimes 5
parking *m.* parking lot 11
parler (à) *v.* to speak (to) 6
   parler (au téléphone) *v.* to speak (on the phone) 2
   se parler *v.* to speak to one another 11
partager *v.* to share 2
partir *v.* to leave 5
   partir en vacances *v.* to go on vacation 7
pas (de) *adv.* no, none 12
   ne... pas no, not 2
   pas de problème no problem 12
pas du tout not at all 2

pas encore not yet 8
Pas mal. Not badly. 1
passager/passagère *m., f.* passenger 7
passeport *m.* passport 7
passer *v.* to pass by; to spend time 7
   passer chez quelqu'un *v.* to stop by someone's house 4
   passer l'aspirateur *v.* to vacuum 8
   passer un examen *v.* to take an exam 2
passe-temps *m.* pastime, hobby 5
pâté (de campagne) *m.* pâté, meat spread 9
pâtes *f., pl.* pasta 9
patiemment *adv.* patiently 8
patient(e) *m., f.* patient 10; *adj.* patient 1
patienter *v.* to wait (on the phone), to be on hold
patiner *v.* to skate 4
pâtisserie *f.* pastry shop, bakery 9
patron(ne) *m., f.* boss 25
pauvre *adj.* poor 3
payé (payer) *p.p., adj.* paid
   être bien/mal payé(e) *v.* to be well/badly paid
payer *v.* to pay 5
   payer avec une carte de crédit *v.* to pay with a credit card 12
   payer en liquide *v.* to pay in cash 12
   payer par chèque *v.* to pay by check 12
pays *m.* country 7
peau *f.* skin 10
pêche *f.* fishing 5; peach 9
   aller à la pêche *v.* to go fishing 5
peigne *m.* comb 10
peintre/femme peintre *m., f.* painter
peinture *f.* painting
pendant (que) *prep.* during, while 7
   pendant *(with time expression) prep.* for 9
pénible *adj.* tiresome 3
penser (que) *v.* to think (that) 2
   ne pas penser que... to not think that... 13
   Qu'en penses-tu? What do you think about that? 13
perdre *v.* to lose 6
   perdre son temps *v.* to lose/to waste time 6
perdu *p.p., adj.* lost 12

être perdu(e) to be lost 12
père *m.* father 3
   beau-père *m.* father-in-law; stepfather 3
permettre (de) *v.* to allow (to do something) 6
permis *m.* permit; license 11
   permis de conduire *m.* driver's license 11
permis (permettre) *p.p., adj.* permitted, allowed 6
personnage (principal) *m.* (main) character
personne *f.* person 1; *pron.* no one 12
   ne... personne nobody, no one 12
pessimiste *adj.* pessimistic 1
petit(e) *adj.* small 3; short (stature) 3
   petit(e) ami(e) *m., f.* boyfriend/girlfriend 1
petit-déjeuner *m.* breakfast 9
petite-fille *f.* granddaughter 3
petit-fils *m.* grandson 3
petits-enfants *m., pl.* grandchildren 3
petits pois *m., pl.* peas 9
peu (de) *adv.* little; not much (of) 2
peur *f.* fear 2
   avoir peur (de/que) *v.* to be afraid (of/that) 2
peut-être *adv.* maybe, perhaps 2
phares *m., pl.* headlights 11
pharmacie *f.* pharmacy 10
pharmacien(ne) *m., f.* pharmacist 10
philosophie *f.* philosophy 2
photo(graphie) *f.* photo(graph) 3
physique *f.* physics 2
piano *m.* piano
pièce *f.* room 8
pièce de théâtre *f.* play
pièces de monnaie *f., pl.* change 12
pied *m.* foot 10
pierre *f.* stone 13
pilule *f.* pill 10
pique-nique *m.* picnic 13
piqûre *f.* shot, injection 10
   faire une piqûre *v.* to give a shot 10
pire *comp. adj.* worse 9
   le/la pire *super. adj.* the worst 9
piscine *f.* pool 4
placard *m.* closet; cupboard 8
place *f.* square; place 4; *f.* seat
plage *f.* beach 7
plaisir *m.* pleasure, enjoyment
   faire plaisir à quelqu'un *v.* to please someone

**produit (produire)** *p.p., adj.* produced 6

**professeur** *m.* teacher, professor 1

**profession (exigeante)** *f.* (demanding) profession

**professionnel(le)** *adj.* professional
   **expérience professionnelle** *f.* professional experience

**profiter (de)** *v.* to take advantage (of); to enjoy

**programme** *m.* program

**projet** *m.* project
   **faire des projets** *v.* to make plans

**promenade** *f.* walk, stroll 5
   **faire une promenade** *v.* to go for a walk 5

**se promener** *v.* to take a walk 10

**promettre** *v.* to promise 6

**promis (promettre)** *p.p., adj.* promised 6

**promotion** *f.* promotion

**proposer (que)** *v.* to propose (that) 13
   **proposer une solution** *v.* to propose a solution 13

**propre** *adj.* clean 8

**propriétaire** *m., f.* owner 3; landlord/landlady 3

**protection** *f.* protection 13

**protéger** *v.* to protect 5

**psychologie** *f.* psychology 2

**psychologique** *adj.* psychological

**psychologue** *m., f.* psychologist

**pu (pouvoir)** *p.p.* (used with infinitive) was able to 9

**publicité (pub)** *f.* advertisement

**publier** *v.* to publish

**puis** *adv.* then 7

**pull** *m.* sweater 6

**pur(e)** *adj.* pure 13

Q

**quand** *adv.* when 4
   **C'est quand l'anniversaire de … ?** When is …'s birthday? 5
   **C'est quand ton/votre anniversaire?** When is your birthday? 5

**quarante** *m.* forty 1

**quart** *m.* quarter 2
   **et quart** a quarter after… (o'clock) 2

**quartier** *m.* area, neighborhood 8

**quatorze** *m.* fourteen 1

**quatre** *m.* four 1

**quatre-vingts** *m.* eighty 3

**quatre-vingt-dix** *m.* ninety 3

**quatrième** *adj.* fourth 7

**que/qu'** *rel. pron.* that; which 11; *conj.* than 9, 13
   **plus/moins … que** (used with adjective) more/less … than 9
   **plus/moins de … que** (used with noun to express quantity) more/less … than 13

**que/qu'…?** *interr. pron.* what? 4
   **Qu'en penses-tu?** What do you think about that? 13
   **Qu'est-ce que c'est?** What is it? 1
   **Qu'est-ce qu'il y a?** What is it?; What's wrong? 1

**que** *adv.* only 12
   **ne… que** only 12

**québécois(e)** *adj.* from Quebec 1

**quel(le)(s)?** *interr. adj.* which? 4; what? 4
   **À quelle heure?** What time?; When? 2
   **Quel jour sommes-nous?** What day is it? 2
   **Quelle est la date?** What is the date? 5
   **Quelle est ta nationalité?** *fam.* What is your nationality? 1
   **Quelle est votre nationalité?** *form.* What is your nationality? 1
   **Quelle heure avez-vous?** *form.* What time do you have? 2
   **Quelle heure est-il?** What time is it? 2
   **Quelle température fait-il?** (weather) What is the temperature? 5
   **Quel temps fait-il?** What is the weather like? 5

**quelqu'un** *pron.* someone 12

**quelque chose** *m.* something; anything 4
   **Quelque chose ne va pas.** Something's not right. 5

**quelquefois** *adv.* sometimes 8

**quelques** *adj.* some 4

**question** *f.* question 6
   **poser une question (à)** to ask (someone) a question 6

**queue** *f.* line 12
   **faire la queue** *v.* to wait in line 12

**qui?** *interr. pron.* who? 4; whom? 4; *rel. pron.* who, that 11
   **à qui?** to whom? 4
   **avec qui?** with whom? 4
   **C'est de la part de qui?** On behalf of whom?
   **Qui est à l'appareil?** Who's calling, please?
   **Qui est-ce?** Who is it? 1

**quinze** *m.* fifteen 1

**quitter (la maison)** *v.* to leave (the house) 4
   **se quitter** *v.* to leave one another 11
   **Ne quittez pas.** Please hold.

**quoi?** *interr. pron.* what? 1
   **Il n'y a pas de quoi.** It's nothing.; You're welcome. 1
   **quoi que ce soit** whatever it may be

R

**raccrocher** *v.* to hang up

**radio** *f.* radio
   **à la radio** on the radio

**raide** *adj.* straight 3

**raison** *f.* reason; right 2
   **avoir raison** *v.* to be right 2

**ramassage des ordures** *m.* garbage collection 13

**randonnée** *f.* hike 5
   **faire une randonnée** *v.* to go for a hike 5

**ranger** *v.* to tidy up, to put away 8

**rapide** *adj.* fast 3

**rapidement** *adv.* rapidly 8

**rarement** *adv.* rarely 5

**se raser** *v.* to shave oneself 10

**rasoir** *m.* razor 10

**ravissant(e)** *adj.* beautiful; delightful

**réalisateur/réalisatrice** *m., f.* director (of a movie)

**récent(e)** *adj.* recent

**réception** *f.* reception desk 7

**recevoir** *v.* to receive 12

**réchauffement de la Terre** *m.* global warming 13

**rechercher** *v.* to search for, to look for

**recommandation** *f.* recommendation

**recommander (que)** *v.* to recommend (that) 13

**recomposer (un numéro)** *v.* to redial (a number) 11

**reconnaître** *v.* to recognize 8

**reconnu (reconnaître)** *p.p., adj.* recognized 8

**reçu** *m.* receipt 12

**reçu (recevoir)** *p.p., adj.* received 7
   **être reçu(e) à un examen** to pass an exam 2

**recyclage** *m.* recycling 13

**recycler** *v.* to recycle 13

**redémarrer** *v.* to restart, to start again 11

**réduire** *v.* to reduce 6

**réduit (réduire)** *p.p., adj.* reduced 6

**référence** *f.* reference

**réfléchir (à)** v. to think (about), to reflect (on) 7
**refuser (de)** v. to refuse (*to do something*) 11
**regarder** v. to watch 2
**Ça ne nous regarde pas.** That has nothing to do with us.; That is none of our business. 13
**se regarder** v. to look at oneself; to look at each other 10
**régime** m. diet 10
**être au régime** v. to be on a diet 9
**région** f. region 13
**regretter (que)** v. to regret (that) 13
**se relever** v. to get up again 10
**remplir (un formulaire)** v. to fill out (a form) 12
**rencontrer** v. to meet 2
**se recontrer** v. to meet one another; to make each other's acquaintance 11
**rendez-vous** m. date; appointment 6
**prendre (un) rendez-vous** v. to make an appointment
**rendre (à)** v. to give back, to return (to) 6
**rendre visite (à)** v. to visit 6
**se rendre compte** v. to realize 10
**rentrer (à la maison)** v. to return (home) 2
**rentrer (dans)** v. to hit (*another car*) 11
**renvoyer** v. to dismiss, to let go
**réparer** v. to repair 11
**repartir** v. to go back
**repas** m. meal 9
**repasser** v. to take again
**repasser (le linge)** v. to iron (the laundry) 8
**fer à repasser** m. iron 8
**répéter** v. to repeat; to rehearse 5
**répondre (à)** v. to respond, to answer (to) 6
**se reposer** v. to rest 10
**réseau (social)** m. (social) network 11
**réservation** f. reservation 7
**annuler une réservation** v. to cancel a reservation 7
**réservé(e)** adj. reserved 1
**réserver** v. to reserve 7
**réservoir d'essence** m. gas tank 11
**résidence** f. residence 8
**ressource naturelle** f. natural resource 13
**restaurant** m. restaurant 4

**restaurant universitaire (resto U)** m. university cafeteria 2
**rester** v. to stay 7
**résultat** m. result 2
**retenir** v. to keep, to retain 9
**retirer (de l'argent)** v. to withdraw (money) 12
**retourner** v. to return 7
**retraite** f. retirement 6
**prendre sa retraite** v. to retire 6
**retraité(e)** m., f. retired person
**retrouver** v. to find (again); to meet up with 2
**se retrouver** v. to meet one another (*as planned*) 11
**rétroviseur** m. rear-view mirror 11
**réunion** f. meeting
**réussir (à)** v. to succeed (*in doing something*) 7
**réussite** f. success
**réveil** m. alarm clock 10
**se réveiller** v. to wake up 10
**revenir** v. to come back 9
**rêver (de)** v. to dream (about/of) 11
**revoir** v. to see again
**Au revoir.** Good-bye. 1
**revu (revoir)** p.p. seen again
**rez-de-chaussée** m. ground floor 7
**rhume** m. cold 10
**ri (rire)** p.p. laughed 6
**rideau** m. curtain 8
**rien** m. nothing 12
**De rien.** You're welcome. 1
**ne... rien** nothing, not anything 12
**ne servir à rien** v. to be good for nothing 9
**rire** v. to laugh 6
**rivière** f. river 13
**riz** m. rice 9
**robe** f. dress 6
**rôle** m. role 13
**jouer un rôle** v. to play a role
**roman** m. novel
**rose** adj. pink 6
**roue (de secours)** f. (emergency) tire 11
**rouge** adj. red 6
**rouler en voiture** v. to ride in a car 7
**rue** f. street 11
**suivre une rue** v. to follow a street 12

**sa** poss. adj., f., sing. his; her; its 3
**sac** m. bag 1

**sac à dos** m. backpack 1
**sac à main** m. purse, handbag 6
**sain(e)** adj. healthy 10
**saison** f. season 5
**salade** f. salad 9
**salaire (élevé/modeste)** m. (high/low) salary
**augmentation de salaire** f. raise in salary
**sale** adj. dirty 8
**salir** v. to soil, to make dirty 8
**salle** f. room 8
**salle à manger** f. dining room 8
**salle de bains** f. bathroom 8
**salle de classe** f. classroom 1
**salle de séjour** f. living/family room 8
**salon** m. formal living room, sitting room 8
**salon de beauté** m. beauty salon 12
**Salut!** Hi!; Bye! 1
**samedi** m. Saturday 2
**sandwich** m. sandwich 4
**sans** prep. without 8
**sans que** conj. without
**santé** f. health 10
**être en bonne/mauvaise santé** v. to be in good/bad health 10
**saucisse** f. sausage 9
**sauvegarder** v. to save 11
**sauver (la planète)** v. to save (the planet) 13
**sauvetage des habitats** m. habitat preservation 13
**savoir** v. to know (*facts*), to know how to do something 8
**savoir (que)** v. to know (that) 13
**Je n'en sais rien.** I don't know anything about it. 13
**savon** m. soap 10
**sciences** f., pl. science 2
**sciences politiques (sciences po)** f., pl. political science 2
**sculpture** f. sculpture
**sculpteur/femme sculpteur** m., f. sculptor
**se/s'** pron., sing., pl. (used with reflexive verb) himself; herself; itself; 10 (*used with reciprocal verb*) each other 11
**séance** f. show; screening
**sèche-linge** m. clothes dryer 8
**se sécher** v. to dry oneself 10
**secours** m. help 11
**Au secours!** Help! 11
**sécurité** f. security; safety
**attacher sa ceinture de**

**sécurité** v. to buckle one's seatbelt 11
**seize** m. sixteen 1
**séjour** m. stay 7
  **faire un séjour** v. to spend time (*somewhere*) 7
  **salle de séjour** f. living room 8
**sel** m. salt 9
**semaine** f. week 2
  **cette semaine** this week 2
**sénégalais(e)** adj. Senegalese 1
**sentier** m. path 13
**sentir** v. to feel; to smell; to sense 5
  **se sentir** v. to feel 10
**séparé(e)** adj. separated 3
**sept** m. seven 1
**septembre** m. September 5
**septième** adj. seventh 7
**sérieux/sérieuse** adj. serious 3
**serpent** m. snake 13
**serre** f. greenhouse 13
  **effet de serre** m. greenhouse effect 13
**serré(e)** adj. tight 6
**serveur/serveuse** m., f. server 4
**serviette** f. napkin 9
  **serviette (de bain)** f. (bath) towel 10
**servir** v. to serve 5
**ses** poss. adj., m., f., pl. his; her; its 3
**seulement** adv. only 8
**shampooing** m. shampoo 10
**shopping** m. shopping 7
  **faire du shopping** v. to go shopping 7
**short** m., sing. shorts 6
**si** conj. if 11
**si** adv. (when contradicting a negative statement or question) yes 2
**signer** v. to sign 12
**S'il te plaît.** fam. Please. 1
**S'il vous plaît.** form. Please. 1
**sincère** adj. sincere 1
**site Internet/web** m. web site 11
**six** m. six 1
**sixième** adj. sixth 7
**ski** m. skiing 5
  **faire du ski** v. to go skiing 5
  **station de ski** f. ski resort 7
**skier** v. to ski 5
**smartphone** m. smartphone 11
**SMS** m. text message 11
**sociable** adj. sociable 1
**sociologie** f. sociology 1
**sœur** f. sister 3
  **belle-sœur** f. sister-in-law 3
  **demi-sœur** f. half-sister, stepsister 3

**soie** f. silk 12
**soif** f. thirst 4
  **avoir soif** v. to be thirsty 4
**soir** m. evening 2
  **ce soir** adv. this evening 2
  **demain soir** adv. tomorrow evening 2
  **du soir** adv. in the evening 2
  **hier soir** adv. yesterday evening 7
**soirée** f. evening 2
**sois (être)** imp. v. be 7
**soixante** m. sixty 1
**soixante-dix** m. seventy 3
**solaire** adj. solar 13
  **énergie solaire** f. solar energy 13
**soldes** f., pl. sales 6
**soleil** m. sun 5
  **Il fait (du) soleil.** It is sunny. 5
**solution** f. solution 13
  **proposer une solution** v. to propose a solution 13
**sommeil** m. sleep 2
  **avoir sommeil** v. to be sleepy 2
**son** poss. adj., m., sing. his; her; its 3
**sonner** v. to ring 11
**sorte** f. sort, kind 6
**sortie** f. exit 7
**sortir** v. to go out, to leave 5; to take out 8
  **sortir la/les poubelle(s)** v. to take out the trash 8
**soudain** adv. suddenly 8
**souffrir** v. to suffer 11
**souffert (souffrir)** p.p. suffered 11
**souhaiter (que)** v. to wish (that) 13
**soupe** f. soup 4
  **cuillère à soupe** f. soupspoon 9
**sourire** v. to smile 6; m. smile 12
**souris** f. mouse 11
**sous** prep. under 3
**sous-sol** m. basement 8
**sous-vêtement** m. underwear 6
**se souvenir (de)** v. to remember 10
**souvent** adv. often 5
**soyez (être)** imp. v. be 7
**soyons (être)** imp. v. let's be 7
**spécialiste** m., f. specialist
**spectacle** m. show 5
**spectateur/spectatrice** m., f. spectator
**sport** m. sport(s) 5
  **faire du sport** v. to do sports 5
**sportif/sportive** adj. athletic 3
**stade** m. stadium 5
**stage** m. internship; professional training
**station (de métro)** f. (subway) station 7
**station de ski** f. ski resort 7

**station-service** f. service station 11
**statue** f. statue 12
**steak** m. steak 9
**studio** m. studio (*apartment*) 8
**stylisme** m. **de mode** f. fashion design 2
**stylo** m. pen 1
**su (savoir)** p.p. known 8
**sucre** m. sugar 4
**sud** m. south 12
**suggérer (que)** v. to suggest (that) 13
**sujet** m. subject 13
  **au sujet de** on the subject of; about 13
**suisse** adj. Swiss 1
**Suisse** f. Switzerland 7
**suivre (un chemin/une rue/ un boulevard)** v. to follow (a path/a street/a boulevard) 12
**supermarché** m. supermarket 9
**sur** prep. on 3
**sûr(e)** adj. sure, certain 9
  **bien sûr** of course 2
  **Il est sûr que...** It is sure that... 13
  **Il n'est pas sûr que...** It is not sure that... 13
**surfer sur Internet** v. to surf the Internet 11
**surpopulation** f. overpopulation 13
**surpris (surprendre)** p.p., adj. surprised 6
  **être surpris(e) que...** v. to be surprised that... 13
  **faire une surprise à quelqu'un** v. to surprise someone 6
**surtout** adv. especially; above all 2
**sympa(thique)** adj. nice 1
**symptôme** m. symptom 10
**syndicat** m. (*trade*) union

## T

**ta** poss. adj., f., sing. your 3
**table** f. table 1
  **À table!** Let's eat! Food is ready! 9
  **débarrasser la table** v. to clear the table 8
  **mettre la table** v. to set the table 8
**tableau** m. blackboard; picture 1; m. painting
**tablette (tactile)** f. tablet computer 11
**tâche ménagère** f. household chore 8

**taille** *f.* size; waist 6
  **de taille moyenne** of medium height 3
**tailleur** *m. (woman's)* suit; tailor 6
**tante** *f.* aunt 3
**tapis** *m.* rug 8
**tard** *adv.* late 2
  **À plus tard.** See you later. 1
**tarte** *f.* pie; tart 9
**tasse (de)** *f.* cup (of) 4
**taxi** *m.* taxi 7
  **prendre un taxi** *v.* to take a taxi 7
**te/t'** *pron., sing., fam.* you 7; yourself 10
**tee-shirt** *m.* tee shirt 6
**télécarte** *f.* phone card
**télécharger** *v.* to download 11
**télécommande** *f.* remote control
**téléphone** *m.* telephone 2
  **parler au téléphone** *v.* to speak on the phone 2
**téléphoner (à)** *v.* to telephone (someone) 2
  **se téléphoner** *v.* to phone one another 11
**téléphonique** *adj. (related to the)* telephone 12
  **cabine téléphonique** *f.* phone booth 12
**télévision** *f.* television 1
  **à la télé(vision)** on television
  **chaîne de télévision** *f.* television channel 11
**tellement** *adv.* so much 2
  **Je n'aime pas tellement...** I don't like... very much. 2
**température** *f.* temperature 5
  **Quelle température fait-il?** What is the temperature? 5
**temps** *m., sing.* weather 5
  **Il fait un temps épouvantable** The weather is dreadful. 5
  **Le temps est nuageux.** It is cloudy. 5
  **Le temps est orageux.** It is stormy. 5
  **Quel temps fait-il?** What is the weather like? 5
**temps** *m., sing.* time 5
  **de temps en temps** *adv.* from time to time 8
  **emploi à mi-temps/à temps partiel** *m.* part-time job
  **emploi à plein temps** *m.* full-time job
  **temps libre** *m.* free time 5
**Tenez! (tenir)** *imp. v.* Here! 9
**tenir** *v.* to hold 9
**tennis** *m.* tennis 5

**terrasse (de café)** *f.* (café) terrace/outdoor seating 4
**Terre** *f.* Earth 13
  **réchauffement de la Terre** *m.* global warming 13
**tes** *poss. adj., m., f., pl.* your 3
**tête** *f.* head 10
**texto** *m.* text message 11
**thé** *m.* tea 4
**théâtre** *m.* theater
**thon** *m.* tuna 9
**ticket de bus/métro** *m.* bus/subway ticket 7
**Tiens! (tenir)** *imp. v.* Here! 9
**timbre** *m.* stamp 12
**timide** *adj.* shy 1
**tiret** *m. (punctuation mark)* dash; hyphen 11
**tiroir** *m.* drawer 8
**toi** *disj. pron., sing., fam.* you 3; *refl. pron., sing., fam. (attached to imperative)* yourself 10
  **toi non plus** you neither 2
**toilette** *f.* washing up, grooming 10
  **faire sa toilette** to wash up 10
**toilettes** *f., pl.* restroom(s) 8
**tomate** *f.* tomato 9
**tomber** *v.* to fall 7
  **tomber amoureux/amoureuse** *v.* to fall in love 6
  **tomber en panne** *v.* to break down 11
  **tomber/être malade** *v.* to get/be sick 10
  **tomber sur quelqu'un** *v.* to run into someone 7
**ton** *poss. adj., m., sing.* your 3
**tort** *m.* wrong; harm 2
  **avoir tort** *v.* to be wrong 2
**tôt** *adv.* early 2
**toujours** *adv.* always 8
**tour** *m.* tour 5
  **faire un tour (en voiture)** *v.* to go for a walk (drive) 5
**tourisme** *m.* tourism 12
  **office du tourisme** *m.* tourist office 12
**tourner** *v.* to turn 12
  **se tourner** *v.* to turn (oneself) around 10
**tousser** *v.* to cough 10
**tout** *m., sing.* all 4
  **tous les** *(used before noun)* all the... 4
  **tous les jours** *adv.* every day 8
  **toute la** *f., sing. (used before noun)* all the... 4
  **toutes les** *f., pl. (used before noun)* all the... 4
  **tout le** *m., sing. (used before noun)* all the... 4

**tout le monde** everyone 9
**tout(e)** *adv. (before adjective or adverb)* very, really 3
  **À tout à l'heure.** See you later. 1
  **tout à coup** suddenly 7
  **tout à fait** absolutely; completely 12
  **tout de suite** right away 7
  **tout droit** straight ahead 12
  **tout d'un coup** *adv.* all of a sudden 8
  **tout près (de)** really close by, really close (to) 3
**toxique** *adj.* toxic 13
  **déchets toxiques** *m., pl.* toxic waste 13
**trac** *m.* stage fright
**traduire** *v.* to translate 6
**traduit (traduire)** *p.p., adj.* translated 6
**tragédie** *f.* tragedy
**train** *m.* train 7
**tranche** *f.* slice 9
**tranquille** *adj.* calm, serene 10
  **laisser tranquille** *v.* to leave alone 10
**travail** *m.* work 12
  **chercher un/du travail** *v.* to look for work 12
  **trouver un/du travail** *v.* to find a job 12
**travailler** *v.* to work 2
**travailleur/travailleuse** *adj.* hard-working 3
**traverser** *v.* to cross 12
**treize** *m.* thirteen 1
**trente** *m.* thirty 1
**très** *adv. (before adjective or adverb)* very, really 8
  **Très bien.** Very well. 1
**triste** *adj.* sad 3
  **être triste que...** *v.* to be sad that... 13
**trois** *m.* three 1
**troisième** *adj.* third 7
**se tromper (de)** *v.* to be mistaken (about) 10
**trop (de)** *adv.* too many/much (of) 4
**tropical(e)** *adj.* tropical 13
  **forêt tropicale** *f.* tropical forest 13
**trou (dans la couche d'ozone)** *m.* hole (in the ozone layer) 13
**troupe** *f.* company, troupe
**trouver** *v.* to find; to think 2
  **trouver un/du travail** *v.* to find a job
  **se trouver** *v.* to be located 10

truc *m.* thing 7
tu *sub. pron., sing., fam.* you 1

## U

un *m. (number)* one 1
un(e) *indef. art.* a; an 1
universitaire *adj. (related to the)* university 1
restaurant universitaire (resto U) *m.* university cafeteria 2
université *f.* university 1
urgences *f., pl.* emergency room 10
aller aux urgences *v.* to go to the emergency room 10
usine *f.* factory 13
utile *adj.* useful 2
utiliser (un plan) *v.* use (a map) 7

## V

vacances *f., pl.* vacation 7
partir en vacances *v.* to go on vacation 7
vache *f.* cow 13
vaisselle *f.* dishes 8
faire la vaisselle *v.* to do the dishes 8
lave-vaisselle *m.* dishwasher 8
valise *f.* suitcase 7
faire les valises *v.* to pack one's bags 7
vallée *f.* valley 13
variétés *f., pl.* popular music
vaut (valloir) *v.*
Il vaut mieux que It is better that 13
vélo *m.* bicycle 5
faire du vélo *v.* to go bike riding 5
velours *m.* velvet 12
vendeur/vendeuse *m., f.* seller 6
vendre *v.* to sell 6
vendredi *m.* Friday 2
venir *v.* to come 9
venir de *v. (used with an infinitive)* to have just 9
vent *m.* wind 5
Il fait du vent. It is windy. 5
ventre *m.* stomach 10
vérifier (l'huile/la pression

des pneus) *v.* to check (the oil/the tire pressure) 11
véritable *adj.* true, real 12
verre (de) *m.* glass (of) 4
vers *adv.* about 2
vert(e) *adj.* green 3
haricots verts *m., pl.* green beans 9
vêtements *m., pl.* clothing 6
sous-vêtement *m.* underwear 6
vétérinaire *m., f.* veterinarian
veuf/veuve *adj.* widowed 3
veut dire (vouloir dire) *v.* means, signifies 9
viande *f.* meat 9
vie *f.* life 6
assurance vie *f.* life insurance
vieille *adj., f.* (feminine form of vieux) old 3
vieillesse *f.* old age 6
vietnamien(ne) *adj.* Vietnamese 1
vieux/vieille *adj.* old 3
ville *f.* city; town 4
vin *m.* wine 6
vingt *m.* twenty 1
vingtième *adj.* twentieth 7
violet(te) *adj.* purple; violet 6
violon *m.* violin
visage *m.* face 10
visite *f.* visit 6
rendre visite (à) *v.* to visit (a person or people) 6
visiter *v.* to visit (a place) 2
faire visiter *v.* to give a tour 8
vite *adv.* quickly 1; quick, hurry 4
vitesse *f.* speed 11
voici here is/are 1
voilà there is/are 1
voir *v.* to see 12
voisin(e) *m., f.* neighbor 3
voiture *f.* car 11
faire un tour en voiture *v.* to go for a drive 5
rouler en voiture *v.* to ride in a car 7
vol *m.* flight 7
volant *m.* steering wheel 11
volcan *m.* volcano 13
volley(-ball) *m.* volleyball 5
volontiers *adv.* willingly 10

vos *poss. adj., m., f., pl.* your 3
votre *poss. adj., m., f., sing.* your 3
vouloir *v.* to want; to mean (with dire) 9
ça veut dire that is to say 10
veut dire *v.* means, signifies 9
vouloir (que) *v.* to want (that) 13
voulu (vouloir) *p.p., adj. (used with infinitive)* wanted to… ; (used with noun) planned to/for 9
vous *pron., sing., pl., fam., form.* you 1; *d.o. pron.* you 7; yourself, yourselves 10
voyage *m.* trip 7
agence de voyages *f.* travel agency 7
agent de voyages *m.* travel agent 7
voyager *v.* to travel 2
voyant (d'essence/d'huile) *m.* (gas/oil) warning light 11
vrai(e) *adj.* true; real 3
Il est vrai que… It is true that… 13
Il n'est pas vrai que… It is untrue that… 13
vraiment *adv.* really, truly 5
vu (voir) *p.p.* seen 12

## W

W.-C. *m., pl.* restroom(s) 8
week-end *m.* weekend 2
ce week-end this weekend 2

## Y

y *pron.* there; at (a place) 10
j'y vais I'm going/coming 8
nous y allons we're going/coming 9
on y va let's go 10
Y a-t-il… ? Is/Are there… ? 2
yaourt *m.* yogurt 9
yeux (œil) *m., pl.* eyes 3

## Z

zéro *m.* zero 1
zut *interj.* darn 6

# English-French

## A

a **un(e)** *indef. art.* 1
able: to be able to **pouvoir** *v.* 9
abolish **abolir** *v.* 13
about **vers** *adv.* 2
abroad **à l'étranger** 7
absolutely **absolument** *adv.* 8;
  **tout à fait** *adv.* 6
accident **accident** *m.* 10
  to have/to be in an accident
  **avoir un accident** *v.* 11
accompany **accompagner** *v.* 12
account *(at a bank)* **compte** *m.* 12
  checking account **compte** *m.*
  **de chèques** 12
  to have a bank account **avoir**
  **un compte bancaire** *v.* 12
accountant **comptable** *m., f.*
acid rain **pluie acide** *f.* 13
across from **en face de** *prep.* 3
acquaintance **connaissance** *f.* 5
active **actif/active** *adj.* 3
actively **activement** *adv.* 8
actor **acteur/actrice** *m., f.* 1
address **adresse** *f.* 12
administration: business
  administration **gestion** *f.* 2
adolescence **adolescence** *f.* 6
adore **adorer** 2
  I love… **J'adore…** 2
  to adore one another
  **s'adorer** *v.* 11
adulthood **âge adulte** *m.* 6
adventure **aventure** *f.*
  adventure film **film** *m.*
  **d'aventures**
advertisement **publicité (pub)** *f.*
advice **conseil** *m.*
advisor **conseiller/conseillère**
  *m., f.*
aerobics **aérobic** *m.* 5
  to do aerobics **faire de**
  **l'aérobic** *v.* 5
afraid: to be afraid of/that **avoir**
  **peur de/que** *v.* 13
after **après (que)** *adv.* 7
afternoon **après-midi** *m.* 2
  … (o'clock) in the afternoon
  … **heure(s) de l'après-midi** 2
afternoon snack **goûter** *m.* 9
again **encore** *adv.* 3
age **âge** *m.* 6
agent: travel agent **agent de**
  **voyages** *m.* 7
  real estate agent **agent**
  **immobilier** *m.*
ago *(with an expression of time)*

il y a… 9
agree: to agree (with) **être**
  **d'accord (avec)** *v.* 2
airport **aéroport** *m.* 7
alarm clock **réveil** *m.* 10
Algerian **algérien(ne)** *adj.* 1
all **tout** *m., sing.* 4
  all of a sudden **soudain** *adv.* 8;
  **tout à coup** *adv.*; **tout d'un**
  **coup** *adv.* 7
all right? *(tag ques-*
  *tion)* **d'accord?** 2
allergy **allergie** *f.* 10
allow *(to do something)* **laisser** *v.*
  11; **permettre (de)** *v.* 6
allowed **permis (permettre)**
  *p.p., adj.* 6
all the… *(agrees with noun that*
  *follows)* **tout le…** *m., sing;*
  **toute la…** *f., sing;* **tous les…**
  *m., pl.;* **toutes les…** *f., pl.* 4
almost **presque** *adv.* 5
a lot (of) **beaucoup (de)** *adv.* 4
alone: to leave alone **laisser**
  **tranquille** *v.* 10
already **déjà** *adv.* 3
always **toujours** *adv.* 8
American **américain(e)** *adj.* 1
an **un(e)** *indef. art.* 1
ancient *(placed after noun)*
  **ancien(ne)** *adj.*
and **et** *conj.* 1
  And you? **Et toi?**, *fam.;* **Et**
  **vous?** *form.* 1
angel **ange** *m.* 1
angry: to become angry
  **s'énerver** *v.* 10; **se mettre**
  **en colère** *v.* 10
animal **animal** *m.* 13
ankle **cheville** *f.* 10
apartment **appartement** *m.* 7
appetizer **entrée** *f.* 9;
  **hors-d'œuvre** *m.* 9
applaud **applaudir** *v.*
applause **applaudissement** *m.*
apple **pomme** *f.* 9
appliance **appareil** *m.* 8
  electrical/household appliance
  **appareil** *m.* **électrique/**
  **ménager** 8
applicant **candidat(e)** *m., f.*
apply **postuler** *v.*
appointment **rendez-vous** *m.*
  to make an appointment
  **prendre (un) rendez-vous** *v.*
April **avril** *m.* 5
architect **architecte** *m., f.* 3
architecture **architecture** *f.* 2
Are there… ? **Y a-t-il… ?** 2

area **quartier** *m.* 8
argue (with) **se disputer**
  **(avec)** *v.* 10
arm **bras** *m.* 10
armchair **fauteuil** *m.* 8
armoire **armoire** *f.* 8
around **autour (de)** *prep.* 12
arrival **arrivée** *f.* 7
arrive **arriver (à)** *v.* 2
art **art** *m.* 2
  artwork, piece of art **œuvre** *f.*
  fine arts **beaux-arts** *m., pl.*
artist **artiste** *m., f.* 3
as *(like)* **comme** *adv.* 6
  as … as *(used with adjective to*
  *compare)* **aussi … que** 9
  as much … as *(used with noun*
  *to express comparative quan-*
  *tity)* **autant de … que** 13
  as soon as **dès que** *adv.* 12
ashamed: to be ashamed of
  **avoir honte de** *v.* 2
ask **demander** *v.* 2
  to ask *(someone)* **demander**
  **(à)** *v.* 6
  to ask *(someone)* a question
  **poser une question (à)** *v.* 6
  to ask that… **demander**
  **que…** 13
aspirin **aspirine** *f.* 10
at **à** *prep.* 4
  at … (o'clock) **à … heure(s)** 4
  at the doctor's office **chez le**
  **médecin** *prep.* 2
  at (someone's) house **chez…**
  *prep.* 2
  at the end (of) **au bout (de)**
  *prep.* 12
  at last **enfin** *adv.* 11
athlete **athlète** *m., f.* 3
ATM **distributeur** *m.* **automa-**
  **tique/de billets** *m.* 12
attend **assister à** *v.* 2
August **août** *m.* 5
aunt **tante** *f.* 3
author **auteur/femme auteur**
  *m., f.*
autumn **automne** *m.* 5
  in autumn **à l'automne** 5
available *(free)* **libre** *adj.* 7
avenue **avenue** *f.* 12
avoid **éviter de** *v.* 10

## B

back **dos** *m.* 10
backpack **sac à dos** *m.* 1
bad **mauvais(e)** *adj.* 3
  to be in a bad mood **être de**
  **mauvaise humeur** 8

to be in bad health **être en mauvaise santé** 10

badly **mal** adv. 7

I am doing badly. **Je vais mal.** 1

to be doing badly **se porter mal** v. 10

baguette **baguette** f. 4

bakery **boulangerie** f. 9

balcony **balcon** m. 8

banana **banane** f. 9

bank **banque** f. 12

to have a bank account **avoir un compte bancaire** v. 12

banker **banquier/banquière** m., f.

banking **bancaire** adj. 12

baseball **baseball** m. 5

baseball cap **casquette** f. 6

basement **sous-sol** m.; **cave** f. 8

basketball **basket(-ball)** m. 5

bath **bain** m. 6

bathing suit **maillot de bain** m. 6

bathroom **salle de bains** f. 8

bathtub **baignoire** f. 8

be **être** v. 1

**sois (être)** imp. v. 7;

**soyez (être)** imp. v. 7

beach **plage** f. 7

beans **haricots** m., pl. 9

green beans **haricots verts** m., pl. 9

bearings: to get one's bearings **s'orienter** v. 12

beautiful **beau (belle)** adj. 3

beauty salon **salon** m. **de beauté** 12

because **parce que** conj. 2

become **devenir** v. 9

bed **lit** m. 7

to go to bed **se coucher** v. 10

bedroom **chambre** f. 8

beef **bœuf** m. 9

been **été (être)** p.p. 6

beer **bière** f. 6

before **avant (de/que)** adv. 7

before (o'clock) **moins** adv. 2

begin (to do something) **commencer (à)** v. 2; **se mettre à** v. 10

beginning **début** m.

behind **derrière** prep. 3

Belgian **belge** adj. 7

Belgium **Belgique** f. 7

believe (that) **croire (que)** v. 13

believed **cru (croire)** p.p. 13

belt **ceinture** f. 6

to buckle one's seatbelt **attacher sa ceinture de sécurité** v. 11

bench **banc** m. 12

best: the best **le mieux** super. adv. 9; **le/la meilleur(e)** super. adj. 9

better **meilleur(e)** comp. adj.; **mieux** comp. adv. 9

It is better that… **Il vaut mieux que/qu'…** 13

to be doing better **se porter mieux** v. 10

to get better (from illness) **guérir** v. 10

between **entre** prep. 3

beverage (carbonated) **boisson** f. **(gazeuse)** 4

bicycle **vélo** m. 5

to go bike riding **faire du vélo** v. 5

big **grand(e)** adj. 3; (clothing) **large** adj. 6

bill (in a restaurant) **addition** f. 4

bills (money) **billets** m., pl. 12

biology **biologie** f. 2

bird **oiseau** m. 3

birth **naissance** f. 6

birthday **anniversaire** m. 5

bit (of) **morceau (de)** m. 4

black **noir(e)** adj. 3

blackboard **tableau** m. 1

blanket **couverture** f. 8

blonde **blond(e)** adj. 3

blouse **chemisier** m. 6

blue **bleu(e)** adj. 3

boat **bateau** m. 7

body **corps** m. 10

book **livre** m. 1

bookstore **librairie** f. 1

bored: to get bored **s'ennuyer** v. 10

boring **ennuyeux/ennuyeuse** adj. 3

born: to be born **naître** v. 7; **né (naître)** p.p., adj. 7

borrow **emprunter** v. 12

bottle (of) **bouteille (de)** f. 4

boulevard **boulevard** m. 12

boutique **boutique** f. 12

bowl **bol** m. 9

box **boîte** f. 9

boy **garçon** m. 1

boyfriend **petit ami** m. 1

brake **freiner** v. 11

brakes **freins** m., pl. 11

brave **courageux/courageuse** adj. 3

Brazil **Brésil** m. 7

Brazilian **brésilien(ne)** adj. 7

bread **pain** m. 4

country-style bread **pain** m. **de campagne** 4

bread shop **boulangerie** f. 9

break **se casser** v. 10

breakdown **panne** f. 11

break down **tomber en panne** v. 11

break up (to leave one another) **se quitter** v. 11

breakfast **petit-déjeuner** m. 9

bridge **pont** m. 12

brilliant **brillant(e)** adj. 1

bring (a person) **amener** v. 5; (a thing) **apporter** v. 4

broom **balai** m. 8

brother **frère** m. 3

brother-in-law **beau-frère** m. 3

brown **marron** adj., inv. 3

brown (hair) **châtain** adj. 3

brush (hair/tooth) **brosse** f. **(à cheveux/à dents)** 10

to brush one's hair/teeth **se brosser les cheveux/ les dents** v. 9

buckle: to buckle one's seatbelt **attacher sa ceinture de sécurité** v. 11

build **construire** v. 6

building **bâtiment** m. 12; **immeuble** m. 8

bumper **pare-chocs** m. 11

burn (CD/DVD) **graver** v. 11

bus **autobus** m. 7

bus stop **arrêt d'autobus (de bus)** m. 7

business (profession) **affaires** f., pl. 3; (company) **entreprise** f.

business administration **gestion** f. 2

businessman **homme d'affaires** m. 3

businesswoman **femme d'affaires** f. 3

busy **occupé(e)** adj. 1

but **mais** conj. 1

butcher's shop **boucherie** f. 9

butter **beurre** m. 4

buy **acheter** v. 5

by **par** prep. 3

Bye! **Salut!** fam. 1

### C

cabinet **placard** m. 8

café **café** m. 1; **brasserie** f. 12

café terrace **terrasse** f. **de café** 4

cybercafé **cybercafé** m. 12

cafeteria **cantine** f. 9

cake **gâteau** m. 6

calculator **calculatrice** f. 1

call **appeler** v.

calm **calme** adj. 1; **calme** m. 1

camera **appareil photo** m. 11

digital camera **appareil photo** m. **numérique** 11

camping **camping** *m.* 5
  to go camping **faire du camping** *v.* 5
can (of food) **boîte (de conserve)** *f.* 9
Canada **Canada** *m.* 7
Canadian **canadien(ne)** *adj.* 1
cancel (a reservation) **annuler (une réservation)** *v.* 7
candidate **candidat(e)** *m., f.*
candy **bonbon** *m.* 6
cap: baseball cap **casquette** *f.* 6
capital **capitale** *f.* 7
car **voiture** *f.* 11
  to ride in a car **rouler en voiture** *v.* 7
card (letter) **carte postale** *f.* 12;
  credit card **carte** *f.* **de crédit** 12
  to pay with a credit card **payer avec une carte de crédit** *v.* 12
  cards (playing) **cartes** *f.* 5
carbonated drink/beverage **boisson** *f.* **gazeuse** 4
career **carrière** *f.*
carpooling **covoiturage** *m.* 13
carrot **carotte** *f.* 9
cartoon **dessin animé** *m.*
case: in any case **en tout cas** 6
cash **liquide** *m.* 12
  to pay in cash **payer en liquide** *v.* 12
cat **chat** *m.* 3
catastrophe **catastrophe** *f.* 13
catch sight of **apercevoir** *v.* 12
CD(s) **CD** *m.* 11
CD/DVD player **lecteur de CD/DVD** *m.* 11
celebrate **célébrer** *v.* 5; **fêter** *v.* 6
celebration **fête** *f.* 6
cellar **cave** *f.* 8
cell phone **portable** *m.* 11
center: city/town center **centre-ville** *m.* 4
certain **certain(e)** *adj.* 9;
  **sûr(e)** *adj.* 13
  It is certain that… **Il est certain que…** 13
  It is uncertain that… **Il n'est pas certain que…** 13
chair **chaise** *f.* 1
champagne **champagne** *m.* 6
change (coins) **(pièces** *f. pl.* **de) monnaie** 12
channel (television) **chaîne** *f.* **(de télévision)** 11
character **personnage** *m.*
  main character **personnage principal** *m.*
charming **charmant(e)** *adj.* 1
chat **bavarder** *v.* 4
check **chèque** *m.* 12; (bill) **addition** *f.* 4

to pay by check **payer par chèque** *v.* 12;
to check (the oil/the air pressure) **vérifier (l'huile/la pression des pneus)** *v.* 11
checking account **compte** *m.* **de chèques** 12
cheek **joue** *f.* 10
cheese **fromage** *m.* 4
chemistry **chimie** *f.* 2
chess **échecs** *m., pl.* 5
chest **poitrine** *f.* 10
  chest of drawers **commode** *f.* 8
chic **chic** *adj.* 4
chicken **poulet** *m.* 9
child **enfant** *m., f.* 3
childhood **enfance** *f.* 6
China **Chine** *f.* 7
Chinese **chinois(e)** *adj.* 7
choir **chœur** *m.*
choose **choisir** *v.* 7
chorus **chœur** *m.*
chrysanthemums **chrysanthèmes** *m., pl.* 9
church **église** *f.* 4
city **ville** *f.* 4
city hall **mairie** *f.* 12
city/town center **centre-ville** *m.* 4
class (group of students) **classe** *f.* 1; (course) **cours** *m.* 2
classmate **camarade de classe** *m., f.* 1
classroom **salle** *f.* **de classe** 1
clean **nettoyer** *v.* 5; **propre** *adj.* 8
clear **clair(e)** *adj.* 13
  It is clear that… **Il est clair que…** 13
  to clear the table **débarrasser la table** 8
client **client(e)** *m., f.* 7
cliff **falaise** *f.* 13
clock **horloge** *f.* 1
  alarm clock **réveil** *m.* 10
close (to) **près (de)** *prep.* 3
  very close (to) **tout près (de)** 12
close **fermer** *v.* 11
closed **fermé(e)** *adj.* 12
closet **placard** *m.* 8
clothes dryer **sèche-linge** *m.* 8
clothing **vêtements** *m., pl.* 6
cloudy **nuageux/nuageuse** *adj.* 5
  It is cloudy. **Le temps est nuageux.** 5
clutch **embrayage** *m.* 11
coast **côte** *f.* 13
coat **manteau** *m.* 6
coffee **café** *m.* 1
coffeemaker **cafetière** *f.* 8
coins **pièces** *f. pl.* **de monnaie** 12
cold **froid** *m.* 2
  to be cold **avoir froid** *v.* 2
  (weather) It is cold. **Il fait froid.** 5

cold **rhume** *m.* 10
color **couleur** *f.* 6
  What color is… ? **De quelle couleur est… ?** 6
comb **peigne** *m.* 10
come **venir** *v.* 7
come back **revenir** *v.* 9
comedy **comédie** *f.*
comic strip **bande dessinée (B.D.)** *f.* 5
compact disc **compact disc / disque compact** *m.* 11
company (troop) **troupe** *f.*
completely **tout à fait** *adv.* 6
composer **compositeur** *m.*
computer **ordinateur** *m.* 1
computer science **informatique** *f.* 2
concert **concert** *m.*
congratulations **félicitations**
consider **considérer** *v.* 5
constantly **constamment** *adv.* 8
construct **construire** *v.* 6
consultant **conseiller/conseillère** *m., f.*
continue (doing something) **continuer (à)** *v.* 12
cook **cuisiner** *v.* 9; **faire la cuisine** *v.* 5; **cuisinier/cuisinière** *m., f.*
cookie **biscuit** *m.* 6
cooking **cuisine** *f.* 5
cool: (weather) It is cool. **Il fait frais.** 5
corner **angle** *m.* 12; **coin** *m.* 12
cost **coûter** *v.* 4
cotton **coton** *m.* 6
couch **canapé** *m.* 8
cough **tousser** *v.* 10
count (on someone) **compter (sur quelqu'un)** *v.* 8
country **pays** *m.* 7
  country(side) **campagne** *f.* 7
country-style **de campagne** *adj.* 4
couple **couple** *m.* 6
courage **courage** *m.*
courageous **courageux/courageuse** *adj.* 3
course **cours** *m.* 2
cousin **cousin(e)** *m., f.* 3
cover **couvrir** *v.* 11
covered **couvert (couvrir)** *p.p.* 11
cow **vache** *f.* 13
crazy **fou/folle** *adj.* 3
cream **crème** *f.* 9
credit card **carte** *f.* **de crédit** 12
  to pay with a credit card **payer avec une carte de crédit** *v.* 12
crêpe **crêpe** *f.* 5
crime film **film policier** *m.*
croissant **croissant** *m.* 4
cross **traverser** *v.* 12
cruel **cruel/cruelle** *adj.* 3
cry **pleurer** *v.*

cup (of) **tasse (de)** f. 4
cupboard **placard** m. 8
curious **curieux/
curieuse** adj. 3
curly **frisé(e)** adj. 3
currency **monnaie** f. 12
curtain **rideau** m. 8
customs **douane** f. 7
cybercafé **cybercafé** m. 12

## D

dance **danse** f.
to dance **danser** v. 4
danger **danger** m. 13
dangerous **dangereux/
dangereuse** adj. 11
dark (hair) **brun(e)** adj. 3
darling **chéri(e)** adj. 2
darn **zut** 11
dash (punctuation mark) **tiret**
m. 11
date (day, month, year) **date** f. 5;
(meeting) **rendez-vous** m. 6
to make a date **prendre (un)
rendez-vous** v.
daughter **fille** f. 1
day **jour** m. 2; **journée** f. 2
day after tomorrow **après-
demain** adv. 2
day before yesterday **avant-
hier** adv. 7
day off **congé** m., **jour** m. **de
congé** 7
dear **cher/chère** adj. 2
death **mort** f. 6
December **décembre** m. 5
decide (to do something)
**décider (de)** v. 11
deforestation **déboisement** m. 13
degree **diplôme** m. 2
degrees (temperature) **degrés**
m., pl. 5
It is... degrees. **Il fait...
degrés.** 5
delicatessen **charcuterie** f. 9
delicious **délicieux/délicieuse**
adj. 4
Delighted. **Enchanté(e).** p.p.,
adj. 1
demand (that) **exiger (que)** v. 13
demanding **exigeant(e)** adj.
demanding profession
**profession** f. **exigeante**
dentist **dentiste** m., f. 3
department store **grand magasin**
m. 4
departure **départ** m. 7
deposit: to deposit money
**déposer de l'argent** v. 12
depressed **déprimé(e)** adj. 10
describe **décrire** v. 7

described **décrit (décrire)** p.p.,
adj. 7
desert **désert** m. 13
design (fashion) **stylisme (de
mode)** m. 2
desire **envie** f. 2, **désirer** v. 5
desk **bureau** m. 1
dessert **dessert** m. 6
destroy **détruire** v. 6
destroyed **détruit (détruire)**
p.p., adj. 6
detective film **film policier** m.
detest **détester** v. 2
I hate... **Je déteste...** 2
develop **développer** v. 13
dial (a number) **composer
(un numéro)** v. 11
dictionary **dictionnaire** m. 1
die **mourir** v. 7
died **mort (mourir)** p.p., adj. 7
diet **régime** m. 10
to be on a diet **être au
régime** 9
difference **différence** f. 1
different **différent(e)** adj. 1
differently **différemment** adv. 8
difficult **difficile** adj. 1
digital camera **appareil photo**
m. **numérique** 11
dining room **salle à manger** f. 8
dinner **dîner** m. 9
to have dinner **dîner** v. 2
Dinner is ready! **À table!** 9
diploma **diplôme** m. 2
directions **indications** f. 12
director (movie) **réalisateur/
réalisatrice** m., f.; (play/show)
**metteur en scène** m.
dirty **sale** adj. 8
discover **découvrir** v. 11
discovered **découvert
(découvrir)** p.p. 11
discreet **discret/discrète** adj. 3
discuss **discuter** v. 11
dish (food) **plat** m. 9
to do the dishes **faire la
vaisselle** v. 8
dishwasher **lave-vaisselle** m. 8
dismiss **renvoyer** v.
distinction **mention** f.
divorce **divorce** m. 6
to divorce **divorcer** v. 3
divorced **divorcé(e)** p.p., adj. 3
do (make) **faire** v. 5
to do odd jobs **bricoler** v. 5
doctor **médecin** m. 3
documentary **documentaire** m.
dog **chien** m. 3
done **fait (faire)** p.p., adj. 6
door (building) **porte** f. 1;
(automobile) **portière** f. 11

doubt (that)... **douter (que)...**
v. 13
doubtful **douteux/douteuse**
adj. 13
It is doubtful that... **Il est
douteux que...** 13
download **télécharger** v. 11
downtown **centre-ville** m. 4
drag **barbant** adj. 3; **barbe** f. 3
drape **rideau** m. 8
draw **dessiner** v. 2
drawer **tiroir** m. 8
dreadful **épouvantable** adj. 5
dream (about/of) **rêver
(de)** v. 11
dress **robe** f. 6
to dress **s'habiller** v. 10
dresser **commode** f. 8
drink (carbonated)
**boisson** f. (gazeuse) 4
to drink **boire** v. 4
drive **conduire** v. 6
to go for a drive **faire un tour
en voiture** 5
driven **conduit (conduire)** p.p. 6
driver (taxi/truck) **chauffeur
(de taxi/de camion)** m.
driver's license **permis** m. **de
conduire** 11
drums **batterie** f.
drunk **bu (boire)** p.p. 6
dryer (clothes) **sèche-linge** m. 8
dry oneself **se sécher** v. 10
due **dû(e) (devoir)** adj. 9
during **pendant** prep. 7
dust **enlever/faire la poussière**
v. 8
DVD player **lecteur (de) DVD**
m. 11
DVR **enregistreur DVR** m. 11

## E

each **chaque** adj. 6
ear **oreille** f. 10
early **en avance** adv. 2; **tôt**
adv. 2
earn **gagner** v.
Earth **Terre** f. 13
easily **facilement** adv. 8
east **est** m. 12
easy **facile** adj. 2
eat **manger** v. 2
to eat lunch **déjeuner** v. 4
éclair **éclair** m. 4
ecological **écologique** adj. 13
ecology **écologie** f. 13
economics **économie** f. 2
ecotourism **écotourisme** m. 13
education **formation** f.
effect: in effect **en effet** 13
egg **œuf** m. 9
eight **huit** m. 1
eighteen **dix-huit** m. 1

eighth **huitième** *adj.* 7
eighty **quatre-vingts** *m.* 3
eighty-one **quatre-vingt-un** *m.* 3
elder **aîné(e)** *adj.* 3
electric **électrique** *adj.* 8
   electrical appliance **appareil** *m.* **électrique** 8
electrician **électricien/ électricienne** *m., f.*
elegant **élégant(e)** *adj.* 1
elevator **ascenseur** *m.* 7
eleven **onze** *m.* 1
eleventh **onzième** *adj.* 7
e-mail **e-mail** *m.* 11
emergency room **urgences** *f., pl.* 10
   to go to the emergency room **aller aux urgences** *v.* 10
end **fin** *f.*
endangered **menacé(e)** *adj.* 13
   endangered species **espèce** *f.* **menacée** 13
engaged **fiancé(e)** *adj.* 3
engine **moteur** *m.* 11
engineer **ingénieur** *m.* 3
England **Angleterre** *f.* 7
English **anglais(e)** *adj.* 1
enormous **énorme** *adj.* 2
enough (of) **assez (de)** *adv.* 4
   not enough (of) **pas assez (de)** 4
enter **entrer** *v.* 7
envelope **enveloppe** *f.* 12
environment **environnement** *m.* 13
equal **égaler** *v.* 3
erase **effacer** *v.* 11
errand **course** *f.* 9
escargot **escargot** *m.* 9
especially **surtout** *adv.* 2
essay **dissertation** *f.* 11
essential **essentiel(le)** *adj.* 13
   It is essential that... **Il est essentiel/indispensable que...** 13
even **même** *adv.* 5
evening **soir** *m.;* **soirée** *f.* 2
   ... (o'clock) in the evening **... heures du soir** 2
every day **tous les jours** *adv.* 8
everyone **tout le monde** *m.* 9
evident **évident(e)** *adj.* 13
   It is evident that... **Il est évident que...** 13
evidently **évidemment** *adv.* 8
exactly **exactement** *adv.* 9
exam **examen** *m.* 1
Excuse me. **Excuse-moi.** *fam.* 1; **Excusez-moi.** *form.* 1
executive **cadre/femme cadre** *m., f.*
exercise **exercice** *m.* 10
   to exercise **faire de l'exercice** *v.* 10

exhibit **exposition** *f.*
exit **sortie** *f.* 7
expenditure **dépense** *f.* 12
expensive **cher/chère** *adj.* 6
explain **expliquer** *v.* 2
explore **explorer** *v.* 4
extinction **extinction** *f.* 13
eye (eyes) **œil (yeux)** *m.* 10

**F**

face **visage** *m.* 10
facing **en face (de)** *prep.* 3
fact: in fact **en fait** 7
factory **usine** *f.* 13
fail **échouer** *v.* 2
fall **automne** *m.* 5
   in the fall **à l'automne** 5
   to fall **tomber** *v.* 7
   to fall in love **tomber amoureux/amoureuse** *v.* 6
   to fall asleep **s'endormir** *v.* 10
family **famille** *f.* 3
famous **célèbre** *adj.;* **connu (connaître)** *p.p., adj.* 8
far (from) **loin (de)** *prep.* 3
farewell **adieu** *m.* 13
farmer **agriculteur/ agricultrice** *m., f.*
fashion **mode** *f.* 2
   fashion design **stylisme de mode** *m.* 2
fast **rapide** *adj.* 3; **vite** *adv.* 8
fat **gros(se)** *adj.* 3
father **père** *m.* 3
father-in-law **beau-père** *m.* 3
favorite **favori/favorite** *adj.* 3; **préféré(e)** *adj.* 2
fear **peur** *f.* 2
   to fear that **avoir peur que** *v.* 13
February **février** *m.* 5
fed up: to be fed up **en avoir marre** *v.* 3
feel (*to sense*) **sentir** *v.* 5; (*state of being*) **se sentir** *v.* 10
   to feel like (*doing something*) **avoir envie (de)** 2
   to feel nauseated **avoir mal au cœur** 10
festival (festivals) **festival (festivals)** *m.*
fever **fièvre** *f.* 10
   to have a fever **avoir de la fièvre** *v.* 10
fiancé **fiancé(e)** *m., f.* 6
field (*terrain*) **champ** *m.* 13; (*of study*) **domaine** *m.*
fifteen **quinze** *m.* 1
fifth **cinquième** *adj.* 7
fifty **cinquante** *m.* 1
figure (*physique*) **ligne** *f.* 10

file **fichier** *m.* 11
fill: to fill out a form **remplir un formulaire** *v.* 12
   to fill the tank **faire le plein** *v.* 11
film **film** *m.*
   adventure/crime film **film** *m.* **d'aventures/policier**
finally **enfin** *adv.* 7; **finalement** *adv.* 7; **dernièrement** *adv.* 8
find (a job) **trouver (un/du travail)** *v.*
   to find again **retrouver** *v.* 2
fine **amende** *f.* 11
fine arts **beaux-arts** *m., pl.*
finger **doigt** *m.* 10
finish (*doing something*) **finir (de)** *v.* 11
fire **incendie** *m.* 13
firefighter **pompier/femme pompier** *m., f.*
firm (*business*) **entreprise** *f.*
first **d'abord** *adv.* 7; **premier/ première** *adj.* 2; **premier** *m.* 5
   It is October 1st **C'est le 1ᵉʳ (premier) octobre.** 5
fish **poisson** *m.* 3
fishing **pêche** *f.* 5
   to go fishing **aller à la pêche** *v.* 5
fish shop **poissonnerie** *f.* 9
five **cinq** *m.* 1
flat tire **pneu** *m.* **crevé** 11
flight (*air travel*) **vol** *m.* 7
floor **étage** *m.* 7
flower **fleur** *f.* 8
flu **grippe** *f.* 10
fluently **couramment** *adv.* 8
follow (a path/a street/a boulevard) **suivre (un chemin/une rue/ un boulevard)** *v.* 12
food **nourriture** *f.* 9
food item **aliment** *m.* 9
foot **pied** *m.* 10
football **football américain** *m.* 5
for **pour** *prep.* 5; **pendant** *prep.*
   For whom? **Pour qui?** 4
forbid **interdire** *v.* 13
foreign **étranger/ étrangère** *adj.* 2
   foreign languages **langues** *f., pl.* **étrangères** 2
forest **forêt** *f.* 13
   tropical forest **forêt tropicale** *f.* 13
forget (*to do something*) **oublier (de)** *v.* 2
fork **fourchette** *f.* 9
form **formulaire** *m.* 12
former (*placed before noun*) **ancien(ne)** *adj.*
fortunately **heureusement** *adv.*

forty **quarante** m. 1
fountain **fontaine** f. 12
four **quatre** m. 1
fourteen **quatorze** m. 1
fourth **quatrième** adj. 7
France **France** f. 7
frankly **franchement** adv. 8
free (at no cost) **gratuit(e)** adj.
   free time **temps libre** m. 5
freezer **congélateur** m. 8
French **français(e)** adj. 1
French fries **frites** f., pl. 4
frequent (to visit regularly)
   **fréquenter** v. 4
fresh **frais/fraîche** adj. 5
Friday **vendredi** m. 2
friend **ami(e)** m., f. 1; **copain/
   copine** m., f. 1
friendship **amitié** f. 6
from **de/d'** prep. 1
   from time to time **de temps en
   temps** adv. 8
front: in front of **devant** prep. 3
fruit **fruit** m. 9
full (no vacancies) **complet (complète)** adj. 7
full-time job **emploi** m.
   **à plein temps**
fun **amusant(e)** adj. 1
   to have fun (doing something)
   **s'amuser (à)** v. 11
funeral **funérailles** f., pl. 9
funny **drôle** adj. 3
furious **furieux/furieuse** adj. 13
   to be furious that… **être
   furieux/furieuse que…** v. 13

### G

gain: gain weight **grossir** v. 7
game (amusement) **jeu** m. 5;
   (sports) **match** m. 5
game show **jeu télévisé** m.
garage **garage** m. 8
garbage **ordures** f., pl. 13
garbage collection **ramassage**
   m. **des ordures** 13
garden **jardin** m. 8
garlic **ail** m. 9
gas **essence** f. 11
gas tank **réservoir d'essence**
   m. 11
gas warning light **voyant** m.
   **d'essence** 11
generally **en général** adv. 8
generous **généreux/généreuse**
   adj. 3
genre **genre** m.
gentle **doux/douce** adj. 3
geography **géographie** f. 2
German **allemand(e)** adj. 1
Germany **Allemagne** f. 7

get (to obtain) **obtenir** v.
get along well (with) **s'entendre
   bien (avec)** v. 10
get up **se lever** v. 10
   get up again **se relever** v. 10
gift **cadeau** m. 6
   wrapped gift **paquet cadeau**
   m. 6
gifted **doué(e)** adj.
girl **fille** f. 1
girlfriend **petite amie** f. 1
give (to someone) **donner (à)** v. 2
   to give a shot **faire une
   piqûre** v. 10
   to give a tour **faire visiter** v. 8
   to give back **rendre (à)** v. 6
   to give one another **se donner**
   v. 11
glass (of) **verre (de)** m. 4
glasses **lunettes** f., pl. 6
   sunglasses **lunettes de soleil**
   f., pl. 6
global warming **réchauffement**
   m. **de la Terre** 13
glove **gant** m. 6
go **aller** v. 4
   Let's go! **Allons-y!** 4; **On y va!** 10
   I'm going. **J'y vais.** 8
   to go back **repartir** v.
   to go down **descendre** v. 6
   to go out **sortir** v. 7
   to go over **dépasser** v. 11
   to go up **monter** v. 7
   to go with **aller avec** v. 6
golf **golf** m. 5
good **bon(ne)** adj. 3
   Good evening. **Bonsoir.** 1
   Good morning. **Bonjour.** 1
   to be good for nothing **ne
   servir à rien** v. 9
   to be in a good mood **être de
   bonne humeur** v. 8
   to be in good health **être en
   bonne santé** v. 10
   to be in good shape **être en
   pleine forme** v. 10
   to be up to something interesting **faire quelque chose de
   beau** v. 12
Good-bye. **Au revoir.** 1
government **gouvernement** m. 13
grade (academics) **note** f. 2
grandchildren **petits-enfants**
   m., pl. 3
granddaughter **petite-fille** f. 3
grandfather **grand-père** m. 3
grandmother **grand-mère** f. 3
grandparents **grands-parents**
   m., pl. 3
grandson **petit-fils** m. 3
grant **bourse** f. 2
grass **herbe** f. 13

gratin **gratin** m. 9
gray **gris(e)** adj. 6
great **formidable** adj. 7;
   **génial(e)** adj. 3
green **vert(e)** adj. 3
green beans **haricots verts**
   m., pl. 9
greenhouse **serre** f. 13
   greenhouse effect **effet de serre**
   m. 13
grocery store **épicerie** f. 4
groom: to groom oneself (in the
   morning) **faire sa toilette** v. 10
ground floor **rez-de-chaussée**
   m. 7
growing population **population**
   f. **croissante** 13
guaranteed **garanti(e)** p.p., adj. 5
guest **invité(e)** m., f. 6; **client(e)**
   m., f. 7
guitar **guitare** f.
guy **mec** m. 10
gym **gymnase** m. 4

### H

habitat **habitat** m. 13
   habitat preservation **sauvetage
   des habitats** m. 13
had **eu (avoir)** p.p. 6
   had to **dû (devoir)** p.p. 9
hair **cheveux** m., pl. 9
   to brush one's hair **se brosser
   les cheveux** v. 9
   to do one's hair **se coiffer** v. 10
hairbrush **brosse** f. **à cheveux** 10
hairdresser **coiffeur/coiffeuse**
   m., f. 3
half **demie** f. 2
   half past … (o'clock)
   **… et demie** 2
half-brother **demi-frère** m. 3
half-sister **demi-sœur** f. 3
half-time job **emploi** m. **à
   mi-temps**
hallway **couloir** m. 8
ham **jambon** m. 4
hand **main** f. 5
handbag **sac à main** m. 6
handsome **beau** adj. 3
hang up **raccrocher** v.
happiness **bonheur** m. 6
happy **heureux/heureuse** adj. 3;
   **content(e)**
   to be happy that… **être
   content(e) que…** v. **13**;
   **être heureux/heureuse
   que…** v. 13
hard drive **disque (dur)** m. 11
hard-working **travailleur/
   travailleuse** adj. 3
hat **chapeau** m. 6

hate **détester** *v.* 2
    I hate… **Je déteste…** 2
have **avoir** *v.* 2; **aie (avoir)** *imp.,*
    *v.* 7; **ayez (avoir)** *imp. v.* 7;
    **prendre** *v.* 4
    to have an ache **avoir**
    **mal** *v.* 10
    to have to (must) **devoir** *v.* 9
he **il** *sub. pron.* 1
head *(body part)* **tête** *f.* 10;
    *(of a company)* **chef** *m.*
    **d'entreprise**
headache: to have a headache
    **avoir mal à la tête** *v.* 10
headlights **phares** *m., pl.* 11
headphones **des écouteurs** *(m.)*
    11
health **santé** *f.* 10
    to be in good health **être en**
    **bonne santé** *v.* 10
health insurance **assurance**
    *f.* **maladie**
healthy **sain(e)** *adj.* 10
hear **entendre** *v.* 6
heart **cœur** *m.* 10
heat **chaud** *m.* 2
hello *(on the phone)* **allô** 1; *(in the*
    *evening)* **Bonsoir.** 1; *(in the*
    *morning or afternoon)*
    **Bonjour.** 1
help **au secours** 11
    to help *(to do something)* **aider**
    **(à)** *v.* 5
    to help one another **s'aider**
    *v.* 11
her **la/l'** *d.o. pron.* 7; **lui** *i.o. pron.*
    6; *(attached to an imperative)*
    **-lui** *i.o. pron.* 9
her **sa** *poss. adj., f., sing.* 3; **ses**
    *poss. adj., m., f., pl.* 3; **son**
    *poss. adj., m., sing.* 3
Here! **Tenez!** *form., imp. v.* 9;
    **Tiens!** *fam., imp., v.* 9
here **ici** *adv.* 1; *(used with*
    *demonstrative adjective* **ce** *and*
    *noun or with demonstrative*
    *pronoun* **celui**)*;* **-ci** 6;
    Here is…. **Voici…** 1
heritage: I am of… heritage. **Je**
    **suis d'origine…** 1
herself *(used with reflexive verb)*
    **se/s'** *pron.* 10
hesitate *(to do something)*
    **hésiter (à)** *v.* 11
Hey! **Eh!** *interj.* 2
Hi! **Salut!** *fam.* 1
high **élevé(e)** *adj.*
high school **lycée** *m.* 1
    high school student **lycéen(ne)**
    *m., f.* 2
higher education **études**
    **supérieures** *f., pl.* 2
highway **autoroute** *f.* 11
hike **randonnée** *f.* 5
    to go for a hike **faire une**
    **randonnée** *v.* 5

him **lui** *i.o. pron.* 6; **le/l'** *d.o. pron.*
    7; *(attached to imperative)* **-lui**
    *i.o. pron.* 9
himself *(used with reflexive verb)*
    **se/s'** *pron.* 10
hire **embaucher** *v.*
his **sa** *poss. adj., f., sing.* 3; **ses**
    *poss. adj., m., f., pl.* 3; **son** *poss.*
    *adj., m., sing.* 3
history **histoire** *f.* 2
hit *(another car)* **rentrer**
    **(dans)** *v.* 11
hold **tenir** *v.* 9
    to be on hold **patienter** *v.*
hole in the ozone layer **trou**
    **dans la couche**
    **d'ozone** *m.* 13
holiday **jour férié** *m.* 6; **férié(e)**
    *adj.* 6
home *(house)* **maison** *f.* 4
    at (someone's) home **chez…**
    *prep.* 4
home page **page d'accueil** *f.* 11
homework **devoirs** *m., pl.* 2
honest **honnête** *adj.*
honestly **franchement** *adv.* 8
hood **capot** *m.* 11
hope **espérer** *v.* 5
hors d'œuvre **hors-d'œuvre** *m.* 9
horse **cheval** *m.* 5
    to go horseback riding **faire**
    **du cheval** *v.* 5
hospital **hôpital** *m.* 4
host **hôte/hôtesse** *m., f.* 6
hot **chaud** *m.* 2
    It is hot (weather). **Il fait**
    **chaud.** 5
    to be hot **avoir chaud** *v.* 2
hot chocolate **chocolat chaud**
    *m.* 4
hotel **hôtel** *m.* 7
    (single) hotel room **chambre**
    *f.* **(individuelle)** 7
hotel keeper **hôtelier/**
    **hôtelière** *m., f.* 7
hour **heure** *f.* 2
house **maison** *f.* 4
    at (someone's) house **chez…**
    *prep.* 2
    to leave the house **quitter la**
    **maison** *v.* 4
    to stop by someone's house
    **passer chez quelqu'un** *v.* 4
household **ménager/ménagère**
    *adj.*
household appliance **appareil**
    *m.* **ménager** 8
household chore **tâche**
    **ménagère** *f.* 8
housewife **femme au foyer** *f.*
housework: to do the housework
    **faire le ménage** *v.* 8
housing **logement** *m.* 8
how **comme** *adv.* 2; **comment?**
    *interr. adv.* 4

How are you? **Comment**
    **allez-vous?** *form.* 1;
    **Comment vas-tu?** *fam.* 1
How many/How much (of)?
    **Combien (de)?** 1
How much is… ? **Combien**
    **coûte… ?** 4
huge **énorme** *adj.* 2
Huh? **Hein?** *interj.* 3
humanities **lettres** *f., pl.* 2
hundred: one hundred **cent** *m.* 5
    five hundred **cinq cents** *m.* 5
    one hundred one **cent**
    **un** *m.* 5
    one hundred thousand **cent**
    **mille** *m.* 5
hundredth **centième** *adj.* 7
hunger **faim** *f.* 4
hungry: to be hungry **avoir faim**
    *v.* 4
hunt **chasse** *f.* 13
    to hunt **chasser** *v.* 13
hurried **pressé(e)** *adj.* 9
hurry **se dépêcher** *v.* 10
hurt **faire mal** *v.* 10
    to hurt oneself **se blesser**
    *v.* 10
husband **mari** *m.;* **époux** *m.* 3
hyphen *(punctuation mark)*
    **tiret** *m.* 11

### I

I **je** *sub. pron.* 1; **moi** *disj. pron.,*
    *sing.* 3
ice cream **glace** *f.* 6
ice cube **glaçon** *m.* 6
idea **idée** *f.* 3
if **si** *conj.* 11
ill: to become ill **tomber**
    **malade** *v.* 10
illness **maladie** *f.*
immediately **tout de suite** *adv.*
impatient **impatient(e)** *adj.* 1
important **important(e)** *adj.* 1
    It is important that… **Il est**
    **important que…** 13
impossible **impossible** *adj.* 13
    It is impossible that… **Il est**
    **impossible que…** 13
improve **améliorer** *v.*
in **dans** *prep.* 3; **en** *prep.* 3; **à**
    *prep.* 4
included **compris (comprendre**
    *p.p., adj.* 6
incredible **incroyable** *adj.* 11
independent **indépendant(e)**
    *adj.* 1
independently **indépendam-**
    **ment** *adv.* 8
indicate **indiquer** *v.* 5
indispensable **indispensable**
    *adj.* 13
inexpensive **bon marché** *adj.* 6
injection **piqûre** *f.* 10

to give an injection **faire une piqûre** v. 10
injury **blessure** f. 10
instrument **instrument** m. 1
insurance (health/life) **assurance** f. **(maladie/vie)**
intellectual **intellectuel(le)** adj. 3
intelligent **intelligent(e)** adj. 1
interested: to be interested (in) **s'intéresser (à)** v. 10
interesting **intéressant(e)** adj. 1
intermission **entracte** m.
internship **stage** m.
intersection **carrefour** m. 12
interview: to have an interview **passer un entretien**
introduce **présenter** v. 1
I would like to introduce (name) to you. **Je te présente… ,** fam. 1
I would like to introduce (name) to you. **Je vous présente… ,** form. 1
invite **inviter** v. 4
Ireland **Irlande** f. 7
Irish **irlandais(e)** adj. 7
iron **fer à repasser** m. 8
to iron (the laundry) **repasser (le linge)** v. 8
isn't it? (tag question) **n'est-ce pas?** 2
island **île** f. 13
Italian **italien(ne)** adj. 1
Italy **Italie** f. 7
it: It depends. **Ça dépend.** 4
It is… **C'est…** 1
itself (used with reflexive verb) **se/s'** pron. 10

### J

jacket **blouson** m. 6
jam **confiture** f. 9
January **janvier** m. 5
Japan **Japon** m. 7
Japanese **japonais(e)** adj. 1
jealous **jaloux/jalouse** adj. 3
jeans **jean** m. sing. 6
jewelry store **bijouterie** f. 12
jogging **jogging** m. 5
to go jogging **faire du jogging** v. 5
joke **blague** f. 2
journalist **journaliste** m., f. 3
juice (orange/apple) **jus** m. **(d'orange/de pomme)** 4
July **juillet** m. 5
June **juin** m. 5
jungle **jungle** f. 13
just (barely) **juste** adv. 3

### K

keep **retenir** v. 9
key **clé** f. 7
keyboard **clavier** m. 11
kilo(gram) **kilo(gramme)** m. 9
kind **bon(ne)** adj. 3
kiosk **kiosque** m. 4
kiss one another **s'embrasser** v. 11
kitchen **cuisine** f. 8
knee **genou** m. 10
knife **couteau** m. 9
know (as a fact) **savoir** v. 8; (to be familiar with) **connaître** v. 8
to know one another **se connaître** v. 11
I don't know anything about it. **Je n'en sais rien.** 13
to know that… **savoir que…** 13
known (as a fact) **su (savoir)** p.p. 8; (famous) **connu (connaître)** p.p., adj. 8

### L

laborer **ouvrier/ouvrière** m., f.
lake **lac** m. 13
lamp **lampe** f. 8
landlord **propriétaire** m. 3
landslide **glissement de terrain** m. 13
language **langue** f. 2
foreign languages **langues** f., pl. **étrangères** 2
last **dernier/dernière** adj. 2
lastly **dernièrement** adv. 8
late (when something happens late) **en retard** adv. 2; (in the evening, etc.) **tard** adv. 2
laugh **rire** v. 6
laughed **ri (rire)** p.p. 6
laundromat **laverie** f. 12
laundry: to do the laundry **faire la lessive** v. 8
law (academic discipline) **droit** m. 2; (ordinance or rule) **loi** f. 13
lawyer **avocat(e)** m., f. 3
lay off (let go from a job) **renvoyer** v.
lazy **paresseux/paresseuse** adj. 3
learned **appris (apprendre)** p.p. 6
least **moins** 9
the least… (used with adjective) **le/la moins…** super. adv. 9
the least… , (used with noun to express quantity) **le moins de…** 13
the least… (used with verb or adverb) **le moins…** super. adv. 9
leather **cuir** m. 6

leave **partir** v. 5; **quitter** v. 4
to leave alone **laisser tranquille** v. 10
to leave one another **se quitter** v. 11
I'm leaving. **Je m'en vais.** 8
left: to the left (of) **à gauche (de)** prep. 3
leg **jambe** f. 10
leisure activity **loisir** m. 5
lemon soda **limonade** f. 4
lend (to someone) **prêter (à)** v. 6
less **moins** adv. 4
less of… (used with noun to express quantity) **moins de…** 4
less … than (used with noun to compare quantities) **moins de… que** 13
less… than (used with adjective to compare qualities) **moins… que** 9
let **laisser** v. 11
to let go (to fire or lay off) **renvoyer** v.
Let's go! **Allons-y!** 4; **On y va!** 10
letter **lettre** f. 12
letter of application **lettre** f. **de motivation**
letter of recommendation/reference **lettre** f. **de recommandation**
lettuce **laitue** f. 9
level **niveau** m.
library **bibliothèque** f. 1
license: driver's license **permis** m. **de conduire** 11
life **vie** f. 6
life insurance **assurance** f. **vie**
light: warning light (automobile) **voyant** m. 11
oil/gas warning light **voyant** m. **d'huile/d'essence** 11
to light up **s'allumer** v. 11
like (as) **comme** adv. 6; to like **aimer** v. 2
I don't like … very much. **Je n'aime pas tellement…** 2
I really like… **J'aime bien…** 2
to like one another **s'aimer bien** v. 11
to like that… **aimer que…** v. 13
line **queue** f. 12
to wait in line **faire la queue** v. 12
link **lien** m. 11
listen (to) **écouter** v. 2
literary **littéraire** adj.
literature **littérature** f. 1
little (not much) (of) **peu (de)** adv. 4
live (in) **habiter (à)** v. 2

living room (*informal room*) **salle de séjour** *f.* 8; (*formal room*) **salon** *m.* 8
located: to be located **se trouver** *v.* 10
long **long(ue)** *adj.* 3
a long time **longtemps** *adv.* 5
look (*at one another*) **se regarder** *v.* 11; (*at oneself*) **se regarder** *v.* 10
look for **chercher** *v.* 2
to look for work **chercher du/un travail** 12
look like **avoir l'air** *v.* 2
loose (*clothing*) **large** *adj.* 6
lose: to lose (*time*) **perdre (son temps)** *v.* 6
to lose weight **maigrir** *v.* 7
lost: to be lost **être perdu(e)** *v.* 12
lot: a lot of **beaucoup de** *adv.* 4
love **amour** *m.* 6
to love **adorer** *v.* 2
I love… **J'adore…** 2
to love one another **s'aimer** *v.* 11
to be in love **être amoureux/ amoureuse** *v.* 6
luck **chance** *f.* 2
to be lucky **avoir de la chance** *v.* 2
lunch **déjeuner** *m.* 9
to eat lunch **déjeuner** *v.* 4

### M

ma'am **Madame.** *f.* 1
machine: answering machine **répondeur** *m.* 11
mad: to get mad **s'énerver** *v.* 10
made **fait (faire)** *p.p., adj.* 6
magazine **magazine** *m.*
mail **courrier** *m.* **12**
mailbox **boîte** *f.* **aux lettres** 12
mailman **facteur** *m.* 12
main character **personnage principal** *m.*
main dish **plat (principal)** *m.* 9
maintain **maintenir** *v.* 9
make **faire** *v.* 5
makeup **maquillage** *m.* 10
to put on makeup **se maquiller** *v.* 10
make up **se réconcilier** *v.*
malfunction **panne** *f.* 11
man **homme** *m.* 1
manage (*in business*) **diriger** *v.* ; (*to do something*) **arriver à** *v.* 2
manager **gérant(e)** *m., f.*
many (of) **beaucoup (de)** *adv.* 4
How many (of)? **Combien (de)?** 1
map (*of a city*) **plan** *m.* 7; (*of the world*) **carte** *f.* 1

March **mars** *m.* 5
marital status **état civil** *m.* 6
market **marché** *m.* 4
marriage **mariage** *m.* 6
married **marié(e)** *adj.* 3
married couple **mariés** *m., pl.* 6
marry **épouser** *v.* 3
Martinique: from Martinique **martiniquais(e)** *adj.* 1
masterpiece **chef-d'œuvre** *m.*
mathematics **mathématiques (maths)** *f., pl.* 2
May **mai** *m.* 5
maybe **peut-être** *adv.* 2
mayonnaise **mayonnaise** *f.* 9
mayor's office **mairie** *f.* 12
me **moi** *disj. pron., sing.* 3; (*attached to imperative*) **-moi** *pron.* 9; **me/m'** *i.o. pron.* 6; **me/m'** *d.o. pron.* 7
Me too. **Moi aussi.** 1
Me neither. **Moi non plus.** 2
meal **repas** *m.* 9
mean **méchant(e)** *adj.* 3
to mean (*with* **dire**) **vouloir** *v.* 9
means: that means **ça veut dire** *v.* 9
meat **viande** *f.* 9
mechanic **mécanicien/ mécanicienne** *m., f.* 11
medication (against/for) **médicament (contre/pour)** *m., f.* 10
medium-sized **de taille moyenne** *adj.* 3
meet (*to encounter, to run into*) **rencontrer** *v.* 2; (*to make the acquaintance of/meet someone for the first time*) **faire la connaissance de** *v.* 5, **se rencontrer** *v.* 11; (*planned encounter*) **se retrouver** *v.* 11
meeting **réunion** *f.* ; **rendez-vous** *m.* 6
member **membre** *m.*
menu **menu** *m.* 9; **carte** *f.* 9
message **message** *m.*
to leave a message **laisser un message** *v.*
Mexican **mexicain(e)** *adj.* 1
Mexico **Mexique** *m.* 7
microwave oven **four à micro-ondes** *m.* 8
midnight **minuit** *m.* 2
milk **lait** *m.* 4
mineral water **eau** *f.* **minérale** 4
mirror **miroir** *m.* 8
Miss **Mademoiselle** *f.* 1
mistaken: to be mistaken (*about something*) **se tromper (de)** *v.* 10

modest **modeste** *adj.*
moment **moment** *m.* 1
Monday **lundi** *m.* 2
money **argent** *m.* 12; (*currency*) **monnaie** *f.* 12
to deposit money **déposer de l'argent** *v.* 12
monitor **moniteur** *m.* 11
month **mois** *m.* 2
this month **ce mois-ci** 2
moon **Lune** *f.* 13
more **plus** *adv.* 4
more of **plus de** 4
more … than (*used with noun to compare quantities*) **plus de… que** 13
more … than (*used with adjective to compare qualities*) **plus… que** 9
morning **matin** *m.* 2; **matinée** *f.* 2
this morning **ce matin** 2
Moroccan **marocain(e)** *adj.* 1
most **plus** 9
the most… (*used with adjective*) **le/la plus…** *super. adv.* 9
the most… (*used with noun to express quantity*) **le plus de…** 13
the most… (*used with verb or adverb*) **le plus…** *super. adv.* 9
mother **mère** *f.* 3
mother-in-law **belle-mère** *f.* 3
mountain **montagne** *f.* 4
mouse **souris** *f.* 11
mouth **bouche** *f.* 10
move (*to get around*) **se déplacer** *v.* 12
to move in **emménager** *v.* 8
to move out **déménager** *v.* 8
movie **film** *m.*
adventure/horror/science-fiction/crime movie **film** *m.* **d'aventures/d'horreur/de science-fiction/policier**
movie theater **cinéma (ciné)** *m.*
much (as much … as) (*used with noun to express quantity*) **autant de … que** *adv.* 13
How much (*of something*)? **Combien (de)?** 1
How much is… ? **Combien coûte… ?** 4
museum **musée** *m.* 4
to go to museums **faire les musées** *v.*
mushroom **champignon** *m.* 9
music: to play music **faire de la musique**
musical **comédie** *f.* **musicale; musical(e)** *adj.*
musician **musicien(ne)** *m., f.* 3

must *(to have to)* **devoir** *v.* 9
  One must **Il faut…** 5
mustard **moutarde** *f.* 9
my **ma** *poss. adj., f., sing.* 3; **mes**
  *poss. adj., m., f., pl.* 3; **mon**
  *poss. adj., m., sing.* 3
myself **me/m'** *pron., sing.* 10;
  *(attached to an imperative)*
  **-moi** *pron.* 9

## N

naïve **naïf (naïve)** *adj.* 3
name: My name is… **Je**
  **m'appelle…** 1
named: to be named
  **s'appeler** *v.* 10
napkin **serviette** *f.* 9
nationality **nationalité** *f.*
  I am of … nationality. **Je suis**
  **de nationalité…** 1
natural **naturel(le)** *adj.* 13
natural resource **ressource**
  **naturelle** *f.* 13
nature **nature** *f.* 13
nauseated: to feel nauseated
  **avoir mal au cœur** *v.* 10
near (to) **près (de)** *prep.* 3
  very near (to) **tout près (de)** 12
necessary **nécessaire** *adj.* 13
  It was necessary… *(followed*
  *by infinitive or subjunctive)*
  **Il a fallu…** 6
  It is necessary…. *(followed by*
  *infinitive or subjunctive)*
  **Il faut que…** 5
  It is necessary that… *(followed by*
  *subjunctive)* **Il est nécessaire**
  **que/qu'…** 13
neck **cou** *m.* 10
need **besoin** *m.* 2
  to need **avoir besoin**
  **(de)** *v.* 2
neighbor **voisin(e)** *m., f.* 3
neighborhood **quartier** *m.* 8
neither… nor **ne… ni… ni…**
  *conj.* 12
nephew **neveu** *m.* 3
network **réseau** *m.* 11
nervous **nerveux/**
  **nerveuse** *adj.* 3
nervously **nerveusement** *adv.* 8
never **jamais** *adv.* 5; **ne…**
  **jamais** *adv.* 12
new **nouveau/nouvelle** *adj.* 3
newlyweds **jeunes mariés**
  *m., pl.* 6
news **informations (infos)**
  *f., pl*; **nouvelles** *f., pl.*
newspaper **journal** *m.* 7
newsstand **marchand de**
  **journaux** *m.* 12

next **ensuite** *adv.* 7;
  **prochain(e)** *adj.* 2
  next to **à côté de** *prep.* 3
nice **gentil/gentille** *adj.* 3;
  **sympa(thique)** *adj.* 1
nicely **gentiment** *adv.* 8
niece **nièce** *f.* 3
night **nuit** *f.* 2
nightclub **boîte (de nuit)** *f.* 4
nine **neuf** *m.* 1
nine hundred **neuf cents** *m.* 5
nineteen **dix-neuf** *m.* 1
ninety **quatre-vingt-dix** *m.* 3
ninth **neuvième** *adj.* 7
no *(at beginning of statement to*
  *indicate disagreement)*
  **(mais) non** 2; **aucun(e)**
  *adj.* 10
  no more **ne… plus 12**
  no problem **pas de pro-**
  **blème 12**
  no reason **pour rien** 4
  no, none **pas (de)** 12
nobody **ne… personne** 12
none (not any) **ne… aucun(e)**
  12
noon **midi** *m.* 2
no one **personne** *pron.* 12
north **nord** *m.* 12
nose **nez** *m.* 10
not **ne… pas** 2
  not at all **pas du tout** *adv.* 2
  Not badly. **Pas mal.** 1
  to not believe that **ne pas**
  **croire que** *v.* 13
  to not think that **ne pas**
  **penser que** *v.* 13
  not yet **pas encore** *adv.* 8
notebook **cahier** *m.* 1
notes **billets** *m., pl.* 11
nothing **rien** *indef. pron.* 12
  It's nothing. **Il n'y a pas de**
  **quoi.** 1
notice **s'apercevoir** *v.* 12
novel **roman** *m.*
November **novembre** *m.* 5
now **maintenant** *adv.* 5
nuclear **nucléaire** *adj.* 13
nuclear energy **énergie nucléaire**
  *f.* 13
nuclear power plant **centrale**
  **nucléaire** *f.* 13
nurse **infirmier/infirmière**
  *m., f.* 10

## O

object **objet** *m.* 1
obtain **obtenir** *v.*
obvious **évident(e)** *adj.* 13
  It is obvious that… **Il est**
  **évident que…** 13

obviously **évidemment** *adv.* 8
o'clock: It's… (o'clock). **Il est…**
  **heure(s).** 2
  at … (o'clock) **à … heure(s)** 4
October **octobre** *m.* 5
of **de/d'** *prep.* 3
  of medium height **de taille**
  **moyenne** *adj.* 3
  of the **des (de + les)** 3
  of the **du (de + le)** 3
  of which, of whom **dont**
  *rel. pron.* 11
of course **bien sûr** *adv.*;
  **évidemment** *adv.* 2
  of course not *(at beginning*
  *of statement to indicate dis-*
  *agreement)* **(mais) non** 2
offer **offrir** *v.* 11
offered **offert (offrir)** *p.p.* 11
office **bureau** *m.* 4
  at the doctor's office **chez le**
  **médecin** *prep.* 2
often **souvent** *adv.* 5
oil **huile** *f.* 9
  automobile oil **huile** *f.* 11
  oil warning light **voyant** *m.*
  **d'huile** 11
  olive oil **huile** *f.* **d'olive** 9
  to check the oil **vérifier**
  **l'huile** *v.* 11
okay **d'accord** 2
old **vieux/vieille** *adj.*; *(placed*
  *after noun)* **ancien(ne)** *adj.* 3
old age **vieillesse** *f.* 6
olive **olive** *f.* 9
olive oil **huile** *f.* **d'olive** 9
omelette **omelette** *f.* 5
on **sur** *prep.* 3
  On behalf of whom? **C'est de**
  **la part de qui?**
  on the condition that… **à**
  **condition que**
  on television **à la télé(vision)**
  on the contrary **au contraire**
  on the radio **à la radio**
  on the subject of **au sujet**
  **de** 13
  on vacation **en vacances** 7
once **une fois** *adv.* 8
one **un** *m.* 1
  one **on** *sub. pron., sing.* 1
  one another **l'un(e) à**
  **l'autre** 11
  one another **l'un(e) l'autre** 11
  one had to… **il fallait…** 8
  One must… **Il faut que/**
  **qu'…** 13
  One must… **Il faut…** *(followed*
  *by infinitive or subjunctive)* 5
  one million **un million** *m.* 5
  one million *(things)* **un mil-**
  **lion de…** 5

onion **oignon** *m.* 9
online **en ligne** 11
  to be online **être en ligne** *v.* 11
  to be online (with someone) **être connecté(e) (avec quelqu'un)** *v.* 7, 11
only **ne... que** 12; **seulement** *adv.* 8
open **ouvrir** *v.* 11; **ouvert(e)** *adj.* 11
opened **ouvert (ouvrir)** *p.p.* 11
opera **opéra** *m.*
optimistic **optimiste** *adj.* 1
or **ou** 3
orange **orange** *f.* 9; **orange** *inv. adj.* 6
orchestra **orchestre** *m.*
order **commander** *v.* 9
orient oneself **s'orienter** *v.* 12
others **d'autres** 4
our **nos** *poss. adj., m., f., pl.* 3; **notre** *poss. adj., m., f., sing.* 3
outdoor (*open-air*) **plein air** 13
outdoor seating **terrasse de café** *f.* 4
over **fini** *adj., p.p.* 7
overpopulation **surpopulation** *f.* 13
overseas **à l'étranger** *adv.* 7
over there **là-bas** *adv.* 1
owed **dû (devoir)** *p.p., adj.* 9
own **posséder** *v.* 5
owner **propriétaire** *m., f.* 3
ozone **ozone** *m.* 13
  hole in the ozone layer **trou dans la couche d'ozone** *m.* 13

### P

pack: to pack one's bags **faire les valises** 7
package **colis** *m.* 12
paid **payé (payer)** *p.p., adj.*
  to be well/badly paid **être bien/mal payé(e)**
pain **douleur** *f.* 10
paint **faire de la peinture** *v.*
painter **peintre/femme peintre** *m., f.*
painting **peinture** *f.*; **tableau** *m.* 1
pants **pantalon** *m., sing.* 6
paper **papier** *m.* 1
Pardon (me). **Pardon.** 1
parents **parents** *m., pl.* 3
park **parc** *m.* 4
  to park **se garer** *v.* 11
parka **anorak** *m.* 6
parking lot **parking** *m.* 11
part-time job **emploi** *m.* **à mi-temps/à temps partiel** *m.*

party **fête** *f.* 6
  to party **faire la fête** *v.* 6
pass **dépasser** *v.* **11; passer** *v.* 7
  to pass an exam **être reçu(e) à un examen** *v.* 2
passenger **passager/passagère** *m., f.* 7
passport **passeport** *m.* 7
password **mot de passe** *m.* 11
past: in the past **autrefois** *adv.* 8
pasta **pâtes** *f., pl.* 9
pastime **passe-temps** *m.* 5
pastry shop **pâtisserie** *f.* 9
pâté **pâté (de campagne)** *m.* 9
path **sentier** *m.* 13; **chemin** *m.* 12
patient **patient(e)** *adj.* 1
patiently **patiemment** *adv.* 8
pay **payer** *v.* 5
  to pay by check **payer par chèque** *v.* 12
  to pay in cash **payer en liquide** *v.* 12
  to pay with a credit card **payer avec une carte de crédit** *v.* 12
  to pay attention (to) **faire attention (à)** *v.* 5
peach **pêche** *f.* 9
pear **poire** *f.* 9
peas **petits pois** *m., pl.* 9
pen **stylo** *m.* 1
pencil **crayon** *m.* 1
people **gens** *m., pl.* 7
pepper (*spice*) **poivre** *m.* 9; (*vegetable*) **poivron** *m.* 9
per day/week/month/year **par jour/semaine/mois/an** 5
perfect **parfait(e)** *adj.* 2
perhaps **peut-être** *adv.* 2
period (*punctuation mark*) **point** *m.* 11
permit **permis** *m.* 11
permitted **permis (permettre)** *p.p., adj.* 6
person **personne** *f.* 1
pessimistic **pessimiste** *adj.* 1
pharmacist **pharmacien(ne)** *m., f.* 10
pharmacy **pharmacie** *f.* 10
philosophy **philosophie** *f.* 2
phone booth **cabine téléphonique** *f.* 12
phone card **télécarte** *f.*
phone one another **se téléphoner** *v.* 11
photo(graph) **photo(graphie)** *f.* 3
physical education **éducation physique** *f.* 2
physics **physique** *f.* 2
piano **piano** *m.*

pick up **décrocher** *v.*
picnic **pique-nique** *m.* **13**
picture **tableau** *m.* 1
pie **tarte** *f.* 9
piece (of) **morceau (de)** *m.* 4
  piece of furniture **meuble** *m.* 8
pill **pilule** *f.* 10
pillow **oreiller** *m.* 8
pink **rose** *adj.* 6
pitcher (of water) **carafe (d'eau)** *f.* 9
place **endroit** *m.* 4; **lieu** *m.* 4
plan: to plan a party **organiser une fête** *v.* 6
planet **planète** *f.* 13
plans: to make plans **faire des projets** *v.*
plant **plante** *f.* 13
plastic **plastique** *m.* 13
plastic wrapping **emballage en plastique** *m.* 13
plate **assiette** *f.* 9
play **pièce de théâtre** *f.*
play **s'amuser** *v.* 10; (*a sport/a musical instrument*) **jouer (à/de)** *v.* 5
  to play sports **faire du sport, pratiquer** *v.* 5
  to play a role **jouer un rôle** *v.*
player **joueur/joueuse** *m., f.* 5
playwright **dramaturge** *m.*
pleasant **agréable** *adj.* 1
please: to please someone **faire plaisir à quelqu'un** *v.*
  Please. **S'il te plaît.** *fam.* 1
  Please. **S'il vous plaît.** *form.* 1
  Please. **Je vous en prie.** *form.* 1
  Please hold. **Ne quittez pas.**
plumber **plombier** *m.*
poem **poème** *m.*
poet **poète/poétesse** *m., f.*
police **police** *f.* 11
police officer **agent de police** *m.* 11; **policier** *m.* 11; **policière** *f.* 11
police station **commissariat de police** *m.* 12
polite **poli(e)** *adj.* 1
politely **poliment** *adv.* 8
political science **sciences politiques (sciences po)** *f., pl.* 2
politician **homme/femme politique** *m., f.*
pollute **polluer** *v.* 13
pollution **pollution** *f.* 13
  pollution cloud **nuage de pollution** *m.* 13
pool **piscine** *f.* 4
poor **pauvre** *adj.* 3
popular music **variétés** *f., pl.*

population **population** *f.* 13
  growing population **population**
  *f.* **croissante** 13
pork **porc** *m.* 9
portrait **portrait** *m.* 5
position *(job)* **poste** *m.*
possess *(to own)* **posséder** *v.* 5
possible **possible** *adj.*
  It is possible that… **Il est**
  **possible que…** 13
post **afficher** *v.*
post office **bureau de poste**
  *m.* 12
postal service **poste** *f.* 12
postcard **carte postale** *f.* 12
poster **affiche** *f.* 8
potato **pomme de terre** *f.* 9
practice **pratiquer** *v.* 5
prefer **aimer mieux** *v.* 2;
  **préférer (que)** *v.* 5
pregnant **enceinte** *adj.* 10
prepare (for) **préparer** *v.* 2
  to prepare *(to do something)* **se**
  **préparer (à)** *v.* 10
prescription **ordonnance** *f.* 10
present **présenter** *v.*
preservation: habitat preservation
  **sauvetage des habi-**
  **tats** *m.* 13
preserve **préserver** *v.* 13
pressure **pression** *f.* 11
  to check the tire pressure
  **vérifier la pression des**
  **pneus** *v.* 11
pretty **joli(e)** *adj.* 3; *(before an*
  *adjective or adverb)* **assez** *adv.* 8
prevent: to prevent a fire **prévenir**
  **l'incendie** *v.* 13
price **prix** *m.* 4
principal **principal(e)** *adj.* 12
print **imprimer** *v.* 11
printer **imprimante** *f.* 11
problem **problème** *m.* 1
produce **produire** *v.* 6
produced **produit (produire)**
  *p.p., adj.* 6
product **produit** *m.* 13
profession **métier** *m.;*
  **profession** *f.*
  demanding profession
  **profession** *f.* **exigeante**
professional **professionnel(le)**
  *adj.*
  professional experience **expé-**
  **rience professionnelle** *f.*
professor **professeur** *m.* 1
program **programme** *m.;*
  *(software)* **logiciel** *m.* 11;
  *(television)* **émission** *f.* **de**
  **télévision**
prohibit **interdire** *v.* 13
project **projet** *m.*

promise **promettre** *v.* 6
promised **promis (promettre)**
  *p.p., adj.* 6
promotion **promotion** *f.*
propose that… **proposer que…**
  *v.* 13
  to propose a solution
  **proposer une solution** *v.* 13
protect **protéger** *v.* 5
protection **préservation** *f.* 13;
  **protection** *f.* 13
proud **fier/fière** *adj.* 3
psychological **psychologique**
  *adj.*
psychological drama **drame psy-**
  **chologique** *m.*
psychology **psychologie** *f.* 2
psychologist **psychologue**
  *m., f.*
publish **publier** *v.*
pure **pur(e)** *adj.* 13
purple **violet(te)** *adj.* 6
purse **sac à main** *m.* 6
put **mettre** *v.* 6
  to put (on) (oneself) **se**
  **mettre** *v.* 10
  to put away **ranger** *v.* 8
  to put on makeup **se**
  **maquiller** *v.* 10
  put **mis (mettre)** *p.p.* 6

## Q

quarter **quart** *m.* 2
  a quarter after … (o'clock)
  **… et quart** 2
Quebec: from Quebec
  **québécois(e)** *adj.* 1
question **question** *f.* 6
  to ask *(someone)* a question
  **poser une question (à)** *v.* 6
quick **vite** *adv.* 4
quickly **vite** *adv.* 1
quite *(before an adjective or*
  *adverb)* **assez** *adv.* 8

## R

rabbit **lapin** *m.* 13
rain **pleuvoir** *v.* 5
  acid rain **pluie** *f.* **acide** 13
  It is raining. **Il pleut.** 5
  It was raining. **Il pleuvait.** 8
rain forest **forêt tropicale** *f.* 13
rain jacket **imperméable** *m.* 5
rained **plu (pleuvoir)** *p.p.* 6
raise (in salary) **augmentation**
  **(de salaire)** *f.*
rapidly **rapidement** *adv.* 8
rarely **rarement** *adv.* 5
rather **plutôt** *adv.* 1
ravishing **ravissant(e)** *adj.*

razor **rasoir** *m.* 10
read **lire** *v.* 7
read **lu (lire)** *p.p., adj.* 7
ready **prêt(e)** *adj.* 3
real *(true)* **vrai(e)** *adj.;* **véritable**
  *adj.* 3
real estate agent **agent immobilier**
  *m., f.*
realize **se rendre compte** *v.* 10
really **vraiment** *adv.* 5; *(before*
  *adjective or adverb)* **tout(e)**
  *adv.* 3; *(before adjective or*
  *adverb)* **très** *adv.* 8
  really close by **tout près** 3
rear-view mirror **rétrovi-**
  **seur** *m.* 11
reason **raison** *f.* 2
receive **recevoir** *v.* 12
received **reçu (recevoir)** *p.p.,*
  *adj.* 12
receiver **combiné** *m.*
recent **récent(e)** *adj.*
reception desk **réception** *f.* 7
recognize **reconnaître** *v.* 8
recognized **reconnu (reconnaître)**
  *p.p., adj.* 8
recommend that… **recommander**
  **que…** *v.* 13
recommendation
  **recommandation** *f.*
record **enregistrer** *v.* 11
  *(CD, DVD)* **graver** *v.* 11
recycle **recycler** *v.* 13
recycling **recyclage** *m.* 13
red **rouge** *adj.* 6
redial **recomposer (un numéro)**
  *v.* 11
reduce **réduire** *v.* 6
reduced **réduit (réduire)** *p.p.,*
  *adj.* 6
reference **référence** *f.*
reflect (on) **réfléchir (à)** *v.* 7
refrigerator **frigo** *m.* 8
refuse *(to do something)*
  **refuser (de)** *v.* 11
region **région** *f.* 13
regret that… **regretter que…** 13
relax **se détendre** *v.* 10
remember **se souvenir**
  **(de)** *v.* 10
remote control **télécommande** *f.*
rent **loyer** *m.* 8
  to rent **louer** *v.* 8
repair **réparer** *v.* 11
repeat **répéter** *v.* 5
research **rechercher** *v.*
researcher **chercheur/**
  **chercheuse** *m., f.*
reservation **réservation** *f.* 7
  to cancel a reservation **annuler**
  **une réservation** 7
reserve **réserver** *v.* 7
reserved **réservé(e)** *adj.* 1

residence **résidence** *f.* 8
resign **démissionner** *v.*
resort (ski) **station** *f.* **(de ski)** 7
respond **répondre (à)** *v.* 6
rest **se reposer** *v.* 10
restart **redémarrer** *v.* 11
restaurant **restaurant** *m.* 4
restroom(s) **toilettes** *f., pl.* 8;
  **W.-C.** *m., pl.*
result **résultat** *m.* 2
résumé **curriculum vitæ**
  **(C.V.)** *m.*
retake (a test) **repasser** *v.*
retire **prendre sa retraite** *v.* 6
retired person **retraité(e)** *m., f.*
retirement **retraite** *f.* 6
return **retourner** *v.* 7
  to return (home) **rentrer (à la**
  **maison)** *v.* 2
review (*criticism*) **critique** *f.*
rice **riz** *m.* 9
ride: to go horseback riding
  **faire du cheval** *v.* 5
  to ride in a car **rouler en voi-**
  **ture** *v.* 7
right **juste** *adv.* 3
  to the right (of) **à droite**
  **(de)** *prep.* 3
  to be right **avoir raison** 2
  right away **tout de suite** 7
  right next door **juste à côté** 3
ring **sonner** *v.* 11
river **fleuve** *m.* 13; **rivière** *f.* 13
riverboat **bateau-mouche** *m.* 7
role **rôle** *m.* 13
room **pièce** *f.* 8; **salle** *f.* 8
  bedroom **chambre** *f.* 7
  classroom **salle** *f.* **de classe** 1
  dining room **salle** *f.* **à manger** 8
  single hotel room **chambre**
  *f.* **individuelle** 7
roommate **camarade de**
  **chambre** *m., f.* 1
  (*in an apartment*) **colocataire**
  *m., f.* 1
round-trip **aller-retour** *adj.* 7
  round-trip ticket **billet** *m.*
  **aller-retour** 7
rug **tapis** *m.* 8
run **courir** *v.* 5; **couru (courir)**
  *p.p., adj.* 6
  to run into someone **tomber**
  **sur quelqu'un** *v.* 7

## S

sad **triste** *adj.* 3
  to be sad that… **être triste**
  **que…** *v.* 13
safety **sécurité** *f.* 11
said **dit (dire)** *p.p., adj.* 7
salad **salade** *f.* 9

salary (a high, low) **salaire**
  **(élevé, modeste)** *m.*
sales **soldes** *f., pl.* 6
salon: beauty salon **salon** *m.*
  **de beauté** 12
salt **sel** *m.* 9
sandwich **sandwich** *m.* 4
sat (down) **assis (s'asseoir)**
  *p.p.* 10
Saturday **samedi** *m.* 2
sausage **saucisse** *f.* 9
save **sauvegarder** *v.* 11
  save the planet **sauver la**
  **planète** *v.* 13
savings **épargne** *f.* 12
savings account **compte**
  **d'épargne** *m.* 12
say **dire** *v.* 7
scarf **écharpe** *f.* 6
scholarship **bourse** *f.* 2
school **école** *f.* 2
science **sciences** *f., pl.* 2
  political science
  **sciences politiques**
  **(sciences po)** *f., pl.* 2
screen **écran** *m.* 11
screening **séance** *f.*
sculpture **sculpture** *f.*
sculptor **sculpteur/femme**
  **sculpteur** *m., f.*
sea **mer** *f.* 7
seafood **fruits de mer** *m., pl.* 9
search for **chercher** *v.* 2
  to search for work **chercher**
  **du travail** *v.* 12
season **saison** *f.* 5
seat **place** *f.*
seatbelt **ceinture de sécu-**
  **rité** *f.* 11
  to buckle one's seatbelt
  **attacher sa ceinture de**
  **sécurité** *v.* 11
seated **assis(e)** *p.p., adj.* 10
second **deuxième** *adj.* 7
security **sécurité** *f.* 11
see **voir** *v.* 12; (*catch sight*
  *of*) **apercevoir** *v.* 12
  to see again **revoir** *v.* 12
  See you later. **À plus tard.** 1
  See you later. **À tout à**
  **l'heure.** 1
  See you soon. **À bientôt.** 1
  See you tomorrow. **À demain.** 1
seem **avoir l'air** *v.* 2
seen **aperçu (apercevoir)** *p.p.* 12;
  **vu (voir)** *p.p.* 12
  seen again **revu (revoir)** *p.p.* 12
self/-selves **même(s)** *pron.* 6
selfish **égoïste** *adj.* 1
sell **vendre** *v.* 6
seller **vendeur/vendeuse** *m., f.* 6
send **envoyer** *v.* 5

to send (*to someone*) **envoyer**
  **(à)** *v.* 6
to send a letter **poster une**
  **lettre** 12
Senegalese **sénégalais(e)** *adj.* 1
sense **sentir** *v.* 5
separated **séparé(e)** *adj.* 3
September **septembre** *m.* 5
serious **grave** *adj.* 10; **sérieux/**
  **sérieuse** *adj.* 3
serve **servir** *v.* 5
server **serveur/serveuse** *m., f.* 4
service station **station-service**
  *f.* 11
set the table **mettre la table** *v.* 8
seven **sept** *m.* 1
seven hundred **sept cents** *m.* 5
seventeen **dix-sept** *m.* 1
seventh **septième** *adj.* 7
seventy **soixante-dix** *m.* 3
several **plusieurs** *adj.* 4
shame **honte** *f.* 2
  It's a shame that… **Il est**
  **dommage que…** 13
shampoo **shampooing** *m.* 10
shape (*state of*
  *health*) **forme** *f.* 10
share **partager** *v.* 2
shave (oneself) **se raser** *v.* 10
shaving cream **crème à**
  **raser** *f.* 10
she **elle** *pron.* 1
sheet of paper **feuille de papier**
  *f.* 1
sheets **draps** *m., pl.* 8
shelf **étagère** *f.* 8
shh **chut**
shirt (short-/long-sleeved)
  **chemise (à manches**
  **courtes/longues)** *f.* 6
shoe **chaussure** *f.* 6
shopkeeper **commerçant(e)**
  *m., f.* 9
shopping **shopping** *m.* 7
  to go shopping **faire du**
  **shopping** *v.* 7
  to go (grocery) shopping **faire**
  **les courses** *v.* 9
shopping center **centre**
  **commercial** *m.* 4
short **court(e)** *adj.* 3; (*stat-*
  *ure*) **petit(e)** 3
shorts **short** *m.* 6
shot (*injection*) **piqûre** *f.* 10
  to give a shot **faire une piqûre**
  *v.* 10
show **spectacle** *m.* 5; (*movie or*
  *theater*) **séance** *f.*
  to show (*to someone*) **montrer**
  **(à)** *v.* 6
shower **douche** *f.* 8
shut off **fermer** *v.* 11

shy **timide** *adj.* 1
sick: to get/be sick **tomber/être malade** *v.* 10
sign **signer** *v.* 12
silk **soie** *f.* 6
since **depuis** *adv.* 9
sincere **sincère** *adj.* 1
sing **chanter** *v.* 5
singer **chanteur/chanteuse** *m., f.* 1
single (*marital status*) **célibataire** *adj.* 3
  single hotel room **chambre** *f.* **individuelle** 7
sink **évier** *m.* 8; (*bathroom*) **lavabo** *m.* 8
sir **Monsieur** *m.* 1
sister **sœur** *f.* 3
sister-in-law **belle-sœur** *f.* 3
sit down **s'asseoir** *v.* 10
sitting **assis(e)** *adj.* 10
six **six** *m.* 1
six hundred **six cents** *m.* 5
sixteen **seize** *m.* 1
sixth **sixième** *adj.* 7
sixty **soixante** *m.* 1
size **taille** *f.* 6
skate **patiner** *v.* 4
ski **skier** *v.* 5; **faire du ski** 5
skiing **ski** *m.* 5
ski jacket **anorak** *m.* 6
ski resort **station** *f.* **de ski** 7
skin **peau** *f.* 10
skirt **jupe** *f.* 6
sky **ciel** *m.* 13
sleep **sommeil** *m.* 2
  to sleep **dormir** *v.* 5
  to be sleepy **avoir sommeil** *v.* 2
sleeve **manche** *f.* 6
slice **tranche** *f.* 9
slipper **pantoufle** *f.* 10
slow **lent(e)** *adj.* 3
small **petit(e)** *adj.* 3
smartphone **smartphone** *m.* 11
smell **sentir** *v.* 5
smile **sourire** *m.* 6
  to smile **sourire** *v.* 6
smoke **fumer** *v.* 10
snack (afternoon) **goûter** *m.* 9
snake **serpent** *m.* 13
sneeze **éternuer** *v.* 10
snow **neiger** *v.* 5
  It is snowing. **Il neige.** 5
  It was snowing… **Il neigeait…** 8
so **si** 11; **alors** *adv.* 1
  so that **pour que**
soap **savon** *m.* 10
soap opera **feuilleton** *m.*
soccer **foot(ball)** *m.* 5
sociable **sociable** *adj.* 1

social network **réseau social** *m.* 11
sociology **sociologie** *f.* 1
sock **chaussette** *f.* 6
software **logiciel** *m.* 11
soil (*to make dirty*) **salir** *v.* 8
solar **solaire** *adj.* 13
solar energy **énergie solaire** *f.* 13
solution **solution** *f.* 13
some **de l'** *part. art., m., f., sing.* 4
  some **de la** *part. art., f., sing.* 4
  some **des** *part. art., m., f., pl.* 4
  some **du** *part. art., m., sing.* 4
  some **quelques** *adj.* 4
  some (of it/them) **en** *pron.* 10
someone **quelqu'un** *pron.* 12
something **quelque chose** *m.* 4
  Something's not right. **Quelque chose ne va pas.** 5
sometimes **parfois** *adv.* 5; **quelquefois** *adv.* 8
son **fils** *m.* 3
song **chanson** *f.*
sorry **désolé(e)** 11
  to be sorry that… **être désolé(e) que…** *v.* 13
sort **sorte** *f.*
So-so. **Comme ci, comme ça.** 1
soup **soupe** *f.* 4
soupspoon **cuillère à soupe** *f.* 9
south **sud** *m.* 12
space **espace** *m.* 13
Spain **Espagne** *f.* 7
Spanish **espagnol(e)** *adj.* 1
speak (on the phone) **parler (au téléphone)** *v.* 2
  to speak (to) **parler (à)** *v.* 6
  to speak to one another **se parler** *v.* 11
specialist **spécialiste** *m., f.*
species **espèce** *f.* 13
  endangered species **espèce** *f.* **menacée** 13
spectator **spectateur/spectatrice** *m., f.*
speed **vitesse** *f.* 11
speed limit **limitation de vitesse** *f.* 11
spend **dépenser** *v.* 4
  to spend money **dépenser de l'argent** 4
  to spend time **passer** *v.* 7
  to spend time (*somewhere*) **faire un séjour** 7
spoon **cuillère** *f.* 9
sport(s) **sport** *m.* 5
  to play sports **faire du sport** *v.* 5
sporty **sportif/sportive** *adj.* 3
sprain one's ankle **se fouler la cheville** 10

spring **printemps** *m.* 5
  in the spring **au printemps** 5
square (*place*) **place** *f.* 4
squirrel **écureuil** *m.* 13
stadium **stade** *m.* 5
stage (*phase*) **étape** *f.* 6
stage fright **trac** *m.*
staircase **escalier** *m.* 8
stamp **timbre** *m.* 12
star **étoile** *f.* 13
starter **entrée** *f.* 9
start up **démarrer** *v.* 11
station **gare** *f.* 7; **station** *f.* 7
  bus station **gare routière** *f.* 7
  subway station **station** *f.* **de métro** 7
  train station **gare** *f.* 7;
stationery store **papeterie** *f.* 12
statue **statue** *f.* 12
stay **séjour** *m.* 7; **rester** *v.* 7
  to stay slim **garder la ligne** *v.* 10
steak **steak** *m.* 9
steering wheel **volant** *m.* 11
stepbrother **demi-frère** *m.* 3
stepfather **beau-père** *m.* 3
stepmother **belle-mère** *f.* 3
stepsister **demi-sœur** *f.* 3
stereo system **chaîne stéréo** *f.* 11
still **encore** *adv.* 3
stomach **ventre** *m.* 10
  to have a stomach ache **avoir mal au ventre** *v.* 10
stone **pierre** *f.* 13
stop (doing something) **arrêter (de faire quelque chose)** *v.;* (*to stop oneself*) **s'arrêter** *v.* 10
  to stop by someone's house **passer chez quelqu'un** *v.* 4
  bus stop **arrêt d'autobus (de bus)** *m.* 7
store **magasin** *m.;* **boutique** *f.* 12
  grocery store **épicerie** *f.* 4
stormy **orageux/orageuse** *adj.* 5
  It is stormy. **Le temps est orageux.** 5
story **histoire** *f.* 2
stove **cuisinière** *f.* 8
straight **raide** *adj.* 3
  straight ahead **tout droit** *adv.* 12
strangle **étrangler** *v.*
strawberry **fraise** *f.* 9
street **rue** *f.* 11
  to follow a street **suivre une rue** *v.* 12
strong **fort(e)** *adj.* 3
student **étudiant(e)** *m., f.* 1; **élève** *m., f.* 1

high school student **lycéen(ne)** *m., f.* 2
studies **études** *f.* 2
studio (*apartment*) **studio** *m.* 8
study **étudier** *v.* 2
suburbs **banlieue** *f.* 4
subway **métro** *m.* 7
subway station **station** *f.* **de métro** 7
succeed (*in doing something*) **réussir (à)** *v.* 7
success **réussite** *f.*
suddenly **soudain** *adv.* 8; **tout à coup** *adv.* 7.; **tout d'un coup** *adv.* 8
suffer **souffrir** *v.* 11
suffered **souffert (souffrir)** *p.p.* 11
sugar **sucre** *m.* 4
suggest (*that*) **suggérer (que)** *v.* 13
suit (*man's*) **costume** *m.* 6; (*woman's*) **tailleur** *m.* 6
suitcase **valise** *f.* 7
summer **été** *m.* 5
in the summer **en été** 5
sun **soleil** *m.* 5
It is sunny. **Il fait (du) soleil.** 5
Sunday **dimanche** *m.* 2
sunglasses **lunettes de soleil** *f., pl.* 6
supermarket **supermarché** *m.* 9
sure **sûr(e)** 9
It is sure that… **Il est sûr que…** 13
It is unsure that… **Il n'est pas sûr que…** 13
surf on the Internet **surfer sur Internet** 11
surprise (*someone*) **faire une surprise (à quelqu'un)** *v.* 6
surprised **surpris (surprendre)** *p.p., adj.* 6
to be surprised that… **être surpris(e) que…** *v.* 13
sweater **pull** *m.* 6
sweep **balayer** *v.* 8
swell **enfler** *v.* 10
swim **nager** *v.* 4
swimsuit **maillot de bain** *m.* 6
Swiss **suisse** *adj.* 1
Switzerland **Suisse** *f.* 7
symptom **symptôme** *m.* 10

**T**

table **table** *f.* 1
to clear the table **débarrasser la table** *v.* 8
tablecloth **nappe** *f.* 9

tablet computer **tablette (tactile)** *f.* 11
take **prendre** *v.* 4
to take a shower **prendre une douche** 10
to take a train (plane, taxi, bus, boat) **prendre un train (un avion, un taxi, un autobus, un bateau)** *v.* 7
to take a walk **se promener** *v.* 10
to take advantage of **profiter de** *v.*
to take an exam **passer un examen** *v.* 2
to take care (of something) **s'occuper (de)** *v.* 10
to take out the trash **sortir la/les poubelle(s)** *v.* 8
to take time off **prendre un congé** *v.*
to take (*someone*) **emmener** *v.* 5
taken **pris (prendre)** *p.p., adj.* 6
tale **conte** *m.*
talented (*gifted*) **doué(e)** *adj.*
tan **bronzer** *v.* 6
tart **tarte** *f.* 9
taste **goûter** *v.* 9
taxi **taxi** *m.* 7
tea **thé** *m.* 4
teach **enseigner** *v.* 2
to teach (*to do something*) **apprendre (à)** *v.* 4
teacher **professeur** *m.* 1
team **équipe** *f.* 5
teaspoon **cuillère à café** *f.* 9
tee shirt **tee-shirt** *m.* 6
teeth **dents** *f., pl.* 9
to brush one's teeth **se brosser les dents** *v.* 9
telephone (*receiver*) **appareil** *m.*
to telephone (*someone*) **téléphoner (à)** *v.* 2
It's Mr./Mrs./Miss … (on the phone.) **C'est M./Mme/ Mlle … (à l'appareil.)**
television **télévision** *f.* 1
television channel **chaîne** *f.* **de télévision** 11
television program **émission** *f.* **de télévision**
television set **poste de télévision** *m.* 11
tell one another **se dire** *v.* 11
temperature **température** *f.* 5
ten **dix** *m.* 1
tennis **tennis** *m.* 5
tennis shoes **baskets** *f., pl.* 6
tenth **dixième** *adj.* 7
terrace (*café*) **terrasse** *f.* **de café** 4

test **examen** *m.* 1
text message **SMS/texto** *m.* 11
than **que/qu'** *conj.* 9, 13
thank: Thank you (very much). **Merci (beaucoup).** 1
that **ce/c', ça** 1; **que** *rel. pron.* 11
Is that… **? Est-ce… ?** 2
That's enough. **Ça suffit.** 5
That has nothing to do with us. That is none of our business. **Ça ne nous regarde pas.** 13
that is… **c'est…** 1
that is to say **ça veut dire** 10
theater **théâtre** *m.*
their **leur(s)** *poss. adj., m., f.* 3
them **les** *d.o. pron.* 7, **leur** *i.o. pron., m., f., pl.* 6
then **ensuite** *adv.* 7, **puis** *adv.* 7, **puis** 4; **alors** *adv.* 7
there **là** 1; **y** *pron.* 10
Is there… **? Y a-t-il… ?** 2
over there **là-bas** *adv.* 1
(over) there (*used with demonstrative adjective* **ce** *and noun or with demonstrative pronoun* **celui**) **-là** 6
There is/There are… **Il y a…** 1
There is/There are…. **Voilà…** 1
There was… **Il y a eu…** 6; **Il y avait…** 8
therefore **donc** *conj.* 7
these/those **ces** *dem. adj., m., f., pl.* 6
these/those **celles** *pron., f., pl.* 13
these/those **ceux** *pron., m., pl.* 13
they **ils** *sub. pron., m.* 1; **elles** *sub. and disj. pron., f.* 1; **eux** *disj. pron., pl.* 3
thing **chose** *f.* 1, **truc** *m.* 7
think (about) **réfléchir (à)** *v.* 7
to think (that) **penser (que)** *v.* 2
third **troisième** *adj.* 7
thirst **soif** *f.* 4
to be thirsty **avoir soif** *v.* 4
thirteen **treize** *m.* 1
thirty **trente** *m.* 1
thirty-first **trente et unième** *adj.* 7
this/that **ce** *dem. adj., m., sing.* 6; **cet** *dem. adj., m., sing.* 6; **cette** *dem. adj., f., sing.* 6
this afternoon **cet après-midi** 2
this evening **ce soir** 2
this one/that one **celle** *pron., f., sing.* 13; **celui** *pron., m., sing.* 13
this week **cette semaine** 2

this weekend **ce week-end** 2
this year **cette année** 2
those are… **ce sont…** 1
thousand: one thousand **mille** *m.* 5
one hundred thousand
**cent mille** *m.* 5
threat **danger** *m.* 13
three **trois** *m.* 1
three hundred **trois cents** *m.* 5
throat **gorge** *f.* 10
throw away **jeter** *v.* 13
Thursday **jeudi** *m.* 2
ticket **billet** *m.* 7
round-trip ticket **billet** *m.*
**aller-retour** 7
bus/subway ticket **ticket de
bus/de métro** *m.* 7
tie **cravate** *f.* 6
tight **serré(e)** *adj.* 6
time (*occurence*) **fois** *f.*; (*general
sense*) **temps** *m., sing.* 5
a long time **longtemps** *adv.* 5
free time **temps libre** *m.* 5
from time to time **de temps en
temps** *adv.* 8
to waste time **perdre son temps**
*v.* 6
tinker **bricoler** *v.* 5
tip **pourboire** *m.* 4
to leave a tip **laisser un
pourboire** *v.* 4
tire **pneu** *m.* 11
flat tire **pneu** *m.* **crevé** 11
(emergency) tire **roue (de secours)** *f.* 11
to check the tire pressure **vérifier
la pression des pneus** *v.* 11
tired **fatigué(e)** *adj.* 3
tiresome **pénible** *adj.* 3
to **à** *prep.* 4; **au (à + le)** 4;
**aux (à + les)** 4
toaster **grille-pain** *m.* 8
today **aujourd'hui** *adv.* 2
toe **orteil** *m.* 10; **doigt de
pied** *m.* 10
together **ensemble** *adv.* 6
tomato **tomate** *f.* 9
tomorrow (morning, afternoon,
evening) **demain (matin, après-
midi, soir)** *adv.* 2
day after tomorrow
**après-demain** *adv.* 2
too **aussi** *adv.* 1
too many/much (of) **trop (de)** 4
tooth **dent** *f.* 9
to brush one's teeth **se brosser
les dents** *v.* 9
toothbrush **brosse** *f.* **à dents** 10
toothpaste **dentifrice** *m.* 10
tour **tour** *m.* 5
tourism **tourisme** *m.* 12
tourist office **office du tourisme**
*m.* 12

towel (bath) **serviette (de
bain)** *f.* 10
town **ville** *f.* 4
town hall **mairie** *f.* 12
toxic **toxique** *adj.* 13
toxic waste **déchets toxiques**
*m., pl.* 13
traffic **circulation** *f.* 11
traffic light **feu de signalisation**
*m.* 12
tragedy **tragédie** *f.*
train **train** *m.* 7
train station **gare** *f.* 7;
training **formation** *f.*
translate **traduire** *v.* 6
translated **traduit (traduire)**
*p.p., adj.* 6
trash **ordures** *f., pl.* 13
travel **voyager** *v.* 2
travel agency **agence de voyages**
*f.* 7
travel agent **agent de voyages**
*m.* 7
tree **arbre** *m.* 13
trip **voyage** *m.* 7
troop (*company*) **troupe** *f.*
tropical **tropical(e)** *adj.* 13
tropical forest **forêt tropicale**
*f.* 13
true **vrai(e)** *adj.* 3; **véritable** *adj.* 6
It is true that… **Il est vrai
que…** 13
It is untrue that… **Il n'est pas
vrai que…** 13
trunk **coffre** *m.* 11
try **essayer** *v.* 5
Tuesday **mardi** *m.* 2
tuna **thon** *m.* 9
turn **tourner** *v.* 12
to turn off **éteindre** *v.* 11
to turn on **allumer** *v.* 11
to turn (oneself) around **se
tourner** *v.* 10
twelve **douze** *m.* 1
twentieth **vingtième** *adj.* 7
twenty **vingt** *m.* 1
twenty-first **vingt et unième**
*adj.* 7
twenty-second **vingt-deuxième**
*adj.* 7
twice **deux fois** *adv.* 8
twist one's ankle **se fouler la cheville** *v.* 10
two **deux** *m.* 1
two hundred **deux cents** *m.* 5
two million **deux millions** *m.* 5
type **genre** *m.*

ugly **laid(e)** *adj.* 3
umbrella **parapluie** *m.* 5
uncle **oncle** *m.* 3

under **sous** *prep.* 3
understand **comprendre** *v.* 4
understood **compris (comprendre)** *p.p., adj.* 6
underwear **sous-vêtement** *m.* 6
undress **se déshabiller** *v.* 10
unemployed person **chômeur/
chômeuse** *m., f.*
to be unemployed **être au chômage v.**
unemployment **chômage** *m.*
unfortunately **malheureusement**
*adv.* 2
unhappy **malheureux/
malheureuse** *adj.* 3
union **syndicat** *m.*
United States **États-Unis** *m., pl.* 7
university **faculté** *f.* 1; **université**
*f.* 1
university cafeteria **restaurant universitaire (resto U)** *m.* 2
unless **à moins que** *conj.*
unpleasant **antipathique** *adj.*
3; **désagréable** *adj.* 1
until **jusqu'à** *prep.* 12; **jusqu'à ce
que** *conj.*
upset: to become upset **s'énerver**
*v.* 10
us **nous** *i.o. pron.* 6; **nous** *d.o.
pron.* 7
use **employer** *v.* 5
to use a map **utiliser un plan**
*v.* 7
useful **utile** *adj.* 2
useless **inutile** *adj.* 2; **nul(le)**
*adj.* 2
usually **d'habitude** *adv.* 8

vacation **vacances** *f., pl.* 7
vacation day **jour de congé** *m.* 7
vacuum **aspirateur** *m.* 8
to vacuum **passer
l'aspirateur** *v.* 8
valley **vallée** *f.* 13
vegetable **légume** *m.* 9
velvet **velours** *m.* 6
very (before adjective) **tout(e)**
*adv.* 3; (before adverb) **très** *adv.*
8
Very well. **Très bien.** 1
veterinarian **vétérinaire** *m., f.*
video game(s) **jeu vidéo (des
jeux vidéo)** *m.* 11
Vietnamese **vietnamien(ne)** *adj.* 1
violet **violet(te)** *adj.* 6
violin **violon** *m.*
visit **visite** *f.* 6
to visit (a place) **visiter** *v.* 2;
(a person or people) **rendre visite
(à)** *v.* 6; (to visit regularly)
**fréquenter** *v.* 4

volcano **volcan** *m.* 13
volleyball **volley(-ball)** *m.* 5

### W

waist **taille** *f.* 6
wait **attendre** *v.* 6
  to wait (*on the phone*) **patienter** *v.*
  to wait in line **faire la queue** *v.* 12
wake up **se réveiller** *v.* 10
walk **promenade** *f.* 5; **marcher** *v.* 5
  to go for a walk **faire une promenade** 5; **faire un tour** 5
wall **mur** *m.* 8
want **désirer** *v.* 5; **vouloir** *v.* 9
wardrobe **armoire** *f.* 8
warming: global warming **réchauffement de la Terre** *m.* 13
warning light (gas/oil) **voyant** *m.* **(d'essence/d'huile)** 11
wash **laver** *v.* 8
  to wash oneself (one's hands) **se laver (les mains)** *v.* 10
  to wash up (in the morning) **faire sa toilette** *v.* 10
washing machine **lave-linge** *m.* 8
waste **gaspillage** *m.* 13; **gaspiller** *v.* 13
wastebasket **corbeille (à papier)** *f.* 1
watch **montre** *f.* 1; **regarder** *v.* 2
water **eau** *f.* 4
  mineral water **eau** *f.* **minérale** 4
way (*by the way*) **au fait** 3; (*path*) **chemin** *m.* 12
we **nous** *pron.* 1
weak **faible** *adj.* 3
wear **porter** *v.* 6
weather **temps** *m., sing.* 5; **météo** *f.*
  The weather is bad. **Il fait mauvais.** 5
  The weather is dreadful. **Il fait un temps épouvantable.** 5
  The weather is good/warm. **Il fait bon.** 5
  The weather is nice. **Il fait beau.** 5
web site **site Internet/web** *m.* 11
wedding **mariage** *m.* 6
Wednesday **mercredi** *m.* 2
weekend **week-end** *m.* 2
  this weekend **ce week-end** *m.* 2
welcome **bienvenu(e)** *adj.* 1
  You're welcome. **Il n'y a pas de quoi.** 1

well **bien** *adv.* 7
  I am doing well/badly. **Je vais bien/mal.** 1
west **ouest** *m.* 12
What? **Comment?** *adv.* 4; **Pardon?** 4; **Quoi?** 1 *interr. pron.* 4
  What day is it? **Quel jour sommes-nous?** 2
  What is it? **Qu'est-ce que c'est?** *prep.* 1
  What is the date? **Quelle est la date?** 5
  What is the temperature? **Quelle température fait-il?** 5
  What is the weather like? **Quel temps fait-il?** 5
  What is your name? **Comment t'appelles-tu?** *fam.* 1
  What is your name? **Comment vous appelez-vous?** *form.* 1
  What is your nationality? **Quelle est ta nationalité?** *sing., fam.* 1
  What is your nationality? **Quelle est votre nationalité?** *sing., pl., fam., form.* 1
  What time do you have? **Quelle heure avez-vous?** *form.* 2
  What time is it? **Quelle heure est-il?** 2
  What time? **À quelle heure?** 2
  What do you think about that? **Qu'en penses-tu?** 13
  What's up? **Ça va?** 1
  whatever it may be **quoi que ce soit**
  What's wrong? **Qu'est-ce qu'il y a?** 1
when **quand** *adv.* 4
  When is …'s birthday? **C'est quand l'anniversaire de …?** 5
  When is your birthday? **C'est quand ton/votre anniversaire?** 5
where **où** *adv., rel. pron.* 4
which? **quel(le)(s)?** *adj.* 4
  which one **à laquelle** *pron., f., sing.* 13
  which one **auquel (à + lequel)** *pron., m., sing.* 13
  which one **de laquelle** *pron., f., sing.* 13
  which one **duquel (de + lequel)** *pron., m., sing.* 13
  which one **laquelle** *pron., f., sing.* 13
  which one **lequel** *pron., m., sing.* 13
  which ones **auxquelles (à + lesquelles)** *pron., f., pl.* 13

which ones **auxquels (à + lesquels)** *pron., m., pl.* 13
which ones **desquelles (de + lesquelles)** *pron., f., pl.* 13
which ones **desquels (de + lesquels)** *pron., m., pl.* 13
which ones **lesquelles** *pron., f., pl.* 13
which ones **lesquels** *pron., m., pl.* 13
while **pendant que** *prep.* 7
white **blanc(he)** *adj.* 6
who? **qui?** *interr. pron.* 4; **qui** *rel. pron.* 11
  Who is it? **Qui est-ce?** 1
  Who's calling, please? **Qui est à l'appareil?**
whom? **qui?** *interr.* 4
  For whom? **Pour qui?** 4
  To whom? **À qui?** 4
why? **pourquoi?** *adv.* 2, 4
widowed **veuf/veuve** *adj.* 3
wife **femme** *f.* 1; **épouse** *f.* 3
willingly **volontiers** *adv.* 10
win **gagner** *v.* 5
wind **vent** *m.* 5
  It is windy. **Il fait du vent.** 5
window **fenêtre** *f.* 1
windshield **pare-brise** *m.* 11
windshield wiper(s) **essuie-glace (essuie-glaces** *pl.*) *m.* 11
windsurfing **planche à voile** *v.* 5
  to go windsurfing **faire de la planche à voile** *v.* 5
wine **vin** *m.* 6
winter **hiver** *m.* 5
  in the winter **en hiver** 5
wipe (the dishes/the table) **essuyer (la vaisselle/la table)** *v.* 8
wish that… **souhaiter que…** *v.* 1
with **avec** *prep.* 1
  with whom? **avec qui?** 4
withdraw money **retirer de l'argent** *v.* 12
without **sans** *prep.* 8; **sans que** *conj.* 5
woman **femme** *f.* 1
woods **bois** *m.* 13
wool **laine** *f.* 6
work **travail** *m.* 12
  to work **travailler** *v.* 2; **marcher** *v.* 11; **fonctionner** *v.* 11
work out **faire de la gym** *v.* 5
worker **ouvrier/ouvrière** *m., f.*
world **monde** *m.* 7
worried **inquiet/inquiète** *adj.* 3
worry **s'inquiéter** *v.* 10
worse **pire** *comp. adj.* 9; **plus mal** *comp. adv.* 9; **plus mauvais(e)** *comp. adj.* 9

worst: the worst **le plus mal** *super. adv.* 9; **le/la pire** *super. adj.* 9; **le/la plus mauvais(e)** *super. adj.* 9
wound **blessure** *f.* 10
wounded: to get wounded **se blesser** *v.* 10
write **écrire** *v.* 7
    to write one another **s'écrire** *v.* 11
writer **écrivain/femme écrivain** *m., f.*
written **écrit (écrire)** *p.p., adj.* 7
wrong **tort** *m.* 2
    to be wrong **avoir tort** *v.* 2

## Y

yeah **ouais** 2
year **an** *m.* 2; **année** *f.* 2
yellow **jaune** *adj.* 6
yes **oui** 2; *(when contradicting a negative statement)* **si** 2
yesterday (morning/afternoon evening) **hier (matin/après-midi/soir)** *adv.* 7
    day before yesterday **avant-hier** *adv.* 7
yogurt **yaourt** *m.* 9
you **toi** *disj. pron., sing., fam.* 3; **tu** *sub. pron., sing., fam.* 1; **vous** *pron., sing., pl., fam., form.* 1
    you neither **toi non plus** 2
    You're welcome. **De rien.** 1
young **jeune** *adj.* 3
younger **cadet(te)** *adj.* 3
your **ta** *poss. adj., f., sing.* 3; **tes** *poss. adj., m., f., pl.* 3; **ton** *poss. adj., m., sing.* 3; **vos** *poss. adj., m., f., pl.* 3; **votre** *poss. adj., m., f., sing.* 3;
yourself **te/t'** *refl. pron., sing., fam.* 10; **toi** *refl. pron., sing., fam.* 10; **vous** *refl. pron., form.* 10
youth **jeunesse** *f.* 6
youth hostel **auberge de jeunesse** *f.* 7
Yum! **Miam!** *interj.* 5

## Z

zero **zéro** *m.* 1

# Photography and Art Credits

All images © Vista Higher Learning unless otherwise noted.

**Cover:** (full pg) José Blanco.

**Front Matter (IAE): IAE-4** Pascal Pernix.

**Front Matter (SE): iii** © Photolibrary. All rights reserved; **xxvi** © Petr Z/Shutterstock.com.

**Unit One: 2** Anne Loubet; **4** (t) Pascal Pernix; (b) Rossy Llano; **8** (t, b) Anne Loubet; **9** (t) © Ian G Dagnall/Alamy; (b) Anne Loubet; **13** (tl) © LdF/iStockphoto; (tm) Martín Bernetti; (tr, bmr) Rossy Llano; (bl) © 2009 Jupiterimages Corporation; (bml) © Ijansempoi/Dreamstime.com; (br) Anne Loubet; **15** (l, r) Anne Loubet; **17** Pascal Pernix; **20** Martín Bernetti; **22** Rossy Llano; **26** (l, r) Anne Loubet; **27** Extrait de l'ouvrage Superdupont © Gotlib et Solé/Fluide Glacial avec l'aimable autorisation des auteurs et de Fluide Glacial; **28** (l, r) Anne Loubet; **29** (tl) Annie Fuller; (br) © Masson/Shutterstock.com; **30** (tl) © Rune Hellestad/Corbis; (tr) Martín Bernetti; (bl) © Niko Guido/iStockphoto; (bm) © Michal Kowalski/Shutterstock.com; **31** (tl) © Reuters/Corbis; (tm) © ZUMA Wire Service/Alamy; (tr) Darío Eusse Tobón; (bl) Anne Loubet; (bml, bmr) Martín Bernetti; (br) © Rasmus Rasmussen/iStockphoto; **35** Martín Bernetti; **36** (tl, tr, mtr, mbr, bl, br) Anne Loubet; (mtl) © Robert Lerich/Fotolia.com; (mbl) Rossy Llano; **37** Anne Loubet; **38** (left col: t) © Hulton-Deutsch Collection/Corbis; (left col: mr) © Caroline Penn/Corbis; (left col: ml) © Allstar Picture Library/Alamy; (left col: b) © Eddy Lemaistre/For Picture/Corbis; (t) Photo courtesy of www.Tahiti-Tourisme.com; (m) © Lonely Planet Images/Ariadne Van Zandbergen/Getty Images; (b) © Eddy Lemaistre/For Picture/Corbis; **39** (tl) © Robert McGouey/Alamy; (tr) © Antoine Gyori/Corbis; (bl) © Owen Franken/Corbis; (br) Published with the kind authorization of the *Service de communication pour la Francophonie*.

**Unit Two: 42** © Tom Stewart/Corbis; **48** (l) Pascal Pernix; (r) Martín Bernetti; **49** (t) Université Laval; (b) Anne Loubet; **56** © www.imagesource.com; **60** Rossy Llano; **62** (l) Martín Bernetti; (r) © Photos.com/2009 Jupiter Images Corporation; **66** (l) Rossy Llano; (r) Anne Loubet; **67** (t) Pascal Pernix; (b) © Mathias Wilson/iStockphoto; **69** (tl, tr, bl, br) Anne Loubet; **77** (t) Pascal Pernix; **78** (left col: t) Dante Gabriel Rossetti (1828–1882). *Joan of Arc kissing the Sword of Deliverance*, 1863. Oil on canvas, 61 cm x 53 cm. Inv.55.996.8.1. Location: Musee musée d'Art moderne et contemporain, Strasbourg, France. Photo credit: © Christie's Images/Corbis; (left col: m) © Bettmann/Corbis; (left col: b) © Antoine Gyori/Corbis; (t, b) Anne Loubet; (ml) © Martine Coquilleau/Fotolia.com; (mr) © Daniel Haller/iStockphoto; **79** (tl © David Gregs/Alamy; **79** (tr, bl) Anne Loubet; (br) © Caroline Beecham/iStockphoto.

**Unit Three: 82** Anne Loubet; **84** Martín Bernetti; **88** Anne Loubet; **89** (tl) © Elise Amendola/Associated Press; (tr) © NBAE/Getty Images; (b) © Tony Barson/Getty Images; **90** (l) Martín Bernetti; (r) © FogStock LLC/Photolibrary; **92** © 2009 Jupiterimages Corporation; **93** (t) © Tomasz Trojanowski/Shutterstock.com; (ml) © Brian McEntire/iStockphoto; (mm) © Anna Lurye/Shutterstock.com; (mr) ©RJGrant/Big Stock Photo; (bl) © Linda Kloosterhof/iStockphoto; (bm) © Dmitry Pistrov/Shutterstock.com; (br) © Oliveromg/Shutterstock.com; **96** (tl, tr, bl, br) Martín Bernetti; (tm) © Dmitry Kutlayev/iStockphoto.com; (bmr) Anne Loubet; **97** (t) Martín Bernetti; (bl) © Dynamic Graphics/Jupiterimages; (br) Rossy Llano; **100** Anne Loubet; **101** (l) Martín Bernetti; **101** (m, r) Anne Loubet; **102** (t, mml, mmr, br) Anne Loubet; (ml) © Hemera Technologies/Photos.com; (mr) © Vstock, LLC/Photolibrary; (bl) Martín Bernetti; (bml) © Photolibrary. All rights reserved.; (bmr) © Keith Levit Photography/Photolibrary; **106** (l, r) Anne Loubet; **107** (tl) © Anita Bugge/Getty Images; (tr) © Patrick Roncen/Corbis; (m) © Pascalito/Sygma/Corbis; (b) Martín Bernetti; **109** (m) © imagesource/123RF; **111** (t, br) Martín Bernetti; (ml) © David Lee/Alamy; (mml) © Nikmd/Dreamstime.com; (mmr) ©Andrew Johnson/iStockphoto; (mr) © Igor Tarasov/Fotolia.com; (bl) © Creative Jen Designs/Shutterstock.com; (mbl) © photofriday/Shutterstock.com; (mbr) © f9photos/Shutterstock.com; **114** (tl) © Valuavital/Dreamstime.com; (tm) ©Roy Hsu/Media Bakery; (tr) © Don Mason/Getty Images; (bl) © simon kolton/Alamy; (bml) © Blend Images/Ariel Skelley/Getty Images; (bmr) © Jacek Chabraszewski/iStockphoto; (br) © sergei telegin/Shutterstock.com; **116** Anne Loubet; **117** Anne Loubet; **118** (left col: t) © Stapleton Collection/Corbis; (left col: bl) © Kurt Krieger/Corbis; (left col: br) © Keystone Pictures USA/Alamy; (t) © Jeremy Reddington/Shutterstock.com; (ml) © abadesign/Shutterstock.com; (mr) Pascal Pernix; (b) © Benjamin Herzoq/Fotolia.com; **119** (tl) Tom Delano; (tr) © Images of France/Alamy; (bl) © Keren Su/Corbis; (br) Anne Loubet.

**Unit Four: 122** Martín Bernetti; **124** (t) Anne Loubet; (b) Martín Bernetti; **128** (l) Pascal Pernix; (r) Anne Loubet; **129** (t) © Inge Yspeert/Corbis; (m) © Philippe Cabaret/Sygma/Corbis; (b) © Ingram Publishing/Jupiterimages; © David Hughes/Photolibrary; **140** Pascal Pernix; **141** Pascal Pernix; **142** Anne Loubet; **146** (t, b) Pascal Pernix; **147** (t) © Yadid Levy/Alamy; (m) © Kevin Foy/Alamy; (b) © Garcia/photocuisine/Corbis; **149** © Schieren, Bodo A./Age Fotostock; **153** © Mdlart/Dreamstime.com; © Elena Elisseeva/Dreamstime.com; © Karen Sarraga/Dreamstime.com; © Barol16/Dreamstime.com; © Monkey Business Images/Dreamstime.com; **157** Martín Bernetti; **158** (left col: t) © Chris Hellier/Corbis; (left col: b) © Hulton-Deutsch Collection/Corbis; (t) © Christophe Boisvieux/Corbis; (ml) © David Osborne/Alamy; (mr) © Dan Moore/iStockphoto; (b) © Daniel Brechwoldt/iStockphoto; **159** (tl) Janet Dracksdorf; (tr) © Leslie Garland Picture Library/Alamy; (bl) © Brian Harris/Alamy; (br) © Walid Nohra/Shutterstock.com.

**Unit Five: 162** Anne Loubet; **164** Martín Bernetti; **168** (l) © Michael Sohn/Associated Press; (r) © Neil Marchand/Liewig Media Sports/Corbis; **169** (t) © Victor Fraile/Reuters/Corbis; (m) © Arko Datta/Reuters/Corbis; (b) © Innovated Captures/Fotolia.com; **180** © FogStock LLC/Photolibrary; **182** © Ron Koeberer/Getty Images; **186** (l, r) Anne Loubet; **187** (t) Anne Loubet; (m) © Reuters/CORBIS; (b) © Universal/TempSport/Corbis; **189** © argalis/iStockphoto; **197** Anne Loubet; **198** (left col: t) © Bettmann/Corbis; (left col: b) © Hulton-Deutsch Collection/Corbis; (t) © Dean Conger/Corbis; (ml) © Reuters/Daniel Joubert/Corbis; (mr) © Dianne Maire/iStockphoto; (b) © Edyta Pawlowska/iStockphoto; **199** (tl) © Demid Borodin/iStockphoto; (tr) © ALAIN NOCARD/AFP/Getty Images/Newscom; (bl) © Daniel Joubert/Reuters/Corbis; (br) © James Warren/iStockphoto.

**Unit Six: 202** Pascal Pernix; **208** (l) © Eric Gaillard/Reuters/Corbis; (r) © Earl & Nazima Kowell/Corbis; **209** (t) © Reuters/CORBIS; (m) © Trevor Pearson/Alamy; (b) © bonchan/Shutterstock.com; **210** Rachel Distler; **211** (l, r) Paula Díez; **220** Anne Loubet; **221** (t) © Ben Blankenburg/Corbis; (ml) © Hemera Technologies/Getty Images; (mr) © Purestock/Jupiterimages; (b) © Ablestock.com/Getty Images; **226** (t) © Andreas Strauss/Getty Images; (b) © Philippe Wojazer/Reuters/Corbis; **227** (t) © Hulton-Deutsch Collection/Corbis; (m) © Corbis Sygma/Corbis; (b) © Corbis Sygma/Corbis; **231** Anne Loubet; **235** Anne Loubet; **237** Anne Loubet; **238** (left col: t, left col: b, b) © Bettmann/Corbis; (t) © Frédérik Astier/Sygma/Corbis; (ml) © Peter Leyden/iStockphoto; (mr) © Mikhail Lavrenov/123RF; **239** (tl) © foodfolio/Alamy; (tr) © Philip Lange/iStockphoto; (bl) © Owen Franken/Corbis; (br) *Troubadour Plays Six Musical Instruments.* Photo credit: © Historical Picture Archive/Corbis.

**Unit Seven: 242** © Glow Images/Getty Images; **244** Martín Bernetti; **248** (t, b) Photo courtesy of www.Tahiti-Tourisme.com; **249** (t) © zonesix/Shutterstock.com; (m) Edgar Degas (1834–1917). *Danseuses bleues,* Blue dancers, c. 1890. Location: Musée d'Orsay, Paris, France. Photo credit: © Alfredo Dagli Orti/The Art Archive/Corbis; (b) © Comstock Images/Getty Images; **257** Photo courtesy of www.Tahiti-Tourisme.com; **260** Anne Loubet; **261** © Photolibrary; **262** Martín Bernetti; **266** (l) © Hubert Stadler/Corbis; (r) Anne Loubet; **267** (t) © Johner Images/Alamy; (b) © Ingram Publishing/Photolibrary; **269** © Donald Nausbaum/Getty Images; **277** Pascal Pernix; **278** (left col: t) © Stephane Cardinale/People Avenue/Corbis; (left col: bl) © Bettmann/Corbis; (left col: br) © Stefano Bianchetti/Corbis; (t) © Beyond Fotomedia GmbH/Alamy; (ml) © Ferdericb/Dreamstime.com; (mr) © Larry Dale Gordon/zefa/Corbis; (b) © Tom Brakefield/Corbis; **279** (tl) © Pitchal Frederic/Corbis SYGMA; (tr) © John Schults/Reuters/Corbis; (bl) Pascal Pernix; (br) © Andreas Karelias/iStockphoto.

**Unit Eight: 282** © Brand X Pictures/Fotosearch; **288** (t) © Michele Molinari/Alamy; (b) Anne Loubet; **289** (t) © Maridav/Shutterstock.com; (b) Anne Loubet; **300** © Tetra Images/Alamy; **301** Anne Loubet; **302** Anne Loubet; **306** (l) Anne Loubet; (r) Pascal Pernix; **307** (t) © Ace Stock Limited/Alamy; (m) © David Redfern/Redferns/Getty Images; (b) Anne Loubet; **313** © Yap Kee Chan/Dreamstime.com; **314** (t) © Stockshot/Alamy; (bl) © Ben Blankenburg/Corbis; (bml, bmr, br) Martín Bernetti; **315** Anne Loubet; **316** (l, br) Anne Loubet; (tr) Martín Bernetti; **317** Anne Loubet; **318** (left col: t) © Bettmann/Corbis; (left col: b) © Stephane Cardinale/Corbis; (t, mr) © Katarzyna Mazurowska/iStockphoto; (ml) © Bogdan Lazar/iStockphoto; (b) © Andreas Kaspar/iStockphoto; **319** (tl) © Chromacome/Stockbyte/Getty Images; (tr) *Entry of Joan of Arc Into Orleans* by J.J. Scherrer. Photo credit: © Gianni Dagli Orti/Corbis; (bl) © Thierry Tronnel/Sygma/Corbis; (br) © Annie Griffiths Belt/Corbis.

**Unit Nine: 322** Martín Bernetti; **323** Martín Bernetti; **328** (l) © Francois Roboth/Sygma/Corbis; (r) © Eric Robert/Sygma/Corbis; **331** (l) © Getty Images; (r) © Jeffrey M. Frank/Shutterstock.com; **340** Anne Loubet; **342** Martín Bernetti; **346** (l, r) Anne Loubet; **347** (tl) © Sergio Pitamitz/Corbis; (tr) © FoodCollection/Photolibrary; (b) © Ablestock.com/Getty Images; **348** Anne Loubet; **351** (t) © Photolibrary. All rights reserved.; (bl) © FogStock LLC/Photolibrary; (bml) © Design Pics Inc./Alamy; (bmr) Anne Loubet; (br) © Ingram Publishing/Photolibrary; **353** (t) © Comstock/Jupiterimages; (b) Martín Bernetti; **355** (tl, br) Anne Loubet; (tr) © Bold Stock/Unlisted Images, Inc.; (bl) © Photolibrary. All rights reserved.; **357** Pascal Pernix; **358** (left col: tl, left col: tr) © Bettmann/Corbis; (left col: b) © Sygma/Corbis; (t) © Robert Paul Van Beets/Fotolia.com; (ml) © Adam Woolfitt/Corbis; (mr) © Hansok/Dreamstime.com; (b) © Fotosearch; **359** (tl) © imagebroker/Alamy; (tr) © Iconotec/Alamy; (bl) © ImagesEurope/Alamy; (br) © The Gallery Collection/Corbis.

**Unit Ten: 362** Martín Bernetti; **368** (t) © Max Alexander/Getty Images; (b) Pascal Pernix; **369** (t) Janet Dracksdorf; (m) Rachel Distler; (b) © Viorika Prikhodko/iStockphoto; **380** © www.imagesource.com; **386** (l) © Ingram Publishing/Photolibrary; (r) © CHASSENET/Age Fotostock; **387** (t) © AFP/Getty Images; (b) © Jupiterimages/Getty Images; **389** (l) © Dynamic Graphics/Jupiterimages; (r) © DesignPics Inc./Photolibrary; **391** Martín Bernetti; **397** © Ebby May/Getty Images; **398** (left col: t) © Bettmann/Corbis; (left col: b) © Pierre Vauthey/Corbis Sygma; (t) © Tatiana Egorova/iStockphoto; (ml) © Createsima/Dreamstime.com; (mr) © Denis Jr. Tangney/iStockphoto; (b) © Nicole Paton/Shutterstock.com; **399** (tl) Pascal Pernix; (tr) *Portrait of Jean Jacques Rousseau* by Lacretelle. Photo credit: © Alfredo Dagli Orti/The Art Archive/Corbis; (bl) © Goodshoot Royalty Free Photograph/Fotosearch; (br) © David Hughes/Fotolia.com.

**Unit Eleven: 402** Anne Loubet; **404** Anne Loubet; **408** (l) © Goodshoot/Jupiterimages; (r) Pascal Pernix; **409** (t) © Alain Nogues/Corbis Sygma; (b) © Philippe Eranian/Corbis; **411** (foreground) © DomenicoGelermo/iStockphoto; (background) © nadla/iStockphoto; **415** © linzyslusher/iStockphoto; **420** Anne Loubet; **422** Anne Loubet; **426** (l, r) Anne Loubet; **427** (t) ©

## Video Credits

Production Company: Klic Video Productions, Inc.
Lead Photographer: Pascal Pernix
Photographer, Assistant Director: Barbara Ryan Malcolm
Photography Assistant: Pierre Halart

## *Television Credits*

**19:** **"Le sucre n'est pas toujours où on le pense"** By permission of INPES (Institut national de prevention et d'éducation pour la santé).

**59:** **"Ma vie étudiante"** By permission of Université de Moncton.

**99:** **"Pages d'Or"** By permission of Truvo Belgium.

**139:** **"Swiss International Airlines"** By permission of Swiss International Airlines.

**179:** **"Swiss Life"** By permission of SwissLife.

**219:** **"La magie des fêtes"** By permission of Vidéotron.

**259:** **"Trivago"** By permission of Trivago.

**299:** **"Century 21 France"** By permission of Century 21 France and Guy Bonnet.

**339:** **"Le far Breton"** By permission of Office de Tourisme et des Congrès de Rennes Métropole.

**379:** **"Avant j'étais timide"** By permission of Krys.

**419:** **"iPad"** © FRANCE 24. By permission of Audiovisuel extérieur de la France, on behalf of FRANCE 24.

**459:** **"Rennes capital Breton"** By permission of Office de Tourisme et des Congrès de Rennes Métropole.

**503:** **"BMCE Bank"** By permission of BMCE Bank.

## About the Authors

**Cherie Mitschke** received her Ph.D. in Foreign Language Education with specializations in French and English as a Second Language from the University of Texas at Austin in 1996. She has taught French at Southwest Texas State University, Austin Community College, and was Assistant Professor of French at Southwestern University in Georgetown, Texas. Dr. Mitschke is also an experienced writer and editor of French educational materials who has worked with several major educational publishing houses.

**Cheryl Tano** received her M.A. in Spanish and French from Boston College and has also completed all course work toward a Ph.D. in Applied Linguistics with a concentration in Second Language Acquisition at Boston University. She is currently teaching French at Emmanuel College and Spanish at Tufts University.

**James G. Mitchell** received his Ph.D. in Romance Studies with a specialization in Second Language Acquisition from Cornell University. Dr. Mitchell teaches French, Italian, linguistics, and applied linguistics at Salve Regina Univeristy.

## About the Illustrators

A French Canadian living in the province of Quebec, **Sophie Casson** has been a professional illustrator for more than ten years. Her illustrations have appeared in local and national magazines throughout Canada, as well as in children's books.

Born in Caracas, Venezuela, **Hermann Mejía** studied illustration at the **Instituto de Diseño de Caracas**. Hermann currently lives and works in the United States.

**Pere Virgili** lives and works in Barcelona, Spain. His illustrations have appeared in textbooks, newspapers, and magazines throughout Spain and Europe.